税收征收管理法一本通
中华人民共和国税收征收管理法总成

汤洁茵　编
王爱萍　邵雨佳　王炳智　校订

法律出版社
LAW PRESS·CHINA

——北京——

图书在版编目（CIP）数据

税收征收管理法一本通／汤洁茵编. -- 北京：法律出版社，2025. -- ISBN 978 - 7 - 5244 - 0337 - 1

Ⅰ. D922.220.5

中国国家版本馆 CIP 数据核字第 2025FJ4752 号

税收征收管理法一本通
SHUISHOU ZHENGSHOU
GUANLIFA YIBENTONG

汤洁茵 编
王爱萍
邵雨佳 校订
王炳智

责任编辑 孙东育 曲 杰
装帧设计 李 瞻

出版发行 法律出版社	开本 A5
编辑统筹 学术·对外出版分社	印张 30.125　字数 830 千
责任校对 杨锦华 李景美	版本 2025 年 5 月第 1 版
责任印制 胡晓雅 宋万春	印次 2025 年 5 月第 1 次印刷
经　　销 新华书店	印刷 北京中科印刷有限公司

地址：北京市丰台区莲花池西里 7 号（100073）

网址：www.lawpress.com.cn　　　　　　销售电话:010 - 83938349

投稿邮箱:info@lawpress.com.cn　　　　客服电话:010 - 83938350

举报盗版邮箱:jbwq@lawpress.com.cn　　咨询电话:010 - 63939796

版权所有·侵权必究

书号:ISBN 978 - 7 - 5244 - 0337 - 1　　　　定价:69.00 元

凡购买本社图书，如有印装错误，我社负责退换。电话:010 - 83938349

编者说明

《税收征收管理法》(以下简称《税收征管法》)是税收征管的基本程序性法律,1992年9月4日全国人大常委会第27次会议通过,于1993年1月1日开始正式实施。此后,全国人大常委会分别于1995年2月、2001年4月、2013年6月和2015年4月对其进行了修改。《税收征管法》的条文总数达到了94条,在现行有效的税收法律中条文总数是最多的。《税收征管法》是税收征管程序的一般法,主要规定税收管理、征收、税收保障以及征纳纠纷解决等税收征管活动中一般性、普适性的规则,但总体上规定仍较为原则。为了确保《税收征管法》的实施,国务院以及财政部、国家税务总局还制定了数量庞大的行政规则,与其共同构建了税收征管制度的规范体系。与单行税种法相比,税收征管的法律渊源形式分布较为均衡。除国务院制定的《税收征收管理法实施细则》《发票管理办法》两部行政法规外,财政部、国家税务总局还制定了数量众多的税务规章,如《重大税收违法失信主体信息公布管理办法》《税务稽查案件办理程序规定》《纳税担保试行办法》等,规范的对象涵盖了税务稽查程序、税务检举、税务登记、重大税务案件审理、税收执法督察等,总数达到23件,远远超过了单行税种法,占现行有效的税务规章的57.5%。这在一定程度上说明由于税务机关身处税收征管的第一线,能够掌握税收征管活动的步骤、期限等程序性安排的较为全面的信息、知识和经验,能够作出较优的制度设计,并以位阶较高的渊源形式确定下来。余者与税收征管相关的规范均以税务规范性文件的渊源形式颁布,至今现有有效的文件数量已近200个。这些规范性文件针对具体特定事项作出,规范内容更加翔实明确,具有更高的可操作性。由于几乎全方位涵盖了税收征管活动的方方面面,所以成为税收征管活动的重要指引。

然而,这些繁简不一的规范性文件由财政部、国家税务总局于不同的时间、针对不同的征税事项颁布,同一规范性文件可能同时涵盖数个征税事项,同一征税事项的课税规则可能分割规定于生效日期不同的文件。为了应对高速发展、日趋复杂化的商业活动,行政机关又不断颁布新的征税规则、修正或补充已有的规则,由此形成了卷帙浩繁却又复杂而零散、缺少一致性和连贯性的规范体系。对于税务机关和纳税人来说,要在数量众多且庞杂无序的税务规范性文件中发现并确定应适用的税法规范,必然是困难且耗时漫长的,大大增加了遵从和执行的难度,频繁地修改和补充更是引发一轮又一轮的学习和培训成本。

鉴于此,基于税收征管活动的基本规律和内在逻辑,将零散无序的税法规范重新予以编排,形成有序、连贯、前后一致的税收征管规范体系,使其清晰且易懂,以便读者打开税法,即可以准确地找到与特定税收征管活动相关的所有条款并加以理解和适用,对于增强税法遵从度极为重要。本书摒弃了税法规范按颁布时间或主题顺序逐一堆砌的方式,而是采用以《税收征管法》为主干、以税务行政规则为注脚的汇编体例,具有如下显著特色:第一,以《税收征管法》的条文为中心,尽可能涵盖每一条文所衍生的全部税法规范,从而可以一窥税收征管制度的全貌。第二,采用置换、分解、重述等方法将"碎片化"的税法规范予以体系化。不同政府部门针对同一征税事项在不同时间发布实施的不同税务行政规则被聚合在同一具体条文之下,并按不同效力位阶予以编排。第三,对征税事项予以类型化,并按一定的顺序予以编排。同一事项的相关税法规范按照颁布时间予以排列。这不仅便于征纳主体查阅相关的税法条文,也便于把握立法者和执法者就该事项征税的基本思路,厘清税法脉络。在内容上,本书力求涵盖1992年以来颁布且现行有效的与税收征管活动相关的法律、行政法规、规章和税务规范性文件,已经失效的不再收录其中。部分失效的税务规范性文件对失效的条文予以标注和提示。

本书将为税务机关、注册会计师、税务律师等税收实务工作人员以及广大纳税人快速查阅、综合理解和正确适用税收征管法提供便捷的途径,也将为税收经济学和税法的科研工作者从事教学和科研提供研究便利,是非常实用的税收征管程序方面的工具书。本书将不断以修订版的形式及时对相关内容予以更新,以为读者提供最新、最全的法规信息。本书的不当与疏漏之处在所难免,敬请读者批评指正。

税法典将起步于一般税收征管程序法与单行税种的实体性规范、特别程序性规范的相互融合。本书是对税收征管法规予以汇编、使之系统化的有益尝试。如果能为将来税法典的制定助力一二,亦是编者之所幸。

汤洁茵
2025年初夏于昆玉河畔寓所

目　　录

第一章　总　　则

第一条　【立法目的】 ······································· 2

第二条　【适用范围】 ······································· 2
　税收行政法规 ·· 2
　　《中华人民共和国税收征收管理法实施细则》 ············· 2

第三条　【依法征税原则】 ··································· 2
　一、税收行政法规 ·· 3
　　《中华人民共和国税收征收管理法实施细则》 ············· 3
　二、税务规范性文件 ······································ 3
　　1.《国家税务总局关于印发〈"十三五"时期税务系统全面推进依法治税工作规划〉的通知》 ······················ 3
　　2.《国家税务总局关于优化税务执法方式严禁征收"过头税费"的通知》 ··· 15

第四条　【纳税主体】 ······································· 17

第五条　【主管机关与征管支持】 ····························· 18
　一、税务规范性文件 ······································ 18
　　1.《国家税务总局关于进一步加强税收征管工作的若干意见》 ···· 18

2.《自然资源部 国家税务总局 中国银保监会关于协同推进"互联网+不动产登记"方便企业和群众办事的意见》…… 19

二、部门工作文件 …… 20

《国家税务总局关于开展2021年"我为纳税人缴费人办实事暨便民办税春风行动"的意见》…… 20

第六条 【税收征管的信息化建设】 …… 20

一、税收行政法规 …… 21

《中华人民共和国税收征收管理法实施细则》…… 21

二、税务规范性文件 …… 21

1.《国家税务总局关于进一步加强税收征管工作的若干意见》…… 21

2.《国家税务总局关于印发〈集贸市场税收分类管理办法〉的通知》…… 23

3.《国家税务总局关于推广应用汇总纳税信息管理系统有关问题的通知》…… 24

4.《国家税务总局 国家工商行政管理总局关于加强税务工商合作 实现股权转让信息共享的通知》…… 25

5.《国家税务总局关于明确社会组织等纳税人使用统一社会信用代码及办理税务登记有关问题的通知》…… 26

6.《国家税务总局关于印发〈优化税务执法方式全面推行"三项制度"实施方案〉的通知》…… 27

7.《国家税务总局关于进一步深化税务领域"放管服"改革 培育和激发市场主体活力若干措施的通知》…… 28

三、部门工作文件 …… 29

1.《国家税务总局关于进一步推进"多证合一"工商共享信息运用工作的通知》…… 29

2.《工商总局 税务总局关于加强信息共享和联合监管的通知》…… 31

3.《住房和城乡建设部 最高人民法院 公安部 人民银行 税务总局 银保监会关于加强房屋网签备案信息共享 提升公共服务水平的通知》…… 34

4.《国家税务总局关于开展2021年"我为纳税人缴费人办实事暨便民办税春风行动"的意见》 ………………… 34

5.《国家税务总局 自然资源部关于进一步深化信息共享 便利不动产登记和办税的通知》 ……………………… 35

6.《国家税务总局关于开展2024年"便民办税春风行动"的意见》 ………………………………………………… 38

第七条 【税务机关的税法宣传义务】 ……………………… 39

一、税务规范性文件 ……………………………………… 39

《国家税务总局关于纳税人权利与义务的公告》 ……… 39

二、部门工作文件 ………………………………………… 40

1.《国家税务总局关于加强税法宣传、密切与社会各界沟通的通知》 ……………………………………………… 40

2.《国家税务总局关于做好"二维码"一次性告知工作的通知》 ……………………………………………………… 41

3.《国家税务总局关于印发〈全面推行税务证明事项告知承诺制实施方案〉的通知》 ……………………………… 43

4.《国家税务总局关于部分税务证明事项实行告知承诺制 进一步优化纳税服务的公告》 …………………………… 49

5.《国家税务总局关于开展2023年"便民办税春风行动"的意见》 ………………………………………………… 51

6.《国家税务总局关于进一步实施部分税务证明事项告知承诺制的公告》 ………………………………………… 53

7.《国家税务总局关于接续推出2023年"便民办税春风行动"第二批措施的通知》 ……………………………… 53

8.《国家税务总局办公厅 中华全国工商业联合会办公厅关于印发〈2023年助力小微经营主体发展"春雨润苗"专项行动方案〉的通知》 …………………………………… 55

9.《国家税务总局关于扎实开展税务系统主题教育推出"便民办税春风行动"第四批措施的通知》 ……………… 60

10.《国家税务总局关于开展2024年"便民办税春风行动"的意见》……………………………………………………… 63

第八条 【纳税人的权利】…………………………………… 64
一、税收行政法规 …………………………………………… 64
《中华人民共和国税收征收管理法实施细则》………… 64
二、税务规章 ………………………………………………… 65
1.《国家税务总局关于修改〈重大税务案件审理办法〉的决定》………………………………………………… 65
2.《税务稽查案件办理程序规定》……………………… 72
三、税务规范性文件 ………………………………………… 73
(一)一般规定 ……………………………………………… 73
1.《国家税务总局关于纳税人权利与义务的公告》…… 73
2.《国家税务总局关于加强纳税人权益保护工作的若干意见》……………………………………………… 75
(二)纳税信息保密权 ……………………………………… 82
1.《国家税务总局关于印发〈纳税人涉税保密信息管理暂行办法〉的通知》……………………………… 82
2.《国家税务总局关于发布〈涉税信息查询管理办法〉的公告》……………………………………………… 87
3.《国家税务总局办公厅关于印发〈税务机关政府信息公开申请办理规范〉的通知》………………………… 90
(三)税负从轻权 …………………………………………… 98
《国家税务总局关于进一步深化税务领域"放管服"改革 培育和激发市场主体活力若干措施的通知》…… 98
(四)程序性权利 …………………………………………… 98
《国家税务总局关于印发〈税务行政处罚听证程序实施办法(试行)〉、〈税务案件调查取证与处罚决定分开制度实施办法(试行)〉的通知》………………………… 98

四、部门工作文件 ········· 102
《国家税务总局关于开展2021年"我为纳税人缴费人办实事暨便民办税春风行动"的意见》 ········· 102

第九条 【队伍建设与纳税人服务】 ········· 103
一、税收行政法规 ········· 103
《中华人民共和国税收征收管理法实施细则》 ········· 103
二、税务规章 ········· 104
《税务稽查案件办理程序规定》 ········· 104
三、税务规范性文件 ········· 104
(一)纳税服务 ········· 104
1.《国家税务总局关于印发〈纳税评估管理办法(试行)〉的通知》 ········· 104
2.《国家税务总局关于进一步规范和完善个体税收征收管理工作的意见》 ········· 111
3.《国家税务总局关于印发〈大企业税务风险管理指引(试行)〉的通知》 ········· 114
4.《国家税务总局关于进一步规范办税服务厅内部标识有关问题的通知》 ········· 120
5.《国家税务总局关于印发〈纳税服务经费管理暂行规定〉的通知》 ········· 122
6.《国家税务总局关于进一步统一规范办税服务场所标识的通知》 ········· 126
7.《国家税务总局关于创新税收服务和管理的意见》 ········· 127
8.《国家税务总局关于完善办税服务相关制度的通知》 ········· 127
9.《国家税务总局关于优化税务执法方式严禁征收"过头税费"的通知》 ········· 131

(二)税收执法与监督 ········· 133
1.《国家税务总局关于禁止在推行电子申报过程中向纳税人收取或变相收取任何费用的通知》 ········· 133

2.《国家税务总局关于进一步加强税收征管工作的若干意见》…… 133
3.《国家税务总局关于印发〈税收管理员制度(试行)〉的通知》…… 140
4.《国家税务总局关于印发税收执法责任制"两个办法"和"两个范本"的通知》…… 144
5.《国家税务总局关于印发〈税收个案批复工作规程(试行)〉的通知》…… 154
6.《国家税务总局关于规范税务行政裁量权工作的指导意见》…… 157
7.《国家税务总局关于税务行政审批制度改革若干问题的意见》…… 163
8.《国家税务总局关于印发〈系统督查管理办法〉的通知》…… 167
9.《国家税务总局关于发布〈税务行政处罚裁量权行使规则〉的公告》…… 173
10.《国家税务总局关于印发〈优化税务执法方式全面推行"三项制度"实施方案〉的通知》…… 177
11.《国家税务总局关于印发〈税务行政执法案例指导工作实施办法〉的通知》…… 183
12.《税务总局等十三部门关于推进纳税缴费便利化改革 优化税收营商环境若干措施的通知》…… 188
13.《国家税务总局关于进一步深化税务领域"放管服"改革 培育和激发市场主体活力若干措施的通知》…… 190

(三)纳税信用管理 …… 191
1.《国家税务总局关于发布〈纳税信用管理办法(试行)〉的公告》…… 191
2.《国家税务总局关于明确纳税信用补评和复评事项的公告》…… 197
3.《国家税务总局关于明确纳税信用管理若干业务口径的公告》…… 198
4.《国家税务总局关于完善纳税信用管理有关事项的公告》…… 203
5.《国家税务总局关于纳税信用评价有关事项的公告》…… 204

6.《国家税务总局关于纳税信用修复有关事项的公告》………… 206
7.《国家税务总局关于纳税信用管理有关事项的公告》………… 207
8.《国家税务总局关于纳税信用评价与修复有关事项的公告》…… 209
四、部门工作文件 …………………………………………………… 210
1.《国家税务总局关于加大监督检查力度切实维护税收秩序的通知》………………………………………………………… 210
2.《国家税务总局关于加强对防伪系统服务单位监管切实维护纳税人合法权益的通知》……………………………………… 212
3.《国家税务总局关于印发〈税务系统首问责任制度(试行)〉的通知》…………………………………………………………… 213
4.《国家税务总局关于加强网上办税系统技术管理工作的通知》…………………………………………………………… 214
5.《国家税务总局关于严禁违规插手涉税中介经营活动的通知》…………………………………………………………… 215
6.《国家税务总局关于开展2021年"我为纳税人缴费人办实事暨便民办税春风行动"的意见》……………………………… 218

第十条 【内部监督】 ……………………………………………… 222
一、税收行政法规 …………………………………………………… 223
《中华人民共和国税收征收管理法实施细则》………………… 223
二、税务规章 ………………………………………………………… 224
《税收执法督察规则》…………………………………………… 224
三、税务规范性文件 ………………………………………………… 233
1.《国家税务总局关于印发〈重大税收违法案件督办管理暂行办法〉的通知》……………………………………………… 233
2.《国家税务总局关于发布〈税务文书电子送达规定(试行)〉的公告》…………………………………………………………… 239

第十一条 【职权分离与制约】 …………………………………… 241

第十二条 【回避义务】 …… 241
一、税收行政法规 …… 241
《中华人民共和国税收征收管理法实施细则》 …… 241
二、税务规章 …… 242
《税务稽查案件办理程序规定》 …… 242

第十三条 【检举与奖励】 …… 242
一、税收行政法规 …… 242
《中华人民共和国税收征收管理法实施细则》 …… 242
二、税务规章 …… 243
1.《检举纳税人税收违法行为奖励暂行办法》 …… 243
2.《税收违法行为检举管理办法》 …… 248
三、税务规范性文件 …… 256
1.《国家税务总局关于贯彻〈中华人民共和国税收征收管理法〉及其实施细则若干具体问题的通知》 …… 256
2.《国家税务总局关于检举税收违法行为查补滞纳金可否给予奖励问题的批复》 …… 256
3.《国家税务总局关于修订〈纳税服务投诉管理办法〉的公告》 …… 257

第十四条 【机构设置】 …… 264
一、税收行政法规 …… 264
《中华人民共和国税收征收管理法实施细则》 …… 264
二、税务规范性文件 …… 264
1.《国家税务总局关于稽查局有关执法权限的批复》 …… 264
2.《国家税务总局关于做好国税地税征管体制改革过渡期有关税收征管工作的通知》 …… 264
3.《国家税务总局关于税务机构改革有关事项的公告》 …… 268

第二章 税务管理

第一节 税务登记

第十五条 【税务登记】 …………………………………………… 270
一、税收行政法规 …………………………………………………… 270
　《中华人民共和国税收征收管理法实施细则》 ……………… 270
二、税务规章 ………………………………………………………… 271
　1.《税务登记管理办法》 ………………………………………… 271
　2.《国家税务总局关于公布取消一批税务证明事项以及废止和修改部分规章规范性文件的决定》 ………………………… 276
三、税务规范性文件 ………………………………………………… 277
　1.《国家税务总局关于贯彻〈中华人民共和国税收征收管理法〉及其实施细则若干具体问题的通知》 ……………………… 277
　2.《国家税务总局关于进一步加强税收征管工作的若干意见》 …… 278
　3.《国家税务总局关于印发〈集贸市场税收分类管理办法〉的通知》 ………………………………………………………… 278
　4.《国家税务总局关于完善税务登记管理若干问题的通知》 …… 280
　5.《国家税务总局关于简化纳税人向税务机关提供有关审验证件的通知》 …………………………………………………… 283
　6.《国家税务总局办公厅关于税务登记中企业登记注册类型有关问题的通知》 …………………………………………… 284
　7.《国家税务总局关于纳税人权利与义务的公告》 ………… 284
　8.《国家税务总局关于印发〈外国企业常驻代表机构税收管理暂行办法〉的通知》 …………………………………………… 285
　9.《国家税务总局关于进一步完善税务登记管理有关问题的公告》 ………………………………………………………… 286
　10.《国家税务总局关于贯彻落实〈国务院关于取消和下放一批行政审批项目的决定〉的通知》 ……………………………… 288
　11.《国家税务总局关于创新税收服务和管理的意见》 ………… 289

12.《国家税务总局关于推进工商营业执照、组织机构代码证和
  税务登记证"三证合一"改革的若干意见》 …………… 290
13.《国家税务总局关于部分税务行政审批事项取消后有关管
  理问题的公告》 …………………………………………… 292
14.《国家税务总局关于部分税务行政审批事项取消后有关管
  理问题的公告》 …………………………………………… 294
15.《国家税务总局关于落实"三证合一"登记制度改革的通知》 …… 295
16.《国家税务总局关于修订纳税人识别号代码标准的公告》 …… 298
17.《国家税务总局关于京津冀范围内纳税人办理跨省(市)迁
  移有关问题的通知》 ……………………………………… 299
18.《国家税务总局关于明确社会组织等纳税人使用统一社会
  信用代码及办理税务登记有关问题的通知》 …………… 303
19.《国家税务总局关于优化〈外出经营活动税收管理证明〉相
  关制度和办理程序的意见》 ……………………………… 304
20.《国家税务总局关于取消一批涉税事项和报送资料的通知》 …… 306
21.《国家税务总局关于创新跨区域涉税事项报验管理制度的
  通知》 ……………………………………………………… 307
22.《国家税务总局关于明确跨区域涉税事项报验管理相关问
  题的公告》 ………………………………………………… 309
23.《国家税务总局关于自然人纳税人识别号有关事项的
  公告》 ……………………………………………………… 310
24.《国家税务总局关于税收征管若干事项的公告》 ………… 311
25.《"非接触式"办税缴费事项清单》 ………………………… 312

四、部门工作文件 ……………………………………………… 313
1.《国家税务总局关于贯彻落实〈国务院关于第六批取消和调
  整行政审批项目的决定〉的通知》 ………………………… 313
2.《国家税务总局关于深圳商事登记制度改革涉及税务登记问
  题的批复》 ………………………………………………… 315
3.《国家税务总局关于贯彻落实〈国务院关于取消非行政许可
  审批事项的决定〉的通知》 ………………………………… 315

4.《国家税务总局关于进一步简化企业开办涉税事项办理程序压缩办理时间的通知》 …………………………………… 317

5.《国家税务总局关于开展2023年"便民办税春风行动"的意见》 ……………………………………………………… 320

第十六条　【税务变更与注销登记】 ……………………… 320
　一、税收行政法规 …………………………………………… 321
　　《中华人民共和国税收征收管理法实施细则》 ………… 321
　二、税务规章 ………………………………………………… 322
　　《税务登记管理办法》 …………………………………… 322
　三、税务规范性文件 ………………………………………… 324
　　1.《国家税务总局关于印发〈外国企业常驻代表机构税收管理暂行办法〉的通知》 ………………………………………… 324
　　2.《国家税务总局关于进一步优化办理企业税务注销程序的通知》 …………………………………………………… 325
　　3.《国家税务总局关于税收征管若干事项的公告》 ……… 327
　　4.《市场监管总局 国家税务总局关于进一步完善简易注销登记便捷中小微企业市场退出的通知》 ………………………… 328
　　5.《国家税务总局关于进一步深化税务领域"放管服"改革 培育和激发市场主体活力若干措施的通知》 ……………… 330
　　6.《"非接触式"办税缴费事项清单》 …………………… 330
　　7.《国家税务总局关于简化办理市场主体歇业和注销环节涉税事项的公告》 …………………………………………… 331
　四、部门工作文件 …………………………………………… 332
　　1.《国家税务总局关于开展2021年"我为纳税人缴费人办实事暨便民办税春风行动"的意见》 …………………………… 332
　　2.《国家税务总局关于优化若干税收征管服务事项的通知》 … 332

第十七条　【银行账户的开立与报告】 …………………… 335
　一、税收行政法规 …………………………………………… 335
　　《中华人民共和国税收征收管理法实施细则》 ………… 335

二、税务规范性文件 …………………………………… 335
　　1.《国家税务总局关于完善税务登记管理若干问题的通知》…… 335
　　2.《国家税务总局关于纳税人权利与义务的公告》 …………… 336
　　3.《国家税务总局 财政部 中国人民银行 中国银行业监督管理委员会 中国证券监督管理委员会 中国保险监督管理委员会关于发布〈非居民金融账户涉税信息尽职调查管理办法〉的公告》…………………………………………………………… 337
　　4.《国家税务总局关于部分税务事项实行容缺办理和进一步精简涉税费资料报送的公告》 ……………………………… 352

第十八条　【税务登记证件】 …………………………… 354
　一、税收行政法规 …………………………………………… 354
　　《中华人民共和国税收征收管理法实施细则》 ……………… 354
　二、税务规章 ………………………………………………… 355
　　《税务登记管理办法》 …………………………………… 355
　三、税务规范性文件 ………………………………………… 356
　　1.《国家税务总局关于贯彻〈中华人民共和国税收征收管理法〉及其实施细则若干具体问题的通知》 ………………… 356
　　2.《国家税务总局关于完善税务登记管理若干问题的通知》…… 356
　　3.《国家税务总局关于换发税务登记证件的通知》 ………… 357
　　4.《国家税务总局关于换发税务登记证件有关问题的补充通知》 …………………………………………………… 361
　　5.《"非接触式"办税缴费事项清单》 …………………… 362

第二节　帐簿、凭证管理

第十九条　【帐簿的设置与核算】 ……………………… 362
　一、税收行政法规 …………………………………………… 362
　　《中华人民共和国税收征收管理法实施细则》 ……………… 362
　二、税务规章 ………………………………………………… 363
　　《个体工商户建账管理暂行办法》 ………………………… 363

三、税务规范性文件 ··· 366
  1.《国家税务总局关于印发〈欠缴税金核算管理暂行办法〉的通知》 ·· 366
  2.《国家税务总局关于修订欠缴税金核算方法的通知》 ········ 371
  3.《国家税务总局关于呆账税金清理和滞纳金核算等有关事项的通知》 ··· 374
  4.《国家税务总局关于大力开展个体工商户建账和强化查账征收工作的通知》 ·· 376
  5.《国家税务总局关于核销"死欠"有关问题的补充通知》 ···· 379
  6.《国家税务总局关于调整查补税金会计核算事项的通知》 ······ 380
  7.《国家税务总局关于普通发票行政审批取消和调整后有关税收管理问题的通知》 ·· 382
  8.《国家税务总局关于纳税人权利与义务的公告》 ············· 383

第二十条 【会计制度的备案】 ··· 383
  一、税收行政法规 ··· 384
    《中华人民共和国税收征收管理法实施细则》 ···················· 384
  二、税务规章 ·· 384
    《税收会计制度》 ··· 384
  三、税务规范性文件 ··· 388
    1.《国家税务总局关于贯彻〈中华人民共和国税收征收管理法〉及其实施细则若干具体问题的通知》 ······································· 388
    2.《国家税务总局关于纳税人权利与义务的公告》 ············· 389

第二十一条 【发票管理】 ··· 389
  一、税收行政法规 ··· 390
    《中华人民共和国发票管理办法》 ································· 390
  二、税务规章 ·· 397
    《国家税务总局关于修改〈中华人民共和国发票管理办法实施细则〉的决定》 ·· 397

三、税务规范性文件 ……………………………………………… 403

1. 《国家税务总局 交通部关于启用〈国际海运业运输专用发票〉和〈国际海运业船舶代理专用发票〉有关问题的通知》 ……… 403
2. 《国家税务总局关于统一全国普通发票分类代码和发票号码的通知》 …………………………………………………………… 404
3. 《国家税务总局关于明确普通发票分类代码中年份代码含义的通知》 …………………………………………………………… 406
4. 《国家税务总局关于严格执行统一发票代码和发票号码的通知》 …………………………………………………………… 407
5. 《国家税务总局关于税控发票印制使用管理有关问题的通知》 …………………………………………………………… 408
6. 《国家税务总局关于加强普通发票集中印制管理的通知》…… 412
7. 《国家税务总局关于普通发票行政审批取消和调整后有关税收管理问题的通知》 ………………………………………… 413
8. 《国家税务总局关于进一步加强普通发票管理工作的通知》…… 414
9. 《国家税务总局关于普通发票真伪鉴定问题的通知》………… 419
10. 《国家税务总局关于印发〈全国普通发票简并票种统一式样工作实施方案〉的通知》 …………………………………… 420
11. 《国家税务总局关于全国统一式样发票衔接问题的通知》…… 426
12. 《国家税务总局关于发票专用章式样有关问题的公告》 …… 428
13. 《国家税务总局 财政部关于冠名发票印制费结算问题的通知》 …………………………………………………………… 428
14. 《国家税务总局关于贯彻落实〈国务院关于取消和下放一批行政审批项目等事项的决定〉的通知》 …………………… 429
15. 《国家税务总局关于创新税收服务和管理的意见》 ………… 429
16. 《税务总局等十三部门关于推进纳税缴费便利化改革 优化税收营商环境若干措施的通知》 ………………………… 431
17. 《国家税务总局 工业和信息化部 公安部关于发布〈机动车发票使用办法〉的公告》 …………………………………… 432

18.《国家税务总局关于发布〈税务行政处罚"首违不罚"事项清单〉的公告》 436
19.《国家税务总局关于发布〈第二批税务行政处罚"首违不罚"事项清单〉的公告》 437
20.《"非接触式"办税缴费事项清单》 437
四、部门工作文件 437
《国家税务总局关于开展2021年"我为纳税人缴费人办实事暨便民办税春风行动"的意见》 437

第二十二条 【增值税专用发票的管理】 437
税务规范性文件 438
1.《国家税务总局关于修订〈增值税专用发票使用规定〉的通知》 438
2.《国家税务总局关于在新办纳税人中实行增值税专用发票电子化有关事项的公告》 444
3.《国家税务总局关于优化纳税人延期缴纳税款等税务事项管理方式的公告》 447

第二十三条 【税控装置】 448
一、税收行政法规 448
《中华人民共和国税收征收管理法实施细则》 448
二、税务规范性文件 449
1.《国务院办公厅转发国家税务总局关于全面推广应用增值税防伪税控系统意见的通知》 449
2.《国家税务总局关于进一步加强税收征管工作的若干意见》 450
3.《信息产业部 国家税务总局关于印发〈税控收款机产品序列号管理办法〉的通知》 451
4.《国家税务总局关于税控收款机序列号管理有关问题的通知》 454

5.《国家税务总局关于普通发票行政审批取消和调整后有关税收管理问题的通知》 …………………………………… 455

6.《国家税务总局关于上海市税控收款机推广应用有关问题的批复》 …………………………………………………… 455

7.《国家税务总局关于纳税人权利与义务的公告》 ………… 456

第二十四条 【账簿凭证的保管】 ………………………… 456
税收行政法规 ………………………………………………… 457
《中华人民共和国税收征收管理法实施细则》 …………… 457

第三节 纳税申报

第二十五条 【依法申报义务】 …………………………… 457
一、税收行政法规 …………………………………………… 458
《中华人民共和国税收征收管理法实施细则》 …………… 458
二、税务规范性文件 ………………………………………… 459
1.《国家税务总局 中国人民银行 财政部关于加强申报纳税工作有关问题的通知》 ………………………………… 459
2.《国家税务总局关于贯彻〈中华人民共和国税收征收管理法〉及其实施细则若干具体问题的通知》 …………… 460
3.《国家税务总局关于进一步加强税收征管工作的若干意见》 …… 461
4.《国家税务总局关于印发〈集贸市场税收分类管理办法〉的通知》 …………………………………………………… 462
5.《国家税务总局关于印发〈纳税人财务会计报表报送管理办法〉的通知》 ……………………………………… 462
6.《国家税务总局关于纳税人权利与义务的公告》 ………… 469
7.《国家税务总局关于印发〈外国企业常驻代表机构税收管理暂行办法〉的通知》 …………………………………… 469
8.《国家税务总局关于发布〈网上纳税申报软件管理规范(试行)〉的公告》 ……………………………………………… 470

9.《国家税务总局关于贯彻落实〈国务院关于取消和下放一批行政审批项目等事项的决定〉的通知》·············· 473
10.《国家税务总局关于创新税收服务和管理的意见》·········· 475
11.《国家税务总局关于合理简并纳税人申报缴税次数的公告》······ 476
12.《国家税务总局关于简并税费申报有关事项的公告》········ 477
13.《国家税务总局关于进一步深化税务领域"放管服"改革 培育和激发市场主体活力若干措施的通知》·············· 478
三、部门工作文件 ·· 478
《国家税务总局关于开展 2021 年"我为纳税人缴费人办实事暨便民办税春风行动"的意见》························ 478

第二十六条 【申报方式】···································· 479
一、税收行政法规 ·· 479
《中华人民共和国税收征收管理法实施细则》·············· 479
二、税务规章 ·· 480
《邮寄纳税申报办法》···································· 480
三、税务规范性文件 ·· 481
1.《国家税务总局关于纳税人权利与义务的公告》·········· 481
2.《税务总局等十三部门关于推进纳税缴费便利化改革 优化税收营商环境若干措施的通知》·················· 482
3.《国家税务总局关于进一步深化税务领域"放管服"改革 培育和激发市场主体活力若干措施的通知》·············· 483
四、部门工作文件 ·· 483
《国家税务总局关于开展 2023 年"便民办税春风行动"的意见》······ 483

第二十七条 【延期申报权】·································· 483
一、税收行政法规 ·· 484
《中华人民共和国税收征收管理法实施细则》·············· 484

二、税务规范性文件 ·· 484
1.《国家税务总局关于纳税人权利与义务的公告》············ 484
2.《国家税务总局关于优化纳税人延期缴纳税款等税务事项管理方式的公告》·· 485

第三章 税 款 征 收

第二十八条 【税款的依法征收】················· 489
一、税收行政法规 ·· 490
《中华人民共和国税收征收管理法实施细则》··········· 490
二、税务规范性文件 ·· 491
1.《国家税务总局关于进一步加强欠税管理工作的通知》······ 491
2.《国家税务总局关于进一步加强税收征管工作的若干意见》··· 493
3.《国家税务总局关于印发〈集贸市场税收分类管理办法〉的通知》································· 494
4.《国家税务总局关于税库银横向联网电子缴税有关问题的通知》································· 494
5.《国家税务总局 中国人民银行关于横向联网系统银行卡刷卡缴税业务有关问题的通知》······················ 495
6.《国家税务总局 中国人民银行关于规范横向联网系统银行卡缴税业务的通知》······················ 497
7.《国家税务总局办公厅关于税费征收过程中人民币现金收付有关事项的通知》······················ 498
三、部门工作文件 ·· 498
1.《国家税务总局关于开展2022年"我为纳税人缴费人办实事暨便民办税春风行动"的意见》················ 498
2.《国家税务总局关于推出2022年"我为纳税人缴费人办实事暨便民办税春风行动2.0版"的通知》············· 506
3.《国家税务总局关于接续推出2023年"便民办税春风行动"第二批措施的通知》··················· 509

4.《国家税务总局关于开展2024年"便民办税春风行动"的意见》…… 510

第二十九条 【征税权的专属性】…… 513
 一、税收行政法规 …… 513
  《中华人民共和国税收征收管理法实施细则》…… 513
 二、税务规范性文件 …… 514
  1.《国家税务总局关于印发〈集贸市场税收分类管理办法〉的通知》…… 514
  2.《国家税务总局关于发布〈委托代征管理办法〉的公告》…… 514
  3.《国家税务总局关于规范国税机关代开发票环节征收地方税费工作的通知》…… 520

第三十条 【税款的扣缴】…… 522
 一、税收行政法规 …… 523
  《中华人民共和国税收征收管理法实施细则》…… 523
 二、税务规范性文件 …… 523
  1.《国家税务总局关于贯彻〈中华人民共和国税收征收管理法〉及其实施细则若干具体问题的通知》…… 523
  2.《财政部关于印发〈财政监察专员办事处对国家税务局代扣代收代征税款手续费审核暂行办法〉的通知》…… 524
  3.《国家税务总局关于纳税人权利与义务的公告》…… 527
  4.《财政部 税务总局 人民银行关于进一步加强代扣代收代征税款手续费管理的通知》…… 527

第三十一条 【按期缴款与延期】…… 532
 一、税收行政法规 …… 532
  《中华人民共和国税收征收管理法实施细则》…… 532
 二、税务规范性文件 …… 533
  1.《国家税务总局 中国人民银行关于明确"扣缴税款通知书"有效期限的批复》…… 533

2.《国家税务总局关于延期缴纳税款有关问题的通知》………… 533
3.《国家税务总局关于纳税人权利与义务的公告》……………… 534
4.《国家税务总局关于取消20项税务证明事项的公告》………… 534
5.《国家税务总局关于取消一批税务证明事项的决定》………… 535
6.《国家税务总局关于优化纳税人延期缴纳税款等税务事项管理方式的公告》…………………………………………………… 536

第三十二条 【税款的补缴与滞纳金】…………………………… 538
一、税收行政法规 ……………………………………………… 539
《中华人民共和国税收征收管理法实施细则》………………… 539
二、税务规范性文件 …………………………………………… 539
1.《国家税务总局关于贯彻实施〈中华人民共和国税收征收管理法〉有关问题的通知》…………………………………………… 539
2.《国家税务总局关于贯彻〈中华人民共和国税收征收管理法〉及其实施细则若干具体问题的通知》…………………………… 539
3.《国家税务总局关于延期申报预缴税款滞纳金问题的批复》…… 540
4.《国家税务总局关于税收征管若干事项的公告》……………… 541
三、司法解释 …………………………………………………… 541
1.《最高人民法院关于审理企业破产案件若干问题的规定》…… 541
2.《最高人民法院关于税务机关就破产企业欠缴税款产生的滞纳金提起的债权确认之诉应否受理问题的批复》………………… 542

第三十三条 【减免税的法定性】………………………………… 542
一、税收行政法规 ……………………………………………… 542
《中华人民共和国税收征收管理法实施细则》………………… 542
二、税务规范性文件 …………………………………………… 543
1.《财政部 国家税务总局关于明确对查补税款不得享受先征后退政策的批复》………………………………………………… 543
2.《国家税务总局关于贯彻〈中华人民共和国税收征收管理法〉及其实施细则若干具体问题的通知》…………………………… 543
3.《国家税务总局关于发布〈减免税政策代码目录〉的公告》…… 543

4.《国家税务总局关于进一步落实落细税费优惠政策 坚决防止违规征税收费的通知》…… 544

5.《国家税务总局办公厅关于进一步加强地方性减免税管理工作的通知》…… 546

6.《税务总局等十三部门关于推进纳税缴费便利化改革 优化税收营商环境若干措施的通知》…… 548

7.《"非接触式"办税缴费事项清单》…… 550

8.《国家税务总局关于部分税务事项实行容缺办理和进一步精简涉税费资料报送的公告》…… 550

三、部门工作文件 …… 552

《国家税务总局关于落实落细税费优惠政策推出"便民办税春风行动"第三批措施的通知》…… 552

第三十四条 【完税凭证】 …… 554

一、税收行政法规 …… 555

《中华人民共和国税收征收管理法实施细则》…… 555

二、税务规章 …… 555

《税收票证管理办法》…… 555

三、税务规范性文件 …… 569

1.《国家税务总局关于纳税人权利与义务的公告》…… 569

2.《国家税务总局关于推行纳税人网上开具缴款凭证有关工作的通知》…… 569

3.《国家税务总局关于1元以下应纳税额和滞纳金处理问题的公告》…… 573

4.《国家税务总局关于实施〈税收票证管理办法〉若干问题的公告》…… 573

5.《国家税务总局关于明确〈税收完税证明〉(文书式)开具管理有关事项的通知》…… 576

6.《国家税务总局关于开具〈无欠税证明〉有关事项的公告》…… 577

第三十五条 【税额的核定】 ………………………… 578
一、税收行政法规 ………………………………… 579
《中华人民共和国税收征收管理法实施细则》………… 579
二、税务规章 ……………………………………… 580
《个体工商户税收定期定额征收管理办法》……………… 580
三、税务规范性文件 ……………………………… 584
1. 《国家税务总局关于贯彻〈中华人民共和国税收征收管理法〉及其实施细则若干具体问题的通知》…………… 584
2. 《国家税务总局关于印发〈集贸市场税收分类管理办法〉的通知》……………………………………………… 585
3. 《国家税务总局关于进一步规范和完善个体税收征收管理工作的意见》……………………………………… 586
4. 《国家税务总局关于个体工商户定期定额征收管理有关问题的通知》……………………………………… 586
5. 《国家税务总局关于印发〈外国企业常驻代表机构税收管理暂行办法〉的通知》………………………………… 588
6. 《国家税务总局关于纳税人首次办理涉税事项有关问题的批复》……………………………………………… 590
7. 《国家税务总局关于优化纳税人延期缴纳税款等税务事项管理方式的公告》……………………………… 590

第三十六条 【转让定价调整】 ……………………… 592
一、税收行政法规 ………………………………… 592
《中华人民共和国税收征收管理法实施细则》………… 592
二、税务规范性文件 ……………………………… 594
1. 《国家税务总局关于贯彻〈中华人民共和国税收征收管理法〉及其实施细则若干具体问题的通知》…………… 594
2. 《国家税务总局关于纳税人权利与义务的公告》……… 594
3. 《国家税务总局关于关联股权债权交易适用特别纳税调整法律法规及有关规定的批复》………………………… 595

  4.《国家税务总局关于完善关联申报和同期资料管理有关事项的公告》 595

  5.《国家税务总局关于完善预约定价安排管理有关事项的公告》 606

  6.《国家税务总局关于明确同期资料主体文档提供及管理有关事项的公告》 615

  7.《国家税务总局关于单边预约定价安排适用简易程序有关事项的公告》 616

  8.《国家税务总局关于进一步深化税务领域"放管服"改革 培育和激发市场主体活力若干措施的通知》 619

三、部门工作文件 619

  1.《国家税务总局关于贯彻落实〈国务院关于取消非行政许可审批事项的决定〉的通知》 619

  2.《国家税务总局关于优化纳税服务简并居民企业报告境外投资和所得信息有关报表的公告》 620

第三十七条 【未办理税务登记的税额核定】 621

税收行政法规 622

  《中华人民共和国税收征收管理法实施细则》 622

第三十八条 【税款的保全措施】 622

一、税收行政法规 623

  《中华人民共和国税收征收管理法实施细则》 623

二、税务规章 625

  1.《纳税担保试行办法》 625

  2.《抵税财物拍卖、变卖试行办法》 634

三、税务规范性文件 642

  《国家税务总局关于税务机关实施税收保全措施有关问题的通知》 642

第三十九条　【保全措施未及时解除的损害赔偿】………… 643
　　税收行政法规 ……………………………………………… 643
　　　《中华人民共和国税收征收管理法实施细则》 ………… 643

第四十条　【强制执行措施】………………………………… 644

第四十一条　【税收保障权限的专属性】…………………… 644
　　税收行政法规 ……………………………………………… 644
　　　《中华人民共和国税收征收管理法实施细则》 ………… 644

第四十二条　【生活必需品不得强制】……………………… 644

第四十三条　【不当强制的赔偿】…………………………… 645

第四十四条　【离境清税】…………………………………… 645
　　税收行政法规 ……………………………………………… 645
　　　《中华人民共和国税收征收管理法实施细则》 ………… 645

第四十五条　【税收优先权】………………………………… 645
　　一、税收行政法规 ………………………………………… 646
　　　《中华人民共和国税收征收管理法实施细则》 ………… 646
　　二、税务规章 ……………………………………………… 646
　　　1.《欠税公告办法(试行)》 ……………………………… 646
　　　2.《重大税收违法失信主体信息公布管理办法》 ……… 649
　　三、税务规范性文件 ……………………………………… 656
　　　1.《国家税务总局关于贯彻〈中华人民共和国税收征收管理法〉
　　　　 及其实施细则若干具体问题的通知》……………… 656
　　　2.《国家税务总局关于人民法院强制执行被执行人财产有关税
　　　　 收问题的复函》 ……………………………………… 656
　　　3.《国家税务总局关于税收优先权包括滞纳金问题的批复》…… 657

第四十六条 【欠税担保的说明义务】 ······ 657
税务规范性文件 ······ 657
《国家税务总局关于纳税人权利与义务的公告》 ······ 657

第四十七条 【查封与扣押的凭证】 ······ 658

第四十八条 【纳税义务的继承】 ······ 658
一、税务规范性文件 ······ 658
《国家税务总局关于纳税人权利与义务的公告》 ······ 658
二、司法解释 ······ 658
《最高人民法院关于审理与企业改制相关的民事纠纷案件若干问题的规定》(2020年修正) ······ 658

第四十九条 【大额资产报告义务】 ······ 659
一、税收行政法规 ······ 660
《中华人民共和国税收征收管理法实施细则》 ······ 660
二、税务规范性文件 ······ 660
1.《国家税务总局 国家外汇管理局关于个人财产对外转移提交税收证明或者完税凭证有关问题的通知》 ······ 660
2.《国家税务总局关于纳税人权利与义务的公告》 ······ 662

第五十条 【税收债权的保全】 ······ 662
一、其他部门法 ······ 662
《中华人民共和国民法典》 ······ 662
二、司法解释 ······ 664
《最高人民法院关于适用〈中华人民共和国民法典〉合同编通则若干问题的解释》 ······ 664

第五十一条 【退税权】 ······ 667
一、税收行政法规 ······ 667
《中华人民共和国税收征收管理法实施细则》 ······ 667

二、税务规范性文件 668
1.《财政部 国家税务总局 中国人民银行关于纳税人多缴税款及应付利息办理退库的通知》 668
2.《国家税务总局 财政部 中国人民银行关于纳税人多缴税款退付利息的范围及退库程序的批复》 668
3.《国家税务总局关于应退税款抵扣欠缴税款有关问题的通知》 669
4.《国家税务总局 中国人民银行 财政部关于现金退税问题的紧急通知》 671
5.《国家税务总局关于严格执行税款退库办理制度的通知》 672
6.《国家税务总局关于应退税款抵扣欠缴税款有关问题的公告》 674
三、部门工作文件 674
《国家税务总局关于扎实开展税务系统主题教育推出"便民办税春风行动"第四批措施的通知》 674

第五十二条 【追征期】 674
一、税收行政法规 675
《中华人民共和国税收征收管理法实施细则》 675
二、税务规范性文件 675
1.《国家税务总局关于欠税追缴期限有关问题的批复》 675
2.《国家税务总局关于未申报税款追缴期限问题的批复》 676

第五十三条 【税款的入库】 676
一、税收行政法规 677
《中华人民共和国税收征收管理法实施细则》 677
二、税务规章 677
《税款缴库退库工作规程》 677
三、税务规范性文件 687
1.《国家税务总局关于贯彻实施〈中华人民共和国税收征收管理法〉有关问题的通知》 687

2.《国家税务总局关于税务稽查部门查补税款入库问题的批复》……………………………………………………………… 688

3.《国家税务总局 财政部 中国人民银行关于印发〈税务代保管资金账户管理办法〉的通知》………………………… 688

4.《国家税务总局关于开立税务代保管资金账户有关问题的紧急通知》…………………………………………………… 695

5.《国家税务总局 财政部 中国人民银行关于税务代保管资金账户管理有关问题的通知》…………………………… 696

6.《国家税务总局关于扣缴义务人应扣未扣应收不收税款处以罚款使用收入科目和级次的批复》…………………… 701

7.《国家税务总局关于税务机关代征各种基金、费有关征缴入库和会统核算问题的通知》……………………………… 702

8.《国家税务总局关于税务机关协助执行人民法院裁定有关问题的批复》………………………………………………… 703

第四章 税务检查

第五十四条【税务检查】………………………………… 703
 一、税收行政法规……………………………………… 704
  《中华人民共和国税收征收管理法实施细则》……… 704
 二、税务规章…………………………………………… 705
  《税务稽查案件办理程序规定》……………………… 705
 三、税务规范性文件…………………………………… 716
  1.《国家税务总局关于贯彻〈中华人民共和国税收征收管理法〉及其实施细则若干具体问题的通知》………… 716
  2.《国家税务总局关于进一步加强税收征管工作的若干意见》…… 717
  3.《国家税务总局关于印发〈税收违法案件发票协查管理办法（试行）〉的通知》……………………………… 719
  4.《国家税务总局关于印发〈税务稽查案卷管理暂行办法〉和〈税务稽查案卷电子文件管理参考规范〉的通知》…… 724
  5.《国家税务总局关于印发〈推进税务稽查随机抽查实施方案〉的通知》……………………………………… 739

  6.《国家税务总局关于印发〈税务稽查案源管理办法(试行)〉的通知》 ································· 746

  7.《国家税务总局关于印发〈税务稽查随机抽查对象名录库管理办法(试行)〉的通知》 ························ 756

  8.《国家税务总局关于印发〈税务稽查随机抽查执法检查人员名录库管理办法(试行)〉的通知》 ····················· 761

第五十五条 【逃避欠税的强制】 ················· 767
  一、税收行政法规 ······················· 767
   《中华人民共和国税收征收管理法实施细则》 ······ 767
  二、税务规章 ························· 767
   《税务稽查案件办理程序规定》 ············· 767

第五十六条 【接受检查义务】 ················· 769
  一、税务规章 ························· 769
   《税务稽查案件办理程序规定》 ············· 769
  二、税务规范性文件 ····················· 770
   《国家税务总局关于纳税人权利与义务的公告》 ····· 770

第五十七条 【协助调查义务】 ················· 770
  一、税务规章 ························· 770
   《税务稽查案件办理程序规定》 ············· 770
  二、税务规范性文件 ····················· 771
   《国家税务总局关于纳税人权利与义务的公告》 ····· 771

第五十八条 【调查方法】 ··················· 771
  税务规章 ··························· 772
   《税务稽查案件办理程序规定》 ············· 772

第五十九条 【检查程序】 ··················· 773
  一、税收行政法规 ······················· 773
   《中华人民共和国税收征收管理法实施细则》 ······ 773

二、税务规章 ………………………………………… 773
　《税务稽查案件办理程序规定》………………… 773
三、税务规范性文件 ………………………………… 774
　1.《国家税务总局关于换发征收管理部门税务检查证件的通知》……………………………………………… 774
　2.《国家税务总局关于纳税人权利与义务的公告》 … 775
　3.《国家税务总局关于发布〈税务检查证管理办法〉的公告》…… 775

第五章　法　律　责　任

第六十条　【违反协力义务的行政责任】……………… 779
一、税收行政法规 …………………………………… 780
　《中华人民共和国税收征收管理法实施细则》… 780
二、税务规章 ………………………………………… 780
　《税务登记管理办法》…………………………… 780
三、税务规范性文件 ………………………………… 781
　1.《国家税务总局关于贯彻实施〈中华人民共和国税收征收管理法〉有关问题的通知》………………………… 781
　2.《国家税务总局关于发布〈税务行政处罚"首违不罚"事项清单〉的公告》……………………………… 781
　3.《国家税务总局关于发布〈第二批税务行政处罚"首违不罚"事项清单〉的公告》………………………… 782

第六十一条　【扣缴义务人违反保管义务的行政处罚】………… 784
税务规范性文件 …………………………………… 784
　《国家税务总局关于发布〈税务行政处罚"首违不罚"事项清单〉的公告》………………………………… 784

第六十二条　【未按期申报的行政责任】……………… 784
税务规范性文件 …………………………………… 785
　《国家税务总局关于发布〈税务行政处罚"首违不罚"事项清单〉的公告》………………………………… 785

第六十三条 【偷税行为的法律责任】 ………… 785
一、税务规范性文件 …………………………… 786
1.《国家税务总局关于纳税人取得虚开的增值税专用发票处理问题的通知》………………………………… 786
2.《国家税务总局关于增值税一般纳税人发生偷税行为如何确定偷税数额和补税罚款的通知》 …………… 786
3.《国家税务总局关于修改〈国家税务总局关于增值税一般纳税人发生偷税行为如何确定偷税数额和补税罚款的通知〉的通知》………………………………………… 787
4.《国家税务总局关于贯彻实施〈中华人民共和国税收征收管理法〉有关问题的通知》………………………… 788
5.《国家税务总局关于税务检查期间补正申报补缴税款是否影响偷税行为定性有关问题的批复》…………… 789
6.《国家税务总局关于界定超标准小规模纳税人偷税数额的批复》 ……………………………………………… 789
二、司法解释 ……………………………………… 790
《最高人民法院 最高人民检察院关于办理危害税收征管刑事案件适用法律若干问题的解释》……………… 790
三、批复文件 ……………………………………… 792
《国家税务总局关于北京聚菱燕塑料有限公司偷税案件复核意见的批复》 ……………………………………… 792

第六十四条 【编造虚假计税依据与不申报的行政责任】 ……… 793

第六十五条 【逃避欠税行为的行政责任】 ………… 793
一、税收行政法规 ………………………………… 794
《中华人民共和国税收征收管理法实施细则》 …… 794
二、司法解释 ……………………………………… 794
《最高人民法院 最高人民检察院关于办理危害税收征管刑事案件适用法律若干问题的解释》……………… 794

第六十六条 【骗税的法律责任】 …… 794
一、税务规范性文件 …… 795
 1.《国家税务总局关于进一步加强出口货物税收管理严防骗税案件发生的通知》 …… 795
 2.《国家税务总局关于停止为骗取出口退税企业办理出口退税有关问题的通知》 …… 797
二、司法解释 …… 798
 《最高人民法院 最高人民检察院关于办理危害税收征管刑事案件适用法律若干问题的解释》 …… 798

第六十七条 【抗税行为的法律责任】 …… 800
司法解释 …… 800
 《最高人民法院 最高人民检察院关于办理危害税收征管刑事案件适用法律若干问题的解释》 …… 800

第六十八条 【未按期纳税的法律责任】 …… 801
税收行政法规 …… 801
 《中华人民共和国税收征收管理法实施细则》 …… 801

第六十九条 【未扣缴税款的法律责任】 …… 801

第七十条 【拒绝检查的法律责任】 …… 801
税收行政法规 …… 802
 《中华人民共和国税收征收管理法实施细则》 …… 802

第七十一条 【非法印制发票的法律责任】 …… 802

第七十二条 【发票资格的限制】 …… 802

第七十三条 【银行拒绝协助的法律义务】·················· 802
　　税收行政法规 ·················· 803
　　　《中华人民共和国税收征收管理法实施细则》·················· 803

第七十四条 【税务所的处罚权】·················· 803

第七十五条 【罚没收入的入库】·················· 803

第七十六条 【擅自改变征管和入库的处分】·················· 803

第七十七条 【涉税案件的移送】·················· 803
　　税收行政法规 ·················· 804
　　　《行政执法机关移送涉嫌犯罪案件的规定》·················· 804

第七十八条 【无权代征的法律责任】·················· 808

第七十九条 【强制非生活必需品的法律责任】·················· 808

第八十条 【教唆偷逃骗税的法律责任】·················· 808

第八十一条 【税务机关贪污行为的法律责任】·················· 808

第八十二条 【渎职行为的处分】·················· 808
　　税收行政法规 ·················· 809
　　　《中华人民共和国税收征收管理法实施细则》·················· 809

第八十三条 【违规征收的处分】·················· 809

第八十四条 【违法征税的法律责任】·················· 809

第八十五条 【未回避的法律责任】 ………………………… 809

第八十六条 【处罚时效】 ………………………………… 810

第八十七条 【违反保密义务的处分】 …………………… 810

第八十八条 【司法救济】 ………………………………… 810
  一、税收行政法规 ………………………………………… 810
    《中华人民共和国税收征收管理法实施细则》 ………… 810
  二、税务规章 ……………………………………………… 811
    《国家税务总局关于修改〈税务行政复议规则〉的决定》 …… 811
  三、税务规范性文件 ……………………………………… 831
    1.《国家税务总局关于税务行政处罚有关问题的通知》 ……… 831
    2.《国家税务总局关于全面加强税务行政复议工作的意见》 …… 832
    3.《国家税务总局关于印发〈税务行政应诉工作规程〉的通知》 …… 837

第六章 附 则

第八十九条 【税务代理】 ………………………………… 846
  一、税收行政法规 ………………………………………… 847
    《中华人民共和国税收征收管理法实施细则》 ………… 847
  二、税务规范性文件 ……………………………………… 847
    1.《国家计委 国家税务总局关于规范税务代理收费有关问题的通知》 ……… 847
    2.《国家税务总局 国家工商行政管理局关于税务师事务所体制改革中登记注册有关问题的通知》 ……… 849
    3.《国家税务总局关于保留对设立税务师事务所审批意见的函》 ……… 850
    4.《国家税务总局关于纳税人权利与义务的公告》 ……… 854
    5.《国家税务总局关于贯彻落实〈国务院关于取消非行政许可审批事项的决定〉的通知》 ……… 855

6.《人力资源社会保障部 国家税务总局关于印发〈税务师职业资格制度暂行规定〉和〈税务师职业资格考试实施办法〉的通知》…… 856

7.《国家税务总局关于建立税务机关、涉税专业服务社会组织及其行业协会和纳税人三方沟通机制的通知》…… 861

8.《国家税务总局关于发布〈涉税专业服务监管办法(试行)〉的公告》…… 864

9.《国家税务总局关于发布〈涉税专业服务信息公告与推送办法(试行)〉的公告》…… 869

10.《国家税务总局关于发布〈涉税专业服务信用评价管理办法(试行)〉的公告》…… 873

11.《国家税务总局关于采集涉税专业服务基本信息和业务信息有关事项的公告》…… 878

12.《国家税务总局关于税务师事务所行政登记有关问题的公告》…… 880

13.《国家税务总局关于进一步完善涉税专业服务监管制度有关事项的公告》…… 880

14.《国家税务总局关于进一步促进涉税专业服务行业规范发展的通知》…… 883

15.《国家税务总局关于发布〈涉税专业服务基本准则(试行)〉和〈涉税专业服务职业道德守则(试行)〉的公告》…… 887

16.《国家税务总局关于开展2024年"便民办税春风行动"的意见》…… 893

第九十条 【除外适用】 …… 893

税收行政法规 …… 893

《中华人民共和国税收征收管理法实施细则》 …… 893

第九十一条 【协定优先】 …… 893

一、税务规范性文件 …… 894

1.《国家税务总局关于印发〈外国企业常驻代表机构税收管理暂行办法〉的通知》…… 894

2.《国家税务总局关于发布〈税收协定相互协商程序实施办法〉的公告》 ………………………………………………………… 895
  二、部门工作文件 ……………………………………………… 902
  《国家税务总局关于开展2021年"我为纳税人缴费人办实事暨便民办税春风行动"的意见》 ……………………………… 902

第九十二条 【新法优于旧法】 ………………………………… 903

第九十三条 【实施细则的制定】 ……………………………… 903
  一、税收行政法规 ……………………………………………… 903
  《中华人民共和国税收征收管理法实施细则》 ……………… 903
  二、税务规章 …………………………………………………… 904
  1.《税务部门规章制定实施办法》 …………………………… 904
  2.《国家税务总局关于修改〈税务规范性文件制定管理办法〉的决定》 ……………………………………………………… 908
  三、税务规范性文件 …………………………………………… 918
  《国家税务总局关于印发〈税收政策合规工作实施办法(试行)〉的通知》 …………………………………………………… 918

第九十四条 【生效时间】 ……………………………………… 922

中华人民共和国税收征收管理法

　　1992年9月4日第七届全国人民代表大会常务委员会第二十七次会议通过　根据1995年2月28日第八届全国人民代表大会常务委员会第十二次会议《关于修改〈中华人民共和国税收征收管理法〉的决定》第一次修正　2001年4月28日第九届全国人民代表大会常务委员会第二十一次会议修订　根据2013年6月29日第十二届全国人民代表大会常务委员会第三次会议《关于修改〈中华人民共和国文物保护法〉等十二部法律的决定》第二次修正　根据2015年4月24日第十二届全国人民代表大会常务委员会第十四次会议《关于修改〈中华人民共和国港口法〉等七部法律的决定》第三次修正

目　录

第一章　总　　则
第二章　税务管理
　　第一节　税务登记
　　第二节　帐簿、凭证管理
　　第三节　纳税申报
第三章　税款征收
第四章　税务检查
第五章　法律责任
第六章　附　　则

第一章 总 则

第一条 【立法目的】 为了加强税收征收管理,规范税收征收和缴纳行为,保障国家税收收入,保护纳税人的合法权益,促进经济和社会发展,制定本法。

第二条 【适用范围】 凡依法由税务机关征收的各种税收的征收管理,均适用本法。

> **税收行政法规**
>
> 《中华人民共和国税收征收管理法实施细则》(2002年9月7日中华人民共和国国务院令第362号公布 根据2012年11月9日《国务院关于修改和废止部分行政法规的决定》第一次修订 根据2013年7月18日《国务院关于废止和修改部分行政法规的决定》第二次修订 根据2016年2月6日《国务院关于修改部分行政法规的决定》第三次修订)
>
> 第二条 凡依法由税务机关征收的各种税收的征收管理,均适用税收征管法及本细则;税收征管法及本细则没有规定的,依照其他有关税收法律、行政法规的规定执行。

第三条 【依法征税原则】 税收的开征、停征以及减税、免税、退税、补税,依照法律的规定执行;法律授权国务院规定的,依照国务院制定的行政法规的规定执行。

任何机关、单位和个人不得违反法律、行政法规的规定,擅自作出税收开征、停征以及减税、免税、退税、补税和其他同税收法律、行政法规相抵触的决定。

一、税收行政法规

《中华人民共和国税收征收管理法实施细则》(2002年9月7日中华人民共和国国务院令第362号公布　根据2012年11月9日《国务院关于修改和废止部分行政法规的决定》第一次修订　根据2013年7月18日《国务院关于废止和修改部分行政法规的决定》第二次修订　根据2016年2月6日《国务院关于修改部分行政法规的决定》第三次修订)

第三条　任何部门、单位和个人作出的与税收法律、行政法规相抵触的决定一律无效，税务机关不得执行，并应当向上级税务机关报告。

纳税人应当依照税收法律、行政法规的规定履行纳税义务；其签订的合同、协议等与税收法律、行政法规相抵触的，一律无效。

二、税务规范性文件

1.《国家税务总局关于印发〈"十三五"时期税务系统全面推进依法治税工作规划〉的通知》(2016年12月2日颁布　2016年12月2日实施　税总发〔2016〕169号)

各省、自治区、直辖市和计划单列市国家税务局、地方税务局，局内各单位：

为加快"十三五"时期税收法治建设，全面推进依法治税，税务总局制定了《"十三五"时期税务系统全面推进依法治税工作规划》，现印发给你们，请结合实际认真贯彻执行。

"十三五"时期税务系统全面推进依法治税工作规划

为加快"十三五"时期税收法治建设，全面推进依法治税，根据《中共中央关于全面推进依法治国若干重大问题的决定》《法治政府建设实施纲要(2015—2020年)》《"十三五"时期税收发展规划》《国家税务总局关于全面推进依法治税的指导意见》，制定本规划。

一、总体要求

(一)工作思路

全面贯彻党的十八大和十八届三中、四中、五中、六中全会精神,深入贯彻习近平总书记系列重要讲话精神,落实《法治政府建设实施纲要(2015—2020年)》《深化国税、地税征管体制改革方案》《国家税务总局关于全面推进依法治税的指导意见》,坚持依法决策、规范执行、严密监督共同推进,坚持法治化、规范化、信息化一体建设,抓住领导干部这个"关键少数",以约束税务机关权力、保护纳税人权利为重点,最大限度规范税务人,最大限度便利纳税人,促进税法遵从和税收共治,在更高层次更高水平上推进依法治税,为实现税收现代化提供有力法治保障。

(二)基本原则

——坚持税收法定。增强税收制度制定的科学性、民主性和透明度,提高税收制度建设质量,推动实现税收领域良法善治。

——坚持征纳双方法律面前平等。牢固树立平等理念,依法平等保护相关主体合法权益,征纳双方相互尊重、诚实守信、信赖合作。

——坚持依法行政。坚持权由法定、权依法使,遵循正当程序,合法合理行政,提高税收执法效能和执法公信力。

——坚持简政放权。协同推进简政放权、放管结合、优化服务改革,转变税收管理理念和管理方式,激发市场活力和社会创造力。

——坚持从税收工作实际出发。将税收法治工作与纵合横通强党建、绩效管理抓班子、数字人事带队伍、培育人才提素质等特色工作深度融合,提升税收法治建设实效。

(三)主要目标

到2020年基本建成法治、创新、廉洁和服务型税务机关,努力实现以下目标:

——税收职能依法全面履行。依法征税理念牢固树立,税收改革依法稳步推进,税收筹集财政收入、调节分配和调控经济职能作用更加有效发挥。

——税收制度体系更加完备。税收立法级次显著提升,税收制度的及时性、系统性、针对性、有效性明显增强,税收法律制度体系完备规范。

——税收行政行为更加规范。依法决策机制健全,税收征管严格规范,纳税服务优质便捷,权力制约监督严密有效,纳税人合法权益保障有力。

——税收法治环境更加优化。税务机关和税务干部尊法学法守法用法氛围浓厚,纳税人税法遵从意识明显增强,综合治税体系不断完善,税收共治格局基本形成。

二、工作任务

(一)依法全面履行税收工作职能

1.严格依法征税。认真贯彻落实预算法和税收征管法等税收相关法律。适应经济发展新常态,建立健全新型税收收入管理体系。坚持依法组织收入原则,依法防止和制止收"过头税",加强税收收入质量考核评价,实施收入质量动态监测和管理,坚决遏制提前征收、延缓征收、摊派税款、越权减免税等违法违规行为。

2.依法发挥税收职能。贯彻"创新、协调、绿色、开放、共享"发展理念,主动适应改革发展需要,在法治轨道上持续推进税收改革,依法制定、严格执行各项税收政策,不折不扣落实税收优惠政策,服务供给侧结构性改革。加快税收政策工作规范化机制建设,做好税收政策前瞻性研究和储备,完善政策解读机制,建立税收政策确定性管理制度,健全税收政策协调机制,落实税收政策执行情况反馈报告制度,着力构建政策全链条管理机制。

3.深化行政审批制度改革。全面取消非行政许可审批事项,全面清理中央指定地方实施的行政审批事项,严格控制新设行政许可,规范和改进行政许可行为。坚持放管结合,强化纳税人自主申报,完善包括备案管理、发票管理、申报管理等在内的事中事后管理体系,推进大数据应用,加强风险管理,实现税收管理由主要依靠事前审批向加强事中事后管理转变。在会同有关部门共同推进工商营业执照、组织机构代码证、税务登记证"三证合一"的基础上,再整合社会保险登记证和统计登记证,实现"五证合一、一照一码",协调相关部门推进个体工商户"两证整合"。探索完善对"一址多照"和"一照多址"纳税人实施有效管理。

4. 推行权力清单和责任清单。落实中办、国办《关于推行地方各级政府工作部门权力清单制度的指导意见》和国办《关于印发国务院部门权力和责任清单编制试点方案的通知》,做好税务系统权责清单编制和实施工作。2016年底完成国务院部门权责清单编制试点工作任务。积极配合有关部门做好推行负面清单相关工作。省税务局、市县税务局按照税务总局和地方政府相关安排开展权责清单制度推行工作。

5. 推进税务机关及其部门职责规范化。落实《深化国税、地税征管体制改革方案》,结合税制改革新要求,适应税源结构新变化,把握税收管理新趋势,优化组织结构、职责划分、资源配置,推进各级税务机关及其部门的职能、权限、程序、责任科学化、规范化,进一步完善岗责体系,促进税务机关依法高效履行职责。推进非税收入法治化建设,健全地方税费收入体系。

(二)提高税收制度建设质量

6. 推动和参与税收立法。推动落实税收法定原则,加快税收征管法修订工作,做好税收征管法及其实施细则修订后的实施工作,推动环境保护税和房地产税立法,把主要税种的征收依据逐步由行政法规上升为法律,进一步完善税收法律制度体系。整合、规范、优化税收优惠政策。

7. 完善税务部门规章和税收规范性文件制定程序。适时修订《税务部门规章制定实施办法》《税收规范性文件制定管理办法》,逐步提高税务部门规章作为税收行政执法依据的比重。提高税务部门规章和税收规范性文件制定的公众参与度,落实税收政策和管理制度出台前征求意见相关要求,做好制定税务部门规章、税收规范性文件过程中公开征求意见工作,进一步研究健全公开征求意见、论证咨询、意见采纳情况反馈等机制。除依法需要保密的外,税务部门规章草案应当通过网络、报纸等媒体向社会公开征求意见,期限一般不少于30日。探索税收制度建设基层联系点制度。探索委托第三方起草税务部门规章草案。

8. 强化税务部门规章和税收规范性文件审查。加大合法性审查力度,没有法律或者国务院行政法规、决定、命令的依据,税务部门规章不得设定减损公民、法人和其他组织权利或者增加其义务的规范,不得增加税务部门的权力或者减少税务部门的法定职责。税收规范性文件未经公告形式公布,不得作为税收执法依据。加大合理性审查力度,增强税务部门规章和税收规范性文件的针对性、可操作性,从源头上根除制度性侵权,防范制度性风险。完善合规性评估机制,对税务部门规章和税收规范性文件的世贸规则合规性进行审查。加大备案审查力度,把所有税收规范性文件纳入备案审查范围。健全公民、法人和其他组织建议审查制度。

9. 健全税务部门规章和税收规范性文件清理长效机制。按照国务院部署,对现行税务部门规章和税收规范性文件开展清理,清理结果向社会公布。健全和落实日常清理和集中清理机制。实行税务部门规章和税收规范性文件目录与文本动态化、信息化管理,及时更新文件目录及文本。

10. 深度参与国际税收规则制定。加强国际税收合作,全面深入参与应对税基侵蚀和利润转移(BEPS)行动计划,将相关成果融入我国的反避税、非居民税收管理、协定谈判和执行以及国际税收征管协作等实践中,建立健全跨国企业税收监控机制,防范国际逃避税,推进双边协商,规范税收协定执行。以推动实施"一带一路"倡议、支持国际产能和装备制造合作作为重点,加快税收协定谈签和修订进程,全面加强国外税收政策咨询服务,建立与重点国家税务部门常态化沟通机制,及时协调解决"走出去"企业有关涉税争端。

(三)推进依法科学民主决策

11. 健全依法决策机制。根据中央关于加强依法科学民主决策的要求和有关制度规定,结合税收工作实际,完善重大行政决策程序,健全依法决策内部机制,强化决策程序的刚性约束。

12.增强公众参与实效。对于事关经济社会发展大局和涉及纳税人切身利益等重大行政决策事项,应当广泛听取意见,与利害关系人进行充分沟通。注重听取人大代表、政协委员、人民团体、基层组织、社会组织的意见。加强公众参与平台建设,对社会关注度高的决策事项,应当公开信息、解释说明,及时反馈意见采纳情况和理由。

13.提高专家论证和风险评估质量。建立健全重大行政决策事项法律咨询制度,在重大事项决策前,进行法律咨询和论证。研究建立税务机关行政决策咨询论证专家库,组织专家、专业机构对专业性、技术性较强的决策事项进行论证。选择论证专家应当注重专业性、代表性、均衡性,支持其独立开展工作。逐步实行专家信息和论证意见公开。落实重大行政决策事项社会稳定风险评估机制。

14.加强合法性审查。建立税务机关内部重大决策合法性审查机制,讨论、决定重大事项之前,应当听取法律顾问、公职律师的法律意见。依照有关规定应当听取法律顾问、公职律师的法律意见而未听取的事项,或者法律顾问、公职律师认为不合法的事项,不得提交讨论、作出决定。对应当听取法律顾问、公职律师的法律意见而未听取,应当请法律顾问、公职律师参加而未落实,应当采纳法律顾问、公职律师的法律意见而未采纳,造成重大损失或者严重不良影响的,依法追究税务机关主要负责人、负有责任的其他领导人员和相关责任人员的责任。

15.坚持集体讨论决定。重大行政决策事项应当经会议集体讨论,由税务机关主要负责人在集体讨论基础上作出决定。主要负责人拟作出的决定与会议组成人员多数人的意见不一致的,应当在会上说明理由。集体讨论情况和决定应当如实记录、完整存档。

16.严格决策责任追究。决策机关应当跟踪决策执行情况和实施效果,根据实际需要进行重大行政决策后评估。健全并严格实施重大行政决策事项终身责任追究制度及责任倒查机制,对决策严重失误或者依法应该及时作出决策但久拖不决造成重大损失、恶劣影响的,严格追究税务机关主要负责人、负有责任的其他领导人员和相关责任人员的党纪政纪和法律责任。

(四)坚持严格规范公正文明执法

17.改革税收行政执法体制。优化各层级税务机关征管职责,完善税务稽查机构设置,根据不同层级税务机关的事权和职能,按照减少层次、整合队伍、提高效率、适当提升管理层级的原则,合理配置执法资源。进一步优化基层税务机关岗责体系,科学定岗定责定编,提高编制使用效益,实现人力资源向征管一线倾斜。

18.推进税收业务和内部管理规范化。落实和完善纳税服务规范、税收征管规范、出口退(免)税管理规范、国税地税合作工作规范、政府采购工作规范、巡视工作规范、税务稽查规范、督察审计规范等。推行数字人事,完善干部考核管理体系。

19.完善税收执法程序。制定实施全国统一的税务行政处罚裁量权适用规则,推动省国税局和省地税局联合制定本地区统一适用的税务行政处罚裁量基准。探索扩大规范税务行政裁量权的领域。健全税收执法调查取证、告知、听证、集体讨论、决定、文书送达等制度规定。建立执法全过程记录制度,重点规范税款征收、行政许可、行政处罚、行政强制、行政检查等执法行为。严格实施重大税务案件审理办法。完善重大税收执法决定法制审核制度,未经法制审核或审核未通过的,不得作出执法决定。健全税务行政执法与刑事司法衔接机制,完善信息共享、案情通报、案件移送制度。建立完善公安派驻税务部门联络机制。修订和规范税收执法文书。

20.创新税收执法方式。深入推进税务稽查随机抽查,建立健全"双随机、一公开"机制,确保稽查执法公正公平公开。推行重大税收执法说明理由制度和行政执法公示制度。建立和实施税务行政执法案例指导制度。探索运用行政指导、行政奖励、说服教育、调解疏导、劝导示范等非强制性执法手段。推进跨区域国税、地税信息共享、资质互认、征管互助,不断扩大区域税收合作范围。

21.加强税收执法信息化建设。全面完成金税三期工程建设任务,实施"互联网+税务"行动计划,建设电子税务局,2017年基本实现网上办税。深入推进信息管税,研究建立适应综合与分类相结合的个人所得税制等改革需要的信息系统,推广使用增值税发票管理新系统,建立统一规范的信息交换平台和信息共享机制,保障及时获取第三方涉税信息。依法建立健全税务部门税收信息对外提供机制,加强数据管理,保障信息安全。

(五)强化权力制约和监督

22.完善权力制约机制。实行分事行权、分岗设权、分级授权,定期轮岗,强化内部流程控制,防止权力滥用。严格执行税收个案批复工作规程,规范税收个案批复行为。建立和实施税收执法案卷评查制度。规范税务机关税收政策咨询服务。推进内控机制信息化升级版建设,对税务廉政风险进行评估,查找和梳理风险点,依靠科技手段把制度要求嵌入软件设计,做到流程监控、痕迹管理,实现廉政风险和执法风险的信息化防控。

23.切实加强内部监督。各级税务机关党组应当切实履行党风廉洁建设和反腐败工作的主体责任,主要负责人是第一责任人,对本税务机关党风廉洁建设负总责。强化政治巡视,发挥巡视监督作用。加强督察内审、督查等监督方式的协调配合。强化税收执法督察,推动中央决策部署和税收政策有效落实,重点关注易发生执法问题的薄弱环节。加强对预算执行、基本建设、政府采购等重点资金和重大项目的审计监督。严格执行税收违法案件"一案双查"制度。定期通报和曝光违法行政典型案例。

24.自觉接受外部监督。依法接受人大监督、司法监督、审计监督,自觉接受民主监督、社会监督、舆论监督。健全纳税人监督机制,完善举报投诉制度,拓宽纳税人监督渠道,落实纳税人满意度调查制度。发挥报刊、广播、电视等传统媒体监督作用,高度重视互联网等新兴媒体监督作用,健全网络舆情监测、收集、研判、处置机制。

25.完善纠错问责机制。深化税收执法责任制,以部门规章形式修订完善税收执法责任制的相关制度规定,在核准、公告、分解税收执法职权基础上,科学确定税收执法人员的执法责任,完善执法责任制考核系统,健全常态化责任追究机制。加强行政问责规范化、制度化建设,增强行政问责的针对性和时效性。加大问责力度、严格责任追究,坚决纠正行政不作为、乱作为,坚决克服懒政、庸政、怠政,坚决惩处失职、渎职。认真落实党风廉政建设责任制,坚持有错必纠、有责必问。

(六)完善权利救济和纠纷化解机制

26.加强纠纷预防机制建设。建立健全利益表达和协商沟通等机制,引导和支持纳税人理性表达诉求、依法维护权益。探索建立涉税纠纷预警机制,收集、分析和归纳纠纷信息,及时研判纠纷隐患,制定纠纷应对措施。

27.完善复议应诉工作体制机制。税务总局设立专门的税务行政复议机构,省国税局应当明确承担税务行政复议职责的机构,加强行政复议工作力量,保证一般案件至少有2人承办,重大复杂案件有3人承办,省地税局可以比照执行。完善税务行政复议案件审理机制,加大公开听证审理力度,增强行政复议的专业性、透明度和公信力。建立行政复议相关部门协同应对机制,健全行政复议发现问题回应机制。落实行政复议专项经费、办案场所以及其他装备保障,行政复议经费列入预算。制定加强和改进税务行政应诉工作的实施办法,适时修订《税务行政应诉工作规程(试行)》,建立健全税务机关负责人依法出庭应诉等制度,支持法院审理税务行政诉讼案件,尊重并执行生效裁判。

28.健全多元化纠纷解决机制。深入研究税务行政和解调解制度,实现调解和解、行政复议、行政诉讼等纠纷解决方式有机衔接、相互协调。促进投诉管理规范化,畅通纳税人投诉渠道,建立纳税人以及第三方对税收工作质量定期评价反馈制度,对部分投诉事项实行限时受理、处置和反馈。推进信访办理法治化,规范信访工作程序,实行网上受理信访制度,严格实行诉访分离,推进通过法定途径分类处理信访投诉请求,落实涉法涉诉信访依法终结制度。

(七)全面推进政务公开

29.拓展公开领域和事项。全面落实《国家税务总局关于全面推进政务公开工作的意见》,加大税务行政权力公开力度,做好税收政策法规公开,完善税收征管执法公开内容,扩大纳税服务公开范围,推进税务机关自身建设公开,增强税务机关公信力、执行力,保障纳税人和社会公众的知情权、参与权、表达权、监督权,推动税收执法权和行政管理权在阳光下运行。

30.完善公开工作制度机制。健全完善税务部门政务信息公开监督保障机制,规范依申请公开对外答复和内部办理机制,强化对政务公开工作的考评监督。落实政府新闻发言人、突发事件信息发布等制度,做好对涉税热点敏感问题的舆论引导,及时回应社会关切。探索推行政务公开运转规范,包括政务公开工作场所建设标准、政府信息依申请公开答复范本、网站信息发布标准要求等。

31.加强公开载体建设。利用和整合相关资源,积极运用新技术、新软件、新平台,创新政府公开方式,拓展政务公开渠道。加快推进"互联网+税务"行动计划,将税务网站打造成更加全面的信息公开平台、更加权威的政策发布解读和舆论引导平台、更加及时的回应关切和便民服务平台。充分发挥新媒体的主动推送功能,扩大发布信息的受众面和到达率,开展在线服务,增强用户体验和影响力。

(八)增强全社会税收法治观念

32.提升税务机关领导干部法治理念。按照中组部、中宣部、司法部、人力资源和社会保障部《关于完善国家工作人员学法用法制度的意见》,建立税务机关领导干部学法用法制度,制定实施领导干部年度学法计划,落实党组中心组集体学法、党组书记带头讲法治课等要求。各级税务机关在年度教育培训计划中,每年至少安排1期领导干部法治专题培训班。省以下税务局领导班子每年至少举办2次法治讲座。建立健全领导干部法律知识考试考核制度,按照干部管理权限,采取多种形式,加强对领导干部法律知识的考试考核,逐步建立和完善领导干部学法考勤、学法档案、学法情况通报等制度,把法律素质和依法行政能力作为领导干部考核的重要内容,定期对领导干部完成年度或阶段性学法情况、法律知识考试情况和遵纪守法、依法行政、依法办事等情况进行考核。

33. 增强税务人员法治意识。把宪法、法律作为各类税务人员培训的必修课程。健全税收执法人员岗位培训制度,每年组织开展通用法律知识、税收法律知识、新法律法规等专题培训。加大公务员初任培训中法律知识培训力度,法律知识培训不少于20学时。积极探索运用以案说法、模拟法庭、法律知识竞赛等创新方式提高学法热情,提升培训效果。

34. 加强税法宣传教育。落实"谁执法谁普法"的普法责任制,建立税收执法人员以案释法制度。全面实施"七五"普法。在国家宪法日、税收宣传月等重要节点,集中开展税收法治宣传活动。依托办税服务厅、税务网站、税务报刊图书、纳税人学堂等渠道和方式,实现税法宣传常态化、多样化。支持税法理论研究,推进税法教育纳入国民教育体系。着力抓好税收法治文化建设。开展税收普法示范基地建设。

35. 引导形成诚信纳税氛围。创新方式方法发挥税务机关在诚信纳税建设中的示范作用。积极推动社会信用体系建设,开展纳税信用评价,向社会主动公开 A 级和"黑名单"纳税人,对纳税信用好的纳税人依法提供更多便利,对纳入"黑名单"的纳税人依法实施联合惩戒。加强宣传,形成正向激励和反向警示的双向合力,为诚信纳税营造良好氛围。

36. 促进税收社会共治。推动建立健全党政领导、税务主责、部门合作、社会协同、公众参与的税收共治格局。支持以地方立法等形式加强协税护税制度建设,努力提升综合治税水平。推动健全税收司法保障机制。依法实施涉税中介行业监督管理,支持和引导行业协会依法开展行业自律,鼓励相关中介机构提供优质涉税专业服务。坚决整治"红顶中介",切断税务部门与涉税中介服务机构之间的利益链条,促进涉税中介服务行业公平竞争。

(九)加强税收法治工作队伍建设

37.健全税务机关法制机构。合理界定税务机关法制机构职责,突出税收法制工作主业。加强法制机构力量配备,强化法制机构人员保障,省国税局应当配强专业力量,市国税局应当配足专职人员,县国税局应当设置法制机构,各级税务机关法制机构要有一定数量的法律专业人员。各级地税局可以比照执行。

38.完善税收执法人员管理制度。2016年底前,对税收执法人员进行一次严格清理,全面实行税收执法人员持证上岗和资格管理制度,未经执法资格考试合格,不得授予执法资格,不得发放税务检查证,不得从事执法活动。研究制定《税务人员执法资格认证和执法证件管理办法》。结合数字人事管理体系建设,逐步推行行政执法人员平时考核制度,科学合理设计考核指标体系,考核结果作为执法人员职务级别调整、交流轮岗、教育培训、奖励惩戒的重要依据。规范执法辅助人员管理,明确其适用岗位、身份性质、职责权限、权利义务、聘用条件和程序等。

39.加强税收法治人才培养和使用。根据中央《关于完善国家统一法律职业资格制度的意见》,研究落实相关岗位人员法律职业资格管理要求,加大对具有法律职业资格人员的录用力度,鼓励税务干部考取法律职业资格。结合税务领军人才和专门人才选拔培养等工作,进一步加强税收法治人才培养,探索推进税收法治领军人才建设。

40.健全法律顾问和公职律师制度。全面建立以税务机关法制机构人员为主体,吸收专家和律师参加的法律顾问队伍,建立健全税务系统公职律师制度,处理好法律顾问与公职律师之间的衔接,充分发挥法律顾问和公职律师在推进依法行政中的参谋助手作用。

(十)健全依法治税领导体制机制

41.加强依法行政工作领导小组建设。各级税务机关按照要求建立依法行政工作领导小组并制定议事规则,建立和落实领导小组例会制度,领导小组每季度至少召开1次会议,研究部署依法治税工作规划,统筹推进法治税务建设重点任务。

42.树立重视法治素养和法治能力的用人导向。根据中央有关规定,充分发挥用人导向作用,把法治观念强不强、法治素养好不好作为衡量干部德才的重要标准,把能不能遵守法律、依法办事作为考察干部重要内容。在相同条件下,优先提拔使用法治素养好、依法行政能力强的干部。对特权思想严重、法治观念淡薄的干部予以批评教育、督促整改,问题严重或违法违纪的,依法依纪严肃处理。加强对领导干部任职前法律知识考查和依法行政能力测试,将考查和测试结果作为领导干部任职的重要参考。实行公务员晋升依法行政考核制度。

43.建立税收法治建设政绩考核制度。根据中央有关要求,把法治建设成效作为衡量各级税务机关领导班子和领导干部工作实绩的重要内容,纳入政绩考核指标体系,改进完善政绩考核办法,提高法治指标所占比重。

44.探索创新依法治税体制机制。开展省以下税务局设立总法律顾问试点工作,在总结试点经验基础上完善相关制度办法,逐步推广。实行税务机关领导班子成员述职述廉述法,鼓励主要负责人分管法治工作,倡导主要负责人出庭应诉。适时选择基层税务机关开展依法治税综合试点。

2.《国家税务总局关于优化税务执法方式严禁征收"过头税费"的通知》(2020年6月18日颁布 2020年6月18日实施 税总发〔2020〕29号)

国家税务总局各省、自治区、直辖市和计划单列市税务局,国家税务总局驻各地特派员办事处,局内各单位:

为深入贯彻党中央、国务院关于扎实做好"六稳"工作、全面落实"六保"任务的决策部署,认真落实国务院常务会议有关精神,进一步提升政治站位,充分发挥税收职能作用,统筹推进疫情防控和支持经济社会发展,现就优化税务执法方式、严禁征收"过头税费"有关要求进一步强调如下:

一、坚决防止违规征税收费

各级税务机关要进一步坚持依法规范组织收入原则不动摇，坚决压实主体责任，严禁征收"过头税费"、违规揽税收费以及以清缴补缴为名增加市场主体不合理负担。坚决不搞大规模集中清欠、大面积行业检查，坚决禁止采取空转、转引税款等手段虚增收入。建立健全税费收入质量监控和分析机制，利用大数据完善分区县、分税种、分时段的收入实时监控体系，对收入畸高畸低等异常情况，及时分析排查，发现违法违规行为一律严肃处理，并建立典型案例通报制度，强化以案示警的作用。要积极向地方党委、政府和相关部门汇报，进一步争取对依法依规组织税费收入的支持，避免采取不当的组织收入措施。上级税务部门要加强对下级税务部门组织收入工作的监督指导，想方设法帮助其化解征收工作面临的矛盾和压力。

二、不断改进税收风险管理

健全事前事中事后全流程税收风险管理运行机制，进一步完善基于大数据的"双随机、一公开""信用+风险"监管方式，切实增强税收风险管理的针对性和有效性，既有效防范和打击偷骗税行为，又尽最大可能不影响企业正常生产经营。统筹发挥好税收风险管理服务自主遵从和规范税收秩序的功能，以服务为导向，强化事前精准提示提醒，不得组织对某一行业开展多年期、撒网式的风险推送和自查补缴税费，重视和保障纳税人、缴费人对推送风险的自诉权益，促进其及时补正、精准纠错，避免违法违规风险；以规范为目的，强化事中精准控制、事后精准应对，严厉精准打击"假企业""假出口""假申报"等涉税违法行为，防止税收流失，维护国家税收安全。

三、积极支持新业态健康发展

主动适应新经济不断发展的新要求，持续完善支持电子商务、"互联网+"等新兴业态发展的税收政策体系和管理服务措施，大力培育新兴经济增长点。继续坚持包容审慎的原则，不得专门针对某一新兴业态、新型商业模式，组织开展全面风险应对和税务检查。积极运用税收大数据，深入分析线上经济发展情况，完善精准化、精细化税收服务和管理措施,促进线上线下融合,支持新兴业态持续健康发展。

四、不折不扣落实税费优惠政策

进一步落实落细党中央、国务院出台的系列税费优惠政策,不断巩固和拓展政策实施成效。结合疫情防控,动态更新《支持疫情防控和经济社会发展税费优惠政策指引》,及时通过"云课堂"、线上答疑等方式,回应税收热点问题,深入开展针对性政策解读和辅导,助力纳税人、缴费人应享尽享。适时开展减税降费督查,狠抓发现问题整改,强化跟踪问效,畅通政策落实"最后一公里",确保减税降费政策红利直达困难企业、直达市场主体。

五、持续优化办税缴费服务

大力巩固拓展"非接触式"办税缴费服务,进一步扩大网上办税缴费事项范围,确保主要办税缴费事项均能网上办理。简化优化税费申报手续,加快推进增值税、消费税、城市维护建设税主附税合并申报和财产行为税一体化纳税申报。继续深化与银保监部门和银行业金融机构的合作,搭建"税银互动"信息共享平台,扩大受益范围,增进线上办理便利,更好满足企业特别是民营企业和小微企业信贷需求,助力缓解市场主体融资难题。

六、切实转变工作作风

各级税务机关要根据经济社会发展的新形势新情况,创新工作思路和工作方式,不能用老办法解决新问题,不能用泛泛的方法解决个性化的问题。要妥善处理好税收与经济社会发展的关系,准确把握税务执法的时度效,提高工作的精准性和精细度,防止粗放式管理和执法。要通过12366纳税服务热线、税务网站等渠道和实地走访、第三方调查等方式,深入开展向纳税人、缴费人问需活动,积极帮助纾困解难,及时回应社会关切,以作风建设的新成效,促进税收工作质效新提升。

第四条 【纳税主体】法律、行政法规规定负有纳税义务的单位和个人为纳税人。

法律、行政法规规定负有代扣代缴、代收代缴税款义务的单位和个人为扣缴义务人。

纳税人、扣缴义务人必须依照法律、行政法规的规定缴纳税款、代扣代缴、代收代缴税款。

第五条　【主管机关与征管支持】国务院税务主管部门主管全国税收征收管理工作。各地国家税务局和地方税务局应当按照国务院规定的税收征收管理范围分别进行征收管理。

地方各级人民政府应当依法加强对本行政区域内税收征收管理工作的领导或者协调，支持税务机关依法执行职务，依照法定税率计算税额，依法征收税款。

各有关部门和单位应当支持、协助税务机关依法执行职务。

税务机关依法执行职务，任何单位和个人不得阻挠。

一、税务规范性文件

1.《国家税务总局关于进一步加强税收征管工作的若干意见》[①]（2004年8月24日颁布　2024年8月24日实施　国税发〔2004〕108号）

六、加强协调配合

（一）加强税收征管各环节的联系与制约

要根据税款征收、税源管理和税务稽查责任分工，明确各环节衔接方法和配合内容，畅通各环节联系渠道和联系手段。通过信息手段，以现有综合征管软件为支撑，形成各个环节之间既相互衔接、密切配合又相互监督制约的协调、高效运行机制。

为加强相互之间的监督，充分发挥税务稽查对税款征收、税源管理等环节工作的重要促进作用，税务稽查部门可按照所属税务局的统一安排，根据年度工作计划，对纳税人依法纳税情况进行抽样检查，抽查的结果要向有关部门及时反馈。对抽查中发现的税政、征管等问题，要有针对性地提出建议，提请有关部门处理。

---

① 根据《国家税务总局关于修改部分税收规范性文件的公告》（国家税务总局公告2018年第31号）对本文进行了修改，三、四、五删除了国地税相关用语，删除了第六点部分内容。

税款征收与税源管理部门要积极支持和配合稽查部门案件查处和牵头组织专项检查等各项工作,及时提供案源,如实提供有关信息资料,大力协助稽查部门办案。要严格执行涉税案件移送标准,该移送的必须及时移送。对有意瞒报或不移送案件的,要严肃查处。

(二)建立统一的征管办法发布实施制度

各级税务机关要建立统一的税收征管办法发布实施制度。凡要求基层税务机关和广大纳税人执行的征管规定,必须经征管部门统一审核同意后发布实施;涉及征管软件配套支持的,要事前通告信息管理部门,经信息管理部门统筹规划,提供配套软件后,同步发布实施。

(三)进一步加强与各有关部门的协调配合

各级税务机关要积极争取当地党委、政府支持,进一步加强与工商、公安、财政、商务、海关、银行、劳动、社保、城建、交通、外汇管理、技术监督等部门配合,大力推进社会综合治税、协税护税工作。要积极拓宽与工商、银行、海关、外汇管理等部门的数据交换与互联互通渠道,制定信息交换与数据共享制度,全面提高税源监控能力。要进一步发挥税务代理等社会中介机构的作用,在规范税收征管执法、坚决杜绝让渡税收行政执法权行为、严格执行税务机关与税务代理机构脱钩规定和加强对税务代理机构的监管的同时,积极支持和引导税务代理机构健康发展,在税收征收管理中发挥积极作用。

2.《自然资源部 国家税务总局 中国银保监会关于协同推进"互联网+不动产登记"方便企业和群众办事的意见》(2020 年 5 月 15 日颁布　2020 年 5 月 15 日实施　自然资发〔2020〕83 号)

六、加强登记纳税衔接。各地不动产登记机构和税务部门要加强工作协同,深化部门信息共享,实现登记纳税有机衔接。不动产首次登记、转移登记和涉及的相关税收等全部作为"一件事"实现"一窗受理、并行办理"。不动产登记机构要按照自然资源部 26 种流程优化图,尽快优化明确本地办理流程,坚决取消违法违规前置和不必要环节,合并相近环节,减轻企业和群众负担。今年年底前,全国所有市县一般登记业务办理时间力争全部压缩至 5 个工作日以内。当事人签订买卖合同后即可申请办理不动产登记,不动产登记机构在受理当事人申请后要及时向税务部门推送征税所需的信息,税务部门要利用不动产登记机构推送的信息进行税款征收,尽快向不动产登记机构反馈完税结果信息,不动产登记机构结合完税结果信息及时登簿发证。

二、部门工作文件

《国家税务总局关于开展 2021 年"我为纳税人缴费人办实事暨便民办税春风行动"的意见》(2021 年 2 月 11 日颁布　2021 年 2 月 11 日实施　税总发〔2021〕14 号)

(八)部门协作促联办

24. 深化部门协同。按照国务院办公厅"一事一次办"要求,从纳税人缴费人办成一件事角度出发,加强部门协作共享,为纳税人缴费人提供企业开办、不动产交易等套餐式、主题式集成服务,实现一表申请、一套材料、一次提交、限时办结。健全完善与人力资源社会保障、财政、医疗保障等部门工作协调机制,确保社保费征缴工作平稳有序。推动制定电子发票国家标准和电子发票与财政支付、单位财务核算系统等有机衔接,加快推动电子发票"无纸化"报销、入账、归档等进程。统筹调配服务资源,通过人员共驻、人员互派等方式,推进社保缴费业务和社保、医保经办业务"一厅联办"。制定不动产交易税费集成办理规范。

(三)凝聚部门合力,打造良好氛围。各级税务部门要加强内部沟通协调,注重与外部门联动配合,同频共振、统一行动,扎实抓好"春风行动"举措的落实。要充分借助各种媒体广泛开展宣传活动,切实提升纳税人缴费人获得感和满意度。要及时总结并报送好的经验做法,税务总局(纳税服务司)适时向全国进行推广。

第六条　【税收征管的信息化建设】国家有计划地用现代信息

技术装备各级税务机关,加强税收征收管理信息系统的现代化建设,建立、健全税务机关与政府其他管理机关的信息共享制度。

纳税人、扣缴义务人和其他有关单位应当按照国家有关规定如实向税务机关提供与纳税和代扣代缴、代收代缴税款有关的信息。

一、税收行政法规

《中华人民共和国税收征收管理法实施细则》(2002年9月7日中华人民共和国国务院令第362号公布 根据2012年11月9日《国务院关于修改和废止部分行政法规的决定》第一次修订 根据2013年7月18日《国务院关于废止和修改部分行政法规的决定》第二次修订 根据2016年2月6日《国务院关于修改部分行政法规的决定》第三次修订)

第四条 国家税务总局负责制定全国税务系统信息化建设的总体规划、技术标准、技术方案与实施办法;各级税务机关应当按照国家税务总局的总体规划、技术标准、技术方案与实施办法,做好本地区税务系统信息化建设的具体工作。

地方各级人民政府应当积极支持税务系统信息化建设,并组织有关部门实现相关信息的共享。

二、税务规范性文件

1.《国家税务总局关于进一步加强税收征管工作的若干意见》[①](2004年8月24日颁布 2004年8月24日实施 国税发〔2004〕108号)

五、整合信息资源

(一)加强现有信息资源的整合与应用

以实施纳税申报"一窗式"、纳税人资料"一户式"管理为突破口,按照一体化的思路,通过数据层面的整合和功能填平补齐的方式,实现总局综合征管应用系统、增值税管理应用系统、出口退税

---

① 根据《国家税务总局关于修改部分税收规范性文件的公告》(国家税务总局公告2018年第31号)对本文进行了修改,三、四、五删除了国地税相关用语,删除了第六点部分内容。

管理系统、稽查管理等系统以及各地自行开发并已在全省普遍应用的综合征管应用系统的各类信息资源互通互联共享,实现各个征管工作环节在信息化支撑条件下的相互衔接。

在整合各类信息资源的同时,要利用现代技术手段,尽可能实现各个应用系统的桌面集成,形成界面统一、切换方便、实时调用、数据共享的操作系统,最大限度地方便纳税人、方便基层操作。要注意各类设备和网络有效的整合,使现有资源得以充分利用,避免浪费和重复投资。

整合工作中要充分发挥总局统一主体软件重要作用,在全国税务系统逐步推广应用总局综合征管软件整合版的基础上,实现基础征管数据与总局联网运行。

(二)实行信息数据集中处理

要利用信息化手段,逐步实现各类征管数据的统一数字化存储、加工和管理,消除信息孤岛,发掘数据应用潜力,实行信息数据集中处理,提高数据应用质量和水平。

要按照信息共享的原则,管好用好税收征管数据信息。根据税收征管信息特点,细化信息分类,将各类分别采集、分散使用的征管数据信息通过信息化手段进行整合,以提高信息系统运行效率,实现信息共享。要区分静态数据和动态数据两种不同方式采集、处理各类征管数据。凡属常用、通用等通常不变的静态数据,如纳税人名称、地址、税务登记号码、适用税目税率等,要由一个部门统一采集、各部门通用;凡属经常发生变化的动态数据,如纳税人生产经营情况、财务指标、纳税申报、补交税款、滞纳金、罚款、发票用存情况等必须由各部门分别采集的,要实行分别采集、各部门通用。在统筹使用、整合各种技术基础设施和资源的基础上,尽可能提高数据处理的集中度,有条件的地方可以集中到省一级统一处理,以有效利用各种设备和征管信息资源,避免重复投资和浪费。

(三)落实纳税人信息"一户式"管理措施

要按照《国家税务总局关于推行纳税信息"一户式"管理工作

的通知》(国税函〔2004〕529号)要求,把散存于税收征管各个环节的征管资料和各类静态、动态征管信息,按独立的纳税户(人)加以归集,依托信息技术实行"一户式"管理,使之能够反映纳税人履行纳税义务的全貌,将"一户式"管理的各项工作落实到位。对于不能在申报环节取得的信息资料,如各税种管理所需的纳税人生产经营情况、财务报表等信息资料,要做出统一规定由纳税人一次性报送,禁止各专业部门随意向纳税人索要有关信息资料。对于纳税人报送的各类信息资料,要明确工作责任,由专人负责一次性录入,各部门信息共享。不能通过信息系统自动采集的,也要通过手工补录方式,统一归集到"一户式"管理信息系统中,以确保"一户式"管理信息的共享与应用。"一户式"归集存储的各类管理信息,要有专人负责维护更新。有条件的地方,要实现由计算机自动归集纳税人各类信息数据,以便查询、分析、监控,提高管理的质量和效率。

2.《国家税务总局关于印发〈集贸市场税收分类管理办法〉的通知》①(2004年11月24日颁布 2004年11月24日实施 国税发〔2004〕154号)

第七条 主管税务机关应加强与工商、劳动、民政、金融、公安等部门的协作配合,相互沟通信息,强化对纳税人户籍管理,掌握纳税人经营资金流量及变化情况,维护正常的税收秩序和市场经营秩序。

第十四条 对在集贸市场内经营的非独立核算的企业经销网点,主管税务机关应加强与企业所在地税务机关的征管信息交流,共同做好对经销网点和场外企业生产经营情况的监控,以防止税收流失。

---

① 《国家税务总局关于修改部分税收规范性文件的公告》(国家税务总局公告2018年第31号)对本文进行了修改。

3.《国家税务总局关于推广应用汇总纳税信息管理系统有关问题的通知》(2009 年 3 月 19 日颁布　2009 年 3 月 19 日实施　国税函〔2009〕141 号)

各省、自治区、直辖市和计划单列市国家税务局、地方税务局：

2008 年 6 月,新税法实施后,根据法人所得税制度下总分机构管理的实际情况,税务总局开发了总分机构信息管理系统,并在 7 个省市进行试点。试点半年多来,总分机构信息管理系统在比对总分机构税款分配相关信息、加强分支机构就地监管、防止税款流失等方面发挥了非常有效的作用。现将推广应用汇总纳税信息管理系统的有关问题通知如下：

一、高度重视,全面推行总分机构信息管理系统。总分机构信息系统是针对总分机构分属于不同税务机关管理、税款分配相关要素和管理信息不对称的情况,为加强税收管理所采取的有效措施。系统主要作用是促进总机构税务机关和分支机构税务机关的管理信息能合理有效比对,实现跨地区总分机构之间、国税地税之间、税务机关上下级之间的各类征管信息、申报信息等相关信息及时实时交流,督促企业真实准确核算,防止税款流失。税务总局决定,2009 年 7 月 1 日起全国范围内全面推行。试点省市要按照这一时间要求,进一步做好系统功能的完善工作,总结经验。其他各省市税务机关要按照《国家税务总局关于汇总纳税企业所得税信息管理系统试运行工作的通知》(国税函〔2008〕619 号)文件的要求,做好推行前的各项准备工作。各级税务机关要高度重视,精心规划,认真扎实做好设备配置、人员培训、业务衔接等相关工作,确保运转正常。

二、加大运用力度,积极发挥总分机构信息管理系统在汇算清缴中的作用。总分机构信息管理系统除具有查询、统计、分析、比对功能外,还具有纳税申报功能。试点地区接收企业申报时,可以通过现行征管信息系统接收申报,也可通过总分机构信息管理系统接收申报。试点地区应用总分机构信息管理系统接收企业申报情况进行汇算清缴后,对数据的生成情况、系统运转的稳定性等情况要及时上报税务总局。

4.《国家税务总局 国家工商行政管理总局关于加强税务工商合作 实现股权转让信息共享的通知》(2011年12月22日颁布 2012年1月1日实施 国税发〔2011〕126号)

各省、自治区、直辖市和计划单列市国家税务局、地方税务局、工商行政管理局、市场监督管理局：

为推进税务部门、工商行政管理部门之间的信息共享，强化股权转让税收征管，提升企业登记管理信息服务国家税收征管的能力，发挥税收调节收入分配的作用，现就加强税务、工商股权转让信息共享有关事项通知如下：

一、信息共享的内容

(一)工商行政管理部门向税务部门提供的信息

有限责任公司已经在工商行政管理部门完成股权转让变更登记的股权转让相关信息，包括：营业执照注册号、公司名称、住所、股东姓名或者名称、股东证件类型、股东证件号码、股东出资额、出资比例、登记日期。

(二)税务部门向工商行政管理部门提供的信息

1.企业因股东转让股权在税务部门办理的涉税信息，包括营业执照注册号、企业名称、纳税人识别号、股东姓名或者名称、股东证件类型、股东证件号码。

2.税务部门从工商行政管理部门获取公司股东转让股权变更登记信息后征收税款的有关信息，包括：营业执照注册号、纳税人姓名或者名称、纳税人识别号、税种、税款所属期、税款数额。

二、信息共享的方式

国家税务总局和国家工商行政管理总局建立信息共享平台和交换机制，开展股权变更登记信息共享工作。

省及省以下各级国家税务局、地方税务局分别与同级工商行政管理局(市场监督管理局，下同)协商进行信息交换。要充分利用计算机网络交换信息，逐步确立信息化条件下的信息交换机制。有条件的地方，可以建立税务、工商信息共享平台，或者利用政府信息共享平台,进行信息集中交换。暂不能通过网络交换信息的,税务部门和工商行政管理部门可采用光盘等介质交换。

四、加强组织协调

省及省以下各级国家税务局、地方税务局和工商行政管理局要高度重视,积极向当地政府汇报有关工作,争取支持。要建立由国家税务局、地方税务局和工商行政管理局主要领导组成的信息共享领导协调小组,定期或者不定期召开联席会议,及时协调和解决信息共享工作中的问题。要严格落实相关保密制度,确保信息安全,对获取的相关信息,不得向税务部门、工商行政管理部门以外的第三方提供,擅自对外提供有关信息的,要承担相应的法律责任。要巩固已有的税务、工商合作成果,继续利用已有的政府信息共享平台,建立健全信息共享制度,探索税务、工商协调配合新模式。

各省(自治区、直辖市和计划单列市)国家税务局会同地方税务局、工商行政管理局根据本通知的规定,制定具体的操作办法,于2012年2月底前报国家税务总局、国家工商行政管理总局备案。对《国家税务总局 国家工商行政管理总局关于工商登记信息和税务登记信息交换与共享问题的通知》(国税发〔2003〕81号)已规定的信息交换事项,继续执行。

本通知自2012年1月1日起施行。

5.《国家税务总局关于明确社会组织等纳税人使用统一社会信用代码及办理税务登记有关问题的通知》(2016年3月15日颁布 2016年3月15日实施 税总函〔2016〕121号)

二、税务部门与民政部门之间能够建立省级统一的信用信息共享交换平台、政务信息平台、部门间数据接口(以下统称信息共享平台)并实现登记信息实时传递的,可以参照企业、农民专业合作社"三证合一、一照一码"的做法,对已取得统一社会信用代码的社会组织纳税人进行"三证合一"登记模式改革试点,由民政部门受理申请,只发放标注统一社会信用代码的社会组织(社会团体、基金会、民办非企业单位)法人登记证,赋予其税务登记证的全部功能,不再另行发放税务登记证件。

三、与民政部门共同开展"三证合一"登记制度改革试点的税务机关,应加强与当地民政部门的协调配合,明晰职责,统筹做好改革试点前后的过渡衔接工作。要以依法行政、方便纳税人、降低行政成本为原则,共享登记信息,统一登记条件,规范登记流程和登记申请文书材料。要认真梳理有关信息需求,尽可能在登记环节采集信息。对暂时不能在登记环节采集的信息,应在办理涉税事宜环节补充采集,以确保信息完整准确。要切实做好后续监管工作,确保改革试点稳步推进。

6.《国家税务总局关于印发〈优化税务执法方式全面推行"三项制度"实施方案〉的通知》(2019年3月18日颁布 2019年3月18日实施 税总发〔2019〕31号)

(四)积极推进信息化建设,确保税务执法高效

按照立足实际、优化集成、统筹规划、分步实施的原则,加快推进信息化建设,推动公示信息自动化采集、执法记录数字化管理、法制审核信息化控制,逐步构建操作信息化、文书数据化、过程痕迹化、责任明晰化、监督严密化、分析可量化的税务执法信息化体系。

1. 以金税三期系统为支撑,推进"三项制度"信息化建设。税务总局将"三项制度"全面融入金税三期系统,注重功能集成和系统集成;完善金税三期系统的信息自动采集功能,实现自动抓取有关执法公示信息,坚持"先审查,后公开""一事一审""全面审查"原则,严格履行发布审批和保密审查程序后推送至税务执法信息公示平台;研究推进将金税三期系统业务节点信息推送至电子税务局,实现执法进度信息网上即时查询;将重大执法决定法制审核环节嵌入金税三期系统,强化法制审核的过程控制。省税务机关建立健全执法音像记录信息管理平台,按照税务总局确定的接口方案与金税三期系统对接,实现对文字记录、音像记录的数字化归档管理。

2. 依托现代信息技术手段,提高税务执法信息化水平。税务

总局借助大数据、云计算、移动终端等信息技术手段,持续优化金税三期系统和电子税务局等信息系统,逐步推进执法信息网上录入、执法程序网上流转、执法活动网上监督、执法决定实时推送、执法信息统一公示、执法信息网上查询,努力实现对税务执法活动的即时性、过程性、系统性管理。认真落实国务院部署要求,在确保信息安全的前提下,推进跨地区、跨部门执法信息系统互联互通共享,探索建立以税务执法主体信息、权责清单信息、执法办案信息、执法监督信息和执法统计分析为主要内容的税务系统执法信息资源库,按照行政处罚、行政强制、行政检查、行政征收、行政许可等执法行为类型,对金税三期等信息系统中的相关征管数据进行转换、加工和归集,形成集税务执法数据储存、共享和分析功能为一体的"税务执法数据应用平台",为全面系统掌握税务执法状况、及时发现税务执法薄弱环节、采取有针对性的执法改进措施及相关领导决策提供支撑。适应健全完善税务监管体系和跨区域稽查执法体制新要求,税务总局和省税务机关建立税务稽查视频指挥系统,提高集中统一指挥、多方协同作战能力,高效、精准打击重大涉税违法活动,进一步规范税收秩序,维护国家税收安全。

3.推进人工智能技术应用,提升税务执法的精准性。税务总局和有条件的省税务机关可研究开发税务执法裁量智能辅助信息系统,利用语音识别、文本分析等技术对税务执法信息数据资源进行分析挖掘,发挥人工智能在证据收集、案例分析、法律文件阅读与分析中的作用,聚焦争议焦点,向执法人员精准推送法律法规规定、相似案例等信息,提出处理意见建议,生成执法决定文书,有效约束规范税务行政自由裁量权,确保执法尺度统一。深化对金税三期等信息系统中税务执法大数据的智能分析和应用,提升税收立法、行政决策、税务执法和风险防范水平,促进税务执法更加精准有效。

7.《国家税务总局关于进一步深化税务领域"放管服"改革 培育和激发市场主体活力若干措施的通知》(2021年10月12日颁布 2021年10月12日实施 税总征科发〔2021〕69号)

(四)持续推进减证便企利民。通过信息共享、部门协查等方式,推动2021年底前再取消一批税务证明事项。编制发布税务证明事项清单,逐项列明设定依据、开具单位、办理指南等,清单之外不得向纳税人索要证明。

(十五)推进常规信息"最多报一次"。大力推动涉税涉费数据"一次采集、共享共用",对于税务部门已采集过或通过其他部门共享获取的数据,不再要求纳税人缴费人重复报送。

三、部门工作文件

1.《国家税务总局关于进一步推进"多证合一"工商共享信息运用工作的通知》(2017年9月15日颁布 2017年11月1日实施 税总函〔2017〕402号)

各省、自治区、直辖市和计划单列市国家税务局、地方税务局:

根据《国家税务总局关于进一步深化税务系统"放管服"改革优化税收环境的若干意见》(税总发〔2017〕101号)要求,进一步巩固商事登记制度改革成果,切实减轻纳税人和基层税务人员负担,现就进一步推进"多证合一"工商共享信息运用有关事项通知如下。

一、加强与工商部门的信息共享协作

(一)配合工商部门加强共享信息源头管理。各地税务机关要主动加强与工商部门的沟通,及时向工商部门通报工商共享信息的质量问题,积极协调工商部门增加相关信息录入校验规则,扩大登记信息共享范围,以满足税务机关工作需要。

(二)提升信息传输质量。各地税务机关要结合当地实际,优化工商、税务信息共享方式方法,加强技术支撑,畅通信息共享渠道,提升信息共享频率。对信息传输中出现的失真、遗漏问题,要与相关部门共同核实,查找原因,及时解决。

(三)建立对账核实机制。各地税务机关要健全并落实与工商部门之间的信息共享对账机制,加大对共享信息的核实力度,定期进行数据质量比对分析,及时解决信息共享不全、不准的问题,不断提高工商共享信息质量。

二、优化登记信息补充采集

（一）开展"多证合一"登记信息确认。新设立登记的企业和农民专业合作社（以下统称"企业"）首次办理涉税事宜时，税务机关依据工商部门共享的登记信息制作《"多证合一"登记信息确认表》（详见附件），提醒纳税人对其中不全的信息进行补充，对不准的信息进行更正，对需要更新的信息进行补正。

（二）优化纳税人信息采集环节。《纳税人首次办税补充信息表》中的部分信息由金税三期核心征管系统（以下简称"征管系统"）自动生成，部分信息合并至实名办税、财务会计制度备案等环节采集。对首次办理涉税事宜的新设立登记企业，税务机关不再要求其填报《纳税人首次办税补充信息表》。

三、做好存量户换发加载统一社会信用代码营业执照（以下简称"换照"）的税务衔接

（一）实现工商部门换照信息自动传递。金税三期外部信息交换系统自动将纳税人在工商部门的换照信息传递至征管系统，各地税务机关通过征管系统相关模块，及时为纳税人办理相关涉税业务。

（二）提前引导纳税人办理换照涉税事宜。根据商事登记制度改革相关文件要求，企业要在2017年底前完成换照，税务机关需要将纳税人识别号由原15位税务登记号变更为18位统一社会信用代码。各地税务机关要早计划、早安排，合理引导纳税人分批办理，做好纳税服务，避免因纳税人识别号变更涉及的税控系统、实时缴税协议等业务处理导致办税服务厅拥堵。

四、工作要求

（一）高度重视。强化"多证合一"工商共享信息运用，是推进商事登记制度改革，便利市场主体，激发市场活力的重要前提。各地税务机关要高度重视，切实提高相关工作的积极性、主动性和创造性，实现信息"多跑路"，纳税人"少跑腿"，保障各项改革措施落地。

（二）加强领导。各地税务机关分管领导要亲自安排部署、组

织推动,明确部门职责,做好政策宣传、业务培训、系统改造、岗责设置等相关工作。国税局、地税局要加强沟通联系和协调配合,共同推进。

(三)跟踪问效。各地税务机关要细化工作方案,明确责任主体,综合运用督察督办、绩效管理等方法,确保工作落到实处、取得实效。

本通知自 2017 年 11 月 1 日施行。税务总局之前发布的文件与本通知规定不一致的,依照本通知规定执行。

2.《工商总局 税务总局关于加强信息共享和联合监管的通知》(2018 年 1 月 15 日颁布 2018 年 1 月 15 日实施 工商企注字〔2018〕11 号)

各省、自治区、直辖市、计划单列市、副省级市工商行政管理局(市场监督管理部门),国家税务局、地方税务局,国家税务总局驻各地特派员办事处:

为了深入贯彻落实《国务院关于促进市场公平竞争维护市场正常秩序的若干意见》(国发〔2014〕20 号)、《国务院办公厅关于加快推进"多证合一"改革的指导意见》(国办发〔2017〕41 号)要求,加强部门信息共享和联合监管,进一步推动改革深入有序开展,推进企业简易注销,优化服务环境,现就有关工作通知如下:

一、扩大登记信息采集范围

工商总局将修订企业登记申请文书规范,在企业注册登记环节增加"核算方式""从业人数"两项采集内容。各地工商部门要按工商总局的要求,在线上、线下企业登记系统中增加相应信息采集功能,开展信息采集工作,并及时更新线上、线下提供的纸质及电子版办事表格。工商总局将加快建设全国统一的身份信息管理系统,各地工商部门要做好衔接。

税务部门通过信息共享获取工商登记信息,不再重复采集。企业登记信息发生变化的,对于工商变更登记事项,税务部门提醒企业及时到工商部门办理变更登记,对于税务变更登记事项,税务部门要回传给工商部门。工商部门要及时接收,并用于事中事后监管。

二、协同做好涉税事项办理提醒服务

工商部门在企业注册登记时向企业发放涉税事项告知书(附件1,以下称告知书),提醒企业及时到税务部门办理涉税事宜。对到工商办事大厅注册登记的企业,工商部门直接将告知书发放给企业;对通过全程电子化方式登记的企业,工商部门将告知书内容加载在相关登记界面,供企业阅览和下载。

工商部门在企业信息填报界面设置简易注销承诺书(附件2)的下载模块,并在企业简易注销公告前,设置企业清税的提示(附件3)。

三、协同推进企业简易注销登记改革

工商部门在企业发布简易注销公告起1个工作日内,将企业拟申请简易注销登记信息通过省级统一的信用信息共享交换平台、政务信息平台、部门间的数据接口(统称信息共享交换平台)推送给税务部门(具体模式可由各省工商部门和税务部门根据本地实际协商确定)。企业可在公告期届满次日起30日内向工商部门提出简易注销申请,或者撤销简易注销公告。对企业提出的简易注销申请,工商部门在3个工作日内作出是否准予简易注销的决定。对于因承诺书文字、形式填写不规范的企业,工商部门在企业补正后予以受理其简易注销申请。自公告期届满次日起,至工商部门作出是否准予简易注销决定之日或者企业自主撤销简易注销公告之日止,除应尽未尽的义务外,企业不得持营业执照办理发票领用及其他相关涉税事宜。工商部门应当及时将企业简易注销结果推送给税务部门。

税务部门通过信息共享获取工商部门推送的企业拟申请简易注销登记信息后,应按照规定的程序和要求,查询税务信息系统核实企业的相关涉税情况,对于经查询系统显示为以下情形的纳税人,税务部门不提出异议:一是未办理过涉税事宜的纳税人,二是办理过涉税事宜但没领过发票、没有欠税和没有其他未办结事项的纳税人,三是在公告期届满之日前已办结缴销发票、结清应纳税款等清税手续的纳税人。对于仍有未办结涉税事项的企业,税务部门在公告期届满次日向工商部门提出异议。

工商部门和税务部门按照简易注销技术方案(附件4)实施简易注销登记改革相关工作,做好系统开发升级完善。

四、建立协同监管和信息共享机制

各地税务、工商部门要密切配合,建立健全增值税发票申领等协同监管机制。税务部门要充分利用工商共享信息进行税收风险分析和应对,并将纳税人的税收违法"黑名单"等信息共享给工商部门,由税务、工商部门施行联合监管。

各地工商、税务部门要积极建立健全信息共享对账机制,加大对共享信息的核实力度,定期进行数据质量比对分析,及时解决信息共享不全、不准、不及时的问题。对于信息共享过程中出现的数据问题要及时通报并协调解决。各地工商、税务部门不能通过部门间的数据接口直连共享登记信息的,也应当积极协调政府部门,按照工商总局、税务总局的要求,保证登记信息传输质量和效率。

五、认真抓好各项工作组织落实

(一)提高思想认识,争取各方支持

各级工商部门和税务部门要充分认识开展部门信息共享和管理协同工作的重要性和必要性,密切协作,主动作为,共同做好相关工作。要联合向当地党委政府汇报,积极争取发改、财政等部门支持,在人员、技术、经费等方面做好保障工作,为开展相关工作创造良好条件和基础。

(二)周密部署安排,统筹组织实施

省工商部门和税务部门要成立由两部门负责同志任组长的工作小组,共同制发本地区信息共享与管理协同的指导文件,明确信息共享层级和工作要求,统筹推进工作落实,及时协调和解决工作中的问题。属于全国层面的问题,及时向工商总局(企业注册局)和税务总局(征管和科技发展司)报告。

(三)加强技术保障,做好系统衔接

各级工商部门要严格按照简易注销技术方案(附件4)以及增

加登记信息校验、对账等技术方案(另行下发)的要求,做好线上、线下企业登记系统,以及相关信息共享系统的优化升级改造及部署,确保采集到的数据精准可靠,传输的数据及时、完整;各级税务部门要严格按照上述技术方案的要求,升级改造业务系统和相关信息共享系统,做好数据的导入、整理、转化和反馈,确保工商、税务系统之间的有序衔接。

(四)加大宣传辅导,推动工作开展

各级工商部门和税务部门要充分利用广播、电视、报刊、微博、微信等各种媒介,做好宣传解读,提高政策知晓度和社会参与度,引导公众全面了解其享有的权利和对应的义务,及时解答和回应社会关注的热点问题,努力营造全社会理解改革、支持改革、参与改革的良好氛围。

3.《住房和城乡建设部 最高人民法院 公安部 人民银行 税务总局 银保监会关于加强房屋网签备案信息共享 提升公共服务水平的通知》(2020年7月2日颁布 2020年7月2日实施 建房〔2020〕61号)

四、优化房屋交易纳税申报服务

住房和城乡建设部门要及时向税务部门共享房屋买卖合同网签备案信息,争取2020年底前实现两部门网签信息实时共享。税务机关要充分利用房屋网签备案信息,加快实现房屋交易纳税申报"无纸化""免填单"。纳税人办理房屋交易纳税申报业务时,税务机关可通过房屋网签备案系统获取房屋买卖合同信息的,不再要求纳税人提供房屋买卖合同原件或复印件。

4.《国家税务总局关于开展2021年"我为纳税人缴费人办实事暨便民办税春风行动"的意见》(2021年2月11日颁布 2021年2月11日实施 税总发〔2021〕14号)

(七)信息互通减资料

23.推动信息共享。加大部门信息共享,通过全国一体化政务服务平台,推进与地方政务服务平台对接,完善第三方信息共享制度,逐步丰富政务信息资源共享清单。推进税务备案信息与银行同步共享,进一步优化服务贸易对外支付流程,在服务贸易等项目对外支付税务备案电子化的基础上,更好满足纳税人异地付汇业务需要。完善汇总纳税企业企业所得税征管流程,推动汇总纳税企业企业所得税涉税信息跨省共享。完善资源环境税收外部数据采集应用功能,扩大免填报数据项范围,优化资源环境税申报功能。

5.《国家税务总局 自然资源部关于进一步深化信息共享 便利不动产登记和办税的通知》(2022年1月7日颁布　2022年1月7日实施　税总财行发〔2022〕1号)

国家税务总局各省、自治区、直辖市和计划单列市税务局,国家税务总局驻各地特派员办事处,各省、自治区、直辖市及计划单列市自然资源主管部门,新疆生产建设兵团自然资源局:

为深入推进不动产登记便利化改革,根据党中央、国务院关于优化营商环境的决策部署,按照中办、国办印发的《关于进一步深化税收征管改革的意见》以及《国务院办公厅关于压缩不动产登记办理时间的通知》(国办发〔2019〕8号)工作要求,不断巩固拓展党史学习教育成果,现就进一步深化税务部门和自然资源主管部门协作、加强信息共享有关事项通知如下:

一、深化部门信息共享

税务部门和自然资源主管部门要立足本地信息化建设实际,密切加强合作,以解决实际问题为导向,合理确定信息共享方式,及时实现共享实时化。2022年底前,全国所有市县税务部门和自然资源主管部门应实现不动产登记涉税业务的全流程信息实时共享。

(一)信息共享内容。自然资源主管部门应向税务部门推送统一受理的不动产登记申请和办税信息。主要包括:权利人、证件号、共有情况、不动产单元号、坐落、面积、交易价格、权利类型、登记类型、登记时间等不动产登记信息,以及办理纳税申报时所需的其他登记信息。

税务部门应向自然资源主管部门推送完税信息。主要包括:

纳税人名称、证件号、不动产单元号、是否完税、完税时间,以及办理不动产登记时所需的其他完税信息。

(二)信息共享方式。各省、自治区、直辖市和计划单列市(以下简称各省)税务部门和自然资源主管部门原则上应通过构建"省对省"模式实现信息共享,即两部门在省级层面打通共享路径,通过政务服务平台或连接专线实现不动产登记和办税信息实时共享。

条件暂不具备的,可由省税务部门与自然资源主管部门协商,以接口方式实现信息实时共享;对不动产登记信息管理基础平台已迁移至电子政务外网的市县,可通过调用省税务部门部署于电子政务外网的数据接口实现信息实时共享;已实现信息实时共享的市县暂可保持原有共享方式。各省自然资源主管部门要积极创造条件,会同税务部门推动实现"省对省"模式。

(三)信息共享要求。各省税务部门和自然资源主管部门要强化部门协作,共同研究确定信息共享方式、制定接口规范标准、完成接口开发,确保不动产登记和办税所需信息实时共享到位。要建立安全的信息共享物理环境、网络环境、数据加密与传输机制,保障数据安全。要制定信息共享安全制度,共享信息仅用于不动产登记和办税工作,防止数据外泄,确保信息安全。

各省税务部门和自然资源主管部门要深入推进"以地控税、以税节地"工作,以不动产单元代码为关键字段,加强地籍数据信息的共享。税务部门要加快构建基于地理信息系统的城镇土地使用税、房产税税源数据库,不断提升税收征管质效;自然资源主管部门要加强地籍调查工作,在不动产登记信息管理基础平台上,建立健全地籍数据库,推进地籍数据信息的共享应用。

二、大力推进"一窗办事"

税务部门和自然资源主管部门要在巩固"一窗受理、并行办理"工作成果基础上,以部门信息实时共享为突破口,大力推进信息化技术支撑下的线上线下"一窗办事"。不动产登记和办税联办业务原则上应该通过"一窗办事"综合窗口受理,不得通过单一窗口分别受理、串联办理。2022年底前,全国所有市县应实现不动产登记和办税线下"一窗办事";2023年底前,全国所有市县力争实现不动产登记和办税"网上(掌上)办理"。

(一)线下实现"一窗办事"。各省税务部门和自然资源主管部门要统一线下综合受理窗口业务规范,坚决取消违法违规的前置环节、合并相近环节,对退税、争议处理等特殊业务,可单独设置业务窗口,进一步改善企业群众办事体验。要积极推动税务部门税收征管系统与自然资源主管部门不动产登记系统对接,应用信息化手段整合各部门业务,将纸质资料"现场传递"提升为电子资料"线上流转"。要认真梳理优化办理流程,在综合受理窗口统一收件、统一录入后,自然资源主管部门不动产登记系统自动将税务部门所需信息推送至税收征管系统。税务部门并行办理税收业务,及时确定税额,为纳税人提供多渠道缴纳方式,力争实现税费业务现场即时办结。纳税人完税后,税收征管系统向自然资源主管部门不动产登记系统实时反馈完税信息,自然资源主管部门依法登簿、发证。

(二)积极推进线上"一窗办事"。各省税务部门和自然资源主管部门要围绕智慧税务建设和"互联网+不动产登记"的目标,加强网上不同业务系统相互融合,实行"一次受理、自动分发、集成办理、顺畅衔接",实现登记、办税网上申请、现场核验"最多跑一次"或全程网办"一次不用跑"。各省要结合本地区实际,明确"一窗办事"平台开发层级和应用范围,统筹加快手机APP、小程序等开发应用,逐步实现不动产登记和办税全程"掌上办理"。要打通信息数据壁垒、统一流程环节,实现线上线下业务办理有机贯通衔接。

三、切实保障各项任务有序落地

税务部门和自然资源主管部门要从党史学习教育中汲取继续前进的智慧和力量,切实为群众办实事解难题,增强群众的获得感和满意度。

(一)提高政治站位。各省税务部门和自然资源主管部门要高度重视不动产登记和办税便利化,将此项工作作为巩固拓展党史学习教育成果的有力措施。要向当地党委、政府主动汇报工作情况,积极争取党委和政府在信息数据、经费、技术、场地等方面给予支持。要努力将不动产登记和办税打造为本地优化营商环境的"排头兵",持续规范办事流程,不断提升服务质效,营造和谐稳定、可持续的政务服务环境。

(二)细化任务措施。各省税务部门和自然资源主管部门要尽快研究制定适合本地区的实施方案,明确目标任务,细化具体措施。对本辖区范围内尚未实现信息共享的市县,要及时统计梳理,分析原因,制定时间表、任务图,逐一挂账销号。要坚持问题导向,因地制宜采取创新举措,及时解决存在问题。

(三)狠抓责任落实。各省税务部门和自然资源主管部门要围绕目标加大绩效考评和督导力度,严格工作标准,压实职责任务。必要时联合开展实地督查,跟踪指导,督促工作落实,确保各市县按期实现工作任务,及时将便利化改革成效惠及广大群众。

6.《国家税务总局关于开展 2024 年"便民办税春风行动"的意见》(2024 年 3 月 28 日颁布　2024 年 3 月 28 日实施　税总纳服发〔2024〕19 号)

四、进一步强化税费服务数字赋能

持续深化数字赋能,通过推进数据互通共享、加强数字技术运用,推动办税缴费流程优化、资料简化、成本降低,切实做到高水平优化提升税费服务。

(六)推进数据互通共享。加强与退役军人、农业农村等部门数据共享,优化系统查询、提示提醒等功能,方便纳税人享受支持创业就业等税费优惠政策。依托部门间数据共享,完善大病医疗专项附加扣除信息预填功能,为纳税人提供信息预填服务,便利及时享受。优化自然人电子税务局手机端个人养老金税前扣除"一站式"申报功能,通过部门间信息共享获取个人养老金缴费凭证信息,纳税人无需下载缴费凭证即可申报个人所得税税前扣除。关联不动产交易环节信息和房产税、城镇土地使用税税源信息,系统自动预填房产税、城镇土地使用税税源信息采集表,纳税人补充、更正、确认后,即可完成税源信息采集,进一步减轻办税负担;有条件的地区探索利用自然资源等部门交换信息,进一步提升预填信息的准确性、完整性和便捷性。通过与医保部门信息共享比对,建立资助参保困难群众信息库,对未参保困难群众开展精准宣传、精细服务,落实落细资助困难群众参加基本医疗保险政策。

(七)加强数字技术运用。借助数字技术手段,依托可信身份体系、电子证照共享、电子化报送等方式,进一步精简办税资料,提高办税效率。加快推进铁路、民航发票电子化改革,有效降低企业票据管理成本,更好满足旅客便利化用票需求。积极推广"乐企"平台,为符合条件的集团企业创造条件接入,拓展自用、他用、联用服务试点范围,为企业提供数字化发票开具、交付、使用等服务,推动企业业务、财务、税务融合贯通,促进经济社会数字化转型。配合相关部门,进一步拓展电子发票与电子报销、入账、归档一体化联合试点范围,推动降低企业交易成本。

第七条 【税务机关的税法宣传义务】 税务机关应当广泛宣传税收法律、行政法规,普及纳税知识,无偿地为纳税人提供纳税咨询服务。

一、税务规范性文件

《国家税务总局关于纳税人权利与义务的公告》[①](2009年11月6日颁布 2009年11月6日实施 国家税务总局公告2009年第1号)

为便于您全面了解纳税过程中所享有的权利和应尽的义务,帮助您及时、准确地完成纳税事宜,促进您与我们在税收征纳过程中的合作("您"指纳税人或扣缴义务人,"我们"指税务机关或税务人员。下同),根据《中华人民共和国税收征收管理法》及其实

---

① 《国家税务总局关于修改部分税收规范性文件的公告》(国家税务总局公告2018年第31号)对本文进行了修改。

施细则和相关税收法律、行政法规的规定,现就您的权利和义务告知如下:

您的权利

您在履行纳税义务过程中,依法享有下列权利:

一、知情权

您有权向我们了解国家税收法律、行政法规的规定以及与纳税程序有关的情况,包括:现行税收法律、行政法规和税收政策规定;办理税收事项的时间、方式、步骤以及需要提交的资料;应纳税额核定及其他税务行政处理决定的法律依据、事实依据和计算方法;与我们在纳税、处罚和采取强制执行措施时发生争议或纠纷时,您可以采取的法律救济途径及需要满足的条件。

二、部门工作文件

1.《国家税务总局关于加强税法宣传、密切与社会各界沟通的通知》(2009年4月24日颁布　2009年4月24日实施　国税函〔2009〕211号)

各省、自治区、直辖市和计划单列市国家税务局、地方税务局:

受国际金融危机影响,我国税收工作面临的形势十分严峻。税务机关一方面要认真落实好中央出台的结构性减税政策,以保持国民经济平稳较快发展;另一方面要大力推进依法治税,加强税收征管,保持税收收入持续增长,以满足各级政府履行职能的需要。为此,各级税务机关要认真落实《2009年全国税收工作要点》(国税发〔2009〕1号)所列各项工作,并在落实过程中有针对性地开展宣传工作,加强沟通与交流,以赢得社会各界对税收工作的了解、理解、支持与配合。现就有关问题通知如下:

一、深入开展面向纳税人的税法宣传。各地要以税收宣传月为契机,紧紧围绕"税收·发展·民生"的主题,采取适合不同纳税人特点的宣传方式,广泛宣传税收法律法规、税收政策、管理规定和办税流程。要按照建立服务型政府的要求,不断改进和创新纳税服务的内容和手段,大力加强纳税咨询辅导,探索提供个性化纳税服务。同时,要以方便纳税和降低纳税人负担为目标,优化工作流程,简并要求纳税人报送的报表资料。要努力通过税法宣传、咨询辅导和方便快捷的办税服务,促进纳税人税法遵从度的进一步提高。

二、加强与社会各界的沟通与交流。各地要结合深入学习实践科学发展观活动,切实做好与社会各界的沟通与交流。主动向有关部门、社会团体以及行业协会介绍税收工作所面临的形势和任务,听取有关各方对税收工作的意见与建议,取得社会各界对税收工作的理解和支持,为税收工作的开展营造良好的环境。

三、自觉接受各级人大和政协的监督。各级人大和政协对政府和政府部门的工作实行监督是法制社会和民主政治的重要体现。税务机关作为主管税收征收管理工作的政府职能部门,承担着执行税法和确保税收立法目标充分实现的重要职能,其各项工作必须自觉置于各级人大和政协的监督之下。各级税务机关要主动向本级人大和政协汇报有关工作。在日常工作中,要建立面向人大代表和政协委员的走访和座谈等活动机制,加强与他们的沟通与联系,虚心听取人大代表和政协委员对税收各项工作的意见与建议,切实加以改进。

2.《国家税务总局关于做好"二维码"一次性告知工作的通知》(2015年12月23日颁布　2015年12月23日实施　税总函〔2015〕678号)

各省、自治区、直辖市和计划单列市国家税务局、地方税务局:

根据《深化国税、地税征管体制改革方案》关于创新纳税服务机制的改革要求,税务总局决定自2016年1月起,在全国推行办税事项"二维码"一次性告知措施(以下简称"二维码"措施)。现将有关事项明确如下:

一、"二维码"措施的意义

办税事项"二维码"一次性告知是指税务机关制作并在办税服务厅、门户网站等办税服务平台放置二维码图标,纳税人扫描相应业务的二维码即可通过手机等移动终端获知办理该项业务的资料准备、基本流程等信息。

推行办税事项"二维码"一次性告知,是贯彻中央《深化国税、地税征管体制改革方案》的落地措施,是落实"互联网+税务"行动计划的重要举措,是"便民办税春风行动"的具体项目,是提升纳税服务质量和效率的创新手段。各级税务机关要高度重视,充分认识其重要意义,迅速加强宣传和运用,以方便纳税人快速、便捷地获取规范、准确的税收业务办理指南。

二、"二维码"措施的业务内容

"二维码"一次性告知事项内容主要包含"全国统一事项"和"地方适用事项"。

(一)"全国统一事项"是指税务总局根据《全国税务机关纳税服务规范》对服务事项进行梳理,就全国通行事项统一制发二维码。

目前,税务总局共梳理"全国统一事项"110项,包括税务登记20项,税务认定27项,发票办理11项,申报纳税23项,优惠办理4项,证明办理25项。后期,税务总局将根据具体业务的变化定期对"全国统一事项"业务内容进行增减和修订。

(二)"地方适用事项"是指省税务机关对地方业务进行梳理,自行生成供本地纳税人使用的二维码。

"地方适用事项"不得与现行涉税法律法规、"全国统一事项"及相关规定相悖,并且原则上不与"全国统一事项"重复。

三、"二维码"的制作

二维码的制作程序分为业务梳理、内容存储和编码生成。

(一)税务总局和省税务机关纳税服务主管部门负责涉税业务的梳理,并征求相关业务部门的意见。每项业务应包括业务描述、政策依据、受理部门、办理时限、报送资料、基本流程六方面信息。

(二)税务总局和省税务机关网站管理部门负责在门户网站上确定梳理后的业务内容存放位置,获取相应服务事项的网址信息。

(三)税务总局和省税务机关纳税服务主管部门根据梳理的业务内容和存放网址,利用相关软件编码生成二维码图标。

四、"二维码"措施的宣传和应用

各级税务机关要利用办税服务厅、门户网站、微博、微信等多种渠道加强对办税事项"二维码"一次性告知工作的宣传,办税服务厅人员和热线座席人员要主动引导纳税人扫描相应业务的二维码,帮助纳税人理解和使用二维码。

(一)各地税务机关应在办税服务厅的导税台、咨询台和各办税窗口明显位置摆放印有二维码图标的指南,同时在资料架上摆放宣传手册供纳税人查阅。

(二)税务总局和省税务机关应在门户网站等网上办税平台首页显示"二维码"一次性告知窗口(悬浮窗),纳税人点开链接后,可以扫描二维码查看相应业务。已开通手机 App、微信和微博的单位,要通过这些渠道主动推送"二维码"。

五、"二维码"的日常管理

省税务机关应根据税收政策和管理制度变化情况,适时更新"地方适用事项"二维码,并报税务总局(纳税服务司)备案。

税务总局将根据税收政策和管理制度变化情况,适时更新"全国统一事项"二维码,同时对不符合要求的"地方适用事项"二维码予以撤销或修改。

落实"二维码"一次性告知工作将列入全国纳税人满意度调查和明察暗访内容。

3.《国家税务总局关于印发〈全面推行税务证明事项告知承诺制实施方案〉的通知》(2020 年 12 月 31 日颁布　2020 年 12 月 31 日实施　税总发〔2020〕74 号)

国家税务总局各省、自治区、直辖市和计划单列市税务局,国家税务总局驻各地特派员办事处,局内各单位:

现将《全面推行税务证明事项告知承诺制实施方案》印发给你们,请认真贯彻执行,实施过程中遇到的重大问题请及时报告国家税务总局(政策法规司)。

国家税务总局
2020 年 12 月 31 日

全面推行税务证明事项告知承诺制实施方案

为深入贯彻党中央、国务院关于持续开展"减证便民"行动重大决策部署,深化"放管服"改革,优化税收营商环境,根据《国务院办公厅关于全面推行证明事项和涉企经营许可事项告知承诺制的指导意见》(国办发〔2020〕42号),结合前期试点情况和税务工作实际,制定本实施方案。

一、总体要求

(一)指导思想。以习近平新时代中国特色社会主义思想为指导,深入贯彻党的十九大和十九届二中、三中、四中、五中全会精神,全面贯彻习近平法治思想,坚持以纳税人为中心,深入推进"放管服"改革,加快转变政府职能,针对直接面向纳税人的依申请税务事项,全面推行证明事项告知承诺制,切实减少证明材料报送,加强事中事后公正监管,创新服务管理理念和方式,推进税收治理体系和治理能力现代化,努力建设人民满意的服务型税务机关。

(二)基本原则。

坚持问题导向。以方便纳税人办事为导向,有针对性地解决办理部分税务事项仍需提交繁琐证明等问题,切实提升办税特别是享受税收优惠政策便利度。

坚持高效便民。聚焦纳税人重点关注的领域和事项,优化办事流程,完善服务措施,确保推行工作落地见效。国家税务总局统一明确告知承诺制制度规范,修改信息系统,减轻基层负担。

坚持统筹推进。强化系统观念,注重工作集成,做到制度化、规范化、信息化一体建设,风险防控、分类监管、信息共享协同推进,切实形成工作合力。

坚持风险可控。从税务工作实际出发,对保留的税务证明事项风险程度、核查难度以及纠错成本等进行综合研判,稳妥确定推行告知承诺制的税务证明事项范围,成熟一批、推行一批,确保过程可控、风险可控、监管有效。

(三)工作目标。在税务机关办理税务登记、行政确认、税收减免等依申请的税务事项要求提供证明材料时实行证明事项告知承诺制,以税务机关清楚告知、纳税人诚信守诺为重点,推动形成标准公开、规则公平、预期明确、各负其责、信用监管的税收治理模式,从制度层面进一步解决纳税人办事繁、办税难等问题,持续优化税收营商环境。

二、主要任务及实施步骤

(一)梳理确认保留的税务证明事项(2021年1月15日前)

在前期开展的税务证明事项清理工作基础上,根据法律、行政法规、税务部门规章和规范性文件,对照《税收征管操作规范》《全国税务机关纳税服务规范(3.0版)》,梳理确认保留的税务证明事项,摸清底数,为全面推行税务证明事项告知承诺制打好基础。(政策法规司牵头,相关业务司局配合)

(二)研究明确实行告知承诺制的税务证明事项(2021年1月底前)

本实施方案所称税务证明,是指公民、法人和其他组织在依法向税务机关申请办理税务事项时,提供的需要由行政机关或者其他机构出具、用以描述客观事实或者表明符合特定条件的材料。税务证明事项告知承诺制,是指公民、法人和其他组织在向税务机关申请办理税务事项时,税务机关以书面形式(含电子文本,下同)将证明义务、证明内容以及不实承诺的法律责任一次性告知申请人,申请人书面承诺已经符合告知的相关要求并愿意承担不实承诺的法律责任,税务机关不再索要有关证明并依据书面承诺办理相关税务事项的工作机制。

按照最大限度便民利企原则,在保留的税务证明事项中研究明确实行告知承诺制的税务证明事项。要有针对性地选取与纳税人生产经营或生活密切相关的、使用频次较高或者获取难度较大的税务证明事项实行告知承诺制。对可以通过信息共享、部门协查取得,通过事后核查可以有效防范风险,或者税务机关开具的证明,要积极实行告知承诺制。有关证明事项直接涉及重大国家税收安全、国家秘密或属于重要涉外事项,风险较大、纠错成本较高、

损害难以挽回的,不适用告知承诺制。(政策法规司牵头,相关业务司局配合)

(三)确定告知承诺制的适用对象(2021年2月10日前)

对于实行告知承诺制的税务证明事项,申请人可自主选择是否采用告知承诺制方式办理。申请人不愿承诺或者无法承诺的,应当提交税务部门依据法律法规或者国务院决定要求提供的证明。

申请人有较严重的不良信用记录或者存在曾作出虚假承诺等情形的,在信用修复前不适用告知承诺制。不适用告知承诺制的具体情形由国家税务总局明确。(政策法规司牵头,相关业务司局配合)

(四)规范告知承诺制工作程序(2021年3月底前)

按照全面准确、权责清晰、通俗易懂的要求,逐项科学编制告知承诺制工作规程、制作告知承诺书格式文本。书面告知的内容应当包括事项名称、设定依据、证明内容、承诺方式、不实承诺可能承担的民事、行政、刑事责任、税务机关核查权力、承诺书是否公开、公开范围及时限等;要坚持实事求是、相关要求要可量化、易操作,不含模糊表述或兜底条款。书面承诺的内容应当包括申请人已知晓告知事项、已符合相关条件、愿意承担不实承诺的法律责任以及承诺的意思表示真实等。(相关业务司局按照职责分工负责)

(五)修改信息系统、办税指南(2021年6月底前)

配套修改信息系统中办事流程和表证单书,将告知承诺程序环节、告知承诺书文本和虚假承诺的认定处理文书嵌入信息系统,同时在信息系统中实现相关信息记录、归集和推送。修改相关办税指南。(政策法规司、纳税服务司、征管和科技发展司牵头,相关业务司局配合)

(六)发布目录、文本和指南(2021年6月底前)

以公告形式发布实行告知承诺制的税务证明事项目录,通过税务机关网站、办税服务场所等向社会公开,同步发布告知承诺书格式文本和办税指南,方便申请人查阅、索取或者下载。(政策法

规司、纳税服务司按照职责分工负责)

(七)正式实行及持续改进(2021年7月1日开始)

按照公布的推行告知承诺制的税务证明事项范围、办税指南等正式实行告知承诺制,并加强跟踪分析和评估。国家税务总局根据部门信息共享和行政协助机制完善程度以及事中事后监管能力水平,适时扩大税务证明事项告知承诺制适用范围,并进一步推动彻底取消有关税务证明事项。各省、自治区、直辖市和计划单列市税务局(以下简称"各省税务局")对已经通过信息共享取得并可即时查验的税务证明,可自主公告决定不再索要有关证明材料和承诺书,并报国家税务总局备案,以查验结果替代证明材料。(政策法规部门牵头,相关业务部门配合)

三、监管要求

(一)加强事中事后核查。针对税务证明事项特点等分类确定事中事后核查办法,将承诺人的信用和风险状况作为确定核查办法的重要因素,明确核查时间、标准、方式以及是否免予核查。对免予核查的事项,要综合运用"双随机、一公开"监管、重点监管、"互联网+监管"、智慧监管等方式实施日常监管,不得对通过告知承诺制方式办理的申请人采取歧视性监管措施。对在核查或者日常监管中发现承诺不实的,依法终止办理、责令限期整改、撤销行政决定或者予以行政处罚,并根据虚假承诺的认定处理文书确定为失信信息。涉嫌犯罪的,依法移送司法机关。要认真贯彻落实《国务院关于在线政务服务的若干规定》,着力解决税务部门与地方政府间政务信息资源共享不畅问题。要利用政务信息共享平台、政务服务移动客户端、区块链技术等收集、比对相关数据,实施在线核查,也可以通过检查等方式开展现场核查。确需进行现场核查的,要依托"互联网+监管"平台和应用程序等,将承诺情况及时准确推送给有关税务人员,为一线监管执法提供信息支撑,同时要优化工作程序、加强业务协同,避免烦企扰民。相关数据尚未实现网络共享、难以通过上述方式核查的,要积极通过协税护税机制,请求其他行政机关协助核查。(相关业务部门按照职责

分工负责)

(二)加强信用监管。认定告知承诺失信行为必须以具有法律效力的文书为依据,通过核查或者日常监管等方式发现虚假承诺的,根据虚假承诺认定处理文书确定为失信信息。相关信息将在税务管理系统中进行记录、归集,并纳入纳税信用评价。对虚假承诺失信扣分情况有异议的,可向税务机关申请纳税信用复评或复核。依托各级信用信息共享平台和税务信用信息系统,加强纳税信用评价结果的互联互通和共享。运用纳税信用评价结果,实施差异化服务和管理措施。依法依规做好纳税人有关信息和商业秘密保护。(纳税服务部门、征管科技部门、相关业务部门按照职责分工负责)

(三)强化税收风险防控。梳理工作环节风险点,采取措施切实提高风险防范能力。加强行政指导,强化告知和指导义务。建立承诺退出机制,在税务事项办结前,申请人有合理理由的,可以撤回承诺申请,撤回后应当按原程序办理税务事项。对涉及社会公共利益、第三方利益或者核查难度较大的税务证明事项,向社会公开告知承诺书,接受社会监督。当事人拒绝公开的,应当提交办理税务事项所需证明。(相关业务部门按照职责分工负责)

四、保障措施

(一)加强组织领导。各级税务机关要切实加强对全面推行告知承诺制工作的领导,抓好组织实施。总局政策法规司要牵头做好税务证明事项告知承诺制推行工作,统筹确定推行事项、报送信息系统修改业务需求。各主管业务司局要对实行告知承诺制的税务证明事项逐项研究制定工作规程,明确告知承诺书格式文本、风险控制措施、核查办法和不实承诺认定文书。纳税服务司要更新办税指南、落实虚假承诺纳入纳税信用评价的规定。征管和科技发展司、电子税务管理中心要做好信息系统修改调整工作。各省税务局要认真部署、抓好落实、压紧责任,积极参加地方政府建立的工作协调机制,加强部门间信息共享和行政协助,及时上报告知承诺制推行成效、数据和典型经验做法。

（二）开展培训宣传。要组织开展学习培训，加强业务交流，提升一线人员执行落实能力。要强化宣传引导，通过报刊、广播、电视、互联网等渠道，深入宣传全面推行税务证明事项告知承诺制的重要意义、主要做法、典型经验和实施效果等，发挥示范带动作用，合理引导社会预期，及时回应社会关切，营造良好舆论氛围。（政策法规部门、税收宣传部门按照职责分工负责）

（三）加强督促检查。各级税务机关加强推行、落实税务证明事项告知承诺制的督促检查，对纳税人反映的制度执行不到位等突出问题，开展重点检查，对落实不力、问题突出的严格依法依规追究责任。（政策法规部门、督察内审部门按照职责分工负责）

各级税务机关要以全面推行税务证明事项告知承诺制为重要抓手，加快推进"放管服"改革，降低制度性交易成本，减轻纳税人负担，激发市场主体发展活力。各省税务局在全面推行税务证明事项告知承诺制过程中发现的问题和有关意见建议，要及时报国家税务总局（政策法规司）。

4.《国家税务总局关于部分税务证明事项实行告知承诺制 进一步优化纳税服务的公告》（2021年6月30日颁布 2021年7月1日实施 国家税务总局公告2021年第21号）

为深入贯彻党中央、国务院关于持续开展"减证便民"行动重大决策部署，落实中办、国办印发的《关于进一步深化税收征管改革的意见》和国办印发的《关于全面推行证明事项和涉企经营许可事项告知承诺制的指导意见》，持续深化"放管服"改革，优化税收营商环境，根据2021年"我为纳税人缴费人办实事暨便民办税春风行动"安排，结合深入开展党史学习教育，国家税务总局决定对部分税务证明事项实行告知承诺制。现公告如下：

一、实行范围

自2021年7月1日起，在全国范围内对6项税务证明事项（见附件1）实行告知承诺制。

二、承诺方式

对实行告知承诺制的税务证明事项，纳税人可以自主选择是否适用告知承诺制办理。

选择适用告知承诺制办理的,税务机关以书面形式(含电子文本)将证明义务、证明内容、承诺方式以及不实承诺的法律责任一次性告知纳税人,纳税人书面承诺已经符合告知的相关要求并愿意承担不实承诺的法律责任,税务机关不再索要该事项需要的证明材料,并依据纳税人书面承诺办理相关税务事项。

纳税人不选择适用告知承诺制的,应当提供该事项需要的证明材料。

三、法律责任

纳税人对承诺的真实性承担法律责任。税务机关在事中核查时发现核查情况与纳税人承诺不一致的,应要求纳税人提供相关佐证材料后再予办理。对在事中事后核查或者日常监管中发现承诺不实的,税务机关依法责令限期改正、进行处理处罚,并按照有关规定作出虚假承诺行为认定;涉嫌犯罪的,依法移送司法机关追究刑事责任。

四、不适用告知承诺制的情形

对重大税收违法失信案件当事人不适用告知承诺制,重大税收违法失信案件当事人履行相关法定义务,经实施检查的税务机关确认,在公布期届满后可以适用告知承诺制;其他纳税人存在曾作出虚假承诺情形的,在纠正违法违规行为或者履行相关法定义务之前不适用告知承诺制。

五、工作要求

税务机关通过办税服务场所和官方网站等渠道公布实行告知承诺制的税务证明事项目录及告知承诺书格式文本(附件2),方便纳税人查阅、索取或下载。

各级税务机关要加强推行和落实税务证明事项告知承诺制的督促检查,对纳税人反映的制度执行不到位等突出问题进行重点检查。

六、本公告自2021年7月1日起施行。

5.《国家税务总局关于开展 2023 年"便民办税春风行动"的意见》(2023 年 1 月 1 日颁布　2023 年 1 月 1 日实施　税总纳服发〔2023〕1 号)

国家税务总局各省、自治区、直辖市和计划单列市税务局,国家税务总局驻各地特派员办事处,局内各单位:

为深入学习贯彻党的二十大精神,认真落实中央经济工作会议部署,持续抓好中办、国办印发的《关于进一步深化税收征管改革的意见》落实,税务总局决定,2023 年以"办好惠民事·服务现代化"为主题,连续第 10 年开展"便民办税春风行动"(以下简称"春风行动"),先行推出第一批 17 条便民办税缴费措施,后续还将分批推出若干接续措施,不断提升纳税人缴费人获得感和满意度,更好服务中国式现代化,为全面建设社会主义现代化国家开好局起好步贡献税务力量。

一、总体要求

以习近平新时代中国特色社会主义思想为指导,深入学习贯彻落实党的二十大精神,聚焦落实党中央、国务院决策部署,聚焦落实深化"放管服"改革优化营商环境,紧紧围绕纳税人缴费人急难愁盼问题,坚持人民至上,坚持守正创新,坚持问题导向,坚持系统观念,深入开展"春风行动",打连发、呈递进,分批接续推出系列改革创新举措,持续推动诉求响应提质、政策落实提效、精细服务提档、智能办税提速、精简流程提级、规范执法提升,为激发市场主体活力、维护法治公平税收环境、推动高质量发展贡献力量,以税收现代化的深入推进,更好服务中国式现代化。

二、行动内容

第一批 17 条便民办税缴费措施包括以下六个方面:

(一)诉求响应提质。组织开展全国纳税人缴费人需求征集,积极响应合理诉求,解决纳税人缴费人急难愁盼问题,改进提升税费服务工作。深入开展"税直达"试点,根据纳税人缴费人行为习惯不断优化服务策略,探索推出相关服务产品,有效改善纳税人缴费人服务体验。

（二）政策落实提效。加强企业所得税优惠政策宣传辅导，创新政策服务与管理方式，帮助纳税人充分享受政策红利。拓宽个人所得税汇算清缴优先退税人员范围，进一步提升纳税人获得感。深入开展第32个全国税收宣传月活动，积极向纳税人缴费人宣传辅导相关便民办税政策措施。

（三）精细服务提档。发挥税收大数据作用，持续运用"全国纳税人供应链查询"功能，积极为企业牵线搭桥，助力企业复工复产。探索为自然人优先提供智能应答服务，不断提高智能咨询服务水平。结合数字化电子发票推广，开展技术与应用可视答疑试点，为纳税人提供更加直观、准确、高效的咨询服务。

三、工作要求

（一）加强组织领导。开展"春风行动"是税务部门贯彻落实党的二十大精神和中央经济工作会议精神的具体举措，是不断提升纳税人缴费人获得感的内在要求。各级税务机关要始终把坚持党的全面领导贯穿到"春风行动"推进落实的全过程，坚持以人民为中心的发展思想，充分调动广大干部的积极性主动性创造性，有效激励党员干部担当作为，努力在提升办税缴费便利化水平等方面取得新突破。

（二）狠抓工作落实。各级税务机关要全面把握连续第10年开展"春风行动"的重要意义，坚持对标对表，推动各项措施及时出台；税务总局相关司局要切实发挥职能作用，加强工作指导和督促，及时解决落实中的重大问题，促进各地交流互鉴；各地税务机关要加强沟通协作，细化重点任务，确保"春风行动"措施落实见效。

（三）积极探索创新。充分发挥基层的创造性，鼓励各地税务机关在落实过程中探索创新，通过开展"春风行动"，着力解决纳税人缴费人急难愁盼问题。对实践证明行之有效、企业和群众高度认可的改革措施及时进行总结提炼，积极为全国税务系统积累更多可复制可推广经验。

（四）营造良好氛围。各级税务机关结合"春风行动"开展成效,主动开展多种形式的宣传报道,加大对"春风行动"成功经验、有效做法的宣介力度,为进一步推进税收现代化,更好服务中国式现代化营造良好社会氛围。

6.《国家税务总局关于进一步实施部分税务证明事项告知承诺制的公告》(2023 年 1 月 5 日颁布　2023 年 3 月 1 日实施　国家税务总局公告 2023 年第 2 号)

　　为贯彻落实中办、国办印发的《关于进一步深化税收征管改革的意见》和国办印发的《关于全面推行证明事项和涉企经营许可事项告知承诺制的指导意见》有关要求,持续深化税务系统"放管服"改革,优化税收营商环境,深入开展"便民办税春风行动",国家税务总局决定对部分税务证明事项实行告知承诺制。现公告如下:

　　一、自 2023 年 3 月 1 日起,在全国范围内对列入目录内的国家综合性消防救援车辆证明等 6 项税务证明事项(附件 1)实行告知承诺制。

　　二、实行告知承诺制税务证明事项的承诺方式、法律责任、不适用情形,按照《国家税务总局关于部分税务证明事项实行告知承诺制进一步优化纳税服务的公告》(2021 年第 21 号)有关规定执行。

　　三、税务机关通过办税服务场所和官方网站等渠道公布实行告知承诺制的税务证明事项目录及告知承诺书格式文本(附件 2),方便纳税人查阅、索取或下载。

　　四、本公告自 2023 年 3 月 1 日起施行。

7.《国家税务总局关于接续推出 2023 年"便民办税春风行动"第二批措施的通知》(2023 年 2 月 20 日颁布　2023 年 2 月 20 日实施　税总纳服函〔2023〕13 号)

国家税务总局各省、自治区、直辖市和计划单列市税务局,国家税务总局驻各地特派员办事处,局内各单位:

　　为深入学习贯彻党的二十大精神,认真落实中央经济工作会议部署,按照《国家税务总局关于开展2023年"便民办税春风行动"的意见》(税总纳税服发〔2023〕1号)安排,税务总局结合纳税人缴费人新需求,推出第二批25条便民办税缴费接续措施,持续为激发市场主体活力、维护法治公平税收环境、推动高质量发展贡献力量。现通知如下:

一、诉求响应提质。坚持和发展新时代"枫桥经验",通过设立调解室、成立专门团队等,畅通纳税人缴费人诉求表达、权益保障通道,充分发挥调解作用,推进税收争议化解在基层、化解于萌芽。持续发挥纳税缴费服务投诉分析改进机制作用,进一步优化办税缴费服务。按照"数据+规则"理念,聚焦纳税人缴费人需求,通过多种渠道开展更具针对性的税费优惠政策推送,不断提高政策精准推送质效。进一步优化自然人税收管理系统提示提醒等功能,为自然人纳税人提供精准导引服务。开展自然人税收管理系统用户体验评估,完善相关办税功能,提升自然人办税体验。

二、政策落实提效。优化完善税务总局官网税收政策法规库,进一步方便社会公众查询知晓税收政策。进一步通过大众媒体加强税费政策宣传,在报、网、端、微、屏广泛开展政策解读,强化政策送达的时效性、精准性,促进市场主体知政策、会操作、能享受。围绕新出台税费政策解读、操作指南等,及时制作图解、动漫、短视频等公众喜闻乐见的新媒体解读产品,依托微信、微博、抖音等平台组织开展网络接龙活动,提升政策知晓度和送达率。借助线上渠道,适时向大企业推送行业性税收政策,开展政策宣传,助力大企业精准适用政策。开展"税务青年助企惠民志愿行动",组织广大税务青年以志愿服务的方式,为纳税人缴费人提供更为细致更有温度的服务,促进各项税费政策更加精准有效落地。

三、精细服务提档。推动相关区域进一步规范涵盖申报、发票、登记、账证、征收、检查等类别的税务行政处罚裁量基准,加强区域执法协同,推进税收征管和服务一体化,更好服务国家区域协调发展战略。抓好首批在全国复制推广的营商环境创新试点涉税改革举措落地,激发市场主体活力,服务高质量发展。结合数字化电子发票推广和新电子税务局建设,上线推广征纳互动服务,进一步提升服务质效。按照国务院有关部门部署,组织开展助力中小企业发展主题服务月活动,更好服务小微市场主体。深化税务与银保监部门"银税互动"数据直连试点,更加安全高效地助力小微企业缓解融资难融资贵问题。

8.《国家税务总局办公厅 中华全国工商业联合会办公厅关于印发〈2023年助力小微经营主体发展"春雨润苗"专项行动方案〉的通知》(2023年5月19日颁布 2023年5月19日实施 税总办纳服发〔2023〕23号)

国家税务总局各省、自治区、直辖市和计划单列市税务局,国家税务总局驻各地特派员办事处,各省、自治区、直辖市和新疆生产建设兵团工商联,大连、宁波、厦门、青岛、深圳市工商联:

现将《2023年助力小微经营主体发展"春雨润苗"专项行动方案》印发给你们,请遵照执行。

国家税务总局办公厅中华全国工商业联合会办公厅
2023年5月19日

2023年助力小微经营主体发展"春雨润苗"专项行动方案

为深入贯彻落实党的二十大和全国两会精神,扎实开展学习贯彻习近平新时代中国特色社会主义思想主题教育,认真落实中办、国办印发的《关于进一步深化税收征管改革的意见》,持续优化小微经营主体税费服务,推进"便民办税春风行动"走深走实,促进民营经济发展壮大,国家税务总局与全国工商联决定,联合开展2023年助力小微经营主体发展"春雨润苗"专项行动(以下简称"春雨润苗"行动),特制定本方案。

一、行动内容

2023年"春雨润苗"行动以优化小微企业和个体工商户等小微经营主体发展环境为重点,坚持"两个毫不动摇",聚焦经营主体关切,围绕"提质效、强赋能、促升级"主题,推出"税惠助益强信心""实措纾困解难题""重点护航促成长"三大类系列活动,通过部门间协同联动,让各项税费支持政策和创新服务举措及时惠及小微经营主体,助其稳预期、强信心、焕活力。

"提质效"——聚焦办事便利,主动靠前服务,提升服务效能,强化政策落实,助力小微经营主体减负增益,激发成长活力。

"强赋能"——聚焦要素支持,强化融资保障,发挥纳税信用正向引导作用,拓展渠道推进产业链、供应链补强,助力小微经营主体纾困解难,蓄足发展动能。

"促升级"——聚焦重点行业,扶持重点群体,支持创新发展,深化梯度培育,助力小微经营主体转型升级,增添远航动力。

二、行动安排

本次行动共推出"税惠助益强信心""实措纾困解难题""重点护航促成长"三大类系列活动,贯穿12项服务措施,按照总体设计、层层分解、分步推进的原则具体实施。

(一)开展"税惠助益强信心"活动

各级税务机关及工商联联合开展"税惠助益强信心"系列活动,精准聚焦小微经营主体共性需求,以精细服务、优化体验为着力点,持续提升宣传辅导精准度、政策落实匹配度、办税缴费便利度、诉求响应满意度、志愿服务感受度,为小微经营主体强信心、减负担、添活力。

1.加强政策宣传,深化精准辅导。依托征纳沟通平台,根据小微经营主体自身属性和行为偏好分析,实现税费政策、系统操作、提示提醒、风险告知等内容的精准推送。持续拓展红利账单推送形式,增强依法纳税缴费、依规享受优惠政策的示范效应。结合地方实际推出图解、动漫、短视频等新媒体宣传产品,不断提升税费政策知晓度。联合工商联所属商会开展政策宣讲活动,通过直播连线、分设会场等方式,为政策适配的特定行业提供政策辅导、咨询答疑服务,探索优惠政策宣传联合直播新模式。

2.坚持税费皆重,落实优惠政策。树牢"税费皆重"理念,深入落实小微经营主体系列税费优惠政策。继续落实将"六税两费"减免适用主体由增值税小规模纳税人扩展至全部小型微利企业和个体工商户的优惠政策。落实好增值税小规模纳税人减免增值税等政策,助力小规模纳税人享受政策红利。帮助符合条件的小微经营主体用足用好残疾人就业保障金减免政策,更好发挥非税收入在支持经营主体中的积极作用。

3. 便利办税缴费,提升服务体验。结合本地实际,依托街道办、产业园区、大型社区、商场楼宇等场地,在小微企业聚集区域科学合理配备自助办税终端等便民办税设施,深入推进税费服务就近办、即时办。推广征纳互动服务,通过智能应答等服务辅导小微经营主体解决线上办税缴费遇到的政策、操作等问题,协助其完成业务办理。推行"首次服务"机制,第一时间为新办小微企业建立"新办企业—网格员"紧密关系,精准对接企业需求,帮助企业快速全面掌握相关涉税信息,方便快捷办理纳税缴费事项。

4. 拓宽收集渠道,快速响应诉求。常态化开展"走流程、听建议"活动,全面征集并响应小微经营主体诉求。组织开展小微经营主体专题体验活动,充分发挥"税费服务体验师"作用,收集办税缴费流程等意见建议。进一步完善小微企业诉求联动响应机制,推进诉求收集反馈信息化渠道建设,着力提升响应质效。在商会组织设立服务站或服务顾问,开展普法、答疑、调解、维权等工作,满足商会会员税费咨询等服务需求。对通过工商联及所属商会收集到的小微经营主体高频、突发涉税诉求保持高度关注,及时进行研判提醒。

5. 依托志愿力量,传递惠企声音。联合工商联所属商会、社会公益团体、涉税行业协会、财经高校等组建志愿者服务队,提供创业辅导、税费专题培训等志愿服务。探索建立由税务部门主导,志愿者服务队、涉税专业服务机构共同参与的税费服务需求"有效收集＋快速响应＋及时反馈"的服务模式,以手段创新实现与小微经营主体的良性互动。

(二)开展"实措纾困解难题"活动

各级税务机关及工商联联合开展"实措纾困解难题"系列活动,针对小微经营主体生产经营困境,加大纾困支持力度,聚焦融资难、产销难、合规难等问题,从税银互动、牵线补链、规范增信等方面主动助力小微经营主体排忧解难、轻装快行。

6.深化税银互动,降低融资成本。建立以纳税信用信息为基础、银行业金融机构广泛参与、金融监管部门审慎监管为保障的协同推进模式,在依法合规、风险可控的前提下,引导金融机构加大对科技创新、绿色发展、对外贸易等领域小微经营主体的支持力度,简化申贷流程、提速贷款发放,帮助企业将"纳税信用"转化为"融资信用",并有效利用全国一体化融资信用服务平台网络,拓宽贷款渠道,为小微经营主体缓解融资难问题。

7.引导主动合规,提升信用水平。做好小微经营主体涉税涉费业务办理带来的信用失信风险事前提醒。动态获取小微企业纳税信用级别变动情形,以"定向投递"的形式主动向纳税人推送纳税信用评分变化情况,引导失信主体自我纠错,并修复信用级别。探索推出小微经营主体纳税信用合规建设指引,完善"信用+"体系建设,指导有条件的小微经营主体以守法合规为导向,将遵守税费法律法规、践诺履约等内容融入自身信用合规建设,有效规避失信风险,提升主动合规能力。探索建立信用合规建设正向激励机制,鼓励更多小微经营主体加强信用合规建设,提升自身信用水平。

8.补链强链延链,激发产业活力。加强跨地区跨部门统筹,充分发挥工商联桥梁纽带作用,广泛收集汇总工商联所属商会会员企业的生产经营配套需求,形成"产销清单",充分利用登记信息、信用级别、发票流向等税收大数据筛选定位适宜的小微经营主体,形成"推荐清单",拓展原材料供给来源、畅通国内销售渠道。通过"两个清单"发挥"链式效应",促推薄弱环节"补链",优势领域"强链",推动产业链上下游"串珠成链",打通小微经营主体与大中型企业的合作通道,推动小微经营主体融入产业链、供应链。

(三)开展"重点护航促成长"活动

各级税务机关及工商联联合开展"重点护航促成长"系列活动,探索建立小微经营主体"全生命周期"服务机制,聚焦小微经营主体成长中的关键节点和服务重点,精准发力,持续护航,助力小微经营主体不断创新升级、发展壮大。

9. 强化多元协同,助力创业就业。加强与市场监管、人力资源社会保障、退役军人事务、街道等部门的协作,在广场、大型社区等场地设立"春雨润苗"信息角,为高校毕业生、退役军人、农民工、返乡人员等就业创业群体提供优惠政策宣传、创业培训等方面的服务,鼓励以创业带动就业。持续推进"助力大学生就业创业税费服务站"建设,结合大学生毕业等关键时间节点,联合高等院校等部门组建税收政策青年讲师团,广泛宣传就业创业税费优惠政策等知识。深化与退役军人事务部门的数据共享和信息互通,成立拥军涉税服务团队深入军创企业和招聘退役军人企业,结合企业经营状况、行业特点等开展专属服务,助力军创企业健康发展,鼓励小微经营主体招聘退役军人。

10. 开展定向服务,助力转型升级。贯彻落实国务院《促进个体工商户发展条例》,配合市场监管部门为符合条件且有意愿转型为企业的个体工商户提供便利化服务。主动对接"个转企"企业涉税涉费诉求,持续跟踪服务响应诉求,及时推送涉税风险提示,帮助其做好事前风险防控。鼓励涉税专业服务机构免费为"个转企"纳税人提供一定期限的政策咨询、办税辅导、纳税申报、代理记账等服务,帮助转型企业完善财务制度、树立依法纳税理念。

11. 支持梯度进阶,助力创新发展。聚焦创新型中小企业、"专精特新"中小企业和"小巨人"企业梯度培育需求,提供多层次税费服务。探索与高校、科研机构等部门开展深入合作,定期举办"专精特新"主题讲座、合作开展企业发展研究等活动,助力小微经营主体实现"专精特新"发展。主动对接工信、商务等部门,动态管理"专精特新"中小企业、"小巨人"企业和"中华老字号"企业档案,常态化开展针对性税费服务。探索与科技部门合作开展科技型中小企业行业趋势性大数据分析,为其发展提供政策指引,深入开展政策匹配、疑难解答、信用预警、风险筛查等"一站式"服务,营造有利于科技型中小企业成长的良好环境。支持工商联开展创新型成长型民营企业赋能行动,共同构建全方位、全要素、全周期的创新服务体系。

12.凝聚惠农力量,助力乡村振兴。聚焦乡村农企农户所需所盼,成立"税务助农团",为家庭农场和农民合作社配备"税费政策讲解员"和"快速响应联络员",帮助用好用足税费优惠政策。鼓励在有条件的地区设置乡村税费服务站,提供自助办理服务和远程可视化交互业务,实时解决企业涉税难题。探索构建"税村共治"协同服务机制,通过党群合作、税村联动等协同共治服务举措,切实提升乡镇企业及村民办税缴费的便利度和满意度。

三、行动要求

(一)加强组织领导,统筹协同推进。各级税务机关和工商联要切实加强组织领导,强化协同配合,制定好本地实施方案,细化措施和责任分工,进一步完善配套机制,确保各项工作有序推进。

(二)发掘创新亮点,积极总结推广。各级税务机关和工商联要勇于守正创新、精于发掘亮点,在打造特色化行动措施的同时,积极探索开展创新举措的总结推广。

(三)持续做好宣传,营造良好氛围。各级税务机关和工商联要总结好阶段性、创新性工作成果,做好经验提炼和案例归集,并持续有序开展宣传,不断提升行动成效。

9.《国家税务总局关于扎实开展税务系统主题教育推出"便民办税春风行动"第四批措施的通知》(2023年5月23日颁布 2023年5月23日实施 税总纳服函〔2023〕72号)

国家税务总局各省、自治区、直辖市和计划单列市税务局,国家税务总局驻各地特派员办事处,局内各单位:

为推动税务系统学习贯彻习近平新时代中国特色社会主义思想主题教育进一步走深走实,税务总局聚焦纳税人缴费人和基层税务人所需所盼,开展调查研究,坚持问题导向,接续推出"便民办税春风行动"第四批19条措施,着力办实事解民忧,助力提振市场信心、稳定市场预期,更好服务经济高质量发展。现通知如下:

一、政策落实提速

1. 围绕税费优惠政策落实,开展"税问我答"宣传解读活动,组织各地税务部门有针对性地回应纳税人缴费人关切。

2. 联合有关部门开展出口退税政策宣传解读,帮助企业进一步熟悉掌握出口退税政策和申报办理流程。

3. 落实失业保险、工伤保险降费政策,做好政策宣传辅导和系统改造,确保优惠政策应知尽知、便捷享受。

5. 发布小规模纳税人适用3%征收率减按1%征收增值税政策相关即问即答,帮助小规模纳税人更好理解、准确适用优惠政策。

二、重点服务提档

6. 优化"一带一路"相关税收政策资讯服务,持续更新"走出去"纳税人投资税收指南,帮助纳税人防范投资税收风险。

7. 扩大和完善税收协定网络,加强税收协定谈签工作,为纳税人跨境经营提供税收确定性,避免和消除国际重复征税。

8. 开展重点企业走访活动,宣介相关税费政策,实地了解企业生产经营状况,收集企业涉税诉求,帮助企业解决实际问题。

9. 加强税费政策确定性和执行一致性服务,协调解决大企业复杂涉税事项税收政策适用问题。

10. 引导涉税专业服务机构等社会力量积极参加税收志愿服务,不断壮大税收志愿服务队伍,推进税收志愿服务活动进社区、进园区,积极推荐税收志愿者参加优秀志愿者评选,充分发挥税务师同心服务团等税收志愿者团队和个人在促进税费优惠政策落实中的积极作用。

三、诉求响应提效

11. 健全完善税费服务诉求解决机制,聚焦纳税人缴费人税费服务诉求,加强工作统筹,强化闭环管理,注重信息化应用,着力解决纳税人缴费人急难愁盼问题。

12. 建立全国人大代表、政协委员建议提案信息库,通过跟进式回访、专题性调研、常态化沟通等方式,持续巩固提升代表委员建议提案办理工作质效。

13. 将纳税人缴费人通过不同渠道反映的重点问题线索纳入税收工作督查,主动回应纳税人缴费人关切。

四、便捷办理提质

14. 巩固拓展企业社会保险缴费事项"网上办"、个人社会保险缴费事项"掌上办"成果,持续优化"非接触式"缴费服务体验。

15. 在全国范围内,为非居民企业跨境办税场景开放双语环境下的统一注册登录、无障碍跨境办税、智能税费计算和跨境税费缴纳等服务,实现在中国境内未设立机构场所的非居民企业,无需入境或委托代理人,即可"一地注册赋码、全国互认办税"。

16. 在京津冀区域、长三角区域、珠三角区域、成渝双城经济圈的北京、上海、宁波、广东、深圳、四川、重庆7个省市试点新办经营主体智能开业,纳税人在市场监管部门办理注册登记后,系统自动为其分配主管税务机关、核定税费种并智能赋予数电票额度,实现纳税人"开业就能开票"。

17. 依托税收大数据和智能算税规则,结合纳税人缴费人标签特征,在长三角区域、成渝双城经济圈的上海、四川、重庆3个省市上线"确认式申报"场景,对经营业务相对简单的纳税人缴费人提供"确认式申报"服务,通过数据智能预填服务,进一步压缩纳税人缴费人税费申报办理时长。

18. 在长三角区域、珠三角区域、成渝双城经济圈的上海、宁波、广东、深圳、四川、重庆6个省市,提供"优良信用者试行按需开票"服务,对符合条件的纳税人实施正向激励,享受按需开票服务,积极引导纳税人遵从税法。(第16、17、18条措施根据试点情况年内进一步扩大实施范围,便利更多纳税人缴费人)

五、规范执法提升

19. 进一步扩大动态"信用+风险"监管试点,不断提高精准监管水平,持续保障推进优化办税缴费服务。

各级税务机关要牢牢把握主题教育"学思想、强党性、重实践、建新功"总要求,紧紧锚定目标任务,进一步提升站位、扛牢责任、务求实效,在推动"便民办税春风行动"措施走深走实上真抓实干,在为纳税人缴费人办实事解难题上担当作为,以纳税人缴费人满意作为"硬道理""金标准",切实将主题教育的成果体现到办税缴费服务提质增效上,为建设市场化法治化国际化营商环境作出更大税务贡献。

10.《国家税务总局关于开展2024年"便民办税春风行动"的意见》(2024年3月28日颁布　2024年3月28日实施　税总纳服发〔2024〕19号)

三、进一步提升税费服务诉求响应

持续关注涉税涉费高频热点诉求,在健全工作机制高效响应纳税人缴费人诉求的同时,进一步紧贴企业群众实际需求,着力打通办税缴费堵点卡点,分类精准施策,提高涉税涉费诉求解决效率。

(四)健全诉求解决机制。持续深化"民呼我为""接诉即办""未诉先办",畅通纳税人缴费人诉求收集渠道,强化直联点税务机关诉求感知"触角"作用,进一步提高诉求办理效率,办成办好纳税人缴费人反映较多的热点诉求,并适时向社会公开办理情况。优化税费优惠政策精准推送,发挥工作机制作用,进一步提升宣传辅导实效,切实解决纳税人缴费人申报享受遇到的问题。优化可视答疑服务,通过数据比对等方式,实现纳税人缴费人诉求实名归集、分析,主动向纳税人缴费人推送邀请,解答热点诉求,实现"一地答疑、多地共享""一期答疑、产品共用"。

(五)增强破解难题实效。拓展个人所得税综合所得汇算清缴优先退税范围,将适用简易申报的纳税人纳入优先退税范围。编制支持制造业发展的税费优惠政策指引,帮助纳税人缴费人更好地理解和适用税费优惠政策。开展面向新办纳税人的"开业第一课"活动,精准推送新办纳税人想要了解和需要掌握的政策、指引等宣传辅导产品。聚焦以民营经济为主体的小微企业和个体工商户,连续第四年开展"春雨润苗"专项行动,优化面向纳税人缴费人特别是小微经营主体的宣传辅导方式,提高针对性、实效性。充分运用数字化技术，推广试用大企业服务模块；推进大企业跨区域涉税事项协调机制建设，高效率协调解决大企业涉税诉求事项。持续深化"一带一路"税收征管合作机制，拓展《中国税收居民身份证明》适用范围，提升对"走出去""引进来"企业的服务水平。

第八条 【纳税人的权利】纳税人、扣缴义务人有权向税务机关了解国家税收法律、行政法规的规定以及与纳税程序有关的情况。

纳税人、扣缴义务人有权要求税务机关为纳税人、扣缴义务人的情况保密。税务机关应当依法为纳税人、扣缴义务人的情况保密。

纳税人依法享有申请减税、免税、退税的权利。

纳税人、扣缴义务人对税务机关所作出的决定，享有陈述权、申辩权；依法享有申请行政复议、提起行政诉讼、请求国家赔偿等权利。

纳税人、扣缴义务人有权控告和检举税务机关、税务人员的违法违纪行为。

一、税收行政法规

《中华人民共和国税收征收管理法实施细则》（2002年9月7日中华人民共和国国务院令第362号公布 根据2012年11月9日《国务院关于修改和废止部分行政法规的决定》第一次修订 根据2013年7月18日《国务院关于废止和修改部分行政法规的决定》第二次修订 根据2016年2月6日《国务院关于修改部分行政法规的决定》第三次修订）

第五条 税收征管法第八条所称为纳税人、扣缴义务人保密的情况，是指纳税人、扣缴义务人的商业秘密及个人隐私。纳税人、扣缴义务人的税收违法行为不属于保密范围。

二、税务规章

1.《国家税务总局关于修改〈重大税务案件审理办法〉的决定》(2021 年 6 月 7 日颁布　2021 年 8 月 1 日实施　国家税务总局令第 51 号)

《国家税务总局关于修改〈重大税务案件审理办法〉的决定》,已经 2021 年 5 月 11 日国家税务总局 2021 年度第 1 次局务会议审议通过,现予公布,自 2021 年 8 月 1 日起施行。

国家税务总局局长:王军
2021 年 6 月 7 日

重大税务案件审理办法

(2014 年 12 月 2 日国家税务总局令第 34 号公布,根据 2021 年 6 月 7 日国家税务总局令第 51 号修正)

第一章　总　　则

第一条　为贯彻落实中共中央办公厅、国务院办公厅印发的《关于进一步深化税收征管改革的意见》,推进税务机关科学民主决策,强化内部权力制约,优化税务执法方式,严格规范执法行为,推进科学精确执法,保护纳税人缴费人等税务行政相对人合法权益,根据《中华人民共和国行政处罚法》《中华人民共和国税收征收管理法》,制定本办法。

第二条　省以下各级税务局开展重大税务案件审理工作适用本办法。

第三条　重大税务案件审理应当以事实为根据、以法律为准绳,遵循合法、合理、公平、公正、效率的原则,注重法律效果和社会效果相统一。

第四条　参与重大税务案件审理的人员应当严格遵守国家保密规定和工作纪律,依法为纳税人缴费人等税务行政相对人的商业秘密、个人隐私和个人信息保密。

第二章　审理机构和职责

第五条　省以下各级税务局设立重大税务案件审理委员会

(以下简称审理委员会)。

审理委员会由主任、副主任和成员单位组成,实行主任负责制。

审理委员会主任由税务局局长担任,副主任由税务局其他领导担任。审理委员会成员单位包括政策法规、税政业务、纳税服务、征管科技、大企业税收管理、税务稽查、督察内审部门。各级税务局可以根据实际需要,增加其他与案件审理有关的部门作为成员单位。

第六条 审理委员会履行下列职责:
(一)拟定本机关审理委员会工作规程、议事规则等制度;
(二)审理重大税务案件;
(三)指导监督下级税务局重大税务案件审理工作。

第七条 审理委员会下设办公室,办公室设在政策法规部门,办公室主任由政策法规部门负责人兼任。

第八条 审理委员会办公室履行下列职责:
(一)组织实施重大税务案件审理工作;
(二)提出初审意见;
(三)制作审理会议纪要和审理意见书;
(四)办理重大税务案件审理工作的统计、报告、案卷归档;
(五)承担审理委员会交办的其他工作。

第九条 审理委员会成员单位根据部门职责参加案件审理,提出审理意见。

稽查局负责提交重大税务案件证据材料、拟作税务处理处罚意见、举行听证。

稽查局对其提交的案件材料的真实性、合法性、准确性负责。

第十条 参与重大税务案件审理的人员有法律法规规定的回避情形的,应当回避。

重大税务案件审理参与人员的回避,由其所在部门的负责人决定;审理委员会成员单位负责人的回避,由审理委员会主任或其授权的副主任决定。

第三章 审理范围

第十一条 本办法所称重大税务案件包括：

（一）重大税务行政处罚案件，具体标准由各省、自治区、直辖市和计划单列市税务局根据本地情况自行制定，报国家税务总局备案；

（二）根据《重大税收违法案件督办管理暂行办法》督办的案件；

（三）应监察、司法机关要求出具认定意见的案件；

（四）拟移送公安机关处理的案件；

（五）审理委员会成员单位认为案情重大、复杂，需要审理的案件；

（六）其他需要审理委员会审理的案件。

有下列情形之一的案件，不属于重大税务案件审理范围：

（一）公安机关已就税收违法行为立案的；

（二）公安机关尚未就税收违法行为立案，但被查对象为走逃（失联）企业，并且涉嫌犯罪的；

（三）国家税务总局规定的其他情形。

第十二条 本办法第十一条第一款第三项规定的案件经审理委员会审理后，应当将拟处理意见报上一级税务局审理委员会备案。备案 5 日后可以作出决定。

第十三条 稽查局应当在每季度终了后 5 日内将稽查案件审理情况备案表送审理委员会办公室备案。

第四章 提请和受理

第十四条 稽查局应当在内部审理程序终结后 5 日内，将重大税务案件提请审理委员会审理。

当事人按照法律、法规、规章有关规定要求听证的，由稽查局组织听证。

第十五条 稽查局提请审理委员会审理案件，应当提交以下案件材料：

（一）重大税务案件审理案卷交接单；

(二)重大税务案件审理提请书;

(三)税务稽查报告;

(四)税务稽查审理报告;

(五)听证材料;

(六)相关证据材料。

重大税务案件审理提请书应当写明拟处理意见,所认定的案件事实应当标明证据指向。

证据材料应当制作证据目录。

稽查局应当完整移交证据目录所列全部证据材料,不能当场移交的应当注明存放地点。

第十六条 审理委员会办公室收到稽查局提请审理的案件材料后,应当在重大税务案件审理案卷交接单上注明接收部门和收到日期,并由接收人签名。

对于证据目录中列举的不能当场移交的证据材料,必要时,接收人在签收前可以到证据存放地点现场查验。

第十七条 审理委员会办公室收到稽查局提请审理的案件材料后,应当在5日内进行审核。

根据审核结果,审理委员会办公室提出处理意见,报审理委员会主任或其授权的副主任批准:

(一)提请审理的案件属于本办法规定的审理范围,提交了本办法第十五条规定的材料的,建议受理;

(二)提请审理的案件属于本办法规定的审理范围,但未按照本办法第十五条的规定提交相关材料的,建议补正材料;

(三)提请审理的案件不属于本办法规定的审理范围的,建议不予受理。

第五章 审理程序

第一节 一般规定

第十八条 重大税务案件应当自批准受理之日起30日内作出审理决定,不能在规定期限内作出审理决定的,经审理委员会主任或其授权的副主任批准,可以适当延长,但延长期限最多不超过

15 日。

补充调查、请示上级机关或征求有权机关意见、拟处理意见报上一级税务局审理委员会备案的时间不计入审理期限。

第十九条 审理委员会审理重大税务案件,应当重点审查:

(一)案件事实是否清楚;

(二)证据是否充分、确凿;

(三)执法程序是否合法;

(四)适用法律是否正确;

(五)案件定性是否准确;

(六)拟处理意见是否合法适当。

第二十条 审理委员会成员单位应当认真履行职责,根据本办法第十九条的规定提出审理意见,所出具的审理意见应当详细阐述理由、列明法律依据。

审理委员会成员单位审理案件,可以到审理委员会办公室或证据存放地查阅案卷材料,向稽查局了解案件有关情况。

第二十一条 重大税务案件审理采取书面审理和会议审理相结合的方式。

第二节 书面审理

第二十二条 审理委员会办公室自批准受理重大税务案件之日起 5 日内,将重大税务案件审理提请书及必要的案件材料分送审理委员会成员单位。

第二十三条 审理委员会成员单位自收到审理委员会办公室分送的案件材料之日起 10 日内,提出书面审理意见送审理委员会办公室。

第二十四条 审理委员会成员单位认为案件事实不清、证据不足,需要补充调查的,应当在书面审理意见中列明需要补充调查的问题并说明理由。

审理委员会办公室应当召集提请补充调查的成员单位和稽查局进行协调,确需补充调查的,由审理委员会办公室报审理委员会主任或其授权的副主任批准,将案件材料退回稽查局补充调查。

第二十五条 稽查局补充调查不应超过 30 日,有特殊情况的,经稽查局局长批准可以适当延长,但延长期限最多不超过 30 日。

稽查局完成补充调查后,应当按照本办法第十五条、第十六条的规定重新提交案件材料、办理交接手续。

稽查局不能在规定期限内完成补充调查的,或者补充调查后仍然事实不清、证据不足的,由审理委员会办公室报请审理委员会主任或其授权的副主任批准,终止审理。

第二十六条 审理过程中,稽查局发现本办法第十一条第二款规定情形的,书面告知审理委员会办公室。审理委员会办公室报请审理委员会主任或其授权的副主任批准,可以终止审理。

第二十七条 审理委员会成员单位认为案件事实清楚、证据确凿,但法律依据不明确或者需要处理的相关事项超出本机关权限的,按规定程序请示上级税务机关或者征求有权机关意见。

第二十八条 审理委员会成员单位书面审理意见一致,或者经审理委员会办公室协调后达成一致意见的,由审理委员会办公室起草审理意见书,报审理委员会主任批准。

第三节 会议审理

第二十九条 审理委员会成员单位书面审理意见存在较大分歧,经审理委员会办公室协调仍不能达成一致意见的,由审理委员会办公室向审理委员会主任或其授权的副主任报告,提请审理委员会会议审理。

第三十条 审理委员会办公室提请会议审理的报告,应当说明成员单位意见分歧、审理委员会办公室协调情况和初审意见。

审理委员会办公室应当将会议审理时间和地点提前通知审理委员会主任、副主任和成员单位,并分送案件材料。

第三十一条 成员单位应当派员参加会议,三分之二以上成员单位到会方可开会。审理委员会办公室以及其他与案件相关的成员单位应当出席会议。

案件调查人员、审理委员会办公室承办人员应当列席会议。

必要时,审理委员会可要求调查对象所在地主管税务机关参加会议。

第三十二条　审理委员会会议由审理委员会主任或其授权的副主任主持。首先由稽查局汇报案情及拟处理意见。审理委员会办公室汇报初审意见后,各成员单位发表意见并陈述理由。

审理委员会办公室应当做好会议记录。

第三十三条　经审理委员会会议审理,根据不同情况,作出以下处理:

(一)案件事实清楚、证据确凿、程序合法、法律依据明确的,依法确定审理意见;

(二)案件事实不清、证据不足的,由稽查局对案件重新调查;

(三)案件执法程序违法的,由稽查局对案件重新处理;

(四)案件适用法律依据不明确,或者需要处理的有关事项超出本机关权限的,按规定程序请示上级机关或征求有权机关的意见。

第三十四条　审理委员会办公室根据会议审理情况制作审理纪要和审理意见书。

审理纪要由审理委员会主任或其授权的副主任签发。会议参加人员有保留意见或者特殊声明的,应当在审理纪要中载明。

审理意见书由审理委员会主任签发。

第六章　执行和监督

第三十五条　稽查局应当按照重大税务案件审理意见书制作税务处理处罚决定等相关文书,加盖稽查局印章后送达执行。

文书送达后5日内,由稽查局送审理委员会办公室备案。

第三十六条　重大税务案件审理程序终结后,审理委员会办公室应当将相关证据材料退回稽查局。

第三十七条　各级税务局督察内审部门应当加强对重大税务案件审理工作的监督。

第三十八条　审理委员会办公室应当加强重大税务案件审理案卷的归档管理,按照受理案件的顺序统一编号,做到一案一卷、资料齐全、卷面整洁、装订整齐。

需要归档的重大税务案件审理案卷包括税务稽查报告、税务稽查审理报告以及有关文书。

第三十九条 各省、自治区、直辖市和计划单列市税务局应当于每年1月31日之前,将本辖区上年度重大税务案件审理工作开展情况和重大税务案件审理统计表报送国家税务总局。

第七章 附 则

第四十条 各级税务局办理的其他案件,需要移送审理委员会审理的,参照本办法执行。特别纳税调整案件按照有关规定执行。

第四十一条 各级税务局在重大税务案件审理工作中可以使用重大税务案件审理专用章。

第四十二条 本办法规定期限的最后一日为法定休假日的,以休假日期满的次日为期限的最后一日;在期限内有连续3日以上法定休假日的,按休假日天数顺延。

本办法有关"5日"的规定指工作日,不包括法定休假日。

第四十三条 各级税务局应当按照国家税务总局的规划和要求,积极推动重大税务案件审理信息化建设。

第四十四条 各级税务局应当加大对重大税务案件审理工作的基础投入,保障审理人员和经费,配备办案所需的录音录像、文字处理、通讯等设备,推进重大税务案件审理规范化建设。

第四十五条 各省、自治区、直辖市和计划单列市税务局可以依照本办法制定具体实施办法。

第四十六条 本办法自2015年2月1日起施行。《国家税务总局关于印发〈重大税务案件审理办法(试行)〉的通知》(国税发〔2001〕21号)同时废止。

2.《税务稽查案件办理程序规定》(2021年7月12日颁布 2021年8月11日实施 国家税务总局令第52号)

第九条 税务稽查人员对实施税务稽查过程中知悉的国家秘密、商业秘密或者个人隐私、个人信息,应当依法予以保密。

纳税人、扣缴义务人和其他涉税当事人的税收违法行为不属于保密范围。

三、税务规范性文件

(一)一般规定

1.《国家税务总局关于纳税人权利与义务的公告》①(2009年11月6日颁布　2009年11月6日实施　国家税务总局公告2009年第1号)

为便于您全面了解纳税过程中所享有的权利和应尽的义务,帮助您及时、准确地完成纳税事宜,促进您与我们在税收征纳过程中的合作("您"指纳税人或扣缴义务人,"我们"指税务机关或税务人员。下同),根据《中华人民共和国税收征收管理法》及其实施细则和相关税收法律、行政法规的规定,现就您的权利和义务告知如下:

您的权利

您在履行纳税义务过程中,依法享有下列权利:

二、保密权

您有权要求我们为您的情况保密。我们将依法为您的商业秘密和个人隐私保密,主要包括您的技术信息、经营信息和您、主要投资人以及经营者不愿公开的个人事项。上述事项,如无法律、行政法规明确规定或者您的许可,我们将不会对外部门、社会公众和其他个人提供。但根据法律规定,税收违法行为信息不属于保密范围。

三、税收监督权

您对我们违反税收法律、行政法规的行为,如税务人员索贿受贿、徇私舞弊、玩忽职守,不征或者少征应征税款,滥用职权多征税款或者故意刁难等,可以进行检举和控告。同时,您对其他纳税人

---

① 《国家税务总局关于修改部分税收规范性文件的公告》(国家税务总局公告2018年第31号)对本文进行了修改。

的税收违法行为也有权进行检举。

七、申请退还多缴税款权

对您超过应纳税额缴纳的税款,我们发现后,将自发现之日起10日内办理退还手续;如您自结算缴纳税款之日起三年内发现的,可以向我们要求退还多缴的税款并加算银行同期存款利息。我们将自接到您退还申请之日起30日内查实并办理退还手续,涉及从国库中退库的,依照法律、行政法规有关国库管理的规定退还。

八、依法享受税收优惠权

您可以依照法律、行政法规的规定书面申请减税、免税。减税、免税的申请须经法律、行政法规规定的减税、免税审查批准机关审批。减税、免税期满,应当自期满次日起恢复纳税。减税、免税条件发生变化的,应当自发生变化之日起15日内向我们报告;不再符合减税、免税条件的,应当依法履行纳税义务。

如您享受的税收优惠需要备案的,应当按照税收法律、行政法规和有关政策规定,及时办理事前或事后备案。

十、陈述与申辩权

您对我们作出的决定,享有陈述权、申辩权。如果您有充分的证据证明自己的行为合法,我们就不得对您实施行政处罚;即使您的陈述或申辩不充分合理,我们也会向您解释实施行政处罚的原因。我们不会因您的申辩而加重处罚。

十一、对未出示税务检查证和税务检查通知书的拒绝检查权

我们派出的人员进行税务检查时,应当向您出示税务检查证和税务检查通知书;对未出示税务检查证和税务检查通知书的,您有权拒绝检查。

十二、税收法律救济权

您对我们作出的决定,依法享有申请行政复议、提起行政诉讼、请求国家赔偿等权利。

您、纳税担保人同我们在纳税上发生争议时,必须先依照我们的纳税决定缴纳或者解缴税款及滞纳金或者提供相应的担保,然

后可以依法申请行政复议;对行政复议决定不服的,可以依法向人民法院起诉。如您对我们的处罚决定、强制执行措施或者税收保全措施不服,可以依法申请行政复议,也可以依法向人民法院起诉。

当我们的职务违法行为给您和其他税务当事人的合法权益造成侵害时,您和其他税务当事人可以要求税务行政赔偿。主要包括:一是您在期限内已缴纳税款,我们未立即解除税收保全措施,使您的合法权益遭受损失的;二是我们滥用职权违法采取税收保全措施、强制执行措施或者采取税收保全措施、强制执行措施不当,使您或者纳税担保人的合法权益遭受损失的。

十三、依法要求听证的权利

对您作出规定金额以上罚款的行政处罚之前,我们会向您送达《税务行政处罚事项告知书》,告知您已经查明的违法事实、证据、行政处罚的法律依据和拟将给予的行政处罚。对此,您有权要求举行听证。我们将应您的要求组织听证。如您认为我们指定的听证主持人与本案有直接利害关系,您有权申请主持人回避。

对应当进行听证的案件,我们不组织听证,行政处罚决定不能成立。但您放弃听证权利或者被正当取消听证权利的除外。

2.《国家税务总局关于加强纳税人权益保护工作的若干意见》(2013 年 2 月 8 日颁布　2013 年 2 月 8 日实施　税总发〔2013〕15 号)

各省、自治区、直辖市和计划单列市国家税务局、地方税务局:

为进一步加强纳税人权益保护工作,切实保障纳税人的合法权益,根据现行法律、行政法规的规定,提出如下意见,请各地结合实际,认真贯彻执行。

一、提高认识,高度重视纳税人权益保护工作

深刻理解保护纳税人合法权益的重要性。保护纳税人合法权益,事关和谐社会建设,事关政府职能转变,事关税收事业科学发展,是贯彻落实科学发展观的本质要求,是促进社会公平正义的现实需要,是建设服务型税务机关的重要内容,是坚持依法行政、营

造良好税收环境的具体体现。保护纳税人合法权益,有利于激发经济发展的内生动力,有利于构建和谐征纳关系,有利于维护社会稳定,有利于提高纳税服务能力和践行以人为本的理念,对于进一步深化纳税服务具有重大的战略意义。

牢固树立征纳双方法律地位平等的理念。纳税人是市场经济的主体,是社会财富的创造者,是社会进步的主要推动者,也是政府财政收入的主要贡献者。各级税务机关务必按照建设服务型政府和法治政府的要求,切实转变思想,把征纳双方法律地位平等作为税收法律关系的基本准则,始终把尊重和保护纳税人的合法权益作为税务机关和税务人员的法定义务,全面理解和掌握纳税人每一项法定权利的内涵和实质,在实际工作中依法有效地保护纳税人的合法权益。

高效推进纳税人权益保护工作。随着市场经济的不断发展,纳税人的法治意识、权利主体意识不断增强,维护自身合法权益的要求不断提高。然而,由于长期受到传统思想的影响,部分税务机关和税务人员的思想观念还没有从监督管理向服务管理转变,制度性侵权问题仍然存在,个性侵权问题时有发生,这在一定程度上影响着税收和谐关系的建立和纳税人税法遵从度的提高。面对新形势、新任务、新要求,各级税务机关要切实加强对纳税人权益保护工作的领导,进一步推进纳税人权益保护工作,建立健全纳税人权益保护的制度和机制,全面推行依法行政,规范税收执法,强化执法监督,畅通救济渠道,以纳税人需求为导向,有效开展纳税服务,着力优化办税流程,减轻纳税人办税负担,切实保护纳税人的合法权益不受侵犯,营造公平、公正、和谐的税收环境,努力形成依法诚信纳税,共建和谐社会的良好氛围。

二、强化措施,夯实纳税人权益保护基础

(一)推进办税公开,保障纳税人的知情权

推行阳光行政。贯彻落实《政府信息公开条例》,坚持以公开为原则,不公开为例外,通过办税服务厅、税务网站、纳税服务热线等多种渠道向社会公开纳税人的权利与义务、税收政策与办税流程、服务时限与承诺、行政审批事项、纳税信用等级评定、欠税公告、税款核定、行政收费标准、投诉举报电话等内容,及时更新、细化公开内容,丰富公开形式,保证办税公开的广泛性和有效性,保障纳税人的知情权。

加强税法宣传和纳税咨询。做好税法宣传和纳税人权利与义务的宣传工作,提升纳税人的维权意识。规范宣传内容,依托12366税收业务知识库,统一税法宣传和纳税咨询口径,确保宣传和咨询内容的准确权威、更新及时、口径统一、指向明确。以纳税人咨询数据分析为基础,针对不同行业、不同规模、不同经济类型纳税人的需求差异,确定宣传和咨询的策略与渠道,推行个性化税法宣传和咨询服务。

加强税收政策解读。严格执行税收政策文件与解读稿"同步起草、同步审批、同步发布"的制度,帮助纳税人和社会各界准确理解和执行税收政策。注意解读稿语言文字的通俗易懂,清楚解释文件出台的背景意义、文件内容的重点、理解的难点、新旧政策变化的对比衔接和操作落实的具体措施。

(二)推进依法行政,规范执法行为

推进依法行政。严格执行税收法律和行政法规,规范税收行政行为。认真落实依法征税,坚决不收过头税,坚决防止和制止越权减免税。牢固树立不落实税收优惠政策也是收过头税、而且是对纳税人合法权益重大侵害的观念,健全税收优惠政策督促检查、跟踪问效和持续改进机制。完善税收执法过程中有关告知、回避、调查取证、听证、说明理由等程序制度,完善纳税申报、税款征收、税收强制、税务行政处罚等制度,明确执法环节和步骤,细化工作流程,保障纳税人在办税过程中的各项法定权利。

规范税务行政裁量权。明确适用规则,规范行政处罚、核定征收、税务审批等领域的行政裁量权,促使基层税务机关和税务人员合法、合理、适度地行使裁量权,杜绝执法随意性。

(三)完善税收征纳沟通机制,融洽征纳关系

推动税收立法公众参与。在税收法律、行政法规、税收规章和

税收规范性文件的制定过程中注意维护纳税人权益,逐步实施税制改革和重大税收政策调整措施出台前的专家论证、公开征求意见等制度,提高纳税人参与度和税法透明度。

加强纳税人需求的动态管理。通过税务网站、纳税服务热线、办税服务厅或召开座谈会等多种形式,定期收集关于税收政策、征收管理、纳税服务以及权益保护等方面的纳税人需求,并逐步实现通过信息化手段进行收集、整理、分析。及时解决本级职权可以处理的纳税人正当、合理需求;及时呈报需要上级税务机关解决的事项;对于暂时不能解决的纳税人合理需求,应当分析原因、密切跟踪,待条件具备时主动采取措施予以解决;对于已经处理的纳税人需求,应通过电话回访、问卷调查、随机抽查等形式,对相关措施的实际效果进行评估,未达到预期效果的,及时采取措施进一步解决。通过收集、分析、处理和持续的效果评估,实现纳税人需求的动态管理。

规范纳税人满意度调查。在总局每两年开展一次全国纳税人满意度调查的基础上,省级税务机关可以适时开展对具体服务措施的满意度调查,但原则上在一个年度内不得对纳税人进行重复调查,以免增加纳税人负担。税务机关应当对调查获取的信息进行深入分析、合理应用,及时整改存在的问题和不足,逐步完善服务措施,使有限的服务资源发挥出最大的效能。

(四)探索建立税收风险防范机制,促进税法遵从

逐步实行纳税风险提示。根据对税收政策的执行和纳税信用等级评定等情况的综合分析,分类梳理纳税人在办税过程中可能遇到的风险,对于未涉嫌税收违法行为或存在偷逃骗税等税收风险的纳税人,可以通过宣传辅导或各种信息化手段事前提示纳税人有可能涉及的纳税风险,帮助纳税人主动防范风险,提高税法遵从度。

积极探索大企业税务风险指引。针对税法遵从意愿强、风险内控机制健全的纳税人,可以进一步细化征纳双方的权利与义务,发挥各自的优势共同协作推动税法遵从。有条件的地区,可协助

纳税人建立税务风险控制机制,并通过信息化手段使其融入纳税人的经营管理全过程。对于特别重要的税法适用问题,也可以探索为纳税人提供特定商务活动的涉税事项事先裁定,帮助纳税人防范纳税风险。

(五)推进减负提效,降低纳税人办税成本

深化行政审批制度改革。按照国务院要求和《国家税务总局关于贯彻落实深入推进行政审批制度改革工作电视电话会议精神的通知》,本着方便纳税人的原则,大力清理税务行政审批项目,税务部门规章和税收规范性文件一律不得设定行政审批项目。进一步下放审批权限,对能够由基层税务机关实施的审批事项应尽量下放到基层;对法律、行政法规规定由较高层级税务机关审批的事项,凡是可以下放审批权限的,应提出法律、行政法规修改建议;对纳税人主动发起的或能够在办税服务厅受理的审批事项,应通过办税服务厅受理,并按照规定程序办结后告知纳税人;对能够在办税服务厅办结的审批事项,尽量当场办结,并加强后续监督,以确保纳税资料的真实、合法。

提高办税效率。加强征管信息的综合利用,不断完善纳税人涉税信息"一户式"电子档案管理制度,建立涉税信息共享制度,规范日常涉税信息采集,简并纳税人报送的涉税资料,对纳税人办理涉税事项所需的资料,实行"一次性"告知,减少重复报送资料行为;对资料齐全的涉税事项,可以当场办结的,予以即时办结;对不能够即时办结的,实行限时办结并告知纳税人办结时限。

避免多头、交叉重复税务检查和重叠税收执法。统筹安排对纳税人的各种检查。当事人申报办理和变更税务登记时,税务机关需要到现场实地调查核实相关事项的,原则上应一次性查核完毕。

(六)加强涉税信息保密,维护纳税人保密权

依法为纳税人保密。认真执行《纳税人涉税保密信息管理暂行办法》,明确工作职责,严格贯彻涉税保密的相关规定。严格遵守信息披露、提供和查询程序,防止泄露纳税人个人隐私和商业秘

密。对于税务机关和税务人员在税收征收管理各环节采集、接触到的纳税人涉密信息,必须在职责范围内接收、使用和传递。强化保密教育,努力增强税务人员的保密意识,切实保障纳税人的保密权。

(七)探索建立税收争议调解机制,畅通侵权救济渠道

探索建立税收争议调解机制。税收争议调解是指在税收征收、管理、稽查等活动中,纳税人与税务机关发生涉税争议时,以纳税人自愿为原则,由税务机关相关部门对争议进行判断、处置、化解。各级税务机关应按照中央关于注重运用调解手段化解行政争议的要求,积极探索建立税收争议调解机制,避免纳税人合法权益受到侵害。对于纳税人已经申请税务行政复议、纳税服务投诉且已受理,或提起行政诉讼且已立案的税收争议,按照相关法律法规执行。

认真做好纳税服务投诉处理工作。严格执行《纳税服务投诉管理办法(试行)》,各级税务机关应配备专门的纳税服务投诉管理人员,健全内部管理机制,畅通投诉受理渠道,规范统一处理流程,利用信息化手段,建立纳税服务投诉"受理、承办、转办、督办、反馈、分析和持续改进"一整套流程的处理机制。定期对投诉事项进行总结、分析和研究,及时发现带有倾向性和普遍性的问题,提出预防和解决的措施,实现从被动接受投诉到主动预防投诉的转变。

认真开展行政复议和应诉。认真贯彻税务行政复议的规定和制度,简化复议申请手续,畅通复议申请渠道,依法办理复议案件,严格履行复议规定。完善行政应诉制度,积极应诉法院受理的涉税案件,认真履行法院的生效判决和裁定。严格按照国家赔偿法执行行政赔偿,保证纳税人受到的损失依法获得赔偿。

(八)建立纳税人权益保护组织,构建纳税人维权平台

注重发挥税务机关的职能作用,主导建立纳税人权益保护组织,实现纳税人权益保护组织管理规范化、活动常态化。快速响应纳税人权益保护组织代表纳税人提出的意见、建议和权益维护诉求,并将维护纳税人权益落到实处。充分发挥行业协会、政府相关部门和纳税人的积极性,增进征纳沟通和社会协作,拓展纳税人权

益保护工作的广度和深度。

(九)强化涉税信息服务和中介机构监管,提高行业服务水平

保护纳税人在信息系统推广应用过程中的合法权益。在推进征管改革和信息化建设过程中,尊重纳税人的自愿选择权,以"不增加纳税人成本负担、不增加纳税人工作量、不增加纳税人报送资料"为原则,积极引导纳税人使用各种网络办税系统,不得强制推行。除总局文件明确规定外,各地自行开发和委托开发普遍推广应用的软件不得向纳税人收取任何形式的费用,各级税务机关不得以任何理由向纳税人推销或搭车销售任何产品和服务。

加强对涉税服务单位的监管。坚决落实总局相关政策规定,着力抓好防伪税控系统和各类涉税软件开发和维护单位的监督和管理,向纳税人公告服务监督电话、公布服务合同、服务标准和收费标准。加强对涉税服务单位的检查,督促其切实履行服务合同和服务承诺,保证服务质量。务必高度重视现有涉税软件的收费问题,切实强化对开发企业的监管责任,积极解决出于税收征管目的而使用涉税软件的收费问题,坚决制止和纠正涉税服务单位侵害纳税人权益的行为。

加强对涉税中介机构的监管,切实维护纳税人委托税务代理权。健全涉税中介行业管理制度,加强对涉税中介机构的培训和指导,提高涉税中介机构服务能力,促进行业自律和行业健康发展。税务机关应当依法履行自身职责和义务,不得强制纳税人接受税务代理事项,不得指定税务中介代理,切实保障纳税人委托税务代理权的自主自愿实现。

三、强化保障,全面提升纳税人权益保护工作效率

(一)组织保障。高度重视纳税人权益保护工作,强化组织领导,健全服务机构,整合管理资源,合理划分职能,明晰工作职责,加强内部协调,确保纳税人权益保护工作顺利开展。纳税服务领导小组要切实履行好指挥、协调、监督、检查等职能,制定中长期工作规划并抓好落实,使权益保护工作贯穿于税收工作全员全过程。相关职能部门应根据各自职责和分工,密切配合,形成整体工作合力。

（二）制度保障。建立纳税人权益保护工作岗责体系，明确不同部门和岗位人员在纳税人权益保护工作方面的职责与任务。建立纳税人权益保护工作规程和制度，规范工作内容、标准、程序和方式。建立纳税人权益保护工作考核评价制度，合理设置考评指标，定期开展内部考核和外部评议，对纳税人权益保护工作的各个节点进行全程控管。建立纳税人权益保护工作责任追究制度，加大对侵害纳税人权益行为的责任追究力度。

（三）人力保障。根据实际工作需要，加强纳税人权益保护工作的专业化队伍建设，适当增配岗位力量，优化人员结构，抽调一批既精通税收业务又熟悉法律知识的复合型人才从事纳税人权益保护工作。大力加强对专业人员的岗位锻炼和教育培训，提高从事纳税人权益保护工作专业人员的业务水平和能力。不断加强权益保护工作的全员业务培训，努力提升权益保护工作的整体水平。

（四）经费保障。合理使用纳税服务专项经费，确保纳税服务部门在进行纳税人需求管理、满意度调查、以及纳税服务投诉等工作时的经费使用，以利于纳税人权益保护工作的开展。

（二）纳税信息保密权

1.《国家税务总局关于印发〈纳税人涉税保密信息管理暂行办法〉的通知》①（2008年10月9日颁布　2009年1月1日实施　国税发〔2008〕93号）

各省、自治区、直辖市和计划单列市国家税务局、地方税务局：

为维护纳税人合法权益，完善税务机关对纳税人涉税信息资

---

① 1.根据《国家税务总局关于发布〈涉税信息查询管理办法〉的公告》（国家税务总局公告2016年第41号）第十五条规定，《国家税务总局关于印发〈纳税人涉税保密信息管理暂行办法〉的通知》（国税发〔2008〕93号）与《国家税务总局关于发布〈涉税信息查询管理办法〉的公告》（国家税务总局公告2016年第41号）有关规定不一致的，适用《国家税务总局关于发布〈涉税信息查询管理办法〉的公告》（国家税务总局公告2016年第41号）。2.根据《国家税务总局关于修改部分税收规范性文件的公告》（国家税务总局公告2018年第31号），对本文第二十六条进行修改，将"国家税务局、地方税务局"改为"税务局"。

料的保密管理制度,规范税务机关受理外部门查询纳税人涉税保密信息的程序,根据《中华人民共和国税收征收管理法》及其实施细则,税务总局制定了《纳税人涉税保密信息管理暂行办法》。现印发给你们,请认真遵照执行。在执行过程中遇到的问题,请及时报告税务总局(纳税服务司)。

附件:纳税人、扣缴义务人涉税保密信息查询申请表

国家税务总局
二〇〇八年十月九日

纳税人涉税保密信息管理暂行办法

第一章 总 则

第一条 为维护纳税人的合法权益,规范对纳税人涉税保密信息管理工作,根据《中华人民共和国税收征收管理法》和《中华人民共和国税收征收管理法实施细则》及相关法律、法规的规定,制定本办法。

第二条 本办法所称纳税人涉税保密信息,是指税务机关在税收征收管理工作中依法制作或者采集的,以一定形式记录、保存的涉及到纳税人商业秘密和个人隐私的信息。主要包括纳税人的技术信息、经营信息和纳税人、主要投资人以及经营者不愿公开的个人事项。

纳税人的税收违法行为信息不属于保密信息范围。

第三条 对于纳税人的涉税保密信息,税务机关和税务人员应依法为其保密。除下列情形外,不得向外部门、社会公众或个人提供:

(一)按照法律、法规的规定应予公布的信息;

(二)法定第三方依法查询的信息;

(三)纳税人自身查询的信息;

(四)经纳税人同意公开的信息。

第四条 根据法律、法规的要求和履行职责的需要,税务机关可以披露纳税人的有关涉税信息,主要包括:根据纳税人信息汇总

的行业性、区域性等综合涉税信息、税收核算分析数据、纳税信用等级以及定期定额户的定额等信息。

第五条 各级税务机关应指定专门部门负责纳税人涉税非保密信息的对外披露、纳税人涉税保密信息查询的受理和纳税人涉税保密信息的对外提供工作。要制定严格的信息披露、提供和查询程序，明确工作职责。

第二章 涉税保密信息的内部管理

第六条 在税收征收管理工作中，税务机关、税务人员应根据有关法律、法规规定和征管工作需要，向纳税人采集涉税信息资料。

第七条 税务机关、税务人员在税收征收管理工作各环节采集、接触到纳税人涉税保密信息的，应当为纳税人保密。

第八条 税务机关内部各业务部门、各岗位人员必须在职责范围内接收、使用和传递纳税人涉税保密信息。

对涉税保密信息纸质资料，税务机关应明确责任人员，严格按照程序受理、审核、登记、建档、保管和使用。

对涉税保密信息电子数据，应由专门人员负责采集、传输和储存、分级授权查询，避免无关人员接触纳税人的涉税保密信息。

第九条 对存储纳税人涉税保密信息的纸质资料或者电子存储介质按规定销毁时，要指定专人负责监督，确保纸质资料全部销毁，电子存储介质所含数据不可恢复。

第十条 税务机关在税收征收管理信息系统或者办公用计算机系统的开发建设、安装调试、维护维修过程中，要与协作单位签订保密协议，采取保密措施，防止纳税人涉税保密信息外泄。

第十一条 税务机关对纳税人涉税保密资料的存放场所要确保安全，配备必要的防盗设施。

第三章 涉税保密信息的外部查询管理

第十二条 税务机关对下列单位和个人依照法律、法规规定，申请对纳税人涉税保密信息进行的查询应在职责范围内予以支持。具体包括：

（一）人民法院、人民检察院和公安机关根据法律规定进行的办案查询；

（二）纳税人对自身涉税信息的查询；

（三）抵押权人、质权人请求税务机关提供纳税人欠税有关情况的查询。

第十三条 人民法院、人民检察院和公安机关依法查询纳税人涉税保密信息的，应当向被查询纳税人所在地的县级或县级以上税务机关提出查询申请。

第十四条 人民法院、人民检察院和公安机关向税务机关提出查询申请时，应当由两名以上工作人员到主管税务机关办理，并提交以下资料：

1.《纳税人、扣缴义务人涉税保密信息查询申请表》(式样见附件)；

2.单位介绍信；

3.有效身份证件原件。

第十五条 纳税人通过税务机关网站提供的查询功能查询自身涉税信息的，必须经过身份认证和识别。

直接到税务机关查询自身涉税保密信息的纳税人，应当向主管税务机关提交下列资料：

1.《纳税人、扣缴义务人涉税保密信息查询申请表》；

2.查询人本人有效身份证件原件。

第十六条 纳税人授权其他人员代为查询的，除提交第十五条规定资料外，还需提交纳税人本人(法定代表人或财务负责人)签字的委托授权书和代理人的有效身份证件原件。

第十七条 抵押权人、质权人申请查询纳税人的欠税有关情况时，除提交本办法第十五条、第十六条规定的资料外，还需提交合法有效的抵押合同或者质押合同的原件。

第十八条 税务机关应在本单位职责权限内，向查询申请单位或个人(以下简称"申请人")提供有关纳税人的涉税保密信息。

第十九条 税务机关负责受理查询申请的部门，应对申请人提供的申请资料进行形式审查。对于资料齐全的,依次交由部门负责人和单位负责人分别进行复核和批准;对申请资料不全的,一次性告知申请人补全相关申请资料。

负责核准的人员应对申请查询的事项进行复核,对符合查询条件的,批准交由有关部门按照申请内容提供相关信息;对不符合查询条件的,签署不予批准的意见,退回受理部门,由受理部门告知申请人。

负责提供信息的部门,应根据已批准的查询申请内容,及时检索、整理和制作有关信息,并按规定程序交由查询受理部门。受理部门应在履行相关手续后将有关信息交给申请人。

第二十条 税务机关应根据申请人查询信息的内容,本着方便申请人的原则,确定查询信息提供的时间和具体方式。

第二十一条 税务机关对申请人申请查询涉税信息的申请资料应专门归档管理,保存期限为3年。

第四章 责任追究

第二十二条 各级税务机关应强化保密教育,努力增强税务人员的保密意识,采取有效措施,防止泄密、失密。

第二十三条 对有下列行为之一的税务人员,按照《中华人民共和国税收征收管理法》第八十七条的规定处理:

(一)在受理、录入、归档、保存纳税人涉税资料过程中,对外泄露纳税人涉税保密信息的;

(二)在日常税收管理、数据统计、报表管理、税源分析、纳税评估过程中,对外泄露纳税人涉税保密信息的;

(三)违规设置查询权限或者违规进行技术操作,使不应知晓纳税人涉税保密信息的税务人员可以查询或者知晓的;

(四)违反规定程序向他人提供纳税人涉税保密信息的。

第二十四条 有关查询单位和个人发生泄露纳税人涉税保密信息的,按照有关法律、法规的规定处理。

第二十五条 各级税务机关要严格执行泄密汇报制度,及时掌握泄密情况。对延误报告时间或者故意隐瞒、影响及时采取补救措施的,根据造成后果的严重程度,分别追究经办人和有关负责人的责任。

第五章 附 则

第二十六条 本办法由国家税务总局负责解释。各省、自治区、直辖市和计划单列市税务局可根据本办法,制定具体实施办法。

第二十七条 扣缴义务人涉税保密信息的管理适用本办法。

第二十八条 按照《国务院办公厅关于社会信用体系建设的若干意见》(国办发〔2007〕17号)的要求,税务总局与国务院相关部门建立的信息共享制度中涉及的保密规定,另行制定。

第二十九条 我国政府与其他国家(地区)政府缔结的税收协定或情报交换协议中涉及纳税人涉税信息保密的,按协定或协议的规定办理。

第三十条 本办法自2009年1月1日起施行。

2.《国家税务总局关于发布〈涉税信息查询管理办法〉的公告》(2016年6月30日颁布 2016年6月30日实施 国家税务总局公告2016年第41号)

为贯彻落实《深化国税、地税征管体制改革方案》关于"推进涉税信息公开,方便纳税人查询缴税信息"的要求,持续推进办税便利化改革,国家税务总局制定了《涉税信息查询管理办法》,现予以发布,自发布之日起施行。

特此公告。

附件:1.涉税信息查询申请表
　　　2.涉税信息查询结果告知书
　　　3.涉税信息查询结果核实申请表

国家税务总局
2016年6月30日

涉税信息查询管理办法

第一条 为规范涉税信息查询管理,推进税务部门信息公开,促进税法遵从,便利和服务纳税人,根据《中华人民共和国税收征收管理法》及其实施细则、《中华人民共和国政府信息公开条例》的有关规定,制定本办法。

第二条　本办法所称涉税信息查询,是指税务机关依法对外提供的信息查询服务。可以查询的信息包括由税务机关专属掌握可对外提供查询的信息,以及有助于纳税人履行纳税义务的税收信息。

涉税咨询、依申请公开信息不属于本办法所称涉税信息查询。

第三条　本办法适用于社会公众对公开涉税信息的查询,纳税人对自身涉税信息的查询。

税务部门之外具有社会管理和公共服务职能的有关部门依法对特定涉税信息的查询,以及抵押权人、质权人对欠税信息的查询,由各级税务机关依照相关法律、法规及国家税务总局相关规定组织实施。

第四条　省税务机关应当推进实现涉税信息统一归集,充实查询内容,加强查询平台建设,提供多元化查询渠道,探索主动推送信息等创新服务方式。

第五条　各级税务机关应当采取有效措施,切实保障涉税信息查询安全可控。

第六条　社会公众可以通过报刊、网站、信息公告栏等公开渠道查询税收政策、重大税收违法案件信息、非正常户认定信息等依法公开的涉税信息。

税务机关应当对公开涉税信息的查询途径及时公告,方便社会公众查询。

第七条　纳税人可以通过网站、客户端软件、自助办税终端等渠道,经过有效身份认证和识别,自行查询税费缴纳情况、纳税信用评价结果、涉税事项办理进度等自身涉税信息。

第八条　纳税人按照本办法第七条无法自行获取所需自身涉税信息,可以向税务机关提出书面申请,税务机关应当在本单位职责权限内予以受理。

书面申请查询,应当提交以下资料:
(一)涉税信息查询申请表(式样见附件1);
(二)纳税人本人(法定代表人或主要负责人)有效身份证件原件及复印件。

第九条 纳税人本人(法定代表人或主要负责人)授权其他人员代为书面申请查询,应当提交以下资料:
(一)涉税信息查询申请表;
(二)纳税人本人(法定代表人或主要负责人)有效身份证件复印件;
(三)经办人员有效身份证件原件及复印件;
(四)由纳税人本人(法定代表人或主要负责人)签章的授权委托书。

第十条 纳税人书面申请查询,要求税务机关出具书面查询结果的,税务机关应当出具《涉税信息查询结果告知书》(式样见附件2)。

涉税信息查询结果不作为涉税证明使用。

第十一条 纳税人对查询结果有异议,可以向税务机关申请核实,并提交以下资料:
(一)涉税信息查询结果核实申请表(式样见附件3);
(二)原涉税信息查询结果;
(三)相关证明材料。

第十二条 税务机关应当对纳税人提供的异议信息进行核实,并将核实结果告知纳税人。

税务机关确认涉税信息存在错误,应当及时进行信息更正。

第十三条 对于未按规定提供涉税信息或泄露纳税人信息的税务人员,应当按照有关规定追究责任。

第十四条 省税务机关可以根据本办法制定具体实施意见。

第十五条 《国家税务总局关于印发〈纳税人涉税保密信息管理暂行办法〉的通知》(国税发〔2008〕93号)与本办法有关规定不一致的,适用本办法。

第十六条 本办法自发布之日起施行。

3.《国家税务总局办公厅关于印发〈税务机关政府信息公开申请办理规范〉的通知》(2020年7月28日颁布 2020年7月28日实施 税总办发〔2020〕35号)

税务机关政府信息公开申请办理规范

为规范省及省以下税务机关政府信息公开申请办理答复工作,充分保障公民、法人和其他组织知情权,根据《中华人民共和国政府信息公开条例》(以下简称《条例》),制定本规范。

一、政府信息公开申请的提出

公民、法人或者其他组织可以采取当面申请、邮寄申请、互联网在线平台申请等方式提出政府信息公开申请,并在政府信息公开申请表中准确详实填写申请人信息、所需政府信息事项内容、信息获取方式等。税务机关应在政府信息公开指南中列明申请渠道和有关要求。

(一)当面申请。申请人可以携带有效身份证明或者证明文件,直接到税务机关政府信息公开工作机构(以下简称信息公开机构)当面提出申请。申请人采用书面形式确有困难的,可以口头提出,由信息公开机构代为填写政府信息公开申请表,并由申请人签字确认。

(二)邮寄申请。申请人自行下载并填写政府信息公开申请表,连同有效身份证明或者证明文件复印件,邮寄到信息公开机构。在信封上应注明"政府信息公开申请"字样。

(三)互联网在线申请。申请人可以登录税务网站,在线填写提交政府信息公开申请表。信息公开机构应当安排工作人员工作日及时查看并处置在线申请。

二、政府信息公开申请的登记

税务机关信息公开机构应当建立台账,对收到的政府信息公开申请及办理情况逐一记载。应登记的内容主要包括:

(一)收到申请的时间。主要包括以下四种情形:

1. 申请人当面提交政府信息公开申请的,信息公开机构应向申请人出具登记回执,以申请人提交之日为收到申请之日;

2. 申请人以特快专递、挂号信等需要签收的邮寄方式提交政府信息公开申请的,以税务机关签收之日为收到申请之日;

3. 申请人以平常信函等无需签收的邮寄方式提交政府信息公开申请的,信息公开机构应当于收到申请的当日与申请人进行确认,以确认之日为收到申请之日;

4. 申请人通过互联网在线提交政府信息公开申请的,信息公开机构应当于收到申请的当日与申请人进行确认,以确认之日为收到申请之日。

上述所称"确认",是指信息公开机构通过电话或者申请人提供的其他联系方式,向申请人告知税务机关已收到其政府信息公开申请。

(二)申请情况。申请情况主要包括申请人信息、申请渠道、申请公开的内容、信息获取的方式等,其中申请人情况分以下两种情况进行登记:

1. 申请人是公民的,应登记申请人姓名、身份证号码、联系电话、通信地址、邮政编码等。

2. 申请人是法人或者其他组织的,应登记申请人名称、性质(按工商企业、科研机构、社会公益组织、法律服务机构、其他等划分)、统一社会信用代码、通信地址、邮政编码、联系电话、联系人姓名。

(三)办理情况。主要登记办理的过程及进展等情况,包括补正、征求意见、答复、送达等情况。

(四)复议诉讼情况。主要包括申请人提出行政复议、行政诉讼及相关进展、结果等情况。

三、政府信息公开申请的审核

收到政府信息公开申请后,信息公开机构应当对申请内容进行审核。申请内容不符合规定要求的,应及时告知申请人进行补正。

（一）应当补正的情形

1. 未提供申请人的姓名或者名称、身份证明、联系方式的；

2. 申请公开的政府信息的名称、文号或者其他特征性描述不明确或有歧义的；

3. 申请公开的政府信息的形式要求不明确的，包括未明确获取信息的方式、途径等。

（二）补正告知的方式。需要申请人补正的，信息公开机构应当在收到申请之日起7个工作日内一次性告知申请人补正事项、合理补正期限、逾期不补正的后果。

1. 申请人要求邮寄送达但未提供联系方式、邮寄地址的，税务机关应告知申请人提供。因申请人未提供联系方式或者邮寄地址而无法告知其补正的，对其申请予以登记备查，自恢复与申请人的联系之日起，启动政府信息公开申请处理程序。

2. 申请人未提供身份证明的，税务机关应告知申请人提供。如果申请人的身份影响到对相关政府信息公开的判断，或者可能存在冒用身份等情况，信息公开机构可以对申请人的身份证明进行核实。身份证明存在问题的，可以与申请人进一步沟通，或者启动补正程序请申请人提供正确的身份证明。

3. 申请人申请的政府信息特征性描述无法指向特定信息、理解有歧义，或者涉及咨询事项的，税务机关应当告知申请人作出更改、补充，并对需要补正的理由和内容作出辅导与释明。

4. 申请人未明确政府信息获取方式和途径的，税务机关可要求申请人予以明确。

（三）补正结果

1. 补正原则上不超过一次。申请人补正后仍无法明确申请内容的，税务机关应当通过与申请人当面或者电话沟通等方式明确其所需获取的政府信息；经沟通，税务机关认为申请内容仍不明确的，可以根据客观事实作出无法提供的决定。

2. 补正期限一般不超过15个工作日。申请人无正当理由，逾期不补正的，视为放弃申请，税务机关不再处理该政府信息公开申请。

3.答复期限自税务机关收到申请人补正材料之日起计算。

(四)撤回申请。申请人自愿撤回政府信息公开申请的,税务机关自收到撤回申请之日起不再处理其政府信息公开申请,信息公开机构作结案登记,并留存申请人撤回申请等相关材料。

四、政府信息公开申请的办理

(一)信息公开机构直接办理。对于政府信息公开申请内容明确,信息公开机构能够直接办理的,可自行起草政府信息公开申请答复文书。

(二)交承办部门办理。信息公开机构认为需要交本机关相关部门办理的,根据申请内容确定具体承办部门,填写《政府信息公开申请办理审批表》及交办单,经信息公开机构负责人签批后,将政府信息公开申请交承办部门办理。

承办部门应当在信息公开机构明确的期限内提出予以公开、不予公开、部分公开、无法提供、不予处理等办理意见并说明理由,经部门主要负责人签批后反馈信息公开机构;涉及多个部门的,由牵头承办部门协调办理。需要补正或者征求第三方及其他行政机关意见的,按以下规定办理:

1.承办部门收到信息公开机构转办的政府信息公开申请后,认为申请内容不明确,需要补正的,应当在收到申请的当日提出补正建议,并将政府信息公开申请退回信息公开机构。

2.申请公开的政府信息涉及商业秘密、个人隐私,公开后可能损害第三方利益的,承办部门应提请信息公开机构书面征求第三方意见。第三方应当自收到征求意见书之日起15个工作日内提出意见。第三方逾期未提出意见的,由承办部门依照《条例》决定是否公开,决定公开的,应将公开的政府信息内容和理由书面告知该第三方。

3.申请公开的政府信息由本税务机关牵头、其他行政机关参与制作的,承办部门应提请信息公开机构书面征求其他行政机关意见。

4. 承办部门认为在本机关收到申请之日起 20 个工作日内不能作出答复,需要延长答复期限的,应当报经信息公开机构负责人同意后告知申请人,延长的期限不得超过 20 个工作日。征求第三方和其他行政机关意见所需时间不计算在前述期限内。

五、政府信息公开申请的答复

各级税务机关应对政府信息公开申请作出最终处理决定、制作相应法律文书并送达申请人。答复文书分为答复书和告知书,应当具备以下要素:标题、文号、申请人姓名(名称)、申请事实、法律依据、处理决定、申请人复议诉讼的权利和期限、答复主体、答复日期及印章。

(一)起草答复文书。信息公开机构应当自行或者按照承办部门意见起草政府信息公开答复文书。答复书主要分为予以公开、不予公开、部分公开、无法提供、不予处理等五种类型,具体如下:

1. 予以公开类

(1)申请人所申请的政府信息已经主动公开的,税务机关告知其获取方式和途径;

(2)申请人所申请公开信息可以公开的,税务机关向其提供该政府信息;

(3)申请人所申请的政府信息尚未公开,但是税务机关能够确定主动公开时间的,可以告知申请人获取该政府信息的方式、途径和时间。

2. 不予公开类

(1)依法确定为国家秘密的政府信息;

(2)法律、行政法规禁止公开的政府信息;

(3)公开后可能危及国家安全、公共安全、经济安全、社会稳定的政府信息。对可能涉及国家安全、公共安全、经济安全和社会稳定的申请,应加强相关部门间的协商会商,依据有关法律法规,对信息是否应该公开、公开后可能带来的影响等进行综合分析,研究提出处理意见,并留存相关审核材料等证据;

(4)涉及商业秘密、个人隐私等公开会对第三方合法权益造成

损害的政府信息,但第三方同意公开或者税务机关认为不公开会对公共利益造成重大影响的除外;

(5)税务机关的内部事务信息,包括人事管理、后勤管理、内部工作流程等方面的信息,可以不予公开;

(6)税务机关在履行行政管理职能过程中形成的讨论记录、过程稿、磋商信函、请示报告等过程性信息,可以不予公开,但法律、法规、规章规定应当公开的除外;

(7)税务机关在行政征收、行政处罚、行政许可、行政检查、行政强制、行政奖励、行政确认以及行政复议等工作中形成的行政执法案卷信息,可以不予公开,但法律、法规、规章规定应当公开的除外。

3. 部分公开类

申请公开的信息中含有不应当公开或者不属于政府信息的内容,但是能够作区分处理的,税务机关应当向申请人提供可以公开的政府信息内容,并对不予公开的内容说明理由。

4. 无法提供类

(1)对申请人所申请获取的政府信息,税务机关应当认真查找、检索,确认申请信息是否存在。经检索查找,税务机关未制作、获取相关信息或者已制作或获取相关信息,但由于超过保管期限、依法销毁、资料灭失等原因,税务机关客观上无法提供的,可以告知申请人该政府信息不存在;

(2)申请公开的信息属于其他行政机关职责范围、本机关不掌握的,可告知申请人并说明理由;能够确定负责公开该政府信息的行政机关的,告知申请人该行政机关的名称、联系方式;

(3)税务机关没有现成信息,需要对现有政府信息进行加工、分析的,税务机关可以不予提供;

(4)申请人补正后申请内容仍不明确的,税务机关可以告知申请人无法提供。

5. 不予处理类

(1)申请人以政府信息公开申请的形式进行信访、投诉、举报

等活动的,税务机关应当告知申请人不作为政府信息公开申请处理,并告知进行信访、投诉、举报等活动的渠道;

(2)税务机关已就申请人提出的政府信息公开申请作出答复、申请人重复申请公开相同政府信息的,告知申请人不予重复处理;

(3)申请人提出的申请内容为要求税务机关提供政府公报、报刊、书籍等公开出版物的,税务机关可以告知其获取的途径;

(4)申请人申请公开政府信息的数量、频次明显超过合理范围,税务机关可以要求申请人说明理由。税务机关认为申请理由不合理的,告知申请人不予处理;

(5)申请人要求对已获取的政府信息进行确认或者重新出具的,税务机关可以不予处理。申请人要求税务机关更正与其自身相关的不准确政府信息记录,有权更正的税务机关审核属实的,应当予以更正并告知申请人;不属于本税务机关职能范围的,税务机关告知申请人向有权更正的行政机关提出,或者转送有权更正的行政机关处理并告知申请人;

(6)所申请公开信息属于工商、不动产登记资料等信息,有关法律、行政法规对信息的获取有特别规定的,告知申请人依照有关法律、行政法规的规定办理;

(7)申请人申请的信息属于党务信息的,税务机关可以不予处理,并告知申请人按照《中国共产党党务公开条例(试行)》有关规定办理。

(二)法规部门审核。法规部门对信息公开机构起草的答复文书进行审核,并及时反馈审核意见。

(三)报批。信息公开机构根据法规部门审核意见修改答复文书,并报本机关分管领导批准后,作出答复决定;涉及关键信息、敏感信息的,应报本机关主要领导批准。

符合下列情形之一的,应召开本机关政务公开工作领导小组会议作出处理决定:申请人申请的数量、频次明显超过合理范围,税务机关要求申请人说明理由且认为申请理由不合理的;第三方不同意公开,税务机关决定予以公开的;认为公开政府信息可能危及国家安全、公共安全、经济安全和社会稳定的,税务机关决定不予公开的。

(四)送达

1. 送达方式。税务机关依申请公开政府信息,应当根据申请人的要求及税务机关保存政府信息的实际情况,确定提供政府信息的具体形式,主要有当面提供、邮政寄送或者通过互联网在线申请平台发送三种形式。按照申请人要求的形式提供政府信息,可能危及政府信息载体安全或者公开成本过高的,可以通过电子文档以及其他适当形式提供,或者安排申请人查阅、抄录相关政府信息;

2. 送达时间。邮寄送达的,应通过邮政快递或者挂号方式,以邮政企业收寄并加盖邮戳日期为答复时间;通过互联网在线申请平台送达的,应将答复文书扫描上传并将相关政府信息作为附件一并发送,网络系统发出文书的日期为答复时间;当面送达的,申请人签收的日期为答复时间。

六、政府信息公开申请资料的整理保管

(一)应当整理保管的资料。办理政府信息公开申请工作中产生的下列资料,应当由信息公开机构按件整理保管:政府信息公开申请表原件,申请人身份证明或者证明文件复印件,办理过程中形成的运转单、审批表,对申请人作出的告知书、答复书,向其他行政机关及第三方发出的征求意见函,其他行政机关及第三方意见,邮寄单据和相关签收单据以及应当保管的其他材料。

(二)保管期限。办理政府信息公开申请过程中产生的档案材料保管5年后,经分析研判无保存价值的,由信息公开机构负责人批准,可予销毁。因政府信息公开发生行政复议、行政诉讼以及具有查考利用价值的重要材料,按年度向机关档案管理部门移交归档。

七、附注

本规范所称税务机关,是指省和省以下税务局及经省税务局确定负责与所履行行政管理职能有关的政府信息公开工作的派出机构、内设机构。

(三)税负从轻权

《国家税务总局关于进一步深化税务领域"放管服"改革 培育和激发市场主体活力若干措施的通知》(2021年10月12日颁布 2021年10月12日实施 税总征科发〔2021〕69号)

(二)简化税费优惠享受程序。简化土地增值税免税事项办理,由事前备案改为纳税人自行判别、自主申报享受、相关资料留存备查。落实好简化企业享受研发费用加计扣除政策辅助账的措施,便利符合条件的企业享受相关优惠政策。

(十一)优化税费优惠政策直达快享机制。完善税费优惠政策与征管操作办法同步发布、同步解读机制,各税费种优惠政策出台的同时,发布征管操作办法,优化征管信息系统,增强政策落实的及时性、确定性、一致性。

(十四)持续提升退税电子化水平。依托电子税务局,探索部分退税业务由税务机关自动推送退税提示提醒,纳税人一键确认、在线申请、在线退税。

(四)程序性权利

《国家税务总局关于印发〈税务行政处罚听证程序实施办法(试行)〉、〈税务案件调查取证与处罚决定分开制度实施办法(试行)〉的通知》[1](1996年9月8日颁布 1996年10月1日实施 国税发〔1996〕190号)

税务行政处罚听证程序实施办法(试行)

第一条 为了规范税务行政处罚听证程序的实施,保护公民、法人和其他组织的合法权益,根据《中华人民共和国行政处罚法》,

---

[1] 条款废止,废止《税务案件调查取证与处罚决定分开制度实施办法(试行)》。参见:《国家税务总局关于公布全文和部分条款失效废止的税务规范性文件目录的公告》(2021年7月9日发布 2021年7月9日实施 国家税务总局公告2021年第22号)。

制定本实施办法。

第二条 税务行政处罚的听证,遵循合法、公正、公开、及时和便民的原则。

第三条 税务机关对公民作出 2000 元以上(含本数)罚款或者对法人或者其他组织作出 1 万元以上(含本数)罚款的行政处罚之前,应当向当事人送达《税务行政处罚事项告知书》,告知当事人已经查明的违法事实、证据、行政处罚的法律依据和拟将给予的行政处罚,并告知有要求举行听证的权利。

第四条 要求听证的当事人,应当在《税务行政处罚事项告知书》送达后 3 日内向税务机关书面提出听证;逾期不提出的、视为放弃听证权利。

当事人要求听证的,税务机关应当组织听证。

第五条 税务机关应当在收到当事人听证要求后 15 日内举行听证,并在举行听证的 7 日前将《税务行政处罚听证通知书》送达当事人,通知当事人举行听证的时间、地点、听证主持人的姓名及有关事项。

当事人由于不可抗力或者其他特殊情况而耽误提出听证期限的,在障碍消除后 5 日以内,可以申请延长期限。申请是否准许,由组织听证的税务机关决定。

第六条 当事人提出听证后,税务机关发现自己拟作的行政处罚决定对事实认定有错误或者偏差,应当予以改变,并及时向当事人说明。

第七条 税务行政处罚的听证,由税务机关负责人指定的非本案调查机构的人员主持,当事人、本案调查人员及其他有关人员参加。

听证主持人应当依法行使职权,不受任何组织和个人的干涉。

第八条 当事人可以亲自参加听证,也可以委托一至二人代理。当事人委托代理人参加听证的,应当向其代理人出具代理委托书。代理委托书应当注明有关事项,并经税务机关或者听证主持人审核确认。

第九条 当事人认为听证主持人与本案有直接利害关系的,有权申请回避。回避申请,应当在举行听证的 3 日前向税务机关提出,并说明理由。

听证主持人是本案当事人的近亲属,或者认为自己与本案有直接利害关系或其他关系可能影响公正听证的,应当自行提出回避。

第十条 听证主持人的回避,由组织听证的税务机关负责人决定。

对驳回申请回避的决定,当事人可以申请复核一次。

第十一条 税务行政处罚听证应当公开进行。但是涉及国家秘密、商业秘密或者个人隐私的,听证不公开进行。

对公开听证的案件,应当先期公告当事人和本案调查人员的姓名、案由和听证的时间、地点。

公开进行的听证,应当允许群众旁听。经听证主持人许可,旁听群众可以发表意见。

对不公开听证的案件,应当宣布不公开听证的理由。

第十二条 当事人或者其代理人应当按照税务机关的通知参加听证,无正当理由不参加的,视为放弃听证权利。听证应当予以终止。

本案调查人员有前款规定情形的,不影响听证的进行。

第十三条 听证开始时,听证主持人应当首先声明并出示税务机关负责人授权主持听证的决定,然后查明当事人或者其代理人、本案调查人员、证人及其他有关人员是否到场,宣布案由;宣布听证会的组成人员名单;告知当事人有关的权利义务。记录员宣读听证会场纪律。

第十四条 听证过程中,由本案调查人员就当事人的违法行为予以指控,并出示事实证据材料,提出行政处罚建议。当事人或者其代理人可以就所指控的事实及相关问题进行申辩和质证。

听证主持人可以对本案所及事实进行询问,保障控辩双方充分陈述事实,发表意见,并就各自出示的证据的合法性、真实性进行辩论。辩论先由本案调查人员发言,再由当事人或者其代理人答辩,然后双方相互辩论。

辩论终结,听证主持人可以再就本案的事实、证据及有关问题向当事人或者其代理人、本案调查人员征求意见。当事人或者其代理人有最后陈述的权利。

第十五条 听证主持人认为证据有疑问无法听证辨明,可能影响税务行政处罚的准确公正的,可以宣布中止听证,由本案调查人员对证据进行调查核实后再行听证。

当事人或者其代理人可以申请对有关证据进行重新核实,或者提出延期听证;是否准许,由听证主持人或者税务机关作出决定。

第十六条 听证过程中,当事人或者其代理人放弃申辩和质证权利,声明退出听证会;或者不经听证主持人许可擅自退出听证会的,听证主持人可以宣布听证终止。

第十七条 听证过程中,当事人或者其代理人、本案调查人员、证人及其他人员违反听证秩序,听证主持人应当警告制止;对不听制止的,可以责令其退出听证会场。

当事人或者其代理人有前款规定严重行为致使听证无法进行的,听证主持人或者税务机关可以终止听证。

第十八条 听证的全部活动,应当由记录员写成笔录,经听证主持人审阅并由听证主持人和记录员签名后,封卷上交税务机关负责人审阅。

听证笔录应交当事人或者其代理人、本案调查人员、证人及其他有关人员阅读或者向他们宣读,他们认为有遗漏或者有差错的,可以请求补充或者改正。他们在承认没有错误后,应当签字或者盖章。拒绝签名或者盖章的,记明情况附卷。

第十九条 听证结束后,听证主持人应当将听证情况和处理意见报告税务机关负责人。

第二十条 对应当进行听证的案件,税务机关不组织听证,行政处罚决定不能成立;当事人放弃听证权利或者被正当取消听证权利的除外。

第二十一条 听证费用由组织听证的税务机关支付，不得由要求听证的当事人承担或者变相承担。

第二十二条 本实施办法由国家税务总局负责解释。

第二十三条 本实施办法自 1996 年 10 月 1 日起施行。

四、部门工作文件

《国家税务总局关于开展 2021 年"我为纳税人缴费人办实事暨便民办税春风行动"的意见》(2021 年 2 月 11 日颁布 2021 年 2 月 11 日实施 税总发〔2021〕14 号)

(二)优惠政策直达享

4.狠抓落地落细。巩固和拓展减税降费成果，深化运用"短平快优九个一"工作法，继续抓实抓细延续实施和新出台的税费优惠政策落实，持续优化推动政策红利直达市场主体的机制和做法，有针对性地解决影响政策落实的薄弱环节和堵点难点。落实好支持科技创新、小微企业发展、区域协调发展、脱贫攻坚与乡村振兴有效衔接等方面的税费优惠政策，促进高质量发展。

5.优化享受方式。建立税费优惠政策标签体系，依托云平台大数据，主动甄别符合享受优惠政策条件的纳税人缴费人，在全国范围内推广税费优惠政策措施精准直达。扩大税收优惠政策资料备案改备查范围，除增值税即征即退、先征后退(返)、加计抵减以及自然人税收外的其他税收优惠备案全部改为资料留存备查。享受增值税即征即退政策的纳税人，仅需首次申请增值税退税时提交相关证明材料，后续未发生变化的无需重复提供。优化非税收入退付管理服务，确保取消、停征、免征及降低征收标准的非税收入政策及时落实到相关企业和个人。

6.加强效应分析。运用大数据监测减税降费等政策落实情况，及时扫描分析应享未享和违规享受的疑点信息，让符合条件的纳税人缴费人应享尽享，对违规享受的及时提示纠正和处理。跟踪支持脱贫攻坚税收优惠政策执行情况，开展政策效应分析，支持脱贫攻坚同乡村振兴有效衔接。

11.提速退税办理。推广退税网上申请,减少纸质资料传递,实现退税全流程电子化,降低办税成本,加快退税资金到账。精简出口退税涉税资料报送,简化退税办理流程,将全国正常出口退税的平均办理时间由8个工作日压缩至7个工作日以内。推行离境退税便捷支付,推广"即买即退"等便利化措施。优化电子税务局申请留抵退税功能,结合纳税申报情况向纳税人推送留抵退税申请提示信息,在纳税人填报留抵退税申请时实现退税申请基础信息自动带入。

第九条 【队伍建设与纳税人服务】 税务机关应当加强队伍建设,提高税务人员的政治业务素质。

税务机关、税务人员必须秉公执法,忠于职守,清正廉洁,礼貌待人,文明服务,尊重和保护纳税人、扣缴义务人的权利,依法接受监督。

税务人员不得索贿受贿、徇私舞弊、玩忽职守、不征或者少征应征税款;不得滥用职权多征税款或者故意刁难纳税人和扣缴义务人。

一、税收行政法规

《中华人民共和国税收征收管理法实施细则》(2002年9月7日中华人民共和国国务院令第362号公布 根据2012年11月9日《国务院关于修改和废止部分行政法规的决定》第一次修订 根据2013年7月18日《国务院关于废止和修改部分行政法规的决定》第二次修订 根据2016年2月6日《国务院关于修改部分行政法规的决定》第三次修订)

第六条 国家税务总局应当制定税务人员行为准则和服务规范。

上级税务机关发现下级税务机关的税收违法行为,应当及时予以纠正;下级税务机关应当按照上级税务机关的决定及时改正。

下级税务机关发现上级税务机关的税收违法行为,应当向上级税务机关或者有关部门报告。

二、税务规章

《税务稽查案件办理程序规定》(2021年7月12日颁布 2021年8月11日实施 国家税务总局令第52号)

第十条 税务稽查人员应当遵守工作纪律,恪守职业道德,不得有下列行为:

(一)违反法定程序、超越权限行使职权;

(二)利用职权为自己或者他人牟取利益;

(三)玩忽职守,不履行法定义务;

(四)泄露国家秘密、工作秘密,向被查对象通风报信、泄露案情;

(五)弄虚作假,故意夸大或者隐瞒案情;

(六)接受被查对象的请客送礼等影响公正执行公务的行为;

(七)其他违法违纪行为。

税务稽查人员在执法办案中滥用职权、玩忽职守、徇私舞弊的,依照有关规定严肃处理;涉嫌犯罪的,依法移送司法机关处理。

三、税务规范性文件

(一)纳税服务

1.《国家税务总局关于印发〈纳税评估管理办法(试行)〉的通知》[1](2005年3月11日颁布 2005年3月11日实施 国税发〔2005〕43号)

各省、自治区、直辖市和计划单列市国家税务局、地方税务局,扬州税务进修学院,局内各单位:

为推进依法治税,切实加强对税源的科学化、精细化管理,总局在深入调查研究、总结各地经验的基础上,制定了《纳税评估管

---

[1] 根据《国家税务总局关于修改部分税收规范性文件的公告》(国家税务总局公告2018年第31号),将本文第二十七条中的"国家税务局、地方税务局"修改为"税务局"。

理办法(试行)》,现印发给你们,请结合实际认真贯彻执行。对在试行过程中遇到的情况和问题,要及时报告总局。

附件:1.纳税评估通用分析指标及其使用方法
2.纳税评估分税种特定分析指标及其使用方法

国家税务总局
二〇〇五年三月十一日

纳税评估管理办法(试行)

第一章 总　则

第一条 为进一步强化税源管理,降低税收风险,减少税款流失,不断提高税收征管的质量和效率,根据国家有关税收法律、法规,结合税收征管工作实际,制定本办法。

第二条 纳税评估是指税务机关运用数据信息对比分析的方法,对纳税人和扣缴义务人(以下简称纳税人)纳税申报(包括减免缓抵退税申请,下同)情况的真实性和准确性作出定性和定量的判断,并采取进一步征管措施的管理行为。纳税评估工作遵循强化管理、优化服务;分类实施、因地制宜;人机结合、简便易行的原则。

第三条 纳税评估工作主要由基层税务机关的税源管理部门及其税收管理员负责,重点税源和重大事项的纳税评估也可由上级税务机关负责。

前款所称基层税务机关是指直接面向纳税人负责税收征收管理的税务机关;税源管理部门是指基层税务机关所属的税务分局、税务所或内设的税源管理科(股)。

对汇总合并缴纳企业所得税企业的纳税评估,由其汇总合并纳税企业申报所在地税务机关实施,对汇总合并纳税成员企业的纳税评估,由其监管的当地税务机关实施;对合并申报缴纳外商投资和外国企业所得税企业分支机构的纳税评估,由总机构所在地的主管税务机关实施。

第四条 开展纳税评估工作原则上在纳税申报到期之后进

行,评估的期限以纳税申报的税款所属当期为主,特殊情况可以延伸到往期或以往年度。

第五条　纳税评估主要工作内容包括:根据宏观税收分析和行业税负监控结果以及相关数据设立评估指标及其预警值;综合运用各类对比分析方法筛选评估对象;对所筛选出的异常情况进行深入分析并作出定性和定量的判断;对评估分析中发现的问题分别采取税务约谈、调查核实、处理处罚、提出管理建议、移交稽查部门查处等方法进行处理;维护更新税源管理数据,为税收宏观分析和行业税负监控提供基础信息等。

第二章　纳税评估指标

第六条　纳税评估指标是税务机关筛选评估对象、进行重点分析时所选用的主要指标,分为通用分析指标和特定分析指标两大类,使用时可结合评估工作实际不断细化和完善。

第七条　纳税评估指标的功能、计算公式及其分析使用方法参照《纳税评估通用分析指标及其使用方法》(附件1)、《纳税评估分税种特定分析指标及其使用方法》(附件2)。

第八条　纳税评估分析时,要综合运用各类指标,并参照评估指标预警值进行配比分析。评估指标预警值是税务机关根据宏观税收分析、行业税负监控、纳税人生产经营和财务会计核算情况以及内外部相关信息,运用数学方法测算出的算术、加权平均值及其合理变动范围。测算预警值,应综合考虑地区、规模、类型、生产经营季节、税种等因素,考虑同行业、同规模、同类型纳税人各类相关指标的若干年度的平均水平,以使预警值更加真实、准确和具有可比性。纳税评估指标预警值由各地税务机关根据实际情况自行确定。

第三章　纳税评估对象

第九条　纳税评估的对象为主管税务机关负责管理的所有纳税人及其应纳所有税种。

第十条　纳税评估对象可采用计算机自动筛选、人工分析筛选和重点抽样筛选等方法。

第十一条 筛选纳税评估对象,要依据税收宏观分析、行业税负监控结果等数据,结合各项评估指标及其预警值和税收管理员掌握的纳税人实际情况,参照纳税人所属行业、经济类型、经营规模、信用等级等因素进行全面、综合的审核对比分析。

第十二条 综合审核对比分析中发现有问题或疑点的纳税人要作为重点评估分析对象;重点税源户、特殊行业的重点企业、税负异常变化、长时间零税负和负税负申报、纳税信用等级低下、日常管理和税务检查中发现较多问题的纳税人要列为纳税评估的重点分析对象。

第四章 纳税评估方法

第十三条 纳税评估工作根据国家税收法律、行政法规、部门规章和其他相关经济法规的规定,按照属地管理原则和管户责任开展;对同一纳税人申报缴纳的各个税种的纳税评估要相互结合、统一进行,避免多头重复评估。

第十四条 纳税评估的主要依据及数据来源包括:

"一户式"存储的纳税人各类纳税信息资料,主要包括:纳税人税务登记的基本情况,各项核定、认定、减免缓抵退税审批事项的结果,纳税人申报纳税资料,财务会计报表以及税务机关要求纳税人提供的其他相关资料,增值税交叉稽核系统各类票证比对结果等;

税收管理员通过日常管理所掌握的纳税人生产经营实际情况,主要包括:生产经营规模、产销量、工艺流程、成本、费用、能耗、物耗情况等各类与税收相关的数据信息;

上级税务机关发布的宏观税收分析数据,行业税负的监控数据,各类评估指标的预警值;

本地区的主要经济指标、产业和行业的相关指标数据,外部交换信息,以及与纳税人申报纳税相关的其他信息。

第十五条 纳税评估可根据所辖税源和纳税人的不同情况采取灵活多样的评估分析方法,主要有:

对纳税人申报纳税资料进行案头的初步审核比对,以确定进一步评估分析的方向和重点；

通过各项指标与相关数据的测算，设置相应的预警值，将纳税人的申报数据与预警值相比较；

将纳税人申报数据与财务会计报表数据进行比较、与同行业相关数据或类似行业同期相关数据进行横向比较；

将纳税人申报数据与历史同期相关数据进行纵向比较；

根据不同税种之间的关联性和钩稽关系，参照相关预警值进行税种之间的关联性分析，分析纳税人应纳相关税种的异常变化；

应用税收管理员日常管理中所掌握的情况和积累的经验，将纳税人申报情况与其生产经营实际情况相对照，分析其合理性，以确定纳税人申报纳税中存在的问题及其原因；

通过对纳税人生产经营结构、主要产品能耗、物耗等生产经营要素的当期数据、历史平均数据、同行业平均数据以及其他相关经济指标进行比较，推测纳税人实际纳税能力。

第十六条　对纳税人申报纳税资料进行审核分析时，要包括以下重点内容：

纳税人是否按照税法规定的程序、手续和时限履行申报纳税义务，各项纳税申报附送的各类抵扣、列支凭证是否合法、真实、完整；

纳税申报主表、附表及项目、数字之间的逻辑关系是否正确，适用的税目、税率及各项数字计算是否准确，申报数据与税务机关所掌握的相关数据是否相符；

收入、费用、利润及其他有关项目的调整是否符合税法规定，申请减免缓抵退税、亏损结转、获利年度的确定是否符合税法规定并正确履行相关手续；

与上期和同期申报纳税情况有无较大差异；

税务机关和税收管理员认为应进行审核分析的其他内容。

第十七条　对实行定期定额(定率)征收税款的纳税人以及未达起征点的个体工商户，可参照其生产经营情况，利用相关评估指标定期进行分析，以判断定额(定率)的合理性和是否已经达到起征点并恢复征税。

第五章 评估结果处理

第十八条 对纳税评估中发现的计算和填写错误、政策和程序理解偏差等一般性问题，或存在的疑点问题经约谈、举证、调查核实等程序认定事实清楚，不具有偷税等违法嫌疑，无需立案查处的，可提请纳税人自行改正。需要纳税人自行补充的纳税资料，以及需要纳税人自行补正申报、补缴税款、调整账目的，税务机关应督促纳税人按照税法规定逐项落实。

第十九条 对纳税评估中发现的需要提请纳税人进行陈述说明、补充提供举证资料等问题，应由主管税务机关约谈纳税人。

税务约谈要经所在税源管理部门批准并事先发出《税务约谈通知书》，提前通知纳税人。

税务约谈的对象主要是企业财务会计人员。因评估工作需要，必须约谈企业其他相关人员的，应经税源管理部门批准并通过企业财务部门进行安排。

纳税人因特殊困难不能按时接受税务约谈的，可向税务机关说明情况，经批准后延期进行。

纳税人可以委托具有执业资格的税务代理人进行税务约谈。税务代理人代表纳税人进行税务约谈时，应向税务机关提交纳税人委托代理合法证明。

第二十条 对评估分析和税务约谈中发现的必须到生产经营现场了解情况、审核账目凭证的，应经所在税源管理部门批准，由税收管理员进行实地调查核实。对调查核实的情况，要作认真记录。需要处理处罚的，要严格按照规定的权限和程序执行。

第二十一条 发现纳税人有偷税、逃避追缴欠税、骗取出口退税、抗税或其他需要立案查处的税收违法行为嫌疑的，要移交税务稽查部门处理。

对税源管理部门移交稽查部门处理的案件，税务稽查部门要将处理结果定期向税源管理部门反馈。

发现外商投资和外国企业与其关联企业之间的业务往来不按

照独立企业业务往来收取或支付价款、费用,需要调查、核实的,应移交上级税务机关国际税收管理部门(或有关部门)处理。

第二十二条 对纳税评估工作中发现的问题要作出评估分析报告,提出进一步加强征管工作的建议,并将评估工作内容、过程、证据、依据和结论等记入纳税评估工作底稿。纳税评估分析报告和纳税评估工作底稿是税务机关内部资料,不发纳税人,不作为行政复议和诉讼依据。

第六章 评估工作管理

第二十三条 基层税务机关及其税源管理部门要根据所辖税源的规模、管户的数量等工作实际情况,结合自身纳税评估的工作能力,制定评估工作计划,合理确定纳税评估工作量,对重点税源户,要保证每年至少重点评估分析一次。

第二十四条 基层税务机关及其税源管理部门要充分利用现代化信息手段,广泛收集和积累纳税人各类涉税信息,不断提高评估工作水平;要经常对评估结果进行分析研究,提出加强征管工作的建议;要作好评估资料整理工作,本着"简便、实用"的原则,建立纳税评估档案,妥善保管纳税人报送的各类资料,并注重保护纳税人的商业秘密和个人隐私;要建立健全纳税评估工作岗位责任制、岗位轮换制、评估复查制和责任追究制等各项制度,加强对纳税评估工作的日常检查与考核;要加强对从事纳税评估工作人员的培训,不断提高纳税评估工作人员的综合素质和评估能力。

第二十五条 各级税务机关的征管部门负责纳税评估工作的组织协调工作,制定纳税评估工作业务规程,建立健全纳税评估规章制度和反馈机制,指导基层税务机关开展纳税评估工作,明确纳税评估工作职责分工并定期对评估工作开展情况进行总结和交流;

各级税务机关的计划统计部门负责对税收完成情况、税收与经济的对应规律、总体税源和税负的增减变化等情况进行定期的宏观分析,为基层税务机关开展纳税评估提供依据和指导;

各级税务机关的专业管理部门(包括各税种、国际税收、出口退税管理部门以及县级税务机关的综合业务部门)负责进行行业税负监控、建立各税种的纳税评估指标体系、测算指标预警值、制定分税种的具体评估方法,为基层税务机关开展纳税评估工作提供依据和指导。

第二十六条　从事纳税评估的工作人员,在纳税评估工作中徇私舞弊或者滥用职权,或为有涉嫌税收违法行为的纳税人通风报信致使其逃避查处的,或瞒报评估真实结果、应移交案件不移交的,或致使纳税评估结果失真、给纳税人造成损失的,不构成犯罪的,由税务机关按照有关规定给予行政处分;构成犯罪的,要依法追究刑事责任。

第二十七条　各级税务局要加强纳税评估工作的协作,提高相关数据信息的共享程度,简化评估工作程序,提高评估工作实效,最大限度地方便纳税人。

2.《国家税务总局关于进一步规范和完善个体税收征收管理工作的意见》[①](2005年3月28日颁布　2005年3月28日实施　国税发〔2005〕48号)

各省、自治区、直辖市和计划单列市国家税务局、地方税务局:

2004年,全国各级税务机关遵照党的十六届三中全会关于支持非公有制经济发展,改进对非公有制企业服务和监管的方针,在积极促进个体经济健康发展的同时,努力加强对个体工商户税收的征收管理,取得了明显成效。今年2月出台的《国务院关于鼓励支持和引导个体私营等非公有制经济发展的若干意见》(国发

---

① 根据《国家税务总局关于修改部分税收规范性文件的公告》(国家税务总局公告2018年31号公告),原第三条删除。原第四条切实加强个体税源分析中修改为"储蓄存款利息个人所得税虽不属于个体经营税收收入的范畴,但为保持上报数据的连续性,各地税务局在向总局报送个体经营税收收入时应包含该税收收入,总局收入规划核算司在生成个体经营税月度快报时再予以扣除。"并改为第三条:三、切实加强个体税源分析中"储蓄存款利息个人所得税虽不属于个体经营税收收入的范畴,但为保持上报数据的连续性,各地税务局在向总局报送个体经营税收收入时应包含该税收收入,总局收入规划核算司在生成个体经营税收月度快报时再予以扣除。"

〔2005〕3号)再次明确提出,要"毫不动摇地鼓励、支持和引导非公有制经济发展"、"进一步加强和改进政府监督管理和服务"。为深入贯彻国务院文件精神,现就进一步规范和完善个体税收征收管理工作提出如下意见:

一、努力构建个体税收和谐征纳关系

个体经济作为社会主义市场经济的重要组成部分,其健康发展不仅有利于繁荣城乡经济、增加财政收入,而且有利于扩大社会就业和优化经济结构。各级税务机关要充分认识发展个体经济对全面建设小康社会的重大战略意义,积极支持、鼓励和引导个体经济健康发展。当前,要切实采取措施,将促进个体经济发展的一系列税收优惠政策落到实处。同时,要以建设社会主义和谐社会为目标,努力创新管理理念,不断增强服务意识。要通过广泛的纳税宣传和辅导,使广大纳税人及时掌握和了解各项税收政策和管理规定,促使其知法、懂法,增强守法观念;要在坚持依法治税和注重税收征管质量和效率的前提下,努力优化征管流程,简化办税程序,不断降低纳税成本;要始终坚持"公正、公平、公开"的原则,大力推进个体税收征管的"阳光作业",以促进纳税遵从度的进一步提高。

二、积极推进计算机核定定额工作

对实行定期定额征收的个体工商户采用计算机核定定额,是全面提高定额核定科学性,有效避免额核定过程中的"关系税"和"人情税"的重要措施。各地要继续推进计算机核定定额工作,不断完善业务需求和优化定额核定的软件,加快推广使用的步伐;尚未开展此项工作的地区,要严格按照定额核定的程序,坚持集体核定的原则,积极为利用计算机核定定额创造条件。

三、加快落实《集贸市场税收分类管理办法》

为进一步提高集贸市场税收管理的质量与效率,各级国税局和地税局要相互协作,按照《集贸市场税收分类管理办法》(国税发〔2004〕154号)所确定的分类标准和管理要求,科学划分集贸市场和纳税人类型,抓紧制定和完善相应的配套管理措施,尽快加以落实;要积极开展联合办理税务登记工作,共同清理漏征漏管户,加强对纳税户停业、复业和注销等信息的交换,联合开展定额核定工作,确保双方对同一纳税户核定定额的统一。

四、切实加强个体税源分析

今年1月起,总局开始对个体税收收入实行按月分析。为共同做好此项工作,各地要广泛开展个体税源分析,客观评价不同行业的税收征管情况,对管理薄弱的环节要及时研究对策,迅速加以完善。各地要密切关注本地区月度个体税收的增减变化情况,从本通知发布之日起,凡月度收入与上年同期相比下降幅度超过5%的地区和月度收入增幅超过20%的地区,要及时查找增减变化的原因,写出分析报告,于月度终了后6日内报送总局征管司。对于因2004年上调增值税、营业税起征点导致连续多月收入下降的地区,可在本通知发布后,实行当月一次性报告。

为便于各地准确做好统计和分析,经研究,现将个体经营税收收入口径作进一步明确。个体经营税收收入包括以下三个部分:一是在集贸市场内、外生产经营且办理了税务登记的个体工商户所缴纳的与生产经营有关的全部税收;二是从事临时经营的个人所缴纳的与临时生产经营有关的全部税收;三是个体工商户和临时经营的个人由税务机关代开发票所缴纳的税收。储蓄存款利息个人所得税虽不属于个体经营税收收入的范畴,但为保持上报数据的连续性,各地国税局在向总局报送个体经营税收收入时应包含该税收入,总局计划统计司在生成个体经营税收月度快报时再予以扣除。

五、加强对重点税源和未达起征点业户的动态管理

在全面加强个体税源分析和征收管理的同时,各地要继续做好对45个重点集贸市场的动态管理工作,及时掌握重点集贸市场和个体大户的生产经营及纳税情况,分析研究解决问题的措施,积极稳妥推进大户建账工作,逐步提高查账征收的比例。从2005年起,各地要严格按照《国家税务总局关于进一步加强个体税收征管工作的通知》(国税函〔2004〕168号)规定的时间要求,报送重点集

贸市场和10户个体大户的税收征管资料,并进行必要说明和分析,重点反映征管措施和效果。

提高增值税、营业税起征点后,未达起征点业户大量增加,各地税务机关要本着"简便、高效"的原则,积极探索和完善对未达起征点户的后续管理措施,通过业户申报和税务机关定期巡查的方式,切实加强对未达起征点户的税源监管。

3.《国家税务总局关于印发〈大企业税务风险管理指引(试行)〉的通知》(2009年5月5日颁布　2009年5月5日实施　国税发〔2009〕90号)

各省、自治区、直辖市和计划单列市国家税务局、地方税务局:

为了加强大企业税收管理及纳税服务工作,指导大企业开展税务风险管理,防范税务违法行为,依法履行纳税义务,现将《大企业税务风险管理指引(试行)》印发给你们,请组织宣传,辅导企业参照实施,并及时将实施过程中发现的问题和建议反馈税务总局。

大企业税务风险管理指引(试行)

1　总则

1.1　本指引旨在引导大企业合理控制税务风险,防范税务违法行为,依法履行纳税义务,避免因没有遵循税法可能遭受的法律制裁、财务损失或声誉损害。

1.2　税务风险管理的主要目标包括:

- 税务规划具有合理的商业目的,并符合税法规定;
- 经营决策和日常经营活动考虑税收因素的影响,符合税法规定;
- 对税务事项的会计处理符合相关会计制度或准则以及相关法律法规;
- 纳税申报和税款缴纳符合税法规定;
- 税务登记、账簿凭证管理、税务档案管理以及税务资料的准备和报备等涉税事项符合税法规定。

1.3　企业可以参照本指引,结合自身经营情况、税务风险特

征和已有的内部风险控制体系,建立相应的税务风险管理制度。税务风险管理制度主要包括:
- 税务风险管理组织机构、岗位和职责;
- 税务风险识别和评估的机制和方法;
- 税务风险控制和应对的机制和措施;
- 税务信息管理体系和沟通机制;
- 税务风险管理的监督和改进机制。

1.4 税务机关参照本指引对企业建立与实施税务风险管理的有效性进行评价,并据以确定相应的税收管理措施。

1.5 企业应倡导遵纪守法、诚信纳税的税务风险管理理念,增强员工的税务风险管理意识,并将其作为企业文化建设的一个重要组成部分。

1.6 税务风险管理由企业董事会负责督导并参与决策。董事会和管理层应将防范和控制税务风险作为企业经营的一项重要内容,促进企业内部管理与外部监管的有效互动。

1.7 企业应建立有效的激励约束机制,将税务风险管理的工作成效与相关人员的业绩考核相结合。

1.8 企业应把税务风险管理制度与企业的其他内部风险控制和管理制度结合起来,形成全面有效的内部风险管理体系。

2 税务风险管理组织

2.1 企业可结合生产经营特点和内部税务风险管理的要求设立税务管理机构和岗位,明确岗位的职责和权限。

2.2 组织结构复杂的企业,可根据需要设立税务管理部门或岗位:
- 总分机构,在分支机构设立税务部门或者税务管理岗位;
- 集团型企业,在地区性总部、产品事业部或下属企业内部分别设立税务部门或者税务管理岗位。

2.3 企业税务管理机构主要履行以下职责:
- 制订和完善企业税务风险管理制度和其他涉税规章制度;
- 参与企业战略规划和重大经营决策的税务影响分析,提供税务风险管理建议；
- 组织实施企业税务风险的识别、评估,监测日常税务风险并采取应对措施；
- 指导和监督有关职能部门、各业务单位以及全资、控股企业开展税务风险管理工作；
- 建立税务风险管理的信息和沟通机制；
- 组织税务培训,并向本企业其他部门提供税务咨询；
- 承担或协助相关职能部门开展纳税申报、税款缴纳、账簿凭证和其他涉税资料的准备和保管工作；
- 其他税务风险管理职责。

2.4 企业应建立科学有效的职责分工和制衡机制,确保税务管理的不相容岗位相互分离、制约和监督。税务管理的不相容职责包括：
- 税务规划的起草与审批；
- 税务资料的准备与审查；
- 纳税申报表的填报与审批；
- 税款缴纳划拨凭证的填报与审批；
- 发票购买、保管与财务印章保管；
- 税务风险事项的处置与事后检查；
- 其他应分离的税务管理职责。

2.5 企业涉税业务人员应具备必要的专业资质、良好的业务素质和职业操守,遵纪守法。

2.6 企业应定期对涉税业务人员进行培训,不断提高其业务素质和职业道德水平。

3 税务风险识别和评估

3.1 企业应全面、系统、持续地收集内部和外部相关信息,结合实际情况,通过风险识别、风险分析、风险评价等步骤,查找企业经营活动及其业务流程中的税务风险,分析和描述风险发生的可能性和条件,评价风险对企业实现税务管理目标的影响程度,从而确定风险管理的优先顺序和策略。企业应结合自身税务风险管理

机制和实际经营情况,重点识别下列税务风险因素:

- 董事会、监事会等企业治理层以及管理层的税收遵从意识和对待税务风险的态度;
- 涉税员工的职业操守和专业胜任能力;
- 组织机构、经营方式和业务流程;
- 技术投入和信息技术的运用;
- 财务状况、经营成果及现金流情况;
- 相关内部控制制度的设计和执行;
- 经济形势、产业政策、市场竞争及行业惯例;
- 法律法规和监管要求;
- 其他有关风险因素。

3.2 企业应定期进行税务风险评估。税务风险评估由企业税务部门协同相关职能部门实施,也可聘请具有相关资质和专业能力的中介机构协助实施。

3.3 企业应对税务风险实行动态管理,及时识别和评估原有风险的变化情况以及新产生的税务风险。

4 税务风险应对策略和内部控制

4.1 企业应根据税务风险评估的结果,考虑风险管理的成本和效益,在整体管理控制体系内,制定税务风险应对策略,建立有效的内部控制机制,合理设计税务管理的流程及控制方法,全面控制税务风险。

4.2 企业应根据风险产生的原因和条件从组织机构、职权分配、业务流程、信息沟通和检查监督等多方面建立税务风险控制点,根据风险的不同特征采取相应的人工控制机制或自动化控制机制,根据风险发生的规律和重大程度建立预防性控制和发现性控制机制。

4.3 企业应针对重大税务风险所涉及的管理职责和业务流程,制定覆盖各个环节的全流程控制措施;对其他风险所涉及的业务流程,合理设置关键控制环节,采取相应的控制措施。

4.4 企业因内部组织架构、经营模式或外部环境发生重大变化,以及受行业惯例和监管的约束而产生的重大税务风险,可以及时向税务机关报告,以寻求税务机关的辅导和帮助。

4.5 企业税务部门应参与企业战略规划和重大经营决策的制定,并跟踪和监控相关税务风险。

4.5.1 企业战略规划包括全局性组织结构规划、产品和市场战略规划、竞争和发展战略规划等。

4.5.2 企业重大经营决策包括重大对外投资、重大并购或重组、经营模式的改变以及重要合同或协议的签订等。

4.6 企业税务部门应参与企业重要经营活动,并跟踪和监控相关税务风险。

4.6.1 参与关联交易价格的制定,并跟踪定价原则的执行情况。

4.6.2 参与跨国经营业务的策略制定和执行,以保证符合税法规定。

4.7 企业税务部门应协同相关职能部门,管理日常经营活动中的税务风险:

4.7.1 参与制定或审核企业日常经营业务中涉税事项的政策和规范;

4.7.2 制定各项涉税会计事务的处理流程,明确各自的职责和权限,保证对税务事项的会计处理符合相关法律法规;

4.7.3 完善纳税申报表编制、复核和审批、以及税款缴纳的程序,明确相关的职责和权限,保证纳税申报和税款缴纳符合税法规定;

4.7.4 按照税法规定,真实、完整、准确地准备和保存有关涉税业务资料,并按相关规定进行报备。

4.8 企业应对发生频率较高的税务风险建立监控机制,评估其累计影响,并采取相应的应对措施。

5 信息与沟通

5.1 企业应建立税务风险管理的信息与沟通制度,明确税务相关信息的收集、处理和传递程序,确保企业税务部门内部、企业税务部门与其他部门、企业税务部门与董事会、监事会等企业治理层以及管理层的沟通和反馈,发现问题应及时报告并采取应对措施。

5.2 企业应与税务机关和其他相关单位保持有效的沟通,及时收集和反馈相关信息。

5.2.1 建立和完善税法的收集和更新系统,及时汇编企业适用的税法并定期更新;

5.2.2 建立和完善其他相关法律法规的收集和更新系统,确保企业财务会计系统的设置和更改与法律法规的要求同步,合理保证会计信息的输出能够反映法律法规的最新变化。

5.3 企业应根据业务特点和成本效益原则,将信息技术应用于税务风险管理的各项工作,建立涵盖风险管理基本流程和内部控制系统各环节的风险管理信息系统。

5.3.1 利用计算机系统和网络技术,对具有重复性、规律性的涉税事项进行自动控制;

5.3.2 将税务申报纳入计算机系统管理,利用有关报表软件提高税务申报的准确性;

5.3.3 建立年度税务日历,自动提醒相关责任人完成涉税业务,并跟踪和监控工作完成情况;

5.3.4 建立税务文档管理数据库,采用合理的流程和可靠的技术对涉税信息资料安全存储;

5.3.5 利用信息管理系统,提高法律法规的收集、处理及传递的效率和效果,动态监控法律法规的执行。

5.4 企业税务风险管理信息系统数据的记录、收集、处理、传递和保存应符合税法和税务风险控制的要求。

6 监督和改进

6.1 企业税务部门应定期对企业税务风险管理机制的有效性进行评估审核,不断改进和优化税务风险管理制度和流程。

6.2 企业内部控制评价机构应根据企业的整体控制目标,对税务风险管理机制的有效性进行评价。

6.3 企业可以委托符合资质要求的中介机构,根据本指引和相关执业准则的要求,对企业税务风险管理相关的内部控制有效性进行评估,并向税务机关出具评估报告。

4.《国家税务总局关于进一步规范办税服务厅内部标识有关问题的通知》①(2009年9月21日颁布　2009年9月21日实施　国税函〔2009〕524号)

各省、自治区、直辖市和计划单列市国家税务局、地方税务局:

为深入贯彻落实《办税服务厅管理办法(试行)》,推进办税服务厅标准化建设,提高办税服务质量和效率,在前期统一开展推广应用办税服务厅外部标识工作的基础上,国家税务总局决定进一步规范办税服务厅内部标识。现将有关事项通知如下:

一、标识基本元素

(一)颜色

办税服务厅内部各类标识底色统一为古蓝色(pantone 2945 c),文字色为白色(pantone),配比为C:100 M:38 Y:0 K:15。

(二)字体

中文字体为方正大黑简体,英文字体为Times New Roman。

二、标识主要类别

办税服务厅内部标识是引导和方便纳税人办税,传递税务机关纳税服务理念的视觉识别系统。其主要类别如下:

(一)窗口标识

1.名称。

综合服务:Comprehensive Service

申报纳税:Tax Declaration and Payment

发票管理:Invoice

2.规格。长500mm×高200mm

3.安装。窗口标识应采取吊挂式,安装在办税工作平台正上

---

① 根据《国家税务总局关于修改部分税收规范性文件的公告》(国家税务总局公告2018年第31号),税收规范性文件规定的国税地税机关的职责和工作,调整适用相关规定,由税务机关承担。

方,距离工作台面 1.5 米为宜,各窗口标识之间应当保持合适距离,确保整齐和美观。

窗口标识也可采用电子液晶显示屏的形式。电子液晶显示窗口应按顺序进行编号,每个窗口注明窗口名称。

(二)功能区标识

1. 名称。

办税服务区:Tax Service Area

咨询辅导区:Consultation Area

自助办税区:Self-service Area

等候休息区：Waiting Area

2. 规格。长 1000mm×高 240mm

3. 安装。功能区域标识一般采取吊挂式,在功能区域所在地正上方安装,距离地面 2.2 米高为宜。

(三)服务设施标识

公告栏、意见箱等服务设施标识,可按照标识基本元素要求,结合设施实际尺寸自行设计安装。

各类标识的材质由各省、自治区、直辖市税务局自行确定。

三、有关要求

(一)统筹规划,逐步规范。各省、自治区、直辖市税务局应当根据名称、颜色、字体等标识基本元素规定,结合实际,统一制定标识系统应用方案,并报总局纳税服务司备案。在工作进度上,各地可结合《全国 2010-2012 年纳税服务工作规划》要求,统筹规划,分类推进。要将统一窗口标识放在优先环节,务必于 2010 年 10 月前完成规范设置;其他标识可根据办税服务厅条件逐步规范。

(二)因地制宜、厉行节约。各地要根据办税服务厅的实际条件和工作需要,本着简洁实用、庄重大方的原则,因地制宜地对各类标识的规格、材质、安装方式进行调整。要科学合理使用纳税服务经费,厉行节约,坚决防止铺张浪费行为。

(三)同步规范,力求实效。规范标识的目的是为了推进办税服务厅标准化建设,提升办税服务功能。各地应在规范标识的过程中,依托信息化技术,同步优化办税流程,整合窗口功能,合理划分功能区域,保障服务设施性能,提高办税服务质量和效率;要加强办税公开、咨询辅导工作力度,提高纳税人的税法遵从度和满意度。

5.《国家税务总局关于印发〈纳税服务经费管理暂行规定〉的通知》(2011年3月3日颁布　2011年3月3日实施　国税发〔2011〕31号)

纳税服务经费管理暂行规定

第一章　总　则

　　第一条　为规范纳税服务经费管理,加强对纳税服务经费监督,提高财政资金使用效益,根据有关法律法规,制定本规定。

　　第二条　本办法所称纳税服务经费是指中央财政为保障国家税务局系统开展纳税服务工作而设立的专项经费。

　　第三条　纳税服务经费管理包括:预算管理、支出范围和标准、会计核算、财务管理与监督。

　　第四条　纳税服务经费管理应当遵循专款专用、厉行节约、注重实效的原则,不得用于弥补日常经费支出或其他用途。

第二章　预算管理

　　第五条　各级国税部门按照财政部的有关规定编制纳税服务经费预算。

　　(一)"一上"预算。编制"一上"部门预算时,各预算单位的经费使用部门应按项目预算编制原则和要求,结合纳税服务工作开展和业务发展需要,提出年度纳税服务经费的需求数,提供项目文本和预算支出明细数据等相关资料,报送财务部门审核汇总并逐级上报,由税务总局审核汇总后上报财政部。

　　(二)"一下"控制数。财政部下达纳税服务经费"一下"控制数后,由纳税服务司商财务管理司确定分配原则、标准等,提出初步分配方案,由财务管理司汇总报局长办公会审议后,逐级下达"一下"控制数。

　　(三)"二上"预算。各预算单位的经费使用部门应按照确定的

"一下"控制数填报项目文本和编制具体项目经费预算,由财务部门编入"二上"预算并逐级上报,由税务总局审核汇总后报财政部。

(四)"二下"预算。税务总局根据财政部的批复,下达分省和税务总局机关使用的纳税服务经费预算。各级预算单位根据税务总局的预算批复逐级批复部门预算和纳税服务经费预算。

第六条　各级预算单位的经费使用部门应根据上级批复的预算,在规定的支出范围和标准内,细化纳税服务项目经费预算,会签相关部门后报局领导审批执行。

第七条　各预算单位应严格执行预算批复,不得自行调整项目内容和预算金额。如有特殊原因需要改变资金用途的,应按程序报财政部审批。

第八条　纳税服务专项经费年末如有结转或结余,应按财政部结转和结余资金管理的有关规定使用。

第三章　支出范围和标准

第九条　纳税服务经费主要用于下列项目:

(一)纳税服务工作规范,包括为提升纳税服务质效而开展的纳税服务业务规范和标准制定、纳税服务绩效考评等工作。

(二)税法宣传和纳税辅导,包括为纳税人提供税法宣传、涉税培训和纳税咨询辅导等工作。

(三)办税服务,包括为方便纳税人办税、提高办税服务效率而开展的工作。

(四)纳税人权益保护,包括为保护纳税人权益而开展的纳税人满意度调查和纳税人诉求收集、分析、处理以及纳税人投诉的调查处理工作。

(五)纳税信用建设,包括为促进纳税人依法诚信纳税而开展的纳税人信用评定、等级公告和结果应用等工作。

(六)注册税务师行业管理,包括制发执业证书,规范注册税务师和税务师事务所执业行为等工作。

第十条　纳税服务经费的具体支出范围包括:

(一)差旅费,是指与纳税服务项目相关的住宿费、交通费、伙食补助费及杂费。

（二）邮电费，是指与纳税服务项目相关的工作人员集中办公或者异地办公期间所发生的邮寄费、电话费（不含移动通讯费）、电报费、传真费、网络通讯费等。

（三）会议费，是指召开与纳税服务项目直接相关的会议所发生的费用。

（四）设备购置费，是指购置办税服务、纳税服务热线、纳税人满意度调查和需求调查等设备发生的费用。

（五）租赁费，是指与纳税服务项目直接相关的集中办公过程中临时租赁办公用房、交通工具及其他设备所发生的费用。

（六）培训费，是指为纳税人进行税法培训、办税辅导等发生的相关费用。

（七）宣传费，是指国税机关向纳税人开展税法宣传所发生的相关费用。

（八）印刷费，是指国税机关印制与纳税服务项目直接相关的纳税服务产品、注册税务师和税务师事务所执业证书所发生的费用。

（九）委托业务费，是指国税机关聘请第三方机构和人员开展纳税服务质量、纳税人需求调查及提供专业服务所发生的费用。

第十一条 纳税服务经费支出范围内，国家已有相关支出标准的，应当严格执行有关规定；没有支出标准的，应当严格控制支出。

（一）差旅费、会议费和培训费的支出标准，按照有关规定执行。

（二）从严控制设备购置支出。纳税服务所需的设备原则上使用已有设备，确需新购置设备的，所需经费从单位基本支出公用经费中安排，确实无法安排又急需购置的，可在纳税服务经费中安排。设备购置按照政府采购有关规定执行。

（三）严格控制租赁费支出。在组织实施纳税服务项目时，原则上不得长期租赁场地设备，确有需要的，应当参照当地相关场地、设备租赁价格水平，从严控制租赁费支出。

（四）宣传费参照当地价格水平，按照有关规定执行。

（五）委托业务费参照国家规定的标准或中介市场的合理价格水平执行。

第四章 会 计 核 算

第十二条 各级预算单位应按国家税务局系统行政单位会计核算管理规定，使用统一的财务管理软件进行核算。

第十三条 纳税服务经费收入在"拨入经费—项目经费—税务宣传—纳税服务明细科目"中核算。

第十四条 纳税服务经费支出在"经费支出－项目支出－商品和服务支出、其他资本性支出的相应明细科目"中核算，列支金额不得超出该项经费来源。

第十五条 各级预算单位在年度终了，按规定将本年拨入纳税服务经费和本年支出纳税服务经费，在纳税服务经费中归集；若有结转或结余，应当单独反映。

第五章 财务管理与监督

第十六条 纳税服务经费由各级财务部门和纳税服务管理部门按职责分工实施管理。

财务部门负责编制纳税服务经费预算、决算，实施日常财务会计核算。纳税服务部门负责提出预算资金申请，实施专项经费的绩效管理，并严格按照本规定执行。

各相关部门在办理报销结算业务时，应提供相关签报、合同、发票、采购审批表、固定资产入库单或调拨单、资产卡片、付款情况说明、验收报告等，经纳税服务部门审核后，提交财务部门审核支付。

第十七条 使用纳税服务经费安排的项目应按照《政府采购法》及相关规定组织采购，所购置的固定资产纳入固定资产核算管理。

第十八条 各级国税部门要按照财务管理的有关规定，加强对纳税服务经费使用情况的管理，严格按照年度预算审核支付项目经费,严格按照规定的支出范围、标准使用纳税服务经费,并接受纪检监察、内部审计以及财政、审计部门的监督检查。

第十九条 纳税服务经费必须严格执行年度预算,不能超预算支出;不得超范围使用,超标准支出;不得挤占挪用纳税服务经费。

第六章 附　则

第二十条 税务总局机关税收宣传经费的使用和管理,由办公厅根据本办法另行制定。

第二十一条 本规定由税务总局(财务司)负责解释。

第二十二条 本办法从印发之日起执行。

6.《国家税务总局关于进一步统一规范办税服务场所标识的通知》(2014 年 7 月 1 日颁布　2014 年 7 月 1 日实施　税总函〔2014〕299 号)

各省、自治区、直辖市和计划单列市国家税务局、地方税务局:

《国家税务总局关于统一使用办税服务厅标识有关问题的通知》(国税发〔2008〕29 号,以下简称《通知》)和《国家税务总局关于进一步规范办税服务厅内部标识有关问题的通知》(国税函〔2009〕524 号)下发后,各地税务机关对区、县以上办税服务厅标识的名称、图案、颜色等基础元素进行了统一和规范。为适应形势的发展,更好地满足纳税人需求,税务总局决定进一步统一规范办税服务场所标识。现将有关要求通知如下:

一、进一步扩展标识应用范围

为进一步方便广大纳税人办税,现决定进一步扩展《通知》所规定标识的应用范围。

(一)外部标识:各基层税务所(分局)、农村、乡镇的办税服务室或征收点,车辆购置税办税场所,统一使用《通知》规定的标识图案和颜色,名称可视情况称为"办税服务厅"或"办税服务室"。

(二)内部标识:因基层办税场所的客观条件不同,内部标识由各地自行决定。

二、统一办税服务场所背景墙等大型标识

为更好体现办税服务的时代性、规范性和统一性,办税服务场所背景墙等大型标识应统一采用"税徽＋为国聚财为民收税"的样式(见下图)。标识的颜色、字体等基础元素应与《通知》要求一致。标识规格可由各地根据各办税服务场所的实际因地制宜确定。

7.《国家税务总局关于创新税收服务和管理的意见》(2014年7月7日颁布　2014年7月7日实施　税总发〔2014〕85号)

三、创新制度,推动税收风险管理常态化

(二)运用风险管理方法开展纳税评估

15.积极开展纳税评估。税务机关要将风险管理的理念和方法贯穿于税收管理全过程,实现管理资源的优化配置。逐步完善评估模型,细化指标体系,针对纳税人申报信息开展信息分析比对、风险排序、风险应对。既要进一步加强重点税源的纳税评估,更要将"一址多照"、"一照多址"的纳税人列入重点关注对象,防范其虚开增值税专用发票、骗取出口退税等风险。

8.《国家税务总局关于完善办税服务相关制度的通知》(2016年3月23日颁布　2016年3月23日实施　税总发〔2016〕41号)

各省、自治区、直辖市和计划单列市国家税务局、地方税务局:

为落实《深化国税、地税征管体制改革方案》,进一步优化纳税服务,税务总局对首问责任、限时办结、预约办税、延时服务和24小时自助办税5项办税服务制度进行了完善。现将有关事项通知如下:

一、首问责任制度

根据《税务机关首问责任制度(试行)》(税总发〔2014〕59号文件印发)规定,首问责任制度是指纳税人到税务机关或通过电话等方式办理涉税事项或寻求涉税帮助时,首位接洽的税务工作人员为纳税人办理或有效指引纳税人完成办理涉税事项的制度。税务机关在落实首问责任制时,应做好以下工作:

(一)建立登记台账和收件回执制度

首问责任人对不能现场办理的涉税事项应建立登记台账和收

件回执。登记内容包括:接洽时间、纳税人名称、联系方式、首问事项、首问责任人、承办人和办理答复时间等相关信息。回执内容包括:首问责任人姓名、联系方式、承诺办理或答复时限、监督投诉电话等。

(二)实行过程监控

税务机关应积极探索运用信息化手段,加强对首问责任事项办理过程的监控,实行痕迹管理,实现首问事项受理、转办、承办、反馈的闭环式管理。

二、限时办结制度

限时办结制度是指税务机关对纳税人发起的非即办事项,应在规定的时限内办结或答复的制度。税务机关在落实限时办结制度时,应做好以下工作:

(一)公开办理时限

税务机关应通过税务网站,办税服务厅电子显示屏或者触摸屏、公告栏等渠道公开相关事项的办理时限。税务人员在受理非即办事项时,应告知纳税人办理时限。

(二)延期办理情况

因客观原因,不能按期办结需要延期的事项,应当由受理部门分管领导批准后,在办理时限到期之前告知纳税人,并明确延期办理时限。

(三)限时办理监控

税务机关应运用信息化手段,加强对非即办事项的管理和监控,对临近办理时限的涉税事项进行预警提醒。对无合理原因超时办结的事项,应明确延误环节和责任人,并进行责任追究。

三、预约服务制度

预约服务制度是指税务机关与纳税人约定在适当的工作时间办理涉税事项的制度。预约服务内容包括涉税事项办理、税收政策咨询以及省税务机关确定的其他事项。预约服务可以由纳税人发起,也可以由税务机关发起,服务时间由双方协商约定。税务机关在落实预约服务制度时,应做好以下工作:

(一)拓宽预约服务渠道

税务机关应完善办税服务厅、官方网站、12366纳税服务热线以及移动办税平台的预约功能,为纳税人提供线上、线下多元化的预约服务渠道,方便纳税人预约。

(二)推行错峰预约服务

错峰预约服务是指由税务机关发起,错峰为纳税人办理涉税事项的预约服务。税务机关可以根据申报期办税业务量峰值高低、办税事项集中度等情况向纳税人提出错峰预约。税务机关不得强制要求纳税人接受错峰预约。纳税人接受错峰预约办税时,税务机关应安排绿色通道快速为纳税人办理涉税事宜。

(三)预约服务变更

对已受理的预约事项,税务机关不得单方面解除。因特殊情况确需解除预约的,税务机关应当与纳税人协商并重新安排预约时间。对超过预约时间而未到场的,视为纳税人主动放弃预约服务。

四、延时服务制度

延时服务制度是指税务机关对已到下班时间正在办理涉税事宜或已在办税服务场所等候办理涉税事项的纳税人提供延时办税的服务制度。税务机关在落实延时服务制度时,应做好以下工作:

(一)延时服务提示

临近下班时间,税务机关应根据办税服务场所纳税人等候情况,预测纳税人需要等候时间,并在纳税人等候或取号时,及时提醒纳税人预计办理时间,由纳税人自愿选择是否继续等候办理。

(二)延时服务特例

延时服务中,对短时间内无法办结的涉税事项,税务机关可在征得纳税人同意后,留存纳税人涉税资料及联系方式,待业务办理完结后,通知纳税人领取办理结果。

(三)延时服务权益

税务机关应建立延时服务登记台账,记录提供延时服务工作人员的工作时长。对提供延时服务累计超过一定时长的,应合理安排相关人员调休。调休时间应避开办税高峰期。

五、24小时自助办税制度

24小时自助办税制度是指税务机关通过网上办税平台、移动办税平台、12366纳税服务热线、自助办税终端等渠道向纳税人提供24小时自助办理涉税事项的制度。税务机关在落实24小时自助办税制度时,应做好以下工作:

(一)完善24小时自助办税功能

1.完善网上办税和移动办税平台功能。各地要按照《"互联网+税务"行动计划》(税总发〔2015〕113号文件印发)要求和部署,根据纳税人需求,进一步完善网上办税和移动办税平台24小时自助办税功能,提供包括涉税事项办理、举报投诉、在线咨询、办税预约、信息查询等服务。

2.完善12366纳税服务热线功能。各地要按照《12366纳税服务升级总体方案(试行)》(税总发〔2015〕110号文件印发)的要求,在通过"人工+自助语音"提供24小时热线服务的基础上,进一步拓展服务功能,打造12366综合服务平台,将传统线下办理的涉税事项拓展为线上线下均能办理。

3.完善自助办税终端功能。自助办税终端一般应具备发票代开、申报缴税、完税证明打印等基本功能,各地可根据纳税人需求不断加以完善,并做好日常维护,确保自助办税终端24小时提供服务。

(二)自助办税终端部署

自助办税终端可部署在税务机关24小时自助办税厅(点),也可配置在银行、邮政等单位的24小时自助服务区。各地可结合本地自然条件、纳税人数量、纳税人类型以及需求偏好,合理确定24小时自助办税终端的配置数量。

各地税务机关可依据本通知要求,结合本地实际,进一步细化首问责任、限时办结、预约办税、延时服务、24小时自助办税等5项办税服务制度,并制定切实可行的落实方案。各地在落实过程中的创新做法和出现的问题请及时向税务总局(纳税服务司)

反馈。

9.《国家税务总局关于优化税务执法方式严禁征收"过头税费"的通知》(2020年6月18日颁布　2020年6月18日实施　税总发〔2020〕29号)

国家税务总局各省、自治区、直辖市和计划单列市税务局,国家税务总局驻各地特派员办事处,局内各单位:

为深入贯彻党中央、国务院关于扎实做好"六稳"工作、全面落实"六保"任务的决策部署,认真落实国务院常务会议有关精神,进一步提升政治站位,充分发挥税收职能作用,统筹推进疫情防控和支持经济社会发展,现就优化税务执法方式、严禁征收"过头税费"有关要求进一步强调如下:

一、坚决防止违规征税收费

各级税务机关要进一步坚持依法规范组织收入原则不动摇,坚决压实主体责任,严禁征收"过头税费"、违规揽税收费以及以清缴补缴为名增加市场主体不合理负担。坚决不搞大规模集中清欠、大面积行业检查,坚决禁止采取空转、转引税款等手段虚增收入。建立健全税费收入质量监控和分析机制,利用大数据完善分区县、分税种、分时段的收入实时监控体系,对收入畸高畸低等异常情况,及时分析排查,发现违法违规行为一律严肃处理,并建立典型案例通报制度,强化以案示警的作用。要积极向地方党委、政府和相关部门汇报,进一步争取对依法依规组织税费收入的支持,避免采取不当的组织收入措施。上级税务部门要加强对下级税务部门组织收入工作的监督指导,想方设法帮助其化解征收工作面临的矛盾和压力。

二、不断改进税收风险管理

健全事前事中事后全流程税收风险管理运行机制,进一步完善基于大数据的"双随机、一公开""信用+风险"监管方式,切实增强税收风险管理的针对性和有效性,既有效防范和打击偷骗税行为,又尽最大可能不影响企业正常生产经营。统筹发挥好税收风险管理服务自主遵从和规范税收秩序的功能,以服务为导向,强化事前精准提示提醒,不得组织对某一行业开展多年期、撒网式的风险推送和自查补缴税费,重视和保障纳税人、缴费人对推送风险的自诉权益,促进其及时补正、精准纠错,避免违法违规风险;以规范为目的,强化事中精准控制、事后精准应对,严厉精准打击"假企业""假出口""假申报"等涉税违法行为,防止税收流失,维护国家税收安全。

三、积极支持新业态健康发展

主动适应新经济不断发展的新要求,持续完善支持电子商务、"互联网+"等新兴业态发展的税收政策体系和管理服务措施,大力培育新兴经济增长点。继续坚持包容审慎的原则,不得专门针对某一新兴业态、新型商业模式,组织开展全面风险应对和税务检查。积极运用税收大数据,深入分析线上经济发展情况,完善精准化、精细化税收服务和管理措施,促进线上线下融合,支持新兴业态持续健康发展。

四、不折不扣落实税费优惠政策

进一步落实落细党中央、国务院出台的系列税费优惠政策,不断巩固和拓展政策实施成效。结合疫情防控,动态更新《支持疫情防控和经济社会发展税费优惠政策指引》,及时通过"云课堂"、线上答疑等方式,回应税收热点问题,深入开展针对性政策解读和辅导,助力纳税人、缴费人应享尽享。适时开展减税降费督查,狠抓发现问题整改,强化跟踪问效,畅通政策落实"最后一公里",确保减税降费政策红利直达困难企业、直达市场主体。

五、持续优化办税缴费服务

大力巩固拓展"非接触式"办税缴费服务,进一步扩大网上办税缴费事项范围,确保主要办税缴费事项均能网上办理。简化优化税费申报手续,加快推进增值税、消费税、城市维护建设税主附税合并申报和财产行为税一体化纳税申报。继续深化与银保监部门和银行业金融机构的合作,搭建"税银互动"信息共享平台,扩大受益范围,增进线上办理便利,更好满足企业特别是民营企业和小微企业信贷需求,助力缓解市场主体融资难题。

六、切实转变工作作风

各级税务机关要根据经济社会发展的新形势新情况,创新工作思路和工作方式,不能用老办法解决新问题,不能用泛泛的方法解决个性化的问题。要妥善处理好税收与经济社会发展的关系,准确把握税务执法的时度效,提高工作的精准性和精细度,防止粗放式管理和执法。要通过 12366 纳税服务热线、税务网站等渠道和实地走访、第三方调查等方式,深入开展向纳税人、缴费人问需活动,积极帮助纾困解难,及时回应社会关切,以作风建设的新成效,促进税收工作质效新提升。

(二)税收执法与监督

1.《国家税务总局关于禁止在推行电子申报过程中向纳税人收取或变相收取任何费用的通知》(2002 年 8 月 16 日颁布　2002 年 8 月 16 日实施　国税函〔2002〕749 号)

各省、自治区、直辖市和计划单列市国家税务局、地方税务局:

据了解,目前一些地区的税务机关在推行电子申报方式过程中,未能做好充分的宣传和引导工作,不遵循自愿和免费的原则,向纳税人收取或变相收取费用,为此,总局特重申如下:

一、各地税务机关在推行电子申报过程中,必须充分做好深入细致的宣传、引导和辅导工作,不得以任何手段或方式向纳税人强制推行电子申报。

二、在推行电子申报过程中,如确需税务代理的,必须坚持纳税人自愿的原则,不得强制推行税务代理。

三、各地税务机关在受理纳税人申报过程中,严格禁止直接向纳税人收取任何费用,也不得通过第三方如税务代理等中介机构变相向纳税人收取费用。

四、为避免类似的问题发生,各地税务机关要严格按照总局关于税务代理机构与税务机关脱钩的规定,检查与税务代理机构脱钩情况,并加强对税务代理机构的监督检查。

2.《国家税务总局关于进一步加强税收征管工作的若干意见》①(2004年8月24日颁布　2004年8月24日实施　国税发〔2004〕108号)

各省、自治区、直辖市和计划单列市国家税务局、地方税务局,扬州税务进修学院:

根据党中央、国务院关于加强税收征管工作的总体要求,为贯彻"以申报纳税和优化服务为基础,以计算机网络为依托,集中征收,重点稽查,强化管理"的征管模式,完善征管体制,夯实征管基础,强化税源管理,优化纳税服务,实现科学化、精细化管理,提高税收征管的质量和效率,现就进一步加强税收征管工作提出以下意见,请结合本地实际情况,认真贯彻执行。

二、强化税源管理

(一)坚持属地管理原则,实施分类管理

税源管理工作主要由基层税务机关所属的税务分局、税务所以及内设的税源管理科(股)负责。要坚持属地管理的原则,根据行政区划和税源规模与分布,对所辖税源实施分类管理。分类管理的方法和标准可由各地税务机关根据纳税人实际情况以及税源管理的需要自行确定。一般可以按照纳税人所在区域,结合纳税人规模、性质和行业特点实行划片管理。

(二)建立健全税收管理员制度

税源管理工作必须落实到人,实行税收管理员责任制。税收管理员(简称专管员、片管员)是基层税务机关分片(业)管理税源的工作人员,隶属于税源管理部门。其主要工作职责包括:税收政策宣传送达、纳税咨询辅导;掌握所辖税源户籍变动情况;调查核实管户生产经营、财务核算情况;核实管户申报纳税情况;进行税款催报催缴;开展对所管企业的纳税评估及其税务约谈;提出一般性涉税违章行为纠正处理意见;协助进行发票管理等。

---

①　根据《国家税务总局关于修改部分税收规范性文件的公告》(国家税务总局公告2018年第31号)对本文进行了修改,三、四、五删除了国地税相关用语,删除了第六点部分内容。

税收管理员原则上不直接从事税款征收、税务稽查和违章处罚工作。特殊情况,如交通不便的地区和集贸市场的零散税收,可制定相应管理制度,由税收管理员直接征收税款。

税源管理重要事项由部门集体研究。税收管理员下户执行各项税源管理事务时,要提出报告,按计划和规定程序进行,并接受行政执法和行政监察的监督。所获税源信息要记录归档,实行共享。税收管理员实行两年定期轮换制度。各级税务机关要制定税收管理员工作规范,加强对税收管理员的管理、监督和考核。

要选拔业务骨干充实税收管理员队伍,并加强对税收管理员的培训,注重提高税收管理员的财务会计水平和数据分析能力,通过能级管理等激励机制,鼓励其增长才干,积累经验,成为税源管理方面的专门人才。

(四)加强税源分析

各级税务机关及其税源管理部门都要建立健全税源管理统计分析制度,定期采集和分析税源管理数据,建立税源管理数据指标体系和税源分析的数学模型,针对所辖税源变化趋势,按照地区、行业、企业、税种、时限等对所辖税源实施结构分析监控。

上级税务机关主要侧重税源总量和税负变化的宏观分析与监控。要把握税收与经济的对应规律,预测税收收入能力;分析宏观税负、行业税负及其变化规律,并作地区间比较;定期发布税负情况,提出税负预警指标。同时,为基层税务机关提供税源分析手段、方法和指标,指导基层税务机关制定税源管理制度和方案,开展税源分析,并据此指导纳税评估工作。

基层税务机关负责本辖区内的税源分析监控和税源管理业务的具体组织与实施,侧重对影响本地区行业税负的关键指标及其增减变化的分析监控,并制定税源分析的具体标准和方法;组织指导税源管理部门和税收管理员开展以纳税评估为主要内容的税源管理工作。

(五)加强税源动态监控

税源管理部门要加强对辖区内纳税人的生产经营、财务核算、申报纳税、代扣代缴、综合经济指标、行业税负以及税务检查处理等各类动态情况的分析监控。及时对照上级税务机关发布同行业税负及其预警标准,比较各部门上报统计部门的指标,结合各级协税护税、部门配合等各类相关统计分析信息,运用信息化手段进行综合分析和税源的动态监控和精细管理。

税收管理员要定期到纳税人生产经营场所实地了解情况,掌握其产品、原料、库存、能耗、物耗等生产经营基本状况和销售、成本、价格、增加值利润等财务情况,及时取得动态监控数据,找出影响税负变化的主要因素。通过对纳税人当期涉税指标与历史指标的纵向比对、同行业纳税人涉税指标的横向比对、实物库存及流转情况与账面记录情况的账实比对,分析税负变化趋势,实现动态监控。

(六)全面开展纳税评估

各级税务机关要根据税收法律法规、税源宏观数据、税负变化信息和纳税人户籍资料,结合企业生产经营状况及行业指标的横向分析和历史指标的纵向分析,利用信息化数据集中和"一户式"信息管理的优势,对纳税人纳税申报的真实性和准确性做出定性和定量的判断,进行全面系统的纳税评估。

对纳税评估发现的一般性问题,如计算填写、政策理解等非主观性质差错,可由税务机关约谈纳税人。通过约谈进行必要的提示与辅导,引导纳税人自行纠正差错,在申报纳税期限内的,根据税法有关规定免予处罚;超过申报纳税期限的,加收滞纳金。有条件的地方可以设立税务约谈室。

对纳税评估发现需要进一步核实的问题,可下户做调查核实。调查核实的过程和结果要进行记录,并纳入"一户式"纳税信息资料管理系统。

经纳税评估、约谈辅导和调查核实所确定的问题,包括催报催缴、补正申报、补缴税款、调整账目、限期改正、加收滞纳金等,按照有关规定处理。涉及处罚的,按照征管法及其实施细则有关规定进行处罚;涉嫌"偷逃骗抗"等税收违法行为需要立案的,要及时移交税务稽查部门查处。

要制定纳税评估工作规范,建立纳税评估指标体系,落实纳税评估工作职责,并将纳税评估纳入行政执法责任制和过错追究制进行考核。

四、优化纳税服务

(一)规范面向纳税人的办税服务业务

凡属纳税人需要到税务机关办理的各项办税业务,统一归并到办税服务厅办理,由办税服务厅实行"一站式"服务。按照当地政府要求,需要统一到政府政务大厅(中心)办理的税务登记事项,可根据需要先行在政府办证场所办理。对纳税人提交的各项事务,属于同类性质的要尽可能在一个窗口办结;不能即时办结的,要由办税服务厅统一受理和转办,并向纳税人承诺办结时限,以方便纳税人,体现优化服务。

根据征期与非征期工作量的不同,统筹安排办税服务厅各类窗口的办税业务。要按照"一户式"管理要求,及时综合、加工、分析、整理和维护即时采集的各类管理服务信息。要经常听取纳税人对办税服务工作的意见和建议,改进工作、提高效率。

(二)合理设置办税服务窗口

要将"一窗式"管理理念应用于各类办税事务。按照征管业务流程和管理效率的要求,办税服务厅一般可设立申报纳税、发票管理、综合服务三类窗口,规模较小、纳税人较少的也可简并为一或两类窗口。办税窗口设置的类型和数量,各地税务机关可按照上述原则根据实际情况自行确定。

要建立办税服务厅各窗口之间业务联系和监督制约机制,充分应用信息技术和纳税人纳税资料"一户式"存储方式,形成窗口之间业务联系和监控关系,各个窗口采集的数据信息要实现通用共享。

(三)加强办税服务厅与各有关管理部门工作衔接

要建立办税服务厅(以下简称前台)与其他有关业务管理部门(以下简称后台)的业务联系制度,明确各类办理事项的时限和流程,确定前后台间各个环节的分工和责任,建立健全岗责考核体系。前台要将征收信息及时提供后台管理部门使用,后台管理部门负责及时维护纳税人基本信息并为前台提供支持。前后台之间数据要实现即时共享。要积极创造条件,探索通过征管信息系统对业务运转过程实施动态监控和自动考核。

(四)优化服务方式,提高服务水平

要在进一步巩固和完善纳税人自行上门申报、缴纳税款方式的基础上,积极推行邮寄申报、数据电文申报、现金缴款、支票缴款、银行代收、委托代扣等多元化申报缴款方式。推行多元化申报缴款方式要本着依法、自愿原则,以方便征纳双方、降低征纳成本为目的,确保税款申报解缴及时、足额入库。避免不切实际地追求形式,造成纳税人和基层税务机关额外负担。对实行定期定额缴纳税款的纳税人,可以实行简易申报、简并征期等申报纳税方式。

要不断拓展服务领域,创新服务手段。继续积极推行多种服务方式,坚持首问责任制和文明办税"八公开"制度,加强与纳税人联系与沟通。加强和规范"12366"建设,加强对咨询服务人员的考核与管理,提高服务质量。进一步加强税务网站建设,完善服务功能和内容。认真贯彻《纳税信用等级评定管理试行办法》,积极开展纳税信用等级评定管理工作,促进纳税人依法纳税和税务机关依法行政。尚未开展评定管理工作的地区,要加快工作步伐。

(五)加强税法宣传,引导纳税遵从

进一步拓宽税法宣传渠道,充分利用电视、广播、报纸、杂志、网络等外部媒体资源以及"12366"纳税服务热线、税务网站等内部资源,开展多种形式的税法宣传。深入开展税收宣传月活动,发挥集中宣传优势,增强税法宣传的主动性和实效性。完善税收公告制度,加强税收政策和管理方式变化的宣传告知,使纳税人及时了解政策变化,熟悉办税程序,掌握管理要求,提高纳税人税法遵从度。

要区分不同对象,选准宣传着力点。既要广泛宣传诚信纳税典型,促进依法诚信纳税社会风气的形成;又要适时曝光案值高、影响大的涉税违法案件,以教育纳税人,震慑违法分子。

(六)清理简化审批程序,简并税务文书和报表

依据《行政许可法》,进一步全面清理各自权限之内的各类审批制度、程序和手续。对重复设置、手续繁琐、不规范、不科学的管理环节、审批手续和审批权限,进行必要的精简;属于上级机关权限范围内的,统一报上级机关处理。对于能够事后审核的项目,尽量改事前审批为事后审核,同时加强事后的检查和监督,以减少不必要的管理环节,提高效率,方便纳税人。

清理、规范和简并各类"表、证、单、书、票、卡"等文书资料。倡导试行综合申报表、通用税票和一卡多用等方式。

统一简化各种税务登记、核定、认定事项,丰富税务登记证副本的内容,减少不必要的年检、验证和换证。统一规范各税种核定、各类减免税。简化各类办税事项的单独申请、登记、核定和认定事项。

五、整合信息资源

(三)落实纳税人信息"一户式"管理措施

要按照《国家税务总局关于推行纳税信息"一户式"管理工作的通知》(国税函〔2004〕529号)要求,把散存于税收征管各个环节的征管资料和各类静态、动态征管信息,按独立的纳税户(人)加以归集,依托信息技术实行"一户式"管理,使之能够反映纳税人履行纳税义务的全貌,将"一户式"管理的各项工作落实到位。对于不能在申报环节取得的信息资料,如各税种管理所需的纳税人生产经营情况、财务报表等信息资料,要做出统一规定由纳税人一次性报送,禁止各专业部门随意向纳税人索要有关信息资料。对于纳税人报送的各类信息资料,要明确工作责任,由专人负责一次性录入,各部门信息共享。不能通过信息系统自动采集的,也要通过手工补录方式,统一归集到"一户式"管理信息系统中,以确保"一户式"管理信息的共享与应用。"一户式"归集存储的各类管理信息,要有专人负责维护更新。有条件的地方,要实现由计算机自动归集纳税人各类信息数据,以便查询、分析、监控,提高管理的质量和效率。

六、加强协调配合

(四)发挥行政执法监督和行政执法监察的监督制约作用

进一步强化行政执法监督和行政执法监察对征管工作各环节

的监督制约。要加大税收执法检查力度,大力推行税收执法责任制,充分运用信息化手段,加强对权力运行的监控考核,规范税收征管行为。要全面建立问责制,加大执法过错和管理失职追究力度。要重点加强税收管理员执法和管理行为的监督、检查,发现问题,及时追究有关责任人责任。积极开展执法监察,强化对税收征管执法行为的过程程序监察;加大查办违法违纪案件力度,坚决查处各类违纪违法案件。

3.《国家税务总局关于印发〈税收管理员制度(试行)〉的通知》(2005 年 3 月 11 日颁布　2005 年 3 月 11 日实施　国税发〔2005〕40 号)

各省、自治区、直辖市和计划单列市国家税务局、地方税务局,扬州税务进修学院,局内各单位:

为推进依法治税,切实加强对税源的科学化、精细化管理,总局在深入调查研究、总结各地经验的基础上,制定了《税收管理员制度(试行)》,现印发给你们,请结合实际认真贯彻执行。对在试行过程中遇到的情况和问题,要及时报告总局。

税收管理员制度(试行)

第一章　总　　则

第一条　为加强税源管理,优化纳税服务,切实解决"淡化责任,疏于管理"问题,推进依法治税,进一步提高税收征管的质量和效率,根据《中华人民共和国税收征收管理法》及其实施细则和《国家税务总局关于进一步加强税收征管工作的若干意见》(国税发〔2004〕108 号)的有关规定,制定本制度。

第二条　税收管理员是基层税务机关及其税源管理部门中负责分片、分类管理税源,负有管户责任的工作人员。

前款所称基层税务机关是指直接面向纳税人、负责税收征收管理的税务机关;税源管理部门是指基层税务机关所属的税务分局和税务所或内设的税源管理科(股)。

第三条　税收管理员在基层税务机关及其税源管理部门的管

理下,贯彻落实税收法律、法规和各项税收政策,按照管户责任,依法对分管的纳税人、扣缴义务人(以下简称纳税人)申报缴纳税款的行为及其相关事项实施直接监管和服务。

第四条 税收管理员制度是税务机关根据税收征管工作的需要,明确岗位职责,落实管理责任,规范税务人员行为,促进税源管理,优化纳税服务的基础工作制度。

实行税收管理员制度,应遵循管户与管事相结合、管理与服务相结合、属地管理与分类管理相结合的原则。

第二章 工作职责

第五条 宣传贯彻税收法律、法规和各项税收政策,开展纳税服务,为纳税人提供税法咨询和办税辅导;督促纳税人按照国家有关规定及时足额申报纳税、建立健全财务会计制度、加强账簿凭证管理。

第六条 调查核实分管纳税人税务登记事项的真实性;掌握纳税人合并、分立、破产等信息;了解纳税人外出经营、注销、停业等情况;掌握纳税人户籍变化的其他情况;调查核实纳税人纳税申报(包括减免缓抵退税申请,下同)事项和其他核定、认定事项的真实性;了解掌握纳税人生产经营、财务核算的基本情况。

第七条 对分管纳税人进行税款催报催缴;掌握纳税人的欠税情况和欠税纳税人的资产处理等情况;对纳税人使用发票的情况进行日常管理和检查,对各类异常发票进行实地核查;督促纳税人按照税务机关的要求安装、使用税控装置。

第八条 对分管纳税人开展纳税评估,综合运用各类信息资料和评估指标及其预警值查找异常,筛选重点评估分析对象;对纳税人纳税申报的真实性、准确性做出初步判断;根据评估分析发现的问题,约谈纳税人,进行实地调查;对纳税人违反税收管理规定行为提出处理建议。

第九条 按照纳税资料"一户式"存储的管理要求,及时采集纳税人生产经营、财务核算等相关信息,建立所管纳税人档案,对纳税人信息资料及时进行整理、更新和存储,实行信息共享。

第十条 完成上级交办的其他工作任务。

第三章 工作要求

第十一条 税收管理员要严格按照所在税务机关规定的管户责任和工作要求开展工作;严格执行各项税收法律法规和政策,履行岗位职责,自觉接受监督。

第十二条 税收管理员要增强为纳税人服务的意识,认真落实各项纳税服务措施,提高服务水平;依法保护纳税人的商业秘密和个人隐私,尊重和保护纳税人的合法权益。

第十三条 税收管理员不直接从事税款征收、税务稽查、审批减免缓抵退税和违章处罚等工作;按照有关规定,在交通不便地区和集贸市场可以由税收管理员直接征收零散税收的,要实行双人上岗制度,并严格执行票款分离制度。

第十四条 税收管理员实行轮换制度,具体轮换的时限由主管税务机关根据实际情况确定。税收管理员开展下户调查、宣传送达等各类管理服务工作时,应按所在税源管理部门的工作计划进行,避免重复下户,注重减轻纳税人负担;对纳税人进行日常检查和税务约谈时,一般不少于两人;送达税务文书时,要填制《税务文书送达回证》。

第十五条 税收管理员在加强税源管理、实施纳税评估时,要将案头分析与下户实地调查工作相结合,案头分析与实地调查结果要提交工作报告并作为工作底稿归档。

第十六条 税收管理员发现所管纳税人有下列行为,应向所在税源管理部门提出管理建议:

增值税一般纳税人情况发生变化,已不具备一般纳税人资格的;

未按规定开具、取得、使用、保管发票等违章行为的;

未按期申报纳税、申请延期申报和延期缴纳税款或催缴期满仍不缴纳税款的;

欠税纳税人处理资产或其法定代表人需要出境的;

未按规定凭税务登记证件开立银行账户并向税务机关报告账

户资料的；

未按规定报送《财务会计制度备案表》和会计核算软件说明书的；

未按规定设置账簿、记账凭证及有关资料的；

未按规定安装使用税控器具及申报纳税的；

经纳税评估发现申报不实或税收定额不合理的；

发现企业改组、改制、破产及跨区经营的；

经调查不符合享受税收优惠政策条件的；

纳税人有违章行为拒不接受税务机关处理的；

发现纳税人与关联企业有不按照独立企业之间业务往来结算价款、费用等行为的；

其他税收违章行为。

第十七条 税收管理员发现所管纳税人有下列行为，应提出工作建议并由所在税源管理部门移交税务稽查部门处理：

涉嫌偷税、逃避追缴欠税、骗取出口退税、抗税以及其他需要立案查处的税收违法行为的；

涉嫌增值税专用发票和其他发票违法犯罪行为的；

需要进行全面系统的税务检查的。

第四章 管理监督

第十八条 基层税务机关及其税源管理部门要加强对税收管理员的管理与监督，定期听取税收管理员的工作汇报，研究分析税源管理工作中存在的问题，总结"管户"工作经验，组织信息交流，加强对税收管理员日常工作的指导与检查。

第十九条 基层税务机关要充实税收管理员力量，选拔熟悉税收业务、具备一定的企业生产经营和财务管理知识、责任心强、素质较高的税务人员担任税收管理员。

第二十条 基层税务机关及其税源管理部门要加强对税收管理员的思想政治教育和岗位技能培训，注重提高其税收政策、财务会计知识水平和评估分析能力，不断提高税收管理员的素质。

第二十一条 基层税务机关要加强对税收管理员工作业绩的

考核,通过能级管理等激励机制,鼓励其增长才干,积累经验,成为税源管理方面的专门人才。

第二十二条 税收管理员玩忽职守或徇私舞弊,构成违纪行为的,由税务机关依法给予行政处分;构成犯罪的,要依法追究其刑事责任。

4.《国家税务总局关于印发税收执法责任制"两个办法"和"两个范本"的通知》(2005年3月22日颁布 2005年3月22日实施 国税发〔2005〕42号)

各省、自治区、直辖市和计划单列市国家税务局、地方税务局:

按照依法治税、规范行政的要求,为了在全国税务系统推行税收执法责任制,总局在深入调查研究、广泛征求基层意见和总结各地经验的基础上,制定了《税收执法责任制评议考核办法(试行)》、《全国国税系统税收执法责任制岗位职责和工作规程范本(试行)》、《全国地税系统税收执法责任制岗位职责和工作规程范本(试行)》,修订了《税收执法过错责任追究办法》(以下简称"两个办法"、"两个范本"),形成了税收执法责任制的统一框架和制度体系。现印发给你们,请结合工作实际,认真贯彻执行。

鉴于"两个范本"是一项试行的制度,在执行中,各地可结合实际,对"两个范本"做适当的调整和补充。同时,"两个范本"所依据的总局以上位阶规范性文件截止日期是2004年12月31日,对于此后发布的法律、法规、规章和规范性文件,各地可在"两个范本"的执行中做适当补充。

此外,为进一步推进此项工作,总局决定于今年年中召开全国税务系统推行税收执法责任制暨税收执法管理信息系统扩大试点工作会议。各地要按照总局的统一部署,在试行"两个办法"和"两个范本"的同时,积极探索利用计算机信息系统进行自动考核的实践,为会议总结经验做好充分的准备。

附件:1.税收执法责任制考核评议办法(试行)
2.税收执法过错责任追究办法
3.全国国税系统税收执法责任制岗位职责和工作规程

范本(试行)(只发国税局,对下先发电子文)(略)
　　4.全国地税系统税收执法责任制岗位职责和工作规程范本(试行)(只发地税局,对下先发电子文)(略)

附件1：

税收执法责任制考核评议办法(试行)

第一章　总　　则

　　第一条　为了强化税收执法监督,规范税收执法行为,全面推进依法治税,根据国家有关法律法规及《国家税务总局关于全面加强税收执法监督工作的决定》、《国家税务总局关于全面推行税收执法责任制的意见》,制定本办法。

　　第二条　税收执法责任制考核评议以《全国国税系统税收执法责任制岗位职责和工作规程范本(试行)》和《全国地税系统税收执法责任制岗位职责和工作规程范本(试行)》(以下简称"两个范本")为主要标准。

　　第三条　税收执法责任制考核评议采取内部考核和外部评议相结合的办法。

　　内部考核是各级税务机关对所属各单位及税收执法人员的执法行为进行的考核。

　　外部评议是纳税人和社会各界对各级税务机关及税收执法人员的执法行为进行的监督和意见反馈。

　　第四条　税收执法责任制考核评议坚持实事求是、公开、公正、公平的原则。

　　第五条　各级税务机关应结合税务管理信息化建设,大力推进以计算机网络为依托的信息化自动考核。

第二章　组织领导

　　第六条　县及县以上税务机关应成立税收执法责任制考核评议领导小组,负责对本级和下级税务机关税收执法责任制考核评议的组织领导。

　　单位主要负责人任领导小组组长,其他领导及相关部门负责人为小组成员。

第七条 税收执法责任制考核评议领导小组下设办公室，负责税收执法责任制考核评议的日常工作。

第三章 考核范围及内容

第八条 税收执法责任制考核范围包括"两个范本"所列的税收执法行为及与税收执法直接相关的管理业务。

第九条 各级税务机关应当考核如下内容：税务登记、逾期申报、延期申报、税款征收、税款催缴、延期缴纳税款、欠税管理、发票管理、增值税一般纳税人认定管理、税收优惠政策认定、减免税和所得税税前列支审批、政策性退税审批、金税工程、稽查选案、稽查实施、稽查案件审理、税务执行、税务行政处罚听证、税务行政复议、税务行政诉讼。

《税收执法责任制考核评议指标》见考核评议办法附件。

除上述考核内容外，各省、自治区、直辖市和计划单列市国家税务局、地方税务局可根据实际情况增加考核内容。

第四章 考核评议方法

第十条 税收执法责任制考核采取日常考核与重点考核相结合的方法。

日常考核是指各级税务机关及内设机构负责人对下一级税收执法岗位通过日常管理进行的定期考核。

重点考核是指各级税务机关对下级税务机关不定期进行的考核。

第十一条 税收执法人员应对其实施的税收执法行为进行自查，对自查出的问题要及时纠正。

第十二条 日常考核应当按照《税收执法责任制考核评议指标》进行，各级税务机关及内设机构负责人应于每月10日前将上月考核结果填写税收执法责任制考核报告表，报送税收执法责任制考核评议领导小组办公室。

第十三条 重点考核应当对所属各单位的税收执法情况和日常考核结果不定期进行。

省级税务机关考核每年至少一次,地市及地市级以下税务机关考核每年至少两次。

第十四条 对考核发现的税收执法过错需经被考核人确认。

第十五条 外部评议可采用发放评议表、设置意见箱、公开监督电话及电子邮箱、聘请执法监督员等方式进行。

第五章 考核评议结果处理

第十六条 对日常考核发现的税收执法过错行为,单位负责人应督促责任人员及时纠正。

第十七条 对重点考核、外部评议等发现的税收执法过错行为,上级税务机关应责成有关单位限期整改。

第十八条 对日常考核应发现而未发现的税收执法过错行为,应当加重日常考核人的过错责任。

第十九条 对考核评议发现的税收执法过错,各级税务机关应当依照《税收执法过错责任追究办法》进行责任追究。

第二十条 各级税务机关应及时通报考核评议结果。

考核评议结果作为年度单位评比和公务员考核的重要依据。

第六章 附 则

第二十一条 各省、自治区、直辖市和计划单列市国家税务局、地方税务局可根据本办法制定具体的考核评议办法。

第二十二条 本办法自下发之日起实施。

附:税收执法责任制考核评议指标(略)

附件2:

税收执法过错责任追究办法

第一章 总 则

第一条 为规范税收执法行为,提高税收执法水平,促进税务执法人员依法行政,维护纳税人的合法权益,根据国家相关法律、行政法规、规章制定本办法。

第二条 全国税务执法人员的执法过错责任追究,适用本办法。

第三条 本办法所称税收执法过错责任是指税务执法人员在执行职务过程中,因故意或者过失,导致税收执法行为违法应当承担的责任。

本办法所称税收执法过错责任追究是指给予税收执法过错责任人的行政处理和经济惩戒。

第四条 过错责任人员应当给予行政处分或者应当追究刑事责任的,依照其他法律、行政法规及规章的规定执行。

第五条 执法过错责任追究应当坚持公平公正公开、有错必究、过罚相当、教育与惩处相结合的原则。

第六条 执法过错责任追究应当建立统一领导、分工负责、简捷高效的工作机制。

第二章 追究形式

第七条 执法过错责任的追究形式分为行政处理和经济惩戒。

行政处理包括批评教育、责令作出书面检查、通报批评、责令待岗、取消执法资格。

经济惩戒是指扣发奖金、岗位津贴。

第八条 批评教育适用于执法过错行为性质较轻,后果轻微的责任人。该处理形式应当书面记载并附卷。

第九条 责令作出书面检查适用于执法过错行为性质一般,后果较轻但是发生频率较高的责任人。

第十条 通报批评适用于执法过错行为性质一般,但可能导致较重后果或者一定社会负面影响的责任人。

第十一条 责令待岗适用于执法过错行为性质较重,可能导致严重后果或者较大社会负面影响的责任人。待岗期限为一至六个月,待岗人员需接受适当形式的培训后方可重新上岗。

第十二条 取消执法资格适用于执法过错行为性质、后果严重的责任人。取消期限为一年。被取消执法资格人员需接受适当形式的培训后方可重新取得执法资格。

第十三条 对责任人员的追究决定,由其所在的县级以上税务机关局长办公会议集体作出。批评教育和责令作出书面检查可以由本单位负责人作出。

责任人的过错行为造成的后果能够纠正的,应当责令限期纠正。能消除影响的,就及时消除影响。

第三章　追究范围和适用

第十四条　税务执法人员有下列行为之一的,应当对其进行批评教育:

(一)未对逾期办理开业税务登记行为按违法违章进行处理的;

(二)未按规定制作非正常户认定书的;

(三)未按规定审批延期申报的;

(四)未对欠税进行公告的;

(五)未对欠税进行准确核算的;

(六)未按规定办理政策性退税的;

(七)对达到立案标准的案件未按规定立案的;

(八)未按规定查办举报案件的;

(九)未按规定的时限审结案件的;

(十)未按《行政许可法》的有关规定进行公开、公告的;

(十一)其他行为性质、后果较轻的执法过错行为。

第十五条　税务执法人员有下列行为之一的,应当责令作出书面检查:

(一)延期申报未按规定核定预缴税款的;

(二)未按规定发售发票的;

(三)未按规定代开发票的;

(四)未按规定对重号发票进行重复认证的;

(五)未按规定办理注销税务登记的;

(六)未按规定受理和审批减免税申请的;

(七)未按规定受理和审批税前扣除申请的;

(八)未按规定受理和审批纳税人享受税收优惠政策资格的;

(九)未按规定回复案件协查情况的;

(十)未按规定调取、退还纳税人账簿、资料的;

(十一)案件审理确认的事实不清楚,证据不确凿,定性不准确的;

(十二)未按规定程序组织行政处罚听证的;

(十三)未按规定执行处理(罚)决定的。

第十六条 税务执法人员有下列行为之一的,应当通报批评:

(一)未按规定在防伪税控系统内设置或者修改金税卡时钟的;

(二)金税工程各系统纳税人信息的录入和变动未及时、准确的;

(三)未按规定审批延期缴纳税款的;

(四)未按规定停供发票的;

(五)未按规定缴销发票的;

(六)未按规定将销售额超过小规模标准的纳税人按增值税一般纳税人管理的;

(七)税务行政处罚未按规定履行告知程序的;

(八)未按规定实施税收保全、强制执行措施的;

(九)未按规定受理税务行政处罚听证的申请;

(十)未按规定处理(罚)涉税违法行为的;

(十一)未在规定时限内办理税务行政复议事项的;

(十二)其他性质一般,但可能导致较重后果或者一定社会负面影响的执法过错行为。

第十七条 税务执法人员有下列行为之一的,应当责令待岗:

(一)未按规定认定、取消增值税一般纳税人资格的;

(二)未按规定对金税工程各系统进行数据备份的;

(三)认证不符或者密文有误发票未及时扣留、传递的;

(四)防伪税控的企业发行不符合规定的;

(五)未按规定移送涉嫌涉税犯罪案件的;

(六)未按规定受理税务行政复议申请的;

(七)其他性质较重,可能导致严重后果或者较大社会负面影响的执法过错行为。

第十八条 税务执法人员有下列行为之一的,应当取消执法资格：

（一）混淆税款入库级次的；

（二）违规提前征收和延缓征收税款的；

（三）违规多征、少征税款的；

（四）税务行政复议的决定不合法的；

（五）其他性质、后果严重的执法过错行为。

第十九条 对按照本办法第十四条、第十五条、第十六条、第十七条、第十八条进行责任追究的税务执法人员,税务机关可以根据责任人执法过错的原因、性质和后果,同时并处经济惩戒。具体数额由各省、自治区、直辖市和计划单列市国家税务局、地方税务局规定。

第二十条 执法过错行为按照下列方法明确责任：

（一）因承办人的个人原因造成执法过错的,承担全部过错责任；承办人为两人或者两人以上的,根据过错责任大小分别承担主要责任、次要责任；

（二）承办人的过错行为经过批准的,由承办人和批准人共同承担责任,批准人承担主要责任,承办人承担次要责任。承办人的过错行为经过审核后报经批准的,由批准人、审核人和承办人共同承担责任,审核人承担主要责任,批准人、承办人承担次要责任；

（三）因承办人弄虚作假导致批准错误的,由承办人承担全部过错责任；

（四）经复议维持的过错行为,由承办人和复议人员共同承担责任,其中复议人员承担主要责任,承办人承担次要责任；经复议撤销或者变更导致的过错行为,由复议人员承担全部责任；

（五）执法过错行为由集体研究决定的,由主要领导承担主要责任,其他责任人承担次要责任。

第二十一条 有下列情形之一的,不予追究税务执法人员的责任：

(一)因执行上级机关的答复、决定、命令、文件,导致执法过错的;

(二)有其他不予追究的情节或者行为的。

第二十二条 有下列情况之一的,行为人不承担责任:

(一)因所适用的法律、行政法规、规章的规定不明确,导致执法过错的;

(二)在集体研究中申明保留不同意见的;

(三)因不可抗力导致执法过错的;

(四)其他不承担责任的情节或行为的。

第二十三条 执法过错责任人有下列情形之一的,可以从轻或者减轻责任:

(一)主动承认过错并及时纠正错误、有效阻止危害结果发生、挽回影响的;

(二)经领导批准同意后实施,导致执法过错的;

(三)有其他从轻或者减轻的情节或者行为的。

过错行为情节显著轻微,没有造成危害后果的,可以对责任人免予追究。

第二十四条 执法过错责任人有下列情形之一的,应当从重或者加重责任,不受本办法第十四条、第十五条、第十六条、第十七条、第十八条规定的所应承担责任的限制,直至取消执法资格:

(一)同时具有本办法规定的两种以上过错行为的;

(二)同一年度内发生多起相同根据本办法应当追究执法过错行为的;

(三)转移、销毁有关证据,弄虚作假或者以其他方法阻碍、干扰执法过错责任调查、追究的;

(四)被责令限期改正而无正当理由逾期不改正的;

(五)导致国家税款流失数额较大的;

(六)导致较大社会负面影响的;

(七)导致税务行政诉讼案件终审败诉的;

(八)导致税务机关承担国家赔偿责任的。

第二十五条　各省、自治区、直辖市和计划单列市国家税务局、地方税务局可以规定对其他执法过错行为进行责任追究。

第二十六条　执法过错责任在五年内未被发现的，不再进行追究。法律、行政法规、规章另有规定的除外。

第四章　追究程序和实施

第二十七条　对执法过错行为的调查和对过错责任的初步定性由法制部门组织实施，相关部门共同参与。

对责任人员的追究决定由人事、财务、法制等职能部门分别组织实施。

第二十八条　各级税务机关的有关部门，应当将工作中通过评议考核渠道发现的执法过错行为及时提供给法制部门进行追究。

第二十九条　各级税务机关的有关部门发现的执法过错线索，应当以书面形式列明责任人及责任人所属单位、执法过错行为的基本情况，并自发现之日起三个工作日内提交本机关法制部门。

法制部门还可以通过财政、审计、新闻媒体以及其他社会各界等各种渠道发现执法过错线索。

第三十条　法制部门应当根据掌握的执法过错线索，结合具体情况初步排查；对认为需要调查的，组织有关人员进行专案执法检查。

第三十一条　法制部门根据执法检查结果，发现存在执法过错，应当追究责任的提出拟处理意见报主管负责人或者局长办公会议审议。

第三十二条　法制部门根据主管负责人或者局长办公会议的决定，应当作出以下处理：

（一）对无过错或者不予追究或者免于追究的，制作相应决定；

（二）对应当承担执法过错责任的，制作追究决定，由人事、财务、法制等部门分别实施；责令待岗和取消执法资格的，自执法过错责任人收到追究决定之日起开始执行；

（三）执法过错行为能够予以纠正的，同时责令撤销、变更或者限期改正，或者提请有权机关予以撤销、变更或者重新作出；

（四）对依法应当给予行政处分或者涉嫌刑事责任的，移交相关部门处理。

处理决定应当以书面形式送达有关单位、部门和个人。

第三十三条 被调查人不服处理决定的，可以自收到处理决定之日起10日内以书面形式向作出决定的税务机关申辩，也可以自收到处理决定之日起10日内以书面形式直接向作出处理决定的税务机关的上一级税务机关申辩。

接受申辩的税务机关应当自接到申辩材料次日起30日内作出书面答复。

申辩期间处理决定不停止执行。

第三十四条 处理决定执行后，法制部门应当将全部资料立卷、归档。

第三十五条 对发现执法过错追究线索隐瞒不报的，隐瞒事实真相、出具伪证或者毁灭证据的，拒绝提供有关资料的，拒绝就调查人员所提问题作出解释和说明的，拒不执行处理决定的，按其情节和性质比照本办法处理。

第五章 附 则

第三十六条 各省、自治区、直辖市和计划单列市国家税务局、地方税务局可以依照本办法制定具体的实施细则，并报国家税务总局备案。

第三十七条 各省、自治区、直辖市和计划单列市国家税务局、地方税务局应当在每年二月底之前将上年度执法过错责任追究情况报国家税务总局。

第三十八条 本办法由国家税务总局负责解释。

第三十九条 本办法自下发之日起实施。2001年11月22日下发的《税收执法过错责任追究办法(试行)》同时废止。

5.《国家税务总局关于印发〈税收个案批复工作规程(试行)〉的通知》(2012年2月10日颁布 2012年3月1日实施 国税发〔2012〕14号)

各省、自治区、直辖市和计划单列市国家税务局、地方税务局，局内各单位：

现将国家税务总局制定的《税收个案批复工作规程(试行)》印发给你们,请认真执行。各单位在执行中遇到的问题及提出的建议,请及时报国家税务总局。

国家税务总局
二〇一二年二月十日

税收个案批复工作规程(试行)

第一条 为提高税务行政决策的科学化、民主化,落实政务公开要求,强化内部监控制约机制,规范税收个案批复工作,制定本规程。

第二条 本规程所称税收个案批复,是指税务机关针对特定税务行政相对人的特定事项如何适用税收法律、法规、规章或规范性文件所做的批复。

第三条 税务机关作出税收个案批复均适用本规程。

凡税收法律、法规规定的对税务行政相对人的许可、审批事项,不属于本规程适用范围。

第四条 税收个案拟明确的事项需要普遍适用的,应当按照《税收规范性文件制定管理办法》制定税收规范性文件。

第五条 税收个案批复必须以税务机关的名义作出。下级税务机关不得执行以上级税务机关内设机构名义作出的税收个案批复。

第六条 办理税收个案批复,应当符合法律规定,注重内部分工制约,坚持公开、公平、公正、统一的原则。

第七条 有下列情形之一的,不得作出税收个案批复:

(一)超越本机关法定权限的;

(二)与上位法相抵触的;

(三)对其他类似情形的税务行政相对人显失公平的。

第八条 税收个案批复事项一般应由税务行政相对人的主管税务机关提出,并逐级报送有权作出批复的税务机关。

上级机关交办、本机关领导批办、相关部门转办、纳税人直接提出申请,拟作出批复的,应当逐级发送至税务行政相对人的主管税务机关调查核实,提出处理意见后,逐级报送有权作出批复的税务机关。必要时,拟批复机关可以补充调查核实。

第九条 税收个案批复事项,应当由办公厅(室)统一负责登记、按照部门职责分发主办业务部门。

各业务部门直接收到的税收个案批复事项,应当首先转送办公厅(室)统一登记。未经办公厅(室)登记、分发的税收个案批复事项,不得办理。

第十条 主办业务部门收到办公厅(室)分发的税收个案批复事项后,应当登记并明确主办人员。按照本规程第八条第二款规定,需要转送主管税务机关调查核实的,主办业务部门应当按规定转送主管税务机关处理。

第十一条 主办业务部门认为不应作出税收个案批复的,应当书面说明理由,经本部门负责人批准后,报办公厅(室)备案。

第十二条 主办业务部门拟作出税收个案批复的,应将批复文本送交负有税收执法监督检查职能的部门及其他相关业务部门会签。会签时应一并提供起草说明及其他相关材料。起草说明应包括申请事项、调查核实情况、征求其他相关机关意见情况、批复的必要性及依据、对其他税务行政相对人的影响等内容。

第十三条 会签后,主办业务部门应将全部案卷材料送交政策法规部门进行合法性审查。

第十四条 对会签、审查中存在不同意见且经过协商难以达成一致的,主办业务部门应将各方意见及相关材料报主管局领导裁定。

第十五条 经会签、审查无异议,或主管局领导裁定同意批复的,主办业务部门应当自收到会签、审查或领导裁定意见之日起5个工作日内,按照公文处理程序送办公厅(室)核稿。

第十六条 未经负有税收执法监督检查职能的部门会签和政策法规部门合法性审查的税收个案批复,办公厅(室)不予核稿,局领导不予签发。

第十七条 除涉及国家秘密外，税收个案批复应当自作出之日起 30 日内，由批复机关的办公厅（室）在本级政府公报、税务机关公报、本辖区范围内公开发行的报纸或本级政府网站、本税务机关网站上公布。

不具备前款规定公布条件的税务机关，应当自税收个案批复作出之日起 5 个工作日内，在办税服务场所或公共场所通过公告栏等形式，公布其作出的税收个案批复。

第十八条 税收个案批复应当抄送监察部门。

第十九条 省以下税务机关应当于税收个案批复作出之日起 30 日内报送上一级税务机关负有税收执法监督检查职能的部门备案。

负有税收执法监督检查职能的部门应将税收个案批复分送主管业务部门、政策法规部门以及其他相关业务部门审核。

第二十条 主办业务部门应当按档案管理规定将税收个案批复材料整理归档。

第二十一条 本规程前述条款没有规定时限的，按照下列规定办理：

（一）上下级税务机关送出材料均不得超过 5 个工作日；

（二）各部门会签、审查均不得超过 10 个工作日；

（三）主管税务机关调查核实不得超过 30 日。

征求其他相关机关意见的时间不计算在本规程规定的时限内。

情况复杂或者社会影响巨大的案件，可适当延长时限。

第二十二条 违反本规程规定办理税收个案批复的，按照有关规定追究责任。

第二十三条 本规程自 2012 年 3 月 1 日起施行。

6.《国家税务总局关于规范税务行政裁量权工作的指导意见》（2012 年 7 月 3 日颁布　2012 年 7 月 3 日实施　国税发〔2012〕65 号）

各省、自治区、直辖市和计划单列市国家税务局、地方税务局：

为规范税收执法行为，切实保障纳税人合法权益，加快推进税务机关依法行政,构建和谐税收征纳关系,根据《全面推进依法行政实施纲要》、《国务院关于加强法治政府建设的意见》(国发〔2010〕33号)和有关规定,结合税收工作实际,提出如下指导意见:

一、充分认识规范税务行政裁量权的必要性

行政裁量权是行政机关依法行使行政处罚、行政许可、行政强制、行政征收、行政给付等职权时,根据法律、法规和规章的规定,依据立法目的和公平合理的原则,自主作出决定和选择行为方式、种类和幅度的权力。行政裁量权是现代行政权的重要组成部分,也是现代行政的必然要求。它的存在既是社会关系的复杂性所决定,又是法律规范的局限性所决定;既是提高行政效率的需要,也是实现个案公平的需要。但行政裁量权又是一把双刃剑,容易被行政机关滥用,侵害公民、法人和其他组织的合法权益。因此,赋予行政机关行政裁量权的同时,必须对其进行规范和控制。

税收执法的许多方面和环节涉及到行政裁量权,规范税务行政裁量权具有十分重要的现实意义。

(一)规范税务行政裁量权是服务科学发展、共建和谐税收的必然选择。服务科学发展、共建和谐税收要求税务机关始终坚持依法行政,使税法得到普遍遵从。提高税法遵从度,既要靠纳税人增强依法诚信纳税意识,自觉履行纳税义务,也要靠税务机关坚持依法行政,带动和引导纳税人自觉遵从税法。提高税法遵从度是税务机关和纳税人共同的责任和义务,税务机关尤其要带头遵从税法。规范税务行政裁量权,限制和规范税收执法权,有利于切实提高税务机关依法行政的质量和水平,有效促进税务机关带头遵从税法,并充分带动纳税人自觉遵从税法,不断实现税收征纳关系的和谐。

(二)规范税务行政裁量权是推进依法行政、保障纳税人合法权益的现实要求。推进依法行政有利于促进各级税务机关依法履行职责,规范和约束行政权力,保障纳税人依法享有的各项权利和自由。规范税务行政裁量权,防止和减少税务机关随意执法、选择性执法和机械性执法等问题,有利于进一步推进依法行政,真正做到严格执法、规范执法、公正执法、文明执法,切实保障纳税人的合法权益。

(三)规范税务行政裁量权是加强税务机关自身建设、防范税收执法风险的有效途径。规范执法行为、提高执法质量是税务机关加强自身建设、防范执法风险的重要目标。规范税务行政裁量权,合理调整执法权行使的弹性空间,有利于促进税务行政裁量定位更准确,操作更规范,有效降低税务机关和税务人员的执法风险,全面提升税务机关的执法形象。

(四)规范税务行政裁量权是促进税务机关廉政建设、遏制腐败的重要举措。深入推进税务系统反腐倡廉建设必须强化对税收执法权和行政管理权的监督,规范"两权"运行。作为税收执法权的重要组成部分,税务行政裁量权的规范行使是遏制腐败的重要保证。规范税务行政裁量权,从机制上加强对税收执法权运行的监控,有利于实现制度防腐和源头防腐,有效遏制税收执法领域职务腐败的发生。

二、规范税务行政裁量权的基本要求

(一)合法裁量。税务机关行使行政裁量权应当依照法律法规进行。税务机关行使行政裁量权应当依照法定权力、条件、范围、幅度和程序进行。

(二)合理裁量。税务机关行使行政裁量权应当符合立法目的和法律原则。要全面考虑相关事实因素和法律因素,排除不相关因素的干扰,维护纳税人合法权益,努力实现法律效果与社会效果的统一。可以采取多种方式实现行政目的的,应当选择对纳税人权益损害最小的方式,对纳税人造成的损害不得与所保护的法定利益显失均衡。

(三)公正裁量。税务机关行使行政裁量权应当平等对待纳税人,同样情形同等处理。对事实、性质、情节及社会危害程度等因素基本相同的税务事项,应当给予基本相同的处理。同一地区国、地税机关对相同税务管理事项的处理应当一致。非因法定事由并经法定程序,不得撤销、变更已经生效的税务决定。因国家利益、公共利益或者其他法定事由需要撤销或者变更税务决定的,应当依照法定权限和程序进行,对纳税人因此而受到的财产损失依法予以补偿。

(四)程序正当。税务机关行使行政裁量权应当严格遵循法定程序,注意听取纳税人的意见,依法保障纳税人的知情权、参与权和救济权。税务人员与纳税人存在利害关系时,应当依法回避。税务机关行使行政裁量权作出税务决定时,应当说明理由。

(五)公开透明。税务机关行使行政裁量权,除涉及国家秘密和依法受到保护的商业秘密、个人隐私外,应当依法公开执法依据、执法过程、处理结果等。

三、建立税务裁量基准制度

裁量基准是指行政机关根据执法实际为规范行政裁量权行使而制定的具体标准,是对行政裁量权按照一定标准进行细化、量化和具体化的重要参考指标。

(一)裁量基准是对以往执法经验的归纳、总结和提炼。制定裁量基准包括解释法律规范中的不确定法律概念、列举考量因素以及分档、细化量罚幅度等。

(二)各省(自治区、直辖市)国、地税机关原则上应当根据本地区税收执法实际,联合制定本地区统一适用的规范各项税务行政裁量权的裁量基准。条件不具备的地方,也可以通过沟通协商制定相对统一的裁量基准。各省(自治区、直辖市)税务机关制定的裁量基准应当报国家税务总局备案。

(三)税务机关执法应当遵循裁量基准。案件情况特殊,不宜适用裁量基准的,应当在法律文书中说明理由。

(四)税务机关适用裁量基准,应当注意听取执法人员、纳税人及专家的意见,及时评估,并根据评估结果对裁量基准进行修改与完善。

四、健全税务行政裁量权行使程序制度

(一)完善告知制度。税务机关行使行政裁量权应当严格履行法定的告知义务,将作出裁量决定的事实、理由、依据告知纳税人。各级税务机关要进一步明确告知的内容、程序及救济措施。

(二)完善回避制度。税务机关行使行政裁量权涉及法定回避事项的,应当依法告知纳税人享有申请回避的权利。税务人员存在法定回避情形的,应当回避。各级税务机关要进一步明确回避的适用范围、救济措施及法律责任,完善回避的申请、受理、审查、决定等程序制度。

(三)完善陈述申辩和听证制度。税务机关行使行政裁量权应当充分听取纳税人的意见。纳税人提出的事实、证据和理由成立的,税务机关应当予以采纳。各级税务机关要进一步完善陈述申辩的告知、审查、采纳等程序性规定,明确适用听证事项,规范听证程序。

(四)完善说明理由制度。税务机关行使行政裁量权应当在行政决定中对事实认定、法律适用和裁量基准的引用等说明理由。各级税务机关要逐步推行使用说理式执法文书。

(五)完善重大执法事项合议制度。税务机关行使行政裁量权涉及重大或者复杂裁量事项的,应当进行合议,共同研究决定。各级税务机关要进一步完善合议程序,明确工作职责、决策方式等内容。

(六)完善重大执法事项备案制度。税务机关行使行政裁量权涉及重大或者复杂裁量事项的,应当将该事项的处理结果报上一级税务机关审查备案。各级税务机关要进一步明确审查备案的内容、方式及程序。

五、加强领导、狠抓落实,为做好规范税务行政裁量权工作提供有力保障

(一)加强领导、精心组织。规范税务行政裁量权工作是税务机关推进依法行政的一项重要内容,各级税务机关应当高度重视,把这项工作摆在突出位置,作为全局性的重点工作抓紧抓好。规范税务行政裁量权工作应当由各级税务机关依法行政领导小组统筹部署,主要领导亲自负责。领导小组应当研究制定工作方案,定

期听取工作汇报,及时解决工作中的重点、难点问题。

(二)明确职责、密切配合。规范税务行政裁量权工作涉及面广、专业性强、工作环节多,税务机关上下级之间、内部各相关业务部门之间应当密切配合,加强协调,齐抓共管,共同推动规范税务行政裁量权工作的顺利开展。国家税务总局政策法规司负责综合协调工作;其他业务司局负责对其职责范围内的各项税务行政裁量权进行梳理,提出制定各项税务行政裁量权裁量基准的注意事项。

(三)整体设计、重点推进。税务行政裁量权涉及税收执法的方方面面,包括税款征收、行政处罚、行政许可、行政强制等。为保证规范税务行政裁量权工作有效、有序地开展,各级税务机关应当本着整体设计、重点推进的原则,逐步、逐项地规范各项税务行政裁量权。当前,税务行政处罚裁量权存在问题较多,引发争议较大,社会关注度也较高,各级税务机关应当将规范税务行政处罚裁量权作为规范税务行政裁量权工作的突破口,于2012年底前完成税务行政处罚裁量基准的制定工作。同时要逐步加强对税款征收、行政许可、行政强制等其他重要税务行政裁量权的规范。

(四)注重指导、强化监督。各级税务机关应当加强对该项工作的业务指导,对工作中遇到的困难和问题,及时研究解决;对工作中好的经验和做法,及时总结推广。地方各级税务机关也应当积极主动与上级税务机关沟通联系,及时报告、反馈工作情况及工作中存在的主要问题。地市以上税务机关每年应当选择典型案例向社会公开发布,为指导下级税务机关规范行使行政裁量权提供参照。各级税务机关应当加强对规范税务行政裁量权工作的监督检查,对工作突出的单位,予以表彰。

(五)提升能力、确保实效。执法人员依法行政的能力和水平是保障行政裁量权规范行使的关键,各级税务机关应当把加强执法人员能力建设作为规范税务行政裁量权工作的重要内容。加强对税务执法人员规范行政裁量权相关法律知识和制度的培训,增强执法人员的大局意识、责任意识和服务意识,提高执法人员的业务素质和执法水平。

7.《国家税务总局关于税务行政审批制度改革若干问题的意见》(2014 年 9 月 15 日颁布　2014 年 9 月 15 日实施　税总发〔2014〕107 号)

各省、自治区、直辖市和计划单列市国家税务局、地方税务局,局内各单位:

为落实国务院转变职能、简政放权的要求,进一步推动行政审批制度改革,持续释放改革红利,激发企业和市场活力,增强发展动力,不断提高税收管理法治化和科学化水平,现就税务行政审批制度改革若干问题提出如下意见。

一、持续推进税务行政审批制度改革

(一)税务行政审批制度改革取得明显成效。2013 年 3 月,国务院启动新一轮行政审批制度改革以来,税务总局严格贯彻落实国务院关于行政审批制度改革的一系列精神和要求,从政治、大局和实现税收现代化的高度,转变观念、创新举措、放管结合,大力推进行政审批制度改革,核实行政审批项目底数,公开税务行政审批事项目录,取消和下放税务行政审批事项,加强督促检查,强化后续管理,全面清理非行政许可审批事项,行政审批制度改革取得了明显成效,得到了国务院和国务院审改办的充分肯定。

(二)推进税务行政审批制度改革仍存在问题和不足。一是税务行政审批目录化管理的要求尚未得到全面落实。二是部分税收征管信息系统流程设置和表证单书调整、修改滞后。三是后续管理跟进不够及时。

(三)充分认识税务行政审批制度改革的重要意义。各级税务机关务必在思想认识和行动上与党中央、国务院保持高度一致,深刻认识行政审批制度改革是切实转变政府职能、深化行政管理体制改革的必然要求,是正确处理政府与市场关系、促进市场在资源配置中起决定性作用和更好发挥政府作用的必然要求,是预防和治理腐败、建设廉洁政府的必然要求。各级税务机关应以落实行政审批制度改革各项要求为突破口,不断深化以风险管理为向导的征管改革、优化纳税服务、强化信息管税、推进依法行政,努力推动实现税收治理体系和治理能力现代化。

二、严格实行税务行政审批目录化管理

(四)实行行政审批目录化管理。实行行政审批目录化管理,是推进行政审批制度改革,把权力关进制度笼子的重要举措。2014年2月,税务总局发布《国家税务总局关于公开行政审批事项等相关工作的公告》(国家税务总局公告2014年第10号,以下简称10号公告),公开了各级税务机关实施的行政审批事项目录(不包括仅由地方税务局实施的行政审批事项,下同),并规定不得在公开清单外实施其他行政审批。因此,凡是不在10号公告公布的行政审批事项目录范围内的税务事项,包括依据《税收减免管理办法(试行)》(国税发〔2005〕129号印发)等税收规范性文件设立的备案事项,不得再采取具有核准性质的事前备案和其他形式的行政审批管理方式。各级税务机关不得以未列入行政审批事项目录范围内的税务事项的设立依据尚未修改或者废止为由,对该税务事项继续采取行政审批管理方式;不得对已经取消的税务行政审批事项变相保留或者恢复。

(五)公开税务行政审批事项目录。省以下税务机关应当按照10号公告公布本级税务机关实施的行政审批事项目录。各级税务机关应当建立行政审批事项目录动态调整机制,根据行政审批制度改革情况依法更新行政审批事项目录,但不得擅自取消或者下放行政审批事项目录中的审批事项。

(六)积极稳妥推进地方税务机关行政审批制度改革。地方税务机关开展行政审批制度改革,应当妥善处理税务总局与地方政府的关系。税务总局的统一规定必须执行,属于地方政府权限范围内的事项,应当按照地方政府的要求抓好落实。地方税务机关要认真执行10号公告,同时按照地方政府的要求开展行政审批事项摸底核实、清理和行政审批事项目录公开工作。对法律、行政法规、税务部门规章和税务总局税收规范性文件,以及税务总局与国务院其他部门联合制定的规范性文件设立的、仅由地方税务机关实施的行政审批事项，其是否取消和下放，应当由设定该行政审批事项的机关决定。

三、认真落实税务行政审批制度改革相关配套措施

（七）实施税务行政审批合法性审查。各级税务机关不得以任何形式设定税务行政审批事项。对可能涉及设立行政审批的税务部门规章和税收规范性文件必须严格把关，依法进行合法性审查，防止制度性侵权，提高税收制度建设质量。按照"将合法性审查延伸到税收执法的重要环节。税收重大决策、税务行政审批、税务行政处罚三项工作应当进行合法性审查"的要求，积极实施税务行政审批合法性审查，确保行政审批的合法性。认真落实行政执法和政府信息公开规定，强化行政审批权力的监督制约，完善内控机制建设，提高行政审批的公正性和透明度。

（八）抓紧清理税务行政审批项目涉及的文件依据、征管流程和表证单书。各级税务机关应当依据职权全面清理税务行政审批事项涉及的税务部门规章和税收规范性文件。对设定了不在10号公告范围内的行政审批事项的税务部门规章和税收规范性文件，应当立即进行修改或者废止；对已经取消和下放行政审批事项涉及的税务部门规章和税收规范性文件，应当及时清理、修改或者废止。税务总局将按照取消和下放税务行政审批项目后的管理要求，对税收征管信息系统流程进行调整。各级税务机关对已经取消和下放税务行政审批项目涉及的表证单书，应当抓紧进行清理和修改。

（九）研究提出拟取消税务行政审批项目相关配套措施。对拟取消的税务行政审批项目，税务总局相关业务部门应当提前着手研究审批依据修改、流程设置调整、表证单书清理和加强后续管理等工作，做好工作衔接，确保取消行政审批事项的决定得到全面落实。

四、坚持放管结合强化事中事后管理

（十）推进放管结合。各级税务机关应当全面落实税务行政审批制度改革精神和要求，既要简政放权，全面清理非行政许可审批

事项,取消和下放行政审批项目,发挥市场在资源配置中的决定性作用;又要转变职能,加强事中事后监管,把该管的管住、管好、管到位,更好发挥税务机关的职能作用。应当注重统筹协调,把取消和下放行政审批事项的后续管理工作融入日常税收征管工作之中,做到有机结合、无缝衔接,提高税收管理的信息化、精细化和科学化水平。

(十一)实施备案管理。各级税务机关应当严格区分行政审批和备案管理方式,不得以事前核准性备案方式变相实施审批。实施备案管理的事项,纳税人等行政相对人应当按照规定向税务机关报送备案材料,税务机关应当将其作为加强后续管理的资料,但不得以纳税人等行政相对人没有按照规定备案为由,剥夺或者限制其依法享有的权利、获得的利益、取得的资格或者可以从事的活动。纳税人等行政相对人未按照规定履行备案手续的,税务机关应当依法进行处理。

(十二)优化申报管理。各级税务机关应当调整、补充、细化、优化与取消和下放税务行政审批事项相关的纳税申报表及其他纳税申报资料,通过申报环节管控纳税人自主适用税法和税收政策的行为,同时通过申报环节获取纳税人的相关信息资料,为开展其他后续管理活动提供基础信息和数据。

(十三)加强风险管理。各级税务机关应当根据纳税申报信息、第三方信息,运用风险评估模型分析判断取消和下放审批事项的风险等级,与其他相关税收管理工作相统筹,分别采取案头评估、日常检查、重点稽查等方式分类实施后续管理,提高后续管理的针对性和有效性。

(十四)强化信用管理。各级税务机关应当加强纳税信用管理,跟踪了解取消和下放审批事项后纳税人履行相关税收义务的信用状况,及时分析存在的问题及其原因,采取切实有效措施,不断提高税收征管水平和纳税人的满意度、遵从度。

五、加强组织领导狠抓工作落实

(十五)加强组织领导。各级税务机关应当切实加强对行政审批制度改革工作的组织领导,充分发挥依法行政工作领导小组的统筹协调作用,加强上下级税务机关和税务机关内部各部门之间的协调配合,政策法规部门负责牵头组织协调行政审批制度改革工作,征管科技部门负责牵头调整和清理涉及取消、下放行政审批事项的流程设置和表证单书,各业务部门按照职责负责清理审批事项、相关依据、制定和落实后续管理措施,纳税服务部门负责涉及行政审批制度改革的优化服务工作,督察内审部门和监察部门负责牵头对取消、下放行政审批事项和后续管理措施落实情况进行执法督察和执法监察,共同推进行政审批制度改革。

(十六)狠抓工作落实。各省、自治区、直辖市、计划单列市国家税务局、地方税务局和局内各单位,应当结合各自工作职责和实际,按照党的群众路线教育实践活动和税务总局"便民办税春风行动"的有关要求,认真贯彻执行本意见,结合绩效管理狠抓工作落实,深化税务行政审批制度改革,不断提高税收管理和纳税服务水平,为2020年基本实现税收现代化作出贡献。

8.《国家税务总局关于印发〈系统督查管理办法〉的通知》(2016年4月5日颁布　2016年4月5日实施　税总发〔2016〕47号)

各省、自治区、直辖市和计划单列市国家税务局、地方税务局,局内各单位:

为进一步做好系统督查工作,更好地推动重点工作落实,国家税务总局对2015年2月制定的《系统督查管理办法(试行)》进行了修订。现将修订后的《系统督查管理办法》印发给你们,自发布之日起施行。《国家税务总局关于印发〈系统督查管理办法(试行)〉的通知》(税总发〔2015〕19号)同时废止。

国家税务总局
2016年4月5日

系统督查管理办法

第一章　总　则

第一条　为了规范系统督查工作,科学推进工作落实,根据中共中央办公厅、国务院办公厅有关加强督查工作的规定,结合税收工作实际,制定本办法。

第二条　本办法适用于国家税务总局组织的系统督查。

第三条　系统督查是指为保证党中央和国务院重大决策部署、税务总局重要工作安排的落实及热点难点问题的解决,采取适当方式,对下级税务机关进行督促检查。

第四条　系统督查应当坚持围绕中心、服务大局,组织安排、领导授权,实事求是、客观公正的原则。

第五条　系统督查由办公厅负责组织协调。办公厅应当在税务总局监督检查工作联席会议的统筹下,加强与督察内审、巡视、干部监督部门以及相关司局的协调,形成工作合力,避免重复交叉,减轻基层负担。

第二章　方式和流程

第六条　系统督查流程一般包括:督查立项、实施准备、实地督查、反馈意见、总结汇报、督促整改等环节。

第七条　督查立项。每年年初,各司局根据年度税收工作重点任务,向办公厅报送督查工作建议,说明需要督查的事项、对象、时间等。办公厅进行汇总,经税务总局监督检查工作联席会议统筹协调,报局领导审定后形成年度督查计划。

开展督查前,根据年度督查计划和工作推进情况,办公厅拟定督查事项、对象、时间等,报局领导批准立项。

第八条　实施准备。办公厅应当组织做好以下准备工作:

(一)拟定方案。会同相关司局制定督查方案,一般包括督查事项、依据、标准、方式、对象和时间安排等。

(二)组建督查组。会商相关司局和省税务机关,抽调人员组成若干督查组,并确定督查组组长、联络员。要充分发挥督查专员库、税务领军人才、专业人才库人员作用。

(三)开展培训。编印督查工作手册,分发全体督查人员;组织开展业务培训,讲解业务政策、督查重点、方式方法、注意事项等。

(四)下发督查通知。一般提前3个工作日向被督查单位下发督查通知(模板见附件1),告知督查事项、工作安排、督查组成员及有关要求。

(五)发布督查公告。按照督查工作要求,被督查单位应在办公楼、内外网站、办税服务厅等显著位置发布税务总局督查组公告(模板见附件2),一般包括:督查事项、对象、时间和联系方式等。

第九条 实地督查。督查中一般由2位以上督查组成员参加。督查人员要认真做好记录,填写督查工作底稿(模板见附件3),主要采取以下方式进行:

(一)听取被督查单位关于督查事项的工作汇报。

(二)召开税务干部和纳税人座谈会,围绕督查事项听取意见建议。

(三)查阅相关文件、会议纪要、税收执法卷宗和文书等资料。

(四)查询税收信息系统有关数据、文档。

(五)选择部分市、县税务机关,深入了解基层工作落实情况。

(六)走访纳税人,征求意见建议。

(七)对纳税人通过电话、邮件等途径反映的相关问题进行调查、核实。

(八)督查工作中发现被督查单位存在问题的,必要时可以约谈相关人员,进一步了解情况。

第十条 反馈意见。督查组与被督查单位交换意见,对总体情况作出评价,指出存在问题,提出对策建议,推动有关问题的解决。

第十一条 总结汇报。各督查组组长负责组织起草,形成内容详实、观点鲜明、建议明确的督查分报告(模板见附件4),办公厅根据各督查组报告汇总形成总报告。

第十二条 督促整改。针对督查发现的问题,办公厅向被督查单位分别制发整改通知(模板见附件1),明确需要整改的问题、时限及有关要求。对于普遍性问题,通知全国税务机关进行自查整改。

被督查单位按照整改通知要求,制定整改方案,并以正式公文

(××税函)报税务总局办公厅;认真整改到位,并将整改报告以正式公文(××税发)报税务总局。建立整改台账(模板见附件5),坚持对账销号。

办公厅审核汇总被督查单位的整改方案、整改报告,跟踪整改情况,督促整改到位,将整改结果及时汇总报局领导。

第十三条 对部分事项,可以采取文件、电话等方式开展案头督查。

(一)立项通知。经局领导或者办公厅领导批准,下发督查通知,布置督查任务。

(二)跟踪催办。对需要落实和整改的事项,进行跟踪催办,督促被督查单位落实整改到位。

(三)情况反馈。被督查单位按要求认真整改到位,并将整改报告以正式公文(××税发)报税务总局。

(四)总结报告。对整改落实情况进行审核分析,报局领导。

第十四条 根据工作需要,采取暗访的形式开展督查。对税务机关的暗访,可以通过拍照、录音、录像等留存记录,填写督查工作底稿;必要时暗访人员可以公开身份,进一步核实有关问题。

第十五条 开展系统督查过程中,可以邀请第三方机构,对有关政策措施落实情况开展评估,或通过互联网络对落实效果进行评价。

第十六条 税务总局适时组织省税务机关开展交叉督查。承担督查任务的省税务机关按照税务总局督查方案,组建督查组对被督查单位实施督查,提交督查报告。

督查组联络员由税务总局指定。

第十七条 为确保督查发现的问题整改落实到位,对部分单位组织开展"二次督查"。督查主要内容:

(一)整改通知中指出问题的整改落实情况。

(二)整改落实长效机制建设情况。

(三)尚未整改落实的问题及原因。

(四)需要了解的其他情况。

第三章 组 织 管 理

第十八条 督查组向税务总局负责,发现重大问题和重大线索要及时报告。督查组实行组长负责制。联络员应当做好与被督查单位、办公厅的沟通联系。

第十九条 建立督查专员库。税务总局从省税务机关甄选人员,建立综合素质高、专业能力强、结构合理、数量适度的督查专员库,并根据工作需要不定期进行人员调整。

第二十条 开展系统督查过程中,可以邀请税务新闻媒体或其他社会新闻媒体,报道督查工作开展情况,对落实情况好的单位进行宣传,对落实不力的典型情况予以曝光。

第二十一条 基层税务机关和纳税人对税务总局提出的意见建议,由办公厅转交相关司局及时研究提出处理意见,报局领导审定后予以答复。

第二十二条 督查工作结束后,督查组应及时将被督查单位的汇报材料、电话记录、电子邮件、座谈会记录、工作底稿等资料整理后报办公厅。办公厅按档案管理规定进行整理归档,不需要归档的资料保存2年。

第二十三条 办公厅编发《系统督查专报》(模板见附件6),反映税务总局督查工作开展情况和各地督查工作经验、整改落实情况。

第二十四条 办公厅采取培训交流、跟班学习、交叉督查、督查调研、绩效考评等方式,推动各地税务机关加强督查工作。

第四章 结 果 运 用

第二十五条 对督查中发现的先进典型单位和人员、好的经验做法进行通报表扬。

第二十六条 对绩效考评排名前三位或督查发现问题少的单位,报局领导批准后在次年实行"免督查"。

第二十七条 办公厅将督查结果提交人事司,人事司将督查结果作为评先评优、干部考核和提拔任用的参考。

第二十八条 对督查发现的问题,在绩效考评中对被督查单位相应给予减分;办公厅将督查报告转交给相关司局,作为司局考评省税务机关的重要依据。

第二十九条 对督查发现的问题,由办公厅转交相关司局研究提出处理意见。涉及问责的,按照干部管理权限和程序,由相应问责主体进行问责处理。

对需要税务总局进行问责的,由驻税务总局纪检组会同相关司局进一步核实情况,提出具体问责意见,报局领导审批后实施问责;对需要省以下税务机关问责的,由省税务机关组织提出问责意见,办公厅汇总提请驻税务总局纪检组审核同意后,按程序实施问责。

第五章 工作纪律

第三十条 督查人员应当认真履行职责,客观反映督查情况,如实记录问题,公正评价被督查单位,不得放宽督查标准或者隐瞒督查发现的问题。

第三十一条 督查人员应当严格遵守中央八项规定精神,认真落实公务接待管理办法,不得违反各项廉政规定。

第三十二条 督查人员应当严格遵守保密工作纪律,不得向被督查单位泄露与督查工作有关的保密信息;对被督查单位提供的有关信息负保密责任;对反映问题的人员或单位信息保密。

第三十三条 对认真履行职责、忠于职守、坚持原则、取得显著成绩的督查组和督查人员,应给予表彰奖励。

第三十四条 督查人员对被督查单位人员或纳税人反映强烈的问题,应核实未核实、应报告未报告的,追究相关责任人的纪律责任。

对滥用职权、徇私舞弊、玩忽职守、泄漏秘密的督查人员,依照规定程序处理。

第三十五条 对拒绝督查、不配合督查、拒不提供资料或者提供虚假资料、整改落实不力或者瞒报、虚报整改情况以及报复刁难反映问题人员的,按照有关规定处理。

9.《国家税务总局关于发布〈税务行政处罚裁量权行使规则〉的公告》①(2016 年 11 月 30 日颁布　2017 年 1 月 1 日实施　国家税务总局公告 2016 年第 78 号)

　　为全面贯彻《中华人民共和国行政处罚法》《中华人民共和国税收征收管理法》及其实施细则等有关法律法规及《法治政府建设实施纲要(2015—2020 年)》精神,按照《国家税务总局关于规范税务行政裁量权工作的指导意见》(国税发〔2012〕65 号)要求,国家税务总局制定了《税务行政处罚裁量权行使规则》,现予以发布,自 2017 年 1 月 1 日起施行。

　　特此公告。

国家税务总局
2016 年 11 月 30 日

税务行政处罚裁量权行使规则

第一章　总　　则

　　第一条　为了规范税务行政处罚裁量权行使,保护纳税人、扣缴义务人及其他涉税当事人(以下简称"当事人")合法权益,根据《中华人民共和国行政处罚法》《中华人民共和国税收征收管理法》及其实施细则等法律、法规有关规定,以及《法治政府建设实施纲要(2015—2020 年)》《国家税务总局关于规范税务行政裁量权工作的指导意见》要求,制定本规则。

　　第二条　税务机关行使行政处罚裁量权,适用本规则。

　　第三条　本规则所称税务行政处罚裁量权,是指税务机关根据法律、法规和规章的规定,综合考虑税收违法行为的事实、性质、情节及社会危害程度,选择处罚种类和幅度并作出处罚决定的

---

①　根据《国家税务总局关于修改部分税收规范性文件的公告》(国家税务总局公告 2018 年第 31 号),将第九条"省国税局、地税局应当联合制定本地区统一适用的税务行政处罚裁量基准"的内容修改为"省税务机关应当制定本地区统一适用的税务行政处罚裁量基准"。

权力。

第四条 税务行政处罚的种类包括：

(一)罚款；

(二)没收违法所得、没收非法财物；

(三)停止出口退税权；

(四)法律、法规和规章规定的其他行政处罚。

第五条 行使税务行政处罚裁量权,应当遵循以下原则：

(一)合法原则。在法律、法规、规章规定的种类和幅度内,依照法定权限,遵守法定程序,保障当事人合法权益。

(二)合理原则。符合立法目的,考虑相关事实因素和法律因素,作出的行政处罚决定与违法行为的事实、性质、情节、社会危害程度相当,与本地的经济社会发展水平相适应。

(三)公平公正原则。对事实、性质、情节及社会危害程度等因素基本相同的税收违法行为,所适用的行政处罚种类和幅度应当基本相同。

(四)公开原则。按规定公开行政处罚依据和行政处罚信息。

(五)程序正当原则。依法保障当事人的知情权、参与权和救济权等各项法定权利。

(六)信赖保护原则。非因法定事由并经法定程序,不得随意改变已经生效的行政行为。

(七)处罚与教育相结合原则。预防和纠正涉税违法行为,引导当事人自觉守法。

第二章　行政处罚裁量基准制定

第六条 税务行政处罚裁量基准,是税务机关为规范行使行政处罚裁量权而制定的细化量化标准。

税务行政处罚裁量基准,应当包括违法行为、处罚依据、裁量阶次、适用条件和具体标准等内容。

第七条 税务行政处罚裁量基准应当在法定范围内制定,并符合以下要求：

(一)法律、法规、规章规定可予以行政处罚的,应当明确是否予以行政处罚的适用条件和具体标准；

（二）法律、法规、规章规定可以选择行政处罚种类的，应当明确不同种类行政处罚的适用条件和具体标准；

（三）法律、法规、规章规定行政处罚幅度的，应当根据违法事实、性质、情节、社会危害程度等因素确定适用条件和具体标准；

（四）法律、法规、规章规定可以单处也可以并处行政处罚的，应当明确单处或者并处行政处罚的适用条件和具体标准。

第八条 制定税务行政处罚裁量基准，参照下列程序进行：

（一）确认行政处罚裁量依据；

（二）整理、分析行政处罚典型案例，为细化量化税务行政处罚裁量权提供参考；

（三）细化量化税务行政处罚裁量权，拟定税务行政处罚裁量基准。

税务行政处罚裁量基准应当以规范性文件形式发布，并结合税收行政执法实际及时修订。

第九条 省税务机关应当制定本地区统一适用的税务行政处罚裁量基准。

第十条 税务机关在实施行政处罚时，应当以法律、法规、规章为依据，并在裁量基准范围内作出相应的行政处罚决定，不得单独引用税务行政处罚裁量基准作为依据。

第三章 行政处罚裁量规则适用

第十一条 法律、法规、规章规定可以给予行政处罚，当事人首次违反且情节轻微，并在税务机关发现前主动改正的或者在税务机关责令限期改正的期限内改正的，不予行政处罚。

第十二条 税务机关应当责令当事人改正或者限期改正违法行为的，除法律、法规、规章另有规定外，责令限期改正的期限一般不超过三十日。

第十三条 对当事人的同一个税收违法行为不得给予两次以上罚款的行政处罚。

当事人同一个税收违法行为违反不同行政处罚规定且均应处

以罚款的,应当选择适用处罚较重的条款。

第十四条 当事人有下列情形之一的,不予行政处罚:

(一)违法行为轻微并及时纠正,没有造成危害后果的;

(二)不满十四周岁的人有违法行为的;

(三)精神病人在不能辨认或者不能控制自己行为时有违法行为的;

(四)其他法律规定不予行政处罚的。

第十五条 当事人有下列情形之一的,应当依法从轻或者减轻行政处罚:

(一)主动消除或者减轻违法行为危害后果的;

(二)受他人胁迫有违法行为的;

(三)配合税务机关查处违法行为有立功表现的;

(四)其他依法应当从轻或者减轻行政处罚的。

第十六条 违反税收法律、行政法规应当给予行政处罚的行为在五年内未被发现的,不再给予行政处罚。

第十七条 行使税务行政处罚裁量权应当依法履行告知义务。在作出行政处罚决定前,应当告知当事人作出行政处罚决定的事实、理由、依据及拟处理结果,并告知当事人依法享有的权利。

第十八条 税务机关行使税务行政处罚裁量权涉及法定回避情形的,应当依法告知当事人享有申请回避的权利。税务人员存在法定回避情形的,应当自行回避或者由税务机关决定回避。

第十九条 当事人有权进行陈述和申辩。税务机关应当充分听取当事人的意见,对其提出的事实、理由或者证据进行复核,陈述申辩事由成立的,税务机关应当采纳;不采纳的,应予说明理由。

税务机关不得因当事人的申辩而加重处罚。

第二十条 税务机关对公民作出2000元以上罚款或者对法人或者其他组织作出1万元以上罚款的行政处罚决定之前,应当告知当事人有要求举行听证的权利;当事人要求听证的,税务机关应当组织听证。

第二十一条 对情节复杂、争议较大、处罚较重、影响较广或者拟减轻处罚等税务行政处罚案件,应当经过集体审议决定。

第二十二条 税务机关按照一般程序实施行政处罚,应当在执法文书中对事实认定、法律适用、基准适用等说明理由。

第二十三条 省税务机关应当积极探索建立案例指导制度,通过案例指导规范税务行政处罚裁量权。

第四章 附 则

第二十四条 各级税务机关依法行政工作领导小组应当加强规范税务行政处罚裁量权工作的组织领导。

第二十五条 各级税务机关应当积极运用信息化手段加强税务行政处罚裁量权的管理,实现流程控制,规范裁量行为。

第二十六条 各级税务机关应当通过执法督察、案卷评查等方式,对规范行政处罚裁量权工作进行监督。

第二十七条 本规则自2017年1月1日起施行。

10.《国家税务总局关于印发〈优化税务执法方式全面推行"三项制度"实施方案〉的通知》(2019年3月18日颁布 2019年3月18日实施 税总发〔2019〕31号)

国家税务总局各省、自治区、直辖市和计划单列市税务局,国家税务总局驻各地特派员办事处,局内各单位:

为深入贯彻习近平总书记关于优化税务执法方式等重要指示批示精神,根据《国务院办公厅关于全面推行行政执法公示制度执法全过程记录制度重大执法决定法制审核制度的指导意见》,结合前期试点情况和税务工作实际,税务总局制定了《优化税务执法方式全面推行"三项制度"实施方案》。现印发给你们,请认真贯彻执行,实施过程中遇到问题请及时报告税务总局(政策法规司)。

国家税务总局
2019年3月18日

优化税务执法方式全面推行"三项制度"实施方案

为深入贯彻习近平总书记关于优化税务执法方式等重要指示批示精神,认真落实《中共中央关于全面推进依法治国若干重大问题的决定》和《法治政府建设实施纲要(2015－2020年)》有关要求,做好税务系统全面推行行政执法公示制度、执法全过程记录制度、重大执法决定法制审核制度(以下统称"三项制度")工作,进一步提高税务执法效能,促进公平公正监管,优化税收营商环境,确保减税降费政策措施落地生根,现根据《国务院办公厅关于全面推行行政执法公示制度执法全过程记录制度重大执法决定法制审核制度的指导意见》(以下简称《指导意见》),结合前期试点情况和税务工作实际,制定本实施方案。

一、总体要求

(一)指导思想

以习近平新时代中国特色社会主义思想为指导,全面贯彻党的十九大和十九届二中、三中全会精神,深入落实全面依法治国基本方略,紧扣新时代新税务新职责新要求,以"三项制度"为主抓手,牢固树立法治思维,强化执法质量意识,着力推进税务执法透明、规范、合法、公正,不断健全执法制度、完善执法程序、创新执法方式、加强执法监督,全面提高税务执法效能,确保税务机关依法履行法定职责,有效防范税务执法风险,切实维护纳税人和缴费人合法权益,为进一步深化"放管服"改革、优化税收营商环境、提升税收治理能力提供有力法治保障。

(二)基本原则

坚持稳中求进。坚持法定职责必须为、法无授权不可为,周密部署、细致安排、精心组织,加强指导,强化监督,充分借鉴试点经验,分步有序实施,积极稳妥推行。

坚持科学规范。坚持从实际出发,尊重税收工作规律和法治建设规律,深入调查研究,广泛听取意见,确保统一规范,防止脱离实际、各行其是。

坚持优化创新。聚焦基层执法实践需要,在确保统一规范的基础上,鼓励支持因地制宜、符合实际的探索创新,着力解决税务执法突出问题,提高执法质效。

坚持统筹协调。注重运用系统思维,做到制度化、规范化、信息化一体建设,加强制度融合、资源整合、信息聚合,推进集约高效,不搞重复建设。

坚持便利高效。牢固树立以人民为中心的发展思想,方便纳税人和缴费人及时获取税务执法信息、便捷办理各种手续、有效监督执法活动。强化为基层服务意识,能由税务总局做的不要省局承担,能在税务总局、省局层面解决的不交给基层,形成上下联动、协同推进的合力。

(三)工作目标

立足当前、着眼长远,坚持不懈、积极作为,逐步实现"三项制度"在各级税务机关全面推行,在税务执法过程中全面落实,行政处罚、行政强制、行政检查、行政征收、行政许可等行为得到有效规范。税务执法信息公示制度机制不断健全,执法行为过程信息全程记载,重大执法决定法制审核全面覆盖,全面实现执法信息公开透明、执法全过程可回溯管理、执法决定合法有效,行政自由裁量权得到有效约束,税务执法能力和水平大幅提升,税务执法社会满意度显著提高。

二、主要任务

(一)全面推行行政执法公示制度,确保税务执法透明

行政执法公示是保障行政相对人和社会公众的知情权、参与权、表达权、监督权的重要措施。各级税务机关按照"谁执法、谁公示、谁负责"的原则,结合政府信息公开、权责清单公布、"双随机、一公开"监管等工作,在行政执法的事前、事中、事后三个环节,依法及时主动向社会公开税务执法信息。涉及国家秘密、商业秘密、个人隐私等不宜公开的信息,依法确需公开的,要作适当处理后公开。发现公开的税务执法信息不准确的,应当及时予以更正。

1.强化事前公示,保证税务执法源头合法。全面准确及时主动公开税务执法主体、人员、职责、权限、依据、程序、救济渠道等基本信息,随机抽查事项、"最多跑一次"、"全程网上办"等清单信息,办税指南等办税信息。因法律法规及机构职能发生变化而引起公示信息变化的,应当及时进行动态调整。

2. 规范事中公示，做到税务执法过程公开。税务执法人员执法时要按规定着装、佩戴标识，着装、佩戴标识可能有碍执法的除外；在进行税务检查、调查取证、采取强制措施和强制执行、送达执法文书等执法活动时，必须主动出示税务检查证，向当事人和相关人员表明身份；在税务执法时，要出具执法文书，主动告知当事人执法事由、执法依据、权利义务等内容。办税服务场所要设置岗位信息公示牌，明示工作人员岗位职责、申请材料示范文本、咨询服务、投诉举报等信息。各省（自治区、直辖市、计划单列市）税务机关（以下简称省税务机关）要建立非即办执法事项办理进度查询工作机制，方便当事人实时查询办事进度。主管税务机关要公示定期定额个体工商户核定定额的初步结果等事中执法信息。

3. 加强事后公示，实现税务执法结果公开。税务机关按规定时限、内容和有关要求，向社会主动公开非正常户认定、欠税公告、税收减免、纳税信用等级评定等执法信息，公示税务行政许可决定、行政处罚决定信息。建立健全税务执法决定信息公开发布、撤销和更新机制。已公开的税务执法决定被依法撤销、确认违法或者要求重新作出的，要及时从信息公示平台撤下原执法决定信息。建立行政执法统计年报制度，省以下税务机关应当于每年1月31日前公开上年度行政执法总体情况有关数据，并报本级人民政府和上一级税务机关。

4. 拓展公示途径，提升税务执法公信力。税务总局依托官方网站建立全国统一的税务执法信息公示平台，推动与政府行政执法信息公示平台的互联互通。税务机关要通过执法信息公示平台、官方网站、政务新媒体、办税服务厅公示栏、服务窗口等渠道，及时向社会公开税务执法信息。

（二）全面推行执法全过程记录制度，确保税务执法规范

行政执法全过程记录是行政执法活动合法规范有效的重要保证。税务机关采取以文字记录为主、音像记录为辅的形式，对税务执法的启动、调查取证、审核决定、送达执行等全部过程进行记录，并全面系统归档保存，做到执法全过程留痕和可回溯管理。

1. 完善文字记录，规范税务执法文书。税务机关以纸质文件或电子文件的形式对执法活动进行文字记录，做到记录合法规范、客观全面、及时准确。税务总局参照全国行政执法文书基本格式标准，结合税务执法实际，完善统一适用的税务执法文书格式文本，制作执法文书范本，研究制定税务执法规范用语；省税务机关可以制作说理式文书模板，推行说理式执法。

2. 规范音像记录，监督税务执法行为。税务机关通过照相机、录音机、摄像机、执法记录仪、视频监控等记录设备，实时对执法活动进行音像记录。做好音像记录与文字记录的衔接，对文字记录能够全面有效记录执法行为的，可以不进行音像记录；对查封扣押财产等直接涉及重大财产权益的现场执法活动，要推行全程音像记录；对现场检查、调查取证、举行听证、留置送达和公告送达等容易引发争议的执法过程，根据实际情况进行音像记录。税务总局建立健全执法音像记录管理制度及记录行为用语指引，明确执法音像记录的设备配备、使用规范、记录要素、存储应用、监督管理等要求，规范音像记录行为。省以下税务机关应当按照工作必需、厉行节约、性能适度、安全稳定、适量够用的原则，结合本地区经济发展水平和税务执法具体情况，配备音像记录设备，建设税务约谈（询问）室等办公场所。

3. 严格记录归档，完善税务执法档案。要完善税务执法档案管理制度。各级税务机关按照规定归档保存执法全过程记录资料，实现所有执法行为有据可查。对涉及国家秘密、商业秘密和个人隐私的记录资料，归档时要严格执行国家有关规定。省税务机关按照相对集中、经济高效、安全好用的原则，确定音像记录的存储方式，通过技术手段实现对同一执法对象的文字记录和音像记录的"一户式"集中归档。建立健全基于电子认证、电子签章的税务执法全过程数据化记录机制，形成业务流程清晰、数据链条完整、数据安全有保障的数字化归档管理制度。

4. 发挥记录作用，提高税务执法实效。各级税务机关在作出执法决定前，要调阅相关记录资料，对执法行为的合法性、规范性等进行审核。加强执法全过程记录信息的统计分析,查找执法薄弱环节,持续改进执法工作。要充分发挥记录信息对案卷评查、执法监督、法律救济、评议考核、舆论引导、行政决策、内控机制和纳税信用体系以及涉税专业服务信用建设等工作的积极作用,促进严格规范公正文明执法,依法维护税务人员和行政相对人的合法权益。

(三)全面推行重大执法决定法制审核制度,确保税务执法公正

重大执法决定法制审核是保障行政执法机关作出的重大执法决定合法有效、保证执法公正的重要措施。税务机关作出重大执法决定之前,要严格进行法制审核,未经法制审核或审核未通过的,不得作出决定。税务稽查案件审理、重大税务案件审理属于法制审核,其审核范围、内容、程序等分别适用《税务稽查工作规程》《重大税务案件审理办法》的有关规定。

1.明确审核主体,保障法制审核力量。县以上税务机关负责法制工作的机构、稽查局审理部门是重大执法决定法制审核机构,法制审核机构要确保专人负责本单位重大执法决定法制审核工作;对稽查案件实施集中审理的地区,市税务局稽查局审理部门同时负责同级跨区域稽查局重大执法决定法制审核工作。各地可结合实际建立重大执法决定法制审核委员会,实行集体审理。加强法制审核队伍正规化、专业化、职业化建设,落实《指导意见》要求,确保2020年7月底前,各级税务机关的法制审核人员原则上不少于本单位从事行政处罚、行政强制、行政检查、行政征收、行政许可等执法活动的人员总数的5%,同时把政治素质高、业务能力强、具有法律专业背景的人员调整充实到法制审核岗位。充分发挥法律顾问、公职律师在法制审核中的作用,建立本系统内法律顾问、公职律师跨区域统筹使用机制,实现法律专业人才资源共享。

2.明确审核事项,拓宽法制审核范围。凡涉及重大公共利益,可能造成重大社会影响或引发社会风险,直接关系行政相对人或第三人重大权益,经过听证程序作出税务执法决定,以及案件情况

疑难复杂、涉及多个法律关系的,都要进行法制审核。税务总局明确重大执法决定法制审核事项基础清单。省税务机关可结合实际增加法制审核事项。省以下税务机关根据法制审核事项清单,明确本级法制审核事项的具体标准,并于制定或修改相关标准后1个月内报上一级税务机关备案。

3. 明确审核内容,确保法制审核质量。要严格审核执法主体是否合法,执法人员是否具备执法资格;执法程序是否合法;案件事实是否清楚,证据是否合法充分;适用法律、法规、规章、规范性文件是否准确,裁量基准运用是否适当;是否超越本机关法定权限;执法文书是否齐备、规范;违法行为是否涉嫌犯罪、需要移送司法机关等。法制审核机构完成审核后,提出同意或者存在问题的书面审核意见。税务执法承办机构要对法制审核机构提出存在问题的审核意见进行研究,作出相应处理后再次报送法制审核;对审核意见有异议的,应与法制审核机构进行沟通,未达成一致意见的,由承办机构提请其分管局领导专题协商研究;协商研究仍未达成一致意见的,报请主要负责人决定。

4. 明确审核责任,健全法制审核机制。各级税务机关主要负责人是推动落实本单位重大执法决定法制审核制度的第一责任人,对本单位作出的行政执法决定负责。税务总局确定法制审核流程,明确送审材料报送要求和审核的方式、时限、责任。税务执法承办机构应及时将符合法制审核范围的重大执法事项提交法制审核,并对送审材料的真实性、准确性、完整性,以及执法的事实、证据、法律适用、程序的合法性负责。法制审核机构对重大执法决定的法制审核意见负责。因承办机构的承办人员、负责法制审核的人员和审批税务执法决定的负责人滥用职权、玩忽职守、徇私枉法等,导致税务执法决定错误,要依纪依法追究相关人员责任。

11.《国家税务总局关于印发〈税务行政执法案例指导工作实施办法〉的通知》(2019年12月27日颁布　2019年12月27日实施　税总发〔2019〕139号)

国家税务总局各省、自治区、直辖市和计划单列市税务局,国家税

务总局驻各地特派员办事处,局内各单位:

为了优化税务执法方式、提高税务执法质量、推动严格规范公正文明执法,国家税务总局制定了《税务行政执法案例指导工作实施办法》,现印发给你们,请认真抓好贯彻落实,及时总结执行中的经验和做法。如有问题和建议,请及时向国家税务总局(政策法规司)反映。

税务行政执法案例指导工作实施办法

第一章 总 则

第一条 为了加强对税务行政执法的指导,统一执法标准,优化执法方式,提高执法质量,总结执法经验,根据《中华人民共和国税收征收管理法》《国家税务总局关于全面推进依法治税的指导意见》(税总发〔2015〕32号)相关规定,制定本办法。

第二条 税务行政执法案例指导工作的组织和领导,税务行政执法指导案例(以下简称"指导案例")的确定、发布、运用、管理等,适用本办法。

第三条 本办法所称指导案例,是指税务行政执法决定已经发生法律效力,认定事实清楚,适用法律正确,符合法定程序,对税务行政执法具有普遍指导意义,并符合以下条件之一的案例:

(一)社会广泛关注的;

(二)疑难、复杂或新类型的;

(三)执法存在争议、执行不统一的;

(四)法律法规等规定比较原则的;

(五)其他具有指导作用的。

前款所称"发生法律效力",是指税务机关作出执法决定之后,行政相对人在法定期限内没有提起行政复议或者行政诉讼;或者经过行政复议、行政诉讼,程序终结。

第四条 案例指导工作应当遵循合法、合理、真实、必要、公开、规范的原则。

第五条 国家税务总局负责组织领导、规划统筹、协调指导、监督管理案例指导工作,根据税务工作需要发布指导案例。

国家税务总局政策法规司(以下简称"政策法规司")承担案例指导日常工作,负责组织指导案例的征集、评审、发布、编纂、清理等工作。

第六条 省及省以下税务机关负责本机关管辖区域内的指导案例初审、推荐工作,并负责对国家税务总局发布的指导案例开展运用、推广和培训等工作。

省及省以下税务机关不得发布指导案例,但可以汇编典型案例,供本辖区税务机关工作人员学习、参考。

第七条 指导案例根据需要对行政相对人的名称进行技术处理。对自然人应当保留姓氏隐去名字;对法人一般不用全称,但案例已经人民法院等裁决部门向社会公布并保留法人全称的,可以保留全称。

第二章 指导案例的确定和发布

第八条 国家税务总局根据工作需要向各级税务机关征集指导案例,或从已办结案件中选择指导案例。

第九条 省税务机关认为本辖区内有关案例符合本办法第三条条件的,经本机关主要负责人或分管政策法规工作的负责人批准,可以向国家税务总局推荐。

省以下税务机关认为本辖区内有关案例符合本办法第三条条件的,可以层报至省税务机关,并建议其向国家税务总局推荐。

国家税务总局的司局认为有关案例符合本办法第三条条件的,可以向政策法规司推荐。

第十条 人大代表、政协委员、专家学者以及其他社会各界人士、社会组织,对符合本办法第三条条件的案例,可以向税务机关推荐。

收到前款推荐案例的税务机关,应当在20日内以适当形式反馈处理结果。确认符合本办法第三条条件的,按照本办法第九条规定的程序处理。

第十一条 国家税务总局各司局、省及省以下税务机关推荐、报送指导案例,应当以纸质和电子介质形式提交《税务行政执法指导案例推荐表》以及按照规定体例编写的案例材料。

《税务行政执法指导案例推荐表》包括案例名称、原税务行政执法决定作出机关、案例来源、推荐理由、推荐单位意见等。

指导案例材料包括案例名称、关键词、执法要点、法律依据、基本案情、处理结果及理由，以及需要说明的其他事项。

第十二条 政策法规司对收集的案例进行初评，认为可以作为备选指导案例的，通知案例所属省税务机关报送处理（处罚）决定书、行政复议申请书、行政复议答复书、行政复议决定书、行政诉讼答辩状、人民法院裁判文书等案卷资料的复印件或扫描件。

第十三条 对备选指导案例，政策法规司应组织相关业务司局，认真研究案卷资料，及时提出评审意见。

评审指导案例，应当着重审查以下内容：

（一）是否符合本办法规定的条件；

（二）是否符合法律、法规、规章和规范性文件的规定；

（三）是否实现了良好的政治效果、法律效果和社会效果；

（四）是否符合案例编写体例的要求；

（五）是否保护了国家秘密、商业秘密和个人隐私；

（六）是否考虑了其他需要注意的事项。

必要时，政策法规司可以征求有关单位和专家学者的意见或召开论证会。

第十四条 政策法规司对相关评审意见进行汇总整理后形成指导案例送审稿，提请国家税务总局局务会议审议。

第十五条 国家税务总局局务会议审议通过的指导案例，国家税务总局以"税务行政执法指导案例第×号"的形式发布。

指导案例按照发布顺序统一编号，跨年度发布的指导案例应当连续编号。

第十六条 指导案例应当及时在《国家税务总局公报》和国家税务总局门户网站上公布。

第三章　指导案例的运用和管理

第十七条 税务机关办理案件，在基本案情和法律适用方面与指导案例相类似的,应当参照适用指导案例,不参照适用的应当在案件审理意见中说明理由。

税务机关作出执法决定可以引用指导案例说明理由,但不得将指导案例作为执法依据。

第十八条 省及省以下税务机关汇编的典型案例,不得与指导案例冲突。

第十九条 各级税务机关应当将指导案例纳入业务培训,加强学习运用,充分发挥其指导作用。

第二十条 国家税务总局建立指导案例电子信息库,为各级税务机关查询检索、参照适用提供方便。

第二十一条 指导案例有以下情形之一的,应当及时宣布失效:

(一)与新的法律、法规、规章或规范性文件冲突;

(二)被新的指导案例所取代;

(三)指导案例中的税务行政执法决定依法被撤销、变更或确认违法;

(四)其他应当宣布失效的情形。

有前款第三项规定情形的,原税务行政执法决定作出机关应当在30日内层报国家税务总局。

第二十二条 县及县以上税务机关认为指导案例应当宣布失效的,可以向上一级税务机关提出建议并说明理由,上一级税务机关认为必要的,应当层报国家税务总局。

社会各界人士和社会组织认为指导案例应当宣布失效的,可以向所在地税务机关提出建议并说明理由,也可以直接向国家税务总局提出建议并说明理由。

第二十三条 国家税务总局应当及时对指导案例进行清理,发布清理结果。

指导案例援引的法律、法规、规章或规范性文件修改、废止、失效的,应当在指导案例法律依据中作出标注。

第四章 附 则

第二十四条 国家税务总局根据需要设立专家咨询委员会,

为案例指导工作提供咨询和建议。

第二十五条 国家税务总局驻各地特派员办事处开展案例指导工作,参照本办法有关省税务机关的规定执行。

第二十六条 指导案例相关资料由国家税务总局按照一案一卷的原则及时归档。归档材料包括案例推荐表、评审意见、局务会议纪要、案卷资料等。

第二十七条 本办法所称的"日"是指自然日。

第二十八条 本办法自印发之日起施行。

12.《税务总局等十三部门关于推进纳税缴费便利化改革 优化税收营商环境若干措施的通知》(2020 年 9 月 28 日颁布 2020 年 9 月 28 日实施 税总发〔2020〕48 号)

四、优化税务执法方式维护市场主体合法权益

(十二)严格规范公正文明执法。坚持依法依规征税收费,坚决防止和制止收过头税费。全面深入推行行政执法公示、执法全过程记录、重大执法决定法制审核制度,坚决防止粗放式、选择性、一刀切的随意执法。健全完善税务机关权责清单,实施税务行政执法案例指导制度,持续规范行政处罚裁量基准,加快推进简易处罚事项网上办理,进一步推行重大税务案件审理说明理由制度试点。强化税务执法内部控制和监督,全面推进内控机制信息化建设,规范执法行为,减少执法风险。加强税费政策法规库建设,通过税务网站集中统一对外公布并动态更新,增强税务执法依据的确定性、稳定性和透明度,持续打造公正公平的法治化税收营商环境。(税务总局负责)

(十三)强化分类精准管理。不断完善税收大数据和风险管理机制,健全税务管理体系。积极构建动态"信用+风险"新型管理方式,实时分析识别纳税人行为和特征,实现"无风险不打扰、低风险预提醒、中高风险严监控"。对逃避税问题多发的重点行业、重点领域,加强税收风险防控。加强税务、公安、人民银行、海关等部门的密切协作,严格依法查处利用"假企业"、"假出口"、"假申报"等手段虚开骗税行为,规范税收秩序,促进公平竞争,努力做到对

市场主体干扰最小化、监管效能最大化。(税务总局牵头,公安部、人民银行、海关总署按职责分工负责)

(十四)健全完善纳税信用管理制度。依法依规深化守信激励和失信惩戒,促进社会信用体系建设。坚持依法依规和包容审慎监管原则,进一步落实好纳税信用评价级别修复相关规定,引导纳税人及时、主动纠正失信行为,提高诚信纳税意识。加强重大税收违法失信案件信息和当事人名单动态管理,为当事人提供提前撤出名单的信用修复途径,引导市场主体规范健康发展。(税务总局负责)

五、强化跟踪问效确保各项措施落实落细

(十五)加强评价考核。坚持以纳税人缴费人感受为导向,评价和改进纳税缴费便利化各项工作。认真开展政务服务"好差评",实现政务服务事项、评价对象、服务渠道全覆盖,确保每项差评反映的问题能够及时整改,全面提升政务服务能力和水平,不断增强市场主体的获得感、满意度。(发展改革委、人力资源社会保障部、住房城乡建设部、税务总局、医保局按职责分工负责)

(十六)加大监督力度。统筹运用多种监督方式和资源,加强对税费优惠政策以及纳税缴费便利化措施落实情况的监督检查,对落实不力的严肃追责问责。充分发挥明察暗访、"四不两直"督查的作用,促进问题早发现早整改。加强政策措施运行情况的评估,健全政策出台、落实、评估、改进的闭环机制,完善全链条管理,为政策措施直达基层、直接惠及市场主体疏堵消障、加力提效。(人力资源社会保障部、税务总局、医保局按职责分工负责)

各地区各有关部门要加强统筹协调、凝聚工作合力,抓紧研究落实本通知各项任务的具体方案,结合实际细化责任分工和步骤安排,确保各项措施及时落地见效。各级税务机关要积极会同相关部门,围绕纳税人缴费人需求,研究推出更多务实管用的创新举措,不断优化税收营商环境,持续提升服务市场主体水平,持续提高服务"六稳"、"六保"工作质效。

13.《国家税务总局关于进一步深化税务领域"放管服"改革培育和激发市场主体活力若干措施的通知》(2021年10月12日颁布　2021年10月12日实施　税总征科发〔2021〕69号)

国家税务总局各省、自治区、直辖市和计划单列市税局,国家税务总局驻各地特派员办事处,局内各单位:

为深入贯彻全国深化"放管服"改革着力培育和激发市场主体活力电视电话会议精神,认真落实中办、国办印发的《关于进一步深化税收征管改革的意见》要求,税务总局决定推出15条新举措,进一步深化税务领域"放管服"改革,助力打造市场化法治化国际化营商环境。

一、降低制度性交易成本,进一步激发市场主体活力

牢固树立促进提升纳税人遵从意愿和遵从能力的现代税收征管理念,厘清征纳双方权责边界,继续推进减事项、减流程、减资料,进一步为市场主体松绑减负、增强动力。

(一)依法明晰纳税人权利义务。修改完善关于纳税人权利与义务的公告,明确纳税人办税缴费过程中所享有的权利和应尽的义务,帮助纳税人及时、准确地完成办税缴费事宜,税务机关依法合理为纳税人自主履行纳税义务提供便捷服务,提升税法遵从便利度。

二、优化税务执法和监管,维护公平公正税收环境

运用法治思维和法治方式深化改革,严格规范公正文明执法,深入转变税收征管方式,促进依法纳税和公平竞争。

(六)持续优化税务执法方式。研究制定税务"首违不罚"规则,严格执行"首违不罚"清单。积极推进集体审议、文书说理等制度,切实规范行使税务行政处罚裁量权。

(七)严格规范税务执法行为。深入推进行政执法信息网上录入、执法程序网上流转、执法活动网上监督、执法结果网上查询,进一步提升税务执法透明、规范、合法、公正水平,全面提高税务执法效能。

(八)加强税务执法区域协同。推进区域间税务执法标准统一,2021年底前推动实现京津冀、长三角、成渝地区双城经济圈区域内执法信息互通、执法结果互认,更好服务国家区域协调发展战

略。推进长三角地区涉税风险信息共享,统筹开展对长三角区域的跨省经营企业税收风险应对。

(十二)优化税收政策确定性服务。优化 12366 热点问题快速响应机制,对于复杂涉税咨询问题快速答复,提升税收政策确定性服务水平。聚焦重大复杂涉税事项,逐步提供智能高效、高端精准的大企业纳税服务。

各级税务机关要进一步完善深化"放管服"改革、优化税收营商环境工作机制,结合实际细化责任分工和步骤安排,确保各项措施及时落地见效。要不断总结经验做法,围绕纳税人缴费人合理需求,持续创新便企利民的服务管理新措施,进一步培育和激发市场主体活力,更好服务高质量发展。

(三)纳税信用管理

1.《国家税务总局关于发布〈纳税信用管理办法(试行)〉的公告》①(2014 年 7 月 4 日颁布　2014 年 10 月 1 日起实施　国家税务总局公告 2014 年第 40 号)

纳税信用管理办法(试行)

第一章　总　　则

第一条　为规范纳税信用管理,促进纳税人诚信自律,提高税法遵从度,推进社会信用体系建设,根据《中华人民共和国税收征收管理法》及其实施细则、《国务院关于促进市场公平竞争维护市场正常秩序的若干意见》(国发〔2014〕20 号)和《国务院关于印发社会信用体系建设规划纲要(2014－2020 年)的通知》(国发

---

①　1.根据《关于纳税信用评价有关事项的公告》(2018 年第 8 号),自 2018 年 4 月 1 日起施行,《纳税信用管理办法(试行)》第十七条第二项同时废止。2.根据《国家税务总局关于公布全文失效废止和部分条款失效废止的税收规范性文件目录的公告》(国家税务总局公告 2018 年第 33 号),第七条废止。3.根据《关于纳税信用管理有关事项的公告》(2020 年第 15 号),自 2020 年 11 月 1 日起,《纳税信用管理办法(试行)》第十五条第二款、第三十二条第七项废止。

〔2014〕21号），制定本办法。

第二条 本办法所称纳税信用管理，是指税务机关对纳税人的纳税信用信息开展的采集、评价、确定、发布和应用等活动。

第三条 本办法适用于已办理税务登记，从事生产、经营并适用查账征收的企业纳税人(以下简称纳税人)。

扣缴义务人、自然人纳税信用管理办法由国家税务总局另行规定。

个体工商户和其他类型纳税人的纳税信用管理办法由省税务机关制定。

第四条 国家税务总局主管全国纳税信用管理工作。省以下税务机关负责所辖地区纳税信用管理工作的组织和实施。

第五条 纳税信用管理遵循客观公正、标准统一、分级分类、动态调整的原则。

第六条 国家税务总局推行纳税信用管理工作的信息化，规范统一纳税信用管理。

第八条 税务机关积极参与社会信用体系建设，与相关部门建立信用信息共建共享机制，推动纳税信用与其他社会信用联动管理。

第二章 纳税信用信息采集

第九条 纳税信用信息采集是指税务机关对纳税人纳税信用信息的记录和收集。

第十条 纳税信用信息包括纳税人信用历史信息、税务内部信息、外部信息。

纳税人信用历史信息包括基本信息和评价年度之前的纳税信用记录，以及相关部门评定的优良信用记录和不良信用记录。

税务内部信息包括经常性指标信息和非经常性指标信息。经常性指标信息是指涉税申报信息、税(费)款缴纳信息、发票与税控器具信息、登记与账簿信息等纳税人在评价年度内经常产生的指标信息；非经常性指标信息是指税务检查信息等纳税人在评价年度内不经常产生的指标信息。

外部信息包括外部参考信息和外部评价信息。外部参考信息包括评价年度相关部门评定的优良信用记录和不良信用记录；外部评价信息是指从相关部门取得的影响纳税人纳税信用评价的指标信息。

第十一条 纳税信用信息采集工作由国家税务总局和省税务机关组织实施，按月采集。

第十二条 本办法第十条第二款纳税人信用历史信息中的基本信息由税务机关从税务管理系统中采集，税务管理系统中暂缺的信息由税务机关通过纳税人申报采集；评价年度之前的纳税信用记录，以及相关部门评定的优良信用记录和不良信用记录，从税收管理记录、国家统一信用信息平台等渠道中采集。

第十三条 本办法第十条第三款税务内部信息从税务管理系统中采集。

第十四条 本办法第十条第四款外部信息主要通过税务管理系统、国家统一信用信息平台、相关部门官方网站、新闻媒体或者媒介等渠道采集。通过新闻媒体或者媒介采集的信息应核实后使用。

第三章 纳税信用评价

第十五条 纳税信用评价采取年度评价指标得分和直接判级方式。评价指标包括税务内部信息和外部评价信息。

直接判级适用于有严重失信行为的纳税人。

纳税信用评价指标由国家税务总局另行规定。

第十六条 外部参考信息在年度纳税信用评价结果中记录，与纳税信用评价信息形成联动机制。

第十七条 纳税信用评价周期为一个纳税年度，有下列情形之一的纳税人，不参加本期的评价：

（一）纳入纳税信用管理时间不满一个评价年度的；

（三）因涉嫌税收违法被立案查处尚未结案的；

（四）被审计、财政部门依法查出税收违法行为，税务机关正在依法处理，尚未办结的；

（五）已申请税务行政复议、提起行政诉讼尚未结案的；

（六）其他不应参加本期评价的情形。

第十八条 纳税信用级别设 A、B、C、D 四级。A 级纳税信用为年度评价指标得分 90 分以上的；B 级纳税信用为年度评价指标得分 70 分以上不满 90 分的；C 级纳税信用为年度评价指标得分 40 分以上不满 70 分的；D 级纳税信用为年度评价指标得分不满 40 分或者直接判级确定的。

第十九条 有下列情形之一的纳税人，本评价年度不能评为 A 级：

（一）实际生产经营期不满 3 年的；

（二）上一评价年度纳税信用评价结果为 D 级的；

（三）非正常原因一个评价年度内增值税或营业税连续 3 个月或者累计 6 个月零申报、负申报的；

（四）不能按照国家统一的会计制度规定设置账簿，并根据合法、有效凭证核算，向税务机关提供准确税务资料的。

第二十条 有下列情形之一的纳税人，本评价年度直接判为 D 级：

（一）存在逃避缴纳税款、逃避追缴欠税、骗取出口退税、虚开增值税专用发票等行为，经判决构成涉税犯罪的；

（二）存在前项所列行为，未构成犯罪，但偷税（逃避缴纳税款）金额 10 万元以上且占各税种应纳税总额 10% 以上，或者存在逃避追缴欠税、骗取出口退税、虚开增值税专用发票等税收违法行为，已缴纳税款、滞纳金、罚款的；

（三）在规定期限内未按税务机关处理结论缴纳或者足额缴纳税款、滞纳金和罚款的；

（四）以暴力、威胁方法拒不缴纳税款或者拒绝、阻挠税务机关依法实施税务稽查执法行为的；

（五）存在违反增值税发票管理规定或者违反其他发票管理规定的行为，导致其他单位或者个人未缴、少缴或者骗取税款的；

（六）提供虚假申报材料享受税收优惠政策的；

（七）骗取国家出口退税款，被停止出口退（免）税资格未到期的；

（八）有非正常户记录或者由非正常户直接责任人员注册登记或者负责经营的；

(九)由 D 级纳税人的直接责任人员注册登记或者负责经营的;
(十)存在税务机关依法认定的其他严重失信情形的。
第二十一条　纳税人有下列情形的,不影响其纳税信用评价:
(一)由于税务机关原因或者不可抗力,造成纳税人未能及时履行纳税义务的;
(二)非主观故意的计算公式运用错误以及明显的笔误造成未缴或者少缴税款的;
(三)国家税务总局认定的其他不影响纳税信用评价的情形。

第四章　纳税信用评价结果的确定和发布

第二十二条　纳税信用评价结果的确定和发布遵循谁评价、谁确定、谁发布的原则。

第二十三条　税务机关每年 4 月确定上一年度纳税信用评价结果,并为纳税人提供自我查询服务。

第二十四条　纳税人对纳税信用评价结果有异议的,可以书面向作出评价的税务机关申请复评。作出评价的税务机关应按本办法第三章规定进行复核。

第二十五条　税务机关对纳税人的纳税信用级别实行动态调整。

因税务检查等发现纳税人以前评价年度需扣减信用评价指标得分或者直接判级的,税务机关应按本办法第三章规定调整其以前年度纳税信用评价结果和记录。

纳税人因第十七条第三、四、五项所列情形解除而向税务机关申请补充纳税信用评价的,税务机关应按本办法第三章规定处理。

第二十六条　纳税人信用评价状态变化时,税务机关可采取适当方式通知、提醒纳税人。

第二十七条　税务机关对纳税信用评价结果,按分级分类原则,依法有序开放:

(一)主动公开 A 级纳税人名单及相关信息;
(二)根据社会信用体系建设需要,以及与相关部门信用信息共建共享合作备忘录、协议等规定,逐步开放 B、C、D 级纳税人名单及相关信息;
(三)定期或者不定期公布重大税收违法案件信息。具体办法由国家税务总局另行规定。

第五章 纳税信用评价结果的应用

第二十八条 税务机关按照守信激励、失信惩戒的原则,对不同信用级别的纳税人实施分类服务和管理。

第二十九条 对纳税信用评价为A级的纳税人,税务机关予以下列激励措施:

(一)主动向社会公告年度A级纳税人名单;

(二)一般纳税人可单次领取3个月的增值税发票用量,需要调整增值税发票用量时即时办理;

(三)普通发票按需领用;

(四)连续3年被评为A级信用级别(简称3连A)的纳税人,除享受以上措施外,还可以由税务机关提供绿色通道或专门人员帮助办理涉税事项;

(五)税务机关与相关部门实施的联合激励措施,以及结合当地实际情况采取的其他激励措施。

第三十条 对纳税信用评价为B级的纳税人,税务机关实施正常管理,适时进行税收政策和管理规定的辅导,并视信用评价状态变化趋势选择性地提供本办法第二十九条的激励措施。

第三十一条 对纳税信用评价为C级的纳税人,税务机关应依法从严管理,并视信用评价状态变化趋势选择性地采取本办法第三十二条的管理措施。

第三十二条 对纳税信用评价为D级的纳税人,税务机关应采取以下措施:

(一)按照本办法第二十七条的规定,公开D级纳税人及其直接责任人员名单,对直接责任人员注册登记或者负责经营的其他纳税人纳税信用直接判为D级;

(二)增值税专用发票领用按辅导期一般纳税人政策办理,普通发票的领用实行交(验)旧供新、严格限量供应;

(三)加强出口退税审核;

(四)加强纳税评估,严格审核其报送的各种资料;

(五)列入重点监控对象,提高监督检查频次,发现税收违法违

规行为的,不得适用规定处罚幅度内的最低标准;

(六)将纳税信用评价结果通报相关部门,建议在经营、投融资、取得政府供应土地、进出口、出入境、注册新公司、工程招投标、政府采购、获得荣誉、安全许可、生产许可、从业任职资格、资质审核等方面予以限制或禁止;

(八)税务机关与相关部门实施的联合惩戒措施,以及结合实际情况依法采取的其他严格管理措施。

第六章 附 则

第三十三条 省税务机关可以根据本办法制定具体实施办法。

第三十四条 本办法自2014年10月1日起施行。2003年7月17日国家税务总局发布的《纳税信用等级评定管理试行办法》(国税发〔2003〕92号)同时废止。

2.《国家税务总局关于明确纳税信用补评和复评事项的公告》[①]**(2015年6月19日颁布　2015年6月19日实施　国家税务总局公告2015年第46号)**

为进一步规范纳税信用管理,根据《国家税务总局关于发布〈纳税信用管理办法(试行)〉的公告》(国家税务总局公告2014年第40号,以下简称《办法》)规定,现就纳税信用补评、复评事项公告如下:

一、纳税人因《办法》第十七条第三、四、五项所列情形解除,或对当期未予评价有异议的,可填写《纳税信用补评申请表》(附件1),向主管税务机关申请补充纳税信用评价。

[①] 1.根据《国家税务总局关于修改部分税收规范性文件的公告》(2018年第31号),全文中"国税机关、地税机关"修改为"税务机关",其中的"国税主管税务机关""地税主管税务机关"的内容中"国税主管税务机关""地税主管税务机关"合并为"主管税务机关"。2.根据《关于纳税信用管理有关事项的公告》(2020年第15号),自2020年11月1日起,《国家税务总局关于明确纳税信用补评和复评事项的公告》(2015年第46号,2018年第31号修改)所附《纳税信用复评申请表》同时废止。

根据《国家税务总局关于修改部分税收规范性文件的公告》(2018年第31号),删除第一条第二项中"主管国税机关、地税机关应及时沟通,相互传递动态调整相关信息,协同完成动态调整工作,"相关内容,附件1《年度纳税信用级别动态调整信息》中"国税主管税务机关和地税主管税务机关"的内容修改为"主管税务机关"。

纳税人主管国税机关、地税机关应及时沟通，相互传递补评申请，按照《办法》第三章的规定开展纳税信用补评工作。主管税务机关应自受理申请之日起15个工作日内完成补评工作，并向纳税人反馈纳税信用评价信息（附件2）或提供评价结果的自我查询服务。

二、纳税人对纳税信用评价结果有异议的，可在纳税信用评价结果确定的当年内，向主管税务机关申请复评。

作出评价的税务机关应按《办法》第三章规定对评价结果进行复核。主管税务机关应及时沟通，相互传递复评申请，并自受理申请之日起15个工作日内完成复评工作，并向纳税人反馈纳税信用复评信息（附件4）或提供复评结果的自我查询服务。

三、主管税务机关应于每月前5个工作日内将纳税信用补评、复评情况层报至省税务机关备案，并发布A级纳税人变动情况通告。省税务机关应及时更新税务网站公布的纳税信用评价信息，并于每月前10个工作日内将A级纳税人变动情况报送税务总局（纳税服务司）。

四、本公告自发布之日起施行。

3.《国家税务总局关于明确纳税信用管理若干业务口径的公告》①**（2015年12月2日颁布　2015年12月2日实施　国家税务总局公告2015年第85号）**

根据《国家税务总局关于发布〈纳税信用管理办法（试行）〉的

---

①　1.根据《国家税务总局关于修改部分税收规范性文件的公告》（2018年第31号），删除第八条第一项中"国税主管税务机关、地税主管税务机关应分别发布评价结果，不联合发布，不在发布通告中联合落款"，将第八条第二项中"国税主管税务机关、地税主管税务机关"修改为"主管税务机关"。2.根据《关于纳税信用管理有关事项的公告》（2020年第15号），自2020年11月1日起，《国家税务总局关于明确纳税信用管理若干业务口径的公告》（2015年第85号，2018年第31号修改）第三条第一款、第七条第一项同时废止。3.根据《国家税务总局关于纳税信用评价与修复有关事项的公告》（国家税务总局公告2021年第31号），第六条第（十）项废止。4.根据《国家税务总局关于公布全文和部分条款失效废止的税务规范性文件目录的公告》（国家税务总局公告2022年第24号），第四条第（二）项废止。

公告》(国家税务总局公告 2014 年第 40 号,以下简称《信用管理办法》)等相关规定,结合近期各地在实际操作中反映的问题,现将纳税信用管理若干业务口径公告如下:

一、关于《信用管理办法》的适用范围

《信用管理办法》的适用范围为:已办理税务登记(含"三证合一、一照一码"、临时登记),从事生产、经营并适用查账征收的独立核算企业、个人独资企业和个人合伙企业。

查账征收是指企业所得税征收方式为查账征收,个人独资企业和个人合伙企业的个人所得税征收方式为查账征收。

二、关于纳税信用信息采集

根据《信用管理办法》第十三条的规定,税务内部信息从税务管理系统中采集,采集的信息记录截止时间为评价年度 12 月 31 日(含本日,下同)。

主管税务机关遵循"无记录不评价,何时(年)记录、何时(年)评价"的原则,使用税务管理系统中纳税人的纳税信用信息,按照规定的评价指标和评价方式确定纳税信用级别。

三、关于起评分

非经常性指标缺失是指:在评价年度内,税务管理系统中没有纳税评估、大企业税务审计、反避税调查或税务稽查出具的决定(结论)文书的记录。

四、关于评价范围

在《信用管理办法》适用范围内,有下列情形之一的纳税人,不参加本期的评价:

(一)纳入纳税信用管理时间不满一个评价年度的。

评价年度为公历年度,即 1 月 1 日至 12 月 31 日。纳入纳税信用管理时间不满一个评价年度是指:税务登记在评价年度 1 月 2 日以后;或者税务登记在评价年度 12 月 31 日以前注销的。

营改增企业的税务登记日期,为原地方税务机关税务登记日期。2015 年 10 月 1 日之后,新办的"三证合一、一照一码"企业纳入纳税信用管理的时间,从税务机关采集纳税人补充信息之日计算。

由非正常户直接责任人员、D级纳税人直接责任人员注册登记或负责经营的企业,纳入纳税信用管理时间不满一个评价年度的,按本公告第六条第八项、第九项规定执行。

(三)因涉嫌税收违法被立案查处尚未结案的。

因涉嫌税收违法被立案查处是指:因涉嫌税收违法被移送公安机关或被公安机关直接立案查处,根据税务管理系统中的移送记录或被立案记录确定。被税务稽查部门立案检查的,不属于该情形,应纳入本期评价范围。

尚未结案是指:在评价年度12月31日前,税务管理系统中有移送记录或被立案记录而没有已结案的记录。

(四)被审计、财政部门依法查出税收违法行为,税务机关正在依法处理,尚未办结的。

尚未办结是指:在评价年度12月31日前,税务管理系统中有在办、在流转处理的记录而没有办结的记录。

(五)已申请税务行政复议、提起行政诉讼尚未结案的。

尚未结案是指:在评价年度12月31日前,税务管理系统中有受理复议、提起诉讼的记录而没有结案的记录。

五、关于不能评为A级的情形

非正常原因一个评价年度内增值税或营业税连续3个月或者累计6个月零申报、负申报的,不能评为A级。

正常原因是指:季节性生产经营、享受政策性减免税等正常情况原因。非正常原因是除上述原因外的其他原因。

按季申报视同连续3个月。

六、关于直接判为D级的情形

(一)存在逃避缴纳税款、逃避追缴欠税、骗取出口退税、虚开增值税专用发票等行为,经判决构成涉税犯罪的。

以判决结果在税务管理系统中的记录日期确定判D级的年度,同时按照《信用管理办法》第二十五条规定调整其以前年度信用记录。

（二）存在前项所列行为，未构成犯罪，但偷税（逃避缴纳税款）金额10万元以上且占各税种应纳税总额10%以上，或者存在逃避追缴欠税、骗取出口退税、虚开增值税专用发票等税收违法行为，已缴纳税款、滞纳金、罚款的。

以处理结果在税务管理系统中的记录日期确定判D级的年度，同时按照《信用管理办法》第二十五条规定调整其以前年度信用记录。

偷税（逃避缴纳税款）金额占各税种应纳税总额比例＝一个纳税年度的各税种偷税（逃避缴纳税款）总额÷该纳税年度各税种应纳税总额

（三）在规定期限内未按税务机关处理结论缴纳或者足额缴纳税款、滞纳金和罚款的。

以该情形在税务管理系统中的记录日期确定判D级的年度。

（四）以暴力、威胁方法拒不缴纳税款或者拒绝、阻挠税务机关依法实施税务稽查执法行为的。

以该情形在税务管理系统中的记录日期确定判D级的年度，同时按照《信用管理办法》第二十五条规定调整其以前年度信用记录。

（五）存在违反增值税发票管理规定或者违反其他发票管理规定的行为，导致其他单位或者个人未缴、少缴或者骗取税款的。

以该情形在税务管理系统中的记录日期确定判D级的年度，同时按照《信用管理办法》第二十五条规定调整其以前年度信用记录。

（六）提供虚假申报材料享受税收优惠政策的。

以该情形在税务管理系统中的记录日期确定判D级的年度，同时按照《信用管理办法》第二十五条规定调整其以前年度信用记录。

（七）骗取国家出口退税款，被停止出口退（免）税资格未到期的。

在评价年度内，被停止出口退（免）税资格未到期。根据税务管理系统中的记录信息确定。

（八）有非正常户记录或者由非正常户直接责任人员注册登记或者负责经营的。

有非正常户记录是指：在评价年度12月31日为非正常状态。

由非正常户直接责任人员注册登记或者负责经营的是指：由非正常户直接责任人员在认定为非正常户之后注册登记或负责经营的企业。该类企业不受《信用管理办法》第十七条第一项规定限制，在纳入纳税信用管理的当年即纳入评价范围，且直接判为D级。

（九）由D级纳税人的直接责任人员注册登记或者负责经营的。

由D级纳税人的直接责任人员在被评价为D级之后注册登记或者负责经营的企业，不受《信用管理办法》第十七条第一项规定限制，在纳入纳税信用管理的当年即纳入评价范围，且直接判为D级。

七、关于D级评价的保留

（二）D级企业直接责任人在企业被评价为D级之后注册登记或者负责经营的企业评价为D级（简称关联D）。关联D只保留一年，次年度根据《信用管理办法》规定重新评价但不得评为A级。

（三）因本公告第六条第一项、第二项、第四项、第五项、第六项被直接判为D级的，主管税务机关应调整其以前年度纳税信用级别为D级，该D级评价（简称动态D）不保留到下一年度。

八、关于发布A级纳税人名单

（一）按照谁评价、谁确定、谁发布的原则，纳税人主管税务机关负责纳税信用的评价、确定和发布，上级税务机关汇总公布评价结果。

（二）主管税务机关于每年4月按照税务总局统一规定的时间分别以通告的形式对外发布A级纳税人信息，发布内容包括：纳税人识别号、纳税人名称、评价年度、纳税人主管税务机关。税务总局、省税务机关、市税务机关通过门户网站(或子网站)汇总公布管辖范围内的 A 级纳税人信息。由于复评、动态调整等原因需要调整 A 级名单的,应发布变化情况通告,及时更新公告栏、公布栏内容,并层报税务总局(纳税服务司)。

(三)在评价结果公布前(每年 1 月至 4 月),发现评价为 A 级的纳税人已注销或被税务机关认定为非正常户的,其评价结果不予发布。

本公告自发布之日起施行。

4.《国家税务总局关于完善纳税信用管理有关事项的公告》①**(2016 年 2 月 16 日颁布　2016 年 3 月 1 日实施　国家税务总局公告 2016 年第 9 号)**

根据《深化国税、地税征管体制改革方案》关于建立促进诚信纳税机制的要求,税务总局对《纳税信用管理办法(试行)》(国家税务总局公告 2014 年第 40 号发布,以下简称《管理办法》)和《纳税信用评价指标和评价方式(试行)》(国家税务总局公告 2014 年第 48 号发布,以下简称《指标和评价》)有关内容进行了调整完善,现将有关事项公告如下:

一、关于税务机关对纳税人的纳税信用级别实行动态调整的方法和程序

(一)因税务检查等发现纳税人以前评价年度存在直接判为 D 级情形的,主管税务机关应调整其相应评价年度纳税信用级别为 D 级,并记录动态调整信息(附件 1),该 D 级评价不保留至下一年度。对税务检查等发现纳税人以前评价年度存在需扣减纳税信用评价指标得分情形的,主管税务机关暂不调整其相应年度纳税信用评价结果和记录。

---

① 根据《国家税务总局关于修改部分税收规范性文件的公告》(2018 年第 31 号),删除第一条第二项中"主管国税机关、地税机关应及时沟通,相互传递动态调整相关信息,协同完成动态调整工作"相关内容,附件1《年度纳税信用级别动态调整信息》中"国税主管税务机关和地税主管税务机关"的内容修改为"主管税务机关"。

(二)主管税务机关按月开展纳税信用级别动态调整工作,并为纳税人提供动态调整信息的自我查询服务。

　　(三)主管税务机关完成动态调整工作后,于次月初5个工作日内将动态调整情况层报至省税务机关备案,并发布A级纳税人变动情况通告。省税务机关据此更新税务网站公布的纳税信用评价信息,于每月上旬将A级纳税人变动情况汇总报送税务总局(纳税服务司)。

　　(四)纳税信用年度评价结果发布前,主管税务机关发现纳税人在评价年度存在动态调整情形的,应调整后再发布评价结果。

　　二、关于税务机关对纳税信用评价状态发生变化的纳税人通知、提醒方式

　　纳税信用评价状态发生变化是指,纳税信用评价年度之中,纳税人的信用评价指标出现扣分且将影响评价级别下降的情形。

　　税务机关按月采集纳税信用评价信息时,发现纳税人出现上述情形的,可通过邮件、短信、微信等方式,通知、提醒纳税人,并视纳税信用评价状态变化趋势采取相应的服务和管理措施,促进纳税人诚信自律,提高税法遵从度。

　　三、关于部分评价指标扣分标准的优化调整

　　《指标和评价》中部分评价指标描述和扣分标准的优化调整情况详见附件2。此前规定与本公告附件2不一致的,按本公告执行。

　　本公告自2016年3月1日起施行。

　　5.《国家税务总局关于纳税信用评价有关事项的公告》[①]**(2018年2月1日颁布　2018年4月1日实施　国家税务总局公告2018年第8号)**

　　随着纳税信用体系建设不断推进,纳税信用的社会价值和社会影响力日益增强,成为纳税人参与市场竞争的重要资产。为进

---

　　① 根据《国家税务总局关于扩大小规模纳税人自行开具增值税专用发票试点范围等事项的公告》(国家税务总局公告2019年第8号),自2019年2月3日起,条款第四条第一项废止。

一步落实国务院"放管服"改革精神,优化税收营商环境,鼓励"大众创业、万众创新",根据《中华人民共和国税收征收管理法》和《国务院关于印发社会信用体系建设规划纲要(2014－2020年)的通知》(国发〔2014〕21号),现就进一步完善纳税信用评价的有关事项公告如下:

一、新增下列企业参与纳税信用评价:

(一)从首次在税务机关办理涉税事宜之日起时间不满一个评价年度的企业(以下简称"新设立企业")。评价年度是指公历年度,即1月1日至12月31日。

(二)评价年度内无生产经营业务收入的企业。

(三)适用企业所得税核定征收办法的企业。

二、本公告第一条所列企业的纳税信用评价时限如下:

(一)新设立企业在2018年4月1日以前已办理涉税事宜的,税务机关应在2018年4月30日前对其纳税信用进行评价;从2018年4月1日起,对首次在税务机关办理涉税事宜的新设立企业,税务机关应及时进行纳税信用评价。

(二)评价年度内无生产经营业务收入的企业和适用企业所得税核定征收办法的企业,税务机关在每一评价年度结束后,按照《纳税信用管理办法(试行)》(国家税务总局公告2014年第40号发布,以下简称《信用管理办法》)规定的时限进行纳税信用评价。

三、增设M级纳税信用级别,纳税信用级别由A、B、C、D四级变更为A、B、M、C、D五级。未发生《信用管理办法》第二十条所列失信行为的下列企业适用M级纳税信用:

(一)新设立企业。

(二)评价年度内无生产经营业务收入且年度评价指标得分70分以上的企业。

四、对纳税信用评价为M级的企业,税务机关实行下列激励措施:

(二)税务机关适时进行税收政策和管理规定的辅导。

五、企业(包括新设立企业)发生《信用管理办法》第二十条所列失信行为的,税务机关应及时对其纳税信用级别进行调整,并以适当的方式告知。

六、除上述规定外,纳税信用管理的其他事项按照《信用管理办法》规定执行。

七、本公告自 2018 年 4 月 1 日起施行,《信用管理办法》第十七条第二项同时废止。

6.《国家税务总局关于纳税信用修复有关事项的公告》①**(2019 年 11 月 7 日颁布　2020 年 1 月 1 日实施　国家税务总局公告 2019 年第 37 号)**

为鼓励和引导纳税人增强依法诚信纳税意识,主动纠正纳税失信行为,根据《国务院办公厅关于加快推进社会信用体系建设构建以信用为基础的新型监管机制的指导意见》(国办发〔2019〕35 号),现就纳税信用修复有关事项公告如下:

一、纳入纳税信用管理的企业纳税人,符合下列条件之一的,可在规定期限内向主管税务机关申请纳税信用修复。

(一)纳税人发生未按法定期限办理纳税申报、税款缴纳、资料备案等事项且已补办的。

(二)未按税务机关处理结论缴纳或者足额缴纳税款、滞纳金和罚款,未构成犯罪,纳税信用级别被直接判为 D 级的纳税人,在税务机关处理结论明确的期限期满后 60 日内足额缴纳、补缴的。

(三)纳税人履行相应法律义务并由税务机关依法解除非正常户状态的。

《纳税信用修复范围及标准》见附件 1。

二、符合本公告第一条第(一)项所列条件且失信行为已纳入纳税信用评价的,纳税人可在失信行为被税务机关列入失信记录的次年年底前向主管税务机关提出信用修复申请,税务机关按照

---

①　根据《国家税务总局关于纳税信用评价与修复有关事项的公告》(2021 年第 31 号),自 2022 年 1 月 1 日起,《国家税务总局关于纳税信用修复有关事项的公告》(2019 年第 37 号)所附《纳税信用修复申请表》《纳税信用修复范围及标准》废止。

《纳税信用修复范围及标准》调整该项纳税信用评价指标分值,重新评价纳税人的纳税信用级别;符合本公告第一条第(一)项所列条件但失信行为尚未纳入纳税信用评价的,纳税人无需提出申请,税务机关按照《纳税信用修复范围及标准》调整纳税人该项纳税信用评价指标分值并进行纳税信用评价。

符合本公告第一条第(二)项、第(三)项所列条件的,纳税人可在纳税信用被直接判为D级的次年年底前向主管税务机关提出申请,税务机关根据纳税人失信行为纠正情况调整该项纳税信用评价指标的状态,重新评价纳税人的纳税信用级别,但不得评价为A级。

非正常户失信行为纳税信用修复一个纳税年度内只能申请一次。纳税年度自公历1月1日起至12月31日止。

纳税信用修复后纳税信用级别不再为D级的纳税人,其直接责任人注册登记或者负责经营的其他纳税人之前被关联为D级的,可向主管税务机关申请解除纳税信用D级关联。

三、需向主管税务机关提出纳税信用修复申请的纳税人应填报《纳税信用修复申请表》(附件2),并对纠正失信行为的真实性作出承诺。

税务机关发现纳税人虚假承诺的,撤销相应的纳税信用修复,并按照《纳税信用评价指标和评价方式(试行)调整表》(附件3)予以扣分。

四、主管税务机关自受理纳税信用修复申请之日起15个工作日内完成审核,并向纳税人反馈信用修复结果。

五、纳税信用修复完成后,纳税人按照修复后的纳税信用级别适用相应的税收政策和管理服务措施,之前已适用的税收政策和管理服务措施不作追溯调整。

六、本公告自2020年1月1日起施行。

7.《国家税务总局关于纳税信用管理有关事项的公告》(2020年9月13日颁布　2020年11月1日实施　国家税务总局公告2020年第15号)

为深入贯彻落实国务院"放管服"改革精神,优化税收营商环境,完善纳税信用体系,根据《中华人民共和国税收征收管理法实施细则》和《国务院关于印发社会信用体系建设规划纲要(2014 - 2020 年)的通知》(国发〔2014〕21 号),现就纳税信用管理有关事项公告如下:

一、非独立核算分支机构可自愿参与纳税信用评价。本公告所称非独立核算分支机构是指由企业纳税人设立,已在税务机关完成登记信息确认且核算方式为非独立核算的分支机构。

非独立核算分支机构参评后,2019 年度之前的纳税信用级别不再评价,在机构存续期间适用国家税务总局纳税信用管理相关规定。

二、自开展 2020 年度评价时起,调整纳税信用评价计分方法中的起评分规则。近三个评价年度内存在非经常性指标信息的,从 100 分起评;近三个评价年度内没有非经常性指标信息的,从 90 分起评。

三、自开展 2019 年度评价时起,调整税务机关对 D 级纳税人采取的信用管理措施。对于因评价指标得分评为 D 级的纳税人,次年由直接保留 D 级评价调整为评价时加扣 11 分;税务机关应按照本条前述规定在 2020 年 11 月 30 日前调整其 2019 年度纳税信用级别,2019 年度以前的纳税信用级别不作追溯调整。对于因直接判级评为 D 级的纳税人,维持 D 级评价保留 2 年、第三年纳税信用不得评价为 A 级。

四、纳税人对指标评价情况有异议的,可在评价年度次年 3 月份填写《纳税信用复评(核)申请表》,向主管税务机关提出复核,主管税务机关在开展年度评价时审核调整,并随评价结果向纳税人提供复核情况的自我查询服务。

五、本公告自 2020 年 11 月 1 日起施行。《纳税信用管理办法(试行)》(国家税务总局公告 2014 年第 40 号发布)第十五条第二款、第三十二条第七项,《国家税务总局关于明确纳税信用管理若干业务口径的公告》(2015 年第 85 号,2018 年第 31 号修改)第三条第一款、第七条第一项,《国家税务总局关于明确纳税信用补评和复评事项的公告》(2015 年第 46 号,2018 年第 31 号修改)所附《纳税信用复评申请表》同时废止。

8.《国家税务总局关于纳税信用评价与修复有关事项的公告》(2021年11月15日颁布　2022年1月1日实施　国家税务总局公告2021年第31号)

为贯彻落实中办、国办印发的《关于进一步深化税收征管改革的意见》，深入开展2021年"我为纳税人缴费人办实事暨便民办税春风行动"，推进税务领域"放管服"改革，优化税收营商环境，引导纳税人及时纠正违规失信行为、消除不良影响，根据《国务院办公厅关于进一步完善失信约束制度 构建诚信建设长效机制的指导意见》(国办发〔2020〕49号)等文件要求，现就纳税信用评价与修复有关事项公告如下：

一、符合下列条件之一的纳税人，可向主管税务机关申请纳税信用修复：

(一)破产企业或其管理人在重整或和解程序中，已依法缴纳税款、滞纳金、罚款，并纠正相关纳税信用失信行为的。

(二)因确定为重大税收违法失信主体，纳税信用直接判为D级的纳税人，失信主体信息已按照国家税务总局相关规定不予公布或停止公布，申请前连续12个月没有新增纳税信用失信行为记录的。

(三)由纳税信用D级纳税人的直接责任人员注册登记或者负责经营，纳税信用关联评价为D级的纳税人，申请前连续6个月没有新增纳税信用失信行为记录的。

(四)因其他失信行为纳税信用直接判为D级的纳税人，已纠正纳税信用失信行为、履行税收法律责任，申请前连续12个月没有新增纳税信用失信行为记录的。

(五)因上一年度纳税信用直接判为D级，本年度纳税信用保留为D级的纳税人，已纠正纳税信用失信行为、履行税收法律责任或失信主体信息已按照国家税务总局相关规定不予公布或停止公布，申请前连续12个月没有新增纳税信用失信行为记录的。

二、符合《国家税务总局关于纳税信用修复有关事项的公告》(2019年第37号)所列条件的纳税人，其纳税信用级别及失信行为的修复仍从其规定。

三、符合本公告所列条件的纳税人,可填写《纳税信用修复申请表》(附件1),对当前的纳税信用评价结果向主管税务机关申请纳税信用修复。税务机关核实纳税人纳税信用状况,按照《纳税信用修复范围及标准》(附件2)调整相应纳税信用评价指标状态,根据纳税信用评价相关规定,重新评价纳税人的纳税信用级别。

申请破产重整企业纳税信用修复的,应同步提供人民法院批准的重整计划或认可的和解协议,其破产重整前发生的相关失信行为,可按照《纳税信用修复范围及标准》中破产重整企业适用的修复标准开展修复。

四、自2021年度纳税信用评价起,税务机关按照"首违不罚"相关规定对纳税人不予行政处罚的,相关记录不纳入纳税信用评价。

五、本公告自2022年1月1日起施行。《国家税务总局关于明确纳税信用管理若干业务口径的公告》(2015年第85号,2018年第31号修改)第六条第(十)项、《国家税务总局关于纳税信用修复有关事项的公告》(2019年第37号)所附《纳税信用修复申请表》《纳税信用修复范围及标准》同时废止。

四、部门工作文件

1.《国家税务总局关于加大监督检查力度切实维护税收秩序的通知》(2008年12月2日颁布 2008年12月2日实施 国税发〔2008〕112号)

各省、自治区、直辖市和计划单列市国家税务局、地方税务局,局内各单位:

当前,国际金融危机对我国经济的影响日益显现,保持经济平稳较快发展面临前所未有的挑战,组织税收收入工作也遇到新的困难。为切实维护税收征管秩序,现就有关事项通知如下:

一、坚持依法治税,坚决防止违法违规组织税收收入

今年下半年以来,受国际金融危机的影响,我国经济增长速度放缓,税收增幅减小。在这种情况下,各级税务机关要坚决贯彻

"依法征税,应收尽收,坚决不收过头税,坚决防止和制止越权减免税"的组织收入原则,坚持依法征税,坚决抵制违反税收政策规定,人为提高税收收入的做法,坚决杜绝"寅吃卯粮"、收过头税、转引税款、虚收空转和为增加收入而违规提高企业预缴所得税比例,以及违规先征后返的行为。已经发生违法违规组织税收入行为的,必须立即纠正。

二、加强纳税服务,确保各项税收政策落实到位

各级税务机关要进一步加强纳税服务工作,认真落实好党中央、国务院为促进经济平稳较快增长实施的各项税收政策。要加快认定高新技术企业的工作,凡经认定的高新技术企业,应将其今年多预缴的税款抓紧抵顶;留抵的进项增值税款,应在销项税额中应抵尽抵,不得少抵不抵;进一步加快出口退税工作。要严格执行税收法律法规,对一些地方、部门违反规定,擅自越权作出的不符合税收政策的做法,各级税务机关一律不得执行,并及时向上级税务机关报告。

三、严格执法监督,切实维护税收征管秩序

各级税务机关要进一步强化税收执法监督,围绕税收执法中的自由裁量权和重点环节,深入开展税收执法监察,严肃查处违法违纪行为。要严格落实税收执法责任制,严格执法过错责任追究,最大限度地减少执法的随意性,切实降低税收执法风险。税收秩序相对混乱、发案率较高的地区,要集中力量开展税收专项整治,严肃处理有关责任人。

四、强化督促检查,圆满完成全年各项工作任务

各级税务机关要以开展深入学习实践科学发展观活动为契机,在税收工作中紧紧围绕"服务科学发展、共建和谐税收"的主题,进一步贯彻落实科学发展观,对坚持依法治税,完善税收制度,优化纳税服务,规范税收管理,加强队伍建设,推进反腐倡廉等重点工作,以及《2008年全国税收工作要点》的落实情况进行督促检查,对尚未完成的工作任务,要认真分析原因,采取有力措施,确保如期完成。

2.《国家税务总局关于加强对防伪系统服务单位监管切实维护纳税人合法权益的通知》(2009年3月18日颁布 2009年3月18日实施 国税函〔2009〕135号)

各省、自治区、直辖市和计划单列市国家税务局:

自推行应用增值税防伪税控系统以来,全国各级国税机关积极采取措施,加强对防伪税控服务单位的监督和管理,服务单位强行推销、寻机搭售通用设备的行为明显减少,促进了防伪税控服务单位服务质量的提高,较好地维护了纳税人的合法权益。但是,目前仍有一些地区的服务单位采用各种手段,向纳税人强行推销计算机、打印机和扫描仪等通用设备,且价格高于市场同类产品价格,有的服务单位变相收取培训费或不维护而强索服务费,这些行为引起了纳税人的强烈不满,损害了税务机关的形象。为此,特就有关问题通知如下:

一、充分认识保护纳税人合法权益的重要性。纳税人是社会物质财富的创造者,也是政府财政收入的重要贡献者,依法纳税是其应尽的义务,纳税人权益也必须依法受到有效保护。在日常税收管理中,对纳税人合法权益的任何不法侵害,不仅会损伤纳税人依法纳税的自觉性,而且会损害税务机关的社会形象,影响征纳关系的和谐发展。各级税务机关要结合深入开展学习实践科学发展观活动,从"服务科学发展,共建和谐税收"的高度,充分认识保护纳税人合法权益的重要性,认真做好防伪税控系统推广的宣传解释工作,明确告知纳税人专用设备与通用设备的区别,增强纳税人的自我保护意识和能力。对于纳税人对防伪税控服务单位的投诉,一定要认真对待,及时妥善处理,以有效保护纳税人的合法权益。

二、严格执行相关规定和管理办法。关于禁止生产经营单位和技术维护单位利用推广增值税防伪税控系统之名,捆绑销售计算机、打印机等非专用设备和相关物品以及不得收取价格主管部门核定价格以外的任何技术维护费问题,2000年原国家计委在《国家计委关于核定增值税防伪税控系统专用设备和技术维护价格的通知》(计价格〔2000〕1381号)中进行了明确。2005年3月,国家税务总局就加强对服务单位的监管问题专门下发了《增值税防伪税控系统服务监督管理办法》。各地税务机关一定要严格按照有关文件的规定，切实加强对服务单位的监督和管理，及时纠正服务单位在经营和服务中存在的侵害纳税人权益问题，做到发现一起，查处一起。对于发现问题较多的服务单位，要严格按规定进行公告批评，并按规定向上一级税务机关反映。同时要举一反三，进一步健全监督管理机制。各地要切实抓好税务系统自身建设，加强对税务干部的监督和管理，坚决防止税务机关或税务人员侵害纳税人权益行为的发生。对于纳税人涉及税务机关和税务人员的侵权投诉，必须认真核查。一经查实，要严肃处理。

三、切实加强对服务单位的监督和管理。2009年6月底前，各地税务机关要普遍开展一次对本地区防伪税控系统服务单位服务工作情况的清理检查。检查的内容包括：服务单位销售通用设备情况、提供服务情况及收取培训费和服务费情况。要重点检查服务单位是否存在借机搭售、强行推销和高价销售通用设备的行为；收取的费用是否合理；有无收费不培训、收费不维护、少服务多收费等问题。同时，要对《防伪税控系统技术服务单位服务质量调查表》中纳税人反映的问题逐一核实，对属于问题投诉的，要跟踪检查并走访落实。税务总局将在适当时间对各地工作开展情况进行抽查。各地的检查情况务于2009年6月底前书面上报税务总局（纳税服务司）。

3.《国家税务总局关于印发〈税务系统首问责任制度（试行）〉的通知》(2014年4月24日颁布　2014年4月24日实施　税总发〔2014〕59号)

各省、自治区、直辖市和计划单列市国家税务局、地方税务局：

为促进税务系统进一步转变职能、改进作风，按照"最大限度便利纳税人、最大限度规范税务人"的工作要求和"便民办税春风行动"的统一部署，税务总局决定在全国税务系统全面推行首问责任制。现将《税务系统首问责任制度（试行）》印发你们，请认真遵照执行。现就有关问题通知如下：

一、提高认识,加强领导。推行首问责任制是"便民办税春风行动"的重要内容,是提高税务机关服务效率和纳税人办税效率、降低征纳成本,构建和谐征纳关系的重要措施,也是践行"三严三实",使"三个三"要求成为税务工作人员思想自觉和行动自觉的有力抓手。各地要提高对推行首问责任制重要性和必要性的认识,切实加强组织领导,各级税务机关"便民办税春风行动"领导小组要统筹负责推行工作,务求将首问责任制抓好、抓实。

二、细化措施,稳步推进。推行首问责任制涉及人员面广、业务类型多,各地要结合本地实际情况,按照符合工作规律、提高服务效率、明确岗位职责、加强部门配合的原则,制定细化方案,形成立得住、行得通、管得好的首问责任推行、管理、考核和督促机制。要加强对税务工作人员的培训辅导,使其在掌握本岗位业务的基础上熟悉了解相关涉税业务办理流程和部门职责分工,为推行首问责任制打好基础。

三、狠抓落实,注重长效。要积极通过纳税人意见征集、明察暗访、绩效考核等方式,加强对首问责任制落实情况的督促检查,确保首问责任制落实到位,取得实效。要通过多种渠道对首问责任制进行广泛宣传,主动接受纳税人和社会公众的监督,营造良好舆论氛围,使首问责任成为税务系统的一种工作常态、行为习惯和行业风尚。

4.《国家税务总局关于加强网上办税系统技术管理工作的通知》(2014年10月20日颁布　2014年10月20日实施　税总函〔2014〕505号)

各省、自治区、直辖市和计划单列市国家税务局、地方税务局:

近年来,为落实国家税务总局优化纳税服务工作要求,各地税务机关大力依托互联网络向纳税人提供办税服务,极大地方便了纳税人,应用成效显著。但由于税收信息化发展水平及税收业务管理需求不同,各地网上办税系统的业务功能、技术实现、安全防护和技术保障等方面仍然参差不齐。为规范各地网上办税系统的设计和实施,全面提升网上办税系统技术保障能力,税务总局制定了《网上办税系统技术要求》(附件1,以下简称《技术要求》),并就加强网上办税系统技术管理工作通知如下：

一、明确工作要求，高度重视网上办税系统技术管理工作。网上办税系统和纳税人密切相关，确保网上办税系统安全稳定运行是落实"便民办税春风行动"、《全国县级税务机关纳税服务规范》的重要保障，是提高纳税人满意度和税法遵从度的基本要求，各单位应高度重视并切实加强网上办税系统技术管理和保障工作。

二、加强技术管理，提升网上办税系统技术保障能力。税务总局制定的《网上办税系统技术要求》，明确了网上办税系统的建设内容、技术架构、开发设计、运维保障、技术服务管理等要求。同时，为便于各地理解和学习，一并整理了2个参考案例《金税三期工程纳税服务平台项目介绍》(附件2)、《宁波市国税局移动纳税服务平台项目介绍》(附件3)，供各地参考。

各单位应认真学习贯彻《技术要求》及参考案例，对于新建的网上办税系统，应严格遵循《技术要求》；对于现有网上办税系统改造，应按照《技术要求》升级完善，确保网上办税系统稳定高效、安全可靠，持续提升技术保障能力。

三、定期自查评估，落实网上办税系统各项技术要求。各单位应对照《技术要求》对本单位现有网上办税系统进行自查评估，分析存在的差距，形成自查报告，为下一步升级完善打好基础。在落实税务总局部署的年度网络安全检查时，各单位应参照《技术要求》对网上办税系统进行检查。同时，税务总局将适时对部分单位网上办税系统技术要求落实情况进行抽查。

5.《国家税务总局关于严禁违规插手涉税中介经营活动的通知》(2015年5月21日颁布　2015年5月21日实施　税总发〔2015〕75号)

各省、自治区、直辖市和计划单列市国家税务局、地方税务局：

涉税中介服务作为纳税服务体系的一个重要组成部分，为维护国家税收利益和纳税人合法权益起到了积极作用。但当前还存在个别税务机关、少数税务人员及其配偶、子女及其配偶违规参与涉税中介经营牟取利益，少数涉税中介通过利益输送拉拢税务人员、利用关系违规干预税收执法的问题,损害了税务机关形象,扰乱了税收正常秩序。为落实税务机关党风廉政建设和涉税中介监管的主体责任,根据党中央、国务院有关党风廉政建设和中介服务监管的要求,《公务员法》和《税收违法违纪行为处分规定》等相关规定,现就禁止税务机关和税务人员违规插手涉税中介经营活动有关事项通知如下:

一、税务人员严禁有以下行为

(一)直接开办或者投资入股涉税中介,在涉税中介挂名、兼职(任职)或者出借(出租)注册税务师等资格证书,以任何理由强行安置配偶、子女及其配偶在涉税中介机构就业;

(二)强制、指定或者变相强制、变相指定纳税人接受涉税中介服务;

(三)以任何名目在涉税中介报销费用、领取补贴(补助)或以其他形式取得经济利益;

(四)利用税收征管权、检查权、执法权、政策解释权和行政监管权,与中介机构合谋作出有关资格认定、税收解释或决定,使纳税人不缴税、少缴税或减免退抵税,非法获取利益;

(五)其他违反规定插手涉税中介经营活动的行为。

二、税务机关领导干部落实三项制度

(一)报告制度。副处级以上领导干部应在每年度《领导干部个人有关事项报告表》"配偶、子女从业情况"、"配偶、共同生活的子女投资非上市公司、企业的情况"和"配偶、共同生活的子女注册个体工商户、个人独资企业或者合伙企业的情况"栏中,按要求填报从事涉税中介经营活动的情况;

(二)回避制度。领导干部配偶、子女及其配偶在本人管辖的业务范围内从事与税收业务相关的中介活动,应该回避,经劝阻其配偶、子女及其配偶拒不退出或者本人不服从工作调整的,依规进行处理;

(三)职后从业限制制度。领导干部辞去公职或者退(离)休后三年内,不得到本人原任职务管辖的地区和业务范围内的涉税中介兼职(任职),或从事涉税中介营利性活动。

三、税务机关应切实履行如下职责

(一)在举报、信访或检查中发现税务人员或上级领导干部及其配偶、子女及其配偶存在上述违规行为,应当及时将有关材料移送任免机关或者纪检监察部门,由任免机关或者纪检监察部门按照管理权限依法依规处理。各单位负责同志发现其工作人员存在违规违纪行为后不制止、不查处、不报告的,按干部管理权限由相关部门追究领导责任;

(二)严格按照《国家税务总局办公厅关于印发〈税务代理机构脱钩改制验收标准〉的通知》(国税发〔1999〕48号)要求开展清查工作,发现不符合脱钩改制要求的税务师事务所,坚决予以撤销并同时追究主要领导和相关责任人的责任;

(三)加强涉税中介监管,完善监管制度,强化行业自律,建立信用考评机制,引导涉税中介机构健康发展。严查违规干预税收执法行为,规范税务人员同涉税中介机构的关系。

四、工作要求

(一)各级税务机关要坚决贯彻《国务院办公厅关于清理规范国务院部门行政审批中介服务的通知》(国办发〔2015〕31号)精神,切实履行党风廉政建设和涉税中介监管的主体责任。明确工作重点和整顿清理目标,研究制定本地区本单位具体工作措施并组织实施,彻底斩断税务机关和人员与涉税中介的利益链条。

(二)内外并重强化日常监管。建立和完善人事、纪检监察和注册税务师管理等部门密切配合的监管机制,认真受理并及时核查纳税人及其他人员举报的问题。纪检监察部门要加强监督执纪问责。

(三)接本通知后,县以上税务机关应由一把手负责,组织相关部门成立清理小组对本单位的相关情况开展自查。上级税务机关对所属单位的自查情况进行抽查,对违法违纪违规行为实行"零容忍",发现一起,查处一起。自查与抽查工作在7月底前完成,各省税务机关应于8月15日前将本地区清理的情况以正式文件报国家税务总局(纳税服务司)。

6.《国家税务总局关于开展 2021 年"我为纳税人缴费人办实事暨便民办税春风行动"的意见》(2021 年 2 月 11 日颁布　2021 年 2 月 11 日实施　税总发〔2021〕14 号)

国家税务总局各省、自治区、直辖市和计划单列市税务局,国家税务总局驻各地特派员办事处,局内各单位:

为深入贯彻党的十九届五中全会和中央经济工作会议精神,落实党中央、国务院关于深化"放管服"改革、优化营商环境的部署,按照在党史学习教育中要开展好"我为群众办实事"实践活动的要求,积极创建"让党中央放心、让人民群众满意"的模范税务机关,根据前期问计问需征集活动中纳税人缴费人提出的意见建议,税务总局决定,2021 年以"优化执法服务·办好惠民实事"为主题,连续第 8 年开展"我为纳税人缴费人办实事暨便民办税春风行动"(以下简称"春风行动"),为构建新发展格局、推动高质量发展贡献税务力量,以"春风行动"实际成效庆祝建党 100 周年。

一、总体要求

以习近平新时代中国特色社会主义思想为指导,深入贯彻党的十九大和十九届二中、三中、四中、五中全会精神,根据庆祝建党 100 周年活动安排,紧扣党史学习教育和模范机关创建,围绕落实中央全面深化改革委员会第十七次会议关于推进税收精确执法、精细服务、精准监管、精诚共治的要求,结合深化税务系统"放管服"改革,坚持以人民为中心的发展思想,突出"优化执法服务·办好惠民实事"主题,深入开展"春风行动",创新推出便民办税缴费举措,切实为群众办实事解难题,着力提升纳税人缴费人满意度和获得感,更好发挥税收在国家治理中的基础性、支柱性、保障性作用,为"十四五"开好局、起好步作出积极贡献。

二、行动内容

(一)群众诉求快响应

1.问计问需于民。响应"我为群众办实事"活动要求,在全国范围内征集纳税人缴费人需求及需求实现方式。制定纳税人缴费人税费服务需求管理办法,对税务系统加强纳税人缴费人需求管理工作作出制度性安排。设立税费服务产品发布前体验期,在各类税费服务产品推出前公开招募服务产品体验师先期体验,根据体验师反馈的意见和建议改进完善服务产品。

2. 税费咨询响应。实行重大税费优惠政策"一政一讲、一措一谈",增强税费政策和征管制度解读的及时性和针对性。落实国务院办公厅要求,各地12366纳税服务热线以分中心形式归并到所在地12345热线,保留号码和话务坐席,提供"7×24小时"智能咨询服务。完善智能咨询系统功能,提供文字、图片、视频等多种互动方式,提高智能咨询解答准确率。开展线上方式辅助办税,实现远程帮办、问办结合,解决纳税人缴费人在业务办理过程中遇到的信息系统、业务操作等问题。

3. 改进服务评价。修订完善纳税人缴费人满意度调查工作指导意见,进一步规范和加强满意度调查工作。落实国务院办公厅关于政务服务"好差评"制度要求,建立健全"好差评"常态化工作机制,完善"开展评价－差评处理－结果应用"的业务闭环管理模式,确保每项差评反映的问题都能够及时整改。

(四)分类服务解难题

13. 关注特殊人群。坚持传统服务与智能创新"两条腿"走路,在做好线上服务的同时持续优化线下服务,更好满足特殊人群、特殊事项办理的要求。保障老年人、残疾人等特殊人群社保费缴费顺畅便捷。

14. 优化个税汇算。制发办理2020年度个人所得税综合所得汇算清缴(以下简称"年度汇算")公告,进一步完善年度汇算制度、操作指引和宣传方式,引导纳税人顺利办理年度汇算。新增手机APP年度汇算专题页,根据纳税人所处年度汇算的时段和状态,采取普遍性与个性化相结合的方式,开展"千人千面"的提示提醒服务。引导纳税人及时确认本人个人所得税预缴申报记录,对接到身份冒用异议申诉的,主管税务机关加快核实处理。适应疫情防控要求,对确需上门办税的可采取预约办理,合理有序引导纳税人办理年度汇算。设置年度汇算专厅或专区,为纳税人提供优质高效办理服务。组建更大规模的咨询辅导团队,对重点人群实行"一对一"咨询辅导责任制。优化年度汇算系统功能,对符合条件的纳税人,个人所得税四项综合所得数据和捐赠数据全部直接预填到申报表中;取得境外所得的自然人纳税人可通过网上税务局网页端办理境外所得申报。优化年度汇算制度,没有任职受雇单位的纳税人可选择向其户籍所在地、经营居住地或者主要收入来源地的主管税务机关申报,保险营销员、证券经纪人以及正在接受全日制学历教育的实习生等,可就近在发放报酬单位所在地办理年度汇算。代办年度汇算时,受雇单位可通过电子邮件、短信、微信等"电子"方式进行确认,与书面确认具有同等法律效力,让单位代办确认更方便。结合模范机关创建活动,组织开展全国范围内的专项志愿服务,通过"党员先锋岗""青年突击队""志愿服务团"等方式,帮助特殊群体和有需要的纳税人办理年度汇算。

15. 助力小微企业。运用大数据对小微企业开展"滴灌式"宣传辅导。深化"银税互动"合作,帮助小微企业解决融资难问题。会同有关部门在全国范围内开展助力小微企业发展"春雨润苗"专项行动。

16. 服务大型企业。协调解决大企业重大复杂涉税诉求,增强税收政策执行确定性。开展大企业跨区域涉税事项协调,增强税收政策执行统一性。继续做好大企业涉税事项事先裁定,为大企业经营决策提供政策确定性。开展部分重点企业税收体检和风险提醒,助力大企业健全内控管理体系。

17. 支持区域发展。实行长江经济带、成渝双城经济圈跨区域涉税事项报验网上办,纳税人在区域内跨省(市)临时从事生产经营活动的,可在机构所在地完成跨区域涉税事项报告后,登录经营地电子税务局办理报验、反馈等事宜。推进长三角地区纳税申报预填服务,增值税小规模纳税人通过电子税务局申报时,系统自动归集纳税人发票开具、房产及土地税源等数据,自动判断应申报税种,自动推送预填数据,由纳税人确认后一次完成各税种申报。指导长三角等地区探索制定土地增值税预征和核定征收的具体办法、统一房地产开发企业土地增值税清算条件。推进成渝双城经济圈实名办税信息互认,推动跨省经营的大中型企业和资金管理规范的小微企业实现税收跨省缴库"同城化、电子化、标准化",进一步提升跨省经营纳税人的缴库便利性。打通珠三角服务贸易付汇快速通道,建立数据共享机制,提升国际税收办税便利度。制定海南自由贸易港年度税费服务标准,并向社会公开涉及信息报告、税费申报、税费缴纳等方面的服务承诺,按年公布上一年度承诺兑现情况。

(五)执法维权显温度

18.推广首违不罚。推广"首违不罚"清单制度,制定并发布全国统一的"首违不罚"清单。纳税人因申报信息填写错误造成年度汇算多退或少缴税款,纳税人主动或经税务机关提醒后及时改正的,可以按照"首违不罚"原则不予处罚。

19.推进柔性执法。创新行政执法方式,有效运用说服教育、提示提醒等非强制性执法方式,让执法既有力度又有温度,做到宽严相济、法理相融。推进简易处罚事项网上办理,实现违法信息自动提醒、处罚流程全程网上办、处罚结果实时传递。

20.加强权益保护。开展党史学习教育,牢记为民服务初心使命,切实维护纳税人缴费人合法权益。建立税务规范性文件权益性审核机制,规范性文件正式发布前进行权益性审核,确认是否减损纳税人缴费人权益或增加纳税人缴费人负担。实施分类服务和差异化管理,根据风险分析结果,实现"无风险不打扰、低风险预提醒、中高风险严监控"。

(六)规范执法提质效

21.统一执法标准。推进区域内统一税务行政处罚裁量基准,充分发挥裁量基准制度对税务行政处罚工作的规范引领作用。编制公布税务行政备案事项清单,规范实施备案程序。

22.规范执法行为。落实国务院"两个不得"工作要求,有序做好社保费正常征缴工作,不得自行对历史欠费进行集中清缴,不得因社保费征收职责划转使企业特别是中小微企业增加缴费负担。

推进税务系统"双随机、一公开"监管，拓展部门联合"双随机、一公开"监管覆盖扩围，规范双随机的方式方法，实现减负增效、提高执法效能、降低征纳成本。加强对税费优惠政策措施落实情况和违规征"过头税费"问题的分析监控和监督检查。贯彻落实公平竞争审查制度，严肃查处违规增加市场主体负担、不当干预市场主体自主决策等行为。

三、工作要求

（一）坚持党建引领，把牢行动方向。各级税务部门要按照党的建设高质量发展要求，全面加强党的建设，推动"春风行动"深入开展。要将"春风行动"开展情况作为"我为群众办实事"的生动实践，将其作为模范税务机关创建的重要衡量标准，推进党建与业务更好融合。各级税务局要加强统一领导，强化统筹部署，抓好细化落实。

（二）结合工作实际，有序接力推进。各级税务部门要根据党中央、国务院工作部署和纳税人缴费人的需求，结合工作实际和"春风行动"的总体安排，抓好各项工作任务的落实。同时要结合当地政府深化"放管服"改革和优化营商环境要求，持续细化和创新推出"春风行动"举措，实现四季吹拂便民风。

（三）凝聚部门合力，打造良好氛围。各级税务部门要加强内部沟通协调，注重与外部门联动配合，同频共振、统一行动，扎实抓好"春风行动"举措的落实。要充分借助各种媒体广泛开展宣传活动，切实提升纳税人缴费人获得感和满意度。要及时总结并报送好的经验做法，税务总局（纳税服务司）适时向全国进行推广。

第十条 【内部监督】各级税务机关应当建立、健全内部制约和监督管理制度。

上级税务机关应当对下级税务机关的执法活动依法进行监督。

各级税务机关应当对其工作人员执行法律、行政法规和廉洁自律准则的情况进行监督检查。

一、税收行政法规

《中华人民共和国税收征收管理法实施细则》(2002年9月7日中华人民共和国国务院令第362号公布　根据2012年11月9日《国务院关于修改和废止部分行政法规的决定》第一次修订　根据2013年7月18日《国务院关于废止和修改部分行政法规的决定》第二次修订　根据2016年2月6日《国务院关于修改部分行政法规的决定》第三次修订)

第一百零一条　税务机关送达税务文书,应当直接送交受送达人。

受送达人是公民的,应当由本人直接签收;本人不在的,交其同住成年家属签收。

受送达人是法人或者其他组织的,应当由法人的法定代表人、其他组织的主要负责人或者该法人、组织的财务负责人、负责收件的人签收。受送达人有代理人的,可以送交其代理人签收。

第一百零二条　送达税务文书应当有送达回证,并由受送达人或者本细则规定的其他签收人在送达回证上记明收到日期,签名或者盖章,即为送达。

第一百零三条　受送达人或者本细则规定的其他签收人拒绝签收税务文书的,送达人应当在送达回证上记明拒收理由和日期,并由送达人和见证人签名或者盖章,将税务文书留在受送达人处,即视为送达。

第一百零四条　直接送达税务文书有困难的,可以委托其他有关机关或者其他单位代为送达,或者邮寄送达。

第一百零五条　直接或者委托送达税务文书的,以签收人或者见证人在送达回证上的签收或者注明的收件日期为送达日期;邮寄送达的,以挂号函件回执上注明的收件日期为送达日期,并视为已送达。

第一百零六条　有下列情形之一的,税务机关可以公告送达税务文书,自公告之日起满30日,即视为送达:

(一)同一送达事项的受送达人众多;

(二)采用本章规定的其他送达方式无法送达。

第一百零七条 税务文书的格式由国家税务总局制定。本细则所称税务文书,包括:

(一)税务事项通知书;

(二)责令限期改正通知书;

(三)税收保全措施决定书;

(四)税收强制执行决定书;

(五)税务检查通知书;

(六)税务处理决定书;

(七)税务行政处罚决定书;

(八)行政复议决定书;

(九)其他税务文书。

第一百零八条 税收征管法及本细则所称"以上"、"以下"、"日内"、"届满"均含本数。

第一百零九条 税收征管法及本细则所规定期限的最后一日是法定休假日的,以休假日期满的次日为期限的最后一日;在期限内有连续3日以上法定休假日的,按休假日天数顺延。

二、税务规章

《**税收执法督察规则**》[①](2018年6月15日颁布 2018年6月15日实施 中华人民共和国国家税务总局令第44号)

第一章 总 则

第一条 为了规范税收执法督察工作,促进税务机关依法行政,保证税收法律、行政法规和税收政策的贯彻实施,保护纳税人的合法权益,防范和化解税收执法风险,根据《中华人民共和国税收征收管理法》及其实施细则的有关规定,制定本规则。

第二条 各级税务机关开展税收执法督察工作,适用本规则。

第三条 本规则所称税收执法督察(以下简称执法督察),是

---

① 根据2018年6月15日《国家税务总局关于修改部分税务部门规章的决定》修正。

指县以上(含县)各级税务机关对本级税务机关内设机构、直属机构、派出机构或者下级税务机关的税收执法行为实施检查和处理的行政监督。

第四条 执法督察应当服从和服务于税收中心工作,坚持依法督察,客观公正,实事求是。

第五条 被督察单位及其工作人员应当自觉接受和配合执法督察。

第二章 执法督察的组织管理

第六条 各级税务机关督察内审部门或者承担税收执法监督检查职责的部门(以下简称督察内审部门),代表本级税务机关组织开展执法督察工作,履行以下职责:

(一)依据上级税务机关执法督察工作制度和计划,制定本级税务机关执法督察工作制度和计划;

(二)组织实施执法督察,向本级税务机关提交税收执法督察报告,并制作《税收执法督察处理决定书》、《税收执法督察处理意见书》或者《税收执法督察结论书》;

(三)组织实施税务系统税收执法责任制工作,牵头推行税收执法责任制考核信息系统,实施执法疑点信息分析监控;

(四)督办执法督察所发现问题的整改和责任追究;

(五)配合外部监督部门对税务机关开展监督检查工作;

(六)向本级和上级税务机关报告执法督察工作情况;

(七)通报执法督察工作情况和执法督察结果;

(八)指导、监督和考核下级税务机关执法督察工作;

(九)其他相关工作。

第七条 执法督察实行统筹规划,归口管理。督察内审部门负责执法督察工作的具体组织、协调和落实。税务机关内部相关部门应当树立全局观念,积极参与、支持和配合执法督察工作。

各级税务机关根据工作需要,可以将执法督察与其他具有监督性质的工作协同开展。

第八条 各级税务机关应当统一安排专门的执法督察工作经

费,根据年度执法督察工作计划和具体执法督察工作的开展情况,做好经费预算,并保障经费的正确合理使用。

第九条　上级税务机关对执法督察事项可以直接进行督察,也可以授权或者指定下级税务机关进行督察。

第十条　上级税务机关认为下级税务机关作出的执法督察结论不适当的,可以责成下级税务机关予以变更或者撤销,必要时也可以直接作出变更或者撤销的决定。

第十一条　各级税务机关可以采取复查、抽查等方式,对执法督察人员在执法督察工作中履行职责、遵守纪律、廉洁自律等情况进行监督检查。

第十二条　各级税务机关应当建立税收执法督察人才库,为执法督察储备人才。根据执法督察工作需要,确定执法督察人才库人员基数,实行动态管理,定期组织业务培训。下级税务机关应当向上级税务机关执法督察人才库输送人才。

第十三条　执法督察可以由督察内审部门人员独立完成,也可以抽调本级和下级税务机关税务人员实施,优先抽调执法督察人才库成员参加。相关单位和部门应当予以配合。

第三章　执法督察的内容和形式

第十四条　执法督察的内容包括:

(一)税收法律、行政法规、规章和规范性文件的执行情况;

(二)国务院和上级税务机关有关税收工作重要决策、部署的贯彻落实情况;

(三)税务机关制定或者与其他部门联合制定的涉税文件,以及税务机关以外的单位制定的涉税文件的合法性;

(四)外部监督部门依法查处或者督查、督办的税收执法事项;

(五)上级机关交办、有关部门转办的税收执法事项;

(六)执法督察所发现问题的整改和责任追究情况;

(七)其他需要实施执法督察的税收执法事项。

第十五条　执法督察可以通过全面执法督察、重点执法督察、专项执法督察和专案执法督察等形式开展。

第十六条 全面执法督察是指税务机关对本级和下级税务机关的税收执法行为进行的广泛、系统的监督检查。

第十七条 重点执法督察是指税务机关对本级和下级税务机关某些重点方面、重点环节、重点行业的税收执法行为所进行的监督检查。

第十八条 专项执法督察是指税务机关对本级和下级税务机关某项特定内容涉及到的税收执法行为进行的监督检查。

第十九条 专案执法督察是指税务机关对上级机关交办、有关部门转办的特定税收执法事项,以及通过信访、举报、媒体等途径反映的重大税收执法问题所涉及到的本级和下级税务机关的税收执法行为进行的监督检查。

第二十条 各级税务机关应当积极运用信息化手段,对与税收执法活动有关的各类信息系统执法数据进行分析、筛选、监控和提示,为各种形式的执法督察提供线索。

第四章 执法督察实施程序

第二十一条 执法督察工作要有计划、有组织、有步骤地开展,主要包括准备、实施、处理、整改、总结等阶段,根据工作需要可以进行复查。

第二十二条 督察内审部门应当科学、合理制定年度执法督察工作计划,报本级税务机关批准后统一部署实施。

未纳入年度执法督察工作计划的专案执法督察和其他特殊情况下需要启动的执法督察,应当在实施前报本级税务机关批准。

第二十三条 实施执法督察前,督察内审部门应当根据执法督察的对象和内容,制定包括组织领导、工作要求和执法督察的时限、重点、方法、步骤等内容的执法督察方案。

第二十四条 实施执法督察的税务机关应当成立执法督察组,负责具体实施执法督察。执法督察组人员不得少于2人,并实行组长负责制。

执法督察组组长应当对执法督察的总体质量负责。当执法督察组组长对被督察单位有关税收执法事项的意见与其他组员的意见不一致时,应当在税收执法督察报告中进行说明。

第二十五条 实施执法督察的税务机关应当根据执法督察的对象和内容对执法督察组人员进行查前培训,保证执法督察效率和质量。

第二十六条 实施执法督察,应当提前3个工作日向被督察单位下发税收执法督察通知,告知执法督察的时间、内容、方式,需要准备的资料,配合工作的要求等。被督察单位应当将税收执法督察通知在本单位范围内予以公布。

专案执法督察和其他特殊情况下,可以不予提前通知和公布。

第二十七条 执法督察可以采取下列工作方式:

(一)听取被督察单位税收执法情况汇报;

(二)调阅被督察单位收发文簿、会议纪要、涉税文件、税收执法卷宗和文书,以及其他相关资料;

(三)查阅、调取与税收执法活动有关的各类信息系统电子文档和数据;

(四)与被督察单位有关人员谈话,了解有关情况;

(五)特殊情况下需要到相关纳税人和有关单位了解情况或者取证时,应当按照法律规定的权限进行,并商请主管税务机关予以配合;

(六)其他方式。

第二十八条 执法督察中,被督察单位应当及时提供相关资料,以及与税收执法活动有关的各类信息系统所有数据查询权限。被督察单位主要负责人对本单位所提供的税收执法资料的真实性和完整性负责。

第二十九条 实施执法督察应当制作《税收执法督察工作底稿》。

发现税收执法行为存在违法、违规问题的,应当收集相关证据材料,在工作底稿上写明行为的内容、时间、情节、证据的名称和出处,以及违法、违规的文件依据等,由被督察单位盖章或者由有关人员签字。拒不盖章或者拒不签字的,应当说明理由,记录在案。

收集证据材料时无法取得原件的,应当通过复印、照相、摄像、扫描、录音等手段提取或者复制有关资料,由原件保存单位或者个人在复制件上注明"与原件核对无误,原件存于我处",并由有关人员签字。原件由单位保存的,还应当由该单位盖章。

第三十条 执法督察组实施执法督察后,应当及时将发现的问题汇总,并向被督察单位反馈情况。

被督察单位或者个人可以对反馈的情况进行陈述和申辩,并提供陈述申辩的书面材料。

第三十一条 执法督察组实施执法督察后,应当起草税收执法督察报告,内容包括:

(一)执法督察的时间、内容、方法、步骤;

(二)被督察单位税收执法的基本情况;

(三)执法督察发现的具体问题,认定被督察单位存在违法、违规问题的基本事实和法律依据;

(四)对发现问题的拟处理意见;

(五)加强税收执法监督管理的建议;

(六)执法督察组认为应当报告的其他事项。

第三十二条 执法督察组实施执法督察后,应当将税收执法督察报告、工作底稿、证据材料、陈述申辩资料以及与执法督察情况有关的其他资料进行整理,提交督察内审部门。

第三十三条 督察内审部门收到税收执法督察报告和其他证据材料后,应当对以下内容进行审理:

(一)执法督察程序是否符合规定;

(二)事实是否清楚,证据是否确实充分,资料是否齐全;

(三)适用的法律、行政法规、规章、规范性文件和有关政策等是否正确;

(四)对被督察单位的评价是否准确,拟定的意见、建议等是否适当。

第三十四条 督察内审部门在审理中发现事实不清、证据不足、资料不全的,应当通知执法督察组对证据予以补正,也可以重新组织人员进行核实、检查。

第三十五条 督察内审部门在审理中对适用税收法律、行政法规和税收政策有疑义的问题,以及涉嫌违规的涉税文件,应当书面征求本级税务机关法规部门和业务主管部门意见,也可以提交本级税务机关集体研究,并做好会议记录;本级税务机关无法或者无权确定的,应当请示上级税务机关或者请有权机关解释或者确定。

第三十六条 督察内审部门根据审理结果修订税收执法督察报告,送被督察单位征求意见。被督察单位应当在15个工作日内提出书面反馈意见。在限期内未提出书面意见的,视同无异议。

督察内审部门应当对被督察单位提出的意见进行研究,对税收执法督察报告作必要修订,连同被督察单位的书面反馈意见一并报送本级税务机关审定。

第三十七条 督察内审部门根据本级税务机关审定的税收执法督察报告制作《税收执法督察处理决定书》、《税收执法督察处理意见书》或者《税收执法督察结论书》,经本级税务机关审批后下达被督察单位。

《税收执法督察处理决定书》适用于对被督察单位违反税收法律、行政法规和税收政策的行为进行处理。

《税收执法督察处理意见书》适用于对被督察单位提出自行纠正的事项和改进工作的建议。

《税收执法督察结论书》适用于对未发现违法、违规问题的被督察单位作出评价。

受本级税务机关委托,执法督察组组长可以就执法督察结果与被督察单位主要负责人或者有关人员进行谈话。

第三十八条 对违反税收法律、行政法规、规章和上级税收规范性文件的涉税文件,按下列原则作出执法督察决定:

(一)对下级税务机关制定,或者下级税务机关与其他部门联合制定的,责令停止执行,并予以纠正;

(二)对本级税务机关制定的,应当停止执行并提出修改建议;

（三）对地方政府和其他部门制定的，同级税务机关应当停止执行，向发文单位提出修改建议，并报告上级税务机关。

第三十九条 除第三十八条规定外，对其他不符合税收法律、行政法规、规章和上级税收规范性文件的税收执法行为，按下列原则作出执法督察处理决定：

（一）执法主体资格不合法的，依法予以撤销；

（二）未履行法定职责的，责令限期履行法定职责；

（三）事实不清、证据不足的，依法予以撤销，并可以责令重新作出执法行为；

（四）未正确适用法律依据的，依法予以变更或者撤销，并可以责令重新作出执法行为；

（五）严重违反法定程序的，依法予以变更或者撤销，并可以责令重新作出执法行为；

（六）超越职权或者滥用职权的，依法予以撤销；

（七）其他不符合税收法律、行政法规、规章和上级税收规范性文件的，依法予以变更或者撤销，并可以责令重新作出执法行为。

第四十条 被督察单位收到《税收执法督察处理决定书》和《税收执法督察处理意见书》后，应当在规定的期限内执行，并以书面形式向实施执法督察的税务机关报告下列执行结果：

（一）对违法、违规涉税文件的清理情况和清理结果；

（二）对违法、违规的税收执法行为予以变更、撤销和重新作出执法行为的情况；

（三）对有关责任人的责任追究情况；

（四）要求报送的其他文件和资料。

第四十一条 被督察单位对执法督察处理决定有异议的，可以在规定的期限内向实施执法督察的税务机关提出复核申请。实施执法督察的税务机关应当进行复核，并作出答复。

第四十二条 实施执法督察的税务机关应当在本单位范围内对执法督察结果和执法督察工作情况予以通报。

执法督察事项应当保密的，可以不予通报。

第四十三条 各级税务机关应当建立执法督察结果报告制度。

督察内审部门应当对执法督察所发现的问题进行归纳和分析,提出完善制度、加强管理等工作建议,向本级税务机关专题报告,并作为有关业务部门的工作参考。

发现税收政策或者税收征管制度存在问题的,各级税务机关应当及时向上级税务机关报告。

第四十四条 各级税务机关每年应当在规定时间内,向上级税务机关报送年度执法督察工作总结和报表等相关材料。

第四十五条 督察内审部门应当按照有关规定做好执法督察工作资料的立卷和归档工作。

执法督察档案应当做到资料齐全、分类清楚,便于质证和查阅。

第五章 责任追究及奖惩

第四十六条 执法督察中发现税收执法行为存在违法、违规问题的,应当按照有关规定和管理权限,对有关负责人和直接责任人予以责任追究。

第四十七条 执法督察中发现纳税人的税收违法行为,实施执法督察的税务机关应当责令主管税务机关调查处理;情节严重的,移交稽查部门处理。

第四十八条 执法督察中,被督察单位不如实提供相关资料和查询权限,或者无正当理由拒绝、拖延、阻挠执法督察的,由实施执法督察的税务机关责令限期改正;拒不改正的,对有关负责人和直接责任人予以责任追究。

第四十九条 被督察单位未按照《税收执法督察处理决定书》和《税收执法督察处理意见书》的要求执行,由实施执法督察的税务机关责令限期改正,并对其主要负责人和有关责任人予以责任追究。

第五十条 执法督察结果及其整改落实情况应当作为各级税务机关考核的重要内容。

各级税务机关应当对执法规范、成绩突出的单位和个人给予表彰和奖励,并予以通报,同时将其先进经验进行推广。存在重大执法问题的单位、部门及其主要负责人和有关责任人,不得参加先进评选。

第五十一条　对执法督察人员在执法督察中滥用职权、徇私舞弊、玩忽职守或者违反廉政建设有关规定的,应当按照有关规定追究其责任。

第五十二条　对在执法督察工作中业绩突出的执法督察人员,各级税务机关应当给予表扬和奖励,并将其业绩作为在优秀公务员等先进评选活动中的重要依据。

第六章　附　　则

第五十三条　本规则相关文书式样,由国家税务总局另行规定。

第五十四条　各省、自治区、直辖市和计划单列市税务局可以依据本规则,结合本地区的具体情况制定具体实施办法。

第五十五条　本规则自2013年4月1日起施行,《国家税务总局关于印发〈税收执法检查规则〉的通知》(国税发〔2004〕126号)同时废止。

三、税务规范性文件

1.《国家税务总局关于印发〈重大税收违法案件督办管理暂行办法〉的通知》(2010年11月1日颁布　2011年1月1日实施　国税发〔2010〕103号)

各省、自治区、直辖市和计划单列市国家税务局、地方税务局:

现将《重大税收违法案件督办管理暂行办法》印发给你们,请认真遵照执行。执行中如有问题,请及时报告国家税务总局(稽查局)。

附件:《重大税收违法案件督办管理暂行办法》相关税务文书式样

国家税务总局
二〇一〇年十一月一日

重大税收违法案件督办管理暂行办法

第一条 为了规范重大税收违法案件督办管理,根据《中华人民共和国税收征收管理法》有关规定,制定本办法。

第二条 上级税务局可以根据税收违法案件性质、涉案数额、复杂程度、查处难度以及社会影响等情况,督办管辖区域内发生的重大税收违法案件。

对跨越多个地区且案情特别复杂的重大税收违法案件,本级税务局查处确有困难的,可以报请上级税务局督办,并提出具体查处方案及相关建议。

重大税收违法案件具体督办事项由稽查局实施。

第三条 国家税务总局督办的重大税收违法案件主要包括:

(一)国务院等上级机关、上级领导批办的案件;

(二)国家税务总局领导批办的案件;

(三)在全国或者省、自治区、直辖市范围内有重大影响的案件;

(四)税收违法数额特别巨大、情节特别严重的案件;

(五)国家税务总局认为需要督办的其他案件。

省、自治区、直辖市和计划单列市国家税务局、地方税务局督办重大税收违法案件的范围和标准,由本级国家税务局、地方税务局根据本地实际情况分别确定。

第四条 省、自治区、直辖市和计划单列市国家税务局、地方税务局依照国家税务总局规定的范围、标准、时限向国家税务总局报告税收违法案件,国家税务总局根据案情复杂程度和查处工作需要确定督办案件。

省以下重大税收违法案件报告的范围和标准,由省、自治区、直辖市和计划单列市国家税务局、地方税务局根据本地实际情况分别确定。

第五条 对需要督办的重大税收违法案件,督办税务局(以下简称督办机关)所属稽查局填写《重大税收违法案件督办立项审批表》,提出拟办意见。拟办意见主要包括承办案件的税务局(以下简称承办机关)及所属稽查局、承办时限和工作要求等,经督办机关领导审批或者督办机关授权所属稽查局局长审批后,向承办机关发出《重大税收违法案件督办函》,要求承办机关在确定的期限内查证事实,并作出税务处理、处罚决定。

需要多个地区税务机关共同查处的督办案件,督办机关应当明确主办机关和协办机关,或者按照管辖职责确定涉案重点事项查处工作任务。协办机关应当积极协助主办机关查处督办案件,及时查证并提供相关证据材料。对主办机关请求协助查证的事项,协办机关应当及时准确反馈情况,不得敷衍塞责或者懈怠应付。

督办案件同时涉及国家税务局、地方税务局管辖的税收事项,国家税务局、地方税务局分别依照职责查处,并相互通报相关情况;必要时可以联合办案,分别作出税务处理、处罚决定。

第六条 督办案件未经督办机关批准,承办机关不得擅自转给下级税务机关或者其他机关查处。

对因督办案件情况发生变化,不需要继续督办的,督办机关可以撤销督办,并向承办机关发出《重大税收违法案件撤销督办函》。

第七条 承办机关应当在接到督办机关《重大税收违法案件督办函》后7个工作日内按照《税务稽查工作规程》规定立案,在10个工作日内制订具体查处方案,并组织实施检查。

承办机关具体查处方案应当报送督办机关备案;督办机关要求承办机关在实施检查前报告具体查处方案的,承办机关应当按照要求报告,经督办机关同意后实施检查。

督办机关督办前承办机关已经立案的,承办机关不停止实施检查,但应当将具体查处方案及相关情况报告督办机关;督办机关要求调整具体查处方案的,承办机关应当调整。

第八条 承办机关应当按照《重大税收违法案件督办函》要求填写《重大税收违法案件情况报告表》,每30日向督办机关报告一次案件查处进展情况;《重大税收违法案件督办函》有确定报告时限的,按照确定时限报告;案件查处有重大进展或者遇到紧急情形的,应当及时报告;案件查处没有进展或者进展缓慢的,应当说明原因,并明确提出下一步查处工作安排。

对有《税务稽查工作规程》第四十四条规定的中止检查情形或者第七十条规定的中止执行情形的,承办机关应当报请督办机关批准后中止检查或者中止执行。中止期间可以暂不填报《重大税收违法案件情况报告表》;中止检查或者中止执行情形消失后,承办机关应当及时恢复检查或者执行,并依照前款规定填报《重大税收违法案件情况报告表》。

第九条 督办机关应当指导、协调督办案件查处,可以根据工作需要派员前往案发地区督促检查或者参与办案,随时了解案件查处进展情况以及存在问题。

督办机关稽查局应当确定督办案件的主要责任部门和责任人员。主要责任部门应当及时跟踪监控案件查处过程,根据承办机关案件查处进度、处理结果和督促检查情况,向稽查局领导报告督办案件查处进展情况;案情重大或者上级机关、上级领导批办的重要案件,应当及时向督办机关领导报告查处情况。

第十条 承办机关可以就督办案件向相关地区同级税务机关发出《税收违法案件协查函》,提出具体协查要求和回复时限,相关地区同级税务机关应当及时回复协查结果,提供明确的协查结论和相关证据资料。案情重大复杂的,承办机关可以报请督办机关组织协查。

第十一条 承办机关稽查局应当严格依照《税务稽查工作规程》相关规定对督办案件实施检查和审理,并报请承办机关集体审理。

承办机关稽查局应当根据审理认定的结果,拟制《重大税收违法案件拟处理意见报告》,经承办机关领导审核后报送督办机关。

在查处督办案件中,遇有法律、行政法规、规章或者其他规范性文件的疑义问题,承办机关稽查局应当征询同级法规、税政、征管、监察等相关部门意见;相关部门无法确定的,应当依照规定请示上级税务机关或者咨询有权解释的其他机关。

第十二条 《重大税收违法案件拟处理意见报告》应当包括以下主要内容:

(一)案件基本情况;

(二)检查时段和范围;

(三)检查方法和措施;

(四)检查人员查明的事实及相关证据材料;

(五)相关部门和当事人的意见;

(六)审理认定的事实及相关证据材料;

(七)拟税务处理、处罚意见及依据;

(八)其他相关事项说明。

对督办案件定性处理具有关键决定作用的重要证据,应当附报制作证据说明,写明证据目录、名称、内容、证明对象等事项。

第十三条 对承办机关《重大税收违法案件拟处理意见报告》,督办机关应当在接到之日起15日内审查;如有本办法第十一条第三款规定情形的,审查期限可以适当延长。督办机关对承办机关提出的定性处理意见没有表示异议的,承办机关依法作出《税务处理决定书》、《税务行政处罚决定书》、《税务稽查结论》、《不予税务行政处罚决定书》,送达当事人执行。

督办机关审查认为承办机关《重大税收违法案件拟处理意见报告》认定的案件事实不清、证据不足、违反法定程序或者拟税务处理、处罚意见依据错误的,通知承办机关说明情况或者补充检查。

第十四条 对督办案件中涉嫌犯罪的税收违法行为,承办机关填制《涉嫌犯罪案件移送书》,依照规定程序和权限批准后,依法移送司法机关。对移送司法机关的案件,承办机关应当随时关注司法处理进展情况,并及时报告督办机关。

第十五条 承办机关应当在90日内查证督办案件事实并依法作出税务处理、处罚决定;督办机关确定查处期限的,承办机关应当严格按照确定的期限查处;案情复杂确实无法按时查处的,应当在查处期限届满前10日内向督办机关申请延期查处,提出延长查处期限和理由,经批准后延期查处。

第十六条 对承办机关超过规定期限未填报《重大税收违法案件情况报告表》,或者未查处督办案件且未按照规定提出延期查处申请的,督办机关应当向其发出《重大税收违法案件催办函》进行催办,并责令说明情况和理由。

承办机关对督办案件查处不力的,督办机关可以召集承办机关分管稽查的税务局领导或者稽查局局长汇报;必要时督办机关可以直接组织查处。

第十七条 督办案件有下列情形之一的,可以认定为结案:

(一)税收违法事实已经查证清楚,并依法作出《税务处理决定书》、《税务行政处罚决定书》,税款、滞纳金、罚款等税收款项追缴入库,纳税人或者其他当事人在法定期限内没有申请行政复议或者提起行政诉讼的;

(二)查明税收违法事实不存在或者情节轻微,依法作出《税务稽查结论》或者《不予税务行政处罚决定书》,纳税人或者其他当事人在法定期限内没有申请行政复议或者提起行政诉讼的;

(三)纳税人或者其他当事人对税务机关处理、处罚决定或者强制执行措施申请行政复议或者提起行政诉讼,行政复议决定或者人民法院判决、裁定生效并执行完毕的;

(四)符合《税务稽查工作规程》第四十五条规定的终结检查情形的;

(五)符合《税务稽查工作规程》第七十一条规定的终结执行情形的;

(六)法律、行政法规或者国家税务总局规定的其他情形的。

税务机关依照法定职权确实无法查证全部或者部分税收违法行为,但有根据认为其涉嫌犯罪并依法移送司法机关处理的,以司法程序终结为结案。

第十八条 承办机关应当在督办案件结案之日起10个工作

日内向督办机关报送《重大税收违法案件结案报告》。

《重大税收违法案件结案报告》应当包括案件来源、案件查处情况、税务处理、处罚决定内容、案件执行情况等内容。督办机关要求附列《税务处理决定书》、《税务行政处罚决定书》、《税务稽查结论》、《不予税务行政处罚决定书》、《执行报告》、税款、滞纳金、罚款等税款项入库凭证以及案件终结检查、终结执行审批文书等资料复印件的，应当附列。

第十九条 查处督办案件实行工作责任制。承办机关主要领导承担领导责任；承办机关分管稽查的领导承担监管责任；承办机关稽查局局长承担执行责任；稽查局分管案件的领导和具体承办部门负责人以及承办人员按照各自分工职责承担相应的责任。

对督办案件重要线索、证据不及时调查收集，或者故意隐瞒案情、转移、藏匿、毁灭证据，或者因工作懈怠、泄露案情致使相关证据被转移、藏匿、毁灭，或者相关财产被转移、藏匿，或者有其他徇私舞弊、玩忽职守、滥用职权行为，应当承担纪律责任的，依法给予行政处分；涉嫌犯罪的，应当依法移送司法机关处理。

第二十条 承办机关及承办人员和协办机关及协办人员在查处督办案件中成绩突出的，可以给予表彰；承办、协办不力的，给予通报批评。

第二十一条 本办法相关税务文书式样由国家税务总局制定。

第二十二条 本办法从2011年1月1日起执行。2001年7月30日印发的《国家税务总局关于实行重大税收违法案件督办制度的通知》(国税发〔2001〕87号)同时废止。

2.《国家税务总局关于发布〈税务文书电子送达规定(试行)〉的公告》(2019年12月3日颁布 2020年4月1日实施 国家税务总局公告2019年第39号)

为深入贯彻党的十九届四中全会精神，落实"放管服"改革要求，优化税务执法方式，进一步便利纳税人办税，国家税务总局制定了《税务文书电子送达规定(试行)》,现予以发布,自2020年4月1日起施行。

特此公告。

附件:税务文书电子送达确认书

国家税务总局

2019年12月3日

税务文书电子送达规定(试行)

第一条 为进一步便利纳税人办税,保护纳税人合法权益,提高税收征管效率,减轻征纳双方负担,根据《中华人民共和国税收征收管理法》及其实施细则、国家电子政务等有关制度规定,结合税务文书送达工作实际,制定本规定。

第二条 本规定所称电子送达,是指税务机关通过电子税务局等特定系统(以下简称"特定系统")向纳税人、扣缴义务人(以下简称"受送达人")送达电子版式税务文书。

第三条 经受送达人同意,税务机关可以采用电子送达方式送达税务文书。

电子送达与其他送达方式具有同等法律效力。受送达人可以据此办理涉税事宜,行使权利、履行义务。

第四条 受送达人同意采用电子送达的,签订《税务文书电子送达确认书》。《税务文书电子送达确认书》包括电子送达的文书范围、效力、渠道和其他需要明确的事项。

受送达人可以登录特定系统直接签订电子版《税务文书电子送达确认书》,也可以到税务机关办税服务厅签订纸质版《税务文书电子送达确认书》,由税务机关及时录入相关系统。

第五条 税务机关采用电子送达方式送达税务文书的,以电子版式税务文书到达特定系统受送达人端的日期为送达日期,特定系统自动记录送达情况。

第六条 税务机关向受送达人送达电子版式税务文书后,通过电话、短信等方式发送提醒信息。提醒服务不影响电子文书送达的效力。

受送达人及时登录特定系统查阅电子版式税务文书。

第七条 受送达人需要纸质税务文书的,可以通过特定系统自行打印,也可以到税务机关办税服务厅打印。

第八条 税务处理决定书、税务行政处罚决定书(不含简易程序处罚)、税收保全措施决定书、税收强制执行决定书、阻止出境决定书以及税务稽查、税务行政复议过程中使用的税务文书等暂不适用本规定。

第九条 本规定自2020年4月1日起施行。

第十一条 【职权分离与制约】税务机关负责征收、管理、稽查、行政复议的人员的职责应当明确,并相互分离、相互制约。

第十二条 【回避义务】税务人员征收税款和查处税收违法案件,与纳税人、扣缴义务人或者税收违法案件有利害关系的,应当回避。

> 一、税收行政法规
>
> 《中华人民共和国税收征收管理法实施细则》(2002年9月7日中华人民共和国国务院令第362号公布　根据2012年11月9日《国务院关于修改和废止部分行政法规的决定》第一次修订　根据2013年7月18日《国务院关于废止和修改部分行政法规的决定》第二次修订　根据2016年2月6日《国务院关于修改部分行政法规的决定》第三次修订)
>
> 第八条　税务人员在核定应纳税额、调整税收定额、进行税务检查、实施税务行政处罚、办理税务行政复议时,与纳税人、扣缴义务人或者其法定代表人、直接责任人有下列关系之一的,应当回避:
>
> (一)夫妻关系;
> (二)直系血亲关系;

（三）三代以内旁系血亲关系；

（四）近姻亲关系；

（五）可能影响公正执法的其他利害关系。

二、税务规章

《税务稽查案件办理程序规定》(2021 年 7 月 12 日颁布 2021 年 8 月 11 日实施 国家税务总局令第 52 号)

第八条 税务稽查人员具有税收征管法实施细则规定回避情形的，应当回避。

被查对象申请税务稽查人员回避或者税务稽查人员自行申请回避的，由稽查局局长依法决定是否回避。稽查局局长发现税务稽查人员具有规定回避情形的，应当要求其回避。稽查局局长的回避，由税务局局长依法审查决定。

第十三条 【检举与奖励】任何单位和个人都有权检举违反税收法律、行政法规的行为。收到检举的机关和负责查处的机关应当为检举人保密。税务机关应当按照规定对检举人给予奖励。

一、税收行政法规

《中华人民共和国税收征收管理法实施细则》(2002 年 9 月 7 日中华人民共和国国务院令第 362 号公布 根据 2012 年 11 月 9 日《国务院关于修改和废止部分行政法规的决定》第一次修订 根据 2013 年 7 月 18 日《国务院关于废止和修改部分行政法规的决定》第二次修订 根据 2016 年 2 月 6 日《国务院关于修改部分行政法规的决定》第三次修订)

第七条 税务机关根据检举人的贡献大小给予相应的奖励，奖励所需资金列入税务部门年度预算，单项核定。奖励资金具体使用办法以及奖励标准，由国家税务总局会同财政部制定。

二、税务规章

1.《检举纳税人税收违法行为奖励暂行办法》(2007年1月13日颁布 2007年3月1日实施 国家税务总局财政部令第18号)

《检举纳税人税收违法行为奖励暂行办法》已经国家税务总局、财政部审议通过,现予公布,自2007年3月1日起施行。

局长:谢旭人

部长:金人庆

二〇〇七年一月十三日

检举纳税人税收违法行为奖励暂行办法

第一条 为了鼓励检举税收违法行为,根据《中华人民共和国税收征收管理法》及其实施细则有关规定,制定本办法。

第二条 本办法所称税收违法行为,是指纳税人、扣缴义务人的税收违法行为以及本办法列举的其他税收违法行为。

检举税收违法行为是单位和个人的自愿行为。

第三条 对单位和个人实名向税务机关检举税收违法行为并经查实的,税务机关根据其贡献大小依照本办法给予奖励。但有下列情形之一的,不予奖励:

(一)匿名检举税收违法行为,或者检举人无法证实其真实身份的;

(二)检举人不能提供税收违法行为线索,或者采取盗窃、欺诈或者法律、行政法规禁止的其他手段获取税收违法行为证据的;

(三)检举内容含糊不清、缺乏事实根据的;

(四)检举人提供的线索与税务机关查处的税收违法行为无关的;

(五)检举的税收违法行为税务机关已经发现或者正在查处的;

(六)有税收违法行为的单位和个人在被检举前已经向税务机关报告其税收违法行为的;

(七)国家机关工作人员利用工作便利获取信息用以检举税收

违法行为的;

(八)检举人从国家机关或者国家机关工作人员处获取税收违法行为信息检举的;

(九)国家税务总局规定不予奖励的其他情形。

第四条 国家税务局系统检举奖励资金从财政部向国家税务总局拨付的税务稽查办案专项经费中据实列支,地方税务局系统检举奖励资金从省、自治区、直辖市和计划单列市财政厅(局)向同级地方税务局拨付的税务稽查办案专项经费中据实列支。

检举奖励资金的拨付,按照财政国库管理制度的有关规定执行。

第五条 检举奖励资金由稽查局、主管税务局财务部门共同负责管理,稽查局使用,主管税务局财务部门负责支付和监督。

省、自治区、直辖市和计划单列市国家税务局、地方税务局应当对检举奖励资金使用情况编写年度报告,于次年3月底前报告国家税务总局。地方税务局检举奖励资金使用情况同时通报同级财政厅(局)。

第六条 检举的税收违法行为经税务机关立案查实处理并依法将税款收缴入库后,根据本案检举时效、检举材料中提供的线索和证据详实程度、检举内容与查实内容相符程度以及收缴入库的税款数额,按照以下标准对本案检举人计发奖金:

(一)收缴入库税款数额在1亿元以上的,给予10万元以下的奖金;

(二)收缴入库税款数额在5000万元以上不足1亿元的,给予6万元以下的奖金;

(三)收缴入库税款数额在1000万元以上不足5000万元的,给予4万元以下的奖金;

(四)收缴入库税款数额在500万元以上不足1000万元的,给予2万元以下的奖金;

(五)收缴入库税款数额在100万元以上不足500万元的,给予1万元以下的奖金;

(六)收缴入库税款数额在 100 万元以下的,给予 5000 元以下的奖金。

第七条 被检举人以增值税留抵税额或者多缴、应退的其他税款抵缴被查处的应纳税款,视同税款已经缴入库。

检举的税收违法行为经查实处理后没有应纳税款的,按照收缴入库罚款数额依照本办法第六条规定的标准计发奖金。

因被检举人破产或者存有符合法律、行政法规规定终止执行的条件,致使无法将税款或者罚款全额收缴入库的,按已经收缴入库税款或者罚款数额依照本办法规定的标准计发奖金。

第八条 检举虚开增值税专用发票以及其他可用于骗取出口退税、抵扣税款发票行为的,根据立案查实虚开发票填开的税额按照本办法第六条规定的标准计发奖金。

第九条 检举伪造、变造、倒卖、盗窃、骗取增值税专用发票以及可用于骗取出口退税、抵扣税款的其他发票行为的,按照以下标准对检举人计发奖金:

(一)查获伪造、变造、倒卖、盗窃、骗取上述发票 10000 份以上的,给予 10 万元以下的奖金;

(二)查获伪造、变造、倒卖、盗窃、骗取上述发票 6000 份以上不足 10000 份的,给予 6 万元以下的奖金;

(三)查获伪造、变造、倒卖、盗窃、骗取上述发票 3000 份以上不足 6000 份的,给予 4 万元以下的奖金;

(四)查获伪造、变造、倒卖、盗窃、骗取上述发票 1000 份以上不足 3000 份的,给予 2 万元以下的奖金;

(五)查获伪造、变造、倒卖、盗窃、骗取上述发票 100 份以上不足 1000 份的,给予 1 万元以下的奖金;

(六)查获伪造、变造、倒卖、盗窃、骗取上述发票不足 100 份的,给予 5000 元以下的奖金;

查获伪造、变造、倒卖、盗窃、骗取前款所述以外其他发票的,最高给予 5 万元以下的奖金;检举奖金具体数额标准及批准权限,由各省、自治区、直辖市和计划单列市税务局根据本办法规定并结合本地实际情况确定。

第十条 检举非法印制、转借、倒卖、变造或者伪造完税凭证行为的,按照以下标准对检举人计发奖金:

(一)查获非法印制、转借、倒卖、变造或者伪造完税凭证 100 份以上或者票面填开税款金额 50 万元以上的,给予 1 万元以下的奖金;

(二)查获非法印制、转借、倒卖、变造或者伪造完税凭证 50 份以上不足 100 份或者票面填开税款金额 20 万元以上不足 50 万元的,给予 5000 元以下的奖金;

(三)查获非法印制、转借、倒卖、变造或者伪造完税凭证不足 50 份或者票面填开税款金额 20 万元以下的,给予 2000 元以下的奖金。

第十一条 被检举人的税收违法行为被国家税务局、地方税务局查处的,合计国家税务局、地方税务局收缴入库的税款数额,按照本办法第六条规定的标准计算检举奖金总额,由国家税务局、地方税务局根据各自收缴入库的税款数额比例分担奖金数额,分别兑付;国家税务局、地方税务局计发的检举奖金合计数额不得超过 10 万元。

第十二条 同一案件具有适用本办法第六条、第七条、第八条、第九条、第十条规定的两种或者两种以上奖励标准情形的,分别计算检举奖金数额,但检举奖金合计数额不得超过 10 万元。

第十三条 同一税收违法行为被两个或者两个以上检举人分别检举的,奖励符合本办法规定的最先检举人。检举次序以负责查处的税务机关受理检举的登记时间为准。

最先检举人以外的其他检举人提供的证据对查明税收违法行为有直接作用的,可以酌情给予奖励。

对前两款规定的检举人计发的奖金合计数额不得超过 10 万元。

第十四条 检举税收违法行为的检举人,可以向税务机关申请检举奖金。

检举奖金由负责查处税收违法行为的税务机关支付。

第十五条 税务机关对检举的税收违法行为经立案查实处理并依法将税款或者罚款收缴入库后,由税收违法案件举报中心根据检举人书面申请及其贡献大小,制作《检举纳税人税收违法行为奖励审批表》,提出奖励对象和奖励金额建议,按照规定权限和程序审批后,向检举人发出《检举纳税人税收违法行为领奖通知书》,通知检举人到指定地点办理领奖手续。《检举纳税人税收违法行为奖励审批表》由税收违法案件举报中心作为密件存档。

税收违法案件举报中心填写《检举纳税人税收违法行为奖金领款财务凭证》,向财务机构领取检举奖金。财务凭证只注明案件编号、案件名称、被检举人名称、检举奖金数额及审批人、领款人的签名,不填写检举内容和检举人身份、名称。

第十六条 检举人应当在接到领奖通知书之日起90日内,持本人身份证或者其他有效证件,到指定地点领取奖金。检举人逾期不领取奖金,视同放弃奖金。

联名检举同一税收违法行为的,奖金由第一署名人领取,并与其他署名人协商分配。

第十七条 检举人或者联名检举的第一署名人不能亲自到税务机关指定的地点领取奖金的,可以委托他人代行领取;代领人应当持委托人的授权委托书、身份证或者其他有效证件以及代领人的身份证或者其他有效证件,办理领取奖金手续。

检举人是单位的,可以委托本单位工作人员代行领取奖金,代领人应当持委托人的授权委托书和代领人的身份证、工作证到税务机关指定的地点办理领取奖金手续。

第十八条 检举人或者代领人领取奖金时,应当在《检举纳税人税收违法行为奖金付款专用凭证》上签名,并注明身份证或者其他有效证件的号码及颁发单位。

《检举纳税人税收违法行为奖金付款专用凭证》和委托人的授权委托书由税收违法案件举报中心作为密件存档。

第十九条 税收违法案件举报中心发放检举奖金时,可应检举人的要求,简要告知其所检举的税收违法行为的查处情况,但不得告知其检举线索以外的税收违法行为查处情况,不得提供税务处理(处罚)决定书及有关案情材料。

检举的税收违法行为查结前,税务机关不得将具体查处情况告知检举人。

第二十条 税务机关支付检举奖金时应当严格审核。对玩忽职守、徇私舞弊致使奖金被骗取的,除追缴奖金外,依法追究有关人员责任。

第二十一条 对有特别突出贡献的检举人,税务机关除给予物质奖励外,可以给予相应的精神奖励,但公开表彰宣传应当事先征得检举人的书面同意。

第二十二条 各省、自治区、直辖市和计划单列市国家税务局根据本办法制定具体规定。

各省、自治区、直辖市和计划单列市地方税务局会同同级财政厅(局)根据本办法制定具体规定。

第二十三条 《检举纳税人税收违法行为奖励审批表》、《检举纳税人税收违法行为领奖通知书》、《检举纳税人税收违法行为奖金领款财务凭证》、《检举纳税人税收违法行为奖金付款专用凭证》的格式,由国家税务总局制定。

第二十四条 本办法所称"以上"、"以下"均含本数。

第二十五条 本办法由国家税务总局和财政部负责解释。

第二十六条 本办法自2007年3月1日起施行。国家税务总局1998年12月15日印发的《税务违法案件举报奖励办法》同时废止。

2.《税收违法行为检举管理办法》(2019年11月26日颁布2020年1月1日实施　国家税务总局令第49号)

《税收违法行为检举管理办法》,已经2019年11月21日国家税务总局2019年度第4次局务会议审议通过,现予公布,自2020年1月1日起施行。

国家税务总局局长:王军

2019年11月26日

税收违法行为检举管理办法

第一章 总 则

第一条 为了保障单位、个人依法检举纳税人、扣缴义务人违反税收法律、行政法规行为的权利,规范检举秩序,根据《中华人民共和国税收征收管理法》及其实施细则的有关规定,制定本办法。

第二条 本办法所称检举,是指单位、个人采用书信、电话、传真、网络、来访等形式,向税务机关提供纳税人、扣缴义务人税收违法行为线索的行为。

采用前款所述的形式,检举税收违法行为的单位、个人称检举人;被检举的纳税人、扣缴义务人称被检举人。

检举人可以实名检举,也可以匿名检举。

第三条 本办法所称税收违法行为,是指涉嫌偷税(逃避缴纳税款)、逃避追缴欠税、骗税、虚开、伪造、变造发票,以及其他与逃避缴纳税款相关的税收违法行为。

第四条 检举管理工作坚持依法依规、分级分类、属地管理、严格保密的原则。

第五条 市(地、州、盟)以上税务局稽查局设立税收违法案件举报中心。国家税务总局稽查局税收违法案件举报中心负责接收税收违法行为检举,督促、指导、协调处理重要检举事项;省、自治区、直辖市、计划单列市和市(地、州、盟)税务局稽查局税收违法案件举报中心负责税收违法行为检举的接收、受理、处理和管理;各级跨区域稽查局和县税务局应当指定行使税收违法案件举报中心职能的部门,负责税收违法行为检举的接收,并按规定职责处理。

本办法所称举报中心是指前款所称的税收违法案件举报中心和指定行使税收违法案件举报中心职能的部门。举报中心应当对外挂标识牌。

第六条 税务机关应当向社会公布举报中心的电话(传真)号码、通讯地址、邮政编码、网络检举途径,设立检举接待场所和检举箱。

税务机关同时通过12366纳税服务热线接收税收违法行为检举。

第七条 税务机关应当与公安、司法、纪检监察和信访等单位加强联系和合作,做好检举管理工作。

第八条 检举税收违法行为是检举人的自愿行为,检举人因检举而产生的支出应当由其自行承担。

第九条 检举人在检举过程中应当遵守法律、行政法规等规定;应当对其所提供检举材料的真实性负责,不得捏造、歪曲事实,不得诬告、陷害他人;不得损害国家、社会、集体的利益和其他公民的合法权益。

第二章 检举事项的接收与受理

第十条 检举人检举税收违法行为应当提供被检举人的名称(姓名)、地址(住所)和税收违法行为线索;尽可能提供被检举人统一社会信用代码(身份证件号码)、法定代表人、实际控制人信息和其他相关证明资料。

鼓励检举人提供书面检举材料。

第十一条 举报中心接收实名检举,应当准确登记实名检举人信息。

检举人以个人名义实名检举应当由其本人提出;以单位名义实名检举应当委托本单位工作人员提出。

多人联名进行实名检举的,应当确定第一联系人;未确定的,以检举材料的第一署名人为第一联系人。

第十二条 12366纳税服务热线接收电话检举后,应当按照以下分类转交相关部门:

(一)符合本办法第三条规定的检举事项,应当及时转交举报中心;

(二)对应开具而未开具发票、未申报办理税务登记及其他轻微税收违法行为的检举事项,按照有关规定直接转交被检举人主管税务机关相关业务部门处理;

(三)其他检举事项转交有处理权的单位或者部门。

税务机关的其他单位或者部门接到符合本办法第三条规定的检举材料后,应当及时转交举报中心。

第十三条 以来访形式实名检举的,检举人应当提供营业执照、居民身份证等有效身份证件的原件和复印件。

以来信、网络、传真形式实名检举的,检举人应当提供营业执照、居民身份证等有效身份证件的复印件。

以电话形式要求实名检举的,税务机关应当告知检举人采取本条第一款、第二款的形式进行检举。

检举人未采取本条第一款、第二款的形式进行检举的,视同匿名检举。

举报中心可以应来访的实名检举人要求出具接收回执;对多人联名进行实名来访检举的,向其确定的第一联系人或者第一署名人出具接收回执。

第十四条 来访检举应当到税务机关设立的检举接待场所;多人来访提出相同检举事项的,应当推选代表,代表人数应当在3人以内。

第十五条 接收来访口头检举,应当准确记录检举事项,交检举人阅读或者向检举人宣读确认。实名检举的,由检举人签名或者盖章;匿名检举的,应当记录在案。

接收电话检举,应当细心接听、询问清楚、准确记录。

接收电话、来访检举,经告知检举人后可以录音、录像。

接收书信、传真等书面形式检举,应当保持检举材料的完整,及时登记处理。

第十六条 税务机关应当合理设置检举接待场所。检举接待场所应当与办公区域适当分开,配备使用必要的录音、录像等监控设施,保证监控设施对接待场所全覆盖并正常运行。

第十七条 举报中心对接收的检举事项,应当及时审查,有下列情形之一的,不予受理:

(一)无法确定被检举对象,或者不能提供税收违法行为线索的;

（二）检举事项已经或者依法应当通过诉讼、仲裁、行政复议以及其他法定途径解决的；

（三）对已经查结的同一检举事项再次检举，没有提供新的有效线索的。

除前款规定外，举报中心自接收检举事项之日起即为受理。

举报中心可以应实名检举人要求，视情况采取口头或者书面方式解释不予受理原因。

国家税务总局稽查局举报中心对本级收到的检举事项应当进行甄别。对本办法第三条规定以外的检举事项，转送有处理权的单位或者部门；对本办法第三条规定范围内的检举事项，按属地管理原则转送相关举报中心，由该举报中心审查并决定是否受理。国家税务总局稽查局举报中心应当定期向相关举报中心了解所转送检举事项的受理情况，对应受理未受理的应予以督办。

第十八条 未设立稽查局的县税务局受理的检举事项，符合本办法第三条规定的，提交上一级税务局稽查局举报中心统一处理。

各级跨区域稽查局受理的检举事项，符合本办法第三条规定的，提交同级税务局稽查局备案后处理。

第十九条 检举事项管辖有争议的，由争议各方本着有利于案件查处的原则协商解决；不能协商一致的，报请共同的上一级税务机关协调或者决定。

第三章　检举事项的处理

第二十条 检举事项受理后，应当分级分类，按照以下方式处理：

（一）检举内容详细、税收违法行为线索清楚、证明资料充分的，由稽查局立案检查。

（二）检举内容与线索较明确但缺少必要证明资料，有可能存在税收违法行为的，由稽查局调查核实。发现存在税收违法行为的，立案检查；未发现的，作查结处理。

（三）检举对象明确，但其他检举事项不完整或者内容不清、线索不明的，可以暂存待查，待检举人将情况补充完整以后，再进行处理。

（四）已经受理尚未查结的检举事项，再次检举的，可以合并处理。

（五）本办法第三条规定以外的检举事项，转交有处理权的单位或者部门。

第二十一条　举报中心可以税务机关或者以自己的名义向下级税务机关督办、交办检举事项。

第二十二条　举报中心应当在检举事项受理之日起十五个工作日内完成分级分类处理，特殊情况除外。

查处部门应当在收到举报中心转来的检举材料之日起三个月内办理完毕；案情复杂无法在期限内办理完毕的，可以延期。

第二十三条　税务局稽查局对督办案件的处理结果应当认真审查。对于事实不清、处理不当的，应当通知承办机关补充调查或者重新调查，依法处理。

第四章　检举事项的管理

第二十四条　举报中心应当严格管理检举材料，逐件登记已受理检举事项的主要内容、办理情况和检举人、被检举人的基本情况。

第二十五条　已接收的检举材料原则上不予退还。不予受理的检举材料，登记检举事项的基本信息和不予受理原因后，经本级稽查局负责人批准可以销毁。

第二十六条　暂存待查的检举材料，若在受理之日起两年内未收到有价值的补充材料，可以销毁。

第二十七条　督办案件的检举材料应当专门管理，并按照规定办理督办案件材料的转送、报告等具体事项。

第二十八条　检举材料的保管和整理，应当按照档案管理的有关规定办理。

第二十九条　举报中心每年度对检举案件和有关事项的数量、类别及办理情况等进行汇总分析，形成年度分析报告，并按规定报送。

第五章 检举人的答复和奖励

第三十条 实名检举人可以要求答复检举事项的处理情况与查处结果。

实名检举人要求答复处理情况时,应当配合核对身份;要求答复查处结果时,应当出示检举时所提供的有效身份证件。

举报中心可以视具体情况采取口头或者书面方式答复实名检举人。

第三十一条 实名检举事项的处理情况,由作出处理行为的税务机关的举报中心答复。

将检举事项督办、交办、提交或者转交的,应当告知去向;暂存待查的,应当建议检举人补充资料。

第三十二条 实名检举事项的查处结果,由负责查处的税务机关的举报中心答复。

实名检举人要求答复检举事项查处结果的,检举事项查结以后,举报中心可以将与检举线索有关的查处结果简要告知检举人,但不得告知其检举线索以外的税收违法行为的查处情况,不得提供执法文书及有关案情资料。

第三十三条 12366纳税服务热线接收检举事项并转交举报中心或者相关业务部门后,可以应检举人要求将举报中心或者相关业务部门反馈的受理情况告知检举人。

第三十四条 检举事项经查证属实,为国家挽回或者减少损失的,按照财政部和国家税务总局的有关规定对实名检举人给予相应奖励。

第六章 权利保护

第三十五条 检举人不愿提供个人信息或者不愿公开检举行为的,税务机关应当予以尊重和保密。

第三十六条 税务机关应当在职责范围内依法保护检举人、被检举人的合法权益。

第三十七条 税务机关工作人员与检举事项或者检举人、被检举人有直接利害关系的,应当回避。

检举人有正当理由并且有证据证明税务机关工作人员应当回避的,经本级税务机关负责人或者稽查局负责人批准以后,予以回避。

第三十八条　税务机关工作人员必须严格遵守以下保密规定:

(一)检举事项的受理、登记、处理及查处,应当依照国家有关法律、行政法规等规定严格保密,并建立健全工作责任制,不得私自摘抄、复制、扣压、销毁检举材料;

(二)严禁泄露检举人的姓名、身份、单位、地址、联系方式等情况,严禁将检举情况透露给被检举人及与案件查处无关的人员;

(三)调查核实情况和立案检查时不得出示检举信原件或者复印件,不得暴露检举人的有关信息,对匿名的检举书信及材料,除特殊情况以外,不得鉴定笔迹;

(四)宣传报道和奖励检举有功人员,未经检举人书面同意,不得公开检举人的姓名、身份、单位、地址、联系方式等情况。

第七章　法律责任

第三十九条　税务机关工作人员违反本办法规定,将检举人的检举材料或者有关情况提供给被检举人或者与案件查处无关人员的,依法给予行政处分。

第四十条　税务机关工作人员打击报复检举人的,视情节和后果,依法给予行政处分;涉嫌犯罪的,移送司法机关依法处理。

第四十一条　税务机关工作人员不履行职责、玩忽职守、徇私舞弊,给检举工作造成损失的,应当给予批评教育;情节严重的,依法给予行政处分并调离工作岗位;涉嫌犯罪的,移送司法机关依法处理。

第四十二条　税收违法检举案件中涉及税务机关或者税务人员违纪违法问题的,应当按照规定移送有关部门依纪依法处理。

第四十三条　检举人违反本办法第九条规定的,税务机关工作人员应当对检举人进行劝阻、批评和教育;经劝阻、批评和教育无效的,可以联系有关部门依法处理。

第八章 附　　则

第四十四条　本办法所称的检举事项查结,是指检举案件的结论性文书生效,或者检举事项经调查核实后未发现税收违法行为。

第四十五条　国家税务总局各省、自治区、直辖市和计划单列市税务局可以根据本办法制定具体的实施办法。

第四十六条　本办法自 2020 年 1 月 1 日起施行。《税收违法行为检举管理办法》(国家税务总局令第 24 号公布)同时废止。

三、税务规范性文件

1.《国家税务总局关于贯彻〈中华人民共和国税收征收管理法〉及其实施细则若干具体问题的通知》①**(2003 年 4 月 23 日颁布　2003 年 4 月 23 日实施　国税发〔2003〕47 号)**

十、关于税收违法案件举报奖励问题

在国家税务总局和财政部联合制定的举报奖励办法未出台前,对税收违法案件举报奖励的对象、标准暂按《国家税务总局关于印发〈税务违法案件举报奖励办法〉的通知》(国税发〔1998〕211号)的有关规定执行。

2.《国家税务总局关于检举税收违法行为查补滞纳金可否给予奖励问题的批复》(2015 年 4 月 8 日颁布　2015 年 4 月 8 日实施　税总函〔2015〕196 号)

北京市地方税务局:

你局《关于检举税收违法行为查补滞纳金可否给予奖励的请示》(京地税发〔2015〕19 号)收悉,经研究,批复如下:

《检举纳税人税收违法行为奖励暂行办法》(国家税务总局财

---

① 根据国家税务总局公告 2018 年第 33 号《国家税务总局关于公布全文失效废止和部分条款失效废止的税收规范性文件目录的公告》文件的规定,第一条失效废止。

政部第 18 号令)规定:检举的税收违法行为经税务机关立案查实处理并依法将税款收缴入库后,根据本案检举时效、检举材料中提供的线索和证据详实程度、检举内容与查实内容相符程度以及收缴入库的税款数额,按照相应标准对本案检举人员计发奖金。检举的税收违法行为经查实处理后没有应纳税款的,按照收缴入库罚款数额依本办法第六条规定的标准计发奖金。

查补的滞纳金不属于计发奖金范围,不能给予检举人奖励。

3.《国家税务总局关于修订〈纳税服务投诉管理办法〉的公告》(2019 年 6 月 26 日颁布　2019 年 8 月 1 日实施　国家税务总局公告 2019 年第 27 号)

为认真贯彻党中央、国务院关于深化"放管服"改革、优化营商环境的部署,进一步规范纳税服务投诉管理,提高投诉办理效率,维护纳税人(含缴费人、扣缴义务人和其他当事人)的合法权益,国家税务总局修订了《纳税服务投诉管理办法》,现予以发布,自 2019 年 8 月 1 日起施行。

特此公告。

国家税务总局
2019 年 6 月 26 日

纳税服务投诉管理办法

第一章　总　　则

第一条　为保护纳税人(含缴费人、扣缴义务人和其他当事人,下同)的合法权益,规范纳税服务(含社会保险费和非税收入征缴服务,下同)投诉管理工作,构建和谐的税收征纳关系,根据《中华人民共和国税收征收管理法》及相关税收法律法规,制定本办法。

第二条　纳税人认为税务机关及其工作人员在履行纳税服务职责过程中未提供规范、文明的纳税服务或者有其他侵犯其合法权益的情形,向税务机关进行投诉,税务机关办理纳税人投诉事项,适用本办法。

第三条 对依法应当通过税务行政复议、诉讼、举报等途径解决的事项，依照有关法律、法规、规章及规范性文件的规定办理。

第四条 纳税服务投诉管理工作遵循依法公正、规范高效、属地管理、分级负责的原则。

第五条 纳税人进行纳税服务投诉需遵从税收法律、法规、规章、规范性文件，并客观、真实地反映相关情况，不得隐瞒、捏造、歪曲事实，不得侵害他人合法权益。

第六条 税务机关及其工作人员在办理纳税服务投诉事项时，不得徇私、偏袒，不得打击、报复，并应当对投诉人信息保密。

第七条 各级税务机关的纳税服务部门是纳税服务投诉的主管部门，负责纳税服务投诉的接收、受理、调查、处理、反馈等事项。需要其他部门配合的，由纳税服务部门进行统筹协调。

第八条 各级税务机关应当配备专职人员从事纳税服务投诉管理工作，保障纳税服务投诉工作的顺利开展。

第二章 纳税服务投诉范围

第九条 本办法所称纳税服务投诉包括：

（一）纳税人对税务机关工作人员服务言行进行的投诉；

（二）纳税人对税务机关及其工作人员服务质效进行的投诉；

（三）纳税人对税务机关及其工作人员在履行纳税服务职责过程中侵害其合法权益的行为进行的其他投诉。

第十条 对服务言行的投诉，是指纳税人认为税务机关工作人员在履行纳税服务职责过程中服务言行不符合文明服务规范要求而进行的投诉。具体包括：

（一）税务机关工作人员服务用语不符合文明服务规范要求的；

（二）税务机关工作人员行为举止不符合文明服务规范要求的。

第十一条 对服务质效的投诉，是指纳税人认为税务机关及其工作人员在履行纳税服务职责过程中未能提供优质便捷的服务而进行的投诉。具体包括：

（一）税务机关及其工作人员未准确掌握税收法律法规等相关规定，导致纳税人应享受未享受税收优惠政策的；

（二）税务机关及其工作人员未按规定落实首问责任、一次性告知、限时办结、办税公开等纳税服务制度的；

（三）税务机关及其工作人员未按办税事项"最多跑一次"服务承诺办理涉税业务的；

（四）税务机关未能向纳税人提供便利化办税渠道的；

（五）税务机关及其工作人员擅自要求纳税人提供规定以外资料的；

（六）税务机关及其工作人员违反规定强制要求纳税人出具涉税鉴证报告，违背纳税人意愿强制代理、指定代理的。

第十二条　侵害纳税人合法权益的其他投诉，是指纳税人认为税务机关及其工作人员在履行纳税服务职责过程中未依法执行税收法律法规等相关规定，侵害纳税人的合法权益而进行的其他投诉。

第十三条　投诉内容存在以下情形的，不属于本办法所称纳税服务投诉的范围：

（一）违反法律、法规、规章有关规定的；

（二）针对法律、法规、规章和规范性文件规定进行投诉的；

（三）超出税务机关法定职责和权限的；

（四）不属于本办法投诉范围的其他情形。

第三章　提交与受理

第十四条　纳税人可以通过网络、电话、信函或者当面等方式提出投诉。

第十五条　纳税人对纳税服务的投诉，可以向本级税务机关提交，也可以向其上级税务机关提交。

第十六条　纳税人进行纳税服务投诉原则上以实名提出。

第十七条　纳税人进行实名投诉，应当列明下列事项：

（一）投诉人的姓名(名称)、有效联系方式；

（二）被投诉单位名称或者被投诉个人的相关信息及其所属

单位；

（三）投诉请求、主要事实、理由。

纳税人通过电话或者当面方式提出投诉的，税务机关在告知纳税人的情况下可以对投诉内容进行录音或者录像。

第十八条 已就具体行政行为申请税务行政复议或者提起税务行政诉讼，但具体行政行为存在不符合文明规范言行问题的，可就该问题单独向税务机关进行投诉。

第十九条 纳税服务投诉符合本办法规定的投诉范围且属于下列情形的，税务机关应当受理：

（一）纳税人进行实名投诉，且投诉材料符合本办法第十七条要求；

（二）纳税人虽进行匿名投诉，但投诉的事实清楚、理由充分，有明确的被投诉人，投诉内容具有典型性。

第二十条 属于下列情形的，税务机关不予受理：

（一）对税务机关已经处理完毕且经上级税务机关复核的相同投诉事项再次投诉的；

（二）对税务机关依法、依规受理，且正在办理的服务投诉再次投诉的；

（三）不属于本办法投诉范围的其他情形。

第二十一条 税务机关收到投诉后应于1个工作日内决定是否受理，并按照"谁主管、谁负责"的原则办理或转办。

第二十二条 对于不予受理的实名投诉，税务机关应当以适当形式告知投诉人，并说明理由。逾期未告知的，视同自收到投诉后1个工作日内受理。

第二十三条 上级税务机关认为下级税务机关应当受理投诉而不受理或者不予受理的理由不成立的，可以责令其受理。

上级税务机关认为有必要的，可以直接受理应由下级税务机关受理的纳税服务投诉。

第二十四条 纳税人的同一投诉事项涉及两个以上税务机关的，应当由首诉税务机关牵头协调处理。首诉税务机关协调不成功的,应当向上级税务机关申请协调处理。

第二十五条　纳税人就同一事项通过不同渠道分别投诉的,税务机关接收后可合并办理。

第二十六条　税务机关应当建立纳税服务投诉事项登记制度,记录投诉时间、投诉人、被投诉人、联系方式、投诉内容、受理情况以及办理结果等有关内容。

第二十七条　各级税务机关应当向纳税人公开负责纳税服务投诉机构的通讯地址、投诉电话、税务网站和其他便利投诉的事项。

第四章　调查与处理

第二十八条　税务机关调查处理投诉事项,应依法依规、实事求是、注重调解,化解征纳争议。

第二十九条　税务机关调查人员与投诉事项或者投诉人、被投诉人有利害关系的,应当回避。

第三十条　调查纳税服务投诉事项,应当由两名以上工作人员参加。一般流程为:

(一)核实情况。查阅文件资料,调取证据,听取双方陈述事实和理由,必要时可向其他组织和人员调查或实地核查;

(二)沟通调解。与投诉人、被投诉人确认基本事实,强化沟通,化解矛盾,促进双方就处理意见形成共识;

(三)提出意见。依照有关法律、法规、规章及其他有关规定提出处理意见。

第三十一条　税务机关对各类服务投诉应限期办结。对服务言行类投诉,自受理之日起5个工作日内办结;服务质效类、其他侵害纳税人合法权益类投诉,自受理之日起10个工作日内办结。

第三十二条　属于下列情形的,税务机关应快速处理,自受理之日起3个工作日内办结。

(一)本办法第十一条第一项所规定的情形;

(二)自然人纳税人提出的个人所得税服务投诉;

（三）自然人缴费人提出的社会保险费和非税收入征缴服务投诉；

（四）涉及其他重大政策落实的服务投诉。

第三十三条 服务投诉因情况复杂不能按期办结的，经受理税务机关纳税服务部门负责人批准，可适当延长办理期限，最长不得超过10个工作日，同时向转办部门进行说明并向投诉人做好解释。

第三十四条 属于下列情形的，税务机关可即时处理：

（一）纳税人当场提出投诉，事实简单、清楚，不需要进行调查的；

（二）一定时期内集中发生的同一投诉事项且已有明确处理意见的。

第三十五条 纳税人当场投诉事实成立的，被投诉人应当立即停止或者改正被投诉的行为，并向纳税人赔礼道歉，税务机关应当视情节轻重给予被投诉人相应处理；投诉事实不成立的，处理投诉事项的税务机关工作人员应当向纳税人说明理由。

第三十六条 调查过程中发生下列情形之一的，应当终结调查，并向纳税人说明理由：

（一）投诉事实经查不属于纳税服务投诉事项的；

（二）投诉内容不具体，无法联系投诉人或者投诉人拒不配合调查，导致无法调查核实的；

（三）投诉人自行撤销投诉，经核实确实不需要进一步调查的；

（四）已经处理反馈的投诉事项，投诉人就同一事项再次投诉，没有提供新证据的；

（五）调查过程中发现不属于税务机关职责范围的。

第三十七条 税务机关根据调查核实的情况，对纳税人投诉的事项分别作出如下处理：

投诉情况属实的，责令被投诉人限期改正，并视情节轻重分别给予被投诉人相应的处理；

投诉情况不属实的，向投诉人说明理由。

第三十八条 税务机关应在规定时限内将处理结果以适当形式向投诉人反馈。

反馈时应告知投诉人投诉是否属实,对投诉人权益造成损害的行为是否终止或改正;不属实的投诉应说明理由。

第三十九条 投诉人对税务机关反馈的处理情况有异议的,税务机关应当决定是否开展补充调查以及是否重新作出处理结果。

第四十条 投诉人认为处理结果显失公正的,可向上级税务机关提出复核申请。上级税务机关自受理之日起,10个工作日内作出复核意见。

第四十一条 税务机关及其工作人员阻拦、限制投诉人投诉或者打击报复投诉人的,由其上级机关依法依规追究责任。

第四十二条 投诉人捏造事实、恶意投诉,或者干扰和影响正常工作秩序,对税务机关、税务人员造成负面影响的,投诉人应依法承担相应责任。

第五章 指导与监督

第四十三条 上级税务机关应当加强对下级税务机关纳税服务投诉工作的指导与监督,督促及时、规范处理。

第四十四条 各级税务机关对于办理纳税服务投诉过程中发现的有关税收制度或者行政执法中存在的普遍性问题,应当向有关部门提出合理化建议。

第四十五条 各级税务机关应当积极依托信息化手段,规范流程、强化监督,不断提高纳税服务投诉处理质效。

第六章 附 则

第四十六条 国家税务总局各省、自治区、直辖市和计划单列市税务局可以根据本办法制定具体的实施办法。

第四十七条 本办法自2019年8月1日起施行。《国家税务总局关于修订〈纳税服务投诉管理办法〉的公告》(国家税务总局公告2015年第49号,国家税务总局公告2018年第31号修改)同时废止。

第十四条 【机构设置】 本法所称税务机关是指各级税务局、税务分局、税务所和按照国务院规定设立的并向社会公告的税务机构。

一、税收行政法规

《中华人民共和国税收征收管理法实施细则》(2002年9月7日中华人民共和国国务院令第362号公布　根据2012年11月9日《国务院关于修改和废止部分行政法规的决定》第一次修订　根据2013年7月18日《国务院关于废止和修改部分行政法规的决定》第二次修订　根据2016年2月6日《国务院关于修改部分行政法规的决定》第三次修订)

第九条　税收征管法第十四条所称按照国务院规定设立的并向社会公告的税务机构,是指省以下税务局的稽查局。稽查局专司偷税、逃避追缴欠税、骗税、抗税案件的查处。

国家税务总局应当明确划分税务局和稽查局的职责,避免职责交叉。

二、税务规范性文件

1.《国家税务总局关于稽查局有关执法权限的批复》(2003年5月26日颁布　2003年5月26日实施　国税函〔2003〕561号)
青岛市国家税务局:

你局《关于稽查局有关执法权限的请示》(青国税发〔2003〕101号)收悉。经研究,现批复如下:

《中华人民共和国税收征收管理法》及其实施细则中规定应当经县以上税务局(分局)局长批准后实施的各项权力,各级税务局所属的稽查局局长无权批准。

2.《国家税务总局关于做好国税地税征管体制改革过渡期有关税收征管工作的通知》(2018年6月12日颁布　2018年6月12日实施　税总发〔2018〕68号)
各省、自治区、直辖市和计划单列市国家税务局、地方税务局,国家税务总局驻各地特派员办事处,局内各单位:

根据国税地税征管体制改革工作部署,各级新税务机构挂牌至"三定"规定落实到位前的改革过渡期,原国税、地税机关按原有职责协同办理税费征管业务,统一以新机构名称对外执法和服务,确保税务机构改革和各项税收征管工作平稳有序推进,确保不断提升纳税人的办税体验。现就做好过渡期有关税收征管工作通知如下:

一、做好税费征管业务衔接

(一)表证单书及印章使用。新税务机构挂牌后,启用新的行政、业务印章,原国税、地税机关的行政、业务印章停止使用。税收业务印章根据工作需要按规定刻制,税务行政处罚事项可以使用税收业务专用章。各类证书、文书、表单等启用新的名称、局轨、字轨和编号。

(二)纳税人户籍管理。新税务机构要统筹做好税务登记的确认、变更、注销和停复业等工作,实现税务登记事项"一窗办理",内部信息共享共用。对当期有任一税种申报记录的纳税人,新税务机构不得将其认定为非正常户。对纳税人在原国税、地税机关户籍管理状态不一致的,新税务机构应当根据纳税人实际情况按规定处理,保持同一纳税人状态的一致性。

(三)欠税公告。新税务机构在发布欠税公告前,应当按户对纳税人所有税种欠税信息进行归集确认后,根据《欠税公告办法(试行)》(国家税务总局令第9号)对纳税人欠税情况予以公告。

(四)风险统筹。新税务机构要加强风险任务扎口管理,统筹风险管理任务安排,有序开展风险任务的推送和应对工作。要按照税务总局规范税务机关进户执法、减少税务检查的工作要求,统筹开展进户执法,避免对同一纳税人多头检查和重复检查。

(五)税务稽查未结案件处理。原国税、地税稽查机构分别对同一被查对象立案检查且均未送达决定性文书的,由新的税务稽查机构进行案件合并及后续办理。其他各自立案检查的未结案件,新的税务稽查机构原则上按照原检查范围继续办理,与原检查范围所列税种直接相关的税费要一并处理。

(六)执法标准。按规定应当由原国税、地税机关分别进行行政处罚的同一个税收违法行为,新税务机构不得给予两次及以上罚款的行政处罚。对于原国税、地税机关税收政策执行口径、适用行政处罚裁量基准,对同一个体工商户征收方式、定额核定依据不一致的,新税务机构应按照依法合规、有利于纳税人和有利于优化服务强化管理的原则统一明确执行标准,统一执法尺度。

(七)委托代征。原国税、地税机关与第三方签订的委托代征协议在有效期内继续有效,需要调整的由新税务机构按规定与代征单位签订委托代征协议。原国税、地税机关相互委托代征的事项,内部操作按照原工作流程办理,税收票证、发票、税控设备领用方式不变。

(八)重点税源网上申报管理。重点税源监控报表网上申报对象和工作流程保持不变。新税务机构要将原国税、地税网上税务局中重点税源网上申报系统入口统一为一个入口,同时明确内部报表审核和咨询服务的职责分工及人员安排,做好重点税源监控报表管理的衔接工作。

(九)会统核算。过渡期间,新税务机构按原国税、地税机关会计主体进行核算并生成报表,但应以新税务机构统一对外提供数据。各省新税务机构向税务总局报送报表时,同时报送原国税、地税机关和新税务机构报表。

(十)税务代保管资金账户变更。新税务机构挂牌后,应按照税务总局、财政部、中国人民银行联合印发的《税务代保管资金账户管理办法》(国税发〔2005〕181号文件印发)及时办理账户变更等手续。

(十一)发票、税收票证管理。挂牌前已由各省税务机关统一印制的税收票证和原各省国税机关已监制的发票在2018年12月31日前可以继续使用。各省税务机关应对现有存量发票、税收票证进行清理摸底,做好发票、税收票证的存量调剂。新税务机构挂牌后各省税务机关印制发票、税收票证的,应当启用新的发票监制章和税收票证式样。新的发票监制章由各省税务机关在启用前对外公告,新的税收票证式样由税务总局统一明确。

二、优化纳税人办税体验

（十二）办税统一。各级税务机关要按照税务总局的统一部署，对办税服务资源和网上办税系统进行有效整合。新税务机构挂牌后，实现"一厅通办""一网通办""主税附加一次办"；12366纳税服务热线不再区分国税、地税业务，实现涉税业务"一键咨询"。

（十三）资料报送。各级税务机关要进一步落实"放管服"改革要求，优化办税程序，减少资料报送，原国税、地税机关对同一事项资料报送有不同规定和要求的应当统一报送规定。新税务机构挂牌后，纳税人、扣缴义务人按规定需要向原国税、地税机关分别报送资料的，相同资料只需提供一套；按规定需要在原国税、地税机关分别办理的事项，同一事项只需申请一次。税务机关通过后台业务流转、协同办理。

（十四）实名办税。各省新税务机构要结合本地实际，制定实名办税信息合并规则，统一本省实名办税范围、流程及验证手段等，避免重复采集和重复验证。

（十五）限时审批。新税务机构要严格落实税务总局关于审批时限"零超时"要求，对承接的原国税、地税机关受理的行政许可事项以及新受理的行政许可事项按时办结，确保整体审批时限不超过法定办结时限。

（十六）法律救济。新税务机构挂牌后，涉及原国税、地税机关的税务行政复议、行政诉讼、国家赔偿等职责由继续行使其职权的新税务机构承担，相应的权利和义务由继续行使其职权的新税务机构承继。行政相对人对新税务机构的具体行政行为不服的，向其上一级税务机关申请行政复议。新税务机构在办理行政复议等案件时，应当遵守法定程序和时限要求，确保衔接顺畅、运转有序，不得推诿懈怠。

三、加强信息系统运行保障

（十七）系统配置。新税务机构要按照税务总局下发的配置标准和时间节点要求，做好金税三期工程核心征管子系统配置升级工作。

（十八）运行维护。过渡期内，新税务机构要按照原有的运维管理体系和统一的网络安全管理要求，明确职责分工，做好信息系统的运行维护、数据中心基础设施管理和网络安全管理，保障系统的稳定运行。

四、工作要求

（十九）加强组织领导。各级税务机关要高度重视，切实加强对过渡期税收征管工作的组织领导和统筹协调。要结合本地实际，组建专门工作团队，对过渡期内税收征管工作的重大问题及时进行研究，建立督促落实工作机制，保障各项工作任务有序推进。

（二十）明确职责分工。各级税务机关要按工作职责明确部门分工，细化分解各项改革任务，制定时间表、路线图，扎实细致地做好过渡期内各项征管业务工作。各部门要切实增强大局意识和责任意识，各负其责，同向发力，狠抓落实，确保纳税人办税顺畅，税收征管业务统一、优化、协同、高效运转。

（二十一）做好外部协调。各级税务机关要加强与人民银行、市场监管、海关等相关部门的沟通协调，做好新税务机构挂牌后需要与外部门协作的三方协议、多证合一、国库对账、出口退税等业务事项的衔接和解释工作。

（二十二）做好相关税收事项的公告和宣传。新税务机构挂牌时，应对办税服务场所、服务范围、办公地址、联系电话及相关涉税事项进行公告，通过办税服务厅、网上税务局、税务网站、微信、微博等多种渠道逐户告知纳税人。要加强对改革过渡期税收征管业务事项安排的宣传解读，引导纳税人充分享受税务机构改革带来的办税便利。

各级税务机关在征管工作中遇到的重要问题和情况，要及时向上级税务机关请示、报告。

3.《国家税务总局关于税务机构改革有关事项的公告》（2018年6月15日颁布　2018年6月15日实施　国家税务总局公告2018年第32号）

根据国税地税征管体制改革工作部署，省、市、县三级新税务机构将逐步分级挂牌。为确保税务机构改革后各项税收工作平稳有序运行，现就各级新税务机构挂牌后有关事项公告如下：

一、新税务机构挂牌后启用新的行政、业务印章，以新机构名称开展工作，原国税、地税机关的行政、业务印章停止使用。相关证书、文书、表单等启用新的名称、局轨、字轨和编号。

二、新税务机构挂牌后，原国税、地税机关税费征管的职责和工作由继续行使其职权的新机构承继，尚未办结的事项由继续行使其职权的新机构办理，已作出的行政决定、出具的执法文书、签订的各类协议继续有效。纳税人、扣缴义务人以及其他行政相对人已取得的相关证件、资格、证明效力不变。

三、原国税、地税机关承担的税费征收、行政许可、减免退税、税务检查、行政处罚、投诉举报、争议处理、信息公开等事项，在新的规定发布施行前，暂按原规定办理。行政相对人等对新税务机构的具体行政行为不服申请行政复议的，依法向其上一级税务机关提出行政复议申请。

四、纳税人在综合性办税服务厅、网上办税系统可统一办理原国税、地税业务，实行"一厅通办""一网通办""主税附加税一次办"。12366纳税服务热线不再区分国税、地税业务，实现涉税业务"一键咨询"。

五、纳税人、扣缴义务人按规定需要向原国税、地税机关分别报送资料的，相同资料只需提供一套；按规定需要在原国税、地税机关分别办理的事项，同一事项只需申请一次。

六、新税务机构挂牌后，启用新的税收票证式样和发票监制章。挂牌前已由各省税务机关统一印制的税收票证和原各省国税机关已监制的发票在2018年12月31日前可以继续使用，由国家税务总局统一印制的税收票证在2018年12月31日后继续使用。纳税人在用税控设备可以延续使用。

七、新税务机构挂牌后，启用新的税务检查证件。原各省国税、地税机关制发的有效期内的税务检查证件在2018年12月31日前可以继续使用。

第二章 税务管理

第一节 税务登记

第十五条　【税务登记】 企业，企业在外地设立的分支机构和从事生产、经营的场所，个体工商户和从事生产、经营的事业单位（以下统称从事生产、经营的纳税人）自领取营业执照之日起三十日内，持有关证件，向税务机关申报办理税务登记。税务机关应当于收到申报的当日办理登记并发给税务登记证件。

工商行政管理机关应当将办理登记注册、核发营业执照的情况，定期向税务机关通报。

本条第一款规定以外的纳税人办理税务登记和扣缴义务人办理扣缴税款登记的范围和办法，由国务院规定。

一、税收行政法规

《中华人民共和国税收征收管理法实施细则》（2002年9月7日中华人民共和国国务院令第362号公布　根据2012年11月9日《国务院关于修改和废止部分行政法规的决定》第一次修订　根据2013年7月18日《国务院关于废止和修改部分行政法规的决定》第二次修订　根据2016年2月6日《国务院关于修改部分行政法规的决定》第三次修订）

第十条　国家税务局、地方税务局对同一纳税人的税务登记应当采用同一代码，信息共享。

税务登记的具体办法由国家税务总局制定。

第十一条　各级工商行政管理机关应当向同级国家税务局和地方税务局定期通报办理开业、变更、注销登记以及吊销营业执照的情况。

通报的具体办法由国家税务总局和国家工商行政管理总局联合制定。

第十二条　从事生产、经营的纳税人应当自领取营业执照之日起30日内,向生产、经营地或者纳税义务发生地的主管税务机关申报办理税务登记,如实填写税务登记表,并按照税务机关的要求提供有关证件、资料。

　　前款规定以外的纳税人,除国家机关和个人外,应当自纳税义务发生之日起30日内,持有关证件向所在地的主管税务机关申报办理税务登记。

　　个人所得税的纳税人办理税务登记的办法由国务院另行规定。

　　税务登记证件的式样,由国家税务总局制定。

　　第十三条　扣缴义务人应当自扣缴义务发生之日起30日内,向所在地的主管税务机关申报办理扣缴税款登记,领取扣缴税款登记证件;税务机关对已办理税务登记的扣缴义务人,可以只在其税务登记证件上登记扣缴税款事项,不再发给扣缴税款登记证件。

　　第二十一条　从事生产、经营的纳税人到外县(市)临时从事生产、经营活动的,应当持税务登记证副本和所在地税务机关填开的外出经营活动税收管理证明,向营业地税务机关报验登记,接受税务管理。

　　从事生产、经营的纳税人外出经营,在同一地累计超过180天的,应当在营业地办理税务登记手续。

二、税务规章

1.《税务登记管理办法》①**(2019年7月24日颁布　2019年7月24日实施　国家税务总局令第48号)**

第一章　总　　则

　　第一条　为了规范税务登记管理,加强税源监控,根据《中华

---

　　①　2003年12月17日国家税务总局令第7号公布,自2004年2月1日起施行,根据2014年12月27日《国家税务总局关于修改〈税务登记管理办法〉的决定》(国家税务总局令第36号)、2018年6月15日《国家税务总局关于修改部分税务部门规章的决定》(国家税务总局令第44号)、2019年7月24日《国家税务总局关于公布取消一批税务证明事项以及废止和修改部分规章规范性文件的决定》(国家税务总局令第48号)修正。

人民共和国税收征收管理法》(以下简称《税收征管法》)以及《中华人民共和国税收征收管理法实施细则》(以下简称《实施细则》)的规定,制定本办法。

第二条 企业,企业在外地设立的分支机构和从事生产、经营的场所,个体工商户和从事生产、经营的事业单位,均应当按照《税收征管法》及《实施细则》和本办法的规定办理税务登记。

前款规定以外的纳税人,除国家机关、个人和无固定生产、经营场所的流动性农村小商贩外,也应当按照《税收征管法》及《实施细则》和本办法的规定办理税务登记。

根据税收法律、行政法规的规定负有扣缴税款义务的扣缴义务人(国家机关除外),应当按照《税收征管法》及《实施细则》和本办法的规定办理扣缴税款登记。

第三条 县以上(含本级,下同)税务局(分局)是税务登记的主管税务机关,负责税务登记的设立登记、变更登记、注销登记和税务登记证验证、换证以及非正常户处理、报验登记等有关事项。

第四条 税务登记证件包括税务登记证及其副本、临时税务登记证及其副本。

扣缴税款登记证件包括扣缴税款登记证及其副本。

第五条 县以上税务局(分局)按照国务院规定的税收征收管理范围,实施属地管理。有条件的城市,可以按照"各区分散受理、全市集中处理"的原则办理税务登记。

第六条 税务局(分局)执行统一纳税人识别号。纳税人识别号由省、自治区、直辖市和计划单列市税务局按照纳税人识别号代码行业标准联合编制,统一下发各地执行。

已领取组织机构代码的纳税人,其纳税人识别号共15位,由纳税人登记所在地6位行政区划码+9位组织机构代码组成。以业主身份证件为有效身份证明的组织,即未取得组织机构代码证书的个体工商户以及持回乡证、通行证、护照办理税务登记的纳税人,其纳税人识别号由身份证件号码+2位顺序码组成。

纳税人识别号具有唯一性。

第二章　设立登记

第八条　企业、企业在外地设立的分支机构和从事生产、经营的场所，个体工商户和从事生产、经营的事业单位（以下统称从事生产、经营的纳税人），向生产、经营所在地税务机关申报办理税务登记：

（一）从事生产、经营的纳税人领取工商营业执照的，应当自领取工商营业执照之日起30日内申报办理税务登记，税务机关发放税务登记证及副本；

（二）从事生产、经营的纳税人未办理工商营业执照但经有关部门批准设立的，应当自有关部门批准设立之日起30日内申报办理税务登记，税务机关发放税务登记证及副本；

（三）从事生产、经营的纳税人未办理工商营业执照也未经有关部门批准设立的，应当自纳税义务发生之日起30日内申报办理税务登记，税务机关发放临时税务登记证及副本；

（四）有独立的生产经营权、在财务上独立核算并定期向发包人或者出租人上交承包费或租金的承包承租人，应当自承包承租合同签订之日起30日内，向其承包承租业务发生地税务机关申报办理税务登记，税务机关发放临时税务登记证及副本；

（五）境外企业在中国境内承包建筑、安装、装配、勘探工程和提供劳务的，应当自项目合同或协议签订之日起30日内，向项目所在地税务机关申报办理税务登记，税务机关发放临时税务登记证及副本。

第九条　本办法第八条规定以外的其他纳税人，除国家机关、个人和无固定生产、经营场所的流动性农村小商贩外，均应当自纳税义务发生之日起30日内，向纳税义务发生地税务机关申报办理税务登记，税务机关发放税务登记证及副本。

第十条　税务机关对纳税人税务登记地点发生争议的，由其共同的上级税务机关指定管辖。

第十一条　纳税人在申报办理税务登记时，应当根据不同情况向税务机关如实提供以下证件和资料：

（一）工商营业执照或其他核准执业证件；

（二）有关合同、章程、协议书；

（三）组织机构统一代码证书；

（四）法定代表人或负责人或业主的居民身份证、护照或者其他合法证件。

其他需要提供的有关证件、资料，由省、自治区、直辖市税务机关确定。

第十二条 纳税人在申报办理税务登记时，应当如实填写税务登记表。

税务登记表的主要内容包括：

（一）单位名称、法定代表人或者业主姓名及其居民身份证、护照或者其他合法证件的号码；

（二）住所、经营地点；

（三）登记类型；

（四）核算方式；

（五）生产经营方式；

（六）生产经营范围；

（七）注册资金(资本)、投资总额；

（八）生产经营期限；

（九）财务负责人、联系电话；

（十）国家税务总局确定的其他有关事项。

第十三条 纳税人提交的证件和资料齐全且税务登记表的填写内容符合规定的，税务机关应当日办理并发放税务登记证件。纳税人提交的证件和资料不齐全或税务登记表的填写内容不符合规定的，税务机关应当场通知其补正或重新填报。

第十四条 税务登记证件的主要内容包括：纳税人名称、税务登记代码、法定代表人或负责人、生产经营地址、登记类型、核算方式、生产经营范围(主营、兼营)、发证日期、证件有效期等。

第十五条 已办理税务登记的扣缴义务人应当自扣缴义务发生之日起30日内，向税务登记地税务机关申报办理扣缴税款登记。税务机关在其税务登记证件上登记扣缴税款事项,税务机关不再发放扣缴税款登记证件。

根据税收法律、行政法规的规定可不办理税务登记的扣缴义务人,应当自扣缴义务发生之日起 30 日内,向机构所在地税务机关申报办理扣缴税款登记。税务机关发放扣缴税款登记证件。

第六章 外出经营报验登记

第三十条 纳税人到外县(市)临时从事生产经营活动的,应当在外出生产经营以前,持税务登记证到主管税务机关开具《外出经营活动税收管理证明》(以下简称《外管证》)。

第三十一条 税务机关按照一地一证的原则,发放《外管证》,《外管证》的有效期限一般为 30 日,最长不得超过 180 天。

第三十二条 纳税人应当在《外管证》注明地进行生产经营前向当地税务机关报验登记,并提交下列证件、资料:

(一)税务登记证件副本;

(二)《外管证》。

纳税人在《外管证》注明地销售货物的,除提交以上证件、资料外,应如实填写《外出经营货物报验单》,申报查验货物。

第三十三条 纳税人外出经营活动结束,应当向经营地税务机关填报《外出经营活动情况申报表》,并结清税款、缴销发票。

第三十四条 纳税人应当在《外管证》有效期届满后 10 日内,持《外管证》回原税务登记地税务机关办理《外管证》缴销手续。

第十章 附 则

第四十五条 本办法涉及的标识、戳记和文书式样,由国家税务总局确定。

第四十六条 本办法由国家税务总局负责解释。各省、自治区、直辖市和计划单列市税务局可根据本办法制定具体的实施办法。

第四十七条 本办法自 2004 年 2 月 1 日起施行。

2.《国家税务总局关于公布取消一批税务证明事项以及废止和修改部分规章规范性文件的决定》(2019 年 7 月 24 日颁布 2019 年 7 月 24 日实施 国家税务总局令第 48 号)

为深入贯彻落实党中央、国务院关于持续开展"减证便民"的要求,进一步深化税务系统"放管服"改革,优化税务执法方式,改善税收营商环境,税务总局决定再公布取消一批税务证明事项。同时,对本决定以及《国家税务总局关于取消一批税务证明事项的决定》(国家税务总局令第 46 号公布)取消的税务证明事项涉及的税务部门规章、税收规范性文件,税务总局一并进行了清理,决定废止和修改部分税务部门规章、税收规范性文件。现公布如下:

一、取消一批税务证明事项

取消 25 项税务证明事项(附件 1)。其中,12 项(附件 1 所列第 1-12 项)自本决定公布之日起停止执行;13 项(附件 1 所列 13-25 项)根据《中华人民共和国车辆购置税法》、《财政部 税务总局关于高校学生公寓房产税印花税政策的通知》(财税〔2019〕14 号)、《财政部 税务总局关于公共租赁住房税收优惠政策的公告》(财政部 税务总局公告 2019 年第 61 号)、《财政部 税务总局关于继续实行农村饮水安全工程税收优惠政策的公告》(财政部 税务总局公告 2019 年第 67 号)、《国家税务总局关于城镇土地使用税等"六税一费"优惠事项资料留存备查的公告》(国家税务总局公告 2019 年第 21 号)的有关规定停止执行。

附件:1.取消的税务证明事项目录(共计 25 项)

序号	证明名称	证明用途	取消后的办理方式
2	税收票证遗失登报声明	纳税人遗失已完税税收票证需要税务机关另行提供的,需提供原持有联次遗失登报声明。	不再提交。取消登报要求。

续表

序号	证明名称	证明用途	取消后的办理方式
3	税务登记证件	3.1 已办理税务登记或扣缴税款登记,但未办理文化事业建设费登记的缴纳人、扣缴人,在办理文化事业建设费缴费信息登记时,需提供税务登记证件。	不再提交。改为部门内部核查。
		3.2 纳税人办理发票真伪鉴定时,需提供税务登记证件。	
		3.3 纳税人办理印制有本单位名称发票手续时,需提供税务登记证件。	
		3.4 境内机构和个人向非居民发包工程作业或劳务项目,自项目合同签订之日起30日内向主管税务机关报告时,需提供非居民的税务登记证。	
4	营业执照	纳税人在市场监管部门办理变更登记后,向原税务登记机关申报办理变更税务登记时,需提供营业执照。	不再提交。通过部门间信息共享替代。
5	组织机构代码证	5.1 企业、农民专业合作社及个体工商户在办理税务登记事项时,需提供组织机构代码证。	不再提交。通过部门间信息共享替代。
		5.2 有组织机构代码证的企事业单位、社会团体等申请车船税退抵税时,需提供组织机构代码证。	

三、税务规范性文件

1.《国家税务总局关于贯彻〈中华人民共和国税收征收管理法〉及其实施细则若干具体问题的通知》[①]**(2003年4月23日颁布 2003年4月23日实施 国税发〔2003〕47号)**

三、关于纳税人外出经营活动管理问题

纳税人离开其办理税务登记所在地到外县(市)从事经营活动、

[①] 根据国家税务总局公告2018年第33号《国家税务总局关于公布全文失效废止和部分条款失效废止的税收规范性文件目录的公告》文件的规定,第一条失效废止。

提供应税劳务的,应该在发生外出经营活动以前向其登记所在地的主管税务机关申请办理《外出经营活动税收管理证明》,并向经营地或提供劳务地税务机关报验登记。

实施细则第二十一条所称"从事生产、经营的纳税人外出经营,在同一地累计超过 180 天的",应当是以纳税人在同一县(市)实际经营或提供劳务之日起,在连续的 12 个月内累计超过 180 天。

2.《国家税务总局关于进一步加强税收征管工作的若干意见》①(2004 年 8 月 24 日颁布 2004 年 8 月 24 日实施 国税发〔2004〕108 号)

(三)严格税务登记制度,加强户籍管理

户籍管理不但要严格税务登记管理制度,全面掌握所辖纳税人税务登记的各项登记事项,加强登记环节的管理,还要及时了解和掌握与户籍管理相关的各类动态情况。包括:纳税人生产经营及其财务核算情况;各税种的核定及其有关资格认定、各类征收方式核定、多元化申报和缴款方式的核准情况;各税种的申报纳税、税款滞纳及其补缴情况;税务检查及其处理、享受减免税政策及其执行情况;纳税人发票领购资格、品种、数量情况;纳税户关、停、并、转、歇业以及委托税务代理情况等。要及时归纳、整理和分析户籍管理的各类信息,从中发现问题,解决问题,强化和细化管理。要健全户籍管理档案,并通过信息化实现纳税人户籍资料的"一户式"存储管理。

要充分发挥税收管理员在户籍管理中的重要作用。税收管理员要通过所掌握的户籍管理信息对管户进行实地核查,核实登记事项的真实性。要有计划地对辖区进行巡察,及时发现未办理税务登记户,防止漏征漏管。税源管理部门要对税收管理员巡查面、巡查次数等指标定期进行考核。

---

① 根据《国家税务总局关于修改部分税收规范性文件的公告》(国家税务总局公告 2018 年第 31 号)对本文进行了修改,三、四、五删除了国地税相关用语,删除了第六点部分内容。

3.《国家税务总局关于印发〈集贸市场税收分类管理办法〉的通知》[①]（2004年11月24日颁布　2004年11月24日实施　国税发〔2004〕154号）

各省、自治区、直辖市和计划单列市国家税务局、地方税务局，扬州税务进修学院，局内各单位：

为进一步规范集贸市场税收征收管理，提高税收征管质量与效率，国家税务总局在深入调查研究、广泛征求意见的基础上，制定了《集贸市场税收分类管理办法》，现印发给你们，请认真执行。执行中有何问题和建议，请及时反馈总局。

国家税务总局
二〇〇四年十一月二十四日

集贸市场税收分类管理办法

第一条　为进一步规范集贸市场税收征收管理，提高税收征管质量和效率，根据《中华人民共和国税收征收管理法》及其实施细则以及有关规定，制定本办法。

第二条　本办法适用于在相对封闭的固定经营区域内，经营主体多元化且各经营主体相互独立、经营相对稳定的各类集贸市场。

第三条　税务机关应当根据集贸市场年纳税额的大小，将集贸市场划分为大型市场、中型市场和小型市场三类，实行分类管理。

前款所称年纳税额，是指每一纳税年度集贸市场内的经营者缴纳的各税种税款的总和。大、中、小市场划分的年纳税额标准，由省级税务机关根据本地区市场发展情况确定。

第四条　对大型集贸市场，应当按属地管理原则由所在地税务机关实行专业化管理，并由市（地）级税务机关负责重点监控；对中型集贸市场，由所在地税务机关负责管理；对税源零星的小型集贸市场，可以由当地税务机关管理，也可按照有关规定委托有关单位代征税款。

---

① 《国家税务总局关于修改部分税收规范性文件的公告》（国家税务总局公告2018年第31号）对本文进行了修改。

第五条 税务机关应当按照税收法律、行政法规和国家税务总局的有关规定,负责市场内纳税人的税务登记、纳税服务、建账辅导、定额核定、税款征收、发票管理、日常检查和一般性税务违规违章行为的处罚等工作。

第六条 主管税务机关应对集贸市场内经营的商品分类进行市场调查,掌握其市场行情、进销价格和平均利润率情况。同时,通过对市场经营额和每个业户经营情况的了解,为审核纳税人申报准确性和核定定额提供依据。

第八条 主管税务机关应要求集贸市场的投资方或投资方委托的管理单位及时提供市场内纳税人的户籍变化、物业费用、房屋租金、水电费用等与纳税人纳税有关的信息。

主管税务机关应要求集贸市场内出租摊位、房屋等经营场所的出租人依法按期报告承租人的有关情况。出租人不报告的,按照《税收征收管理法实施细则》第四十九条的规定处理。

第九条 主管税务机关应当根据市场内纳税人的经营规模、财务核算水平和税收优惠等方面的差异,对市场内的纳税人合理分类,采取相应的管理措施。一般可将纳税人分为四类:

(一)查账征收户:指在集贸市场内从事经营且实行查账征收的各类企业和个体工商户。

(二)定期定额征收户:指在集贸市场内从事经营,达到增值税、营业税起征点且实行定期定额征收的个体工商户。

(三)未达起征点户和免税户:指在集贸市场内从事经营但未达增值税、营业税起征点的个体工商户和按照有关税收优惠政策规定免予缴纳相关税收的个体工商户。

(四)临时经营户:指在集贸市场内从事临时经营的纳税户。

第十五条 各省、自治区、直辖市和计划单列市税务局可以根据本办法确定的原则制定具体实施办法。

第十六条 本办法自发布之日起执行。

4.《国家税务总局关于完善税务登记管理若干问题的通知》[1]（2006年3月16日颁布　2006年3月16日实施　国税发〔2006〕37号）

各省、自治区、直辖市和计划单列市国家税务局、地方税务局：

为了规范税务登记，加强户籍管理，严格税源监控，结合2006年全面换发税务登记证工作，现将税务登记管理中有关问题进一步明确如下：

一、税务登记的范围及管理

按照税收征管法及其实施细则和税务登记管理办法的有关规定，除国家机关、个人（自然人）和无固定生产、经营场所的流动性农村小商贩外，纳税人都应当申报办理税务登记。国家机关所属事业单位有经营行为、取得应税收入、财产、所得的，也应当办理税务登记。

税务登记实行属地管理，纳税人应当到生产、经营所在地或者纳税义务发生地的主管税务机关申报办理税务登记。非独立核算的分支机构也应当按照规定分别向生产经营所在地税务机关办理税务登记。

三、扣缴税款登记

按照税收征管法实施细则第十三条的规定，个人所得税扣缴义务人应当到所在地主管税务机关申报办理扣缴税款登记，领取扣缴税款登记证。对临时发生扣缴义务的扣缴义务人，不发扣缴税款登记证；对已办理税务登记的扣缴义务人，不发扣缴税款登记证，由税务机关在其税务登记证副本上登记扣缴税款事项。

扣缴义务人识别号按照扣缴义务人所在地行政区域码加组织机构代码编制。

---

[1] 1.根据《国家税务总局关于进一步完善税务登记管理有关问题的公告》（国家税务总局公告2011年第21号），第六条第三款"对应领取而未领取工商营业执照临时经营的，不得办理临时税务登记，但必须照章征税，也不得向其出售发票；确需开具发票的，可以向税务机关申请，先缴税再由税务机关为其代开发票。"作废。2.根据《国家税务总局关于修改部分税收规范性文件的公告》（国家税务总局公告2018年第31号）删除了本文第二点，修改了第十点国地税表述。

四、临时税务登记证件的有效期限

承包租赁经营的,办理临时税务登记的期限为承包租赁期;

境外企业在中国境内承包建筑、安装、装配、勘探工程和提供劳务的,临时税务登记的期限为合同规定的承包期。

五、临时税务登记的管理

取得临时税务登记证的纳税人,可以凭临时税务登记证及副本按有关规定办理相关涉税事项。

税务机关应当加强对临时税务登记纳税人的管理。临时登记户领取营业执照的,应当自领取营业执照之日起30日内向税务机关申报转办为正式税务登记。对临时税务登记证件到期的纳税户,税务机关经审核后,应当继续办理临时税务登记。

六、停复业登记管理

实行定期定额征收方式的个体工商户需要停业的,应当在停业前申报办理停业登记。

纳税人停业未按规定向主管税务机关申请停业登记的,应视为未停止生产经营;纳税人在批准的停业期间进行正常经营的,应按规定向主管税务机关办理纳税申报并缴纳税款。未按规定办理的,按照税收征管法的有关规定处理。

纳税人停业期满未按期复业又不申请延长停业的,税务机关应当视为已恢复生产经营,实施正常的税收管理。纳税人停业期满不向税务机关申报办理复业登记而复业的,主管税务机关经查实,责令限期改正,并按照税收征管法第六十条第一款的规定处理。

七、纳税人经营范围

纳税人应当在税务登记表中如实填写其经营范围;经有关部门批准的证件中没有具体列明经营范围的,纳税人应当按照实际经营情况填写。设立登记后,税务机关应当及时核实登记内容。纳税人经营范围变化后应当自发生变化之日起30日内向主管税务机关申报办理变更税务登记。

八、税务登记证件的管理

(一)临时税务登记转为税务登记的,税务机关收回临时税务登记证件,发放税务登记证件,纳税人补填税务登记表。

(二)税务登记证件丢失的,纳税人应登报声明作废;在丢失声明中应声明证件的发放日期。税务登记证件被税务机关宣布失效的,在失效公告中应公告证件的发证日期。

(三)补发税务登记证件的,应在税务登记证件中加盖"补发"戳记。

(四)纳税人在统一换发税务登记证件期限后仍未按照规定期限办理换证手续的,税务机关应当统一宣布其税务登记证件失效。

(五)税务机关应当根据纳税人条件要求纳税人亮证经营。

九、各省税务局可以按照《税务登记管理办法》和本通知的规定制定具体的实施办法。

5.《国家税务总局关于简化纳税人向税务机关提供有关审验证件的通知》(2007年2月1日颁布　2007年2月1日实施　国税函〔2007〕149号)

各省、自治区、直辖市和计划单列市国家税务局、地方税务局:

为减轻纳税人负担,提高办税效率,现就税务机关依法要求纳税人提供单位或个人有关审验证件的问题通知如下:

一、纳税人依法第一次向税务机关提供营业执照、组织机构代码证书、法定代表人的个人身份证件、税务登记证件时,纳税人应当提供证件的原件(原件副本具有同等效力,下同)和复印件。原件用于审验,复印件与原件核对无误,由经办人在复印件注明"经审验与原件相符"并签字后,留存税务机关备查。

二、税务机关对纳税人所提供的证件复印件载明的各项基础信息,要录入信息系统,存入"一户式"电子档案。纳税人以后办理涉税事项,按规定需要提供营业执照、组织机构代码证书、法定代表人的个人身份证件、税务登记证件时,税务机关只要求纳税人出示证件原件(或原件副本),经与信息系统中存储的纳税人电子信息查验无误后,即可退回纳税人,不要求纳税人重复提供证件的复印件。

三、证件内容发生变化的,纳税人应当申请变更,税务机关应当要求纳税人提供变更后的证件复印件,并对存入"一户式"电子档案的各项基础信息和纸质档案同时更新。

6.《国家税务总局办公厅关于税务登记中企业登记注册类型有关问题的通知》①(2009年4月20日颁布 2009年4月20日实施 国税办函〔2009〕198号)

各省、自治区、直辖市和计划单列市国家税务局、地方税务局：

近期一些地方反映，工商行政管理部门办理营业执照时，采用了新的注册类型，造成企业工商营业执照注册类型与税务登记注册类型和税收核算统计企业类型划分不一致。现将有关问题明确如下：

税务登记中纳税人登记注册类型的划分，仍按照《税务登记管理办法》(国家税务总局令第7号)和《国家税务总局关于换发税务登记证件的通知》(国税发〔2006〕38号)的规定执行。

为了做好新的工商登记注册类型与现行的统计登记分类之间的衔接，国家统计局下发了《国家统计局办公室关于印发企业登记注册类型对照表的通知》(国统办字〔2008〕105号)，就如何将新的工商登记注册类型归类到现行的经济类型中予以了明确。现将文件转发你们，请在办理税务登记时遵照执行。

7.《国家税务总局关于纳税人权利与义务的公告》②(2009年11月6日颁布 2009年11月6日实施 国家税务总局公告2009年第1号)

一、依法进行税务登记的义务

您应当自领取营业执照之日起30日内，持有关证件，向我们申报办理税务登记。税务登记主要包括领取营业执照后的设立登记、税务登记内容发生变化后的变更登记、依法申请停业、复业登记、依法终止纳税义务的注销登记等。

---

① 根据《国家税务总局关于公布全文失效废止和部分条款失效废止的税收规范性文件目录的公告》(国家税务总局公告2018年第33号)，此文件"同时，请各地方税务局相应修订综合征管信息系统"的内容失效废止。

② 《国家税务总局关于修改部分税收规范性文件的公告》(国家税务总局公告2018年第31号)对本文进行了修改。

在各类税务登记管理中,您应该根据我们的规定分别提交相关资料,及时办理。同时,您应当按照我们的规定使用税务登记证件。税务登记证件不得转借、涂改、损毁、买卖或者伪造。

8.《国家税务总局关于印发〈外国企业常驻代表机构税收管理暂行办法〉的通知》①(2010年2月20日颁布　2010年1月1日实施　国税发[2010]18号)

各省、自治区、直辖市和计划单列市国家税务局、地方税务局:

为规范外国企业常驻代表机构税收管理,税务总局制定了《外国企业常驻代表机构税收管理暂行办法》,现印发给你们,请遵照执行。执行中发现的问题请及时反馈税务总局(国际税务司)。

国家税务总局
二○一○年二月二十日

外国企业常驻代表机构税收管理暂行办法

第一条　为规范外国企业常驻代表机构税收管理,根据《中华人民共和国税收征收管理法》(以下简称税收征管法)及其实施细则、《中华人民共和国企业所得税法》及其实施条例、《中华人民共和国营业税暂行条例》及其实施细则、《中华人民共和国增值税暂行条例》及其实施细则,以及相关税收法律法规,制定本办法。

第二条　本办法所称外国企业常驻代表机构,是指按照国务院有关规定,在工商行政管理部门登记或经有关部门批准,设立在中国境内的外国企业(包括港澳台企业)及其他组织的常驻代表机构

---

① 1.根据《国家税务总局关于修改按经费支出换算收入方式核定非居民企业应纳税所得额计算公式的公告》(国家税务总局公告2016年第28号)规定,自2016年5月1日起,本文第七条第一项第1目规定的计算公式修改为:应纳税所得额＝本期经费支出额/(1－核定利润率)×核定利润率。2.根据《国家税务总局关于修改部分税收规范性文件的公告》(国家税务总局公告2018年第31号),本文第十二条"各省、自治区、直辖市和计划单列市国家税务局和地方税务局可按本办法规定制定具体操作规程,并报国家税务总局(国际税务司)备案"。修改为"各省、自治区、直辖市和计划单列市税务局可按本办法规定制定具体操作规程,并报国家税务总局(国际税务司)备案"。

(以下简称代表机构)。

第三条 代表机构应当就其归属所得依法申报缴纳企业所得税,就其应税收入依法申报缴纳营业税和增值税。

第四条 代表机构应当自领取工商登记证件(或有关部门批准)之日起 30 日内,持以下资料,向其所在地主管税务机关申报办理税务登记:

(一)工商营业执照副本或主管部门批准文件的原件及复印件;

(二)组织机构代码证书副本原件及复印件;

(三)注册地址及经营地址证明(产权证、租赁协议)原件及其复印件;如为自有房产,应提供产权证或买卖契约等合法的产权证明原件及其复印件;如为租赁的场所,应提供租赁协议原件及其复印件,出租人为自然人的还应提供产权证明的原件及复印件;

(四)首席代表(负责人)护照或其他合法身份证件的原件及复印件;

(五)外国企业设立代表机构的相关决议文件及在中国境内设立的其他代表机构名单(包括名称、地址、联系方式、首席代表姓名等);

(六)税务机关要求提供的其他资料。

9.《国家税务总局关于进一步完善税务登记管理有关问题的公告》①(2011 年 3 月 21 日颁布　2011 年 4 月 21 日实施　国家税务总局公告 2011 年第 21 号)

为进一步完善税务登记管理制度,规范税务登记管理,强化税源监控,现就有关问题公告如下:

一、无照户纳税人的管理

从事生产、经营的纳税人,应办而未办工商营业执照,或不需办理工商营业执照而需经有关部门批准设立但未经有关部门批准的

---

① 1.根据《国家税务总局关于公布全文失效废止和部分条款失效废止的税收规范性文件目录的公告》(国家税务总局公告 2018 年第 33 号),此文件第三条失效废止。
2.根据《国家税务总局关于税收征管若干事项的公告》(国家税务总局公告 2019 年第 48 号),自 2020 年 3 月 1 日起,本文第二条第一款废止。

(简称无照户纳税人),应当自纳税义务发生之日起 30 日内申报办理税务登记。税务机关对无照户纳税人核发临时税务登记证及副本,并限量供应发票。

无照户纳税人已领取营业执照或已经有关部门批准的,应当自领取营业执照或自有关部门批准设立之日起 30 日内,向税务机关申报办理税务登记,税务机关核发税务登记证及副本;已领取临时税务登记证及副本的,税务机关应当同时收回并做作废处理。

二、非正常户管理

开展非正常户公告。税务机关应在非正常户认定的次月,在办税场所或者广播、电视、报纸、期刊、网络等媒体上公告非正常户。纳税人为企业或单位的,公告企业或单位的名称、纳税人识别号、法定代表人或负责人姓名、居民身份证或其他有效身份证件号码、经营地点;纳税人为个体工商户的,公告业户名称、业主姓名、纳税人识别号、居民身份证或其他有效身份证件号码、经营地点。

实施非正常户追踪管理。税务机关发现非正常户纳税人恢复正常生产经营的,应及时处理,并督促其到税务机关办理相关手续。对没有欠税且没有未缴销发票的纳税人,认定为非正常户超过两年的,税务机关可以注销其税务登记证件。

加强非正常户异地协作管理。税务机关要加强非正常户信息交换,形成对非正常户管理的工作合力。对非正常户纳税人的法定代表人或经营者申报办理新的税务登记的,税务机关核发临时税务登记证及副本,限量供应发票。税务机关发现纳税人的法定代表人或经营者在异地为非正常户的法定代表人或经营者的,应通知其回原税务机关办理相关涉税事宜。纳税人的法定代表人或经营者在原税务机关办结相关涉税事宜后,方可申报转办正式的税务登记。

四、本公告自公布之日起 30 日后施行。《国家税务总局关于完善税务登记管理若干问题的通知》(国税发〔2006〕37 号)中的第六条第三款"对应领取而未领取工商营业执照临时经营的,不得办理临时税务登记,但必须照章征税,也不得向其出售发票;确需开具发票的,可以向税务机关申请,先缴税再由税务机关为其代开发票。"同时作废。

10.《国家税务总局关于贯彻落实〈国务院关于取消和下放一批行政审批项目的决定〉的通知》(2014年1月13日颁布　2014年1月13日实施　税总发〔2014〕6号)

各省、自治区、直辖市和计划单列市国家税务局、地方税务局,局内各单位:

2013年11月8日,国务院发布了《国务院关于取消和下放一批行政审批项目的决定》(国发〔2013〕44号,以下简称《决定》),公布取消和下放7项税务行政审批项目。

各单位要认真贯彻落实《决定》,做好取消下放税务行政审批项目的落实和衔接工作,加快制定后续管理办法,做到放管结合,对无需出台后续管理办法的项目,要加强指导,跟踪管理,保证基层税务机关和纳税人准确适用。要对取消和下放税务行政审批项目的落实情况开展督促检查,防止变相审批和明放暗不放。要继续推进行政审批制度改革,公开税务行政审批目录清单,继续推行审批事项办税服务厅集中受理、内部流转、限时办结,大力推进网上审批,推行"阳光"审批,加强对行政审批权的监督,努力营造统一有序、公平竞争的税收环境,不断提高税务管理科学化、法治化水平。

附件:国务院决定取消和下放管理层级的行政审批项目目录(涉税7项)

序号	项目名称	审批部门	其他共同审批部门	设定依据	处理决定	备注
7	对办理税务登记(开业、变更、验证和换证)核准	税务总局	无	《中华人民共和国税收征收管理法》《中华人民共和国税收征收管理法实施细则》(国务院令第362号)	取消	原由各级主管税务机关实施

11.《国家税务总局关于创新税收服务和管理的意见》(2014年7月7日颁布 2014年7月7日实施 税总发〔2014〕85号)

各省、自治区、直辖市和计划单列市国家税务局、地方税务局：

为认真贯彻国务院加快政府职能转变、创新政府监管方式的要求，顺应注册资本登记制度改革的需要，税务部门要进一步创新服务和管理。现提出如下意见，请认真贯彻执行。

一、创新服务，推进税务登记便利化

(一)创新税务登记方式

各地可以根据不同条件，积极探索创新税务登记方式。

1.国税机关、地税机关协同，一方受理，统一办理。对纳税人提出的税务登记申请，由受理的国税机关或地税机关一方负责，纳税人不需再向另一方税务机关提出申请。

2.多部门联合办理。有条件的地方可以探索建立营业执照、组织机构代码证、税务登记证等多证联办机制，相关部门同步审批，证照统一发放，以便利纳税人。

3."三证合一"。探索跨部门业务流程再造，建立营业执照、组织机构代码证与税务登记证"一表登记、三证合一"制度。市场主体一次性提交包含办理营业执照、组织机构代码证、税务登记证所需的所有信息，相关部门受理申请并进行审核，准予登记的，向市场主体发放一份包含营业执照、组织机构代码证、税务登记证功能的证照。

4."电子登记"。积极探索推进全程电子化登记，实现网上申请、网上审核、网上发证，足不出户就可以办理，纳税人不需要就不再发放纸质税务登记证件。

(二)简化税务登记手续

5.简化资料提供。纳税人申请办理税务登记时，税务机关应根据申请人情况，不再统一要求纳税人提供注册地址及生产、经营地址等场地的证明材料和验资报告，可不进行实地核查。

6.探索推送服务。税务机关要积极推进跨部门协作，参与建立市场主体登记及信用信息公示平台，推动登记信息实时交换和共享，及时获取工商登记、组织机构代码等信息；有条件的地方可以改变以往税务登记由纳税人发起的做法,将获取的市场主体工商登记、组织机构代码信息内容录入税务登记表,直接赋予市场主体纳税人识别号,并主动推送给纳税人签字确认,不再要求纳税人重复提供并填报信息。

7. 推进即时办理。税务机关办税窗口只对纳税人提交的申请材料进行形式审查,收取相关资料后即时办理税务登记,赋予纳税人识别号,发给税务登记证件,以减少纳税人等待时间,提高办理效率。与此同时,要全面实行"同城通办"。

二、创新管理,促进后续监管精细化

(三)加强后续管理

13. 及时录入、补录和确认相关信息。在税务登记环节力求即来即办的同时,要切实加强后续管理。在税务登记环节需要采集的信息包括营业执照、注册资本、生产经营地址、公司章程、商业合同和协议等数据资料,要在后续的发票领用、申报纳税等环节及时采集,陆续补齐。要加强对税务登记后续环节录入、补录信息的比对和确认。要逐步实现对税务登记信息完整率、差错率等征管绩效指标的实时监控。

12.《国家税务总局关于推进工商营业执照、组织机构代码证和税务登记证"三证合一"改革的若干意见》(2014 年 12 月 18 日颁布　2014年12月18日实施　税总发〔2014〕152 号)

各省、自治区、直辖市和计划单列市国家税务局、地方税务局:

根据《国务院关于促进市场公平竞争维护市场正常秩序的若干意见》(国发〔2014〕20 号,以下简称《意见》)的要求,现就税务部门推进税务登记证和工商营业执照、组织机构代码证"三证合一"改革工作提出以下意见。

一、基本思路

推进税务登记证和工商营业执照、组织机构代码证"三证合一"是落实国务院注册资本登记制度改革,便利市场主体,激发市场活力的重大举措,也是税务部门贯彻党中央和国务院转变职能、简政放权的工作要求。各级税务机关要提高对"三证合一"改革工作的认识,积极谋划,为改革提供动力,主动作为,不断探索登记制度便利化,切实方便市场主体,加强税源管控,降低征纳成本,提高税务行政管理效率,促进经济社会持续健康发展。

推进"三证合一"改革的基本思路是大力推进"三证联办"、积极探索"一证三码"、最终实现"一证一码"。"三证合一"的试点工作将由国务院有关部门部署进行。在正式推开"一证一码"之前,可以"三证联办"、"一证三码"等形式作为过渡。"三证联办"是现行法律框架内"三证合一"较好的实现形式。一窗受理、三证同发,实现工商营业执照、组织机构代码证和税务登记证联合办理,简化办证程序,缩短办理时限,方便市场主体,降低社会成本和行政成本。"一证三码"是推进"三证合一"的重要形式。一个证照、三个代码,形式上更符合"三证合一"要求,方便市场主体,也有利于整合部门资源,提高部门间信息共享水平,加强部门间协作配合,统一对市场主体的事后监管。

二、主要形式

(一)"三证联办"

"三证联办"是指工商、质监、国税、地税部门实现工商营业执照、组织机构代码证和税务登记证"三证"联办同发。即由一个窗口单位归口受理申请表和申请资料,一次性采集信息,并共享至联合办证部门,限时反馈;各部门收到申请信息、材料后,按照职责分工,同时启动复查审办,准予登记的,一并制作"三证",并反馈受理窗口;受理窗口一次性将"三证"发放申请人,部门间实现数据互换、档案共享、结果互认。

各地税务机关要按照现行各部门行政管理职责、证件式样、赋码规则,协调相关部门实现信息互联互通,实施"三证联办"。

(二)"一证三码"

"一证三码"是工商、质监、国税、地税部门的工商营业执照、组织机构代码证和税务登记证共同赋码,向市场主体发放包含"三证"功能三个代码的证照,简称"一证三码"。即由一个窗口单位归口受理申请表和申请资料,一次性采集信息,并共享至联合办证部门,限时反馈;各部门收到申请信息、材料后,按照职责分工,同时启动复查审办,准予登记的,分别按本部门赋码规则进行证照赋码,并反馈受理窗口;受理窗口制作"一证三码"的证照发放申请人,部门间实现数据互换、档案共享、结果互认。

三、工作要求

(一)提高认识,加强领导。"三证合一"是中央推进商事制度改革、便利市场主体、激发市场活力的重大举措,时间紧、任务重、要求高。各级税务机关要高度重视,深刻领会,切实提高对此项改革工作的认识,加强领导,认真落实。

(二)于法有据,稳步推进。"三证合一"改革要在法律法规框架内依法推进。当前,作为过渡各地税务机关要大力推进"三证联办",积极探索"一证三码"试点工作,为实现"一证一码"改革创造条件。

(三)积极配合,规范流程。各地税务机关要积极配合牵头单位工作,努力攻坚克难,扎实推进改革。无论是"三证联办"还是"一证三码",均要制定严格的流程规范,强化风险管控,确保安全高效,推进信息共享。

(四)加强宣传,及时反馈。要做好对纳税人的宣传工作,充分运用各种媒体,让广大纳税人了解、说明此项改革创新的意义和可以依其带来的便利。同时,要加强对此项改革信息与数据的统计分析,运用分析成果,及时指导和改进工作。此外,相关工作情况、问题及改进建议请及时报告国家税务总局(征管和科技发展司)。

13.《国家税务总局关于部分税务行政审批事项取消后有关管理问题的公告》[①]**(2015年2月4日颁布　国家税务总局公告2015年第8号)**

为加强后续管理,现就部分税务行政审批事项取消后有关管理

[①] 1.根据《国家税务总局关于修改部分税收规范性文件的公告》(国家税务总局公告2018年第31号),删除第三条"国税局地税局联合办理"的表述。2.根据《国家税务总局关于修改部分税收规范性文件的公告》(国家税务总局公告2018年第31号),将第五条第一项"北京、上海、深圳市国家税务局"的表述修改为"北京、上海、深圳市税务局"。

问题公告如下：

一、关于取消"对纳税人申报方式的核准"后的有关管理问题

税务机关应当告知纳税人申报期限和申报方法，畅通申报渠道，确保纳税人可以根据实际生产经营情况，自主选择办税大厅、邮寄或网上申报等多种申报方式。

二、关于取消"印制有本单位名称发票的审批"后的有关管理问题

税务机关对用票单位使用印制有本单位名称发票不再设置条件限制，用票单位可在办税服务厅填写《印有本单位名称发票印制表》，税务机关应当在5个工作日内确认用票单位使用印有该单位名称发票的种类和数量，并向发票印制企业下达《发票印制通知书》。发票印制企业应当按照《发票印制通知书》的要求印制印有用票单位名称发票，确保用票单位正常使用。

三、关于取消"对办理税务登记（开业、变更、验证和换证）的核准"后的有关管理问题

税务机关应当不断创新服务方式，推进税务登记便利化。一方面，推进税务登记方式多样化，提供多部门联合办理和"电子登记"等多种方式，为纳税人办理税务登记提供多种选择和便利；另一方面，推进税务登记手续简便化，税务机关办税窗口只对纳税人提交的申请材料进行形式核对，收取相关资料后即时办理税务登记，赋予纳税人识别号，发给税务登记证件，减少纳税人等待时间，提高办理效率。

税务机关在税务登记环节力求即来即办的同时，应当切实加强后续管理。在税务登记环节采集营业执照、注册资本、生产经营地址、公司章程、商业合同和协议等数据信息，并在后续的发票领用、申报纳税等环节及时采集、补充相关数据信息。应当加强对税务登记后续环节录入、补录信息的比对和确认，并逐步实现对税务登记信息完整率、差错率等征管绩效指标的实时监控。

四、关于取消"扣缴税款登记核准"后的有关管理问题

税务机关对扣缴义务人办理扣缴登记不再进行审批。税务机

关在办理税务登记、纳税申报或其他涉税事项时直接办理扣缴义务人登记,并按照税收征管法及其实施细则的有关规定,对扣缴义务人是否如实申报代扣代缴税款有关情况进行监督和检查,防范扣缴义务人不履行税法义务带来的税收管理风险。

14.《国家税务总局关于部分税务行政审批事项取消后有关管理问题的公告》①(2015年8月3日颁布　2015年8月3日实施　国家税务总局公告2015年第56号)

为加强后续管理,现就部分税务行政审批事项取消后有关管理问题公告如下:

一、关于取消"对办理税务登记(外出经营报验)的核准"后的有关管理问题

纳税人提交资料齐全、符合法定形式的,税务机关即时办理。纳税人提交资料不齐全或者不符合法定形式的,税务机关制作《税务事项通知书》,一次性告知纳税人需要补正的内容。税务机关应当切实履行对纳税人的告知义务,及时提供咨询服务,强化内部督查和社会监督,提高登记办理效率。按照纳税人不重复填报登记文书内容和不重复提交登记材料的原则,加强部门之间信息、数据共

---

① 1.根据《国家税务总局关于进一步加强出口退(免)税事中事后管理有关问题的公告》(国家税务总局公告2016年第1号),自2016年1月7日起,第三条第六项第3目废止。2.根据《国家税务总局关于出口退(免)税申报有关问题的公告》(国家税务总局公告2018年第16号),自2018年5月1日起附件1《出口退(免)税备案表》废止。3.根据《国家税务总局关于修改部分税收规范性文件的公告》(国家税务总局公告2018年第31号),全文及附件1《出口退(免)税备案表》、附件3《以边境小额贸易方式代理外国企业、外国自然人报关出口货物备案表》中"主管国税机关""国家税务局""国税税务登记证""国税税务登记表"的内容,修改为"主管税务机关""税务局""税务登记证""税务登记表"。4.根据《国家税务总局关于修改部分税收规范性文件的公告》(国家税务总局公告2018年第31号),删除第五项、第六项。5.根据《国家税务总局关于车辆购置税征收管理有关事项的公告》(国家税务总局公告2019年第26号),自2019年7月1日起第四条废止。6.根据《国家税务总局关于优化整合出口退税系统　更好服务纳税人有关事项的公告》(国家税务总局公告2021年第15号),自2021年6月3日起第三条第一项第2目、第3目废止。

享工作。

二、关于取消"偏远地区简并征期认定"后的有关管理问题

加强对实行偏远地区简并征期申报的纳税人日常管理及监控,实行税源跟踪管理,及时掌握纳税人经营变化情况。强化计算机管税,采取"人机结合"的方式,提高征期申报率和入库率,防止漏征漏管。简化办税程序,建立纳税服务新机制,降低纳税人办税成本,提高工作效率。

15.《国家税务总局关于落实"三证合一"登记制度改革的通知》(2015年9月10日颁布　2015年9月10日实施　税总函〔2015〕482号)

各省、自治区、直辖市和计划单列市国家税务局、地方税务局,局内各单位:

根据《国务院办公厅关于加快推进"三证合一"登记制度改革的意见》(国办发〔2015〕50号)、《工商总局等六部门关于贯彻落实〈国务院办公厅关于加快推进"三证合一"登记制度改革的意见〉的通知》(工商企注字〔2015〕121号)及有关文件精神,现就税务部门落实"三证合一"登记制度改革有关具体工作通知如下,请认真贯彻执行。

一、切实落实好"三证合一"有关文件精神

全面推行"三证合一"登记制度改革是贯彻落实党的十八大和十八届二中、三中、四中全会精神以及国务院决策部署的重要举措,是推进简政放权、便利市场准入、鼓励投资创业、激发市场活力的重要途径。国务院、有关部门及税务总局陆续下发了一系列文件,对"三证合一"改革有关工作做出了详细部署并提出了明确要求。各级税务机关要站在全局的高度,充分认识"三证合一"改革的重要意义,顾全大局、主动作为,积极采取措施,攻坚克难,认真学习贯彻系列文件精神,加强部门间协作配合,优化各项工作流程,落实岗位工作职责,分解工作任务到人,确保"三证合一"改革顺利实施。

二、切实做好"三证合一"工作衔接

根据有关工作部署,2015年10月1日要在全国全面推行"三证合一、一照一码"登记改革。各地税务机关要加强与有关部门的沟

通协调,强化国税、地税之间的协作合作,做好各相关职能部门之间的分工配合,统筹做好改革前后的过渡衔接工作,确保现有登记模式向"三证合一、一照一码"登记模式平稳过渡。

新设立企业、农民专业合作社(以下统称"企业")领取由工商行政管理部门核发加载法人和其他组织统一社会信用代码(以下称统一代码)的营业执照后,无需再次进行税务登记,不再领取税务登记证。企业办理涉税事宜时,在完成补充信息采集后,凭加载统一代码的营业执照可代替税务登记证使用。

除以上情形外,其他税务登记按照原有法律制度执行。

改革前核发的原税务登记证件在过渡期继续有效。

三、切实规范"三证合一"有关工作流程

工商登记"一个窗口"统一受理申请后,申请材料和登记信息在部门间共享,各部门数据互换、档案互认。各级税务机关要加强与登记机关沟通协调,确保登记信息采集准确、完整。

各省税务机关在交换平台获取"三证合一"企业登记信息后,依据企业住所(以统一代码为标识)按户分配至县(区)税务机关;县(区)税务机关确认分配有误,将其退回至市(地)税务机关,由市(地)税务机关重新进行分配;省税务机关无法直接分配至县(区)税务机关的,将其分配至市(地)税务机关,由市(地)税务机关向县(区)税务机关进行分配。

对于工商登记已采集信息,税务机关不再重复采集;其他必要涉税基础信息,可在企业办理有关涉税事宜时,及时采集,陆续补齐。发生变化的,由企业直接向税务机关申报变更,税务机关及时更新税务系统中的企业信息。

已实行"三证合一、一照一码"登记模式的企业办理注销登记,须先向税务主管机关申报清税,填写《清税申报表》(附后)。企业可向国税、地税任何一方税务主管机关提出清税申报,税务机关受理后应将企业清税申报信息同时传递给另一方税务机关,国税、地税税务主管机关按照各自职责分别进行清税,限时办理。清税完毕后一方税务机关及时将本部门的清税结果信息反馈给受理税务机关,由受理税务机关根据国税、地税清税结果向纳税人统一出具《清税证明》,并将信息共享到交换平台。

税务机关应当分类处理纳税人清税申报,扩大即时办结范围。根据企业经营规模、税款征收方式、纳税信用等级指标进行风险分析,对风险等级低的当场办结清税手续;对于存在疑点情况的,企业也可以提供税务中介服务机构出具的鉴证报告。税务机关在核查、检查过程中发现涉嫌偷、逃、骗、抗税或虚开发票的,或者需要进行纳税调整等情形的,办理时限自然中止。在清税后,经举报等线索发现少报、少缴税款的,税务机关将相关信息传至登记机关,纳入"黑名单"管理。

过渡期间未换发"三证合一、一照一码"营业执照的企业申请注销,税务机关按照原规定办理。

四、切实发挥信息技术的支撑作用

"三证合一"离不开信息技术的支持。各级税务机关要加大信息化投入,按照统一规范和标准,改造升级相关信息系统,实现互联互通、信息共享。凡是能够通过网络解决的都要充分利用信息化优势,实现网络实时传输,提高办事效率;凡是能利用统一信用信息共享交换平台的,都要通过共享平台交换并应用企业基础信息和相关信用信息。

税务总局将完成统一推广的综合征管系统(国税)、增值税发票系统升级版、出口退税系统、金税三期核心征管软件等应用系统的改造工作。

各省税务机关要按照《国家税务总局办公厅关于落实国务院统一社会信用代码建设方案调整相关信息系统的通知》(税总办发〔2015〕160号)要求,落实企业纳税人识别号与统一代码的衔接方案,配合有关单位,搭建省级信息共享交换平台,并改造自有税务应用类系统及网上办税等系统,实现与税务总局统一推广系统的对接。

五、切实提升纳税服务水平

优化纳税服务,营造良好的税收工作环境是"三证合一、一照一码"改革顺利实施的重要方面。各级税务机关要充分利用各种媒体做好"三证合一"登记制度改革政策的宣传解读，让广大纳税人了解"三证合一"改革的内容、意义，知晓"三证合一"改革带来的便利，在全社会形成理解改革、关心改革、支持改革的良好氛围。要积极编制"三证合一"办税指南、纳税辅导小册子、办税流程图等宣传材料，并放置于登记机关服务大厅，或在税务机关网站显著位置公布，方便取用和学习。要加强对税务干部的培训，让广大干部熟悉新设、变更以及注销登记等各环节的操作流程，精通改革内容和意义，同时，选派素质高、业务精的工作人员承担窗口受理工作，不断提升窗口服务质量。

六、切实狠抓督办落实

督查督办是抓落实的重要手段。各级税务机关要按照一级抓一级、层层抓落实的要求，加强对"三证合一、一照一码"改革的督导检查，及时发现和解决实施中遇到的重点难点问题。要落实"三证合一"改革的绩效考核工作，将"三证合一"改革工作列入2015年第四季度绩效考核，按照改革的时间表、路线图考评考核。税务总局也将适时组织开展"三证合一"改革专项督查，对工作开展不力造成严重后果的单位及个人尤其是领导干部进行问责，确保各项工作任务不折不扣地圆满完成。

为了各地相互借鉴经验，共同推进"三证合一"改革，税务总局将编发《税收征管工作动态（三证合一改革专辑）》，刊载各地改革进展情况。各地要及时将改革动态报税务总局（征管科技司）。同时，自2015年10月起，每月终了后5日内，各地要将"三证合一"改革相关工作推进情况、具体措施、取得成效、后续监控相关数据及工作中的困难、下一步工作计划报税务总局（征管科技司）。各单位要在报送材料后加注联系人信息（姓名、联系方式）。报送材料请上传至税务总局FTP（征管和科技司/制度处/三证合一目录下）。

16.《国家税务总局关于修订纳税人识别号代码标准的公告》（2015年9月25日颁布　2015年10月1日实施　国家税务总局公告2015年第66号）

根据《国务院关于批转发展改革委等部门法人和其他组织统一

社会信用代码制度建设总体方案的通知》(国发〔2015〕33号),结合实施"三证合一、一照一码"改革的工作要求,国家税务总局决定修订纳税人识别号代码标准,现将有关事项公告如下:

一、已取得统一社会信用代码的法人和其他组织,其纳税人识别号使用18位的"统一社会信用代码",编码规则按照相关国家标准执行。

二、未取得统一社会信用代码的个体工商户以及以居民身份证、回乡证、通行证、护照等有效身份证明办理税务登记的纳税人,其纳税人识别号由"身份证件号码"+"2位顺序码"组成。

三、以统一社会信用代码、居民身份证、回乡证、通行证、护照等为有效身份证明的临时纳税的纳税人,其纳税人识别号由"L"+"统一社会信用代码"或"L"+"身份证件号码"组成,作为系统识别,不打在对外证照上。

四、对已设立但未取得统一社会信用代码的法人和其他组织,以及自然人等其他各类纳税人,其纳税人识别号的编码规则仍按照《国家税务总局关于发布纳税人识别号代码标准的通知》(税总发〔2013〕41号)规定执行。

五、本公告自2015年10月1日起施行。

17.《国家税务总局关于京津冀范围内纳税人办理跨省(市)迁移有关问题的通知》(2015年12月31日颁布　2015年12月31日实施　税总发〔2015〕161号)

北京、天津、河北省(市)国家税务局、地方税务局:

按照党中央、国务院关于推进京津冀协同发展的重大战略部署和《深化国税、地税征管体制改革方案》有关要求,为促进京津冀三地税收协同发展,进一步减轻纳税人负担,便利企业合理流动,现将京津冀范围内纳税人跨省(市)迁移简化手续有关问题通知如下:

一、适用范围

(一)纳税人在京津冀范围内,因住所、经营地点变动涉及改变省(市)主管税务机关的,应当持有关证件和资料,向原主管税务机关申报办理注销税务登记(一照一码户办理清税申报),并在规定期限内向迁入地税务机关申报办理税务登记。

(二)纳税人存在以下情况的,在未办结有关事项前,不得办理跨省(市)迁移手续:

1. 有未申报记录的;
2. 有各类欠缴或多缴税款、罚款或滞纳金的;
3. 有未结清的出口退(免)税款的;
4. 有未结稽查案件的;
5. 有未结行政处罚、行政复议或者行政诉讼案件的;
6. 有未处理完的在批文书的;
7. 税务机关规定的其他情形。

二、时限要求

(一)增值税一般纳税人办理跨省(市)迁移手续,应先完成纳税申报和增值税发票报送,再办理有关跨省(市)迁移手续。

(二)纳税人在纳税申报期内(含所得税年度申报),提出办理跨省(市)迁移申请的,应完成当期全部申报并结清已申报税款后,办理有关跨省(市)迁移手续。

(三)纳税人应自原主管税务机关注销其税务登记或开具《清税证明》之日起30日内向迁入地税务机关申报办理税务登记。

(四)新设立的一照一码户在工商部门办理完变更登记后,应及时到迁入地税务机关办理有关涉税事宜。

三、业务衔接

(一)纳税申报及税款征收

跨省(市)迁移的纳税人,迁出前应完成全部纳税申报事项,并结清已申报的应纳税款及滞纳金、罚款和各类查补税款,迁出后发生的相关退、补税款,一律由迁入地税务机关完成。

(二)税收优惠政策

纳税人跨省(市)迁移后,除区域优惠政策外,其原享受的各项税收优惠延续执行。迁出地税务机关在征管系统内取消相关税收优惠政策操作,收回纳税人迁移前税务机关送达的有关备案、审批文书,归入纳税人档案一并移交迁入地税务机关,迁入地税务机关据此在征管系统内重新流转相关税收优惠政策备案、审批文书,不得要求纳税人重新办理审批手续。

(三)相关资格资质

1.迁入地税务机关对纳税人由迁出地税务机关认定的纳税信用等级资质予以认可。

2.增值税一般纳税人迁移后,其增值税一般纳税人资格延续登记。纳税人办理注销税务登记前,尚有未抵扣进项税额的,迁出地税务机关应填报《增值税一般纳税人迁移进项税额转移单》,在增值税发票系统升级版中核实企业的发票缴销、补录情况。

3.使用"税库银"电子缴税方式的纳税人,应与迁出地税务机关终止"实时缴税协议",在迁入地税务机关重新签订"实时缴税协议"。

(四)税控机具

1.纳税人使用的增值税发票系统升级版专用设备(包括金税盘、税控盘、报税盘)交由迁出地税务机关注销收回,纳税人在迁入地重新购置专用设备。

2.使用税控收款机的纳税人迁出前应抄报当期开票数据,报送相关资料并办理税控收款机注销核准(收回税控卡、用户卡)。

(五)发票及各类证件

1.纳税人跨省(市)迁移,迁出前应向迁出地税务机关申请缴销其全部结存空白发票(包括各类税控系统中的电子发票)及发票领购簿。

2.增值税一般纳税人迁移后取得的原纳税人识别号发票需办理换票手续后,再进行申报抵扣。

3.其他有关证件应由迁出地税务机关收缴或由纳税人交迁入地税务机关据以办理相关手续。

(六)核定征收

实行定率征收的纳税人,迁入地税务机关原则上继续按照迁出地税务机关核定内容执行,如需要调整,应重新制作相关核定文书。如符合有关规定需实行查账征收的,迁入地税务机关可以改为查账征收方式,并书面通知纳税人。

实行定额征收的纳税人办理跨省(市)迁移时,迁出地税务机关取消其核定征收信息,由迁入地税务机关确定具体征收方式。

(七)档案资料移交

纳税人办理跨省(市)迁移,迁出地税务机关应向迁入地税务机关移交纳税人的纳税档案,并填制《移交纳税登记户资料清单》(详见附件1)。

纳税人凭以下资料办理迁移手续:

1.增值税一般纳税人尚有未抵扣进项税额的,应提供《增值税一般纳税人迁移进项税额转移单》,迁入地税务机关据此进行增值税进项税额的初始化处理。

2.提供加盖迁出地主管税务机关公章的、迁出前清税处理完毕的《增值税纳税申报表》及附表、《企业所得税纳税申报表》及附表。

迁出地税务机关已对档案进行数字化处理的,可以移交加盖税务机关公章的数字图像影印件。京津冀内网信息交换平台搭建完成后,跨省迁移电子档案资料可利用内网信息交换平台进行数据交换。

迁出地税务机关应负责移交档案资料的完整性,封存并加盖封存章后,通过交换或其他方式随同档案资料一并送往迁入地税务机关,并填写《税源户移交签收单》(详见附件2)。迁入地税务机关查收后,应将《税源户移交签收单》回执通过纸质或电子邮件方式返回迁出地税务机关。

迁入地主管税务机关接到迁出地主管税务机关递送的《纳税人迁移通知书》(详见附件3)后,应于当日通过纸质或电子方式回复迁出地税务机关,并在3日内主动与纳税人取得联系,敦促纳税人按期办理税务登记及纳税申报等相关手续。

四、具体业务操作

(一)迁出地税务机关业务流程

1.跨省(市)迁移纳税人向迁出地税务机关填报《注销税务登记申请审批表》(一照一码户填制《清税申报表》),并结清其已申报税款及滞纳金、罚款和各类查补税款。

2. 迁出地税务机关负责办理纳税人的结税清票、收缴证件等相关工作。

3. 迁出地税务机关办理完上述有关事项后,在征管系统中进行迁出处理,填制《纳税人迁移通知书》一式三份(一份由迁出地税务机关留存,一份送迁入地税务机关确认,一份交纳税人到迁入地税务机关办理涉税事项时校验),并通知纳税人在规定的时间内办理迁入手续。

4. 迁出地税务机关填制《移交纳税登记户资料清单》和《税源户移交签收单》,并向迁入地税务机关移交纳税人档案及其他纳税资料。

(二)迁入地税务机关业务流程

1. 纳税人持《纳税人迁移通知书》、变更后的营业执照副本及复印件和其他有关资料等,到迁入地税务机关税务登记部门办理迁入手续。

2. 迁入地税务机关将"税务档案"和《移交纳税登记户资料清单》与《纳税人迁移通知书》等资料核对无误后,在征管系统中进行税务登记操作。

3. 迁入地税务机关办理完毕迁入手续后,填写《税源户移交签收单》回执回复迁出地税务机关,并告知纳税人在规定期限内到其主管税务机关办理申报纳税等相关涉税事宜。

18.《国家税务总局关于明确社会组织等纳税人使用统一社会信用代码及办理税务登记有关问题的通知》(2016 年 3 月 15 日颁布　2016 年 3 月 15 日实施　税总函〔2016〕121 号)

各省、自治区、直辖市和计划单列市国家税务局、地方税务局:

为进一步落实《国务院关于批转发展改革委等部门法人和其他组织统一社会信用代码制度建设总体方案的通知》(国发〔2015〕33号)关于建立覆盖全面、稳定且唯一的统一社会信用代码制度的要求,现就社会组织等未纳入"三证合一"登记制度改革的纳税人使用统一社会信用代码及办理税务登记有关事宜通知如下:

一、对于 2016 年 1 月 1 日以后在机构编制、民政部门登记设立并取得统一社会信用代码的纳税人,以 18 位统一社会信用代码为其纳税人识别号,按照现行规定办理税务登记,发放税务登记证件。对已在机构编制、民政部门登记设立并办理税务登记的纳税人,税务部门应积极配合登记机关逐步完成存量代码的转换工作,实现法人及其他组织统一社会信用代码在税务部门的全覆盖。

19.《国家税务总局关于优化〈外出经营活动税收管理证明〉相关制度和办理程序的意见》(2016 年 7 月 6 日颁布　2016 年 7 月 6 日实施　税总发〔2016〕106 号)

各省、自治区、直辖市和计划单列市国家税务局、地方税务局:

为切实做好税源管理工作,减轻基层税务机关和纳税人的办税负担,提高税收征管效率,现就优化《外出经营活动税收管理证明》(见附件 1,以下简称《外管证》)相关制度和办理程序提出如下意见:

一、正确认识《外管证》在当前税收管理中的意义

外出经营税收管理是现行税收征管的一项基本制度,是税收征管法实施细则和增值税暂行条例规定的法定事项。《外管证》作为纳税人主管税务机关与经营地税务机关管理权限界定和管理职责衔接的依据与纽带,对维持现行税收属地入库原则、防止漏征漏管和重复征收具有重要作用,是税务机关传统且行之有效的管理手段,当前情况下仍须坚持,但应结合税收信息化建设与国税、地税合作水平的提升,创新管理制度,优化办理程序,减轻纳税人和基层税务机关负担。其存废问题需根据相关法律法规制度和征管体制机制改革情况,综合评估论证后统筹考虑。

二、创新《外管证》管理制度

(一)改进《外管证》开具范围界定。纳税人跨省税务机关管辖区域(以下简称跨省)经营的,应按本规定开具《外管证》;纳税人在省税务机关管辖区域内跨县(市)经营的,是否开具《外管证》由省税务机关自行确定。

(二)探索外出经营税收管理信息化。省税务机关管辖区域内

跨县(市)经营需要开具《外管证》的,税务机关应积极推进网上办税服务厅建设,受理纳税人的网上申请,为其开具电子《外管证》;通过网络及时向经营地税务机关推送相关信息。在此前提下,探索取消电子《外管证》纸质打印和经营地报验登记。

(三)延长建筑安装行业纳税人《外管证》有效期限。《外管证》有效期限一般不超过180天,但建筑安装行业纳税人项目合同期限超过180天的,按照合同期限确定有效期限。

三、优化《外管证》办理程序

(一)《外管证》的开具

1."一地一证"。从事生产、经营的纳税人跨省从事生产、经营活动的,应当在外出生产经营之前,到机构所在地主管税务机关开具《外管证》。税务机关按照"一地一证"的原则,发放《外管证》。

2.简化资料报送。一般情况下,纳税人办理《外管证》时只需提供税务登记证件副本或者加盖纳税人印章的副本首页复印件(实行实名办税的纳税人,可不提供上述证件);从事建筑安装的纳税人另需提供外出经营合同(原件或复印件,没有合同或合同内容不全的,提供外出经营活动情况说明)。

3.即时办理。纳税人提交资料齐全、符合法定形式的,税务机关应即时开具《外管证》(可使用业务专用章)。

(二)《外管证》的报验登记

1.纳税人应当自《外管证》签发之日起30日内,持《外管证》向经营地税务机关报验登记,并接受经营地税务机关的管理。纳税人以《外管证》上注明的纳税人识别号,在经营地税务机关办理税务事项。

2.报验登记时应提供《外管证》,建筑安装行业纳税人另需提供外出经营合同复印件或外出经营活动情况说明。

3.营改增之前地税机关开具的《外管证》仍在有效期限内的,国税机关应予以受理,进行报验登记。

(三)《外管证》的核销

1.纳税人外出经营活动结束,应当向经营地税务机关填报《外出经营活动情况申报表》(见附件2),并结清税款。

2.经营地税务机关核对资料,发现纳税人存在欠缴税款、多缴(包括预缴、应退未退)税款等未办结事项的,及时制发《税务事项通知书》,通知纳税人办理。纳税人不存在未办结事项的,经营地税务机关核销报验登记,在《外管证》上签署意见(可使用业务专用章)。

四、其他事项

异地不动产转让和租赁业务不适用外出经营活动税收管理相关制度规定。

20.《国家税务总局关于取消一批涉税事项和报送资料的通知》(2017年9月15日颁布 2017年9月15日实施 税总函〔2017〕403号)

各省、自治区、直辖市和计划单列市国家税务局、地方税务局:

为了深入贯彻落实党中央、国务院关于深化"简政放权、放管结合、优化服务"改革的要求,进一步减轻纳税人和基层税务机关负担,改善营商环境,根据《国家税务总局关于进一步深化税务系统"放管服"改革 优化税收环境的若干意见》(税总发〔2017〕101号)的有关要求,税务总局近期在编制《全国税收征管规范(2.0版)》过程中开展了涉税事项和报送资料的清理工作,形成了第一批取消事项和资料清单(详见附件)。现将有关事项通知如下:

一、业务事项取消原则

各地税务机关应当基于业务合理性,以还权还责于纳税人、信息互联互通、数据共享为前提,逐步取消有关事项。

二、报送资料取消原则

(一)相关证照、批准文书等信息能够通过政府信息共享获取的,只需要纳税人提供上述材料的名称、文号、编码等信息供查询验证,不再提交材料原件或复印件。相关证照、批准文书等信息无法获取的,除了本通知明确取消报送的资料外,纳税人需要按照政策规定提交相关材料作为归档资料,提交资料的复印件上应当有纳税人签章的与原件一致声明。

(二)对各地税务机关已纳入实名办税的业务,办税人、代理人提供本人身份证件原件供当场查验,身份证件复印件可不再报送,税务登记证件原件、复印件可不再要求报送。

三、有关要求

各地税务机关应当按照附件要求执行,对于已经取得的共享信息种类应当及时对外告知,不得在办理涉税事项过程中要求纳税人报送额外资料。各地税务机关根据需要自行制定的报送资料规则,应当一并随同清理。

国家税务总局后续将针对各地落实情况开展督导工作。各地对于执行中发现的问题,请及时报告国家税务总局(征管和科技发展司)。

附件:1. 第一批取消事项清单

序号	业务事项名称	备注
1	税务登记验证	
2	税务登记换证	
3	非居民企业认定	税务机关内部完成,不再要求纳税人依申请办理

2. 第一批取消资料清单(1107项)

21.《国家税务总局关于创新跨区域涉税事项报验管理制度的通知》(2017年9月15日颁布　2017年9月30日起试行　2017年10月30日实施　税总发〔2017〕103号)

各省、自治区、直辖市和计划单列市国家税务局、地方税务局:

根据《国家税务总局关于进一步深化税务系统"放管服"改革优化税收环境的若干意见》(税总发〔2017〕101号)要求,切实减轻纳税人办税负担,提高税收征管效率,现就创新跨区域涉税事项报验管理制度,优化办理流程等有关事项通知如下:

一、外出经营活动税收管理的更名与创新

(一)将"外出经营活动税收管理"更名为"跨区域涉税事项报验管理"。外出经营活动税收管理作为现行税收征管的一项基本制度,是税收征管法实施细则和增值税暂行条例规定的法定事项,也是落实现行财政分配体制、解决跨区域经营纳税人的税收收入及征管职责在机构所在地与经营地之间划分问题的管理方式,对维持税收属地入库原则、防止漏征漏管和重复征收具有重要作用。按照该项制度的管理实质,将其更名为"跨区域涉税事项报验管理"。

(二)纳税人跨区域经营前不再开具相关证明,改为填报《跨区域涉税事项报告表》。纳税人跨省(自治区、直辖市和计划单列市)临时从事生产经营活动的,不再开具《外出经营活动税收管理证明》,改向机构所在地的国税机关填报《跨区域涉税事项报告表》(附件1)。纳税人在省(自治区、直辖市和计划单列市)内跨县(市)临时从事生产经营活动的,是否实施跨区域涉税事项报验管理由各省(自治区、直辖市和计划单列市)税务机关自行确定。

(三)取消跨区域涉税事项报验管理的固定有效期。税务机关不再按照180天设置报验管理的固定有效期,改按跨区域经营合同执行期限作为有效期限。合同延期的,纳税人可向经营地或机构所在地的国税机关办理报验管理有效期限延期手续。

(四)实行跨区域涉税事项报验管理信息电子化。跨区域报验管理事项的报告、报验、延期、反馈等信息,通过信息系统在机构所在地和经营地的国税机关之间传递,机构所在地的国税机关、地税机关之间,经营地的国税机关、地税机关之间均要实时共享相关信息。

二、跨区域涉税事项报告、报验及反馈

(一)《跨区域涉税事项报告表》填报

具备网上办税条件的,纳税人可通过网上办税系统,自主填报《跨区域涉税事项报告表》。不具备网上办税条件的,纳税人向主管税务机关(办税服务厅)填报《跨区域涉税事项报告表》,并出示加载统一社会信用代码的营业执照副本(未换照的出示税务登记证副本),或加盖纳税人公章的副本复印件(以下统称"税务登记证件");已实行实名办税的纳税人只需填报《跨区域涉税事项报告表》。

(二)跨区域涉税事项报验

跨区域涉税事项由纳税人首次在经营地办理涉税事宜时,向经营地的国税机关报验。纳税人报验跨区域涉税事项时,应当出示税务登记证件。

(三)跨区域涉税事项信息反馈

纳税人跨区域经营活动结束后,应当结清经营地的国税机关、地税机关的应纳税款以及其他涉税事项,向经营地的国税机关填报《经营地涉税事项反馈表》(附件2)。

经营地的国税机关核对《经营地涉税事项反馈表》后,将相关信息推送经营地的地税机关核对(2个工作日内完成核对并回复,实行联合办税的即时回复),地税机关同意办结的,经营地的国税机关应当及时将相关信息反馈给机构所在地的国税机关。纳税人不需要另行向机构所在地的税务机关反馈。

(四)跨区域涉税事项反馈信息的处理

机构所在地的国税机关要设置专岗,负责接收经营地的国税机关反馈信息,及时以适当方式告知纳税人,并适时对纳税人已抵减税款、在经营地已预缴税款和应预缴税款进行分析、比对,发现疑点的,及时推送至风险管理部门或者稽查部门组织应对。

本规定自2017年9月30日起试行,10月30日起正式实施。2017年10月30日前已办理《外出经营活动税收管理证明》业务的仍按照《国家税务总局关于优化〈外出经营活动税收管理证明〉相关制度和办理程序的意见》(税总发〔2016〕106号)执行。

22.《国家税务总局关于明确跨区域涉税事项报验管理相关问题的公告》(2018年7月4日颁布　2018年7月5日实施　国家税务总局公告2018年第38号)

为了适应国税地税征管体制改革需要,现就新税务机构挂牌后跨区域涉税事项报验管理有关事项公告如下:

一、纳税人跨省(自治区、直辖市和计划单列市)临时从事生产经营活动的,向机构所在地的税务机关填报《跨区域涉税事项报告表》(附件1)。

二、纳税人跨区域经营合同延期的,可以向经营地或机构所在地的税务机关办理报验管理有效期限延期手续。

三、跨区域报验管理事项的报告、报验、延期、反馈等信息,通过信息系统在机构所在地和经营地的税务机关之间传递,实时共享。

四、纳税人首次在经营地办理涉税事宜时,向经营地的税务机关报验跨区域涉税事项。

五、纳税人跨区域经营活动结束后,应当结清经营地税务机关的应纳税款以及其他涉税事项,向经营地的税务机关填报《经营地涉税事项反馈表》(附件2)。

经营地的税务机关核对《经营地涉税事项反馈表》后,及时将相关信息反馈给机构所在地的税务机关。纳税人不需要另行向机构所在地的税务机关反馈。

六、机构所在地的税务机关要设置专岗,负责接收经营地的税务机关反馈信息,及时以适当方式告知纳税人,并适时对纳税人已抵减税款、在经营地已预缴税款和应预缴税款进行分析、比对,发现疑点的,及时推送至风险管理部门或者稽查部门组织应对。

七、本公告自2018年7月5日起施行。国税机构和地税机构合并前,上述事项仍按照《国家税务总局关于创新跨区域涉税事项报验管理制度的通知》(税总发〔2017〕103号)的规定执行。

23.《国家税务总局关于自然人纳税人识别号有关事项的公告》(2018年12月17日颁布　2019年1月1日实施　国家税务总局公告2018年第59号)

根据新修改的《中华人民共和国个人所得税法》,为便利纳税人办理涉税业务,现就自然人纳税人识别号有关事项公告如下:

一、自然人纳税人识别号,是自然人纳税人办理各类涉税事项的唯一代码标识。

二、有中国公民身份号码的,以其中国公民身份号码作为纳税人识别号;没有中国公民身份号码的,由税务机关赋予其纳税人识别号。

三、纳税人首次办理涉税事项时,应当向税务机关或者扣缴义务人出示有效身份证件,并报送相关基础信息。

四、税务机关应当在赋予自然人纳税人识别号后告知或者通过扣缴义务人告知纳税人其纳税人识别号,并为自然人纳税人查询本人纳税人识别号提供便利。

五、自然人纳税人办理纳税申报、税款缴纳、申请退税、开具完税凭证、纳税查询等涉税事项时应当向税务机关或扣缴义务人提供纳税人识别号。

六、本公告所称"有效身份证件",是指:

(一)纳税人为中国公民且持有有效《中华人民共和国居民身份证》(以下简称"居民身份证")的,为居民身份证。

(二)纳税人为华侨且没有居民身份证的,为有效的《中华人民共和国护照》和华侨身份证明。

(三)纳税人为港澳居民的,为有效的《港澳居民来往内地通行证》或《中华人民共和国港澳居民居住证》。

(四)纳税人为台湾居民的,为有效的《台湾居民来往大陆通行证》或《中华人民共和国台湾居民居住证》。

(五)纳税人为持有有效《中华人民共和国外国人永久居留身份证》(以下简称永久居留证)的外籍个人的,为永久居留证和外国护照;未持有永久居留证但持有有效《中华人民共和国外国人工作许可证》(以下简称工作许可证)的,为工作许可证和外国护照;其他外籍个人,为有效的外国护照。

本公告自2019年1月1日起施行。

24.《国家税务总局关于税收征管若干事项的公告》(2019年12月12日颁布　2020年3月1日实施　国家税务总局公告2019年第48号)

二、关于临时税务登记问题

从事生产、经营的个人应办而未办营业执照,但发生纳税义务的,可以按规定申请办理临时税务登记。

三、关于非正常户的认定与解除

(一)已办理税务登记的纳税人未按照规定的期限进行纳税申报,税务机关应依法责令其限期改正。纳税人逾期不改正的,税务机关可以按照《中华人民共和国税收征收管理法》(以下简称税收征管法)第七十二条规定处理。

纳税人负有纳税申报义务,但连续三个月所有税种均未进行纳税申报的,税收征管系统自动将其认定为非正常户,并停止其发票领用簿和发票的使用。

(二)对欠税的非正常户,税务机关依照税收征管法及其实施细则的规定追征税款及滞纳金。

(三)已认定为非正常户的纳税人,就其逾期未申报行为接受处罚、缴纳罚款,并补办纳税申报的,税收征管系统自动解除非正常状态,无需纳税人专门申请解除。

25.《"非接触式"办税缴费事项清单》(2022年5月26日颁布 2022年5月26日实施)

为贯彻中办、国办印发的《关于进一步深化税收征管改革的意见》精神,结合开展"我为纳税人缴费人办实事暨便民办税春风行动",税务部门积极拓展"非接触式"办税缴费事项,持续改进办税缴费方式,切实减轻办税缴费负担,为纳税人、缴费人提供安全、高效、便利的服务,更好服务市场主体发展,现将233个可在网上办理的"非接触式"办税缴费事项予以公布。

在此基础上,税务部门还将进一步依托电子税务局、手机APP、邮寄、传真、电子邮件等,不断拓宽"非接触式"办税缴费渠道,对部分复杂事项通过线上线下结合办理的方式,更好地为纳税人、缴费人服务。

"非接触式"办税缴费事项清单

序号	事项名称
1	一照一码户信息确认
2	两证整合个体工商户信息确认
3	两证整合个体工商户信息变更
4	一照一码户信息变更
5	纳税人(扣缴义务人,含自然人)身份信息报告
8	其他纳税人(扣缴义务人)身份信息变更
27	跨区域涉税事项报告
28	跨区域涉税事项报验
29	跨区域涉税事项信息反馈

四、部门工作文件

1.《国家税务总局关于贯彻落实〈国务院关于第六批取消和调整行政审批项目的决定〉的通知》(2013 年 2 月 4 日颁布　2013 年 2 月 4 日实施　税总发〔2013〕9 号)

各省、自治区、直辖市和计划单列市国家税务局、地方税务局,局内各单位:

2012 年 9 月 23 日,国务院下发《国务院关于第六批取消和调整行政审批项目的决定》(国发〔2012〕52 号,以下简称《决定》),公布了第六批取消和调整 314 项行政审批项目目录,并对进一步深化行政审批制度改革提出了明确要求。为全面贯彻《决定》的要求,确保税务部门行政审批项目的取消和调整及时落实到位,做好行政审批项目的后续监管工作,进一步推进税务系统行政审批制度改革,现就有关事项通知如下:

一、认真学习领会《决定》精神

各级税务机关要认真组织学习《决定》精神,深刻领会在新形势下深入推进行政审批制度改革的重要意义,将行政审批制度改革工作作为转变税务机关职能、创新管理方式、促进税收事业科学发展的重要举措,切实抓紧抓好。各级税务机关要加强组织领导,明确工作分工,抓好监督检查,完善规章制度,在现有工作的基础上,积极适应经济社会发展需要,坚定不移地深入推进行政审批制度改革。

二、确保税务行政审批项目的取消和调整落实到位

各级税务机关要全面、严格贯彻落实《决定》的要求和内容,强化后续管理,制定监管措施,明确监管责任,认真做好衔接工作。对已取消的行政审批项目,自《决定》发布之日起,坚决不再审批,也不得以其他形式变相审批。要抓紧研究审批项目取消后的监管措施,改变管理方式,避免出现管理真空。对调整下放管理层级的行政审批项目,要加强上下级税务机关的联系沟通和工作衔接,明确下放后管理机关的责任,避免出现管理脱节。

三、继续深化税务部门行政审批制度改革

深化行政审批制度改革是一项长期任务,各级税务机关要按照

国务院的要求,继续做好以下各项工作:

(一)进一步研究取消和调整行政审批项目

凡公民、法人或者其他组织能够自主决定,市场竞争机制能够有效调节,行业组织或者中介机构能够自律管理和能够采取事后监管等管理方式的事项,都不应当设立审批。凡违反有关规定以税务部门规章和税收规范性文件设定的税务行政审批项目,要一律取消。积极探索建立审批项目动态清理工作机制,并根据税收征管实践需要研究提出进一步取消和调整审批项目的建议。

(二)积极推进行政审批规范化建设

各级税务机关在起草规章和规范性文件过程中,不得违反有关规定设定或变相设定行政审批事项。新设审批项目必须于法有据,严格按照程序进行合法性、必要性、合理性审查论证,并广泛征求纳税人意见。要加强对规章和规范性文件的合法性审核,杜绝违规设立审批。研究制定非行政许可审批项目管理办法,明确审批标准、条件、程序和时限,确保审批管理公开、公平和公正。坚持"谁审批,谁负责"的原则,建立和完善对违规审批的过错责任追究制度,从机制上解决审批权力与责任脱节的问题,促进审批行为的规范。依法审批应当作为重要内容纳入税务机关考核工作。

(三)创新行政审批管理方式

要按照高效便民的原则,优化审批流程,减少审批环节,缩短审批时限,提高审批效率。继续推广在办税服务厅办理行政审批项目工作,对能够在办税服务厅办结的审批事项,要尽量当场办结,并加强后续监管,为纳税人办税提供更多便利。加强网上审批,积极推行行政许可和非许可审批项目网上申报、受理、咨询和办复。

(四)深入推进行政审批领域防治腐败工作

深化审批公开,推行"阳光审批"。通过公开审批标准、条件、程序和时限,明确审批责任人和公开审批结果,使广大纳税人有条件、有机会及时了解税务行政审批的全过程,自觉把税务机关的执法行为置于公众的监督之下。同时,探索建立行政审批电子监察系统,实现对行政审批全过程的有效监管。健全廉政风险内控机制,坚决查处行政审批中存在的各种违法违纪行为,维护正常的税收征管秩序。

附件:1.国务院决定取消的行政审批项目目录(涉税9项)

序号	项目名称	设定依据	实施机关	备注
1	对停业和复业办理税务登记的核准	《中华人民共和国税收征收管理法实施细则》(国务院令第362号)	税务机关	

2.《国家税务总局关于深圳商事登记制度改革涉及税务登记问题的批复》(2013年4月19日颁布　2013年4月19日实施　税总函〔2013〕177号)

深圳市国家税务局、地方税务局:

你们《关于深圳商事登记制度改革涉及税务登记问题的请示》(深国税发〔2013〕36号)收悉。经研究,批复如下:

一、商事登记制度改革是对中央提出的以职能转变为核心,继续简政放权,改革工商登记制度要求的积极探索,你局可在法律法规和职责权限范围内进一步简化办税手续、规范程序,先行先试。

二、纳税人在申报办理设立、变更税务登记时,要根据《税务登记管理办法》(国家税务总局令第7号)的规定,如实提供注册地址及生产、经营地址等信息。税务机关在制发税务登记证件之前,可不要求纳税人提供注册地址及生产、经营地址等场地的证明材料,可不进行实地核查,但要采取有效措施,加强对纳税人注册地及生产、经营地的后续监管,防范税收流失,确保国家税款及时足额入库。

3.《国家税务总局关于贯彻落实〈国务院关于取消非行政许可审批事项的决定〉的通知》(2015年5月25日颁布　2015年5月25日实施　税总发〔2015〕74号)

各省、自治区、直辖市和计划单列市国家税务局、地方税务局,局内各单位:

2015年5月14日,《国务院关于取消非行政许可审批事项的决定》(国发〔2015〕27号)公布取消49项非行政许可审批事项,并将84项非行政许可审批事项调整为政府内部审批事项。其中,涉及取消11个大项以及其他3项中8个子项的税务非行政许可审批事项。

同时,根据国发〔2015〕27号文件关于今后不再保留非行政许可审批这一类别的决定和国务院非行政许可审批事项清理工作要求,将23项税务非行政许可审批事项调整为其他权力事项。这些需要进一步改革和规范的其他权力事项,将随着简政放权和依法行政的推进,结合制定国务院部门权力清单,进一步研究、清理和规范。

另外,2014年11月24日,《国务院关于取消和调整一批行政审批项目等事项的决定》(国发〔2014〕50号)建议取消和下放32项依据有关法律设立的行政审批事项,其中,涉及取消22项税收优惠核准事项。由于需要修改《中华人民共和国税收征收管理法》的相关规定,该22项税收优惠核准事项一直未予公布。现《全国人民代表大会常务委员会关于修改〈中华人民共和国港口法〉等七部法律的决定》(2015年4月24日,第十二届全国人民代表大会常务委员会第十四次会议通过)已经修改《中华人民共和国税收征收管理法》第33条,待国务院公布取消上述22项税收优惠核准事项后,税务总局将另行发文予以贯彻。

《国家税务总局关于公开税务行政审批事项等相关工作的公告》(国家税务总局公告2014年第10号)公布的87项税务行政审批事项中,7项行政许可予以保留,80项非行政许可审批事项已清理完毕(已经国务院决定取消56项,税务总局自行取消1项,调整为其他权力事项23项)。

附件1.国务院决定取消的非行政许可审批事项目录(涉税11个大项以及其他3项中的8个子项)

序号	项目名称	审批部门	其他共同审批部门	设定依据	备注
1	对办理税务登记(外出经营报验)的核准	税务总局	无	《中华人民共和国税收征收管理法实施细则》(国务院令第362号)	此项为"对办理税务登记(注销、外出经营报验)的核准"项目的子项
2	偏远地区简并征期认定	税务总局	无	《个体工商户税收定期定额征收管理办法》(税务总局令第16号)	

4.《国家税务总局关于进一步简化企业开办涉税事项办理程序压缩办理时间的通知》(2019年12月3日颁布　2019年12月3日实施　税总发〔2019〕126号)

国家税务总局各省、自治区、直辖市和计划单列市税务局,国家税务总局驻各地特派员办事处:

为深入贯彻党的十九届四中全会精神,落实《优化营商环境条例》有关要求,深化税收领域"放管服"改革,持续优化税收营商环境,现就进一步简化企业开办涉税事项办理程序、压缩办理时间有关问题通知如下:

一、目标要求及工作原则

(一)目标要求

2020年6月底前,企业开办涉税事项办理全部实现一套资料、一窗受理、一次提交、一次办结。进一步压缩企业开办首次办税时申领增值税发票时间,有条件的地区可以压缩至1个工作日内。

(二)工作原则

便利高效。减事项、减表单、减资料、减流程、减操作,推动将企业开办事项由部门间"串联"办理转变为"并联"办理;运用信息化手段提升办理效率,方便纳税人办税。个体工商户、农民合作社参照适用。

分类办理。根据新办企业实际需求,分类办理企业开办涉税事项。新办企业需要申领发票的,可按照优化后程序办理,暂不申领发票的,企业在办理涉税事项时确认登记信息即可。

资料容缺。企业开办过程中资料不全,但不直接影响事项办理的,税务机关可为企业先行办理开办事项,纳税人后续补充报送。

风险可控。在优化企业开办流程、压缩办理时间的同时,通过对办税人员进行实名信息采集验证,对新办企业进行用票风险"体检"等方式开展事中事后监管,加强对虚假注册、虚开发票等违法行为的风险防控。

二、具体措施

(一)减事项

规范企业开办涉税事项。新开办企业时,纳税人依申请办理的事项包括登记信息确认、发票票种核定、增值税一般纳税人登记、增值税专用发票最高开票限额审批、增值税税控系统专用设备初始发行(含税务 UKey 发放)、发票领用等 6 个事项;税务机关依职权办理的事项为主管税务机关及科所分配、税(费)种认定等 2 个事项。

除上述事项之外,各地不得擅自增加其他事项作为企业开办事项。

(二)减表单

推行企业开办"一表集成"。企业开办首次申领发票涉及相关事项所需填写、确认的《增值税一般纳税人登记表》《纳税人领用发票票种核定表》《税务行政许可申请表》《增值税专用发票最高开票限额申请单》等集成至《新办纳税人涉税事项综合申请表》(详见附件1),由纳税人一次填报和确认,实现企业开办"一表集成"。

(三)减资料

进一步减少报送资料。市场监管部门已经采集办税人员实名信息的纳税人,税务机关可通过信息共享获取实名信息的,无需重复采集。企业办税人员已实名的,可不再提交营业执照原件或复印件。

实行"容缺式"办理。企业通过优化后的程序现场办理开办涉税事项,若暂时无法提供企业印章,符合以下条件的,税务机关予以容缺办理:由其法定代表人办理时,已实名采集认证并承诺后续补齐的；由办税人员办理时，办税人员已实名采集认证，经法定代表人线上实名采集认证、授予办税人员办税权限的，或者提供法定代表人授权委托书的(详见附件2)。企业30日内未补充提供印章的，税务机关将其行为纳入信用记录，对其实施风险管理并严格办理发票领用。

(四)减流程

简并线下办理流程。金税三期系统新增"企业开办(优化版)"功能，将企业开办首次办税涉及的系统功能、流程进行整合，实现税务人员在一个模块操作完成各相关事项的操作。

优化网上办理体验。各地通过改造电子税务局等系统，将企业开办涉税事项实行一套资料、一次提交、一次采集、一次办结。在电子税务局中设置操作指引提示，为新办企业提供相应的提示引导服务。

(五)减操作

探索智能化办税。探索运用信息化的手段，辅助实现主管税务机关及科所分配、税(费)种认定，通过建立指标体系，实现发票用量的自动核准，减少纳税人、税务干部的人工操作步骤。

后续事项同步办理。"财务会计制度及核算软件备案报告""存款账户账号报告""银税三方(委托)划缴协议"等后续事项，企业可在电子税务局自行办理，或在办税服务厅再次办理涉税事项时办理。如企业在开办时申请一并办理的，税务机关可同时予以办理。

三、工作要求

(一)结合实际落实。各省税务机关要按照本通知要求，结合本地实际研究完善措施，确保简化企业开办涉税事项办理流程、压缩办理时间各项要求落到实处。要加强宣传辅导，做好企业开办涉税业务办理的提示提醒，并及时研究解决工作中遇到的问题。

(二)加强信息共享。各地税务机关要主动作为，进一步加强与市场监管部门信息共享和联合监管，提高信息共享频次，健全信息对账和异常信息现场处理机制，保证登记信息共享的及时性、准确性、完整性。要积极配合当地政府部门实现企业开办事项网上办理,根据职责分工做好衔接,确保企业开办涉税事项办理顺畅。

(三)强化技术支撑。各地税务机关做好本地电子税务局、自助办税终端、发票寄递平台、短信平台等信息系统的改造,抓好与金税三期系统、增值税发票管理系统、政府政务一体化平台的衔接、整合工作,实现全程线上办理。

(四)做到无缝衔接。企业开办事项提供线上申请线下办理的,应加强衔接,避免出现线上受理,线下不能及时处理的情形。各地税务机关根据本地实际情况,在风险可控基础上,尽可能实现增值税税控系统专用设备网上购买或税务UKey网上发放,并提供便利化初始发行方式,纳税人在线上提出申请后,主管税务机关应及时响应并通过在办税服务厅、自助办税终端发行,邮寄或安排税控服务单位上门安装等方式,实现从申请到领用的无缝衔接。

5.《国家税务总局关于开展2023年"便民办税春风行动"的意见》(2023年1月1日颁布　2023年1月1日实施　税总纳服发〔2023〕1号)

(五)精简流程提级。加强登记业务协同,简化变更登记操作流程,纳税人在市场监管部门依法办理变更登记后,无需向税务机关报告登记变更信息,税务机关根据市场监管部门共享的变更登记信息自动同步予以变更。为个人所得税扣缴义务人注销前申请当年度手续费退付提供便利。开发上线个人养老金扣除填报功能,为试点城市纳税人填报享受个人养老金个人所得税税前扣除提供便利。推进全国车船税缴纳信息联网查询与核验,便利纳税人异地办理保险及缴税。

第十六条　【税务变更与注销登记】从事生产、经营的纳税人,税务登记内容发生变化的,自工商行政管理机关办理变更登记之日起三十日内或者在向工商行政管理机关申请办理注销登记之前,持有关证件向税务机关申报办理变更或者注销税务登记。

一、税收行政法规

《中华人民共和国税收征收管理法实施细则》(2002年9月7日中华人民共和国国务院令第362号公布 根据2012年11月9日《国务院关于修改和废止部分行政法规的决定》第一次修订 根据2013年7月18日《国务院关于废止和修改部分行政法规的决定》第二次修订 根据2016年2月6日《国务院关于修改部分行政法规的决定》第三次修订)

第十四条 纳税人税务登记内容发生变化的,应当自工商行政管理机关或者其他机关办理变更登记之日起30日内,持有关证件向原税务登记机关申报办理变更税务登记。

纳税人税务登记内容发生变化,不需要到工商行政管理机关或者其他机关办理变更登记的,应当自发生变化之日起30日内,持有关证件向原税务登记机关申报办理变更税务登记。

第十五条 纳税人发生解散、破产、撤销以及其他情形,依法终止纳税义务的,应当在向工商行政管理机关或者其他机关办理注销登记前,持有关证件向原税务登记机关申报办理注销税务登记;按照规定不需要在工商行政管理机关或者其他机关办理注册登记的,应当自有关机关批准或者宣告终止之日起15日内,持有关证件向原税务登记机关申报办理注销税务登记。

纳税人因住所、经营地点变动,涉及改变税务登记机关的,应当在向工商行政管理机关或者其他机关申请办理变更或者注销登记前或者住所、经营地点变动前,向原税务登记机关申报办理注销税务登记,并在30日内向迁达地税务机关申报办理税务登记。

纳税人被工商行政管理机关吊销营业执照或者被其他机关予以撤销登记的,应当自营业执照被吊销或者被撤销登记之日起15日内,向原税务登记机关申报办理注销税务登记。

第十六条 纳税人在办理注销税务登记前,应当向税务机关结清应纳税款、滞纳金、罚款,缴销发票、税务登记证件和其他税务证件。

二、税务规章

《税务登记管理办法》①(2019年7月24日颁布 2019年7月24日实施 国家税务总局令第48号)

第三章 变更登记

第十六条 纳税人税务登记内容发生变化的,应当向原税务登记机关申报办理变更税务登记。

第十七条 纳税人已在工商行政管理机关办理变更登记的,应当自工商行政管理机关变更登记之日起30日内,向原税务登记机关如实提供下列证件、资料,申报办理变更税务登记:

(一)工商登记变更表;

(二)纳税人变更登记内容的有关证明文件;

(三)税务机关发放的原税务登记证件(登记证正、副本和登记表等);

(四)其他有关资料。

第十八条 纳税人按照规定不需要在工商行政管理机关办理变更登记,或者其变更登记的内容与工商登记内容无关的,应当自税务登记内容实际发生变化之日起30日内,或者自有关机关批准或者宣布变更之日起30日内,持下列证件到原税务登记机关申报办理变更税务登记:

(一)纳税人变更登记内容的有关证明文件;

(二)税务机关发放的原税务登记证件(登记证正、副本和税务登记表等);

(三)其他有关资料。

第十九条 纳税人提交的有关变更登记的证件、资料齐全的,应如实填写税务登记变更表,符合规定的,税务机关应当日办理;不符合规定的,税务机关应通知其补正。

---

① 2003年12月17日国家税务总局令第7号公布,自2004年2月1日起施行,根据2014年12月27日《国家税务总局关于修改〈税务登记管理办法〉的决定》(国家税务总局令第36号)、2018年6月15日《国家税务总局关于修改部分税务部门规章的决定》(国家税务总局令第44号)、2019年7月24日《国家税务总局关于公布取消一批税务证明事项以及废止和修改部分规章规范性文件的决定》(国家税务总局令第48号)修正。

第二十条　税务机关应当于受理当日办理变更税务登记。纳税人税务登记表和税务登记证中的内容都发生变更的,税务机关按变更后的内容重新发放税务登记证件;纳税人税务登记表的内容发生变更而税务登记证中的内容未发生变更的,税务机关不重新发放税务登记证件。

第四章　停业、复业登记

第二十一条　实行定期定额征收方式的个体工商户需要停业的,应当在停业前向税务机关申报办理停业登记。纳税人的停业期限不得超过一年。

第二十二条　纳税人在申报办理停业登记时,应如实填写停业复业报告书,说明停业理由、停业期限、停业前的纳税情况和发票的领、用、存情况,并结清应纳税款、滞纳金、罚款。税务机关应收存其税务登记证件及副本、发票领购簿、未使用完的发票和其他税务证件。

第二十三条　纳税人在停业期间发生纳税义务的,应当按照税收法律、行政法规的规定申报缴纳税款。

第二十四条　纳税人应当于恢复生产经营之前,向税务机关申报办理复业登记,如实填写《停业复业报告书》,领回并启用税务登记证件、发票领购簿及其停业前领购的发票。

第二十五条　纳税人停业期满不能及时恢复生产经营的,应当在停业期满前到税务机关办理延长停业登记,并如实填写《停业复业报告书》。

第五章　注销登记

第二十六条　纳税人发生解散、破产、撤销以及其他情形,依法终止纳税义务的,应当在向工商行政管理机关或者其他机关办理注销登记前,持有关证件和资料向原税务登记机关申报办理注销税务登记;按规定不需要在工商行政管理机关或者其他机关办理注册登记的,应当自有关机关批准或者宣告终止之日起15日内,持有关证件和资料向原税务登记机关申报办理注销税务登记。

纳税人被工商行政管理机关吊销营业执照或者被其他机关予以撤销登记的,应当自营业执照被吊销或者被撤销登记之日起15日内,向原税务登记机关申报办理注销税务登记。

第二十七条　纳税人因住所、经营地点变动,涉及改变税务登记机关的,应当在向工商行政管理机关或者其他机关申请办理变更、注销登记前,或者住所、经营地点变动前,持有关证件和资料,向原税务登记机关申报办理注销税务登记,并自注销税务登记之日起30日内向迁达地税务机关申报办理税务登记。

第二十八条 境外企业在中国境内承包建筑、安装、装配、勘探工程和提供劳务的,应当在项目完工、离开中国前15日内,持有关证件和资料,向原税务登记机关申报办理注销税务登记。

第二十九条 纳税人办理注销税务登记前,应当向税务机关提交相关证明文件和资料,结清应纳税款、多退(免)税款、滞纳金和罚款,缴销发票、税务登记证件和其他税务证件,经税务机关核准后,办理注销税务登记手续。

第八章 非正常户处理

第三十八条 已办理税务登记的纳税人未按照规定的期限申报纳税,在税务机关责令其限期改正后,逾期不改正的,税务机关应当派员实地检查,查无下落并且无法强制其履行纳税义务的,由检查人员制作非正常户认定书,存入纳税人档案,税务机关暂停其税务登记证件、发票领购簿和发票的使用。

第三十九条 纳税人被列入非正常户超过三个月的,税务机关可以宣布其税务登记证件失效,其应纳税款的追征仍按《税收征管法》及其《实施细则》的规定执行。

三、税务规范性文件

1.《国家税务总局关于印发〈外国企业常驻代表机构税收管理暂行办法〉的通知》①(2010年2月20日颁布 2010年1月1日实

---

① 1.根据《国家税务总局关于修改按经费支出换算收入方式核定非居民企业应纳税所得额计算公式的公告》(国家税务总局公告2016年第28号)规定,自2016年5月1日起,本文第七条第一项第1目规定的计算公式修改为:应纳税所得额=本期经费支出额/(1-核定利润率)×核定利润率。2.根据《国家税务总局关于修改部分税收规范性文件的公告》(国家税务总局公告2018年第31号),本文第十二条"各省、自治区、直辖市和计划单列市国家税务局和地方税务局可按本办法规定制定具体操作规程,并报国家税务总局(国际税务司)备案。"修改为"各省、自治区、直辖市和计划单列市税务局可按本办法规定制定具体操作规程,并报国家税务总局(国际税务司)备案。"

施　国税发〔2010〕18号）

　　第五条　代表机构税务登记内容发生变化或者驻在期届满、提前终止业务活动的,应当按照税收征管法及相关规定,向主管税务机关申报办理变更登记或者注销登记;代表机构应当在办理注销登记前,就其清算所得向主管税务机关申报并依法缴纳企业所得税。

　　2.《国家税务总局关于进一步优化办理企业税务注销程序的通知》(2018年9月18日颁布　2018年10月1日实施　税总发〔2018〕149号）

国家税务总局各省、自治区、直辖市和计划单列市税务局,国家税务总局驻各地特派员办事处:

　　为深入贯彻落实党中央、国务院关于优化营商环境、深化"放管服"改革要求,进一步优化办理企业税务注销程序,现就有关事项通知如下:

　　一、实行清税证明免办服务

　　对向市场监管部门申请简易注销的纳税人,符合下列情形之一的,可免予到税务机关办理清税证明,直接向市场监管部门申请办理注销登记。

　　(一)未办理过涉税事宜的;

　　(二)办理过涉税事宜但未领用发票、无欠税(滞纳金)及罚款的。

　　二、优化税务注销即办服务

　　对向市场监管部门申请一般注销的纳税人,税务机关在为其办理税务注销时,进一步落实限时办结规定。对未处于税务检查状态、无欠税(滞纳金)及罚款、已缴销增值税专用发票及税控专用设备,且符合下列情形之一的纳税人,优化即时办结服务,采取"承诺制"容缺办理,即:纳税人在办理税务注销时,若资料不齐,可在其作出承诺后,税务机关即时出具清税文书。

　　(一)纳税信用级别为A级和B级的纳税人;

　　(二)控股母公司纳税信用级别为A级的M级纳税人;

　　(三)省级人民政府引进人才或经省级以上行业协会等机构认定的行业领军人才等创办的企业;

　　(四)未纳入纳税信用级别评价的定期定额个体工商户;

（五）未达到增值税纳税起征点的纳税人。

纳税人应按承诺的时限补齐资料并办结相关事项。若未履行承诺的,税务机关将对其法定代表人、财务负责人纳入纳税信用 D 级管理。

三、简化税务注销办理的资料和流程

（一）简化资料。对已实行实名办税的纳税人,免予提供税务登记证件和个人身份证件。

（二）开设专门窗口。在办税服务厅设置注销业务专门服务窗口,并根据情况及时增加专门服务窗口数量。

（三）提供"套餐式"服务。整合税务注销前置事项,实行"一窗受理、内部流转、限时办结、窗口出件"的"套餐式"服务模式。

（四）强化"首问责任制"和"一次性告知"。纳税人到办税服务厅办理税务注销时,首次接待的税务人员应负责问清情况,区分事项和复杂程度,分类出具需要办理的事项告知书,并做好沟通和辅导工作。

（五）优化内部工作流程和岗责分配。对纳税人办理注销业务涉及多事项的,要创新工作方式,简并优化流程、岗责,实现联动、限时处理。

四、工作要求

（一）提高认识,迅速落实

进一步优化办理企业税务注销程序,是积极落实党中央、国务院关于优化营商环境、深化"放管服"改革要求的重要举措。各级税务机关要提高认识,深刻领会其重要意义。同时,也应清醒认识到,税务注销是税收征收管理的最后一个环节,事关国家税收安全。尤其是在当前虚开增值税发票等涉税违法案件高发的态势下,应防止不法分子钻制度空子、造成税收流失。

各级税务机关应由主要领导负总责,结合实际抓紧制定实施方案,细化措施办法,明确责任分工,强力协调推进,确保通知要求能够迅速有序落地。

（二）加强培训,广泛宣传

各级税务机关应加强对工作人员,尤其是一线办税人员的专项业务培训,确保相关人员全面了解改革的具体措施,熟练掌握工作流程和办理要求。

各级税务机关要切实加强对纳税人的宣传辅导,通过税务网站、纳税人学堂、办税服务厅等多渠道、多角度开展解读和宣传辅导,回应纳税人和社会关切,确保纳税人享受改革红利。

(三)跟踪问效,强化督导

各级税务机关应采取多种形式,对基层改革落实情况进行督察。要及时总结创新经验或提出合理化建议,并及时上报税务总局。

税务总局将对各地税务机关改革措施落实情况进行督察督导,对纳税人实际办税感受进行走访调研、组织明察暗访,并将结果纳入绩效考评。对工作落实不力、纳税人反映强烈的问题,一经核实,将依法依规追究相关领导及人员的责任。

本通知自2018年10月1日起执行。

3.《国家税务总局关于税收征管若干事项的公告》(2019年12月12日颁布　2020年3月1日实施　国家税务总局公告2019年第48号)

四、关于企业破产清算程序中的税收征管问题

(一)税务机关在人民法院公告的债权申报期限内,向管理人申报企业所欠税款(含教育费附加、地方教育附加,下同)、滞纳金及罚款。因特别纳税调整产生的利息,也应一并申报。

企业所欠税款、滞纳金、罚款,以及因特别纳税调整产生的利息,以人民法院裁定受理破产申请之日为截止日计算确定。

(二)在人民法院裁定受理破产申请之日至企业注销之日期间,企业应当接受税务机关的税务管理,履行税法规定的相关义务。破产程序中如发生应税情形,应按规定申报纳税。

从人民法院指定管理人之日起,管理人可以按照《中华人民共和国企业破产法》(以下简称企业破产法)第二十五条规定,以企业名义办理纳税申报等涉税事宜。

企业因继续履行合同、生产经营或处置财产需要开具发票的,管理人可以以企业名义按规定申领开具发票或者代开发票。

（三）企业所欠税款、滞纳金、因特别纳税调整产生的利息，税务机关按照企业破产法相关规定进行申报，其中，企业所欠的滞纳金、因特别纳税调整产生的利息按照普通破产债权申报。

五、本公告自 2020 年 3 月 1 日起施行。《欠缴税金核算管理暂行办法》(国税发〔2000〕193 号印发)第十六条、《国家税务总局关于进一步加强欠税管理工作的通知》(国税发〔2004〕66 号)第三条第(三)项、《国家税务总局关于进一步完善税务登记管理有关问题的公告》(国家税务总局公告 2011 年第 21 号)第二条第一款同时废止。

4.《市场监管总局 国家税务总局关于进一步完善简易注销登记便捷中小微企业市场退出的通知》(2021 年 7 月 30 日颁布 2021 年 7 月 30 日实施　国市监注发〔2021〕45 号)

各省、自治区、直辖市和新疆生产建设兵团市场监管局(厅、委)，国家税务总局各省、自治区、直辖市和计划单列市税务局，国家税务总局驻各地特派员办事处：

近年来，市场监管总局、税务总局积极推行企业简易注销登记改革试点改革工作，极大地便利了未开业或无债权债务市场主体退出市场。为落实国务院部署和《政府工作报告》要求，实行中小微企业、个体工商户简易注销登记，持续深化商事制度改革，畅通市场主体退出渠道，提高市场主体活跃度，现就有关事项通知如下：

一、拓展简易注销登记适用范围

在《关于全面推进企业简易注销登记改革的指导意见》(工商企注字〔2016〕253 号，以下简称《指导意见》)、《关于加强信息共享和联合监管的通知》(工商企注字〔2018〕11 号)基础上，将简易注销登记的适用范围拓展至未发生债权债务或已将债权债务清偿完结的市场主体(上市股份有限公司除外，下同)。市场主体在申请简易注销登记时，不应存在未结清清偿费用、职工工资、社会保险费用、法定补偿金、应缴纳税款(滞纳金、罚款)等债权债务。全体投资人书面承诺对上述情况的真实性承担法律责任。

税务部门通过信息共享获取市场监管部门推送的拟申请简易注销登记信息后，应按照规定的程序和要求，查询税务信息系统核实相关涉税情况,对经查询系统显示为以下情形的纳税人,税务部门不提出异议:一是未办理过涉税事宜的纳税人,二是办理过涉税事宜但没领用过发票(含代开发票)、没有欠税和没有其他未办结事项的纳税人,三是查询时已办结缴销发票、结清应纳税款等清税手续的纳税人。

二、实施个体工商户简易注销登记

营业执照和税务登记证"两证整合"改革实施后设立登记的个体工商户通过简易程序办理注销登记的,无需提交承诺书,也无需公示。个体工商户在提交简易注销登记申请后,市场监管部门应当在 1 个工作日内将个体工商户拟申请简易注销登记的相关信息通过省级统一的信用信息共享交换平台、政务信息平台、部门间的数据接口(统称信息共享交换平台)推送给同级税务等部门,税务等部门于 10 天(自然日,下同)内反馈是否同意简易注销。对于税务等部门无异议的,市场监管部门应当及时办理简易注销登记。税务部门不提异议的情形与本通知第一条相关规定一致。

三、压缩简易注销登记公示时间

将简易注销登记的公示时间由 45 天压缩为 20 天,公示期届满后,市场主体可直接向市场监管部门申请办理简易注销登记。市场主体应当在公示期届满之日起 20 天内向市场监管部门申请,可根据实际情况申请适当延长,最长不超过 30 天。市场主体在公示后,不得从事与注销无关的生产经营活动。

四、建立简易注销登记容错机制

市场主体申请简易注销登记的,经市场监管部门审查存在"被列入企业经营异常名录"、"存在股权(投资权益)被冻结、出质或动产抵押等情形"、"企业所属的非法人分支机构未办注销登记的"等不适用简易注销登记程序的,无需撤销简易注销公示,待异常状态消失后可再次依程序公示申请简易注销登记。对于承诺书文字、形式填写不规范的,市场监管部门在市场主体补正后予以受理其简易注销申请,无需重新公示。

五、优化注销平台功能流程

允许市场主体通过注销平台进行简易注销登记,对符合条件的市场主体实行简易注销登记全程网办。市场主体填报简易注销信息后,平台自动生成《全体投资人承诺书》,除机关、事业法人、外国投资人等特殊情形外,全体投资人实名认证并进行电子签名。市场主体可以通过邮寄方式交回营业执照,对于营业执照丢失的,可通过国家企业信用信息公示系统免费发布营业执照作废声明。

各地市场监管部门、税务部门要按照简易注销技术方案,做好系统开发升级。同时,加强部门协同监管,市场主体在简易注销登记中隐瞒真实情况、弄虚作假的,市场监管部门可以依法作出撤销注销登记等处理,在恢复企业主体资格的同时将该企业列入严重违法失信名单,并通过国家企业信用信息公示系统公示,防止市场主体利用简易注销登记恶意逃避法律责任。在推进改革过程中,各地市场监管部门、税务部门要注意收集简易注销登记中遇到的新情况、新问题,及时向市场监管总局和税务总局报告。

5.《国家税务总局关于进一步深化税务领域"放管服"改革 培育和激发市场主体活力若干措施的通知》(2021 年 10 月 12 日颁布 2021 年 10 月 12 日实施 税总征科发〔2021〕69 号)

(三)扩大企业跨省迁移办理程序试点。对于纳税信用级别为 A 级、B 级的企业,因住所、经营地点在京津冀、成渝地区双城经济圈区域内跨省(市)迁移涉及变更主管税务机关的,对于符合条件的企业,迁出地税务机关即时将企业相关信息,推送至迁入地税务机关,迁入地税务机关自动办理接入手续,企业原有纳税信用级别等资质信息、增值税期末留抵税额等权益信息可予承继。

6.《"非接触式"办税缴费事项清单》(2022 年 5 月 26 日颁布 2022 年 5 月 26 日实施)

序号	事项名称
31	停业登记
32	复业登记
34	税务注销即时办理
35	注销扣缴税款登记

7.《国家税务总局关于简化办理市场主体歇业和注销环节涉税事项的公告》(2022年6月14日颁布　2022年7月14日实施　国家税务总局公告2022年第12号)

为深入贯彻党中央、国务院关于优化营商环境的决策部署,落实《中华人民共和国市场主体登记管理条例》(国务院令第746号,以下简称《条例》),现对简化办理市场主体歇业、注销环节涉税事项公告如下:

一、简化市场主体歇业环节的税收报告和纳税申报

(一)市场主体因自然灾害、事故灾难、公共卫生事件、社会安全事件等原因造成经营困难,按照《条例》第三十条规定办理歇业的,不需要另行向税务机关报告。

(二)歇业状态的市场主体依法应履行纳税义务、扣缴义务的,可按如下方式简并所得税申报,且当年度内不再变更。

1.设立不具有法人资格分支机构的企业,按月申报预缴企业所得税的,其总机构办理歇业后,总机构及其所有分支机构可自下一季度起调整为按季预缴申报;仅分支机构办理歇业的,总机构及其所有分支机构不调整预缴申报期限。

2.未设立不具有法人资格分支机构的企业,按月申报预缴企业所得税的,办理歇业后,可自下一季度起调整为按季预缴申报。

3.按月申报预缴经营所得个人所得税的市场主体办理歇业后,可自下一季度起调整为按季预缴申报。

(三)歇业状态的市场主体可以选择按次申报缴纳资源税(不含水资源税)。

二、非正常户歇业期间的纳税申报

被税务机关认定为非正常户的市场主体,在解除非正常状态之前,歇业期间不适用上述简化纳税申报方式。

三、简化市场主体注销环节的清税文书办理

(一)营业执照和税务登记证"两证整合"改革实施后设立登记的个体工商户,向市场监管部门申请简易注销,符合下列条件之一的,可免于到税务机关办理清税证明:

1.未办理过涉税事宜的;

2.办理过涉税事宜但没有领用、没有申请代开过发票,且没有欠税和没有其他未办结事项的。

(二)经人民法院裁定强制清算的市场主体,持人民法院终结强制清算程序的裁定向税务机关申请开具清税文书的,税务机关即时开具。

四、规范纳税服务和税务管理

税务机关要为市场主体享受歇业政策、办理注销涉税事宜提供便利服务,按照有关法律法规及制度规定做好税务管理、风险防控工作。

本公告自 2022 年 7 月 14 日起施行。

四、部门工作文件

1.《国家税务总局关于开展 2021 年"我为纳税人缴费人办实事暨便民办税春风行动"的意见》(2021 年 2 月 11 日颁布　2021 年 2 月 11 日实施　税总发〔2021〕14 号)

12.便利注销办理。压缩税务注销一般流程办理时限,将增值税一般纳税人税务注销一般流程办理时限进一步压缩至 10 个工作日,增值税小规模纳税人和其他纳税人税务注销一般流程办理时限进一步压缩至 5 个工作日。完善企业简易注销登记制度,提供简易注销预先提示服务,便于纳税人在公告期内自主办理。实现企业分支机构注销即办,对申请注销时未处于税务检查状态、无欠税(滞纳金)及罚款、已缴销发票和税控专用设备的企业分支机构,若由总机构汇总缴纳增值税、企业所得税,并且不就地预缴或分配缴纳增值税、企业所得税的,税务机关提供即时办结服务。简化"零申报"资料报送,对处于非正常状态的纳税人在办理税务注销前,通过《批量零申报确认表》方式简化"零申报",免于补报相应属期的财务会计报表。

2.《国家税务总局关于优化若干税收征管服务事项的通知》(2022 年 12 月 29 日颁布　2023 年 4 月 1 日实施　税总征科发〔2022〕87 号)

国家税务总局各省、自治区、直辖市和计划单列市税务局,国家税务

总局驻各地特派员办事处,局内各单位:

为贯彻落实中办、国办印发的《关于进一步深化税收征管改革的意见》,结合落实中央巡视整改,进一步深化税务系统"放管服"改革,规范基础税收征管工作,优化变更登记、跨省迁移等环节税费服务,现就有关事项通知如下:

一、简化变更登记操作流程

(一)自动变更登记信息。自2023年4月1日起,纳税人在市场监管部门依法办理变更登记后,无需向税务机关报告登记变更信息;各省、自治区、直辖市和计划单列市税务机关(以下简称各省税务机关)根据市场监管部门共享的变更登记信息,在金税三期核心征管系统(以下简称核心征管系统)自动同步变更登记信息(附件1)。处于非正常、非正常户注销等状态的纳税人变更登记信息的,核心征管系统在其恢复正常状态时自动变更。

(二)自动提示推送服务。对纳税人办理变更登记所涉及的提示提醒事项,税务机关通过电子税务局精准推送提醒纳税人;涉及的后续管理事项,核心征管系统自动向税务人员推送待办消息提醒。

(三)做好存量登记信息变更工作。2023年4月1日之前已在市场监管部门办理变更登记、尚未在税务部门变更登记信息的纳税人,由各省税务机关根据市场监管部门共享信息分类分批完成登记信息变更工作。

二、优化跨省迁移税费服务流程

(一)优化迁出流程。纳税人跨省迁移的,在市场监管部门办结住所变更登记后,向迁出地主管税务机关填报《跨省(市)迁移涉税事项报告表》(附件2)。对未处于税务检查状态、已缴销发票和税控设备、已结清税(费)款、滞纳金及罚款,以及不存在其他未办结涉税事项的纳税人,税务机关出具《跨省(市)迁移税收征管信息确认表》(附件3),告知纳税人在迁入地承继、延续享受的相关资质权益等信息,以及在规定时限内履行纳税申报义务。经纳税人确认后,税务机关即时办结迁出手续,有关信息推送至迁入地税务机关。

(二)优化迁入流程。迁入地主管税务机关应当在接收到纳税人信息后的一个工作日内完成主管税务科所分配、税(费)种认定并提醒纳税人在迁入地按规定期限进行纳税申报。

(三)明确有关事项。纳税人下列信息在迁入地承继:纳税人基础登记、财务会计制度备案、办税人员实名采集、增值税一般纳税人登记、增值税发票票种核定、增值税专用发票最高开票限额、增值税即征即退资格、出口退(免)税备案、已产生的纳税信用评价等信息。

纳税人迁移前预缴税款,可在迁入地继续按规定抵缴;企业所得税、个人所得税尚未弥补的亏损,可在迁入地继续按规定弥补;尚未抵扣的增值税进项税额,可在迁入地继续按规定抵扣,无需申请开具《增值税一般纳税人迁移进项税额转移单》。

迁移前后业务的办理可参照《跨省(市)迁移相关事项办理指引》(附件4)。

三、优化税源管理职责

各省税务机关根据本地税源特点优化分级管理职责,提升税收风险分析、重点领域重点群体税收风险管理等复杂事项管理层级,压实市、县税务机关日常管理责任。已提升至省、市税务机关管理的复杂涉税事项,原则上不再推送下级税务机关处理。

四、加强与市场监管部门的登记业务协同

各省税务机关根据市场监管部门共享的注销登记、吊销营业执照、撤销设立登记等信息,在核心征管系统自动进行数据标识。

对已在市场监管部门办理注销,未在税务部门办理清税且处于正常状态的纳税人,主管税务机关应通知其及时办理税务注销,逾期不办理的,可提请市场监管部门依法处理。

对已在市场监管部门办理注销,但在核心征管系统2019年5月1日前已被列为非正常户注销状态的纳税人,主管税务机关可直接进行税务注销。

本通知自2023年4月1日起执行,执行中遇有重大问题的,及时向税务总局(征管科技司)报告。

第十七条　【银行账户的开立与报告】从事生产、经营的纳税人应当按照国家有关规定,持税务登记证件,在银行或者其他金融机构开立基本存款帐户和其他存款帐户,并将其全部帐号向税务机关报告。

　　银行和其他金融机构应当在从事生产、经营的纳税人的帐户中登录税务登记证件号码,并在税务登记证件中登录从事生产、经营的纳税人的帐户帐号。

　　税务机关依法查询从事生产、经营的纳税人开立帐户的情况时,有关银行和其他金融机构应当予以协助。

一、税收行政法规

　　《中华人民共和国税收征收管理法实施细则》(2002年9月7日中华人民共和国国务院令第362号公布　根据2012年11月9日《国务院关于修改和废止部分行政法规的决定》第一次修订　根据2013年7月18日《国务院关于废止和修改部分行政法规的决定》第二次修订　根据2016年2月6日《国务院关于修改部分行政法规的决定》第三次修订)

　　第十七条　从事生产、经营的纳税人应当自开立基本存款账户或者其他存款账户之日起15日内,向主管税务机关书面报告其全部账号;发生变化的,应当自变化之日起15日内,向主管税务机关书面报告。

二、税务规范性文件

　　1.《国家税务总局关于完善税务登记管理若干问题的通知》①(2006年3月16日颁布　2006年3月16日实施　国税发〔2006〕37号)

　　各省、自治区、直辖市和计划单列市国家税务局、地方税务局:

---

　　① 1.根据《国家税务总局关于进一步完善税务登记管理有关问题的公告》(国家税务总局公告2011年第21号),第六条第三款"对应领取而未领取工商营业执照临时经营的,不得办理临时税务登记,但必须照章征税,也不得向其出售发票;确需开具发票的,可以向税务机关申请,先缴税再由税务机关为其代开发票。"作废。2.根据《国家税务总局关于修改部分税收规范性文件的公告》(国家税务总局公告2018年第31号)删除了本文第二点,修改了第十点国地税表述。

为了规范税务登记,加强户籍管理,严格税源监控,结合 2006 年全面换发税务登记证工作,现将税务登记管理中有关问题进一步明确如下:

二、开户银行登录账号

按照税收征管法第十七条规定,从事生产、经营的纳税人应当持税务登记证副本开立账户,银行和其他金融机构应当在其税务登记证件副本中登录纳税人的账户、账号,纳税人再将其账户、账号书面报告税务机关。为了依法加强税收征管,落实税收征管法的规定,税务登记证换发后,纳税人及其开户银行应当按照规定履行义务,银行和其他金融机构在纳税人开户时在新的税务登记证副本中登录账号,手工填登的,应当盖章;纳税人应当自开立账户 15 日内将账号报告税务机关。未依法履行义务的,对纳税人按照税收征管法第六十条的规定处理;对纳税人的开户银行或其他金融机构按照税收征管法实施细则第九十二条的规定处理。

2.《国家税务总局关于纳税人权利与义务的公告》[1](2009 年 11 月 6 日颁布 2009 年 11 月 6 日实施 国家税务总局公告 2009 年第 1 号)

十、报告其他涉税信息的义务

3. 报告全部账号的义务。如您从事生产、经营,应当按照国家有关规定,持税务登记证件,在银行或者其他金融机构开立基本存款账户和其他存款账户,并自开立基本存款账户或者其他存款账户之日起 15 日内,向您的主管税务机关书面报告全部账号;发生变化的,应当自变化之日起 15 日内,向您的主管税务机关书面报告。

---

[1] 《国家税务总局关于修改部分税收规范性文件的公告》(国家税务总局公告 2018 年第 31 号)对本文进行了修改。

3.《国家税务总局 财政部 中国人民银行 中国银行业监督管理委员会 中国证券监督管理委员会 中国保险监督管理委员会关于发布〈非居民金融账户涉税信息尽职调查管理办法〉的公告》(2017 年 5 月 9 日颁布　2017 年 7 月 1 日实施　国家税务总局公告 2017 年第 14 号)

为了履行金融账户涉税信息自动交换国际义务,规范金融机构对非居民金融账户涉税信息的尽职调查行为,国家税务总局、财政部、中国人民银行、中国银行业监督管理委员会、中国证券监督管理委员会、中国保险监督管理委员会制定了《非居民金融账户涉税信息尽职调查管理办法》,现予发布,自 2017 年 7 月 1 日起施行。

特此公告。

附件:

1. 个人税收居民身份声明文件(样表).doc
2. 机构税收居民身份声明文件(样表).doc
3. 控制人税收居民身份声明文件(样表).doc

国家税务总局 财政部 人民银行
银监会 证监会 保监会
2017 年 5 月 9 日

非居民金融账户涉税信息尽职调查管理办法

第一章　总　　则

第一条　为了履行《多边税收征管互助公约》和《金融账户涉税信息自动交换多边主管当局间协议》规定的义务,规范金融机构对非居民金融账户涉税信息的尽职调查行为,根据《中华人民共和国税收征收管理法》《中华人民共和国反洗钱法》等法律、法规的规定,制定本办法。

第二条　依法在中华人民共和国境内设立的金融机构开展非居民金融账户涉税信息尽职调查工作,适用本办法。

第三条　金融机构应当遵循诚实信用、谨慎勤勉的原则,针对不同类型账户,按照本办法规定,了解账户持有人或者有关控制人的税收居民身份,识别非居民金融账户,收集并报送账户相关信息。

第四条　金融机构应当建立完整的非居民金融账户尽职调查管理制度,设计合理的业务流程和操作规范,并定期对本办法执行落实情况进行评估,妥善保管尽职调查过程中收集的资料,严格进行信息保密。金融机构应当对其分支机构执行本办法规定的尽职调查工作作出统一要求并进行监督管理。

金融机构应当向账户持有人充分说明本机构需履行的信息收集和报送义务,不得明示、暗示或者帮助账户持有人隐匿身份信息,不得协助账户持有人隐匿资产。

第五条　账户持有人应当配合金融机构的尽职调查工作,真实、及时、准确、完整地向金融机构提供本办法规定的相关信息,并承担未遵守本办法规定的责任和风险。

第二章　基本定义

第六条　本办法所称金融机构,包括存款机构、托管机构、投资机构、特定的保险机构及其分支机构:

(一)存款机构是指在日常经营活动中吸收存款的机构;

(二)托管机构是指近三个会计年度总收入的百分之二十以上来源于为客户持有金融资产的机构,机构成立不满三年的,按机构存续期间计算;

(三)投资机构是指符合以下条件之一的机构:

1. 近三个会计年度总收入的百分之五十以上来源于为客户投资、运作金融资产的机构,机构成立不满三年的,按机构存续期间计算;

2. 近三个会计年度总收入的百分之五十以上来源于投资、再投资或者买卖金融资产,且由存款机构、托管机构、特定的保险机构或者本项第 1 目所述投资机构进行管理并作出投资决策的机构,机构成立不满三年的,按机构存续期间计算;

3. 证券投资基金、私募投资基金等以投资、再投资或者买卖金融资产为目的而设立的投资实体。

（四）特定的保险机构是指开展有现金价值的保险或者年金业务的机构。本办法所称保险机构是指上一公历年度内，保险、再保险和年金合同的收入占总收入比重百分之五十以上的机构，或者在上一公历年度末拥有的保险、再保险和年金合同的资产占总资产比重百分之五十以上的机构。

本办法所称金融资产包括证券、合伙权益、大宗商品、掉期、保险合同、年金合同或者上述资产的权益，前述权益包括期货、远期合约或者期权。金融资产不包括实物商品或者不动产非债直接权益。

第七条 下列机构属于本办法第六条规定的金融机构：

（一）商业银行、农村信用合作社等吸收公众存款的金融机构以及政策性银行；

（二）证券公司；

（三）期货公司；

（四）证券投资基金管理公司、私募基金管理公司、从事私募基金管理业务的合伙企业；

（五）开展有现金价值的保险或者年金业务的保险公司、保险资产管理公司；

（六）信托公司；

（七）其他符合条件的机构。

第八条 下列机构不属于本办法第六条规定的金融机构：

（一）金融资产管理公司；

（二）财务公司；

（三）金融租赁公司；

（四）汽车金融公司；

（五）消费金融公司；

（六）货币经纪公司；

（七）证券登记结算机构；

（八）其他不符合条件的机构。

第九条 本办法所称金融账户包括：

（一）存款账户，是指开展具有存款性质业务而形成的账户，包括活期存款、定期存款、旅行支票、带有预存功能的信用卡等。

（二）托管账户，是指开展为他人持有金融资产业务而形成的账户，包括代理客户买卖金融资产的业务以及接受客户委托、为客户管理受托资产的业务：

1. 代理客户买卖金融资产的业务包括证券经纪业务、期货经纪业务、代理客户开展贵金属、国债业务或者其他类似业务；

2. 接受客户委托、为客户管理受托资产的业务包括金融机构发起、设立或者管理不具有独立法人资格的理财产品、基金、信托计划、专户/集合类资产管理计划或者其他金融投资产品。

（三）其他账户，是指符合以下条件之一的账户：

1. 投资机构的股权或者债权权益，包括私募投资基金的合伙权益和信托的受益权；

2. 具有现金价值的保险合同或者年金合同。

第十条 本办法所称非居民是指中国税收居民以外的个人和企业（包括其他组织），但不包括政府机构、国际组织、中央银行、金融机构或者在证券市场上市交易的公司及其关联机构。前述证券市场是指被所在地政府认可和监管的证券市场。中国税收居民是指中国税法规定的居民企业或者居民个人。

本办法所称非居民金融账户是指在我国境内的金融机构开立或者保有的、由非居民或者有非居民控制人的消极非金融机构持有的金融账户。金融机构应当在识别出非居民金融账户之日起将其归入非居民金融账户进行管理。

账户持有人同时构成中国税收居民和其他国家（地区）税收居民的，金融机构应当按照本办法规定收集并报送其账户信息。

第十一条 本办法所称账户持有人是指由金融机构登记或者确认为账户所有者的个人或者机构，不包括代理人、名义持有人、授权签字人等为他人利益而持有账户的个人或者机构。

现金价值保险合同或者年金合同的账户持有人是指任何有权

获得现金价值或者变更合同受益人的个人或者机构,不存在前述个人或者机构的,则为合同所有者以及根据合同条款对支付款项拥有既得权利的个人或者机构。现金价值保险合同或者年金合同到期时,账户持有人包括根据合同规定有权领取款项的个人或者机构。

第十二条 本办法所称消极非金融机构是指符合下列条件之一的机构:

(一)上一公历年度内,股息、利息、租金、特许权使用费收入等不属于积极经营活动的收入,以及据以产生前述收入的金融资产的转让收入占总收入比重百分之五十以上的非金融机构;

(二)上一公历年度末,拥有可以产生本款第一项所述收入的金融资产占总资产比重百分之五十以上的非金融机构;

(三)税收居民国(地区)不实施金融账户涉税信息自动交换标准的投资机构。

下列非金融机构不属于消极非金融机构:

(一)上市公司及其关联机构;

(二)政府机构或者履行公共服务职能的机构;

(三)仅为了持有非金融机构股权或者向其提供融资和服务而设立的控股公司;

(四)成立时间不足二十四个月且尚未开展业务的企业;

(五)正处于资产清算或者重组过程中的企业;

(六)仅与本集团(该集团内机构均为非金融机构)内关联机构开展融资或者对冲交易的企业;

(七)非营利组织。

第十三条 本办法所称控制人是指对某一机构实施控制的个人。

公司的控制人按照以下规则依次判定:

(一)直接或者间接拥有超过百分之二十五公司股权或者表决权的个人;

(二)通过人事、财务等其他方式对公司进行控制的个人;

（三）公司的高级管理人员。

合伙企业的控制人是拥有超过百分之二十五合伙权益的个人。

信托的控制人是指信托的委托人、受托人、受益人以及其他对信托实施最终有效控制的个人。

基金的控制人是指拥有超过百分之二十五权益份额或者其他对基金进行控制的个人。

第十四条　本办法所称关联机构是指一个机构控制另一个机构，或者两个机构受到共同控制，则该两个机构互为关联机构。

前款所称控制是指直接或者间接拥有机构百分之五十以上的股权和表决权。

第十五条　本办法所称金融账户包括存量账户和新开账户。

存量账户是指符合下列条件之一的账户，包括存量个人账户和存量机构账户：

（一）截至2017年6月30日由金融机构保有的、由个人或者机构持有的金融账户；

（二）2017年7月1日（含当日，下同）以后开立并同时符合下列条件的金融账户：

1.账户持有人已在同一金融机构开立了本款第一项所述账户的；

2.上述金融机构在确定账户加总余额时将本款第二项所述账户与本款第一项所述账户视为同一账户的；

3.金融机构已经对本款第一项所述账户进行反洗钱客户身份识别的；

4.账户开立时，账户持有人无需提供除本办法要求以外的其他信息的。

存量个人账户包括低净值账户和高净值账户，低净值账户是指截至2017年6月30日账户加总余额不超过相当于一百万美元（简称"一百万美元"，下同）的账户，高净值账户是指截至2017年6月30日账户加总余额超过一百万美元的账户。

新开账户是指 2017 年 7 月 1 日以后在金融机构开立的，除第二款第二项规定账户外，由个人或者机构持有的金融账户，包括新开个人账户和新开机构账户。

第十六条 本办法所称账户加总余额是指账户持有人在同一金融机构及其关联机构所持有的全部金融账户余额或者资产的价值之和。

金融机构需加总的账户限于通过计算机系统中客户号、纳税人识别号等关键数据项能够识别的所有金融账户。

联名账户的每一个账户持有人，在加总余额时应当计算该联名账户的全部余额。

在确定是否为高净值账户时，客户经理知道或者应当知道在其供职的金融机构内几个账户直接或者间接由同一个人拥有或者控制的，应当对这些账户进行加总。

前款所称客户经理是指由金融机构指定、与特定客户有直接联系，根据客户需求向客户介绍、推荐或者提供相关金融产品、服务或者提供其他协助的人员，但不包括符合前述条件，仅由于偶然性原因为客户提供上述服务的人员。

金融机构在计算账户加总余额时，账户币种为非美元的，应当按照计算日当日中国人民银行公布的外汇中间价折合为美元计算。折合美元时，可以根据原币种金额折算，也可以根据该金融机构记账本位币所记录的金额进行折算。

第十七条 本办法所称非居民标识是指金融机构用于检索判断存量个人账户持有人是否为非居民个人的有关要素，具体包括：

（一）账户持有人的境外身份证明；

（二）账户持有人的境外现居地址或者邮寄地址，包括邮政信箱；

（三）账户持有人的境外电话号码，且没有我国境内电话号码；

（四）存款账户以外的账户向境外账户定期转账的指令；

（五）账户代理人或者授权签字人的境外地址；

（六）境外的转交地址或者留交地址，并且是唯一地址。转交地址是指账户持有人要求将其相关信函寄给转交人的地址,转交人收到信函后再交给账户持有人。留交地址是指账户持有人要求将其相关信函暂时存放的地址。

第十八条 本办法所称证明材料是指:

(一)由政府出具的税收居民身份证明;

(二)由政府出具的含有个人姓名且通常用于身份识别的有效身份证明,或者由政府出具的含有机构名称以及主要办公地址或者注册成立地址等信息的官方文件。

第三章 个人账户尽职调查

第十九条 金融机构应当按照以下规定,对新开个人账户开展尽职调查:

(一)个人开立账户时,金融机构应当获取由账户持有人签署的税收居民身份声明文件(以下简称"声明文件"),识别账户持有人是否为非居民个人。金融机构通过本机构电子渠道接收个人账户开户申请时,应当要求账户持有人提供电子声明文件。声明文件应当作为开户资料的一部分,声明文件相关信息可并入开户申请书中。个人代理他人开立金融账户以及单位代理个人开立金融账户时,经账户持有人书面授权后可由代理人签署声明文件。

(二)金融机构应当根据开户资料(包括通过反洗钱客户身份识别程序收集的资料),对声明文件的合理性进行审核,主要确认填写信息是否与其他信息存在明显矛盾。金融机构认为声明文件存在不合理信息时,应当要求账户持有人提供有效声明文件或者进行解释。不提供有效声明文件或者合理解释的,不得开立账户。

(三)识别为非居民个人的,金融机构应当收集并记录报送所需信息。

(四)金融机构知道或者应当知道新开个人账户情况发生变化导致原有声明文件信息不准确或者不可靠的,应当要求账户持有人提供有效声明文件。账户持有人自被要求提供之日起九十日内未能提供声明文件的,金融机构应当将其账户视为非居民账户管理。

第二十条 金融机构应当于2018年12月31日前选择以下方式完成对存量个人低净值账户的尽职调查：

（一）对于在现有客户资料（包括通过反洗钱客户身份识别程序收集的资料，下同）中留有地址，且有证明材料证明是现居地址或者地址位于现居国家（地区）的账户持有人，可以根据账户持有人的地址确定是否为非居民个人。邮寄无法送达的，不得将客户资料所留地址视为现居地址。

（二）利用现有信息系统开展电子记录检索，识别账户是否存在任一非居民标识。

现有客户资料中没有现居地址信息的，或者账户情况发生变化导致现居地址证明材料不再准确的，金融机构应当采用前款第二项方式开展尽职调查。

第二十一条 金融机构应当在2017年12月31日前对存量个人高净值账户依次完成以下尽职调查程序：

（一）开展电子记录检索和纸质记录检索，识别账户是否存在任一非居民标识。应当检索的纸质记录包括过去五年中获取的、与账户有关的全部纸质资料。

金融机构利用现有信息系统可电子检索出全部非居民标识字段信息的，可以不开展纸质记录检索。

（二）询问客户经理其客户是否为非居民个人。

第二十二条 对于存量个人低净值账户，2017年6月30日之后任一公历年度末账户加总余额超过一百万美元时，金融机构应当在次年12月31日前，按照本办法第二十一条规定程序完成对账户的尽职调查。

第二十三条 对发现存在非居民标识的存量个人账户，金融机构可以通过现有客户资料确认账户持有人为非居民个人的，应当收集并记录报送所需信息。无法确认的，应当要求账户持有人提供声明文件。声明为中国税收居民个人的，金融机构应当要求其提供相应证明材料；声明为非居民个人的，金融机构应当收集并记录报送所需信息。账户持有人自被要求提供之日起九十日内未能提供声明文件的,金融机构应当将其账户视为非居民账户管理。

对未发现存在非居民标识的存量个人账户,金融机构无需作进一步处理,但应当建立持续监控机制。当账户情况变化出现非居民标识时,应当执行前款规定程序。

第二十四条 对于现金价值保险合同或者年金合同,金融机构知道或者应当知道获得死亡保险金的受益人为非居民个人的,应当将其账户视为非居民账户管理。

第四章 机构账户尽职调查

第二十五条 金融机构应当按照以下规定,对新开机构账户开展尽职调查:

(一)机构开立账户时,金融机构应当获取由该机构授权人签署的声明文件,识别账户持有人是否为非居民企业和消极非金融机构。声明文件应当作为开户资料的一部分,声明文件相关信息可并入开户申请书中。

(二)金融机构应当根据开户资料(包括通过反洗钱客户身份识别程序收集的资料)或者公开信息对声明文件的合理性进行审核,主要确认填写信息是否与其他信息存在明显矛盾。金融机构认为声明文件存在不合理信息时,应当要求账户持有人提供有效声明文件或者进行解释。不提供有效声明文件或者合理解释的,不得开立账户。

(三)识别为非居民企业的,金融机构应当收集并记录报送所需信息。合伙企业等机构声明不具有税收居民身份的,金融机构可按照其实际管理机构所在地确定其税收居民国(地区)。

(四)识别为消极非金融机构的,金融机构应当依据反洗钱客户身份识别程序收集的资料识别其控制人,并且获取机构授权人或者控制人签署的声明文件,识别控制人是否为非居民个人。识别为有非居民控制人的消极非金融机构的,金融机构应当收集并记录消极非金融机构及其控制人相关信息。

账户持有人为非居民企业的,也应当进一步识别其是否同时为有非居民控制人的消极非金融机构。

（五）金融机构知道或者应当知道新开机构账户情况发生变化导致原有声明文件信息不准确或者不可靠的，应当要求机构授权人提供有效声明文件。机构授权人自被要求提供之日起九十日内未能提供声明文件的，金融机构应当将其账户视为非居民账户管理。

第二十六条　金融机构应当根据现有客户资料或者境外机构境内外汇账户标识，识别存量机构账户持有人是否为非居民企业。

除通过机构授权人签署的声明文件或者公开信息能确认为中国税收居民企业的外，上述信息表明该机构为非居民企业的，应当识别为非居民企业。

识别为非居民企业的，金融机构应当收集并记录报送所需信息。

第二十七条　金融机构应当识别存量机构账户持有人是否为消极非金融机构。通过现有客户资料或者公开信息确认不是消极非金融机构的，无需进一步处理。无法确认的，金融机构应当获取由机构授权人签署的声明文件。声明为消极非金融机构的，应当按照第二款规定进一步识别其控制人。无法获取声明文件的，金融机构应当将账户持有人视为消极非金融机构。

识别为消极非金融机构并且截至2017年6月30日账户加总余额超过一百万美元的，金融机构应当获取由机构控制人或者授权人签署的声明文件，识别控制人是否为非居民个人。无法获取声明文件的，金融机构应当针对控制人开展非居民标识检索，识别其是否为非居民个人。账户加总余额不超过一百万美元的，金融机构可以根据现有客户资料识别消极非金融机构控制人是否为非居民个人。根据现有客户资料无法识别的，金融机构可以不收集控制人相关信息。

识别为有非居民控制人的消极非金融机构的，金融机构应当收集并记录消极非金融机构及其控制人相关信息。

第二十八条　截至2017年6月30日账户加总余额超过二十五万美元的存量机构账户，金融机构应当在2018年12月31日前完成对账户的尽职调查。

截至2017年6月30日账户加总余额不超过二十五万美元的存量机构账户,金融机构无需开展尽职调查。但当之后任一公历年度末账户加总余额超过二十五万美元时,金融机构应当在次年12月31日前,按照本办法第二十六条和第二十七条规定完成对账户的尽职调查。

第五章　其他合规要求

第二十九条　金融机构可以根据自身业务需要,将新开账户的尽职调查程序适用于存量账户。

第三十条　金融机构委托其他机构向客户销售金融产品的,代销机构应当配合委托机构开展本办法所要求的尽职调查工作,并向委托机构提供本办法要求的信息。

第三十一条　金融机构可以委托第三方开展尽职调查,但相关责任仍应当由金融机构承担。基金、信托等属于投资机构的,可以分别由基金管理公司、信托公司作为第三方完成尽职调查相关工作。

第三十二条　金融机构应当建立账户持有人信息变化监控机制,包括要求账户持有人在本办法规定的相关信息变化之日起三十日内告知金融机构。金融机构在知道或者应当知道账户持有人相关信息发生变化之日起九十日内或者本年度12月31日前根据有关尽职调查程序重新识别账户持有人或者有关控制人是否为非居民。

第三十三条　对下列账户无需开展尽职调查:

(一)同时符合下列条件的退休金账户:

1. 受政府监管;
2. 享受税收优惠;
3. 向税务机关申报账户相关信息;
4. 达到规定的退休年龄等条件时才可取款;
5. 每年缴款不超过五万美元,或者终身缴款不超过一百万美元。

(二)同时符合下列条件的社会保障类账户：

1. 受政府监管；

2. 享受税收优惠；

3. 取款应当与账户设立的目的相关，包括医疗等；

4. 每年缴款不超过五万美元。

(三)同时符合下列条件的定期人寿保险合同：

1. 在合同存续期内或者在被保险人年满九十岁之前(以较短者为准)，至少按年度支付保费，且保费不随时间递减；

2. 在不终止合同的情况下，任何人均无法获取保险价值；

3. 合同解除或者终止时，应付金额(不包括死亡抚恤金)在扣除合同存续期间相关支出后，不得超过为该合同累计支付的保费总额；

4. 合同不得通过有价方式转让。

(四)为下列事项而开立的账户：

1. 法院裁定或者判决；

2. 不动产或者动产的销售、交易或者租赁；

3. 不动产抵押贷款情况下，预留部分款项便于支付与不动产相关的税款或者保险；

4. 专为支付税款。

(五)同时符合下列条件的存款账户：

1. 因信用卡超额还款或者其他还款而形成，且超额款项不会立即返还账户持有人；

2. 禁止账户持有人超额还款五万美元以上，或者账户持有人超额还款五万美元以上的款项应当在六十日内返还账户持有人。

(六)上一公历年度余额不超过一千美元的休眠账户。休眠账户是满足下列条件之一的账户(不包括年金合同)：

1. 过去三个公历年度中，账户持有人未向金融机构发起任何与账户相关的交易；

2. 过去六个公历年度中，账户持有人未与金融机构沟通任何与账户相关的事宜。

3.对于具有现金价值的保险合同,在过去六个公历年度中,账户持有人未与金融机构沟通任何与账户相关的事宜。

(七)由我国政府机关、事业单位、军队、武警部队、居民委员会、村民委员会、社区委员会、社会团体等单位持有的账户;由军人(武装警察)持军人(武装警察)身份证件开立的账户。

(八)政策性银行为执行政府决定开立的账户。

(九)保险公司之间的补偿再保险合同。

第三十四条 金融机构应当妥善保管本办法执行过程中收集的资料,保存期限为自报送期末起至少五年。相关资料可以以电子形式保存,但应当确保能够按照相关行业监督管理部门和国家税务总局的要求提供纸质版本。

第三十五条 金融机构应当汇总报送境内分支机构的下列非居民账户信息,并注明报送信息的金融机构名称、地址以及纳税人识别号:

(一)个人账户持有人的姓名、现居地址、税收居民国(地区)、居民国(地区)纳税人识别号、出生地、出生日期;机构账户持有人的名称、地址、税收居民国(地区)、居民国(地区)纳税人识别号;机构账户持有人是有非居民控制人的消极非金融机构的,还应当报送非居民控制人的姓名、现居地址、税收居民国(地区)、居民国(地区)纳税人识别号、出生地、出生日期。

(二)账号或者类似信息。

(三)公历年度末单个非居民账户的余额或者净值(包括具有现金价值的保险合同或者年金合同的现金价值或者退保价值)。账户在本年度内注销的,余额为零,同时应当注明账户已注销。

(四)存款账户,报送公历年度内收到或者计入该账户的利息总额。

(五)托管账户,报送公历年度内收到或者计入该账户的利息总额、股息总额以及其他因被托管资产而收到或者计入该账户的收入总额。报送信息的金融机构为代理人、中间人或者名义持有人的,报送因销售或者赎回金融资产而收到或者计入该托管账户的收入总额。

(六)其他账户,报送公历年度内收到或者计入该账户的收入总额,包括赎回款项的总额。

(七)国家税务总局要求报送的其他信息。

上述信息中涉及金额的,应当按原币种报送并且标注原币种名称。

对于存量账户,金融机构现有客户资料中没有居民国(地区)纳税人识别号、出生日期或者出生地信息的,无需报送上述信息。但是,金融机构应当在上述账户被认定为非居民账户的次年12月31日前,积极采取措施,获取上述信息。

非居民账户持有人无居民国(地区)纳税人识别号的,金融机构无需收集并报送纳税人识别号信息。

第三十六条 金融机构应当于2017年12月31日前登录国家税务总局网站办理注册登记,并且于每年5月31日前按要求报送第三十五条所述信息。

第六章 监督管理

第三十七条 金融机构应当建立实施监控机制,按年度评估本办法执行情况,及时发现问题、进行整改,并于次年6月30日前向相关行业监督管理部门和国家税务总局书面报告。

第三十八条 金融机构有下列情形之一的,由国家税务总局责令其限期改正:

(一)未按照本办法规定开展尽职调查的;

(二)未按照本办法建立实施监控机制的;

(三)故意错报、漏报账户持有人信息的;

(四)帮助账户持有人隐藏真实信息或者伪造信息的;

(五)其他违反本办法规定的。

逾期不改正的,税务机关将记录相关纳税信用信息,并用于纳税信用评价。有关违规情形通报相关金融主管部门。

第三十九条 对于金融机构的严重违规行为,有关金融主管部门可以采取下列措施:

（一）责令金融机构停业整顿或者吊销其经营许可证；

（二）取消金融机构直接负责的董事、高级管理人员和其他直接责任人员的任职资格，禁止其从事有关金融行业的工作；

（三）责令金融机构对直接负责的董事、高级管理人员和其他直接责任人给予纪律处分。

第四十条　对于账户持有人的严重违规行为，有关金融主管部门依据相关法律、法规进行处罚，涉嫌犯罪的，移送司法机关进行处理。

第七章　附　　则

第四十一条　本办法施行前我国与相关国家(地区)已经就非居民金融账户涉税信息尽职调查事项商签双边协定的，有关要求另行规定。

第四十二条　国家税务总局与有关金融主管部门建立涉税信息共享机制，保障国家税务总局及时获取本办法规定的信息。非居民金融账户涉税信息报送要求另行规定。

第四十三条　本办法所称"以上""以下"均含本数，"不满""超过"均不含本数。

第四十四条　本办法自2017年7月1日起施行。

4.《国家税务总局关于部分税务事项实行容缺办理和进一步精简涉税费资料报送的公告》(2022年12月20日颁布　2023年2月1日实施　国家税务总局公告2022年第26号)

为深入贯彻党中央、国务院关于深化"放管服"改革、优化营商环境的决策部署，认真落实中办、国办印发的《关于进一步深化税收征管改革的意见》，切实减轻纳税人缴费人办税缴费负担，税务总局决定对部分税务事项实行容缺办理，进一步精简涉税费资料报送。现就有关事项公告如下：

一、税务事项容缺办理

(一)容缺办理事项

符合容缺办理情形的纳税人，可以选择《容缺办理涉税费事项及容缺资料清单》(附件1)所列的一项或多项税费业务事项，按照可容缺资料范围进行容缺办理。

容缺办理的纳税人签署《容缺办理承诺书》(附件2),书面承诺知晓容缺办理的相关要求,愿意承担容缺办理的相关责任。对符合容缺办理情形的纳税人,税务机关以书面形式(含电子文本)一次性告知纳税人需要补正的资料及具体补正形式、补正时限和未履行承诺的法律责任(附件3),并按照规定程序办理业务事项。

(二)容缺办理资料补正

纳税人可选择采取现场提交、邮政寄递或税务机关认可的其他方式补正容缺办理资料,补正时限为20个工作日。采取现场提交的,补正时间为资料提交时间;采取邮政寄递方式的,补正时间为资料寄出时间;采取其他方式的,补正时间以税务机关收到资料时间为准。

纳税人应履行容缺办理承诺,承担未履行承诺的相关责任。纳税人未按承诺时限补正资料的,相关记录将按规定纳入纳税信用评价。

(三)不适用容缺办理的情形

重大税收违法失信案件当事人不适用容缺办理。相关当事人已履行相关法定义务,经实施检查的税务机关确认的,在公布期届满后可以适用容缺办理。

超出补正时限未提交容缺办理补正资料的纳税人,不得再次适用容缺办理。

二、精简涉税费资料报送

(一)取消报送的涉税费资料

纳税人办理《取消报送涉税费资料清单》(附件4)所列的税费业务事项,不再向税务机关报送《取消报送涉税费资料清单》明确取消报送的相关资料。

(二)改为留存备查的涉税费资料

纳税人办理《改留存备查涉税费资料清单》(附件5)所列的税费业务事项,不再向税务机关报送《改留存备查涉税费资料清单》明确改留存备查的相关资料,改由纳税人完整保存留存备查。纳税人对留存备查资料的真实性和合法性承担法律责任。

本公告自 2023 年 2 月 1 日起施行,《废止的文件条款目录》(附件 6)中列明的条款同时废止。

特此公告。

附件:1. 容缺办理涉税费事项及容缺资料清单

2. 容缺办理承诺书

3. 税务事项通知书(容缺办理补正通知)

4. 取消报送涉税费资料清单

5. 改留存备查涉税费资料清单

6. 废止的文件条款目录

附件:1. 容缺办理涉税费事项及容缺资料清单

序号	业务事项	可容缺资料
1	存款账户账号报告	账户、账号开立证明复印件

第十八条 【税务登记证件】纳税人按照国务院税务主管部门的规定使用税务登记证件。税务登记证件不得转借、涂改、损毁、买卖或者伪造。

一、税收行政法规

《中华人民共和国税收征收管理法实施细则》(2002 年 9 月 7 日中华人民共和国国务院令第 362 号公布　根据 2012 年 11 月 9 日《国务院关于修改和废止部分行政法规的决定》第一次修订　根据 2013 年 7 月 18 日《国务院关于废止和修改部分行政法规的决定》第二次修订　根据 2016 年 2 月 6 日《国务院关于修改部分行政法规的决定》第三次修订)

第十八条　除按照规定不需要发给税务登记证件的外,纳税人办理下列事项时,必须持税务登记证件:

(一)开立银行账户;

(二)申请减税、免税、退税;

(三)申请办理延期申报、延期缴纳税款;

(四)领购发票;

(五)申请开具外出经营活动税收管理证明;

(六)办理停业、歇业;

(七)其他有关税务事项。

第十九条 税务机关对税务登记证件实行定期验证和换证制度。纳税人应当在规定的期限内持有关证件到主管税务机关办理验证或者换证手续。

第二十条 纳税人应当将税务登记证件正本在其生产、经营场所或者办公场所公开悬挂,接受税务机关检查。

纳税人遗失税务登记证件的,应当在15日内书面报告主管税务机关,并登报声明作废。

二、税务规章

《税务登记管理办法》①(2019年7月24日颁布 2019年7月24日实施 国家税务总局令第48号)

第七条 纳税人办理下列事项时,必须提供税务登记证件:

(一)开立银行账户;

(二)领购发票。

纳税人办理其他税务事项时,应当出示税务登记证件,经税务机关核准相关信息后办理手续。

第七章 证照管理

第三十五条 税务机关应当加强税务登记证件的管理,采取实地调查、上门验证等方法进行税务登记证件的管理。

第三十六条 税务登记证式样改变,需统一换发税务登记证的,由国家税务总局确定。

---

① 2003年12月17日国家税务总局令第7号公布,自2004年2月1日起施行,根据2014年12月27日《国家税务总局关于修改〈税务登记管理办法〉的决定》(国家税务总局令第36号)、2018年6月15日《国家税务总局关于修改部分税务部门规章的决定》(国家税务总局令第44号)、2019年7月24日《国家税务总局关于公布取消一批税务证明事项以及废止和修改部分规章规范性文件的决定》(国家税务总局令第48号)修正。

第三十七条　纳税人、扣缴义务人遗失税务登记证件的,应当自遗失税务登记证件之日起 15 日内,书面报告主管税务机关,如实填写《税务登记证件遗失报告表》,并将纳税人的名称、税务登记证件名称、税务登记证件号码、税务登记证件有效期、发证机关名称在税务机关认可的报刊上作遗失声明,凭报刊上刊登的遗失声明到主管税务机关补办税务登记证件。

三、税务规范性文件

　　1.《国家税务总局关于贯彻〈中华人民共和国税收征收管理法〉及其实施细则若干具体问题的通知》①(**2003 年 4 月 23 日颁布　2003 年 4 月 23 日实施　国税发〔2003〕47 号**)

　　九、关于税务登记证件遗失问题

　　遗失税务登记证件的纳税人应当自遗失税务登记证件之日起 15 日内,将纳税人的名称、遗失税务登记证件名称、税务登记号码、发证机关名称、发证有效期在税务机关认可的报刊上作遗失声明,凭报刊上刊登的遗失声明向主管税务机关申请补办税务登记证件。

　　2.《国家税务总局关于完善税务登记管理若干问题的通知》②(**2006 年 3 月 16 日颁布　2006 年 3 月 16 日实施　国税发〔2006〕37 号**)

　　八、税务登记证件的管理

　　(一)临时税务登记转为税务登记的,税务机关收回临时税务登记证件,发放税务登记证件,纳税人补填税务登记表。

---

　　① 根据国家税务总局公告 2018 年第 33 号《国家税务总局关于公布全文失效废止和部分条款失效废止的税收规范性文件目录的公告》文件的规定,第一条失效废止。

　　② 1.根据《国家税务总局关于进一步完善税务登记管理有关问题的公告》(国家税务总局公告 2011 年第 21 号),第六条第三款"对应领取而未领取工商营业执照临时经营的,不得办理临时税务登记,但必须照章征税,也不得向其出售发票;确需开具发票的,可以向税务机关申请,先缴税再由税务机关为其代开发票。"作废。2.根据《国家税务总局关于修改部分税收规范性文件的公告》(国家税务总局公告 2018 年第 31 号)删除了本文第二点,修改了第十点国地税表述。

（二）税务登记证件丢失的，纳税人应登报声明作废；在丢失声明中应声明证件的发放日期。税务登记证件被税务机关宣布失效的，在失效公告中应公告证件的发证日期。

（三）补发税务登记证件的，应在税务登记证件中加盖"补发"戳记。

（四）纳税人在统一换发税务登记证件期限后仍未按照规定期限办理换证手续的，税务机关应当统一宣布其税务登记证件失效。

（五）税务机关应当根据纳税人条件要求纳税人亮证经营。

3.《国家税务总局关于换发税务登记证件的通知》[①]**（2006年3月16日颁布　2006年8月1日实施　国税发〔2006〕38号）**

各省、自治区、直辖市和计划单列市国家税务局、地方税务局：

为了进一步加强税源监控，夯实征管基础，堵塞税收漏洞，根据《中华人民共和国税收征收管理法》（以下简称税收征管法）及其实施细则和税务登记管理办法的规定，总局决定，2006年在全国范围内开展换发税务登记证工作。现将有关事项通知如下：

一、换发税务登记证件的范围

（一）已经办理了税务登记的纳税人都应当更换新的税务登记证件。

（二）按照税务登记管理办法的规定应当办理而未办理税务登记的纳税人，应当到税务机关办理税务登记。

---

① 《国家税务总局关于修改部分税收规范性文件的公告》（国家税务总局公告2018年第31号）删除了本文中的三、六、八（二）、九（四），将九（一）改为七、换发税务登记证件的程序（一）纳税人应当在税务机关公告要求的期限内，持原税务登记证件到税务机关办理换证手续，填写《税务登记表》（见附件3）一式两份。将十（四）改为八、扣缴税款登记证的领发（四）中"个人所得税扣缴税款登记证（式样内容见附件5）由省税务局按照总局规定的式样内容，确定式样标准并组织印制。"将十二（二）改为十、换发税务登记证件的工作要求（二）宣传部署，协调配合各地税务机关采取多种形式，广泛利用报纸、网站等媒体，积极向纳税人宣传换证工作的必要性、意义以及换证工作的程序。在总局规定的时间安排基础上，根据本地情况充分准备，合理部署。

二、换发税务登记证件的种类及适用范围

税务登记证件分为税务登记证(正、副本)和临时税务登记证(正、副本)。

(一)下列纳税人核发税务登记证及副本：

1. 从事生产、经营并领取工商营业执照的纳税人；

2. 从事生产、经营虽未办理工商营业执照但经有关部门批准设立的纳税人。

(二)下列纳税人核发临时税务登记证及副本：

1. 从事生产、经营的纳税人领取临时工商营业执照的；

2. 有独立的生产经营权、在财务上独立核算并定期向发包人或者出租人上交承包费或租金的承包承租人；

3. 境外企业在中国境内承包建筑、安装、装配、勘探工程和提供劳务的。

三、税务登记证件的内容、式样

税务登记证件正本主要内容包括：纳税人识别号(即税务登记证号码)、纳税人名称、地址、法定代表人(或负责人)、登记注册类型、经营范围、扣缴税款事项、发证税务机关(盖章)、发证日期等；副本还应包括开户银行及账号、有关资格认定、验证记录等栏目。

为了保证税务登记证件的规范和统一，税务登记证件式样由总局确定(式样标准见附件1)。本着节约的原则，本次统一换发税务登记证件只换发正本内芯和副本。纳税人可以继续沿用已有的正本外框，也可以选择到市场购买或者由税务机关提供正本外框。对新办税务登记的纳税人，核发包括外框的整套税务登记证件。正本外框的式样及制作，由省级税务机关确定。

四、税务登记证件的工本费

各地应当根据本次换证减少了工本费的情况，根据《国家物价局、财政部关于发布中央管理的税务系统行政事业性收费项目和标准的通知》(〔1992〕价费字111号)，向当地物价部门报批新的收费标准。

对从事个体经营的下岗失业人员和高校毕业生办理税务登记的,按照《财政部、国家发展改革委关于从事个体经营的下岗失业人员和高校毕业生实行收费优惠政策的通知》(财综〔2006〕7号)的要求,自2006年1月1日起至2008年12月31日,免交税务登记证工本费。各地对免交税务登记证工本费的情况要做好统计核算工作。

五、新税务登记证件的启用时间

2006年8月1日起全国统一开始换发、启用新税务登记证件;2007年1月1日起旧税务登记证件不再有效。2006年8月1日前,不能提前换发、启用新的税务登记证件。

2006年8月1日起新办税务登记的纳税人核发新的税务登记证件。2006年上半年新办税务登记的纳税人,8月1日后也要换发新证,但不再另行收取工本费。

六、准备工作要求

(一)在税务登记证印制准备阶段,各地要按照文件规定的内容和要求,抓紧进行相关软件的修改,并做好软件升级的各项业务、技术准备工作。金税工程(综合征管软件)由总局统一修改、下发。

(二)换证开始时,即启用修改后的征管软件,在换证过程中对纳税人信息进行更新。

(三)税务机关应当于换发税务登记证件工作开始30日前,在办税服务厅及新闻媒体上发布《关于统一换发税务登记证件的公告》(公告文本见附件2),告知纳税人。

七、换发税务登记证件的程序

(一)纳税人应当在税务机关公告要求的期限内,持原税务登记证件到税务机关办理换证手续,填写《税务登记表》(见附件3)一式两份。

(二)主管税务机关对纳税人提交的有关资料审核无误的,应当依法换发新的税务登记证件;经审核发现纳税人提交的资料不全或者有误的,应当一次性告知,责成其补正后予以换发。

（三）应办而未办税务登记的纳税人,应当在税务机关公告的限期内,持税务登记管理办法规定的有关资料到税务机关办理税务登记。

（四）房屋、土地、车船信息登记：

1. 税务机关采取多种形式发放《房屋、土地、车船情况登记表》（附件3）。纳税人换证时应当携带房屋、土地和车船的有关证件（房屋所有权(产权)证书、土地证书、《机动车行驶证》、《船籍证书》）的复印件。

2. 税务机关应当对纳税人提交登记表的填写项目内容和证书复印件的完整性进行初审,然后再办理换发税务登记证。对确实在换发税务登记证时无法提交《房屋、土地、车船情况登记表》和证书复印件的纳税人,经税务人员核实后,可以先办理换证,并告知纳税人在30日内将填好的表和证书复印件交至办税大厅的办证窗口。

八、扣缴税款登记证的领发

（一）负有扣缴个人所得税义务的扣缴义务人应当自扣缴义务发生之日起30日内,向所在地主管税务机关申报办理扣缴税款登记,领取个人所得税扣缴税款登记证。对已办理税务登记的扣缴义务人,不发扣缴税款登记证,由税务机关在其税务登记证副本上登记扣缴税款事项。对临时发生扣缴义务的扣缴义务人,不发扣缴税款登记证。

（二）扣缴义务人应当在公告要求的期限内携带组织机构代码证书到税务机关办理扣缴税款登记证,填写扣缴税款登记表(式样见附件4),已向税务机关报送过有关内容的,可不再填表。

（三）扣缴义务人识别号按照扣缴义务人所在地行政区域码加组织机构代码编制。

（四）个人所得税扣缴税款登记证(式样内容见附件5)由省税务局按照总局规定的式样内容,确定式样标准并组织印制。

4.《国家税务总局关于换发税务登记证件有关问题的补充通知》[①]（2006年7月13日颁布　2006年7月13日实施　国税发〔2006〕104号）

各省、自治区、直辖市和计划单列市国家税务局、地方税务局：

为确保2006年全面换发税务登记证件工作的顺利进行，现将有关问题补充通知如下：

一、分类疏导

各地税务机关可按照行业、规模、区域、纳税信用等标准，结合纳税人的意愿，将纳税人进行分类，分时分批次换证，减少纳税人等候时间，避免办税服务厅排队拥挤。

税务登记表格发放可提前开始，可以在纳税人到税务机关办理纳税申报和涉税事项时发放；有条件的地方，也可以通过网络、邮寄或者税收管理员下户等方式发放。报送（收取）应在《国家税务总局关于换发税务登记证件的通知》（国税发〔2006〕38号）（以下简称关于换发税务登记证件的通知）规定的时间内进行。

二、业务处理

对外来经营的纳税人（包括超过180天的），只办理报验登记，不再办理临时税务登记。

个人独资企业、一人有限公司，应按照单位纳税人办理税务登记，不得按个体工商户办理税务登记。

换发税务登记证件后，纳税人在银行开户时，开户银行必须按规定在税务登记证副本登录新的账号。对原有账号暂不作登录要求，但纳税人必须向税务机关报告。

三、外商投资企业和外国企业纳入本次换发税务登记证件的范围，填写统一的税务登记表，换发新的税务登记证件，证件式样与内资企业相同，具体工作按照关于换发税务登记证件的通知的

---

① 根据《国家税务总局关于修改部分税收规范性文件的公告》（国家税务总局公告2018年第31号）对本文进行修改；修改了本文第一条、第三条，删除了本文第二、五、六条。

有关规定执行。

5.《"非接触式"办税缴费事项清单》(2022年5月26日颁布 2022年5月26日实施)

序号	事项名称
37	税务证件增补发

第二节 帐簿、凭证管理

第十九条 【帐簿的设置与核算】 纳税人、扣缴义务人按照有关法律、行政法规和国务院财政、税务主管部门的规定设置帐簿,根据合法、有效凭证记帐,进行核算。

一、税收行政法规

《中华人民共和国税收征收管理法实施细则》(2002年9月7日中华人民共和国国务院令第362号公布 根据2012年11月9日《国务院关于修改和废止部分行政法规的决定》第一次修订 根据2013年7月18日《国务院关于废止和修改部分行政法规的决定》第二次修订 根据2016年2月6日《国务院关于修改部分行政法规的决定》第三次修订)

第二十二条 从事生产、经营的纳税人应当自领取营业执照或者发生纳税义务之日起15日内,按照国家有关规定设置账簿。

前款所称账簿,是指总账、明细账、日记账以及其他辅助性账簿。总账、日记账应当采用订本式。

第二十三条 生产、经营规模小又确无建账能力的纳税人,可以聘请经批准从事会计代理记账业务的专业机构或者财会人员代为建账和办理账务。

第二十五条 扣缴义务人应当自税收法律、行政法规规定的扣缴义务发生之日起10日内,按照所代扣、代收的税种,分别设置代扣代缴、代收代缴税款账簿。

第二十六条 纳税人、扣缴义务人会计制度健全,能够通过计算机正确、完整计算其收入和所得或者代扣代缴、代收代缴税款情况的,其计算机输出的完整的书面会计记录,可视同会计账簿。

纳税人、扣缴义务人会计制度不健全,不能通过计算机正确、完整计算其收入和所得或者代扣代缴、代收代缴税款情况的,应当建立总账及与纳税或者代扣代缴、代收代缴税款有关的其他账簿。

第二十七条 账簿、会计凭证和报表,应当使用中文。民族自治地方可以同时使用当地通用的一种民族文字。外商投资企业和外国企业可以同时使用一种外国文字。

二、税务规章

《个体工商户建账管理暂行办法》(2006 年 12 月 15 日国家税务总局令第 17 号公布 自 2007 年 1 月 1 日起施行 根据 2018 年 6 月 15 日《国家税务总局关于修改部分税务部门规章的决定》国家税务总局令第 44 号修正)

第一条 为了规范和加强个体工商户税收征收管理,促进个体工商户加强经济核算,根据《中华人民共和国税收征收管理法》(以下简称税征管法)及其实施细则和《国务院关于批转国家税务总局加强个体私营经济税收征管强化查账征收工作意见的通知》,制定本办法。

第二条 凡从事生产、经营并有固定生产、经营场所的个体工商户,都应当按照法律、行政法规和本办法的规定设置、使用和保管账簿及凭证,并根据合法、有效凭证记账核算。

税务机关应同时采取有效措施,巩固已有建账成果,积极引导个体工商户建立健全账簿,正确进行核算,如实申报纳税。

第三条 符合下列情形之一的个体工商户,应当设置复式账:

(一)注册资金在 20 万元以上的。

(二)销售增值税应税劳务的纳税人或营业税纳税人月销售(营业)额在 40000 元以上;从事货物生产的增值税纳税人月销售额在 60000 元以上;从事货物批发或零售的增值税纳税人月销售

额在 80000 元以上的。

(三)省税务机关确定应设置复式账的其他情形。

第四条 符合下列情形之一的个体工商户,应当设置简易账,并积极创造条件设置复式账:

(一)注册资金在 10 万元以上 20 万元以下的。

(二)销售增值税应税劳务的纳税人或营业税纳税人月销售(营业)额在 15000 元至 40000 元;从事货物生产的增值税纳税人月销售额在 30000 元至 60000 元;从事货物批发或零售的增值税纳税人月销售额在 40000 元至 80000 元的。

(三)省税务机关确定应当设置简易账的其他情形。

第五条 上述所称纳税人月销售额或月营业额,是指个体工商户上一个纳税年度月平均销售额或营业额;新办的个体工商户为业户预估的当年度经营期月平均销售额或营业额。

第六条 达不到上述建账标准的个体工商户,经县以上税务机关批准,可按照税收征管法的规定,建立收支凭证粘贴簿、进货销货登记簿或者使用税控装置。

第七条 达到建账标准的个体工商户,应当根据自身生产、经营情况和本办法规定的设置账簿条件,对照选择设置复式账或简易账,并报主管税务机关备案。账簿方式一经确定,在一个纳税年度内不得进行变更。

第八条 达到建账标准的个体工商户,应当自领取营业执照或者发生纳税义务之日起 15 日内,按照法律、行政法规和本办法的有关规定设置账簿并办理账务,不得伪造、变造或者擅自损毁账簿、记账凭证、完税凭证和其他有关资料。

第九条 设置复式账的个体工商户应按《个体工商户会计制度(试行)》的规定设置总分类账、明细分类账、日记账等,进行财务会计核算,如实记载财务收支情况。成本、费用列支和其他财务核算规定按照《个体工商户个人所得税计税办法(试行)》执行。

设置简易账的个体工商户应当设置经营收入账、经营费用账、商品(材料)购进账、库存商品(材料)盘点表和利润表,以收支方式记录、反映生产、经营情况并进行简易会计核算。

第十条 复式账簿中现金日记账,银行存款日记账和总分类账必须使用订本式,其他账簿可以根据业务的实际发生情况选用活页账簿。简易账簿均应采用订本式。

账簿和凭证应当按照发生的时间顺序填写,装订或者粘贴。

建账户对各种账簿、记账凭证、报表、完税凭证和其他有关涉税资料应当保存10年。

第十一条 设置复式账的个体工商户在办理纳税申报时,应当按照规定向当地主管税务机关报送财务会计报表和有关纳税资料。月度会计报表应当于月份终了后10日内报出,年度会计报表应当在年度终了后30日内报出。

第十二条 个体工商户可以聘请经批准从事会计代理记账业务的专业机构或者具备资质的财会人员代为建账和办理账务。

第十三条 按照税务机关规定的要求使用税控收款机的个体工商户,其税控收款机输出的完整的书面记录,可以视同经营收入账。

第十四条 税务机关对建账户采用查账征收方式征收税款。建账初期,也可以采用查账征收与定期定额征收相结合的方式征收税款。

第十五条 依照本办法规定应当设置账簿的个体工商户,具有税收征管法第三十五条第一款第二项至第六项情形之一的,税务机关有权根据税收征管法实施细则第四十七条规定的方法核定其应纳税额。

第十六条 依照本办法规定应当设置账簿的个体工商户违反有关法律、行政法规和本办法关于账簿设置、使用和保管规定的,由税务机关按照税收征管法的有关规定进行处理。

第十七条 个体工商户建账工作中所涉及的有关账簿、凭证、表格,按照有关规定办理。

第十八条 本办法所称"以上"均含本数。

第十九条 各省、自治区、直辖市和计划单列市税务局可根据本办法制定具体实施办法,并报国家税务总局备案。

第二十条 本办法自 2007 年 1 月 1 日起施行。1997 年 6 月 19 日国家税务总局发布的《个体工商户建账管理暂行办法》同时废止。

三、税务规范性文件

1.《国家税务总局关于印发〈欠缴税金核算管理暂行办法〉的通知》①（2000 年 11 月 28 日颁布　2001 年 1 月 1 日实施　国税发〔2000〕193 号）

欠缴税金核算管理暂行办法

第一章　总　　则

第一条　为了如实核算反映欠缴税金情况,严密监控和有效清缴欠缴税金,加强组织收入工作和税收征管工作,特制定本办法。

第二条　本办法所称的欠缴税金是指税务机关负责征收的应缴未缴的各项收入,包括呆账税金、往年陈欠、本年新欠、未到限缴日期的未缴税款、缓征税款和应缴未缴滞纳金。

第三条　各级税务机关必须严格按《税收会计制度》和本办法的规定,对欠缴税金及时、如实地进行分类确认、核算和反映,不得弄虚作假、不得隐瞒。

第四条　对于已发生的呆账税金、往年陈欠和本年新欠,各征收单位必须严格按《税收征管法》的规定计收滞纳金,严密监控管理,并根据纳税人的生产经营变化情况及时进行追缴。

第五条　欠缴税金的分类确认工作由各税务机关的税政主管部门或征管部门负责,监控和追缴工作由征管和稽查部门负责,核

---

①　1.条款第十六条废止。参见《国家税务总局关于税收征管若干事项的公告》(国家税务总局公告 2019 年第 48 号)　2.条款废止,第六章废止。参见《国家税务总局关于公布全文和部分条款失效废止的税务规范性文件目录的公告》(国家税务总局公告 2023 年第 8 号)。

算反映工作由计会部门负责。各部门必须密切配合，切实加强欠缴税金的管理。

第二章　欠缴税金的核算

第七条　除入库单位外，其他各会计核算单位都必须在"待征"类总账科目下，增设"未到期应缴税款"、"缓征税款"、"往年陈欠"、"本年新欠"四类明细科目，详细核算反映待征税金构成情况。各类待征税金的具体核算范围如下：

（一）"未到期应缴税款"，指纳税人已申报或税务机关已作出补税处罚决定，但未到税款限缴日期的应缴未缴税款及罚款。

（二）"缓征税款"，指按规定经批准延期缴纳的税款。

（三）"往年陈欠"，指除呆账税金、未到期应缴税款、缓征税款和本年新欠外，不足三年的欠缴税金。

（四）"本年新欠"，指除呆账税金、未到期应缴税款、缓征税款外，本年发生的欠缴税金。

第八条　各会计核算单位都必须在"损失税金核销"总账科目下，增设"核销死欠"明细科目，核算反映纳税人发生破产、撤销情形，经过法定清算，被国家主管机关依法注销或吊销其法人资格，纳税人已消亡，税务机关依照法律法规规定，根据法院判决书或法定清算报告核销的欠缴税金及滞纳金。

第九条　为统一规范应缴未缴滞纳金的核算管理，所有未缴的呆账税金、往年陈欠和本年新欠的应缴未缴滞纳金都必须实行"账外核算"，进行专项反映，不再纳入应征数核算反映（已征收的滞纳金和核销死欠的滞纳金必须列入应征数核算）。具体核算方法如下：

除入库单位外，其他各会计核算单位都必须在会计账目之外，单独设置"应缴未缴滞纳金登记簿"，分户登记每笔未缴呆账税金、往年陈欠和本年新欠的发生、变化情况，并根据每笔滞纳税款的滞纳时间及滞纳金额定期计算反映其应缴未缴的滞纳金。

第三章　呆账税金和核销死欠的确认

第十条　对申请转为呆账税金的欠缴税金，必须按每个纳税人分别报地市级税务机关进行确认;对申请核销的死欠税款,必须按每个纳税人分别报省级税务机关进行确认。

已确认过关停、空壳两类呆账税金的企业,确认以后又发生的符合此两类呆账税金范围的欠缴税金,如果其成因与该企业前次确认的呆账税金成因相同,可直接报县级税务机关确认;如果成因与前次确认的呆账税金成因不同,仍必须报地市级税务机关确认。

第十一条 所有转为呆账税金的欠缴税金和核销的死欠税款,都必须按以下程序办理确认手续。

(一)申请确认呆账税金和核销死欠必须由基层主管税务机关填报"呆账税金确认申请表"(格式见附件一)或"核销死欠确认申请表"(格式见附件二),并按以下要求附报有关申请材料(申请材料必须一式两份:一份逐级报确认机关,并由确认机关负责确认工作的主管部门留存;一份报县级税务机关,待确认机关核准后再退回基层主管税务机关):

1. 关停企业呆账税金应附报政府有关部门通知或责令企业关闭的文件,企业自行解散的公告文件,企业停业开始月份和满一年时当月的资产负债表及企业填报的停业情况说明,基层主管税务机关对失踪纳税人的核查材料,以及欠缴税金所属期的纳税申报表(或查补税款处理决定书)等材料原件或复印件。

2. 空壳企业呆账税金应附报企业兼并、重组、出售协议、企业改组时编制的资产负债表或资产债务评估报告、以及欠缴税金所属期的纳税申报表(或查补税款处理决定书)等材料原件或复印件。

3. 政府政策性呆账税金应附报政府与企业签订的承包协议,企业贷款合同和以税还贷批准文件及欠缴税金发生当月的资产负债表,以及欠缴税金所属期的纳税申报表等材料原件或复印件。

4. 其他呆账税金应附报欠缴税金发生当月的资产负债表、以及欠缴税金所属期的纳税申报表(或查补税款处理决定书)复印件。

5.核销死欠应附报法院判决书或法定清算报告复印件。

2001年1月1日前发生的呆账税金,确认时要求附报的有关证明文件、企业财务报表和纳税申报表等原始材料确实无法取得的,可由基层主管税务机关填报详细的呆账税金核查材料(详细说明呆账税金的发生事由、时间和金额)代替,但2001年1月1日以后发生的呆账税金,确认时必须严格按上述规定附报原始材料,一律不得再用核查材料代替。

(二)县级税务机关对基层主管税务机关上报的呆账税金和核销死欠确认申请,都必须进行实地调查核实,核实后按规定的权限上报核准。

(三)负责确认的税务机关对核准的呆账税金和核销死欠,要及时向申请的税务机关下达书面的"呆账税金确认通知书"或"核销死欠确认通知书"(格式各地自定,一式四份,确认机关负责确认工作的主管部门、县级税务机关税收会计、基层主管税务机关税收会计和征管部门各留一份)。

第四章 欠缴税金的管理及清缴

第十二条 对于已确认的呆账税金和核销死欠,确认机关负责确认工作的主管部门必须建立备案底册(格式见附件三),并根据确认通知书序时、逐笔登记反映。

第十三条 县及县级以下税务机关对于已确认的呆账税金和核销死欠,必须按以下要求装订和保管有关原始材料:

县级税务机关和基层主管税务机关必须将"呆账税金确认申请表"或"核销死欠确认申请表"与相应的"呆账税金确认通知书"或"核销死欠确认通知书"装订一起,分别作为县级和基层主管税务机关的税收会计核算凭证,并按会计档案要求保存备查。

基层主管税务机关必须将"呆账税金确认通知书"或"核销死欠确认通知书"与相应的"呆账税金确认申请表"或"核销死欠确认申请表"及全部申请确认材料装订一起,作为户籍征管档案资料保存备查。

第十四条 对于已发生关停、空壳呆账税金的企业,各基层主管税务机关应及时清缴其结存的各种发票,并停止供应发票。企业需要填开发票的,应先将开票收入应纳的税款缴纳后再由税务机关代开发票,以防发生新的欠缴税金。

第十五条 对于已发生欠缴税金的企业,各级税务机关要随时监控反映其变化情况,并全力清缴其欠缴税金。

(一)对于已发生呆账税金的关停和空壳企业,后因实行合资、合作、合并、租赁、承包等各种原因又恢复生产经营,原资产和债务未被分割的,如该企业的呆账税金已超过三年,应按"其他呆账税金"重新进行确认;如未超过三年,应及时将其转为"往年陈欠"。并且主管税务机关应根据其税源变化情况,及时制定清缴计划和落实清缴责任。

(二)对于实施兼并、重组、出售等改组的企业,主管税务机关应依法清算并追缴其欠缴的税金及滞纳金。改组时发生债随资走的,应及时根据企业资产和债务分配情况,落实清缴责任,将未清缴的欠缴税金及滞纳金转入应承担清缴义务的企业进行核算和管理。改组后企业承担的欠缴税金符合呆账税金范围的,应按本办法规定的要求报请确认。

(三)对于宣告破产、撤销、解散而准备进行资产、债务清算的企业,主管税务机关应及时向负责清算的机构提出欠缴税金及滞纳金的清偿要求,并按法律法规规定的清偿顺序依法追缴。对于破产、撤销企业经过法定清算后,已被国家主管机关依法注销或吊销其法人资格,纳税人已消亡的,其无法追缴的欠缴税金及滞纳金,应及时依照法律法规规定,根据法院的判决书或法定清算报告报省级税务机关确认核销。

(四)除上述情况外,企业发生其他变化情况而造成已确认的呆账税金成因发生变化的,也必须按规定的呆账税金确认程序重新上报确认机关核准。

第五章 欠缴税金的考核

第十七条 各级税务机关每年都应根据本地区"往年陈欠"、"本年新欠"和"其他呆账税金"的实际情况,分类制定清欠目标,将其列入组织收入工作和税收征管工作考核的一项主要指标。对于已完成清欠目标,但因税源缺乏没有完成收入任务的,可根据实际情况予以调减收入任务;对于既无不可抗力等特殊因素影响,又没有完成清欠目标的单位,要相应调增其下年收入任务和清欠目标。

第十八条　对于未列入清欠目标的其他各类呆账税金和缓征税款,应列入各有关税务机关的岗位责任制内容进行考核,以加强确认、核算、监控和追缴等各项工作的责任。

第七章　附　　则

第二十三条　各省、自治区、直辖市和计划单列市国家税务局和地方税务局应根据本办法制定本地区的具体实施办法。

第二十四条　本办法由国家税务总局解释。

第二十五条　本办法从2001年1月1日起施行,此前有关规定与本办法不符的,均按本办法执行。

2.《国家税务总局关于修订欠缴税金核算方法的通知》(2001年11月7日颁布　2001年11月7日实施　国税函〔2001〕812号)

各省、自治区、直辖市和计划单列市国家税务局、地方税务局:

为彻底准确掌握欠税底数和欠税增减变动情况,分清和加强欠税管理责任,促进欠税清理清缴工作的顺利开展,根据新的《税收征管法》对欠税管理要求的变化,经研究,决定对欠缴税金的核算方法进行修订。现将有关事项明确如下:

一、欠缴税金核算方法修订的原则:将全部欠缴税金根据所属期按2001年5月1日划分为前后两大部分进行反映。对于2001年5月1日之前发生的欠缴税金,单设账外科目专项核算反映,这部分欠缴税金将通过一次性限期清理(限期清理的文件另行下发),彻底清出底数,清理期限结束后,这部分欠缴税金数字今后不得再增加,只能因清缴和按规定核销而减少;在清出实有底数的基础上,根据欠税企业的现状,按照清欠的难易程度进行分类核算;对于生产经营脱困无望确实难以清回的企业欠税,采取专项措施进行处理,对于生产经营基本正常有望清回的企业欠税,总局将下达分期清欠目标,经过一段时间的清缴,争取基本清回。对于2001年5月1日之后发生的欠缴税金,要严密核算,严格考核,并分类详细反映其增减变动情况,为组织收入和税收征管工作提供准确可靠的依据。

二、欠缴税金核算方法的修订内容

(一)关于欠缴税金分类方法的修订

1. 对于2001年5月1日之前发生的欠缴税金,各核算单位必须在账外单独设置"待清理呆账税金"科目专项核算,没有发生清缴和核销情形时,不再纳入"应征"类科目核算反映;发生清缴和核销情形时,收回的欠缴税金和按规定核销的死欠必须在清回和核销时列入"应征"类科目核算反映。具体核算方法如下:

各会计核算单位必须在会计账目之外,单独设置"待清理呆账税金"总账,并按"关停企业呆账"、"空壳企业呆账"、"政府政策性呆账"、"三年以上呆账"、"三年以内呆账"等五种呆账类别、分税种、分户设置明细账核算反映,其中,分户账中必须按"清缴呆账"、"核销呆账"设栏核算反映其减少情况。

其中关停、空壳、政府政策性和三年以上呆账税金的核算范围与原规定相同,但税款所属期为2001年5月1日之前;"三年以内呆账"核算反映2001年5月1日之前除前四类之外的其他所有三年内的欠缴税金。"三年以上呆账"和"三年以内呆账"发生关停、空壳企业呆账税金情形的,仍须按原规定报批确认;三年以内呆账税金发生超过三年情形时,不再需要报批确认,直接由会计自制凭证将其转入"三年以上呆账"核算。

各核算单位必须于2002年1月1日前将上述范围的欠缴税金从原会计账目中分别转入账外"待清理呆账税金"科目核算。各会计核算单位必须填制"账外核算欠税结转清单",经本单位领导签字后作为结转的会计原始凭证并装订保存。结转时,借记"应征"类科目,贷记原来的"待清理呆账税金"和"待征"类科目。列入账外"待清理呆账税金"科目核算的欠缴税金,发生清缴和核销情形时,根据有关凭证借记"上解"类、"在途税金"或"损失税金核销"

科目,贷记"应征"类科目。并同时在账外"待清理呆账税金"科目作相应的减少处理。

2.对于2001年5月1日之后发生的欠缴税金,不再设置"待清理呆账税金"总账科目,全部并入"待征"类总账科目核算。合并后,"待征"类总账科目下按"关停企业欠税"、"空壳企业欠税"、"未到期应缴税款"、"缓征税款"、"本年新欠"、"往年陈欠"六类明细科目分类核算。除"往年陈欠"与原核算范围不同外,其他各类的核算范围仍与原规定相同,但税款所属期为2001年5月1日之后;"往年陈欠"核算反映2001年5月1日之后除前五类以外的其他所有欠缴税金。发生"关停"、"空壳"企业欠缴税金的,仍须按原规定报批确认。

各类欠缴税金发生相互结转情形时,除需要报批确认的欠缴税金外,其他情形应由会计人员自制凭证作为登记账簿的原始依据。

(二)其他修订内容

1.为便于准确计算税收"入库率",在"应征"类科目下增设企业注册类型明细科目。

2.为便于税收入库率的计算和考核,对于清回的欠缴税金,在"入库"类科目下增设"清缴本年欠税"、"清缴往年欠税(包括清缴账外核算的待清理呆账税金和其他待征税金)"两个明细科目,按税票上的"税款所属时期"分别设置辅助账核算反映。

3.将"待征税金明细表"改为"待征税金变动情况表"。横栏按"期初余额"、"本期增加额"、"本期减少额"、"期末余额"设栏反映欠缴税金的增减变动情况;纵栏按主要税种设大类反映,在每个税种下按欠缴税金类别设小栏反映。

4.有关"上解凭证汇总单"编报内容的调整,由各省级税务机关根据上述修改内容自行确定。

欠缴税金核算方法修订后新的会计报表式样另行下发。请各地抓紧布置。

3.《国家税务总局关于呆账税金清理和滞纳金核算等有关事项的通知》(2001年12月29日颁布 2001年12月29日实施 国税函〔2001〕1002号)

各省、自治区、直辖市和计划单列市国家税务局、地方税务局：

日前，总局发出《国家税务总局关于修订欠缴税金核算方法的通知》(国税函〔2001〕812号)，现将呆账税金的清理及其他有关事项明确如下：

一、关于账外呆账税金的清理和核算

(一)清理范围为列入账外核算的待清理呆账税金，即2001年5月1日前发生的至清理时仍未缴纳的欠税和罚款，包括2001年5月1日前作出并生效的税务处理决定和税务行政处罚决定的补税和罚款。

(二)各税收会计核算单位必须在2002年3月底前，对列入账外核算的待清理呆账税金逐户进行全面的清理核实。逐户清理结束后，由清理人员填报"分户呆账税金清理清册"一式两份(格式自定)，送本单位主管局领导审核签字后，一份作为征管资料归档保管，一份作为账外待清理呆账税金核算的原始凭证，集中装订保管，留存备查。

(三)清理工作结束后，各税收会计核算单位必须于2002年3月底前，根据"分户呆账税金清理清册"，将账外"待清理呆账税金"总账和明细账的调账工作处理完毕。2002年4月编报3月份"待清理呆账税金明细月报表"时，须按清理调账后的实有呆账税金数编报。

从2002年4月份开始，各单位的待清理呆账税金总数除发生清缴和按规定核销情形外，严禁变动。

(四)各核算单位在编报《待清理呆账税金明细月报表》时，对于清理时欠缴的按偷逃骗税处罚的比例性罚款及申报违章的行为性罚款，随正税科目核算；对于欠缴的发票、税务登记违章等其他行为性罚款，国家税务局全部列入增值税科目核算，地方税务局全部列入营业税科目核算。

（五）各地要严格按照上述要求组织好呆账税金的清理核实工作。具体清理核实工作由各单位主管日常申报征收工作的部门牵头负责，核算工作由计会部门负责。各有关部门要积极配合，确保清理工作如期彻底完成。

二、对于2001年5月1日后发生的欠税应缴未缴滞纳金（包括2001年5月1日后查处的2001年5月1日之前偷骗税应课的滞纳金），2002年暂不纳入应征数核算，2003年将纳入应征数核算。但各会计核算单位必须从2002年1月起，在账内单独设置"应缴未缴滞纳金登记簿"，以辅助账方式分户、分税种专门核算反映新征管法实施后发生的欠税滞纳金的应征、已征和按规定核销情况。其账页设置和登记方法与原账外"应缴未缴滞纳金登记簿"类同。

三、由于应征税金按企业注册类型设置明细账年终无法进行冲账和年度结转账务处理，因此，各会计核算单位不应按企业注册类型设置明细账，而应按企业注册类型设置"分企业注册类型应征税金登记簿"，以辅助账方式核算反映当年应征税金分企业注册类型情况。

四、关于会统报表的设置和编制

（一）增设《待清理其他呆账税金分项目统计月报表》（表式附后），以分税种分项目反映除关停、空壳和政府政策性呆帐税金以外的其他呆账税金余额情况。本表从2002年4月编报3月份会统报表起编报，为账外统计报表。

增设本表后，原《纳税登记户数统计年报表》的表号"国税统11号"应改为"国税统12号"；原《县（市）税收收入统计年报表》的表号"国税统12号"应改为"国税统13号"。

（二）增设《滞纳金明细月报表》（表式附后），以反映2001年5月1日后所发生欠税的滞纳金征缴情况。本表从2002年1月起根据账内"应缴未缴滞纳金登记簿"按月计算编报，其中"入库滞纳金"和"核销滞纳金"为本年累计数，"应缴未缴滞纳金"为本月月终根据每笔欠税余额计算的应缴滞纳金。同时，取消《税收欠税分项目统计月报表》中的"附列资料:2.应缴未缴滞纳金"项目。

(三)由于应征税金按注册类型设置的登记簿只核算当年应征税金分注册类型情况,因此,2002年《应征税金明细月报表》改为只反映当年应征税金分注册类型数的报表。

五、各级税务机关要结合这次新的欠税核算方法的实施和呆账税金清理工作,对一些单位存在的不按应缴数申报而按缴款数申报、申报不核算和核算不上报等问题进行一次彻底的检查和纠正。今后凡是税务机关对纳税人不按应缴数申报未进行纠正的,除严格按《税收征管法》的有关规定对纳税人申报不实进行处罚外,还将视同"隐瞒欠税"追究税务机关有关责任人的责任;凡企业已申报而税务机关未按申报数如实核算或虽已核算但未如实上报应征或欠税数的,一经查出,其隐瞒的欠税均视同本年新欠处理,并按有关规定严肃追究有关责任人的责任。

4.《国家税务总局关于大力开展个体工商户建账和强化查账征收工作的通知》(2002年8月16日颁布　2002年8月16日实施　国税发〔2002〕104号)

各省、自治区、直辖市和计划单列市国家税务局、地方税务局:

自1997年在全国范围内推行个体工商户(以下简称业户)建账工作以来,各级税务机关认真贯彻《国务院关于批转国家税务总局强化查账征收工作意见的通知》(国发〔1997〕12号)和国家税务总局印发的《个体工商户建账管理暂行办法》,加强个体税收征管,规范业户经营行为,取得了一定的成绩。但是,部分地区由于对此项工作认识不足,重视不够,措施不力,没有达到建账工作的进度要求。为此,提出以下要求:

一、加强组织领导,继续深化建账工作

国务院领导曾多次批示,要加强税收征管,改变业户无账经营状态。这是各级税务机关的重要任务,也是个体税收征管走向规范化、法制化的必由之路。各级税务机关要充分认识业户实行建账是市场经济发展的需要,是依法治税的需要,也是个体经济自身发展的需要。特别是我国加入WTO后,加强规范管理,促进业户合法经营、平等竞争,就显得更为重要。各级税务机关要深刻理解业户建账工作的重要意义,提高认识,重新审视以往的建账工作,在总结经验的基础上,巩固已经取得的成果,认真分析存在的问题,纠正"重定额轻建账"等不利于建账工作的片面认识。要抽调精通会计核算、财务管理的人员,充实个体税收征管机构,要培训个体税收征管人员,提高业务素质,增强查账能力,不断适应个体税收征管工作的需要,保证推行业户建账工作的顺利进行。

二、讲方法重实效,尽快达到进度要求

各级税务机关要进一步强化业户建账工作,全面贯彻《国务院关于批转国家税务总局强化查账征收工作意见的通知》(国发〔1997〕12号)和国家税务总局印发的《个体工商户建账管理暂行办法》,坚持"强化建账,统筹规划,积极稳妥,全面推进"的原则,进一步完善具体实施方案,讲究方法,注重实效,把建账工作落到实处。

凡按照规定达到建账规模的业户必须设置会计账簿,凭合法有效的凭证,如实记载经营事项,正确核算盈亏。业户具备建、记账能力可由其自行建、记账,不具备建、记账能力可以由社会中介机构代理建、记账。各级税务机关在推行建账工作中,要突出重点,抓住关键环节,总局把集贸市场和个体经营大户列为今年重点建账对象,各地还可以在此基础上选择其他重点建账对象。在实际工作中要注重六个方面的结合:一是要坚持重点建账和全面建账相结合;二是坚持分步实施和整体规划相结合;三是要坚持建账工作与集贸市场专项整治相结合;四是坚持查账征收与定期定额征收相结合;五是业户自行申报与加强税务稽查相结合;六是表彰诚信纳税与打击税收违法犯罪相结合,力争使业户建账工作在短时期内有一个新的突破。

三、多种措施并举,引导促进建账工作

税务机关要真正掌握业户实际经营情况,抓住建账工作的关键,使业户不能由于实行定期定额征收方式而少缴税款,不仅在建账方面要下功夫,还需要多种征管措施相配合,狠抓落实。督促业户建账、真实记账,从而提高业户建、记账水平,使此项工作取得较好的成效。

(一)在业户中广泛推行使用税控收款机。使用税控收款机可采用两种形式:一是使用统一税控收款机。这种形式适用于封闭的集贸市场,市场内要设置收银台,市场开办方要承担管理的责任,负责统一收银和购置税控收款机;二是业户自用税控收款机。这种形式适用于集贸市场外所有业户和市场内经营规模较大的业户,业户自行收银和自行购置税控收款机。各省、自治区、直辖市税务机关可根据当地情况确定具体适用形式。凡使用税控收款机的业户,其所有经营交易必须经过税控收款机逐笔开票,逐笔结算,不得机外结算,不得损毁和改动税控装置。各级税务机关要加快税控收款机的推广工作,先在集贸市场和部分行业进行试点,取得经验,全面推广。要加强税控收款机的管理,加大监督力度,鼓励消费者举报未按规定使用税控收款机的业户,对机外结算和擅自改动税控装置,隐瞒经营收入,造成税款流失的行为,依照有关法律、行政法规处理。

(二)积极开展有奖发票的活动。在开展此项活动的过程中,应注意研究消费者心理,采取形式活泼、趣味性强的方法,增强公众参与意识。通过有奖发票,使消费者逐步养成购物索票的习惯,促使业户销售货物都要开具发票。对不按照规定使用发票的业户要严格依法处罚。

对集贸市场使用信誉卡的现象要采取相应措施加以规范。各级税务机关要加强对信誉卡的管理,将其视为纳税资料,监督和检查印制、使用、库存情况。业户在向消费者开具信誉卡的同时必须开具发票,并要按税务机关规定的期限申报信誉卡开具的金额和使用情况。

(三)强化调整定额工作。各级税务机关要依照税收法律、行政法规的规定,如实核定业户定额,并增加调整定额次数,使业户的实际税收负担与法定税率达到相同水平。对应建账未建账和建假账的业户,要按照同行业、同规模最高纳税额核定其应纳税款。各级税务机关要严厉打击利用定期定额征收方式进行的各种税收违法犯罪行为,加大处罚力度,对涉嫌犯罪的必须移送司法机关处理。使业户利用定期定额征收方式侵犯国家利益的行为不能得逞,切实解决业户偏向按定额纳税而抵触建账的问题。各省级税务机关要加强定额的宏观控制和计划管理,对个体税收要实行计划单列,提高个体税收收入增长幅度,促使个体税收征管工作迈上一个新的台阶。

(四)加强税务检查,以查促建,以查促管。对应建账未建账的业户,要严密监控其经营变化情况,加大检查力度,以检查促使业户建账;对已建账的业户要边检查、边辅导,在检查中逐步完善建账工作,以检查促进管理。通过检查:一是发现业户建、记账方面存在的问题,予以纠正和处理;二是及时了解在建账过程中存在的问题,积累工作经验;三是对建账户起到监督作用,增强业户自觉建账和如实记账的意识。

5.《国家税务总局关于核销"死欠"有关问题的补充通知》(2002年9月9日颁布 2002年9月9日实施 国税函〔2002〕803号)
各省、自治区、直辖市和计划单列市国家税务局、地方税务局:

国家税务总局《欠缴税金核算管理暂行办法》(国税发〔2000〕193号,以下简称《办法》)下发后,一些地区反映在核销死欠的执行过程中,有些具体问题需要总局进一步明确。经研究,现补充明确如下:

一、《办法》第八条中"核销死欠"的范围除欠缴税金及滞纳金外,还包括欠缴的税收罚款及没收非法所得。纳税人消亡后,税务机关又查处应补缴税款,且无可执行财产的,其无法追缴的查补税款、滞纳金、罚款及没收非法所得,应根据注销工商和税务登记的相关证明文件报省、自治区、直辖市和计划单列市(以下称省)税务机关确认核销。

二、《办法》中的"核销死欠"仅指税收会计在账务处理上的核销,是一种内部会计处理方法,并不是税务机关放弃追缴税款的权利。因此,省税务机关不得直接对纳税人批复核销税款,对下级机关的核销税款批复文件也不得发给纳税人。

凡符合核销条件的死欠税款,一律报省税务机关确认,不必上报国家税务总局。

6.《国家税务总局关于调整查补税金会计核算事项的通知》(2004年4月12日颁布　2004年4月12日实施　国税函〔2004〕485号)

各省、自治区、直辖市和计划单列市国家税务局、地方税务局:

为及时、准确反映税务稽查工作成果,经研究,决定对查补税金进行分类核算反映。现将查补税金会计核算的有关调整事项通知如下:

一、关于《应征和入库查补税金登记簿》明细科目的调整

(一)各入库单位和双重业务单位《应征和入库查补税金登记簿》的"应征查补税金"科目下增设"税务稽查查补"、"税务其他查补"和"外部门查补"三类明细科目;"入库查补税金"科目下除增设以上三类明细科目外,另增设"稽查分级次入库税金"明细科目。其中,"税务稽查查补"核算反映税务稽查部门查处的税款、滞纳金、罚款和没收违法所得,本科目分设"税款"、"滞纳金"、"罚款"、"没收违法所得"四个栏目;"税务其他查补"核算反映税务机关除稽查部门以外的其他部门在税收工作中查处的税款、滞纳金、罚款、没收违法所得;"外部门查补"核算反映审计、财监办等外部门查处税收违法行为案件后交由税务部门征收的税款、滞纳金,以及税务机关按照税收法律法规对审计、财监办等部门查处的税收违法行为处以的罚款和没收违法所得,本科目分设"税款"、"滞纳金"、"罚款"(含没收违法所得)三个栏目;"稽查分级次入库税金"核算反映税务稽查部门查处的税款、滞纳金、罚款及没收违法所得的分预算级次入库情况。

(二)税务行政复议和法院判决裁定的应补税款、滞纳金、罚款和没收违法所得,与原处理决定的金额不一致而引起查补税金变

动的,仍在原来相应的核算科目中登记反映。

二、关于会计核算的原始凭证和账簿登记

(一)"应征查补税金"各栏以税务处理决定书、税务行政处罚决定书、税务行政复议决定书、审计决定书、财政监督检查决定书、法院判决书、上解单位和混合业务单位上报的应征凭证汇总单以及其他反映查补税金增减变动的应征凭证作为记账的原始凭证。其中,经复议、判决比原处理决定的金额增加或减少的,在原核算科目按增加或减少的金额记账。应征查补税金增加用蓝字(或正数)登记反映,减少用红字(或负数)登记反映。

填发或负责受理上述记账原始凭证的稽查、征收、管理、法制等部门,在凭证填发或受理之日起的十日内将凭证直接传递到负责税款征收的税务机关的计会部门及时进行会计核算。

(二)"入库查补税金"各栏以税收缴款书、税收收入退还书或混合业务单位上报的入库凭证汇总单、退库凭证汇总单等作为记账的原始凭证。缴纳查补税金用蓝字(或正数)登记反映,退还多缴的查补税金用红字(或负数)登记反映。

为准确分清各类查补税金,税务机关在征收或退还查补税金时,应根据相应的应征凭证和退税申请审批书,在填开的缴退税凭证的"备注"栏分别注明"稽查查补"、"其他查补"、"外部查补"、"退还稽查查补"、"退还其他查补"、"退还外部查补"等字样。

三、关于会计报表的调整

根据上述调整内容,相应修改"查补税金及税款滞纳金、罚款收入明细月报表"(修改后的表式见附件),其中纵栏增设的"二、3.其他罚没收入"项目反映除按不申报税款、未扣收税款、偷税、逃税、抗税、骗税、欠税金额的一定比例或倍数处以的罚款(以下简称比例性罚款)以外,对其他税收违法行为处以的罚款和没收违法所得(以下简称行为性罚款),包括税务稽查部门查处的行为性罚款和税务其他部门在税收工作中查处的行为性罚款。比例性罚款仍反映在各相应的税种科目中。

从 2004 年 6 月份编报 5 月份的税收会计报表起,各入库单位、双重业务单位和报表汇总单位应按修改后的表式编报。有关电子报表格式和编报方法将通过广域网下发各地。

为与修改前的报表口径相衔接,各地在收到本通知后,务必抓紧按本通知的要求填开缴退税凭证和调整《应征和入库查补税金登记簿》的登记,并将收到本通知前已登记的查补税金按本通知的分类科目调整登记;使用计算机进行会计核算的单位,在计算机软件没有修改前,应另行设立《应征和入库查补税金登记簿》进行手工登记,以便保证 6 月份编报 5 月份的报表时按修改后的报表口径准确编报。

四、各级计会、稽查、征管和法制等部门应密切配合,确保及时、准确反映税务稽查工作成果。

7.《国家税务总局关于普通发票行政审批取消和调整后有关税收管理问题的通知》(2008 年 1 月 29 日颁布　2008 年 1 月 29 日实施　国税发〔2008〕15 号)

各省、自治区、直辖市和计划单列市国家税务局、地方税务局:

根据《国务院关于第四批取消和调整行政审批项目的决定》(国发〔2007〕33 号)规定,普通发票的 5 类行政审批项目将予以取消,即取消"发票领购资格审核"、"建立收支粘贴簿、进销货登记簿或者使用税控装置审批"、"拆本使用发票审批"、"使用计算机开具发票审批"和"跨规定的使用区域携带、邮寄、运输空白发票的审批"。现就行政审批项目取消后有关普通发票管理问题明确如下:

二、建立收支粘贴簿、进销货登记簿或者使用税控装置问题

建立收支粘贴簿、进销货登记簿或者使用税控装置行政审批事项取消后,对生产、经营规模小又确无建账能力的纳税人,建立收支粘贴簿、进销货登记簿或者使用税控装置的确认按下列规定实施:

(一)按照《个体工商户税收定期定额征收管理办法》(国家税务总局令第 16 号)和《个体工商户建账管理暂行办法》(国家

税务总局令第 17 号)的规定,所有达到建账标准的个体工商户,均应按照规定建立账簿。达不到建账标准而实行定期定额征收方式征收税款的个体工商户,均应建立收支凭证粘贴簿、进销货登记簿。

8.《国家税务总局关于纳税人权利与义务的公告》①(2009 年 11 月 6 日颁布　2009 年 11 月 6 日实施　国家税务总局公告 2009 年第 1 号)

二、依法设置账簿、保管账簿和有关资料以及依法开具、使用、取得和保管发票的义务

您应当按照有关法律、行政法规和国务院财政、税务主管部门的规定设置账簿,根据合法、有效凭证记账,进行核算;从事生产、经营的,必须按照国务院财政、税务主管部门规定的保管期限保管账簿、记账凭证、完税凭证及其他有关资料;账簿、记账凭证、完税凭证及其他有关资料不得伪造、变造或者擅自损毁。

此外,您在购销商品、提供或者接受经营服务以及从事其他经营活动中,应当依法开具、使用、取得和保管发票。

第二十条　【会计制度的备案】 从事生产、经营的纳税人的财务、会计制度或者财务、会计处理办法和会计核算软件,应当报送税务机关备案。

纳税人、扣缴义务人的财务、会计制度或者财务、会计处理办法与国务院或者国务院财政、税务主管部门有关税收的规定抵触的,依照国务院或者国务院财政、税务主管部门有关税收的规定计算应纳税款、代扣代缴和代收代缴税款。

---

① 《国家税务总局关于修改部分税收规范性文件的公告》(国家税务总局公告 2018 年第 31 号)对本文进行了修改。

一、税收行政法规

《中华人民共和国税收征收管理法实施细则》(2002年9月7日中华人民共和国国务院令第362号公布　根据2012年11月9日《国务院关于修改和废止部分行政法规的决定》第一次修订　根据2013年7月18日《国务院关于废止和修改部分行政法规的决定》第二次修订　根据2016年2月6日《国务院关于修改部分行政法规的决定》第三次修订)

第二十四条　从事生产、经营的纳税人应当自领取税务登记证件之日起15日内,将其财务、会计制度或者财务、会计处理办法报送主管税务机关备案。

纳税人使用计算机记账的,应当在使用前将会计电算化系统的会计核算软件、使用说明书及有关资料报送主管税务机关备案。

纳税人建立的会计电算化系统应当符合国家有关规定,并能正确、完整核算其收入或者所得。

二、税务规章

《税收会计制度》(1998年10月27日国税发第186号公布　自2005年2月1日起施行　根据2018年6月15日《国家税务总局关于修改部分税务部门规章的决定》国家税务总局令第44号修正)

第一章　总　则

第一条　为了规范和加强税收会计工作,保证税收会计资料真实、准确、完整,充分发挥税收会计在加强税收管理中的作用,特制定本制度。

第二条　凡是直接负责税款征收或入库业务的税务机关,都必须严格按本制度的规定,组织税收会计核算工作。

第三条　税收会计的核算对象是税收资金及其运动,即税务部门组织征收的各项收入的应征、征收、减免、欠缴、上解、入库和提退等运动的全过程。

第四条　税收会计核算单位,按其对税收资金管理任务的不同，分为直接管理税收资金上解的单位(简称上解单位)、直接管理税收资金入库的单位(简称入库单位)、管理税收资金上解和入库双重业务的单位(简称双重业务单位)及管理部分税款上解和部分税款入库的混合业务单位(简称混合业务单位)四种。

上解单位，指直接负责税款的征收、上解业务，而不负责与金库核对入库税款和从金库办理税款退库业务的税务机关。它是入库单位的基层核算单位，核算税收资金从应征到上解的过程，为了满足上解单位考核税收收入任务的需要，它还必须将税款的提退也纳入其核算范围，以便提供税款上解净额指标。

入库单位，指直接负责与金库核对入库税款和从金库办理税款退库业务，而不直接负责税款的征收和上解业务的税务机关。它是上解单位和混合业务单位的上级核算单位，它核算税收资金从应征到入库(提退)的全过程。

双重业务单位，指既直接负责税款的征收、上解业务，又直接负责与金库核对入库税款和从金库办理税款退库业务的税务机关。它核算税收资金从应征到入库(提退)的全过程。

混合业务单位，指与乡(镇)金库的设置及其职责相对应，对规定在乡(镇)金库入库的税款，除负责征收业务外，还负责办理在乡(镇)金库的入库和退库业务；对规定在支金库入库的税款，只负责征收和上解业务，而不负责入库和退库业务的税务机关。它是入库单位的基层核算单位，核算税收资金从应征到上解过程及部分税收资金的入库和提退过程。

设置乡金库的地区，可以按混合业务单位组织会计核算，也可以按上解单位组织会计核算，具体按哪种单位组织核算，由各地税务机关自定。

第五条 入库单位和双重业务单位以上各级税务机关均为会计核算汇总单位。

第六条 各核算单位和汇总单位都必须在有关机构中设置税收会计人员并指定会计主管人员。

各单位配备的会计人员应当具备会计从业资格、持有会计证，担任会计机构负责人和会计主管人员必须具有国家规定的相应会计任职资格。

会计机构负责人和会计主管人员调动工作或离职，必须事先征得上级税务机关会计机构负责人的同意，并且必须与接管人员办清交接手续。

第七条 本制度第三条规定的会计核算对象所涉及的税收业务，都必须在税收业务发生时填制或取得合法的会计原始凭证，并由核算单位各凭证受理部门于填制或收到凭证的次日送交会计机构或会计人员。

第八条 各核算单位对所有实际发生的并引起税收资金运动的税收业务，都必须如实、及时地进行会计核算。不得伪造、变造会计凭证、会计账簿、报送虚假的会计报表。

任何部门、单位和个人不得指使、强令税收会计篡改会计资料和提供虚假的会计资料。

第九条 各核算单位和汇总单位向上级税务机关或对外报送的会计核算资料，应有核算单位或汇总单位负责人、会计机构负责人、会计主管人员的签章。签章人员对会计资料的合法性、真实性承担法律责任。

第十条 会计年度自公历一月一日至十二月三十一日止。

第十一条 会计核算以人民币"元"为记账单位，元以下记至分。

第二章 记账方法

第十二条 税收会计采用"借贷记账法"。

第十三条 税收会计"借贷记账法"，以税务机关为会计实体，以税收资金活动为记账主体，采用"借"、"贷"为记账符号，运用复式记账原理，反映税收资金的运动变化情况。其会计科目划分为资金来源和资金占用两大类。它的所有账户分为"借方"和"贷方"，左"借"右"贷"，"借方"记录资金占用的增加和资金来源的减少,"贷方"记录资金占用的减少和资金来源的增加。它的记账规则是,对每项税收业务,都必须按照相等的金额同时记入一个账户的借方和另一账户的贷方,或一个账户的借方(或贷方)和几个账户的贷方(或借方),即"有借必有贷,借贷必相等"。

第十四条 借贷记账法的平衡公式是:

所有账户的借方余额(或发生额)合计 = 所有账户的贷方余额(或发生额)合计

或:

所有资金占用账户余额合计 = 所有资金来源账户余额合计

第三章 会 计 科 目

第十五条 税收会计科目是对税收会计核算对象的具体内容,按照税收资金运动过程和税收管理需要,进行科学分类的项目。它是设置账户、组织会计核算的依据。

第十六条 国家税务总局统一规定的总账科目名称、编号、核算内容及其使用方法,各地不得自行变更。如有特殊情况,需要在国家税务总局统一规定的总账科目之外增设其他总账科目,可由省级税务机关统一作出规定。

各地必须按照国家税务总局统一规定的明细科目内容进行明细核算;需要在国家税务总局统一规定的明细科目之外增设其他明细科目,及二级、三级等各层明细科目的具体名称、编号和使用方法由各省级税务机关自行制定。

省级以下各级税务机关必须严格按照国家税务总局和省级税务机关的规定设置和使用会计科目,不需要的会计科目可以不用,不得随意增减会计科目或改变科目名称、编号、核算内容和使用方法。

第十七条 根据现行税收制度和税收管理需要,以及国家预算收入科目和国家金库制度,税收会计科目按四种核算单位的业务情况综合设置如下:

顺序号	编号	总账科目	明 细 科 目
一、		来源类科目	
1	101	应征税收	按税种设。
2	109	应征其他收入	按收入种类设。
3	121	多缴税金	
4	191	暂收款	按暂收款性质设二级明细，按户设三级明细。
二、		占用类科目	
5	201	待征税收	上解单位、双重业务单位和混合业务单位按户、按税种设；入库单位按上解单位和混合业务单位、按税种设。
6	209	待征其他收入	上解单位、双重业务单位和混合业务单位按户、按收入种类设；入库单位按上解单位和混合业务单位、按收入种类设。
7	211	减免税金	上解单位和混合业务单位按税种和其他收入种类设；双重业务单位和入库单位按税种和其他收入种类、按减免性质设。
8	221	上解税收	按税种设。
9	229	上解其他收入	按收入种类设。
10	231	待解税金	入库单位按各上解单位和混合业务单位设；其他核算单位不设。
11	241	在途税金	入库单位按上解单位和混合业务单位、按税和其他收入大类设；双重业务单位和混合业务单位按税收和其他收入大类设。
12	251	入库税收	按预算收入科目有关类款项和级次设。
13	259	入库其他收入	按收入种类和级次设。
14	261	提退税金	上解单位和混合业务单位按税种和其他收入种类设；双重业务单位和入库单位按税种和其他收入种类、按提退性质设。
15	271	待清理呆账税金	上解单位、双重业务单位和混合业务单位按户、按税种和其他收入种类设；入库单位按上解单位和混合业务单位、按税种和其他收入种类设。
16	279	待处理损失税金	按税种和其他收入种类设。
17	281	损失税金核销	按税种和其他收入种类设。
18	291	保管款	

三、税务规范性文件

1.《国家税务总局关于贯彻〈中华人民共和国税收征收管理法〉及其实施细则若干具体问题的通知》[①]（2003年4月23日颁布 2003年4月23日实施 国税发〔2003〕47号）

十五、关于外商投资企业、外国企业的会计记录文字问题

会计法第二十二条规定："会计记录的文字应当使用中文。"对

[①] 根据国家税务总局公告2018年第33号《国家税务总局关于公布全文失效废止和部分条款失效废止的税收规范性文件目录的公告》文件的规定，第一条失效废止。

于外商投资企业、外国企业的会计记录不使用中文的,按照征管法第六十条第二款"未按照规定设置、保管账簿或者保管记账凭证和有关资料"的规定处理。

十六、关于对采用电算化会计系统的纳税人实施电算化税务检查的问题

对采用电算化会计系统的纳税人,税务机关有权对其会计电算化系统进行查验;对纳税人会计电算化系统处理、储存的会计记录以及其他有关的纳税资料,税务机关有权进入其电算化系统进行检查,并可复制与纳税有关的电子数据作为证据。

税务机关进入纳税人电算化系统进行检查时,有责任保证纳税人会计电算化系统的安全性,并保守纳税人的商业秘密。

2.《国家税务总局关于纳税人权利与义务的公告》[①]**(2009年11月6日颁布 2009年11月6日实施 国家税务总局公告2009年第1号)**

三、财务会计制度和会计核算软件备案的义务

您的财务、会计制度或者财务、会计处理办法和会计核算软件,应当报送我们备案。您的财务、会计制度或者财务、会计处理办法与国务院或者国务院财政、税务主管部门有关税收的规定抵触的,应依照国务院或者国务院财政、税务主管部门有关税收的规定计算应纳税款、代扣代缴和代收代缴税款。

第二十一条 【发票管理】税务机关是发票的主管机关,负责发票印制、领购、开具、取得、保管、缴销的管理和监督。

单位、个人在购销商品、提供或者接受经营服务以及从事其他经营活动中,应当按照规定开具、使用、取得发票。

发票的管理办法由国务院规定。

[①]《国家税务总局关于修改部分税收规范性文件的公告》(国家税务总局公告2018年第31号)对本文进行了修改。

一、税收行政法规

《中华人民共和国发票管理办法》[1]（2023年7月20日颁布 2023年7月20日实施 中华人民共和国国务院令第764号）

第一章 总　则

第一条　为了加强发票管理和财务监督，保障国家税收收入，维护经济秩序，根据《中华人民共和国税收征收管理法》，制定本办法。

第二条　在中华人民共和国境内印制、领用、开具、取得、保管、缴销发票的单位和个人（以下称印制、使用发票的单位和个人），必须遵守本办法。

第三条　本办法所称发票，是指在购销商品、提供或者接受服务以及从事其他经营活动中，开具、收取的收付款凭证。

发票包括纸质发票和电子发票。电子发票与纸质发票具有同等法律效力。国家积极推广使用电子发票。

第四条　发票管理工作应当坚持和加强党的领导，为经济社会发展服务。

国务院税务主管部门统一负责全国的发票管理工作。省、自治区、直辖市税务机关依据职责做好本行政区域内的发票管理工作。

财政、审计、市场监督管理、公安等有关部门在各自的职责范围内，配合税务机关做好发票管理工作。

第五条　发票的种类、联次、内容、编码规则、数据标准、使用范围等具体管理办法由国务院税务主管部门规定。

第六条　对违反发票管理法规的行为，任何单位和个人可以举报。税务机关应当为检举人保密，并酌情给予奖励。

---

[1] 1993年12月12日国务院批准　1993年12月23日财政部令第6号发布　根据2010年12月20日《国务院关于修改〈中华人民共和国发票管理办法〉的决定》第一次修订　根据2019年3月2日《国务院关于修改部分行政法规的决定》第二次修订　根据2023年7月20日《国务院关于修改和废止部分行政法规的决定》第三次修订。

第二章　发票的印制

第七条　增值税专用发票由国务院税务主管部门确定的企业印制；其他发票，按照国务院税务主管部门的规定，由省、自治区、直辖市税务机关确定的企业印制。禁止私自印制、伪造、变造发票。

第八条　印制发票的企业应当具备下列条件：
（一）取得印刷经营许可证和营业执照；
（二）设备、技术水平能够满足印制发票的需要；
（三）有健全的财务制度和严格的质量监督、安全管理、保密制度。

税务机关应当按照政府采购有关规定确定印制发票的企业。

第九条　印制发票应当使用国务院税务主管部门确定的全国统一的发票防伪专用品。禁止非法制造发票防伪专用品。

第十条　发票应当套印全国统一发票监制章。全国统一发票监制章的式样和发票版面印刷的要求，由国务院税务主管部门规定。发票监制章由省、自治区、直辖市税务机关制作。禁止伪造发票监制章。

发票实行不定期换版制度。

第十一条　印制发票的企业按照税务机关的统一规定，建立发票印制管理制度和保管措施。

发票监制章和发票防伪专用品的使用和管理实行专人负责制度。

第十二条　印制发票的企业必须按照税务机关确定的式样和数量印制发票。

第十三条　发票应当使用中文印制。民族自治地方的发票，可以加印当地一种通用的民族文字。有实际需要的，也可以同时使用中外两种文字印制。

第十四条　各省、自治区、直辖市内的单位和个人使用的发票，除增值税专用发票外，应当在本省、自治区、直辖市内印制；确有必要到外省、自治区、直辖市印制的，应当由省、自治区、直辖市税务机关商印制地省、自治区、直辖市税务机关同意后确定印制发票的企业。

禁止在境外印制发票。

第三章　发票的领用

第十五条　需要领用发票的单位和个人,应当持设立登记证件或者税务登记证件,以及经办人身份证明,向主管税务机关办理发票领用手续。领用纸质发票的,还应当提供按照国务院税务主管部门规定式样制作的发票专用章的印模。主管税务机关根据领用单位和个人的经营范围、规模和风险等级,在5个工作日内确认领用发票的种类、数量以及领用方式。

单位和个人领用发票时,应当按照税务机关的规定报告发票使用情况,税务机关应当按照规定进行查验。

第十六条　需要临时使用发票的单位和个人,可以凭购销商品、提供或者接受服务以及从事其他经营活动的书面证明、经办人身份证明,直接向经营地税务机关申请代开发票。依照税收法律、行政法规规定应当缴纳税款的,税务机关应当先征收税款,再开具发票。税务机关根据发票管理的需要,可以按照国务院税务主管部门的规定委托其他单位代开发票。

禁止非法代开发票。

第十七条　临时到本省、自治区、直辖市以外从事经营活动的单位或者个人,应当凭所在地税务机关的证明,向经营地税务机关领用经营地的发票。

临时在本省、自治区、直辖市以内跨市、县从事经营活动领用发票的办法,由省、自治区、直辖市税务机关规定。

第四章　发票的开具和保管

第十八条　销售商品、提供服务以及从事其他经营活动的单位和个人,对外发生经营业务收取款项,收款方应当向付款方开具发票;特殊情况下,由付款方向收款方开具发票。

第十九条　所有单位和从事生产、经营活动的个人在购买商品、接受服务以及从事其他经营活动支付款项,应当向收款方取得发票。取得发票时,不得要求变更品名和金额。

第二十条 不符合规定的发票,不得作为财务报销凭证,任何单位和个人有权拒收。

第二十一条 开具发票应当按照规定的时限、顺序、栏目,全部联次一次性如实开具,开具纸质发票应当加盖发票专用章。

任何单位和个人不得有下列虚开发票行为:

(一)为他人、为自己开具与实际经营业务情况不符的发票;

(二)让他人为自己开具与实际经营业务情况不符的发票;

(三)介绍他人开具与实际经营业务情况不符的发票。

第二十二条 安装税控装置的单位和个人,应当按照规定使用税控装置开具发票,并按期向主管税务机关报送开具发票的数据。

使用非税控电子器具开具发票的,应当将非税控电子器具使用的软件程序说明资料报主管税务机关备案,并按照规定保存、报送开具发票的数据。

单位和个人开发电子发票信息系统自用或者为他人提供电子发票服务的,应当遵守国务院税务主管部门的规定。

第二十三条 任何单位和个人应当按照发票管理规定使用发票,不得有下列行为:

(一)转借、转让、介绍他人转让发票、发票监制章和发票防伪专用品;

(二)知道或者应当知道是私自印制、伪造、变造、非法取得或者废止的发票而受让、开具、存放、携带、邮寄、运输;

(三)拆本使用发票;

(四)扩大发票使用范围;

(五)以其他凭证代替发票使用;

(六)窃取、截留、篡改、出售、泄露发票数据。

税务机关应当提供查询发票真伪的便捷渠道。

第二十四条 除国务院税务主管部门规定的特殊情形外,纸质发票限于领用单位和个人在本省、自治区、直辖市内开具。

省、自治区、直辖市税务机关可以规定跨市、县开具纸质发票的办法。

第二十五条　除国务院税务主管部门规定的特殊情形外,任何单位和个人不得跨规定的使用区域携带、邮寄、运输空白发票。

禁止携带、邮寄或者运输空白发票出入境。

第二十六条　开具发票的单位和个人应当建立发票使用登记制度,配合税务机关进行身份验证,并定期向主管税务机关报告发票使用情况。

第二十七条　开具发票的单位和个人应当在办理变更或者注销税务登记的同时,办理发票的变更、缴销手续。

第二十八条　开具发票的单位和个人应当按照国家有关规定存放和保管发票,不得擅自损毁。已经开具的发票存根联,应当保存 5 年。

第五章　发票的检查

第二十九条　税务机关在发票管理中有权进行下列检查:

(一)检查印制、领用、开具、取得、保管和缴销发票的情况;

(二)调出发票查验;

(三)查阅、复制与发票有关的凭证、资料;

(四)向当事各方询问与发票有关的问题和情况;

(五)在查处发票案件时,对与案件有关的情况和资料,可以记录、录音、录像、照像和复制。

第三十条　印制、使用发票的单位和个人,必须接受税务机关依法检查,如实反映情况,提供有关资料,不得拒绝、隐瞒。

税务人员进行检查时,应当出示税务检查证。

第三十一条　税务机关需要将已开具的发票调出查验时,应当向被查验的单位和个人开具发票换票证。发票换票证与所调出查验的发票有同等的效力。被调出查验发票的单位和个人不得拒绝接受。

税务机关需要将空白发票调出查验时,应当开具收据;经查无问题的,应当及时返还。

第三十二条　单位和个人从中国境外取得的与纳税有关的发票或者凭证,税务机关在纳税审查时有疑义的,可以要求其提供境外公证机构或者注册会计师的确认证明,经税务机关审核认可后,方可作为记账核算的凭证。

第六章　罚　　则

第三十三条　违反本办法的规定,有下列情形之一的,由税务机关责令改正,可以处1万元以下的罚款;有违法所得的予以没收:

(一)应当开具而未开具发票,或者未按照规定的时限、顺序、栏目,全部联次一次性开具发票,或者未加盖发票专用章的;

(二)使用税控装置开具发票,未按期向主管税务机关报送开具发票的数据的;

(三)使用非税控电子器具开具发票,未将非税控电子器具使用的软件程序说明资料报主管税务机关备案,或者未按照规定保存、报送开具发票的数据的;

(四)拆本使用发票的;

(五)扩大发票使用范围的;

(六)以其他凭证代替发票使用的;

(七)跨规定区域开具发票的;

(八)未按照规定缴销发票的;

(九)未按照规定存放和保管发票的。

第三十四条　跨规定的使用区域携带、邮寄、运输空白发票,以及携带、邮寄或者运输空白发票出入境的,由税务机关责令改正,可以处1万元以下的罚款;情节严重的,处1万元以上3万元以下的罚款;有违法所得的予以没收。

丢失发票或者擅自损毁发票的,依照前款规定处罚。

第三十五条　违反本办法的规定虚开发票的,由税务机关没收违法所得;虚开金额在1万元以下的,可以并处5万元以下的罚款;虚开金额超过1万元的,并处5万元以上50万元以下的罚款;构成犯罪的,依法追究刑事责任。

非法代开发票的,依照前款规定处罚。

第三十六条 私自印制、伪造、变造发票,非法制造发票防伪专用品,伪造发票监制章,窃取、截留、篡改、出售、泄露发票数据的,由税务机关没收违法所得,没收、销毁作案工具和非法物品,并处1万元以上5万元以下的罚款;情节严重的,并处5万元以上50万元以下的罚款;构成犯罪的,依法追究刑事责任。

前款规定的处罚,《中华人民共和国税收征收管理法》有规定的,依照其规定执行。

第三十七条 有下列情形之一的,由税务机关处1万元以上5万元以下的罚款;情节严重的,处5万元以上50万元以下的罚款;有违法所得的予以没收:

(一)转借、转让、介绍他人转让发票、发票监制章和发票防伪专用品的;

(二)知道或者应当知道是私自印制、伪造、变造、非法取得或者废止的发票而受让、开具、存放、携带、邮寄、运输的。

第三十八条 对违反发票管理规定2次以上或者情节严重的单位和个人,税务机关可以向社会公告。

第三十九条 违反发票管理法规,导致其他单位或者个人未缴、少缴或者骗取税款的,由税务机关没收违法所得,可以并处未缴、少缴或者骗取的税款1倍以下的罚款。

第四十条 当事人对税务机关的处罚决定不服的,可以依法申请行政复议或者向人民法院提起行政诉讼。

第四十一条 税务人员利用职权之便,故意刁难印制、使用发票的单位和个人,或者有违反发票管理法规行为的,依照国家有关规定给予处分;构成犯罪的,依法追究刑事责任。

第七章 附 则

第四十二条 国务院税务主管部门可以根据有关行业特殊的经营方式和业务需求,会同国务院有关主管部门制定该行业的发票管理办法。

国务院税务主管部门可以根据增值税专用发票管理的特殊需

要,制定增值税专用发票的具体管理办法。

第四十三条 本办法自发布之日起施行。财政部1986年发布的《全国发票管理暂行办法》和原国家税务局1991年发布的《关于对外商投资企业和外国企业发票管理的暂行规定》同时废止。

二、税务规章

《国家税务总局关于修改〈中华人民共和国发票管理办法实施细则〉的决定》(2024年1月15日颁布　2024年3月1日实施　国家税务总局令第56号)

《国家税务总局关于修改〈中华人民共和国发票管理办法实施细则〉的决定》已经2023年12月29日国家税务总局第3次局务会议审议通过,现予公布,自2024年3月1日起施行。

国家税务总局局长:胡静林

2024年1月15日

中华人民共和国发票管理办法实施细则

(2011年2月14日国家税务总局令第25号公布　根据2014年12月27日《国家税务总局关于修改〈中华人民共和国发票管理办法实施细则〉的决定》第一次修正　根据2018年6月15日《国家税务总局关于修改部分税务部门规章的决定》第二次修正　根据2019年7月24日《国家税务总局关于公布取消一批税务证明事项以及废止和修改部分规章规范性文件的决定》第三次修正　根据2024年1月15日《国家税务总局关于修改〈中华人民共和国发票管理办法实施细则〉的决定》第四次修正)

第一章　总　则

第一条 根据《中华人民共和国发票管理办法》(以下简称《办法》)规定,制定本实施细则。

第二条 在全国范围内统一式样的发票,由国家税务总局确定。

在省、自治区、直辖市范围内统一式样的发票,由省、自治区、直辖市税务局(以下简称省税务局)确定。

第三条 《办法》第三条所称电子发票是指在购销商品、提供或者接受服务以及从事其他经营活动中,按照税务机关发票管理规定以数据电文形式开具、收取的收付款凭证。

电子发票与纸质发票的法律效力相同,任何单位和个人不得拒收。

第四条 税务机关建设电子发票服务平台,为用票单位和个人提供数字化等形态电子发票开具、交付、查验等服务。

第五条 税务机关应当按照法律、行政法规的规定,建立健全发票数据安全管理制度,保障发票数据安全。

单位和个人按照国家税务总局有关规定开展发票数据处理活动,依法承担发票数据安全保护义务,不得超过规定的数量存储发票数据,不得违反规定使用、非法出售或非法向他人提供发票数据。

第六条 纸质发票的基本联次包括存根联、发票联、记账联。存根联由收款方或开票方留存备查;发票联由付款方或受票方作为付款原始凭证;记账联由收款方或开票方作为记账原始凭证。

省以上税务机关可根据纸质发票管理情况以及纳税人经营业务需要,增减除发票联以外的其他联次,并确定其用途。

第七条 发票的基本内容包括:发票的名称、发票代码和号码、联次及用途、客户名称、开户银行及账号、商品名称或经营项目、计量单位、数量、单价、大小写金额、税率(征收率)、税额、开票人、开票日期、开票单位(个人)名称(章)等。

省以上税务机关可根据经济活动以及发票管理需要,确定发票的具体内容。

第八条 领用发票单位可以书面向税务机关要求使用印有本单位名称的发票,税务机关依据《办法》第十五条的规定,确认印有该单位名称发票的种类和数量。

第二章 发票的印制

第九条 税务机关根据政府采购合同和发票防伪用品管理要

求对印制发票企业实施监督管理。

第十条 全国统一的纸质发票防伪措施由国家税务总局确定,省税务局可以根据需要增加本地区的纸质发票防伪措施,并向国家税务总局备案。

纸质发票防伪专用品应当按照规定专库保管,不得丢失。次品、废品应当在税务机关监督下集中销毁。

第十一条 全国统一发票监制章是税务机关管理发票的法定标志,其形状、规格、内容、印色由国家税务总局规定。

第十二条 全国范围内发票换版由国家税务总局确定;省、自治区、直辖市范围内发票换版由省税务局确定。

发票换版时,应当进行公告。

第十三条 监制发票的税务机关根据需要下达发票印制通知书,印制企业必须按照要求印制。

发票印制通知书应当载明印制发票企业名称、用票单位名称、发票名称、发票代码、种类、联次、规格、印色、印制数量、起止号码、交货时间、地点等内容。

第十四条 印制发票企业印制完毕的成品应当按照规定验收后专库保管,不得丢失。废品应当及时销毁。

第三章　发票的领用

第十五条 《办法》第十五条所称经办人身份证明是指经办人的居民身份证、护照或者其他能证明经办人身份的证件。

第十六条 《办法》第十五条所称发票专用章是指领用发票单位和个人在其开具纸质发票时加盖的有其名称、统一社会信用代码或者纳税人识别号、发票专用章字样的印章。

发票专用章式样由国家税务总局确定。

第十七条 税务机关对领用纸质发票单位和个人提供的发票专用章的印模应当留存备查。

第十八条 《办法》第十五条所称领用方式是指批量供应、交旧领新、验旧领新、额度确定等方式。

税务机关根据单位和个人的税收风险程度、纳税信用级别、实际经营情况确定或调整其领用发票的种类、数量、额度以及领用方式。

第十九条 《办法》第十五条所称发票使用情况是指发票领用存情况及相关开票数据。

第二十条 《办法》第十六条所称书面证明是指有关业务合同、协议或者税务机关认可的其他资料。

第二十一条 税务机关应当与受托代开发票的单位签订协议,明确代开发票的种类、对象、内容和相关责任等内容。

第四章 发票的开具和保管

第二十二条 《办法》第十八条所称特殊情况下,由付款方向收款方开具发票,是指下列情况:

(一)收购单位和扣缴义务人支付个人款项时;

(二)国家税务总局认为其他需要由付款方向收款方开具发票的。

第二十三条 向消费者个人零售小额商品或者提供零星服务的,是否可免予逐笔开具发票,由省税务局确定。

第二十四条 填开发票的单位和个人必须在发生经营业务确认营业收入时开具发票。未发生经营业务一律不准开具发票。

第二十五条 《办法》第十九条规定的不得变更金额,包括不得变更涉及金额计算的单价和数量。

第二十六条 开具纸质发票后,如发生销售退回、开票有误、应税服务中止等情形,需要作废发票的,应当收回原发票全部联次并注明"作废"字样后作废发票。

开具纸质发票后,如发生销售退回、开票有误、应税服务中止、销售折让等情形,需要开具红字发票的,应当收回原发票全部联次并注明"红冲"字样后开具红字发票。无法收回原发票全部联次的,应当取得对方有效证明后开具红字发票。

第二十七条 开具电子发票后,如发生销售退回、开票有误、应税服务中止、销售折让等情形的,应当按照规定开具红字发票。

第二十八条 单位和个人在开具发票时,应当填写项目齐全,内容真实。

开具纸质发票应当按照发票号码顺序填开,字迹清楚,全部联次一次打印,内容完全一致,并在发票联和抵扣联加盖发票专用章。

第二十九条 《办法》第二十一条所称与实际经营业务情况不符是指具有下列行为之一的：

（一）未购销商品、未提供或者接受服务、未从事其他经营活动,而开具或取得发票；

（二）有购销商品、提供或者接受服务、从事其他经营活动,但开具或取得的发票载明的购买方、销售方、商品名称或经营项目、金额等与实际情况不符。

第三十条 开具发票应当使用中文。民族自治地方可以同时使用当地通用的一种民族文字。

第三十一条 单位和个人向委托人提供发票领用、开具等服务,应当接受税务机关监管,所存储发票数据的最大数量应当符合税务机关的规定。

第三十二条 开发电子发票信息系统为他人提供发票数据查询、下载、存储、使用等涉税服务的,应当符合税务机关的数据标准和管理规定,并与委托人签订协议,不得超越授权范围使用发票数据。

第三十三条 《办法》第二十五条所称规定的使用区域是指国家税务总局和省税务局规定的区域。

第三十四条 《办法》第二十六条所称身份验证是指单位和个人在领用、开具、代开发票时,其经办人应当实名办税。

第三十五条 使用纸质发票的单位和个人应当妥善保管发票。发生发票丢失情形时,应当于发现丢失当日书面报告税务机关。

第五章　发票的检查

第三十六条 税务机关在发票检查中,可以对发票数据进行提取、调出、查阅、复制。

第三十七条 《办法》第三十一条所称发票换票证仅限于在本

县(市)范围内使用。需要调出外县(市)的发票查验时,应当提请该县(市)税务机关调取发票。

第三十八条 用票单位和个人有权申请税务机关对发票的真伪进行鉴别。收到申请的税务机关应当受理并负责鉴别发票的真伪;鉴别有困难的,可以提请发票监制税务机关协助鉴别。

在伪造、变造现场以及买卖地、存放地查获的发票,由当地税务机关鉴别。

第六章 罚 则

第三十九条 税务机关对违反发票管理法规的行为依法进行处罚,由县以上税务机关决定;罚款额在2000元以下的,可由税务所决定。

第四十条 《办法》第三十三条第六项规定以其他凭证代替发票使用的,包括:

(一)应当开具发票而未开具发票,以其他凭证代替发票使用;

(二)应当取得发票而未取得发票,以发票外的其他凭证或者自制凭证用于抵扣税款、出口退税、税前扣除和财务报销;

(三)取得不符合规定的发票,用于抵扣税款、出口退税、税前扣除和财务报销。

构成逃避缴纳税款、骗取出口退税、虚开发票的,按照《中华人民共和国税收征收管理法》《办法》相关规定执行。

第四十一条 《办法》第三十八条所称的公告是指,税务机关应当在办税场所或者广播、电视、报纸、期刊、网络等新闻媒体上公告纳税人发票违法的情况。公告内容包括:纳税人名称、统一社会信用代码或者纳税人识别号、经营地点、违反发票管理法规的具体情况。

第四十二条 对违反发票管理法规情节严重构成犯罪的,税务机关应当依法移送司法机关处理。

第七章 附 则

第四十三条 计划单列市税务局参照《办法》中省、自治区、直辖市税务局的职责做好发票管理工作。

第四十四条 本实施细则自2011年2月1日起施行。

三、税务规范性文件

1.《国家税务总局 交通部关于启用〈国际海运业运输专用发票〉和〈国际海运业船舶代理专用发票〉有关问题的通知》(2000年1月21日颁布 2000年4月1日实施 国税发〔2000〕9号)

为了规范国际海运业的经营行为,加强发票管理,堵塞税收漏洞,维护国际海运经营人(含国际海运公司、国际船舶代理公司和外商独资船务公司)、托运人的合法权益。根据《中华人民共和国发票管理办法》和国际海运管理的有关规定,国家税务总局、交通部决定从2000年4月1日起,从事国际海运经营人一律使用《国际海运业运输专用发票》或《国际海运业船舶代理专用发票》(以下简称《专用发票》)。现将有关问题通知如下:

一、经交通部批准,凡从事国际海运、国际海运船舶代理业务的企业和外商独资船务公司及其分公司,在收取运费、船舶代理费和其他相关服务费用时,必须向付款人开具《专用发票》。

国际海运公司和外商独资船务公司及其分公司使用《国际海运业运输专用发票》,国际海运船舶代理公司使用《国际海运业船舶代理专用发票》。

二、凡申请领购《专用发票》的企业,必须凭税务登记证件和交通部的批准文件(证书),并持省、自治区、直辖市交通主管部门出具的《国际海运企业批准通知单》,到当地主管税务机关办理领购《专用发票》事宜。

已领购《专用发票》的企业,不得再办理领购《国际货物运输代理业专用发票》。

三、企业在开具《专用发票》时,必须在"费用明细"栏中分别列明运费(含多式联运全程运费)、船舶代理费及其他服务收费项目。当费用同时用人民币和外币结算时,必须按单一币种分别填开发票。用外币结算费用时,除以外币金额填开发票外,还应在备注栏中,按当天的外汇牌价注明人民币的合计金额。

当进行多票运费费用结算或按月(季)费用结算时,不便于全部列明的"船名/航次"、"到(离)港日期"、"运输起迄地点"、"提单号"、"费率"等栏目内容的可以省略,但涉及费用内容的,不得省略。

四、《专用发票》采用无碳压感纸印制,使用中英文两种文字,规格241mm×153mm(或6英寸),由各省、自治区、直辖市和计划单列市地方税务局按全国统一防伪措施规定印制(发票样式附后)。

五、《专用发票》基本联次为四联;第一联为存根联,印色为黑色;第二联为发票联,印色为棕色;第三联为记账联,印色为蓝色;第四联为购付汇联,印色为红色,用于购付汇。

在本规定之外,如需增加《专用发票》联次的,由各省、自治区、直辖市地方税务局确定。

六、《专用发票》必须使用计算机填开,手写无效,不符合规定的票据,不得作为财务结算、购付汇的凭证,任何单位和个人,有权拒收。

七、《专用发票》于2000年4月1日开始使用,由税务机关监制的海运旧版发票可以延续使用到2000年10月31日。

八、国际海运公司、外商独资船务公司、国际船舶代理公司应当按照《中华人民共和国发票管理办法》的规定和本通知要求,保管、使用《专用发票》,建立健全发票管理制度,按期报送发票领用存报告表。

九、各级税务机关、交通主管部门要密切配合,加强对国际海运企业和海运船舶代理企业的管理,共同做好国际海运业市场监督管理工作。

2.《国家税务总局关于统一全国普通发票分类代码和发票号码的通知》[①](2004年4月28日颁布 2004年4月28日实施 国税函〔2004〕521号)

各省、自治区、直辖市和计划单列市国家税务局、地方税务局:

---

① 1.根据《国家税务总局关于修改部分税收规范性文件的公告》(国家税务总局公告2018年第31号),将第一条第一款中:1."第1位为国家税务局、地方税务局代码,1为国家税务局、2为地方税务局",修改为"第1位为税务局代码,1为省、自治区、直辖市和计划单列市税务局";2.删除"其中,国税行业划分:1 工业、2 商业、3 加工修理修配业、4 收购业、5 水电业、6 其他;地税行业划分:1 交通运输业、2 建筑业、3 金融保险业、4 邮电通信业、5 文化体育业、6 娱乐业、7 服务业、8 转让无形资产、9 销售不动产、0 表示其他。";3.将"省、自治区、直辖市和计划单列市国家税务局、地方税务局自行编制",修改为"各省、自治区、直辖市和计划单列市税务局自行编制"。

为了加强和规范普通发票的统一管理,做好推广应用税控收款机的准备工作,便于全国普通发票统一识别和查询,决定统一全国普通发票分类代码和发票号码。现将有关事项通知如下:

一、统一全国普通发票分类代码和发票号码

(一)普通发票分类代码编制规则

普通发票分类代码(以下简称分类代码)为12位阿拉伯数字。从左至右排列:

第1位为税务局代码,1为省、自治区、直辖市和计划单列市税务局,0为总局。

第2、3、4、5位为地区代码(地、市级),以全国行政区域统一代码为准,总局为0000。

第6、7位为年份代码(例如2004年以04表示)。

第8位为统一的行业代码。

第9、10、11、12位为细化的发票种类代码,按照保证每份发票编码惟一的原则,由省、自治区、直辖市和计划单列市税务局自行编制。

(二)发票号码(即发票顺序码)编制规则

普通发票号码为8位阿拉伯数字。如发票号码资源不够用,在设计时应考虑与分类代码结合,即在分类代码的第9、10、11、12位中设置1位为批次代码。

企业冠名发票,可在第9、10、11、12位分类代码中设置1位单独表示,或者直接在发票号码中以给每个企业分配一段号码的方式进行编制。

(三)印制位置和规格

分类代码和发票号码统一印制在发票右上角:第一排分类代码,第二排发票号码。

发票号码采用号码机印刷的,号码机采用哥特字体。手工票、定额票、电脑票(平推打印)号码机的规格为:字高3.34mm,字宽1.86mm,字笔道0.34mm,字间距0.99mm,号码总长21.81mm。卷式发票号码机规格为:字高3mm,字宽1.66mm,字笔道0.32mm,字间距1.19mm,号码总长21.61mm(见附件)。发票号码采用喷墨方式印刷的,按照号码机印刷的规格喷印。

分类代码印制规格应与发票号码一致。

二、统一代码和发票号码的执行时间

为了保证新旧分类代码、发票号码使用的顺利衔接,全国统一分类代码、发票号码启用时间为 2004 年 7 月 1 日,旧分类代码、发票号码截止使用时间为 2004 年 12 月 31 日(总局另有规定的除外)。各地可在总局规定的交替期内确定具体启用和截止时间,并报总局备案。

三、工作要求

(一)抓紧确定编码方案。各地必须按照总局统一的编码规则,编制普通发票的分类代码和发票号码。各地所确定的分类代码、发票号码编制方案,报总局征管司、信息中心备案。

(二)发票印制相对集中。配合统一普通发票分类代码和发票号码的实施,普通发票应集中到地、市级印制,有条件的地区及重要票种应集中在省一级印制。

(三)抓住契机开展发票查询。各地要充分利用统一普通发票分类代码和发票号码的有利时机,按照税务系统信息化规划"两级处理"的要求,积极创造条件,依托现有综合征管信息系统,逐步建立普通发票电话、网上查询系统。

(四)狠抓落实及时反馈。各地要充分认识统一普通发票分类代码和发票号码对实现发票管理规范化和信息化的重要意义,认真抓好更换分类代码和发票号码的各项准备工作,按要求逐项落实,并及时反馈有关情况、问题和建议,以利不断完善这项工作。

3.《国家税务总局关于明确普通发票分类代码中年份代码含义的通知》[①](2005 年 3 月 18 日颁布　2005 年 3 月 18 日实施　国税函〔2005〕218 号)

各省、自治区、直辖市和计划单列市国家税务局、地方税务局:

---

① 根据《国家税务总局关于修改部分税收规范性文件的公告》(国家税务总局公告 2018 年第 31 号),1.将第二条"各省、自治区、直辖市和计划单列市国家税务局、地方税务局确定",修改为"由各省、自治区、直辖市和计划单列市税务局确定"。2.将第三条"各省、自治区、直辖市和计划单列市国家税务局",修改为"各省、自治区、直辖市和计划单列市税务局"。

为了加强和规范普通发票的统一管理,便于全国普通发票的统一识别和查询,全国税务机关从2005年1月1日起推行了统一的全国普通发票分类代码和发票号码。此后,部分纳税人和相关单位对分类代码中第6、7位年份代码的指代意义提出疑问,为避免使用中出现解释歧义,特明确如下:

一、普通发票分类代码中的第6、7位年份代码,是指发票的印刷年份,并非发票的使用年份,可以跨年度使用。但各地普通发票的印制数量也应严格控制在一年以内,防止过多冗余,避免造成损失。

二、发票代码和发票号码的印制颜色可根据印刷设备的情况,由各省、自治区、直辖市和计划单列市税务局确定。

三、各省、自治区、直辖市和计划单列市税务局应将年份代码和机动车销售统一发票的有关规定和含义通告当地公安交管部门。如有问题应及时做好协调和解释工作。

4.《国家税务总局关于严格执行统一发票代码和发票号码的通知》(2005年3月21日颁布　2005年3月21日实施　国税函〔2005〕224号)

各省、自治区、直辖市和计划单列市国家税务局、地方税务局:

据反映,有极少数地区税务机关仍使用旧版发票代码和发票号码,导致一些纳税人和消费者取得的发票不能按规定入账,影响了企业的正常经营。为此,特就有关问题重申如下:

一、各地要严格执行《国家税务总局关于统一全国普通发票分类代码和发票号码的通知》(国税函〔2004〕521号)的规定,从2005年1月1日起,按照统一的发票代码和发票号码印制普通发票。

二、各地税务机关要认真检查本地区执行统一发票代码和发票号码的落实情况。目前仍在使用旧版普通发票代码和发票号码的税务机关必须立即停止使用,迅速加以纠正,尽可能减少消费者和生产企业的损失。

三、对本通知下发后继续使用旧版发票代码和发票号码的,总局将予以通报,直至追究有关领导和直接责任人员的责任。

5.《国家税务总局关于税控发票印制使用管理有关问题的通知》(2005年4月18日颁布　2005年4月18日实施　国税发〔2005〕65号)

各省、自治区、直辖市和计划单列市国家税务局、地方税务局：

为了贯彻落实《国家税务总局、财政部、信息产业部、国家质量监督检验检疫总局关于推广应用税控收款机加强税源监控的通知》(国税发〔2004〕44号,以下简称《通知》)的有关规定,规范税控收款机所用发票(以下简称税控发票)的印制、使用和管理,现将有关问题明确如下：

一、税控发票的运用范围

税控发票是指通过税控收款机系列产品打印,并带有税控码等要素内容的发票。税控发票适用于税控收款机系列产品,包括税控收款机、税控器、税控打印机(税控开票机)和金融税控收款机。

二、税控发票的名称、种类和规格

(一)税控发票的名称

税控发票按地区确定,例如"××省(市)商业零售发票"、"××省(市)服务业发票"等。

(二)税控发票的种类

税控发票分为：卷式发票和平推式发票。

1.卷式发票是指按卷筒式方法进行分装的发票。卷式发票又分为定长和不定长两种。

2.平推式发票是指按平张连续方式装订的发票。平推式发票按设计权限又分两种,即：由总局确定全国统一式样的发票和由省级税务机关确定式样的发票。

(三)定长、不定长发票的规格

1.定长发票的规格为：宽度分别为57mm、76mm、82mm三种；长度分别为127mm、152mm、177mm三种。即可组合为以下九种规格：

(1)57mm×127mm；(2)57mm×152mm；(3)57mm×177mm；(4)76mm×127mm；(5)76mm×152mm(票样附后)；

(6)76mm×177mm;(7)82mm×127mm;
(8)82mm×152mm;(9)82mm×177mm。

具体采用哪种规格,由省、自治区、直辖市和计划单列市税务局(以下简称省级税务局)根据实际需要在上述规格中选定。

2. 不定长发票规格为:宽度分别为 57mm、76mm、82mm 三种;长度按打印内容多少确定。

三、卷式发票的内容

(一)卷式发票印制内容和要求

1. 印制的基本内容包括:发票名称、发票监制章、发票联、发票代码、发票号码(印刷号)、机打号码、机器编号、收款单位及其税号、开票日期、收款员、付款单位(两行间距)、项目、数量、单价、金额、小写合计、大写合计、税控码、印制单位。

需要增加其他民族文字、英文对照以及"兑奖区"的,由省级税务局确定。

2. 税控发票的黑标尺寸为 10mm×6mm;套印位置在发票右上角,黑标的上沿与监制章的下沿对齐;税控发票监制章下沿到发票代码的垂直距离为 5mm。

3. 不定长发票每间隔 60.96mm 套印一个发票监制章;两个发票监制章中间套印一个"发票联";发票监制章的颜色为浅红色;"发票联"颜色为浅棕色。"存根联"是否套印发票监制章及其字样、颜色由省级税务局确定。

4. 有条件的地区,卷式发票可印制卷号。每卷印制相同的一个卷号,印在发票右侧;卷号应不少于 8 位。

(二)卷式发票打印内容和要求

1. 定长发票打印内容对应空白票面预先印制的项目内容进行"填充式"打印。机打号码必须与预先印制在空白票面上的发票号码相一致。当开票项目较多,在一张发票上打印不下时,机器自动再打印一份发票,每张发票分别汇总计价。

不定长发票打印的内容,除"发票监制章"、"发票联"和"印刷单位"字样,全部由机器打印。

2.发生退货时,应在退货的小写金额前加负号"-",在大写金额的第一个字前加"退"字。

3.当需要查阅税控发票的电子存根时,可使用普通打印纸打印发票电子存根,同时打印出"电子存根"字样。

4.对于金融税控收款机打印的税控发票,银行卡刷卡业务的内容,应打印在小写合计上方的空白位置。银行卡刷卡业务的内容包括:卡号/有效期、刷卡金额、新参考号、签名、备注等内容。

(三)平推式发票印制和打印的内容,除总局统一规定的式样外,比照卷式发票的基本要求及行业特点,由省级税务机关确定。

(四)税控发票的其他要求

1.税控收款机打印机分为针打和喷墨两种,针打可一次性打印一联或两联;喷墨打印需一次分联打印。

2.卷式定长发票每卷100份,不定长发票长度与定长发票长度相同。定长发票开头与结尾留出两份发票长度的空白;不定长发票结尾30公分边沿必须印有红色标记。

3.平推式发票的打印软件除总局有统一规定外,由省级税务局统一组织开发。

四、税控发票的联次和要求

(一)卷式发票基本联次为一联,即"发票联",也可为两联,即第一联为"发票联",第二联为"存根联"或"记账联"。每卷发票按号码打印完毕后,可打印本卷发票汇总,具体由省级税务局确定。

(二)纳税人发票使用数据量过大,且用户后台管理系统能可靠保存发票明细数据的(保存期5年),经税务机关核准,可使用一联式税控发票(即发票联),并由用户保存"存根联"和发票明细数据,确保税务机关能够完整、准确、及时、可靠地进行核查。税控发票为两联时,用户必须妥善保管"存根联",以备税务机关核查。

(三)平推式发票的联次由省级税务局按实际需要确定。

五、税控发票的印制和防伪措施

税控发票由省级税务局统一组织印制。税控发票采用密码防伪,故在印制环节不再采用原规定的水印纸和荧光油墨的防伪措施。

定额发票的防伪措施,在总局尚未规定之前,省级税务局可根据本省的需要,确定防伪措施,并报总局备案。

六、税控发票报送数据的内容

(一)税控发票报送数据包括发票汇总数据和发票明细数据。除总局规定必须报送发票明细数据的行业外,具体何种发票需报送发票汇总数据或者发票明细数据,或既要报送发票汇总数据又要报送发票明细数据,由省级税务机关确定。凡按规定只报送发票汇总数据的纳税人,必须保存发票存根联并可靠存储发票明细电子数据。

(二)发票汇总数据包括单卷发票使用汇总数据、指定时间段内发票使用汇总数据和日交易数据。

单卷发票使用汇总数据的内容包括:发票代码、起止号码、正常发票份数、正常发票开票金额、废票份数、退票份数、退票金额及发票开票时间段。

指定时间段内发票使用汇总数据包括:正常发票份数、正常发票开票金额、废票份数、退票份数、退票金额。指定时间段内发票使用汇总数据应当等于该时间段的日交易数据之和。

日交易数据包括:正常发票份数、退票份数、废票份数、按税种税目分类统计的正常发票的累计金额和退票累计金额。

(三)发票明细数据包括:每张税控发票打印的全部内容。具体报送发票明细时间,待国标修改确定后再予明确。

(四)对需要抵扣和特殊控制的行业和发票,如交通运输业发票、机动车销售发票、建筑安装业发票、房产业发票的印制、使用和管理,以及使用何种税控器具实施控管,总局将另行规定。

七、税控发票盖章

税控发票必须加盖开票单位的发票专用章。

经税务机关确定印制的企业冠名发票,可以在印制发票时,将企业发票专用章(浅色)套印在税控发票右下方。

八、税控发票的鉴别和查询

税控发票采取密码加密技术。税控收款机系列产品可在税控发票上打印出××位税控码,并可通过税控收款机管理系统,以电话查询、网上查询等方式辨别发票真伪。

6.《国家税务总局关于加强普通发票集中印制管理的通知》①
(2006 年 5 月 8 日颁布　2006 年 5 月 8 日实施　国税函〔2006〕431 号)

各省、自治区、直辖市和计划单列市国家税务局、地方税务局,扬州税务进修学院:

近年来,各地为了提高普通发票印制质量,降低印制成本,加强了对印制发票企业的监督管理,按照总局的要求,逐步减少发票印制企业的数量,并对主要票种进行了集中印制。但是,印制发票的企业数量过多,印制发票的质量参差不齐,规章制度不健全,企业管理混乱,发票用品丢失、被盗现象时有发生等问题依然存在。为了加强和规范普通发票的印制管理,提高发票的印制质量,保障发票用品的安全,总局要求各地进一步落实普通发票实行省级税务机关集中印制、统一管理制度。现将有关问题通知如下:

一、税务机关管辖的所有普通发票,除总局有特殊规定者外,一律由各省、自治区、直辖市和计划单列市税务局实施集中统一印制,实行政府采购管理。

二、各省、自治区、直辖市和计划单列市税务局可根据本地区普通发票的印制量确定印制企业的数量。即印制量在一亿份以下的省市不超过 3 家,印制量在一亿份以上省市的不超过 6 家。印制企业的印制资格应通过招标的方式加以确定。招标工作要严格按照《中华人民共和国政府采购法》的规定执行。请各地于 2007 年 4 月 1 日前将通过招标确定的印制企业名称、主要印刷设备及数量情况报总局(征管和科技发展司、集中采购中心)备案。对现有印制企业未到合同期限的,可在合同期满后再进行招标。

---

① 根据《国家税务总局关于修改部分税收规范性文件的公告》国家税务总局公告 2018 年 31 号公告,删除第一条、第二条中的"地方税务局";将第二条中的"征收管理司"改为"征管和科技发展司"。

三、为了适应普通发票集中统一管理,便于发票查询,普通发票应当套印省级或地市级税务机关发票监制章。

四、各地应当根据《国家税务总局关于统一全国普通发票分类代码和发票号码的通知》(国税函〔2004〕521号)的规定,进行科学分类,简并普通发票种类。严格审批印有企业名称的发票。

五、各地应当根据发票管理法规的规定,完善普通发票印制管理制度,发票管理部门、政府采购管理部门应按各自的职责,加强印制企业的日常管理和定期监督检查,不断提高发票印制质量。印制企业要按照规定建立健全普通发票和防伪品印制、保管、运输等项管理制度。对不按规定建立健全普通发票印制管理制度,或因管理不严造成重大损失,以及发生丢失、被盗发票成品及防伪用品的印制企业,一律终止合同执行,追究违约责任,取消其印制资格。

六、各级税务机关在实施集中印制的过程中,要加强干部队伍的廉政教育,认真学习贯彻《国家税务总局关于开展税务系统治理商业贿赂专项工作的通知》(国税发〔2006〕47号)精神,严格按照《中华人民共和国政府采购法》、《政府采购货物和服务招标投标管理办法》的规定组织好印制企业的招标工作。

7.《国家税务总局关于普通发票行政审批取消和调整后有关税收管理问题的通知》(2008年1月29日颁布　2008年1月29日实施　国税发〔2008〕15号)

各省、自治区、直辖市和计划单列市国家税务局、地方税务局:

根据《国务院关于第四批取消和调整行政审批项目的决定》(国发〔2007〕33号)规定,普通发票的5类行政审批项目将予以取消,即取消"发票领购资格审核"、"建立收支粘贴簿、进销货登记簿或者使用税控装置审批"、"拆本使用发票审批"、"使用计算机开具发票审批"和"跨规定的使用区域携带、邮寄、运输空白发票的审批"。现就行政审批项目取消后有关普通发票管理问题明确如下:

一、普通发票领用审核问题

普通发票领用行政审批事项取消后,纳税人领用普通发票的审核将作为税务机关一项日常发票管理工作。纳税人办理了税务登记后,即具有领用普通发票的资格,不需办理行政审批事项。纳税人可根据经营需要向主管税务机关提出领用普通发票申请。主管税务机关接到申请后,应根据纳税人生产经营等情况,确认纳税人使用发票的种类、联次、版面金额,以及购票数量。确认期限为5个工作日,确认完毕,通知纳税人办理领用发票事宜。

三、拆本使用发票问题

拆本使用发票行政审批事项取消后,拆本使用发票按禁止行为进行管理。

四、使用计算机开具发票问题

使用计算机开具发票行政审批事项取消后,纳税人使用计算机发票,按一般普通发票领用手续办理。税务机关有统一开票软件的,按统一软件开具发票;没有统一软件的,由纳税人自行开发,其相关开票软件需报主管税务机关备案。

五、跨规定的使用区域携带、邮寄、运输空白发票的问题

跨规定的使用区域携带、邮寄、运输空白发票的行政审批事项取消后,跨规定的使用区域携带、邮寄、运输发票按禁止行为实施管理。

(一)在本省、自治区、直辖市和计划单列市印制和使用的发票,需要携带、邮寄、运输发票的,不得跨越本辖区范围。按规定需要到外省印制发票的,在携带、邮寄、运输发票时,应持有本省税务机关商印制地税务机关信函,以备检查。

(二)需要跨省、自治区、直辖市和计划单列市开具、携带、邮寄、运输发票的范围,由国家税务总局确定。

8.《国家税务总局关于进一步加强普通发票管理工作的通知》①(2008年7月22日颁布　2008年7月22日实施　国税发〔2008〕80号)

各省、自治区、直辖市和计划单列市国家税务局、地方税务局:

---

① 根据《国家税务总局关于修改部分税收规范性文件的公告》(国家税务总局公告2018年第31号公告),将第五条第(二)款"凡已推广应用税控收款机地区的国家税务局"修改为"凡已推广应用税控收款机地区的税务局";删除"地方税务局可参照有奖发票的有关规定,积极申请地方财政支持"。

为了巩固打击制售假发票和非法代开发票专项整治行动所取得的成果,现就进一步依法加强普通发票管理、建立发票管理长效机制有关问题通知如下:

一、统一思想,提高认识

目前,制售假发票和非法代开发票违法犯罪活动十分猖獗,应开不开、虚开发票等违法行为时有发生,不仅严重侵蚀国家税基,为其他经济犯罪提供便利,而且败坏社会道德,成为经济活动中的一个顽疾。各级税务机关要充分认识制售假发票和非法代开发票等违法行为的严重危害性,要像公安机关严厉打击毒品犯罪一样,进一步加大对制售假发票和非法代开发票违法行为的整治力度,继续保持严厉打击的高压态势。同时,要采取有效措施,通过实施"机具开票,逐笔开具;有奖发票,鼓励索票;查询辨伪,防堵假票;票表比对,以票控税"的管理模式,切实加强普通发票的日常管理,着力构建发票管理长效机制,有效遏止制售假发票和非法代开发票行为的蔓延,维护国家正常的经济秩序。

二、加强集中印制,完善防伪措施

(一)落实集中印制制度。严格按照《国家税务总局关于加强普通发票集中印制管理的通知》(国税函〔2006〕431号)要求,抓紧完成印制企业的招标工作,严格控制印刷企业数量,尽快实现按省集中印制普通发票,切实提高普通发票的印制质量和安全保障,合理控制发票印制成本。贯彻集中统一的原则,除企业冠名发票外,要科学合理地简并规范通用发票票种。

(二)加强防伪专用品管理。严格按照《国家税务总局关于加强普通发票防伪专用品管理的通知》(国税函〔2007〕1057号)要求,加强对发票防伪专用品使用的管理,完善并落实管理责任制。凡达不到防伪专用品使用管理要求的企业,一律取消其印制资格。年内对发票承印厂进行一次全面清查,重点检查发票防伪专用品购、存、用以及印制等环节安全措施的落实情况。

(三)改进和完善纸质发票防伪措施。要在全国统一防伪措施基础上,分行业研究其特征,有针对性地增加地区性防伪措施;有条件的地区可以在发票上印制条码或密码,提高纸质发票防伪性能,方便企业和消费者查询辨伪。各地对增加或变更的公众防伪措施应及时公开,并报税务总局备案。税务总局将适时在税务总局网站公布各地纸质普通发票票样和公众防伪措施及查询方式,以方便各地税务机关和纳税人查询辨伪。

(四)做好冠名发票印制工作。为了提高和维护纳税人自身信誉度,减少串票现象的发生,根据《中华人民共和国发票管理办法实施细则》的有关规定,符合条件的纳税人都可以申请印制、使用冠名发票,主管税务机关要及时确认,优化服务,规范管理。

三、严格发票发售,防止发生骗购

(一)确保发票申领者身份合法。在办理税务登记时,要充分利用工商行政管理部门的注册登记信息查询系统,以及公安部门的公民身份信息查询系统,做好税务登记法定代表人身份核对工作,防止不法分子利用假身份、假证件注册登记,骗领发票。

(二)分类进行发票初始核定。要根据分类管理的要求,在核定纳税人适用的票种、版别、数量前,分行业、分项目、分规模对纳税人进行相关调查测算,并以此作为依据,在纳税人申请领购发票时,结合其经营行业、经营项目、经营规模,对其申请领购的发票票种、版别、数量认真进行核对和确认。

(三)合理控制发票发放数量。对初次申请领用发票或者一年内有违章记录的纳税人,其领用发票的数量应控制在1个月使用量范围内;使用发票比较规范且无发票违章记录的纳税人,可适当放宽,但最多不得超过3个月的使用量;企业冠名发票的确定印制数量控制在不超过1年使用量范围内;对定期定额户应供应小面额发票,并及时根据使用情况调整供应量和纳税定额。

(四)规范定额发票的供应。对不在税控收款机推行范围内或开票量及开票金额较小,又不适合使用机具开票的纳税人可提供定额发票。定额发票的供票数量根据纳税人经营额、纳税额确定。

四、规范发票开具,严格代开管理

(一)加强对纳税人开票管理。要认真落实《中华人民共和国发票管理办法》的规定,收款方在收取款项时,应如实填开发票,不得以任何理由拒开发票,不得开具与实际内容不符的发票,不得开具假发票、作废发票或非法为他人代开发票;付款方不得要求开具与实际内容不符的发票,不得接受他人非法代开的发票。税务机关的工作人员要告之纳税人不按规定开具和取得发票的法律责任。

(二)加快实行机具开票、逐笔开具制度。凡已推行税控收款机的地区和行业,要全面推行税控机具开票,纳税人要按规定期限向主管税务机关报送相关数据;使用机具开票的电子数据,必须妥善保存,做到不丢失、不更改,确保所存储的每一张发票电子存根数据与付款方取得的发票联数据一致。发票电子存根数据视同纸质发票存根保存。要积极创造条件,逐步取消手工开票。

(三)规范代开发票行为。对临时需要税务机关代开发票的纳税人,应告知其代开发票的范围、需提交的证明资料、办理程序和手续,并及时受理,认真审核、照章征税后为其办理代开事宜。

五、加快税控机具推广,配套推行有奖发票

(一)加快推广进程。推广应用税控收款机是加强税源监控的重要手段,是遏制制售假发票和非法代开发票的有力措施。各地税务机关要根据《国家税务总局 财政部 信息产业部 国家质量监督检验检疫总局关于推广应用税控收款机加强税源监控的通知》(国税发〔2004〕44号,以下简称《通知》)和《国家税务总局关于税控收款机推广应用的实施意见》(国税发〔2004〕110号)等有关规定,加快税控收款机推广应用工作。已经开展推广应用的地区,要及时总结经验,继续扩大推行范围,完善各项制度和措施,充分利用税控收款机数据做好"票表比对"和税源监控工作;已实施招标尚未推广的地区,要尽快组织试点工作,完善实施方案,落实好纳税人购买税控设备的各项优惠政策,分期、分批、分行业组织好税控收款机推广应用;目前尚未实施招标的地区要提高认识,切实转变观念,克服畏难情绪,抓紧完成税控收款机选型招标工作。

(二)建立有奖发票和举报奖励制度。凡已推广应用税控收款机地区的税务局,应按照《通知》的要求,报经税务总局向财政部申请有奖发票资金,适时开展"有奖发票"和"发票举报有奖"活动。要通过开展"有奖发票"和"发票举报有奖"活动,鼓励消费者主动索要发票,积极检举发票违法行为,促使纳税人依法开具、使用发票。

六、严格缴销管理,防止发票流失

(一)严格执行验旧领新制度。凡使用税控收款机开具发票的纳税人,税务机关要按规定通过税控管理后台对其报送的开票电子数据进行采集认证,即"验旧",验旧通过的,准予"领新";凡使用手工开票及未实行电子数据报送的纳税人,税务机关要定期核验发票使用情况,并将纳税人使用发票的开具情况、经营情况与纳税情况进行分析比对,发现问题及时处理并相应调整供票量。对重点纳税人要实施当期"验旧领新"和"票表比对"。有条件的地区可对重点纳税人或重点行业的纳税人开票信息进行数据采集和认证,进行相关数据的比对、分析,及时发现异常情况并采取措施纠正,涉嫌偷逃骗税的移送稽查部门查处。

(二)及时处理丢失或被盗发票。当发生发票丢失或被盗时,税务机关应要求纳税人按规定及时刊登公告,声明作废,并列入丢失或被盗发票数据库。一旦发现有开具作废发票者,一律依法从重处罚。

七、建立查询系统,倡导维权辨伪

(一)建立发票辨伪查询系统。要充分利用现有资源和技术手段,建立健全发票管理和查询系统,收集发票印制、领用、开具、缴销、丢失、被盗、作废信息,并通过专用系统进行分析和评估。要充分利用12366纳税服务热线、税务网站以及短信平台,为纳税人和消费者提供辨别真伪的信息查询服务,建立普通发票信息监控平台。

(二)倡导纳税人维权辨伪。要通过各种公共媒体和宣传工具,普及相关法律知识、发票防伪知识以及识别发票真伪的方法,不断提高广大用票单位和个人依法使用发票的自觉性,鼓励广大消费者主动索取发票,维护其自身合法权益,维护正常的税收秩序,促进社会诚信建设。

八、加强日常监督,打击不法活动

(一)深入开展重点打击行动。会同公安部门重点整治一些不法分子利用手机短信、互联网、传真、邮递等交易方式销售假发票和非法代开发票活动,严厉打击专门发送发票违法信息和专门代开发票的团伙,集中治理在街头巷尾、车站码头等公共场所兜售假发票的行为,加大对印制假发票窝点的打击力度,加强对重点案件和重点地区工作督导,确保专项整治行动取得更大成效。要将此项工作作为今后税务稽查监管工作的一项重要内容,将发票检查列为税务检查的重要内容之一,持之以恒,常抓不懈,逐步建立起整治制售假发票和非法代开发票工作的长效机制。凡涉嫌偷逃骗税和虚开发票、非法代开发票的,一律移送稽查部门查处。

(二)落实管理和处罚规定。在日常检查中发现纳税人使用不符合规定发票特别是没有填开付款方全称的发票,不得允许纳税人用于税前扣除、抵扣税款、出口退税和财务报销。对应开不开发票、虚开发票、制售假发票、非法代开发票,以及非法取得发票等违法行为,应严格按照《中华人民共和国发票管理办法》的规定处罚;有偷逃骗税行为的,依照《中华人民共和国税收征收管理法》的有关规定处罚;情节严重触犯刑律的,移送司法机关依法处理。

(三)将发票使用情况与纳税信用等级评定挂钩。凡有发票违法行为的,应作为对其纳税信用等级降级处理的依据,并记录在失信信息数据库中,供社会查询。

各级税务机关要紧密依靠当地党委和政府的支持,深入开展好打击制售假发票和非法代开发票专项整治行动,将发票管理工作列入税收征管工作的重要议事日程,实行归口管理,统一协调,完善相关制度,健全工作机制,有效整合资源,狠抓任务落实,切实提高发票管理工作的质量和效率。

9.《国家税务总局关于普通发票真伪鉴定问题的通知》(2008年 11 月 21 日颁布　2008 年 11 月 21 日实施　国税函〔2008〕948 号)
各省、自治区、直辖市和计划单列市国家税务局、地方税务局:

近一段时间,有税务机关反映,在实施打击制售假发票和非法代开发票专项整治行动中,需要对查获的假发票进行真伪鉴定。根据《中华人民共和国发票管理办法实施细则》第38条的规定:"在伪造、变造现场以及买卖地、存放地查获的发票,由当地税务机关鉴别",执行中一般都是由发票监制税务机关负责发票真伪的鉴定。为了更好地开展相关工作,现就有关问题明确如下:

一、普通发票的真伪鉴定由鉴定受理税务机关负责;受理税务机关鉴定有困难的,可以提请发票监制税务机关协助鉴定。

二、在伪造、变造现场查获的假发票,由当地税务机关负责鉴定。

10.《国家税务总局关于印发〈全国普通发票简并票种统一式样工作实施方案〉的通知》[①]**(2009年9月30日颁布　2009年9月30日实施　国税发〔2009〕142号)**

各省、自治区、直辖市和计划单列市国家税务局、地方税务局:

为加强和规范普通发票管理,适应税收信息化发展的要求,根据"简并票种、统一式样、建立平台、网络开具"的工作思路,税务总局制定了《全国普通发票简并票种统一式样工作实施方案》,现印发给你们,请结合实际认真贯彻落实。

附件:普通发票票样

国家税务总局
二○○九年九月三十日

[①] 根据《国家税务总局关于修改部分税收规范性文件的公告》(国家税务总局公告2018年31号公告)1.将第三条"各省、自治区、直辖市和计划单列市国家税务局、地方税务局可根据本地实际情况"修改为"各省、自治区、直辖市和计划单列市税务局可根据本地实际情况";2.删除第三条第(一)款"除国税系统使用的税务机关代开普通发票由国家税务总局对综合征管软件进行调整外,其他发票的开票软件可由各地税务机关或行业主管部门(协会)、用票单位自行开发。例如保险业专用发票(包括寿险发票)、银行业代收费专用发票、国际货物运输代理业专用发票、报关代理业专用发票等";3.删除第六条第四款"国地税部门之间";4.将附件《票样》发票监制章中"地方税务局"的内容修改为"税务局"。

全国普通发票简并票种统一式样工作实施方案

为进一步加强和规范普通发票管理,建立发票管理长效机制,适应税收信息化管理需要,根据"简并票种、统一式样、建立平台、网络开具"的工作思路,现就全国普通发票(不包括增值税普通发票)简并票种统一式样工作制定如下实施方案。

一、普通发票简并票种统一式样的必要性

近年来,各地税务机关按照税务总局简并票种统一式样的要求,做了大量的工作,取得了显著的成绩,但是目前各地普通发票仍然存在种类繁多、式样各异、规格不一、防伪措施各不相同的问题。这种票种繁多、各省各异的状况,不利于税务机关规范管理、不利于纳税人方便使用、不便于公众辨别真伪,不仅增加了纳税人的经营成本,而且降低了税务机关管理效率,已经成为当前实现税务系统普通发票管理信息化的主要瓶颈。因此,必须尽快简并票种、统一式样。

(一)简并票种统一式样,是强化税源监控的需要

"以票控税"是税收征管工作的重要内容,其主要作用就是控制税源、稳固税基。要发挥"以票控税"的作用,必须管好普通发票。从目前各地普通发票管理情况来看,普通发票票种过多,手工票占据比例较大。这种状况,从税源监控角度看,一是增加了税务机关发票管理难度,无法有效提高税源监控的质量和水平;二是使虚开发票有了生存空间,致使发票税源监控的作用受到削弱,税收流失难以控制。要充分发挥发票在税源监控中的作用,首先要从发票设计和开具方式着手,通过"简并发票种类、强化机打票使用、压缩手工发票,合理使用定额发票,解决信息采集"等手段,实现发票管理水平质的飞跃,这是建立发票管理长效机制的必由之路。

(二)简并票种统一式样,是优化纳税服务的需要

目前普通发票票种繁多,导致纳税人在使用发票过程中产生诸多不便:一是纳税人要向税务机关申请领购多种发票,不方便纳税人使用,增加了纳税人经营成本;二是税务机关在发售、缴销验

旧发票过程中,由于票种过多,降低了税务机关办税效率,延长了纳税人的办税时间。因此,清理、简并发票票种、统一发票式样,是税务机关坚持"以人为本",落实"两个减负",适应经济发展,提高社会满意度,优化纳税服务的重要体现。

(三)简并票种统一式样,是提高普通发票管理信息化应用水平的需要

全面提高税源监控的质量,实现发票管理信息化,首先要解决发票印制、发售、开具、取得、缴销各个环节数据采集问题,进而通过发票数据的分析和应用,为税源监控提供大量有效的信息。目前,发票式样各异以及手工发票的大量存在,制约了税务机关对纳税人发票开具信息的有效采集、比对和分析。通过简并票种、压缩手工发票,能有效地适应机打发票的使用和网络在线开票的推广,为全面提高普通发票管理水平和数据应用水平实现由"以票控税"转为"信息管税"奠定基础。

二、简并票种统一式样工作的指导思想和基本原则

(一)指导思想

这次简并票种统一式样的指导思想是:以科学发展观为指导,按照"简并票种、统一式样、建立平台、网络开具"的总体思路,科学设置票种,合理设计式样,在对现有票种和式样进行大幅度简并和优化的基础上,通过扩大机打发票使用范围,大力压缩手工发票,建立普通发票开具和信息采集、查询平台,全面提升普通发票管理的规范化和信息化水平,逐步实现税务机关从"以票控税"向"信息管税"的转变,进一步强化税源监控,提高纳税服务水平。

(二)基本原则

1.精简票种,统一式样。通过科学设置票种和设计式样,将现有票种大幅度精简、压缩、合并;根据发票纸张的通用尺寸,合理设计若干标准规格的式样。

2.强化机打,压缩手工。在票种设置和实施方案方面,积极推广、扩大机打票使用范围(包括税控发票),限制和压缩手工票使用范围,条件成熟时取消手工票。

3.简化票面,方便适用。简化和统一票面印制要求,最大限度地提高发票的通用性和适用性,满足不同纳税人和税务机关的开具需求。

三、简并方案的基本内容

票种设置按照发票的填开方式,将发票简并为通用机打发票、通用手工发票和通用定额发票三大类。发票名称为"××省××税务局通用机打发票"、"××省××税务局通用手工发票"、"××省××税务局通用定额发票"。各省、自治区、直辖市和计划单列市税务局可根据本地实际情况,在通用发票中选择本地使用的票种和规格。

(一)通用机打发票

通用机打发票分为平推式发票和卷式发票。

平推式发票按规格分为:210mm × 297mm;241mm × 177.8mm;210mm × 139.7mm;190mm × 101.6mm;82mm × 101.6mm(过路过桥发票)共5种规格(式样见附件)。票面为镂空设计。除"发票名称"、"发票联"、"发票代码"、"发票号码"、"开票日期"、"行业类别"印制内容外,其他内容全部通过打印软件进行控制和打印。"行业类别"打印发票开具的所属行业,如"工业"、"商业"、"收购业"、"餐饮业"、"娱乐业""保险业"、"税务机关代开"、"银行代开"等。税务总局统一的式样,开票软件和打印内容由总局开发、规定;省局统一的式样,开票软件和打印内容由省局开发、规定。打印内容应满足发票的基本要素和数据采集的要求,打印软件应有开具限额控制。机打发票基本联次为三联,即存根联、发票联、记账联。各地可根据实际情况增减联次。

国家税务总局对已颁布的全国统一式样的普通发票,将按照简并票种统一式样的原则,统一使用通用机打发票,并逐一重新明确规格和要求。

卷式发票按规格分为:发票宽度为 57mm、76mm、82mm、44mm(出租汽车发票)共4种,发票长度可根据需要确定(式样略)。发票印制内容(不包括机打号码、机器编号、税控码)、联次可参照税控卷式发票执行。税控卷式发票规格和打印内容不变。

(二)通用手工发票

手工发票分为千元版和百元版2种,规格为190mm×105mm(式样见附件)。手工发票基本联次为三联,即存根联、发票联、记账联。

(三)通用定额发票

定额发票按人民币等值以元为单位,划分为壹元、贰元、伍元、拾元、贰拾元、伍拾元、壹佰元,共7种面额,规格为175mm×70mm。有奖发票规格为213mm×77mm(式样见附件)。定额发票联次为并列二联,即存根联和发票联;有奖发票为并列三联,即存根联、发票联、兑奖联。通用定额发票的用纸和底纹由各省税务机关确定。

(四)印有单位名称的发票

印有单位名称的发票可按两种方式处理:一是由用票单位选择一种通用机打发票,并通过软件程序控制打印单位名称(或标识),平推式发票打印在发票票头左侧,卷式发票打印在发票票头下方;二是选择一种通用机打发票,平推式发票可在发票票头左侧加印单位名称(或标识),卷式发票在发票票头下方加印单位名称(或标识)。

(五)暂时保留的票种

考虑到目前有些全国统一使用的票种暂不宜取消,决定保留"航空运输电子客票行程单"、"机动车销售统一发票"、"二手车销售统一发票"、"公路内河货物运输业统一发票"、"建筑业统一发票"、"不动产销售统一发票"、换票证。

通用发票无法涵盖的公园门票,可继续保留。因特殊原因,在一段时间内还需继续保留的发票,各省要严格控制,并报税务总局备案。

四、相关配套措施

(一)大力推广机具开票

为了适应简并票种和数据采集的需要,各地要进一步扩大机打发票的使用范围,对经营额较大,或通过计算机实施企业管理的纳税人,应引导其使用机打发票。但要注意尽量减少纳税人负担,考虑纳税人技术设备(包括软件)适应的可能,同时应注意与税控收款机推广应用工作的衔接。有条件的地区可以在建筑安装、房地产、农产品收购、机动车销售等行业开展"网上在线开具发票"试点,提高开票信息采集和应用能力,努力提高发票管理的信息化水平。

(二)严格控制手工发票

各地要结合本地实际,严格控制手工发票的开具限额和使用范围。手工发票的限额应严格控制在百元版和千元版。要根据经济发展的形势,逐步缩小手工发票使用量或取消手工发票。在这次简并票种过程中,有条件的地区可以不设置手工发票。

(三)合理使用定额发票

各地要按照《国家税务总局关于进一步加强普通发票管理工作的通知》(国税发〔2008〕80号)要求,将定额发票的使用对象限定于在税控收款机和网上开具发票使用范围外,开票量及开票金额较小,或者不适合使用机具开票的纳税人。各地可以根据本地实际情况,选择是否设置定额发票。

(四)进一步规范冠名发票

各地在实施简并票种统一式样方案时,要认真做好印有单位名称发票的换版工作,及时向冠名发票单位宣传解读简并票种统一式样方案的内容和要求。要严格按照本方案的要求,尽可能使用统一式样的机打发票。用票单位应根据通用发票打印要求,及时修改打印软件。凡在全国范围内使用统一式样和统一打印软件的行业或单位,由税务总局下文明确。凡采用通用机打发票并使用软件程序控制打印单位名称或标识的,不属于冠名发票行政审批管理范围,按一般发票领购手续办理。

(五)规范普通发票防伪措施

普通发票的防伪措施分为面向公众的公众防伪措施和面向发票鉴定人员的特殊防伪措施。考虑到目前防伪技术的发展现状,税务总局这次暂不统一全国防伪措施。除"机动车销售统一发票"、"公路内河货物运输业统一发票"、"航空运输电子客票行程单"继续使用原规定纸张外,其他发票的防伪措施由各省自行确定,并报税务总局备案。原发票监制章和发票号码使用的统一红色荧光防伪油墨于 2010 年 1 月 1 日停止使用。

为了便于各地税务机关和纳税人查询识别,在发票背面应印明本地区的防伪措施,以及识别和查询方式。税务总局将在税务总局网站上公布各地发票公众防伪措施。

(六)普通发票代码编制

普通发票代码的编制规则是:前 7 位(从左至右)设置规则不变,第 8 位至 12 位,除原第 8 位"机动车销售统一发票"、"二手车销售统一发票"、"公路内河货运统一发票"编码保持不变外,其他代码编制由省税务机关确定。

11.《国家税务总局关于全国统一式样发票衔接问题的通知》(2009 年 11 月 23 日颁布　2009 年 11 月 23 日实施　国税函〔2009〕648 号)

各省、自治区、直辖市和计划单列市国家税务局、地方税务局:

根据《国家税务总局关于印发〈全国普通发票简并票种统一式样工作实施方案〉的通知》(国税发〔2009〕142 号)的有关规定,现就保险业专用发票、保险中介服务统一发票、国际货物运输代理业专用发票、国际航空旅客运输专用发票、国际海运业运输专用发票、国际海运业船舶代理专用发票、铁路客运餐车定额发票、银行代收费业务专用发票、报关代理业专用发票和中国太平洋人寿保险股份有限公司、中国人寿保险股份有限公司等 7 家人寿保险冠名发票与全国统一式样发票的票种如何衔接问题,明确如下:

一、需要暂时保留的票种

根据《全国普通发票简并票种统一式样工作实施方案》(以下简称《实施方案》)的规定,为了保证现行税制和特殊行业的管理需要,在原有统一式样的票种中暂时保留 7 种,即发票换票证、机动车销售统一发票、二手车销售统一发票、公路、内河货物运输统一发票(自开、代开)、建筑业统一发票(自开、代开)、销售不动产统一发票(自开、代开)、航空运输电子客票行程单。

二、需要简并的票种和启用的新版发票规格

根据《实施方案》的规定,除上述暂时保留的票种外,其他票种予以取消,统一使用通用发票。

(一)税务机关代开发票,按照《实施方案》有关规定采用通用机打平推式发票,规格为210mm×139.7mm。

(二)保险业发票(包括保险中介服务发票),采用通用机打平推式发票,规格为241mm×177.8mm。人寿保险冠名发票采用通用机打平推式发票,规格为210mm×297mm或241mm×177.8mm。

(三)国际货物运输代理业、国际海运船舶代理业和国际海运业发票,采用通用机打平推式发票,规格为241mm×177.8mm。

(四)国际航空旅客运输专用发票,并入航空运输电子客票行程单实施管理。

(五)铁路客运餐车发票,采用通用定额发票。

(六)银行代收费业务发票,采用通用机打平推式发票或卷式发票,平推发票规格为210mm×139.7mm;卷式发票规格为76mm×177mm。

(七)报关代理业发票,采用通用机打平推式发票,规格为241mm×177.8mm。

保险业、国际货物运输代理业、国际海运船舶代理业和国际海运业、铁路客运餐车、国际航空旅客运输、银行代收费业务使用通用发票的具体事项,待与保监会、商务部、交通部、铁道部、中国人民银行、民航局协商后明确。

三、其他事项

(一)本通知明确应统一使用通用发票的纳税人,除使用本通知规定的规格外,如需要其他规格的通用发票,可向主管税务机关申请领购。

(二)本通知明确简并取消的票种可使用到2010年12月31日,2011年1月1日起,使用新版统一通用发票。

(三)各地税务机关应按照《实施方案》和本通知的规定,抓紧组织实施兼并票种统一式样工作,保证纳税人按时使用新版通用发票。

12.《国家税务总局关于发票专用章式样有关问题的公告》（2011年1月21日颁布　2011年2月1日实施　国家税务总局公告2011年第7号）

根据《中华人民共和国发票管理办法》（根据2010年12月20日《国务院关于修改〈中华人民共和国发票管理办法〉的决定》修订）的规定,现就发票专用章的式样公告如下：

一、发票专用章式样

发票专用章的形状为椭圆形,长轴为40mm、短轴为30mm、边宽1mm,印色为红色。

发票专用章中央刊纳税人识别号；外刊纳税人名称,自左而右环行,如名称字数过多,可使用规范化简称；下刊"发票专用章"字样。使用多枚发票专用章的纳税人,应在每枚发票专用章正下方刊顺序编码,如"（1）、（2）……"字样。

发票专用章所刊汉字,应当使用简化字,字体为仿宋体；"发票专用章"字样字高4.6mm、字宽3mm；纳税人名称字高4.2mm、字宽根据名称字数确定；纳税人识别号数字为Arial体,数字字高为3.7mm、字宽1.3mm。

二、发票专用章启用时间

发票专用章自2011年2月1日起启用。旧式发票专用章可以使用至2011年12月31日。

本公告发布之前印制的套印旧式发票专用章的发票,可继续使用。

13.《国家税务总局　财政部关于冠名发票印制费结算问题的通知》（2013年5月13日颁布　2013年5月13日实施　税总发〔2013〕53号）

各省、自治区、直辖市和计划单列市国家税务局、地方税务局、财政厅（局）：

为贯彻落实财政部、发展改革委联合下发《关于公布取消和免征部分行政事业性收费的通知》(财综〔2012〕97号)取消税务发票工本费的规定,各地税务机关按照《国家税务总局关于取消发票工本费有关问题的通知》(国税函〔2012〕608号)的要求,自2013年1月1日起全面取消税务发票工本费。但个别税务机关和用票单位对冠名发票印制费用结算问题存在异议,现就冠名发票印制费用结算有关事项通知如下:

依据《中华人民共和国发票管理办法实施细则》第五条规定,有固定生产经营场所、财务和发票管理制度健全的纳税人如果发票使用量较大或统一发票式样不能满足经营活动需要的,可以向省以上税务机关申请印有本单位名称的发票,即申请使用冠名发票。使用冠名发票的单位必须按照税务机关批准的式样和数量,到发票印制企业印制发票,印制费用由用票单位与发票印制企业直接结算,并按规定取得印制费用发票。

14.《国家税务总局关于贯彻落实〈国务院关于取消和下放一批行政审批项目等事项的决定〉的通知》(2013年7月11日颁布　2013年7月11日实施　税总发〔2013〕73号)

附件:国务院决定取消的行政审批项目目录(涉税2项)

序号	项目名称	实施机关	设定依据	处理决定	备注
2	印制有本单位名称发票的审批	税务总局	《中华人民共和国发票管理办法》(国务院令第587号)	取消	

15.《国家税务总局关于创新税收服务和管理的意见》(2014年7月7日颁布　2014年7月7日实施　税总发〔2014〕85号)

各省、自治区、直辖市和计划单列市国家税务局、地方税务局:

为认真贯彻国务院加快政府职能转变、创新政府监管方式的要求,顺应注册资本登记制度改革的需要,税务部门要进一步创新服务和管理。现提出如下意见,请认真贯彻执行。

二、创新管理,促进后续监管精细化

税务机关要进一步推进税收管理科学化、精细化、现代化,一手抓优质服务,主动做好纳税人的纳税辅导、咨询、培训和宣传;一手抓事后监管,在发票领用、纳税申报等后续环节健全制度,完善措施,及时掌握纳税人动态情况,以促进纳税人税法遵从度提高,防范税收流失风险。

(一)不断完善发票发放领用的服务与监管

8. 及时为纳税人提供清晰的发票领用指南。通过印发提示卡或涉税事项告知卡,引导纳税人快速办理发票领用手续。推行免填单、预填单、勾选等方式,补充采集国标行业、登记注册类型等税务机关所需的数据,以核定应纳税种、适用的发票票种、版别及数量,让纳税人切实感受到税务机关的优质服务。

9. 简化发票申领程序。税务机关应根据实际情况,设定统一、规范的发票申领程序,并将发票申领程序公开。申领普通发票原则上取消实地核查,统一在办税服务厅即时办结。一般纳税人申请增值税专用发票(包括增值税专用发票和货物运输业增值税专用发票)最高开票限额不超过10万元的,主管税务机关不需事前进行实地查验。可在此基础上适当扩大不需事前实地查验的范围,实地查验的范围和方法由各省国税机关确定。

10. 不断提高发票管理信息化水平。积极探索建立风险监控指标,通过比对分析纳税人的开票信息,及时调整纳税人申领发票的版别和数量。做好网络发票应用工作,推动网络发票数据分析利用,完善网络发票平台实时查询和日常监控管理功能,为社会提供便捷的网络发票信息查询服务。同时,探索电子发票的推广与应用。

三、创新制度,推动税收风险管理常态化

各级税务机关要牢固树立税收风险管理理念,运用税收风险管理方法,建立制度,强化分析比对,加强重点税源、非正常户的风险管理,防范税收风险。

(一)积极防范发票发放的风险

14. 建立发票风险防范的有效制度。初次申领普通发票数量应控制在一个月用量或省税务机关确定的初次领用数量范围内。对纳税信用好、税收风险低的纳税人可适当放宽,但最多不得超过省税务机关确定的最高领用数量,省税务机关未确定最高领用数量的,最多不得超过三个月使用量。对新开业的一般纳税人,税务机关可按照纳税人生产经营规模、经营模式、行业特点、开具发票特殊性等因素设置增值税专用发票基本月供应量,申领超过基本月供应量的纳税人,需向税务机关提供相关证明材料。对小规模纳税人(包括个体工商户)第一次申请发票增量时,可以要求其法定代表人或者财务负责人到场,并积极探索发票申领环节对经办人的拍照存档制度。对新增纳税人已领用发票却未及时申报等情况,采取停止供应发票、实地核查等应对措施。对列入企业异常名录的纳税人采取停供发票措施。

16.《税务总局等十三部门关于推进纳税缴费便利化改革 优化税收营商环境若干措施的通知》(2020年9月28日颁布 2020年9月28日实施 税总发〔2020〕48号)

三、稳步推进发票电子化改革促进办税提速增效降负

(十)分步实施发票电子化改革。在实现增值税普通发票电子化的基础上,2020年选择部分地区新办纳税人开展增值税专用发票电子化改革试点,年底前基本实现新办纳税人增值税专用发票电子化。2021年年底前,力争建成全国统一的电子发票服务平台和税务网络可信身份系统,建立与发票电子化相匹配的管理服务模式,增进市场主体发票使用便利,进一步降低制度性交易成本,推进智慧税务建设。(税务总局牵头,发展改革委、公安部、财政部、密码局按职责分工负责)

(十一)推进电子发票应用的社会化协同。税务部门公开电子发票数据规范和技术标准,加快推动国家标准制定。财政、档案等部门积极推进会计凭证电子化入账、报销、归档工作,推动电子发票与财政支付、单位财务核算等系统衔接,引导市场主体和社会中介服务机构提升财务管理和会计档案管理电子化水平。加快修订《中华人民共和国发票管理办法》等法规制度,加强电子发票推行应用的法律支撑。(税务总局、财政部、档案局、密码局、司法部按职责分工负责)

17.《国家税务总局 工业和信息化部 公安部关于发布〈机动车发票使用办法〉的公告》（2020年12月28日颁布　2021年5月1日试行　2021年7月1日施行　国家税务总局 工业和信息化部 公安部公告2020年第23号）

　　为深入贯彻落实国务院"放管服"改革要求，规范机动车行业发票使用行为，营造公平公正有序的营商环境，国家税务总局、工业和信息化部、公安部联合制定了《机动车发票使用办法》，现予以发布，自2021年5月1日起试行，2021年7月1日起正式施行。

　　特此公告。

　　附件：机动车销售统一发票票样

国家税务总局
工业和信息化部
公安部
2020年12月28日

机动车发票使用办法

　　第一条　为了加强机动车发票管理和服务，规范机动车发票使用行为，根据《中华人民共和国税收征收管理法》及其实施细则、《中华人民共和国发票管理办法》及其实施细则，制定本办法。

　　第二条　本办法所称机动车发票是指销售机动车（不包括二手车）的单位和个人（以下简称"销售方"）通过增值税发票管理系统开票软件中机动车发票开具模块所开具的增值税专用发票和机动车销售统一发票（包括纸质发票、电子发票）。增值税发票管理系统开票软件自动在增值税专用发票左上角打印"机动车"字样。

　　机动车发票均应通过增值税发票管理系统开票软件在线开具。按照有关规定不使用网络办税或不具备网络条件的特定纳税人，可以离线开具机动车发票。

　　第三条　开通机动车发票开具模块的销售方分为机动车生产企业、机动车授权经销企业、其他机动车贸易商三种类型。

　　机动车生产企业包括国内机动车生产企业及进口机动车生产

企业驻我国办事机构或总授权代理机构;机动车授权经销企业是指经机动车生产企业授权,且同时具备整车销售、零配件销售、售后维修服务等经营业务的机动车经销企业;其他机动车贸易商,是指除上述两类企业以外的机动车销售单位和个人。

对于已开通机动车发票开具模块的销售方,税务机关可以根据其实际生产经营情况调整划分类型。

第四条 主管税务机关对机动车发票实行分类分级规范管理,提升办税效率,加强后续服务和监管。

(一)对使用机动车发票开具模块的销售方,需要调整机动车发票用量的,可以按需要即时办理。对于同时存在其他经营业务申领发票的,仍应按现行有关规定执行。

(二)对经税务总局、省税务局大数据分析发现的税收风险程度较高的纳税人,严格控制其发票领用数量和最高开票限额,并加强事中事后监管。

第五条 主管税务机关可以结合销售方取得机动车的相关凭据判断其经营规模,并动态调整机动车发票领用数量。

取得机动车的相关凭据包括:

(一)增值税专用发票;

(二)海关进口增值税专用缴款书;

(三)货物进口证明书;

(四)机动车整车出厂合格证;

(五)法院判决书、裁定书、调解书,以及仲裁裁决书、调解书,公证债权文书;

(六)国家税务总局规定的其他凭证。

第六条 销售方应当按照销售符合国家机动车管理部门车辆参数、安全等技术指标规定的车辆所取得的全部价款如实开具机动车发票。

向消费者销售机动车,销售方应当开具机动车销售统一发票;其他销售机动车行为,销售方应当开具增值税专用发票。

第七条 销售方使用机动车发票开具模块时,应遵循以下规则:

（一）国内机动车生产企业销售本企业生产的机动车、进口机动车生产企业驻我国办事机构或总授权代理机构和从事机动车进口的其他机动车贸易商销售本企业进口的机动车，应通过增值税发票管理系统和机动车合格证管理系统，依据车辆识别代号/车架号将机动车发票开具信息与国产机动车合格证电子信息或车辆电子信息（以下统称"车辆电子信息"）进行关联匹配。

（二）销售方购进机动车直接对外销售，应当通过机动车发票开具模块获取购进机动车的车辆识别代号/车架号等信息后，方可开具对应的机动车发票。

第八条　销售机动车开具增值税专用发票时，应遵循以下规则：

（一）正确选择机动车的商品和服务税收分类编码。

（二）增值税专用发票"规格型号"栏应填写机动车车辆识别代号/车架号，"单位"栏应选择"辆"，"单价"栏应填写对应机动车的不含增值税价格。汇总开具增值税专用发票，应通过机动车发票开具模块开具《销售货物或应税劳务、服务清单》，其中的规格型号、单位、单价等栏次也应按照上述增值税专用发票的填写要求填开。国内机动车生产企业若不能按上述规定填写"规格型号"栏的，应当在增值税专用发票（包括《销售货物或应税劳务、服务清单》）上，将相同车辆配置序列号、相同单价的机动车，按照同一行次汇总填列的规则开具发票。

（三）销售方销售机动车开具增值税专用发票后，发生销货退回、开票有误、销售折让等情形，应当凭增值税发票管理系统校验通过的《开具红字增值税专用发票信息表》开具红字增值税专用发票。发生销货退回、开票有误的，在"规格型号"栏填写机动车车辆识别代号/车架号；发生销售折让的，"规格型号"栏不填写机动车车辆识别代号/车架号。

第九条　销售机动车开具机动车销售统一发票时，应遵循以下规则：

（一）按照"一车一票"原则开具机动车销售统一发票，即一辆机动车只能开具一张机动车销售统一发票,一张机动车销售统一发票只能填写一辆机动车的车辆识别代号/车架号。

(二)机动车销售统一发票的"纳税人识别号/统一社会信用代码/身份证明号码"栏,销售方根据消费者实际情况填写。如消费者需要抵扣增值税,则该栏必须填写消费者的统一社会信用代码或纳税人识别号,如消费者为个人则应填写个人身份证明号码。

(三)开具纸质机动车销售统一发票后,如发生销货退回或开具有误的,销售方应开具红字发票,红字发票内容应与原蓝字发票一一对应,并按以下流程操作:

1. 销售方开具红字发票时,应当收回消费者所持有的机动车销售统一发票全部联次。如消费者已办理车辆购置税纳税申报的,不需退回报税联;如消费者已办理机动车注册登记的,不需退回注册登记联;如消费者为增值税一般纳税人且已抵扣增值税的,不需退回抵扣联。

2. 消费者已经办理机动车注册登记的,销售方应当留存公安机关出具的机动车注销证明复印件;如消费者无法取得机动车注销证明,销售方应留存机动车生产企业或者机动车经销企业出具的退车证明或者相关情况说明。

(四)消费者丢失机动车销售统一发票,无法办理车辆购置税纳税申报或者机动车注册登记的,应向销售方申请重新开具机动车销售统一发票;销售方核对消费者相关信息后,先开具红字发票,再重新开具与原蓝字发票存根联内容一致的机动车销售统一发票。

(五)机动车销售统一发票打印内容出现压线或者出格的,若内容清晰完整,无需退还重新开具。

第十条 已办理车辆购置税纳税申报的机动车,不得更改车辆电子信息;未办理车辆购置税纳税申报的机动车,可以按照机动车出厂合格证相关管理规定修改车辆电子信息,但销售方所开具的机动车销售统一发票内容应与修改后的车辆电子信息一致。

第十一条 税务部门与工信部门应加强对车辆电子信息的管理。省税务机关应当将机动车销售统一发票电子信息实时传输至同级公安机关,公安机关应当将机动车登记核查信息反馈税务部门。

第十二条 销售方未按规定开具机动车发票的,按照《中华人民共和国税收征收管理法》《中华人民共和国发票管理办法》等法律法规的规定处理。

第十三条 本办法自2021年5月1日起试行,2021年7月1日起正式施行。自本办法试行之日起制造的机动车,销售方应按本办法规定开具机动车发票。制造日期按照国产机动车的制造日期或者进口机动车的进口日期确定。

第十四条 《国家税务总局关于消费者丢失机动车销售发票处理问题的批复》(国税函〔2006〕227号)、《国家税务总局关于使用新版机动车销售统一发票有关问题的通知》(国税函〔2006〕479号)第五条、《国家税务总局关于机动车电子信息采集和最低计税价格核定有关事项的公告》(2013年第36号)、《国家税务总局关于调整机动车销售统一发票票面内容的公告》(2014年第27号)第一条第一项和第二项,自本办法试行之日起废止。

18.《国家税务总局关于发布〈税务行政处罚"首违不罚"事项清单〉的公告》(2021年3月31日颁布　2021年4月1日实施　国家税务总局公告2021年第6号)

税务行政处罚"首违不罚"事项清单

对于首次发生下列清单中所列事项且危害后果轻微,在税务机关发现前主动改正或者在税务机关责令限期改正的期限内改正的,不予行政处罚。

序号	事项
4	纳税人使用税控装置开具发票,未按照税收征收管理法及实施细则、发票管理办法等有关规定的期限向主管税务机关报送开具发票的数据且没有违法所得
5	纳税人未按照税收征收管理法及实施细则、发票管理办法等有关规定取得发票,以其他凭证代替发票使用且没有违法所得
6	纳税人未按照税收征收管理法及实施细则、发票管理办法等有关规定缴销发票且没有违法所得

19.《国家税务总局关于发布〈第二批税务行政处罚"首违不罚"事项清单〉的公告》(2021年12月30日颁布 2022年1月1日实施 国家税务总局公告2021年第33号)

第二批税务行政处罚"首违不罚"事项清单

对于首次发生下列清单中所列事项且危害后果轻微,在税务机关发现前主动改正或者在税务机关责令限期改正的期限内改正的,不予行政处罚。

序号	事项
1	纳税人使用非税控电子器具开具发票,未按照税收征收管理法及实施细则、发票管理办法等有关规定将非税控电子器具使用的软件程序说明资料报主管税务机关备案且没有违法所得
3	纳税人未按照税收征收管理法及实施细则、发票管理办法等有关规定加盖发票专用章且没有违法所得

20.《"非接触式"办税缴费事项清单》(2022年5月26日颁布 2022年5月26日实施)

序号	事项名称
36	发票遗失、损毁报告
39	发票票种核定
40	发票验(交)旧

四、部门工作文件

《国家税务总局关于开展2021年"我为纳税人缴费人办实事暨便民办税春风行动"的意见》(2021年2月11日颁布 2021年2月11日实施 税总发〔2021〕14号)

(三)便捷办理优体验

7.推行电子发票。建设全国统一的电子发票服务平台,为纳税人免费提供电子发票开具、交付、存储等基本公共服务。建立与发票电子化相匹配的服务模式,为纳税人开具、使用电子发票提供全天候的智慧、便捷和高效服务。

第二十二条 【增值税专用发票的管理】 增值税专用发票由国务

院税务主管部门指定的企业印制；其他发票，按照国务院税务主管部门的规定，分别由省、自治区、直辖市国家税务局、地方税务局指定企业印制。

未经前款规定的税务机关指定，不得印制发票。

> **税务规范性文件**
>
> **1.《国家税务总局关于修订〈增值税专用发票使用规定〉的通知》**①（2006年10月17日颁布　2007年1月1日实施　国税发〔2006〕156号）
>
> 各省、自治区、直辖市和计划单列市国家税务局：
>
> 　　为适应增值税专用发票管理需要，规范增值税专用发票使用，进一步加强增值税征收管理，在广泛征求意见的基础上，国家税务总局对现行的《增值税专用发票使用规定》进行了修订。现将修订后的《增值税专用发票使用规定》印发给你们，自2007年1月1日起施行。
>
> 　　各级税务机关应做好宣传工作，加强对税务人员和纳税人的培训，确保新规定贯彻执行到位。执行中如有问题，请及时报告总局（货物和劳务税司）。
>
> 　　附件：1.最高开票限额申请表
> 　　　　2.销售货物或者提供应税劳务清单

---

① 1.根据《国家税务总局关于在全国开展营业税改征增值税试点有关征收管理问题的公告》（国家税务总局公告2013年第39号）第五条自2013年8月1日起废止。2.根据《国家税务总局关于简化增值税发票领用和使用程序有关问题的公告》（国家税务总局公告2014年第19号）第二十八条自2014年5月1日起废止。3.根据《国家税务总局关于推行增值税发票系统升级版有关问题的公告》（国家税务总局公告2014年第73号），第十四条、第十五条、第十六条、第十七条、第十八条、第十九条自2015年1月1日起废止。4.根据《国家税务总局关于修改部分税收规范性文件的公告》（国家税务总局公告2018年第31号），本文第六条、第八条等进行了修改。原因：机构改革，国地税合并，职责调整。5.根据《国家税务总局关于部分税务事项实行容缺办理和进一步精简涉税费资料报送的公告》（国家税务总局公告2022年第26号），自2023年2月1日起，第六条中的"一般纳税人领购专用设备后，凭《最高开票限额申请表》、《发票领购簿》到主管税务机关办理初始发行"废止。

3. 开具红字增值税专用发票申请单
4. 开具红字增值税专用发票通知单
5. 丢失增值税专用发票已报税证明单

国家税务总局
2006年10月17日

增值税专用发票使用规定

第一条 为加强增值税征收管理,规范增值税专用发票(以下简称专用发票)使用行为,根据《中华人民共和国增值税暂行条例》及其实施细则和《中华人民共和国税收征收管理法》及其实施细则,制定本规定。

第二条 专用发票,是增值税一般纳税人(以下简称一般纳税人)销售货物或者提供应税劳务开具的发票,是购买方支付增值税额并可按照增值税有关规定据以抵扣增值税进项税额的凭证。

第三条 一般纳税人应通过增值税防伪税控系统(以下简称防伪税控系统)使用专用发票。使用,包括领用、开具、缴销、认证纸质专用发票及其相应的数据电文。

本规定所称防伪税控系统,是指经国务院同意推行的,使用专用设备和通用设备、运用数字密码和电子存储技术管理专用发票的计算机管理系统。

本规定所称专用设备,是指金税卡、IC卡、读卡器和其他设备。

本规定所称通用设备,是指计算机、打印机、扫描器具和其他设备。

第四条 纸质专用发票由基本联次或者基本联次附加其他联次构成,基本联次为三联:发票联、抵扣联和记账联。发票联,作为购买方核算采购成本和增值税进项税额的记账凭证;抵扣联,作为购买方报送主管税务机关认证和留存备查的凭证;记账联,作为销售方核算销售收入和增值税销项税额的记账凭证。其他联次用途,由一般纳税人自行确定。

第六条 本规定所称初始发行,是指主管税务机关将一般纳税人的下列信息载入空白金税卡和 IC 卡的行为。

（一）企业名称；

（二）税务登记代码；

（三）开票限额；

（四）领票限量；

（五）领票人员姓名、密码；

（六）开票机数量；

（七）国家税务总局规定的其他信息。

一般纳税人发生上列第一、三、四、五、六、七项信息变化，应向主管税务机关申请变更发行；发生第二项信息变化，应向主管税务机关申请注销发行。

第七条 一般纳税人凭 IC 卡和经办人身份证明领用专用发票。

第八条 一般纳税人有下列情形之一的，不得领用开具专用发票：

（一）会计核算不健全，不能向税务机关准确提供增值税销项税额、进项税额、应纳税额数据及其他有关增值税税务资料的。

上列其他有关增值税税务资料的内容，由省、自治区、直辖市和计划单列市税务局确定。

（二）有《税收征管法》规定的税收违法行为，拒不接受税务机关处理的。

（三）有下列行为之一，经税务机关责令限期改正而仍未改正的：

1. 虚开增值税专用发票；

2. 私自印制专用发票；

3. 向税务机关以外的单位和个人买取专用发票；

4. 借用他人专用发票；

5. 未按本规定第十一条开具专用发票；

6. 未按规定保管专用发票和专用设备；

7. 未按规定申请办理防伪税控系统变更发行；

8.未按规定接受税务机关检查。

有上列情形的,如已领用专用发票,主管税务机关应暂扣其结存的专用发票和 IC 卡。

第九条 有下列情形之一的,为本规定第八条所称未按规定保管专用发票和专用设备:

(一)未设专人保管专用发票和专用设备;

(二)未按税务机关要求存放专用发票和专用设备;

(三)未将认证相符的专用发票抵扣联、《认证结果通知书》和《认证结果清单》装订成册;

(四)未经税务机关查验,擅自销毁专用发票基本联次。

第十条 一般纳税人销售货物或者提供应税劳务,应向购买方开具专用发票。

商业企业一般纳税人零售的烟、酒、食品、服装、鞋帽(不包括劳保专用部分)、化妆品等消费品不得开具专用发票。

增值税小规模纳税人(以下简称小规模纳税人)需要开具专用发票的,可向主管税务机关申请代开。

销售免税货物不得开具专用发票,法律、法规及国家税务总局另有规定的除外。

第十一条 专用发票应按下列要求开具:

(一)项目齐全,与实际交易相符;

(二)字迹清楚,不得压线、错格;

(三)纸质专用发票的发票联和抵扣联加盖发票专用章;

(四)按照增值税纳税义务的发生时间开具。

对不符合上列要求的专用发票,购买方有权拒收。

第十二条 一般纳税人销售货物或者提供应税劳务可汇总开具专用发票。汇总开具纸质专用发票的,同时使用防伪税控系统开具《销售货物或者提供应税劳务清单》(附件2),并加盖财务专用章或者发票专用章。

第十三条 一般纳税人在开具专用发票当月,发生销货退回、开票有误等情形,收到退回的发票联、抵扣联符合作废条件的,按作废处理;开具时发现有误的,可即时作废。

作废专用发票须在防伪税控系统中将相应的数据电文按"作废"处理,在纸质专用发票(含未打印的专用发票)各联次上注明"作废"字样,全联次留存。

第二十条 同时具有下列情形的,为本规定所称作废条件:

(一)收到退回的发票联、抵扣联时间未超过销售方开票当月;

(二)销售方未抄税并且未记账;

(三)购买方未认证或者认证结果为"纳税人识别号认证不符"、"专用发票代码、号码认证不符"。

本规定所称抄税,是报税前用 IC 卡或者 IC 卡和软盘抄取开票数据电文。

第二十一条 一般纳税人开具专用发票应在增值税纳税申报期内向主管税务机关报税,在申报所属月份内可分次向主管税务机关报税。

本规定所称报税,是纳税人持 IC 卡或者 IC 卡和软盘向税务机关报送开票数据电文。

第二十二条 因 IC 卡、软盘质量等问题无法报税的,应更换 IC 卡、软盘。

因硬盘损坏、更换金税卡等原因不能正常报税的,应提供已开具未向税务机关报税的专用发票记账联原件或者复印件,由主管税务机关补采开票数据。

第二十三条 一般纳税人注销税务登记或者转为小规模纳税人,应将专用设备和结存未用的纸质专用发票送交主管税务机关。

主管税务机关应缴销其专用发票,并按有关安全管理的要求处理专用设备。

第二十四条 本规定第二十三条所称专用发票的缴销,是指主管税务机关在纸质专用发票监制章处按"V"字剪角作废,同时作废相应的专用发票数据电文。

被缴销的纸质专用发票应退还纳税人。

第二十五条 用于抵扣增值税进项税额的专用发票应经税务

机关认证相符(国家税务总局另有规定的除外)。认证相符的专用发票应作为购买方的记账凭证,不得退还销售方。

本规定所称认证,是税务机关通过防伪税控系统对专用发票所列数据的识别、确认。

本规定所称认证相符,是指纳税人识别号无误,专用发票所列密文解译后与明文一致。

第二十六条 经认证,有下列情形之一的,不得作为增值税进项税额的抵扣凭证,税务机关退还原件,购买方可要求销售方重新开具专用发票。

(一)无法认证。

本规定所称无法认证,是指专用发票所列密文或者明文不能辨认,无法产生认证结果。

(二)纳税人识别号认证不符。

本规定所称纳税人识别号认证不符,是指专用发票所列购买方纳税人识别号有误。

(三)专用发票代码、号码认证不符。

本规定所称专用发票代码、号码认证不符,是指专用发票所列密文解译后与明文的代码或者号码不一致。

第二十七条 经认证,有下列情形之一的,暂不得作为增值税进项税额的抵扣凭证,税务机关扣留原件,查明原因,分别情况进行处理。

(一)重复认证。

本规定所称重复认证,是指已经认证相符的同一张专用发票再次认证。

(二)密文有误。

本规定所称密文有误,是指专用发票所列密文无法解译。

(三)认证不符。

本规定所称认证不符,是指纳税人识别号有误,或者专用发票所列密文解译后与明文不一致。

本项所称认证不符不含第二十六条第二项、第三项所列情形。

（四）列为失控专用发票。

本规定所称列为失控专用发票,是指认证时的专用发票已被登记为失控专用发票。

第二十九条 专用发票抵扣联无法认证的,可使用专用发票发票联到主管税务机关认证。专用发票发票联复印件留存备查。

第三十条 本规定自2007年1月1日施行,《国家税务总局关于印发〈增值税专用发票使用规定〉的通知》(国税发〔1993〕150号)、《国家税务总局关于增值税专用发票使用问题的补充通知》(国税发〔1994〕056号)、《国家税务总局关于由税务所为小规模企业代开增值税专用发票的通知》(国税发〔1994〕058号)、《国家税务总局关于印发〈关于商业零售企业开具增值税专用发票的通告〉的通知》(国税发〔1994〕081号)、《国家税务总局关于修改〈国家税务总局关于严格控制增值税专用发票使用范围的通知〉的通知》(国税发〔2000〕075号)、《国家税务总局关于加强防伪税控开票系统最高开票限额管理的通知》(国税发明电〔2001〕57号)、《国家税务总局关于增值税一般纳税人丢失防伪税控系统开具的增值税专用发票有关税务处理问题的通知》(国税发〔2002〕010号)、《国家税务总局关于进一步加强防伪税控开票系统最高开票限额管理的通知》(国税发明电〔2002〕33号)同时废止。以前有关政策规定与本规定不一致的,以本规定为准。

2.《国家税务总局关于在新办纳税人中实行增值税专用发票电子化有关事项的公告》(2020年12月20日颁布　2020年12月21日实施　国家税务总局公告2020年第22号)

为全面落实《优化营商环境条例》,深化税收领域"放管服"改革,加大推广使用电子发票的力度,国家税务总局决定在前期宁波、石家庄和杭州等3个地区试点的基础上,在全国新设立登记的纳税人(以下简称"新办纳税人")中实行增值税专用发票电子化(以下简称"专票电子化")。现将有关事项公告如下:

一、自2020年12月21日起,在天津、河北、上海、江苏、浙江、安徽、广东、重庆、四川、宁波和深圳等 11 个地区的新办纳税人中实行专票电子化,受票方范围为全国。其中,宁波、石家庄和杭州等 3 个地区已试点纳税人开具增值税电子专用发票(以下简称"电子专票")的受票方范围扩至全国。

自 2021 年 1 月 21 日起,在北京、山西、内蒙古、辽宁、吉林、黑龙江、福建、江西、山东、河南、湖北、湖南、广西、海南、贵州、云南、西藏、陕西、甘肃、青海、宁夏、新疆、大连、厦门和青岛等 25 个地区的新办纳税人中实行专票电子化,受票方范围为全国。

实行专票电子化的新办纳税人具体范围由国家税务总局各省、自治区、直辖市和计划单列市税务局(以下简称"各省税务局")确定。

二、电子专票由各省税务局监制,采用电子签名代替发票专用章,属于增值税专用发票,其法律效力、基本用途、基本使用规定等与增值税纸质专用发票(以下简称"纸质专票")相同。电子专票票样见附件。

三、电子专票的发票代码为 12 位,编码规则:第 1 位为 0,第 2-5 位代表省、自治区、直辖市和计划单列市,第 6-7 位代表年度,第 8-10 位代表批次,第 11-12 位为 13。发票号码为 8 位,按年度、分批次编制。

四、自各地专票电子化实行之日起,本地区需要开具增值税纸质普通发票、增值税电子普通发票(以下简称"电子普票")、纸质专票、电子专票、纸质机动车销售统一发票和纸质二手车销售统一发票的新办纳税人,统一领取税务 UKey 开具发票。税务机关向新办纳税人免费发放税务 UKey,并依托增值税电子发票公共服务平台,为纳税人提供免费的电子专票开具服务。

五、税务机关按照电子专票和纸质专票的合计数,为纳税人核定增值税专用发票领用数量。电子专票和纸质专票的增值税专用发票(增值税税控系统)最高开票限额应当相同。

六、纳税人开具增值税专用发票时,既可以开具电子专票,也可以开具纸质专票。受票方索取纸质专票的,开票方应当开具纸质专票。

七、纳税人开具电子专票后,发生销货退回、开票有误、应税服务中止、销售折让等情形,需要开具红字电子专票的,按照以下规定执行:

(一)购买方已将电子专票用于申报抵扣的,由购买方在增值税发票管理系统(以下简称"发票管理系统")中填开并上传《开具红字增值税专用发票信息表》(以下简称《信息表》),填开《信息表》时不填写相对应的蓝字电子专票信息。

购买方未将电子专票用于申报抵扣的,由销售方在发票管理系统中填开并上传《信息表》,填开《信息表》时应填写相对应的蓝字电子专票信息。

(二)税务机关通过网络接收纳税人上传的《信息表》,系统自动校验通过后,生成带有"红字发票信息表编号"的《信息表》,并将信息同步至纳税人端系统中。

(三)销售方凭税务机关系统校验通过的《信息表》开具红字电子专票,在发票管理系统中以销项负数开具。红字电子专票应与《信息表》一一对应。

(四)购买方已将电子专票用于申报抵扣的,应当暂依《信息表》所列增值税税额从当期进项税额中转出,待取得销售方开具的红字电子专票后,与《信息表》一并作为记账凭证。

八、受票方取得电子专票用于申报抵扣增值税进项税额或申请出口退税、代办退税的,应当登录增值税发票综合服务平台确认发票用途,登录地址由各省税务局确定并公布。

九、单位和个人可以通过全国增值税发票查验平台(https://inv-veri.chinatax.gov.cn)对电子专票信息进行查验;可以通过全国增值税发票查验平台下载增值税电子发票版式文件阅读器,查阅电子专票并验证电子签名有效性。

十、纳税人以电子发票(含电子专票和电子普票)报销入账归档的,按照《财政部国家档案局关于规范电子会计凭证报销入账归档的通知》(财会〔2020〕6号)的规定执行。

十一、本公告自 2020 年 12 月 21 日起施行。

3.《国家税务总局关于优化纳税人延期缴纳税款等税务事项管理方式的公告》(2022 年 9 月 28 日颁布　2022 年 11 月 1 日实施　国家税务总局公告 2022 年第 20 号)

附件 1："对纳税人延期缴纳税款的核准"等事项实施规定

五、确定发票印制企业实施规定

(一)事项名称

确定发票印制企业

(二)实施机关

增值税专用发票印制企业由国家税务总局确定;其他发票印制企业由国家税务总局各省、自治区、直辖市税务局确定。

(三)设定依据

1.《中华人民共和国税收征收管理法》第二十二条:增值税专用发票由国务院税务主管部门指定的企业印制;其他发票,按照国务院税务主管部门的规定,分别由省、自治区、直辖市国家税务局、地方税务局指定企业印制。

未经前款规定的税务机关指定,不得印制发票。

2.《中华人民共和国发票管理办法》第七条:增值税专用发票由国务院税务主管部门确定的企业印制;其他发票,按照国务院税务主管部门的规定,由省、自治区、直辖市税务机关确定的企业印制。禁止私自印制、伪造、变造发票。

(四)实施条件

印制发票的企业应当具备下列条件:

1.取得印刷经营许可证和营业执照;

2.设备、技术水平能够满足印制发票的需要;

3.有健全的财务制度和严格的质量监督、安全管理、保密制度。

(五)提交材料

1.印刷经营许可证或者其他印刷品印制许可证;

2.生产设备、生产流程及安全管理制度;

3. 生产工艺及产品检验制度;

4. 保存、运输及交付相关制度;

5. 参加政府采购按规定需提供的其他材料。

(六)提交材料时限

按照政府采购程序确定。

(七)实施程序

税务机关应当严格按照政府采购程序组织实施采购,确定采购结果,并与发票印制企业签订采购合同。

(八)办结时限

按照政府采购程序确定。

(九)监管规则

1. 根据政府采购合同(含招标采购文件、投标或者响应文件)确定的要求进行到货验收,确保印制企业交付的发票满足使用要求,验收结果作为付款和退还履约保证金的依据;

2. 对出厂后的发票产品进行抽查检测,发现不合格产品的,按照采购合同中的违约条款进行处理。

第二十三条 【税控装置】国家根据税收征收管理的需要,积极推广使用税控装置。纳税人应当按照规定安装、使用税控装置,不得损毁或者擅自改动税控装置。

一、税收行政法规

《中华人民共和国税收征收管理法实施细则》(2002年9月7日中华人民共和国国务院令第362号公布 根据2012年11月9日《国务院关于修改和废止部分行政法规的决定》第一次修订 根据2013年7月18日《国务院关于废止和修改部分行政法规的决定》第二次修订 根据2016年2月6日《国务院关于修改部分行政法规的决定》第三次修订)

第二十八条 纳税人应当按照税务机关的要求安装、使用税控装置,并按照税务机关的规定报送有关数据和资料。

税控装置推广应用的管理办法由国家税务总局另行制定,报国务院批准后实施。

二、税务规范性文件

1.《国务院办公厅转发国家税务总局关于全面推广应用增值税防伪税控系统意见的通知》(2000年2月12日颁布　2000年2月12日实施　国办发〔2000〕12号)①

增值税防伪税控系统(以下简称:税控系统)是运用数字密码和电子存储技术,强化增值税专用发票防伪功能,实现对增值税一般纳税人税源监控的计算机管理系统,也是国家"金税工程"的重要组成部分。自1994年在部分地区和行业进行税控系统应用试点以来,取得了初步成效。为了进一步加强增值税管理,保障国家税收,防范和严厉打击各种偷、骗增值税等违法犯罪活动,经与有关部门共同研究,现提出如下意见:

一、在2002年年底以前,将税控系统覆盖到所有的增值税一般纳税人。有关企业要按照税务机关的要求及时安装使用税控系统,凡逾期不安装使用的,税务机关停止向其发售增值税专用发票,并收缴其库存未用的增值税专用发票。

二、纳入税控系统管理的企业,必须通过该系统开具增值税专用发票;对使用非税控系统开具增值税专用发票的,税务机关要按照《中华人民共和国发票管理办法》的有关规定进行处罚;对破坏、擅自改动、拆卸税控系统进行偷税的,要依法予以严惩。

四、适当减轻企业使用税控系统的经济负担。税控系统专用和通用设备的购置费用准予在企业成本中列支,同时可凭购货发票(增值税专用发票)所注明的增值税税额,计入该企业当期的增值税进项税额。具体办法由国务院有关部门另行制定。

五、税控系统专用设备和技术维护实行国家统一定价,具体标

---

① 根据《国家税务总局关于废止逾期增值税扣税凭证一律不得抵扣规定的公告》(国家税务总局公告2011年第49号),自2011年10月1日起,本文第三条中"凡逾期未申报认证的,一律不得作为扣税凭证,已经抵扣税款的,由税务机关如数追缴,并按《中华人民共和国税收征收管理法》的有关规定进行处罚"规定废止。

准由国家计委制定。

六、税控系统生产研制单位要确保技术安全和专用设备的质量,做好日常技术维护工作。各级税务机关要对税控系统的销售和售后服务进行严格监督,但自身不得直接或间接从事与其相关的商业性经营活动。

2.《国家税务总局关于进一步加强税收征管工作的若干意见》①(2004年8月24日颁布 2004年8月24日实施 国税发〔2004〕108号)

(七)大力推行税控装置,加强发票管理

要认真贯彻国家税务总局、财政部、信息产业部、国家质量监督检验检疫总局关于推行税控装置的一系列要求,积极稳妥地推行税控收款机等税控装置。严格执行税控装置使用规定,督促检查使用税控装置的纳税人如实录入经营数据和开具税控发票;主管税务机关要利用税控装置记录数据计核应征税额,分析纳税状况,不断提高税款征收质量。要严把税控初始化关,按照总局有关规定对用户使用的税控收款机进行税控初始化。要严把申报审核关,按照"一窗式"管理的原理,加强对使用税控收款机的纳税人申报资料的审核。受理纳税申报岗位不仅要对纳税申报表及相关资料进行逻辑审核,而且要对纳税申报表填报的经营收入数据与纳税人用户卡记录的开票金额进行比对。纳税申报的经营收入大于或者等于用户卡记录的开票金额,方可开票征税和清零解锁;纳税申报的经营收入小于用户卡记录的开票金额,要即时要求纳税人纠错补正,不能即时补正的,要求纳税人说明原因,同时移送税源管理部门约谈、核查。要严把发票发售"验旧售新"关,在税控收款机清零解锁后,才允许其重新启用税控收款机开票,并发售新的空白发票。对不按规定使用税控装置、不据实申报纳税的,要依法予以处罚并核定其应纳税额。

---

① 根据《国家税务总局关于修改部分税收规范性文件的公告》(国家税务总局公告2018年第31号)对本文进行了修改,三、四、五删除了国地税相关用语,删除了第六点部分内容。

要加强发票管理,运用"以票控税"管理手段,强化税源监管。要督促企业落实逐笔开具发票制度,强化发票"验旧购新"管理,落实发票限额限量供应措施。要坚持有奖发票制度,认真依法落实发票违章举报制度,充分发挥发票控管税源作用。

3.《信息产业部 国家税务总局关于印发〈税控收款机产品序列号管理办法〉的通知》(2006 年 9 月 1 日颁布　2006 年 9 月 1 日实施　信部联产〔2006〕616 号)

各省、自治区、直辖市和计划单列市及新疆生产建设兵团信息产业主管部门、国家税务局、地方税务局、有关企业:

根据《中华人民共和国税收征收管理法》、《国家税务总局、财政部、信息产业部、国家质量监督检验检疫总局关于推广应用税控收款机加强税源监控的通知》、《税控收款机生产企业资质管理办法》及其他法律、行政法规和部门规章的规定,为了保证我国税控收款机推广应用工作的顺利实施,落实对税控收款机产品实施序列号管理的要求,信息产业部会同国家税务总局制定了《税控收款机产品序列号管理办法》,现印发给你们,请认真贯彻执行。

信息产业部
国家税务总局
二〇〇六年九月一日

税控收款机产品序列号管理办法

第一章　总　　则

第一条　为了保证我国税控收款机推广应用工作的顺利实施,落实对税控收款机产品实施序列号管理的要求,根据《中华人民共和国税收征收管理法》、《国家税务总局、财政部、信息产业部、国家质量监督检验检疫总局关于推广应用税控收款机加强税源监控的通知》、《税控收款机生产企业资质管理办法》及其他法律、行政法规和部门规章的规定,制定本办法。

第二条　本办法所称税控收款机产品序列号,是指按照国家标准《GB 18240.6 设备编码规则》,对税控收款机产品所设置的管理编码。

　　第三条　本办法适用于税控收款机产品序列号的申请、受理、核准和监督管理。

　　第四条　中华人民共和国信息产业部(以下简称"信息产业部")负责税控收款机产品序列号的分配、监督管理以及相关政策措施的制定。

　　根据工作需要,信息产业部可以委托相应的机构承担税控收款机产品序列号受理工作,并委托其建立和管理序列号管理信息系统。

　　第五条　经信息产业部分配的税控收款机产品序列号是产品唯一的、始终不变的法定代码。

第二章　申请与核准

　　第六条　企业获得税控收款机产品生产企业资质证书、税控收款机产品生产许可证,并在税控收款机产品选型招标中标后,可以向信息产业部申请税控收款机产品序列号。

　　第七条　企业申请税控收款机产品序列号,应当提交下列材料,并保证材料齐全、真实:

　　(一)税控收款机产品序列号申请表;

　　(二)税控收款机产品生产许可证复印件;

　　(三)税控收款机产品选型中标文件复印件;

　　(四)已经分配序列号的使用及产品销售情况。

　　第八条　信息产业部根据企业申请,确定生产企业编码、产品类型编码,核批产品序列号号段。

　　第九条　税控收款机产品序列号应按规定格式标识在:

　　(一)税控收款机产品存储器内;

　　(二)税控收款机产品包装箱;

　　(三)税控收款机产品机壳;

（四）税控收款机产品《保修卡》；

（五）税控 IC 卡卡面。

第十条 税控收款机产品序列号应按照一机一号进行设置和标识。产品序列号应连续、惟一、正确，标识应清晰、牢固、便于查验。

第十一条 申请企业将本办法第七条要求的文件，以电子邮件、传真、邮寄、办公场所提交等方式送交信息产业部。以电子邮件、传真方式提供申请文件的应在随后 7 日内以邮政特快专递（EMS）或到受理现场将申请文件送交信息产业部。

第十二条 企业提交的材料齐全、符合法定形式的，信息产业部应当在 12 个工作日内核准分配相应的序列号，并书面通知申请企业；材料不齐全、不符合法定形式的，信息产业部应当在 12 个工作日内将不予分配的理由书面通知申请企业。

第三章　监督和管理

第十三条 生产企业在获得产品序列号后应按规定使用和标识，不得转借或自行变更产品序列号，不得使用已被注销的产品序列号。

第十四条 没有序列号的税控收款机产品不得销售和使用。

第十五条 生产企业应在每季度前 15 日内向信息产业部报送上季度序列号的使用及产品销售情况。

第十六条 如发现下列情况之一，信息产业部将取消已分配的序列号或不再分配新的序列号，被取消序列号的产品不得在市场上销售：

（一）不按照规定使用和标识产品序列号；

（二）不按规定报送序列号使用及产品销售情况；

（三）已停止税控收款机产品生产超过一年；

（四）生产企业有严重违法行为。

第十七条 信息产业部对不再使用的税控收款机产品的序列号予以注销。

第十八条 为做好市场监督管理工作,保证税控收款机产品序列号管理信息系统中的信息全面、准确,信息产业部和国家税务总局建立信息交流沟通机制,相互提供税控收款机产品序列号分配和使用情况的有关信息。

第十九条 信息产业部、国家税务总局公布不按规定使用和标识产品序列号的生产企业名单。

第四章 附 则

第二十条 本办法由信息产业部负责解释。

第二十一条 本办法自印发之日起施行。

4.《国家税务总局关于税控收款机序列号管理有关问题的通知》(2007年10月24日颁布 2007年10月24日实施 国税函〔2007〕1049号)

各省、自治区、直辖市和计划单列市国家税务局、地方税务局:

为保证税控收款机项目的顺利推行,结合湖南、北京、上海、吉林等地的推行情况,现将税控收款机序列号管理的有关事项通知如下:

一、序列号管理方式

按照《国家税务总局、财政部、信息产业部、国家质量监督检验检疫总局关于推广应用税控收款机加强税源监控的通知》(国税发〔2004〕44号)、《信息产业部、国家税务总局关于印发〈税控收款机产品序列号管理办法〉的通知》(信部联产〔2006〕616号)的有关规定,税控收款机采用序列号管理方式,序列号由信息产业部发放。

根据序列号管理的相关要求,为了保证安全,税务总局在税控收款机管理系统中对税控收款机序列号进行了相应管理。税控收款机序列号经税务总局发行系统初始化后方可正常使用,非法的税控机具序列号无法在税控收款机管理系统中使用。

二、序列号信息的报送

为保证各地顺利推行税控收款机,已完成招标的省、市税务机关应及时通知在本地区中标的税控收款机生产企业提前申请获得合法的税控收款机序列号,并向税务总局正式报送有关序列号资料,便于税务总局开展序列号相关初始化工作。

第一次报送序列号时,税控收款机生产企业应附上其中标通知书(复印件)。

5.《国家税务总局关于普通发票行政审批取消和调整后有关税收管理问题的通知》(2008年1月29日颁布　2008年1月29日实施　国税发〔2008〕15号)

二、建立收支粘贴簿、进销货登记簿或者使用税控装置问题

(二)税控装置的安装使用属于行政强制行为,凡在推广使用范围内的纳税人必须按照规定安装和使用税控装置。纳税人安装使用税控装置的确认程序按照《国家税务总局关于印发〈税控收款机管理系统业务操作规程〉的通知》(国税发〔2005〕126号)的规定执行。

6.《国家税务总局关于上海市税控收款机推广应用有关问题的批复》(2008年7月23日颁布　2008年7月23日实施　国税函〔2008〕690号)

上海市国家税务局:

你局《关于上海市税控收款机推广应用的情况中有关问题的请示》(沪国税征〔2008〕23号)收悉。经研究,现批复如下:

一、关于税控收款机发票盖章问题

鉴于目前税控收款机开具的卷式发票上已打印纳税人名称(即收款单位名称)、纳税识别号,同意你局在上海市范围内试点,试行税控收款机卷式发票开具时不加盖发票专用章,以方便纳税人开具操作。其他发票开具仍需按规定加盖发票专用章。

二、关于税控收款机过户问题

办理注销手续的税控收款机用户,如需转让税控收款机的,可按下列程序进行操作:

(一)税控收款机用户持税控卡、用户卡,以及未使用完的税控发票,到主管税务机关办理机器注销手续和发票缴销手续。

(二)主管税务机关前台操作人员按规定的程序,对机器及税

控卡、用户卡做注销处理(同时清空税控卡、用户卡数据),未使用完毕的税控发票做缴销处理,然后再按新机器、新用户重新进行税控初始化。

三、关于一户多机问题

关于一户多机用户在抄报数据时需携带多张用户卡的问题,由于目前使用的税控收款机属于单机版,不具有通过网络分发发票的功能,只能通过用户卡传递发票发售信息,因此,目前单机版税控收款机无法解决一户多机纳税人使用多张卡的问题。待大商场税控改造标准出台后,这一问题可得到解决。

四、关于网上抄报数据问题

关于通过网上抄报税控收款机开票数据的问题,税务总局目前正与有关部门研究通过网上报送数据和回传监控信息的解决方案,并已在部分省、市进行试点,待有关事项明确后另行规定。

7.《国家税务总局关于纳税人权利与义务的公告》[①](2009 年 11 月 6 日颁布　2009 年 11 月 6 日实施　国家税务总局公告 2009 年第 1 号)

四、按照规定安装、使用税控装置的义务

国家根据税收征收管理的需要,积极推广使用税控装置。您应当按照规定安装、使用税控装置,不得损毁或者擅自改动税控装置。如您未按规定安装、使用税控装置,或者损毁或者擅自改动税控装置的,我们将责令您限期改正,并可根据情节轻重处以规定数额内的罚款。

第二十四条　【账簿凭证的保管】 从事生产、经营的纳税人、扣缴义务人必须按照国务院财政、税务主管部门规定的保管期限保管帐簿、记帐凭证、完税凭证及其他有关资料。

帐簿、记帐凭证、完税凭证及其他有关资料不得伪造、变造或者擅

[①] 《国家税务总局关于修改部分税收规范性文件的公告》(国家税务总局公告 2018 年第 31 号)对本文进行了修改。

自损毁。

> **税收行政法规**
>
> 《中华人民共和国税收征收管理法实施细则》(2002年9月7日中华人民共和国国务院令第362号公布 根据2012年11月9日《国务院关于修改和废止部分行政法规的决定》第一次修订 根据2013年7月18日《国务院关于废止和修改部分行政法规的决定》第二次修订 根据2016年2月6日《国务院关于修改部分行政法规的决定》第三次修订)
>
> 第二十九条 账簿、记账凭证、报表、完税凭证、发票、出口凭证以及其他有关涉税资料应当合法、真实、完整。
>
> 账簿、记账凭证、报表、完税凭证、发票、出口凭证以及其他有关涉税资料应当保存10年;但是,法律、行政法规另有规定的除外。

第三节 纳税申报

第二十五条 【依法申报义务】纳税人必须依照法律、行政法规规定或者税务机关依照法律、行政法规的规定确定的申报期限、申报内容如实办理纳税申报,报送纳税申报表、财务会计报表以及税务机关根据实际需要要求纳税人报送的其他纳税资料。

扣缴义务人必须依照法律、行政法规规定或者税务机关依照法律、行政法规的规定确定的申报期限、申报内容如实报送代扣代缴、代收代缴税款报告表以及税务机关根据实际需要要求扣缴义务人报送的其他有关资料。

一、税收行政法规

《中华人民共和国税收征收管理法实施细则》(2002年9月7日中华人民共和国国务院令第362号公布　根据2012年11月9日《国务院关于修改和废止部分行政法规的决定》第一次修订　根据2013年7月18日《国务院关于废止和修改部分行政法规的决定》第二次修订　根据2016年2月6日《国务院关于修改部分行政法规的决定》第三次修订)

第三十二条　纳税人在纳税期内没有应纳税款的,也应当按照规定办理纳税申报。

纳税人享受减税、免税待遇的,在减税、免税期间应当按照规定办理纳税申报。

第三十三条　纳税人、扣缴义务人的纳税申报或者代扣代缴、代收代缴税款报告表的主要内容包括:税种、税目,应纳税项目或者应代扣代缴、代收代缴税款项目,计税依据,扣除项目及标准,适用税率或者单位税额,应退税项目及税额,应减免税项目及税额,应纳税额或者应代扣代缴、代收代缴税额,税款所属期限、延期缴纳税款、欠税、滞纳金等。

第三十四条　纳税人办理纳税申报时,应当如实填写纳税申报表,并根据不同的情况相应报送下列有关证件、资料:

(一)财务会计报表及其说明材料;

(二)与纳税有关的合同、协议书及凭证;

(三)税控装置的电子报税资料;

(四)外出经营活动税收管理证明和异地完税凭证;

(五)境内或者境外公证机构出具的有关证明文件;

(六)税务机关规定应当报送的其他有关证件、资料。

第三十五条　扣缴义务人办理代扣代缴、代收代缴税款报告时,应当如实填写代扣代缴、代收代缴税款报告表,并报送代扣代缴、代收代缴税款的合法凭证以及税务机关规定的其他有关证件、资料。

第三十六条　实行定期定额缴纳税款的纳税人,可以实行简易申报、简并征期等申报纳税方式。

二、税务规范性文件

1.《国家税务总局 中国人民银行 财政部关于加强申报纳税工作有关问题的通知》(1997年8月7日颁布 1997年8月7日实施 国税发〔1997〕100号)

为了贯彻《国务院办公厅转发国家税务总局深化税收征管改革方案的通知》(国办发〔1997〕1号),进一步做好申报纳税制度的改革工作,加强税收入库管理,现对有关问题明确如下:

一、建立新的申报纳税制度是税收征管改革的基础。申报纳税制度的改革,对于明确征纳双方的权利义务,简化工作程序,方便纳税人申报纳税,以及税收征管引入现代科学技术,提高工作效率,加大征管力度,确保税款及时足额入库,促进税务部门的廉政建设等方面都有着重要的意义。各地要按照《关于深化税收征管改革方案》(以下简称《方案》)的要求,结合本地实际,积极稳妥地制订出申报纳税制度改革的具体办法,分步实施,并注意总结经验,加强指导,不断改进,逐步规范统一。

二、各地应因地制宜做好税收征管改革工作。《方案》中规定的申报纳税的具体办法有四种,各地根据当地的实际情况,认真执行。在此之前,一些地方的税务部门在财政、国库等单位的配合下,摸索出了比较好的税收入库办法,可继续执行。各地财政、税务、国库部门在税收征管改革中,要加强调查研究,因势利导,使税收征管改革健康发展。

三、规范银行机构进驻办税服务场所。目前一些地区实行了《方案》里"在有条件的地方实行银行税务一体化管理,纳税人在银行开设税款预储账户,按期提前储入当期应纳税款,并在法定的申报纳税期内向税务机关报送纳税申报表和有关资料,由税务机关通知划款入库"的申报纳税办法。这一办法在督促纳税人及时缴税、简化纳税程序和加强银税合作方面,起到了较好的作用。但有的地方在实施中,有一些不恰当的做法,引起了纳税人和其他有关部门的反映,有必要加以规范。

(一)纳税人税款预储账户的设立,应按照中国人民银行《银行账户管理办法》的规定,办理开设"专用存款账户"的有关手续,经当地人民银行审核同意后开立账户。

（二）纳税人开设税款预储账户后，应在纳税期前2至3天将与应纳税款等额的款项转存税款预储账户，存入的时间和额度以保证及时足额纳税为准，税务、银行不得另外硬性规定。

（三）为纳税人办理税款预储账户的金融机构，在办理税款收纳业务中，必须按照有关规定，"于当日办理库款的报解、入库手续。如当日确实来不及的，最迟在次日上午办理"。各级国库要加强日常检查工作，"对延解积压收入的，处以每日万分之五的罚款"。

（四）各级税务部门均不得在任何金融机构开设税款过渡账户，税款一经实现，即应由经收的金融机构及时缴入国库。

（五）在本通知前已经进驻办税服务厅并能严格按照各项制度办理税款收纳的金融机构，需向当地人民银行国库部门补办审批手续，而且只能办理税款收纳业务；对还需进驻的金融机构，要报当地中国人民银行国库部门审批；未经审批的金融机构，不得进入办税服务厅。

四、税款的缴纳入库工作，涉及税务、财政、国库、银行几个部门，各部门要积极协调，紧密配合，共同做好这项工作。税务部门在进行申报纳税制度改革时，要兼顾其他有关部门的工作程序和现行规定，考虑下一步财税库计算机联网的要求，及时通告有关情况，征求有关部门的意见；财政、国库、银行应以有利于税收征管，有利于税款及时额入库出发，积极支持申报纳税制度的改革。各地应采取联席会议等形式，多通气、多协调，加强合作，并注意总结工作中的经验，发现问题及时向国家税务总局、中国人民银行总行、财政部汇报。

2.《国家税务总局关于贯彻〈中华人民共和国税收征收管理法〉及其实施细则若干具体问题的通知》[①]**（2003年4月23日颁布 2023年4月23日实施 国税发〔2003〕47号）**

四、关于纳税申报的管理问题

经税务机关批准，纳税人、扣缴义务人采取数据电文方式办理

[①] 根据国家税务总局公告2018年第33号《国家税务总局关于公布全文失效废止和部分条款失效废止的税收规范性文件目录的公告》文件的规定，第一条失效废止。

纳税申报的,其申报日期以税务机关计算机网络系统收到该数据电文的时间为准。采取数据电文方式办理纳税申报的纳税人、扣缴义务人,其与数据电文相对应的纸质申报资料的报送期限由主管税务机关确定。

十三、简易申报、简并征期问题

实施细则第三十六条规定:"实行定期定额缴纳税款的纳税人,可以实行简易申报、简并征期等申报纳税方式",这里所称"简易申报"是指实行定期定额缴纳税款的纳税人在法律、行政法规规定的期限或者在税务机关依照法律、行政法规的规定确定的期限内缴纳税款的,税务机关可以视同申报;"简并征期"是指实行定期定额缴纳税款的纳税人,经税务机关批准,可以采取将纳税期限合并为按季、半年、年的方式缴纳税款,具体期限由省级税务机关根据具体情况确定。

3.《国家税务总局关于进一步加强税收征管工作的若干意见》(2004年8月24日颁布　2004年8月24日实施　国税发〔2004〕108号)

一、加强税款征收管理

(一)加强对纳税申报的审核

办税服务厅窗口工作人员在受理纳税申报时,要按照"一窗式"管理规程的要求,对各类纳税申报资料的完整性和基本数据逻辑进行必要的审核。在审核增值税申报资料时,要认真比对防伪税控磁卡记录销售额与申报的专用发票销售额、防伪认证数与申报专用发票抵扣数,比对运输发票、废旧物资发票、海关代征凭证以及农副产品收购票抵扣清单(磁盘)汇总额与申报表对应抵扣额,其他发票填开额与申报销售额等。受理运输企业营业税申报,要比对申报的税额与发票清单(磁盘)汇总额。发现申报差错要及时处理,辅导纳税人纠正一般性错误,不断提高纳税申报的真实性和准确性。税源管理部门要根据纳税人户籍资料以及各类相关指标,对纳税申报真实性作进一步审核评估,及时发现问题,采取措施,堵塞管理漏洞。

4.《国家税务总局关于印发〈集贸市场税收分类管理办法〉的通知》①(2004年11月24日颁布 2004年11月24日实施 国税发〔2004〕154号)

第十条 对于查账征收户,主管税务机关应依照相关法律、行政法规和有关规定,引导、督促其如实建账,准确进行核算。

查账征收户应纳的各项税款由纳税人按照有关税收法律、行政法规的规定按期自行申报缴纳。

主管税务机关应根据日常管理掌握的信息,有计划地对查账征收户申报纳税的准确性进行纳税评估。

……

5.《国家税务总局关于印发〈纳税人财务会计报表报送管理办法〉的通知》②(2005年3月1日颁布 2005年5月1日实施 国税发〔2005〕20号)

各省、自治区、直辖市和计划单列市国家税务局、地方税务局,扬州税务进修学院,局内各单位:

现将《纳税人财务会计报表报送管理办法》(以下简称《办法》,见附件1)印发给你们,并就有关问题明确如下:

一、认清意义,狠抓规范。针对长期以来税务机关要求纳税人报送资料过多、过滥的积弊,总局从去年开始进行清理整顿,力求逐步解决纳税人重复报送涉税资料的问题。这次规范纳税人财务会计报表报送管理是减轻纳税人负担的第一步,它不仅有利于改善和优化纳税服务,而且有助于规范税务机关的基础工作,逐步实

---

① 《国家税务总局关于修改部分税收规范性文件的公告》(国家税务总局公告2018年第31号)对本文进行了修改。

② 1.根据《国家税务总局关于公布全文失效废止部分条款失效废止的税收规范性文件目录的公告》(国家税务总局公告2011年第2号),附件2失效。2.《国家税务总局关于修改部分税收规范性文件的公告》(国家税务总局公告2018年第31号)对本文进行了修改。3.根据《国家税务总局关于公布全文和部分条款失效废止的税务规范性文件目录的公告》(国家税务总局公告2023年第8号),自2023年5月26日起,附件第九条废止。

现纳税人报送信息在税务机关内部的共享。各级税务机关务必对此高度重视,切实贯彻落实《办法》的各项规定,认真清理自行要求纳税人重复报送的各种涉税资料,力求使得"重复报送、重复采集"信息的问题在近期能够取得明显改观。

二、统一报送,信息共享。今后凡依照法律、行政法规以及总局的规定要求纳税人报送的财务会计报表,均由《办法》规定的统一报送方式替代,不再分税种单独报送。即同一种报表纳税人按规定原则上只报送一次,由税务机关统一采集、录入信息系统,按照"一户式"存储的要求进行管理。目前,各省市在财务会计报表之外要求纳税人报送的同类报表,凡财务会计报表数据能够满足工作需要的,一律取消;凡与财务会计报表数据有部分重复的,要立即修改报表内容并重新发布,以避免重复报送。确属税收管理特殊需要而报表数据又不能满足的,县级税务局可以统一确定由纳税人另行提供。与此同时,"一户式"存储的纳税人报送的所有财务会计数据,各级税务机关应当根据各个部门工作职责、使用需求确定权限,授权使用,实行信息共享,并要切实加强各个部门之间协调配合,深入细致地做好基础性工作,防止出现管理上的"真空"。

三、力求文件、软件同步。《办法》涉及的软件修改将在2005年5月1日《办法》生效前完成,确保文件、软件能够同步执行。总局今后下发涉及报表修改的文件,将在确定业务操作流程与业务、技术标准并对相应的应用软件(包括纳税人使用的报表报送软件和税务机关使用的接受报表的软件)修改完成时同步执行,以便纳税人和基层税务机关操作。省以下各级税务局业务变化涉及软件修改的,也要照此原则办理。

涉及纳税人使用的报表报送软件,凡由税务机关组织开发的,由税务机关负责修改维护;凡由商业开发的,则由税务机关公开发布修订的业务与技术标准和使用时间要求,由此类软件的开发商负责修改维护,并提供纳税人使用。涉及税务机关使用的接受报表的软件,凡使用总局综合征管软件的,由总局负责修改软件;凡使用省市开发的征管软件的,由相关省市根据总局颁布的业务技术标准自行修改软件。

四、及时公告周知纳税人。各地要将报表清理情况按照不同的纳税人适用类型列出清单,明确报送哪些、废止哪些,连同财务会计报表统一报送的意义以及《办法》有关报送报表的具体规定等,编写成专题信函,发送到每一个报送财务会计报表的纳税人;同时,可通过电视、广播、网站和12366特服电话以及在办税服务厅内张贴等方式宣传,以便于纳税人的理解与遵从,也便于社会的监督与支持。

五、狠抓数据应用,提高管理水平。各级税务机关对于纳税人报送的财务会计报表载明的各项数据,要与所掌握的其他数据信息有机结合应用,切实把死数据变成管理需要的活信息,使之在审核审批、纳税评估、行业分析、税源监控、税务稽查、税收收入预测和辅助决策等各项工作中最大限度地发挥作用。

六、《办法》执行中遇到的问题,要及时向总局反馈,以便改进和完善。

附件

纳税人财务会计报表报送管理办法

第一章 总 则

第一条 为了统一纳税人财务会计报表报送,规范税务机关对财务会计报表数据的接收、处理及应用维护,减轻纳税人负担,夯实征管基础,根据《中华人民共和国税收征收管理法》(以下简称《征管法》)及其实施细则以及其他相关法律、法规的规定,制定本办法。

第二条 本办法所称纳税人是指《征管法》第十五条所规定的从事生产、经营的纳税人。实行定期定额征收方式管理的纳税人除外。

第三条 本办法所称财务会计报表是指会计制度规定编制的资产负债表、利润表、现金流量表和相关附表。

前款所称会计制度是指国务院颁布的《中华人民共和国企业

财务会计报告条例》以及财政部制定颁发的各项会计制度。

第四条 纳税人应当按照国家相关法律、法规的规定编制和报送财务会计报表,不得编制提供虚假的财务会计报表。纳税人的法定代表人或负责人对报送的财务会计报表的真实性和完整性负责。

第五条 纳税人应当在规定期间,按照现行税收征管范围的划分,向主管税务机关报送财务会计报表。除有特殊要求外,同样的报表只报送一次。

主管税务机关应指定部门采集录入,实行"一户式"存储,实现信息共享,不得要求纳税人按税种或者在办理其他涉税事项时重复报送财务会计报表。

第六条 税务机关应当依法对取得的纳税人财务会计报表数据保密,不得随意公开或用于税收以外的用途。

第二章 报表报送

第七条 纳税人无论有无应税收入、所得和其他应税项目,或者在减免税期间,均必须依照《征管法》第二十五条的规定,按其所适用的会计制度编制财务报表,并按本办法第八条规定的时限向主管税务机关报送;其所适用的会计制度规定需要编报相关附表以及会计报表附注、财务情况说明书、审计报告的,应当随同财务会计报表一并报送。

适用不同的会计制度报送财务会计报表的具体种类,由省、自治区、直辖市和计划单列市税务局确定。

第八条 纳税人财务会计报表报送期间原则上按季度和年度报送。确需按月报送的,由省、自治区、直辖市和计划单列市税务局确定。

第十条 纳税人经批准延期办理纳税申报的,其财务会计报表报送期限可以顺延。

第十一条 纳税人可以直接到税务机关办理财务会计报表的报送,也可以按规定采取邮寄、数据电文或者其他方式办理上述报送事项。

第十二条　纳税人采取邮寄方式办理财务会计报表报送的,以邮政部门收据作为报送凭据。邮寄报送的,以寄出日的邮戳日期为实际报送日期。

第十三条　纳税人以磁盘、IC卡、U盘等电子介质(以下简称电子介质)或网络方式报送财务会计报表的,税务机关应当提供数据接口。凡使用总局软件的,数据接口格式标准由总局公布;未使用总局软件的,也必须按总局标准对自行开发软件作相应调整。

第十四条　《中华人民共和国电子签名法》正式施行后,纳税人可按照税务机关的规定只报送财务会计报表电子数据。在此之前,纳税人以电子介质或网络方式报送财务会计报表的,仍按照税务机关规定,相应报送纸质报表。

第三章　接收处理

第十五条　纳税人报送的纸质财务会计报表,由税务机关的办税服务厅或办税服务室(以下简称办税厅)负责受理、审核、录入和归档;以电子介质报送的电子财务会计报表由办税厅负责接收、读入、审核和存储;以网络方式报送的财务会计报表电子数据由税务机关指定的部门通过系统接收、读入、校验。

第十六条　主管税务机关应当对不同形式报送的财务会计报表分别审核校验:

(一)办税厅对于纸质财务会计报表,实行完整性和时效性审核通过后在综合征管软件系统中作报送记录。凡符合规定的,当场打印回执凭证交纳税人留存;凡不符合规定的,要求纳税人在限期内补正,限期内补正的,视同按规定期限报送财务会计报表。

(二)办税厅对于电子介质财务会计报表,实行安全过滤并进行系统校验性审核。凡符合规定的,当场打印回执凭证交纳税人留存;凡不符合规定的,要求纳税人在限期内补正,限期内补正的,视同按规定期限报送财务会计报表。

(三)主管税务机关对于通过网络报送的财务会计报表电子数据,必须实施安全过滤后实时进行系统性校验。凡符合规定的,系统提示纳税人报送成功,并提供电子回执凭证;凡不符合要求的,系统提示报送不成功,纳税人应当及时检查纠正,重新报送。

第十七条　办税厅应当及时将纳税人当期报送的纸质财务会计报表的各项数据,准确、完整地采集和录入。

税务机关指定的部门对于纳税人当期报送的财务会计报表电子数据,应当按照"一户式"存储的管理要求,统一存储,数据共享,并负责数据安全和数据备份。

第十八条　财务会计报表报送期届满,主管税务机关应当将综合征管信息系统生成的未报送财务会计报表的纳税人清单分送纳税人所辖税务机关,由所辖税务机关负责督促税收管理员逐户催报。

第十九条　纳税人报送的财务会计报表由主管税务机关根据税收征管法及其实施细则和相关法律、法规规定的保存期限归档和销毁。

第四章　数据维护

第二十条　总局对各地反馈上报要求在财务会计报表之外增加的数据需求,应当按照《国家税务总局工作规则》的规定,由征管和科技发展司(以下简称征管科技司)组织相关司局进行分析、确认,并提出具体的解决建议,报经局长办公会或局务会批准后,方可增加。涉及软件修改的,由征管科技司组织相关司局编制业务需求。

第二十一条　总局信息中心根据征管科技司组织相关司局编制的业务需求,负责进行需求分析,提出技术要求并分别作出处理:

(一)涉及税务机关的业务内容变化,直接安排修改总局综合征管软件;同时将需要修改的内容标准化,下发未使用总局综合征管软件的税务机关自行修改软件。

(二)涉及纳税人的业务变化,将需要修改的内容标准化并向社会公布,同时公布软件接口标准,以便商用软件开发商修改软件,及时为纳税人更新申报软件版本。

第二十二条 使用自行开发软件地区需要进行数据维护的,可参照本办法第二十一、二十二条的规则办理。

第二十三条 总局临时性需下级税务机关报送的各类调查表、统计表,涉及纳税人财务会计报表指标的,由征管科技司确认,方可从已有的财务会计报表公共信息中提取,主管税务机关不再采集。

第五章 法律责任

第二十四条 纳税人有违反本办法规定行为的,主管税务机关应当责令限期改正。责令限期改正的期限最长不超过15天。

第二十五条 纳税人未按照规定期限报送财务会计报表,或者报送的财务会计报表不符合规定且未在规定的期限内补正的,由主管税务机关依照《征管法》第六十二条的规定处罚。

第二十六条 纳税人提供虚假的财务会计报表,或者拒绝提供财务会计报表的,由主管税务机关依照《征管法》第七十条的规定处罚。

第二十七条 由于税务机关原因致使纳税人已报送的纸质或电子财务会计报表遗失或残缺,税务机关应当向纳税人道歉,并由纳税人重新报送。

第六章 附 则

第二十八条 纳税人按规定需要报送的财务会计报表,可以委托具有合法资质的中介机构报送。

第二十九条 本办法所称日内均含本日,遇有法定公休日、节假日,按照税收征管法及其实施细则的规定顺延。

第三十条 各省、自治区、直辖市和计划单列市税务局可根据本办法制定具体实施细则,并报国家税务总局备案。

第三十一条 本办法由国家税务总局负责解释。

第三十二条 本办法自2005年5月1日起执行。

6.《国家税务总局关于纳税人权利与义务的公告》①(2009年11月6日颁布 2009年11月6日实施 国家税务总局公告2009年第1号)

五、按时、如实申报的义务

您必须依照法律、行政法规规定或者我们依照法律、行政法规的规定确定的申报期限、申报内容如实办理纳税申报,报送纳税申报表、财务会计报表以及我们根据实际需要要求您报送的其他纳税资料。

作为扣缴义务人,您必须依照法律、行政法规规定或者我们依照法律、行政法规的规定确定的申报期限、申报内容如实报送代扣代缴、代收代缴税款报告表以及我们根据实际需要要求您报送的其他有关资料。

您即使在纳税期内没有应纳税款,也应当按照规定办理纳税申报。享受减税、免税待遇的,在减税、免税期间应当按照规定办理纳税申报。

7.《国家税务总局关于印发〈外国企业常驻代表机构税收管理暂行办法〉的通知》②(2010年2月20日颁布 2010年1月1日实施 国税发〔2010〕18号)

第六条 代表机构应当按照有关法律、行政法规和国务院财政、税务主管部门的规定设置账簿,根据合法、有效凭证记账,进行核算,并应按照实际履行的功能和承担的风险相配比的原则,准确

---

① 《国家税务总局关于修改部分税收规范性文件的公告》(国家税务总局公告2018年第31号)对本文进行了修改。

② 1.根据《国家税务总局关于修改按经费支出换算收入方式核定非居民企业应纳税所得额计算公式的公告》(国家税务总局公告2016年第28号)规定,自2016年5月1日起,本文第七条第一项第1目规定的计算公式修改为:应纳税所得额=本期经费支出额/(1-核定利润率)×核定利润率。2.根据《国家税务总局关于修改部分税收规范性文件的公告》(国家税务总局公告2018年第31号),本文第十二条"各省、自治区、直辖市和计划单列市国家税务局和地方税务局可按本办法规定制定具体操作规程,并报国家税务总局(国际税务司)备案。"修改为"各省、自治区、直辖市和计划单列市税务局可按本办法规定制定具体操作规程,并报国家税务总局(国际税务司)备案。"

计算其应税收入和应纳税所得额,在季度终了之日起 15 日内向主管税务机关据实申报缴纳企业所得税、营业税,并按照《中华人民共和国增值税暂行条例》及其实施细则规定的纳税期限,向主管税务机关据实申报缴纳增值税。

8.《国家税务总局关于发布〈网上纳税申报软件管理规范(试行)〉的公告》(2010 年 7 月 19 日颁布　2010 年 11 月 1 日实施　国家税务总局公告 2010 年第 3 号)

为加强网上纳税申报软件的管理,优化纳税服务,确保纳税人申报的电子涉税数据准确、完整、安全,国家税务总局制定了《网上纳税申报软件管理规范(试行)》现予公布,自 2010 年 11 月 1 日起施行。

国家税务总局还将制定《网上纳税申报软件业务标准》,并统一开展网上纳税申报软件的评测工作。评测合格的企业及软件产品,国家税务总局统一向社会公布,由纳税人选择使用。《网上纳税申报软件业务标准》及评测相关事项另行公告。

特此公告。

二〇一〇年七月十九日

网上纳税申报软件管理规范(试行)

第一章　总　　则

第一条　为规范网上纳税(费)申报软件开发与服务,加强对软件开发与服务单位(以下简称开发服务商)的监管,确保纳税人申报的电子涉税数据准确、完整和安全,特制定《网上纳税申报软件管理规范》(以下简称管理规范)。

第二条　网上纳税申报软件分为低保型纳税申报软件、商品化纳税申报软件和纳税人自行开发纳税申报软件。

低保型纳税申报软件,是指税务机关免费为纳税人提供、符合相关规定、满足基本要求的纳税申报软件。

商品化纳税申报软件,是指市场上开发服务商根据相关规定开发的,纳税人自愿选用并享有配套服务的纳税申报软件。

纳税人自行开发纳税申报软件,是指纳税人自行研发符合相关规定的纳税申报软件。

第三条 根据国家法律法规和税收政策,国家税务总局制定和修订统一的网上纳税申报业务标准(以下简称业务标准),并及时向社会发布。

业务标准之外税(费)申报,由省税务机关依据业务标准增补相应的内容,并报国家税务总局备案后及时向社会发布。

第四条 低保型纳税申报软件,由国家税务总局组织开发和维护,免费提供给纳税人使用。商品化纳税申报软件和纳税人自行开发纳税申报软件,由开发服务商和自行开发纳税人自行组织开发和维护。

第五条 税务机关应对开发服务商服务质量进行约束和监督。

第二章　网上纳税申报软件评测

第六条 国家税务总局负责对开发服务商进行评测及监管。开发服务商应当具备以下条件:

(一)较强的综合实力:专职软件开发人员不少于30人,技术服务人员不少于50人。

(二)软件开发管理能力:软件能力成熟度(CMMI)达到3级以上。

(三)软件支持服务能力:拥有集软件升级维护保障、远程客户服务呼叫中心、本地化上门服务于一体的完善的支持服务体系。

(四)有参与税务信息化或国家大型信息化建设项目的经验。

第七条 网上纳税申报软件的具体评测由国家税务总局自行组织或委托、联合第三方测评机构实施。

第八条 国家税务总局定期发布评测公告,开发服务商根据公告向国家税务总局提出评测申请。

第九条 评测合格的网上纳税申报软件及开发服务商目录由国家税务总局向社会公布,各地税务机关必须在目录中选择使用,选定后由省税务机关上报国家税务总局备案。未通过评测的软件各级税务机关不得选用。

第十条 国家税务总局不定期对在用网上纳税申报软件进行抽检。

第三章 服务与权益保障

第十一条 纳税人选用商品化纳税申报软件,应当与开发服务商签订合同。开发服务商应当免费提供网上纳税申报软件,并提供按年和按次两种收费服务项目,由纳税人自愿选择服务项目,不服务不得收取费用。

第十二条 开发服务商应当公告服务项目和收费标准。开发服务商收费标准,应当随着推广规模的逐步扩大而逐年降低。

第十三条 开发服务商应当提供优质服务,其配套服务的主要内容应包括:咨询、软件升级维护、现场技术支持等。

第四章 数据传输质量与保密

第十四条 网上纳税申报软件,应当采用必要的安全认证措施,解决网上纳税申报的身份识别问题,各地税务机关不得强制纳税人有偿使用。

第十五条 开发服务商应保障其软件能按照税务机关的要求,及时、完整、准确地传输纳税申报电子数据。

第十六条 开发服务商必须遵守国家保密规定,保证纳税人电子申报数据安全,不得对纳税人的纳税申报电子数据有任何泄密行为。

第五章 日常运行维护

第十七条 低保型纳税申报软件,由国家税务总局负责督促选定的开发服务商进行软件升级,并及时公布。

第十八条 商品化纳税申报软件由开发服务商根据税务机关发布的业务标准及时升级,并提供给纳税人使用。

第十九条 自行开发的纳税申报软件的纳税人根据税务机关发布的业务标准及时升级。

第六章 法律责任

第二十条 凡开发服务商发生下列情形之一者,按管辖权限由相应的省税务机关责令限期整改。给纳税人造成损失的,由开发服务商按照合同协议承担赔偿责任。

（一）未按照国家税务总局规定的业务标准和补充说明，及时进行申报软件修改升级，给纳税人造成损失或经抽检不合格的；

（二）未按照合同协议规定的标准提供服务和收取服务费用的；

（三）纳税人投诉反映强烈，经核查属实并造成重大影响的；

（四）纳税人满意度达不到各地税务机关制定的具体标准的。

第二十一条　凡开发服务商发生下列情形之一者，按管辖权限由相应的省税务机关责令其退出网上纳税申报技术服务市场，并及时上报国家税务总局备案和向社会公布。给纳税人造成损失的，由开发服务商按照合同协议承担赔偿责任。

（一）网上纳税申报软件经评测不合格，一个月内修改后再次评测仍不合格的；

（二）将纳税人纳税申报电子数据向第三方泄露经核查属实的；

（三）限期整改仍不合格的。

第七章　附　　则

第二十二条　本管理规范由国家税务总局负责解释，于2010年11月1日起施行。

9.《国家税务总局关于贯彻落实〈国务院关于取消和下放一批行政审批项目等事项的决定〉的通知》（2013年7月11日颁布 2013年7月11日实施　税总发〔2013〕73号）

各省、自治区、直辖市、和计划单列市国家税务局、地方税务局，局内各单位：

2013年5月15日，国务院发布了《国务院关于取消和下放一批行政审批项目等事项的决定》（国发〔2013〕19号，以下简称《决定》）。为贯彻落实《决定》的要求，深入推进税务行政审批制度改革，切实转变税务系统职能，现就有关事项通知如下。

一、充分认识深化行政审批制度改革的重大意义

各级税务机关要进一步提高对深化行政审批制度改革重要性

的认识。改革仍是我国目前最大的红利,行政审批制度是改革的切入点和突破口,改革行政审批制度对发挥市场在资源配置中的基础性作用,激发市场、企业和社会活力,增强经济发展内生动力,打造中国经济升级版具有重要意义。税务部门要在思想和行动上与中央精神保持高度一致,通过改革行政审批制度给经济注入活力、增强动力,为税收事业发展做出贡献;同时,做好行政审批制度改革也是对税务部门改进服务、加强管理的检验,必须高度重视,认真落实,不走过场。

二、认真落实取消税务行政审批事项的各项要求

《决定》取消了"对纳税人申报方式的核准"和"印制有本单位名称发票的审批"以及"对办理税务登记(开业、变更、验证和换证)的核准"等 3 项税务行政审批项目(其中"对办理税务登记的核准"项目是依据《税收征管法》设立的,国务院已依法提请全国人大常委会,6 月 29 日已完成该法修订程序,但取消该项目名称有待国务院公布)。对国务院决定取消的税务行政审批项目,任何一级税务机关都不得截留,必须原原本本、认认真真地贯彻落实到位。要把落实取消税务行政审批项目的情况,作为税收执法检查和执法监察的重点内容进行监督检查,对落实不好的要坚决予以纠正,严肃追究责任,确保执行到位。要对取消行政审批项目涉及的有关税收规章和税收规范性文件进行全面清理,该修改的修改,该废止的废止,防止行政审批事项取消后,由于与该审批事项相关的依据未作相应修改或废止,造成实际执行不到位、取消未落实。要深入研究加强后续管理问题。研究制定取消的行政审批项目后续管理和服务措施,调整征管信息系统的相关征管流程,防止出现"管理真空",切实转变管理理念和管理方式,避免陷入一放就乱、一乱就收、一收就死的怪圈。

三、坚定不移推进税务部门行政审批制度改革

各级税务机关要根据深化行政体制改革、加快转变政府职能的新形势和新要求,继续坚定不移地推进税务部门行政审批制度改革。要以深化税务行政审批制度改革为突破口,继续简政放权,

坚决摒弃将加强管理简单地等同于行政审批的片面思维,切实将税务管理的重点和方法从事前审批转入到事中监控和事后监管上来。税收规章和规章以下的税收规范性文件均不得设定行政审批;对行政审批项目实行目录化管理,凡不在目录上的事项一律不得实行审批;各级税务机关如有自行设立的税务行政审批项目(包括审批、审核、批准、认可、认定、同意、核准、登记、事前核准性备案、发证、告知、注册、验证、验收、年审、年检等各种批准形式),要立即进行彻底清理。对核准、备案等事项,要细化标准,对外公开,方便纳税人自主办理,不得变相搞审批。着力推动管理理念、管理职能、管理方式和管理作风的转变,加快建设职能科学、结构优化、廉洁高效、人民满意的服务型税务机关。

要坚持管放结合,真正下决心把不该管、管不了、也管不好的还权于企业、回归到市场、交还给社会、下放在基层,激发各方面活力;在放权的同时必须加强监管,把该管的、能管的坚决管住管好管到位。要坚持优化服务,把深化行政审批制度改革与为纳税人提供优质服务结合起来,贯穿于职能转变的全过程,切实提高为纳税人服务的水平。要健全监督制约机制,加强对包括行政审批权在内的税收执法权和行政管理权的监督制约,确保严格按照法定权限和程序行使权力、履行职责,不断提高税务管理科学化、规范化水平。

附件:国务院决定取消的行政审批项目目录(涉税 2 项)

序号	项目名称	实施机关	设定依据	处理决定	备注
1	对纳税人申报方式的核准	税务机关	《中华人民共和国税收征收管理法实施细则》(国务院令第 362 号)	取消	

10.《国家税务总局关于创新税收服务和管理的意见》(2014 年 7 月 7 日颁布　2014 年 7 月 7 日实施　税总发〔2014〕85 号)

二、创新管理,促进后续监管精细化

税务机关要进一步推进税收管理科学化、精细化、现代化,一手抓优质服务,主动做好纳税人的纳税辅导、咨询、培训和宣传;一手抓事后监管,在发票领用、纳税申报等后续环节健全制度,完善措施,及时掌握纳税人动态情况,以促进纳税人税法遵从度提高,防范税收流失风险。

(二)进一步简化纳税申报

11. 为纳税人提供纳税申报办理指引。税务机关要详细告知纳税人申报期限和申报方法,辅导纳税人准确申报。畅通申报渠道,确保纳税人可以根据实际生产经营情况,自由选择办税大厅、邮寄或网上申报等多种申报方式。

12. 进一步简并征期。积极推行小规模纳税人(包括个体工商户)简并征期申报工作。对于小型微型企业、长期不经营企业,税务机关可以按照法律、法规规定采取合并征期、调整申报期限等方式,进一步减轻纳税人负担。

11.《国家税务总局关于合理简并纳税人申报缴税次数的公告》(2016 年 2 月 1 日颁布 2016 年 4 月 1 日实施 国家税务总局公告 2016 年第 6 号)

为落实《深化国税、地税征管体制改革方案》关于创新纳税服务机制的要求,推进办税便利化改革,根据《中华人民共和国税收征收管理法》《中华人民共和国增值税暂行条例》及其实施细则、《中华人民共和国消费税暂行条例》及其实施细则等有关税收法律法规的规定,现就合理简并纳税人申报缴税次数有关事项公告如下:

四、对于采取简易申报方式的定期定额户,在规定期限内通过财税库银电子缴税系统批量扣税或委托银行扣缴核定税款,当期可不办理申报手续,实行以缴代报。

本公告自 2016 年 4 月 1 日起施行。

12.《国家税务总局关于简并税费申报有关事项的公告》[①]**（2021年4月12日颁布　2021年5月1日实施　国家税务总局公告2021年第9号）**

为贯彻落实中办、国办印发的《关于进一步深化税收征管改革的意见》，深入推进税务领域"放管服"改革，优化营商环境，切实减轻纳税人、缴费人申报负担，根据《国家税务总局关于开展2021年"我为纳税人缴费人办实事暨便民办税春风行动"的意见》（税总发〔2021〕14号），现将简并税费申报有关事项公告如下：

一、自2021年6月1日起，纳税人申报缴纳城镇土地使用税、房产税、车船税、印花税、耕地占用税、资源税、土地增值税、契税、环境保护税、烟叶税中一个或多个税种时，使用《财产和行为税纳税申报表》（附件1）。纳税人新增税源或税源变化时，需先填报《财产和行为税税源明细表》（附件2）。《废止文件及条款清单》（附件3）所列文件、条款同时废止。

二、自2021年5月1日起，海南、陕西、大连和厦门开展增值税、消费税分别与城市维护建设税、教育费附加、地方教育附加申报表整合试点，启用《增值税及附加税费申报表（一般纳税人适用）》、《增值税及附加税费申报表（小规模纳税人适用）》、《增值税及附加税费预缴表》及其附列资料和《消费税及附加税费申报表》（附件4-10），《暂停执行文件和条款清单》（附件11）所列文件、条款同时暂停执行。

[①]　1.根据《国家税务总局关于增值税 消费税与附加税费申报表整合有关事项的公告》（国家税务总局公告2021年第20号），自2021年8月1日起附件4至附件11废止。2.根据《国家税务总局关于契税纳税服务与征收管理若干事项的公告》（国家税务总局公告2021年第25号），自2021年9月1日起附件2《契税税源明细表》废止。3.根据《国家税务总局关于实施〈中华人民共和国印花税法〉等有关事项的公告》（国家税务总局公告2022年第14号），自2022年7月1日起附件2中《印花税税源明细表》废止。4.根据《国家税务总局关于进一步实施小微企业"六税两费"减免政策有关征管问题的公告》（国家税务总局公告2022年第3号）的规定，此公告修订的表单自各省（自治区、直辖市）人民政府确定减征比例的规定公布当日正式启用。各地启用此公告修订的表单后，不再使用《国家税务总局关于简并税费申报有关事项的公告》（2021年第9号）中的《财产和行为税减免税明细申报附表》。

13.《国家税务总局关于进一步深化税务领域"放管服"改革 培育和激发市场主体活力若干措施的通知》(2021年10月12日颁布 2021年10月12日实施 税总征科发〔2021〕69号)

(五)推行税收事项容缺办理。编制发布税收事项容缺办理清单,在风险可控的前提下,对清单内事项主要资料齐全、次要资料欠缺时,纳税人承诺"先办后补"后可以容缺办理,并在规定时限内补齐欠缺资料。税务部门采取随机抽查、动态监控等方式,强化容缺办理税收事项的事后监管。

三、部门工作文件

《国家税务总局关于开展2021年"我为纳税人缴费人办实事暨便民办税春风行动"的意见》(2021年2月11日颁布 2021年2月11日实施 税总发〔2021〕14号)

8.简并税费申报。调整完善财行税纳税申报表,全面推行财行税合并申报,进一步精简申报资料、减少申报次数,减轻办税负担。整合增值税、消费税及城建税、教育费附加、地方教育附加等主税附加税费申报表,让纳税人一次性完成主税附加税费申报。推进税种要素申报,逐步减少纳税人填报数据。推动企业财务报表与纳税申报表对接转换,减少纳税人申报时间。简化代扣代缴申报,将代扣代缴、代收代缴税款报告表等由发生时按次申报改为按月汇总申报。修订查账征收企业所得税预缴纳税申报表,简化表单样式。

9.精简证明资料。推行税务证明事项告知承诺制,扩大实行告知承诺制的证明事项范围,进一步减少证明材料。简化服务贸易等项目对外支付税务备案流程,对于需要多次对外支付的同一笔合同,仅需在首次付汇前办理税务备案,无需重复提交备案表等资料。取消对外国投资者以境内直接投资合法所得在境内再投资单笔5万美元以上进行税务备案的要求,进一步降低跨境投资者办税成本。

10.拓展网上办税。扩大"非接触式"服务范围,年内分阶段基本实现企业税费事项能网上办理、个人税费事项能掌上办理。实现自然人房屋租赁、房屋交易税收以及车船税掌上办理。推进出口货物劳务等税收票证电子化,有效提高获取和使用税收票证的便利度。推广第三方支付等多元化税费缴纳方式,实现移动端便捷缴纳税费。开展社保经办和缴费业务线上"一窗联办"试点,提升缴费人办事体验。

第二十六条　【申报方式】纳税人、扣缴义务人可以直接到税务机关办理纳税申报或者报送代扣代缴、代收代缴税款报告表,也可以按照规定采取邮寄、数据电文或者其他方式办理上述申报、报送事项。

一、税收行政法规

《中华人民共和国税收征收管理法实施细则》(2002年9月7日中华人民共和国国务院令第362号公布　根据2012年11月9日《国务院关于修改和废止部分行政法规的决定》第一次修订　根据2013年7月18日《国务院关于废止和修改部分行政法规的决定》第二次修订　根据2016年2月6日《国务院关于修改部分行政法规的决定》第三次修订)

第三十条　税务机关应当建立、健全纳税人自行申报纳税制度。纳税人、扣缴义务人可以采取邮寄、数据电文方式办理纳税申报或者报送代扣代缴、代收代缴税款报告表。

数据电文方式,是指税务机关确定的电话语音、电子数据交换和网络传输等电子方式。

第三十一条　纳税人采取邮寄方式办理纳税申报的,应当使用统一的纳税申报专用信封,并以邮政部门收据作为申报凭据。邮寄申报以寄出的邮戳日期为实际申报日期。

纳税人采取电子方式办理纳税申报的,应当按照税务机关规定的期限和要求保存有关资料,并定期书面报送主管税务机关。

二、税务规章

《邮寄纳税申报办法》[1997年9月26日国税发第147号公布 自1997年9月26日起施行 根据2016年5月29日《国家税务总局关于公布全文废止和部分条款废止的税务部门规章目录的决定》(国家税务总局令第40号)和2018年6月15日《国家税务总局关于修改部分税务部门规章的决定》(国家税务总局令第44号)修正]

为贯彻《国务院办公厅关于转发国家税务总局深化税收征管改革方案的通知》(国办发〔1997〕1号),不断深化税收征管改革,完善纳税申报制度,方便纳税人申报纳税,依据《中华人民共和国税收征收管理法》及其有关规定,以及国家邮政局颁布的《国内特快专递邮件处理规则》,制定本办法。

一、适用范围

凡实行查账征收方式的纳税人,均可采用本办法。

二、邮寄内容

邮寄申报的邮件内容包括纳税申报表、财务会计报表以及税务机关要求纳税人报送的其他纳税资料。

三、办理程序

(一)纳税人在法定的纳税申报期内,按税务机关规定的要求填写各类申报表和纳税资料后,使用统一规定的纳税申报特快专递专用信封,可以根据约定时间由邮政人员上门收寄,也可到指定的邮政部门办理交寄手续。

无论是邮政人员上门收寄,还是由纳税人到邮政部门办理交寄,邮政部门均应向纳税人开具收据。该收据作为邮寄申报的凭据,备以查核。

(二)邮政部门办理纳税申报特快专递邮件参照同城特快邮件方式交寄、封发处理,按照与税务机关约定的时限投递,保证传递服务质量。具体投递频次、时限由省、自治区、直辖市邮政、税务部门协商确定。业务量、业务收入统计按照同城特快业务现行规定办理。

（三）各基层税务机关要指定人员统一接收、处理邮政部门送达的纳税申报邮件。

四、邮资

纳税申报特快专递邮件实行按件收费，每件中准价为8元，各省、自治区、直辖市邮政管理局可根据各地实际情况，以中准价为基础上下浮动30%。价格确定后，须报经省物价主管部门备案。

邮件资费的收取方式及相关手续由各省、自治区、直辖市税务和邮政部门协商确定。

五、申报日期确认

邮寄纳税申报的具体日期以邮政部门收寄日戳日期为准。

六、专用信封

邮寄纳税申报专用信封，由各省、自治区、直辖市邮政管理局与同级税务机关共同指定印刷厂承印，并负责监制；由各地（市）、州、盟税务局按照国家邮政局、国家税务总局确定的式样（附后）印制；由纳税人向主管税务机关领购。

七、本办法由国家税务总局、国家邮政局负责解释；各省、自治区、直辖市税务局、邮政管理局可依据本办法制定具体的实施办法。

八、本办法自发布之日起生效。

三、税务规范性文件

1.《国家税务总局关于纳税人权利与义务的公告》[①]**（2009年11月6日颁布　2009年11月6日实施　国家税务总局公告2009年第1号）**

四、纳税申报方式选择权

您可以直接到办税服务厅办理纳税申报或者报送代扣代缴、代收代缴税款报告表，也可以按照规定采取邮寄、数据电文或者其

---

① 《国家税务总局关于修改部分税收规范性文件的公告》（国家税务总局公告2018年第31号）对本文进行了修改。

他方式办理上述申报、报送事项。但采取邮寄或数据电文方式办理上述申报、报送事项的,需经您的主管税务机关批准。

您如采取邮寄方式办理纳税申报,应当使用统一的纳税申报专用信封,并以邮政部门收据作为申报凭据。邮寄申报以寄出的邮戳日期为实际申报日期。

数据电文方式是指我们确定的电话语音、电子数据交换和网络传输等电子方式。您如采用电子方式办理纳税申报,应当按照我们规定的期限和要求保存有关资料,并定期书面报送给我们。

2.《税务总局等十三部门关于推进纳税缴费便利化改革 优化税收营商环境若干措施的通知》(2020 年 9 月 28 日颁布 2020 年 9 月 28 日实施 税总发〔2020〕48 号)

二、不断提升纳税缴费事项办理便利度

(六)拓展税费综合申报范围。在进一步落实城镇土地使用税、房产税合并申报的基础上,加快推进增值税、消费税同城市维护建设税等附加税费合并申报及财产行为税一体化纳税申报,进一步简并申报次数,减轻纳税缴费负担。(税务总局负责)

(七)压减纳税缴费时间和纳税次数。对标国际先进水平,进一步优化纳税缴费流程、精简申报资料,试行税务证明事项告知承诺制,进一步减少证明材料。2020 年年底前,纳税缴费时间压减至 120 小时以内;2022 年年底前,纳税缴费时间压减至 100 小时以内,纳税次数进一步压减,促进营商环境持续改善。(税务总局牵头,人力资源社会保障部、住房城乡建设部按职责分工负责)

(八)大力推进税费事项网上办掌上办。进一步巩固拓展"非接触式"办税缴费服务。2020 年年底前,实现主要涉税服务事项网上办理;2021 年年底前,除个别特殊、复杂事项外,基本实现企业办税缴费事项可网上办理,个人办税缴费事项可掌上办理。(人力资源社会保障部、住房城乡建设部、税务总局、医保局按职责分工负责)

(九)推进纳税缴费便利化创新试点。充分发挥税收服务作用,在支持京津冀协同发展、长江经济带发展、长三角一体化发展、粤港澳大湾区建设、黄河流域生态保护和高质量发展以及海南自由贸易港、成渝地区双城经济圈建设等国家发展重大战略中，积极推进纳税缴费便利化改革创新试点，探索可复制、可推广经验，完善税费服务体系。(税务总局牵头，人力资源社会保障部、医保局按职责分工负责)

3.《国家税务总局关于进一步深化税务领域"放管服"改革 培育和激发市场主体活力若干措施的通知》(2021年10月12日颁布 2021年10月12日实施 税总征科发〔2021〕69号)

(十三)提升电子税务局服务水平。推动电子税务局实现政策速递精准推送。加强纳税人端办税软件整合，建设全国规范统一的电子税务局移动端。

四、部门工作文件

《国家税务总局关于开展2023年"便民办税春风行动"的意见》(2023年1月1日颁布 2023年1月1日实施 税总纳服发〔2023〕1号)

(四)智能办税提速。建立健全全国统一税务可信身份账户体系，方便纳税人通过多种渠道办理业务。支持纳税人在境外通过网上申报等方式，依托财税库银横向联网系统与人民币跨境支付机制，直接使用人民币跨境缴纳税款。在数字人民币试点地区，推动实现数字人民币缴纳税费，丰富数字人民币应用场景，满足纳税人缴费人多元化税费缴纳需求。

第二十七条 【延期申报权】纳税人、扣缴义务人不能按期办理纳税申报或者报送代扣代缴、代收代缴税款报告表的，经税务机关核准，可以延期申报。

经核准延期办理前款规定的申报、报送事项的，应当在纳税期内按照上期实际缴纳的税额或者税务机关核定的税额预缴税款，并在核准的延期内办理税款结算。

一、税收行政法规

《中华人民共和国税收征收管理法实施细则》(2002年9月7日中华人民共和国国务院令第362号公布 根据2012年11月9日《国务院关于修改和废止部分行政法规的决定》第一次修订 根据2013年7月18日《国务院关于废止和修改部分行政法规的决定》第二次修订 根据2016年2月6日《国务院关于修改部分行政法规的决定》第三次修订)

第三十七条 纳税人、扣缴义务人按照规定的期限办理纳税申报或者报送代扣代缴、代收代缴税款报告表确有困难,需要延期的,应当在规定的期限内向税务机关提出书面延期申请,经税务机关核准,在核准的期限内办理。

纳税人、扣缴义务人因不可抗力,不能按期办理纳税申报或者报送代扣代缴、代收代缴税款报告表的,可以延期办理;但是,应当在不可抗力情形消除后立即向税务机关报告。税务机关应当查明事实,予以核准。

二、税务规范性文件

1.《国家税务总局关于纳税人权利与义务的公告》[①](2009年11月6日颁布 2009年11月6日实施 国家税务总局公告2009年第1号)

五、申请延期申报权

您如不能按期办理纳税申报或者报送代扣代缴、代收代缴税款报告表,应当在规定的期限内向我们提出书面延期申请,经核准,可在核准的期限内办理。经核准延期办理申报、报送事项的,应当在税法规定的纳税期内按照上期实际缴纳的税额或者我们核定的税额预缴税款,并在核准的延期内办理税款结算。

---

① 《国家税务总局关于修改部分税收规范性文件的公告》(国家税务总局公告2018年第31号)对本文进行了修改。

2.《国家税务总局关于优化纳税人延期缴纳税款等税务事项管理方式的公告》(2022年9月28日颁布　2022年11月1日实施　国家税务总局公告2022年第20号)

为落实《国务院办公厅关于全面实行行政许可事项清单管理的通知》(国办发〔2022〕2号)要求,进一步优化税收营商环境,深入开展"我为纳税人缴费人办实事暨便民办税春风行动",根据《国家税务总局关于全面实行税务行政许可事项清单管理的公告》(2022年第19号),税务总局决定进一步简化优化"对纳税人延期缴纳税款的核准""对纳税人延期申报的核准""对纳税人变更纳税定额的核准""对采取实际利润额预缴以外的其他企业所得税预缴方式的核定""确定发票印制企业"5个事项的办理程序。现就有关事项公告如下:

一、"对纳税人延期缴纳税款的核准""对纳税人延期申报的核准""对纳税人变更纳税定额的核准""对采取实际利润额预缴以外的其他企业所得税预缴方式的核定"4个事项按照行政征收相关事项管理,依据《中华人民共和国税收征收管理法》及其实施细则、《中华人民共和国企业所得税法》及其实施条例等相关法律、行政法规规定实施,同时简化办理程序。

(一)简化受理环节。将受理环节由5个工作日压缩至2个工作日。税务机关接收申请材料,当场或者在2个工作日内进行核对。材料齐全、符合法定形式的,自收到申请材料之日起即为受理;材料不齐全、不符合法定形式的,一次性告知需要补正的全部内容。将"对纳税人延期缴纳税款的核准"事项的受理机关由省税务机关调整为主管税务机关,取消代办转报环节。

(二)简并办理程序。将办理程序由"申请、受理、审查、决定"调整为"申请、受理、核准(核定)"。

1."对纳税人延期缴纳税款的核准",税务机关收到纳税人延期缴纳税款申请后,对其提供的生产经营和货币资金情况进行核实,情况属实且符合法定条件的,通知纳税人延期缴纳税款。对该事项不再实行重大执法决定法制审核。

2."对纳税人延期申报的核准",税务机关收到纳税人、扣缴义务人延期申报申请后,对其反映的困难或者不可抗力情况进行核实,情况属实且符合法定条件的,通知纳税人、扣缴义务人延期申报。

3."对纳税人变更纳税定额的核准",税务机关收到纳税人对已核定应纳税额的异议申请后,按照《个体工商户税收定期定额征收管理办法》(国家税务总局令第16号公布,第44号修改)规定的核定程序重新核定定额并通知纳税人。

4."对采取实际利润额预缴以外的其他企业所得税预缴方式的核定",税务机关收到纳税人企业所得税预缴方式核定申请后,对其反映的困难情况进行核实,情况属实且符合法定条件的,核定预缴方式并通知纳税人。

(三)减少材料报送。对已实名办税纳税人、扣缴义务人的经办人、代理人,免于提供个人身份证件。

(四)实行全程网办。税务机关依托电子税务局支持事项全程网上办理。经申请人同意,可以采用电子送达方式送达税务文书。

在符合法律、行政法规规定的前提下,各省税务机关可以进一步采取承诺容缺、压缩办结时限等措施优化事项办理程序。

二、将"企业印制发票审批"名称调整为"确定发票印制企业",按照政府采购事项管理,依据《中华人民共和国税收征收管理法》及其实施细则、《中华人民共和国发票管理办法》及其实施细则、《中华人民共和国政府采购法》及其实施条例等法律、行政法规、规章规定实施。

本公告自2022年11月1日起施行,《国家税务总局关于个体工商户定期定额征收管理有关问题的通知》(国税发〔2006〕183号)第六条第一项"税务机关应当按照核定程序核定其定额。对未达起征点的定期定额户,税务机关应当送达《未达起征点通知书》",《国家税务总局关于印发个体工商户税收定期定额征收管理文书的通知》(国税函〔2006〕1199号)附件4、附件5、附件6、附件7同时废止。

特此公告。

附件:1."对纳税人延期缴纳税款的核准"等事项实施规定

2. 税务文书样式

国家税务总局

2022年9月28日

附件1

二、对纳税人延期申报的核准实施规定

(一)事项名称

对纳税人延期申报的核准

(二)实施机关

主管税务机关

(三)设定依据

1.《中华人民共和国税收征收管理法》第二十七条第一款:纳税人、扣缴义务人不能按期办理纳税申报或者报送代扣代缴、代收代缴税款报告表的,经税务机关核准,可以延期申报。

2.《中华人民共和国税收征收管理法实施细则》第三十七条:纳税人、扣缴义务人按照规定的期限办理纳税申报或者报送代扣代缴、代收代缴税款报告表确有困难,需要延期的,应当在规定的期限内向税务机关提出书面延期申请,经税务机关核准,在核准的期限内办理。

纳税人、扣缴义务人因不可抗力,不能按期办理纳税申报或者报送代扣代缴、代收代缴税款报告表的,可以延期办理;但是,应当在不可抗力情形消除后立即向税务机关报告。税务机关应当查明事实,予以核准。

(四)实施条件

纳税人、扣缴义务人有下列情形之一的,经税务机关核准,可以延期申报:

1. 因不可抗力,不能按期办理纳税申报或者报送代扣代缴、代收代缴税款报告表的,可以延期办理。但应当在不可抗力情形消除后立即向税务机关报告;

2.因其他原因,按照规定的期限办理纳税申报或者报送代扣代缴、代收代缴税款报告表确有困难,需要延期的。

(五)提交材料

1.延期申报申请表;

2.经办人身份证件;

3.代理委托书;

4.代理人身份证件。

(申请人通过办税窗口申请的,提供经办人、代理人身份证件原件,税务机关查验后退回;通过电子税务局等网上办税途径申请的,提供经办人、代理人身份证件原件电子照片或者扫描件。对已实名办税纳税人、扣缴义务人的经办人、代理人,免于提供个人身份证件。)

(六)申请时限

1.因不可抗力,不能按期办理纳税申报或者报送代扣代缴、代收代缴税款报告表的,应当在不可抗力情形消除后立即向税务机关报告;

2.因其他原因,按照规定的期限办理纳税申报或者报送代扣代缴、代收代缴税款报告表确有困难,需要延期的,在申报期限内申请。

(七)实施程序

1.受理

申请人通过办税窗口、电子税务局等途径向主管税务机关提交申请材料。申请人可以委托代理人提出申请,税务机关不得拒绝受理。

主管税务机关收到申请材料后,当场或者在2个工作日内进行核对。材料齐全、符合法定形式的,自收到申请材料之日起即为受理;材料不齐全、不符合法定形式的,制作《税务事项通知书(补正通知)》一次性告知需要补正的全部内容。

2.核实

主管税务机关对延期申报申请材料进行核实,应当以书面核实为原则;根据法定条件和程序,需要进行实地核实的,应当指派两名以上税务人员核实。

申请人、利害关系人有权进行陈述和申辩,税务机关应当认真听取申请人、利害关系人的意见,对其提出的事实、理由和证据应当进行复核;申请人、利害关系人提出的事实、理由或者证据成立的,应当采纳,有关过程应当予以记录。

3. 通知

(1)符合法定条件的,主管税务机关出具加盖本税务机关印章或者税收业务专用章的《延期申报通知书》,同时根据《中华人民共和国税收征收管理法》第二十七条第二款规定确定预缴税额,一并通知申请人。

(2)不符合法定条件的,主管税务机关出具加盖本税务机关印章或者税收业务专用章的《不予延期申报通知书》,并应当说明理由,告知申请人享有申请行政复议或者提起行政诉讼的权利。

(八)办结时限

本事项办结时限为10个工作日,税务机关应当自受理之日起10个工作日内办结。10个工作日内不能办结的,经本税务机关负责人批准,可以延长5个工作日,并应当将延长期限的理由告知申请人。

(九)监管规则

纳税人未按照核准的期限办理纳税申报和报送纳税资料的,或者扣缴义务人未按照核准的期限向税务机关报送代扣代缴、代收代缴税款报告表和有关资料的,由税务机关责令限期改正,可以依据《中华人民共和国税收征收管理法》规定予以处罚。

第三章 税 款 征 收

第二十八条 【税款的依法征收】税务机关依照法律、行政法规的规定征收税款,不得违反法律、行政法规的规定开征、停征、多征、少征、提前征收、延缓征收或者摊派税款。

农业税应纳税额按照法律、行政法规的规定核定。

一、税收行政法规

《中华人民共和国税收征收管理法实施细则》(2002年9月7日中华人民共和国国务院令第362号公布　根据2012年11月9日《国务院关于修改和废止部分行政法规的决定》第一次修订　根据2013年7月18日《国务院关于废止和修改部分行政法规的决定》第二次修订　根据2016年2月6日《国务院关于修改部分行政法规的决定》第三次修订)

第三十八条　税务机关应当加强对税款征收的管理,建立、健全责任制度。

税务机关根据保证国家税款及时足额入库、方便纳税人、降低税收成本的原则,确定税款征收的方式。

税务机关应当加强对纳税人出口退税的管理,具体管理办法由国家税务总局会同国务院有关部门制定。

第四十条　税务机关应当根据方便、快捷、安全的原则,积极推广使用支票、银行卡、电子结算方式缴纳税款。

第四十八条　税务机关负责纳税人纳税信誉等级评定工作。纳税人纳税信誉等级的评定办法由国家税务总局制定。

第四十九条　承包人或者承租人有独立的生产经营权,在财务上独立核算,并定期向发包人或者出租人上缴承包费或者租金的,承包人或者承租人应当就其生产、经营收入和所得纳税,并接受税务管理;但是,法律、行政法规另有规定的除外。

发包人或者出租人应当自发包或者出租之日起30日内将承包人或者承租人的有关情况向主管税务机关报告。发包人或者出租人不报告的,发包人或者出租人与承包人或者承租人承担纳税连带责任。

第五十条　纳税人有解散、撤销、破产情形的,在清算前应当向其主管税务机关报告;未结清税款的,由其主管税务机关参加清算。

二、税务规范性文件

1.《国家税务总局关于进一步加强欠税管理工作的通知》[①]
(2004年6月7日颁布 2004年6月7日实施 国税发〔2004〕66号)
各省、自治区、直辖市和计划单列市国家税务局、地方税务局：

近年来，各地税务部门认真贯彻落实中央领导关于清缴欠税的重要指示，欠税管理取得了明显效果，但由于欠税成因复杂，欠税现象在一些地区仍是一个比较突出的问题。为切实加强征纳双方的税款征缴责任，严格控制新欠和加大欠税追缴力度，现将加强欠税控管工作的要求通知如下：

一、加强申报审核，及时堵塞漏洞

（一）严格纳税申报制度。按照税收规定如期真实进行纳税申报是纳税人的责任，对于违反纳税申报规定的，税务机关应依法予以追究。税务机关不得授意纳税人虚假申报或变通虚假申报，不得故意接受虚假申报。

（二）建立健全申报审核方法。要利用纳税人生产经营和纳税的历史数据、"一户式"资料的勾稽关系、行业税负标准等信息，采取"人机结合"的办法，及时进行纵向、横向的逻辑审核，提出异常警示，把好纳税申报关卡，督促纳税人不断提高纳税申报质量。

（三）及时核实情况。对于不按期申报、申报资料异常、申报不缴税或少缴税的纳税人，税务机关应责任到人，采用各种方法，进一步摸清原因，以利及时发现问题，采取防范措施。对于容易变更经营场所的增值税一般纳税人（尤其是商贸企业），如有申报缴税异常现象，必须立即进行实地核查，发现失踪逃逸的，要随即查明领开增值税专用发票情况，上报总局，同时通报当地公安机关。

二、实行催缴制度，建立欠税档案

（一）催缴制度化。申报期结束后，税务机关应及时反映逾期未纳税情况，用格式化的形式书面通知纳税人进行催缴。告知内

[①] 条款第三条第（三）项废止。参见《国家税务总局关于税收征管若干事项的公告》（国家税务总局公告2019年第48号）。

容应包括本期未缴税金、累计欠税余额和加收滞纳金的规定。

(二)严格执行会计核算和报表上报制度。税务机关必须对申报、纳税情况如实核算,全面反映应征、解缴、欠税等税收资金分布状态,不得违规设账外账,更不得人为做账。报表数据应出自于会计账簿,不得虚报、瞒报。上级税务机关要加强报表分析,督促下级税务机关应征尽征。

(三)建立欠税人报告制度。凡纳税人没有缴清欠税的,应定期向主管税务机关报告其生产经营、资金往来、债权债务、投资和欠税原因、清欠计划等情况,报告间隔期由各地依据欠税程度确定,但最长不得超过三个月。欠税人有合并、分立、撤销、破产和处置大额资产行为的,应要求纳税人随时向主管税务机关报告。税务机关应通知欠税人以规定格式报告,税务机关据此建立欠税档案,实现对每个欠税人的动态监控。

三、坚持依法控管,加大清缴力度

(一)严格执行缓缴审批制度。纳税人申请税款缓缴,主管税务机关要对其缓缴原因进行核实把关,确实符合条件的,再上报省级税务局审批。对于经常申请税款缓缴的纳税人,税务机关应从严把握。缓缴期满后纳税人仍没有缴税的,税务机关应及时转为欠税处理。

(二)坚持以欠抵退的办法。凡纳税人既有应退税款又有欠税的,一律先将欠税和滞纳金抵顶应退税款和应退利息,抵顶后还有应退余额的才予以办理退税。以欠税抵顶退税具体操作办法,已在《国家税务总局关于应退税款抵扣欠缴税款有关问题的通知》(国税发〔2002〕150号)中明确。

(四)与纳税信用评定挂钩。税务机关要严格按照《国家税务总局纳税信用等级评定管理试行办法》(国税发〔2003〕92号)的规定,认真审核欠税人的纳税信用等级评定条件,切实按照有关评定标准确定纳税信用等级,真正发挥纳税信用评定管理工作促进纳税人依法纳税的作用。

(五)加强欠税检查。对长期欠税的纳税人,税务机关应将其列入监控重点,明确专人负责,经常下户了解情况,提出解决方案,最大限度避免"死欠"。

(六)实行欠税公告。对于2001年5月1日以后发生的欠税,税务机关应依照征管法的规定予以公告。公告的内容应包括纳税人和法定代表人名称、分税种的欠税数额和所欠税款的所属期。在实施欠税公告前,税务机关应事先告知欠税人,督促欠税人主动清缴欠税。

(七)实行以票控欠。对于业务正常但经常欠税的纳税人,税务机关应控制发票售量,督促其足额纳税。对于有逃税嫌疑的欠税人,税务机关应采用代开发票的办法,严格控制其开票量。

(八)依法采取强制措施。对于一些生产状况不错、货款回收正常,但恶意拖欠税款的纳税人,税务机关应积极与纳税人开户银行联系,掌握资金往来情况,从其存款账户中扣缴欠税。对隐匿资金往来情况的,税务机关可进一步采取提请法院行使代位权、查封、扣押、拍卖和阻止法人代表出境等强制措施。

(九)参与企业清偿债务。欠税人申请破产,税务机关应代表国家行使债权人权利,参与清算,按照法定偿债程序将税款征缴入库。欠税人有合并、分立等变更行为的,税务机关应依法认定欠税的归属。

请各地税务机关按照科学化、精细化的管理要求,制定和完善具体操作办法、工作流程,明确管理职责,做好"人机结合",切实加强欠税管理,进一步提高税收征管质量和效率。

2.《国家税务总局关于进一步加强税收征管工作的若干意见》①(2004年8月24日颁布　2004年8月24日实施　国税发〔2004〕108号)

(二)严格欠税管理

税款征期过后,要及时将纳税人欠缴税款情况提交税源管理

---

①　根据《国家税务总局关于修改部分税收规范性文件的公告》(国家税务总局公告2018年第31号)对本文进行了修改,三、四、五删除了国地税相关用语,删除了第六点部分内容。

部门催缴,最大限度地减少新欠税款的形成。要加强延期申报管理,严格执行滞纳金制度,任何单位和个人不得违法豁免滞纳金。对历史形成的欠税,要严格执行有关规定,不得采取任何变通办法擅自减免欠缴税款。纳税人确有困难申请缓缴税款的,要严格执行征管法及其实施细则有关规定,不得越权审批缓缴税款,不得擅自放宽期限。

各级税务机关要把清理欠税作为目标管理和质量考核的重要内容,定期检查欠税管理制度执行情况,落实责任追究制度,制定和完善欠税公告制度,定期进行欠税公告。

3.《国家税务总局关于印发〈集贸市场税收分类管理办法〉的通知》①(2004年11月24日颁布 2004年11月24日实施 国税发〔2004〕154号)

第十三条 主管税务机关应依法、及时征收临时经营户应纳的税款。

临时经营户需要使用发票的,可以按规定向主管税务机关申请办理。

4.《国家税务总局关于税库银横向联网电子缴税有关问题的通知》(2008年2月3日颁布 2008年2月3日实施 国税函〔2008〕143号)

各省、自治区、直辖市和计划单列市国家税务局、地方税务局:

近日,有纳税人反映部分地区税务机关在推行税库银横向联网电子缴税系统中,禁止纳税人采取其他方式缴纳税款,强制要求纳税人与银行、税务签订委托电子划款协议,加入联网电子缴税系统。现就有关问题明确如下:

根据《中华人民共和国税收征收管理法》的规定,纳税人可以选择现金缴税、缴款书转账缴税、信用卡缴税、联网电子缴税等各

---

① 《国家税务总局关于修改部分税收规范性文件的公告》(国家税务总局公告2018年第31号)对本文进行了修改。

种方式缴纳税款,税务机关不得强制纳税人采用某种方式缴纳税款。税务机关可以从方便纳税人缴税、降低税收成本出发,积极推行税库银横向联网电子缴税系统,但必须遵循纳税人自愿原则,不得强制推行。

5.《国家税务总局 中国人民银行关于横向联网系统银行卡刷卡缴税业务有关问题的通知》(2011年6月30日颁布 2011年6月30日实施 国税发〔2011〕69号)

各省、自治区、直辖市和计划单列市国家税务局、地方税务局,中国人民银行上海总部,各分行、营业管理部、省会(首府)城市中心支行,大连、青岛、宁波、厦门、深圳市中心支行,各国有商业银行,股份制商业银行,外资银行,中国邮政储蓄银行,中国银联股份有限公司:

为方便纳税人,提高征缴效率,在财税库银横向联网系统银行端查询缴税业务的基础上,各地应积极实施推广税务机关办税服务厅银行卡刷卡缴税业务。现就有关问题通知如下:

一、税务机关办税服务厅银行卡刷卡缴税业务是银行端查询缴税业务的一种重要形式,是通过在税务机关办税服务厅布设POS机实现纳税人缴税的方式。根据POS机布设机构的不同,分为商业银行布设POS机实现刷卡缴税和中国银联股份有限公司(以下简称银联)布设POS机实现刷卡缴税两种模式。

(一)税务机关办税服务厅银行卡刷卡缴税的业务流程为:

1. 纳税人完成纳税申报后,税收征管信息系统自动产生银行端查询缴税凭证序号(即应征凭证序号)提供给纳税人。

2. 纳税人在税务机关办税服务厅POS机上刷银行卡,选择缴税并输入银行端查询缴税凭证序号、纳税人识别号、征收机关代码,或者通过POS机和税收征管信息系统的连接串口自动读入银行端查询缴税凭证序号、纳税人识别号、征收机关代码,POS机布设机构据此向国库信息处理系统(简称TIPS)发起银行端查询缴税信息。

3. TIPS将银行端查询缴税信息发送税务机关,税务机关确认后生成电子税票信息发送TIPS，TIPS将电子税票信息发送给POS机布设机构。

4.POS机布设机构将电子税票信息通过POS机反馈给纳税人，纳税人核对确认后，输入银行卡密码办理缴税。

5.POS机布设机构将纳税人付款缴税指令转换成银行卡交易信息，发送至发卡银行。

6.发卡银行划款后，将划款结果返回给POS机布设机构；POS机布设机构通过POS机提示纳税人缴税成功，并打印POS机缴税回单。同时POS机布设机构将划款结果转换成电子税票划款回执，通过TIPS发送至税务机关，税收征管信息系统作税款上解。

7.纳税人在POS机缴税回单上签字后交税务机关征收人员。

8.税务机关征收人员收到POS机缴税回单并核对无误后，根据纳税人需要打印《税收电子转账专用完税证》，交给纳税人作为完税证明。

9.POS机布设机构向国库办理资金划缴。

10.国库收到POS机布设机构划缴的资金后办理入库。

11.税务机关根据国库返回的税款入库报表和电子税票入库流水信息，在税收征管系统做税款入库销号。

(二)由银联在税务机关办税服务厅布设POS机的，银联按照人民银行有关规定将银行卡所划税款在当前工作日划缴国库。在银联无法实现当日划缴资金的情况下，银联可根据清算国库发起的日间对账结果和TIPS发起的日切对账结果按照对账批次，于缴税业务发生的下一工作日12:00前，通过大额支付系统将税款划转至人民银行清算国库，并在附言中注明对账日期、对账批次以及缴税业务的总笔数。

由商业银行在税务机关办税服务厅布设POS机的，其国库资金划缴流程由当地省级人民银行与布设POS机的省级商业银行协商确定，但不得迟于下一工作日12:00。

二、通过POS机和税收征管信息系统的连接串口自动读入相关信息的，税务机关在信息系统业务实现过程中，应进行合理的信息安全规划与安全管控,通过信息安全防护手段保障系统安全,并在正式开展业务前进行风险评估和等级保护测评,以及时发现和处置存在的安全风险。

三、各商业银行、中国银联股份有限公司应根据有关业务流程和接口规范,做好与 TIPS、税收征管信息系统等相关系统的接口软件开发工作,规范开展刷卡缴税业务。

四、中国人民银行各分行、营业管理部、省会(首府)城市中心支行、大连、青岛、宁波、厦门、深圳市中心支行将本通知转发至辖区内各城市商业银行、农村商业银行和城市信用社、农村信用社。

6.《国家税务总局 中国人民银行关于规范横向联网系统银行卡缴税业务的通知》(2014 年 6 月 11 日颁布 2014 年 6 月 11 日实施 税总发〔2014〕73 号)

各省、自治区、直辖市和计划单列市国家税务局、地方税务局,中国人民银行上海总部,各分行、营业管理部、省会(首府)城市中心支行,大连、青岛、宁波、厦门、深圳市中心支行:

根据《国家税务总局 中国人民银行关于横向联网系统银行卡刷卡缴税业务有关问题的通知》(国税发〔2011〕69 号)的要求,各地应积极协调配合,在办税服务厅推广安全规范的银行卡缴税业务。现将有关事项通知如下:

一、安全规范的银行卡缴税业务是财税库银横向联网电子缴税系统银行端查询缴税业务的一种重要形式,是通过在税务机关办税服务厅布设符合国家及行业金融领域相关标准的 POS 机具(含 PSAM 芯片),采用税务身份认证手段,在 POS 机具与税收征管系统间传递电子数据,为纳税人提供通用、安全、便捷和实时的电子缴税方式。

二、税务机关在信息系统业务实现过程中,要积极推广安全规范的银行卡缴税业务。未与税务专网连接的 POS 机具,可继续保留手工操作方式开展业务。已与税务专网连接,但不符合安全规范的 POS 机具,要抓紧进行改造。

三、各商业银行、中国银联股份有限公司应根据有关业务流程、通用电子缴税客户端软件POS机通讯接口规范(见附件)、国家及行业金融领域相关标准,做好与税收征管信息系统等相关系统的接口开发工作,配合税务机关开展安全规范的银行卡缴税业务。

四、中国人民银行各分行、营业管理部、省会(首府)城市中心支行、大连、青岛、宁波、厦门、深圳市中心支行应将本通知转发至辖区内各城市商业银行、农村商业银行和城市信用社、农村信用社。

7.《国家税务总局办公厅关于税费征收过程中人民币现金收付有关事项的通知》(2021年1月26日颁布 2021年1月26日实施 税总办函〔2021〕7号)

国家税务总局各省、自治区、直辖市和计划单列市税务局,国家税务总局驻各地特派员办事处,局内各单位:

为保障纳税人、缴费人使用现金的权益,现就税费征收过程中人民币现金收付有关事项通知如下:

一、线下办税缴费服务场所(含办税服务厅、代办机构等)应设置人工现金收付通道,提供收取现金、找零服务。

二、委托代征代收税费的,税务部门应当通过书面形式,明确要求受托方设置人工现金收付通道。

三、各地税务机关在大力推进"非接触式"办税的同时,应当充分考虑不使用智能设备纳税人、缴费人的需要以及可能出现的突发情况,满足纳税人、缴费人以现金方式纳税缴费需求。

四、各地税务机关社保(非税)、收入规划核算、纳税服务、征管科技等部门要加强协调、密切配合,确保人民币现金收付渠道畅通,保证现金税费收取后严格按照规范流程和时限办理缴库。

三、部门工作文件

1.《国家税务总局关于开展2022年"我为纳税人缴费人办实事暨便民办税春风行动"的意见》(2022年1月11日颁布 2022年1月11日实施 税总纳服发〔2022〕5号)

国家税务总局各省、自治区、直辖市和计划单列市税务局,国家税务总局驻各地特派员办事处,局内各单位:

为深入贯彻党的十九届六中全会和中央经济工作会议精神，全面推进中办、国办印发的《关于进一步深化税收征管改革的意见》落实，巩固拓展党史学习教育成果，税务总局决定，2022年以"智慧税务助发展·惠企利民稳增长"为主题，连续第9年开展"我为纳税人缴费人办实事暨便民办税春风行动"（以下简称"春风行动"），首批推出5大类20项80条便民办税缴费措施，后续再适时推出若干举措。通过开展"春风行动"，加快推动智慧税务建设，大力推进精确执法、精细服务、精准监管、精诚共治，坚持依法组织税费收入原则，持续深化税务系统"放管服"改革，进一步加强税收监管，不断优化税收营商环境。

一、总体要求

以习近平新时代中国特色社会主义思想为指导，深入贯彻落实党的十九大和十九届历次全会精神，围绕党中央、国务院对税收工作的部署要求，坚持人民至上，围绕构建常态化、长效化党史学习教育制度机制，聚焦纳税人缴费人急难愁盼问题，深入开展"春风行动"，推出系列改革创新举措，持续深化智慧税务建设，推动执法更规范、服务更便捷、监管更精准、风险更可控，为激发市场主体活力、维护法治公平税收环境、服务"六稳""六保"、稳定宏观经济大盘、推动高质量发展作出税务贡献，以优异成绩迎接党的二十大胜利召开。

二、行动内容

（一）诉求响应更及时

1.需求快速响应。组织开展2022年度全国纳税人缴费人需求调查，深入分析调查结果，准确掌握纳税人缴费人共性需求，持续优化改进管理和服务工作。整合优化知识库，推进知识库在全国共享共用，基本实现全国咨询"一线通答"。优化升级12366智能咨询功能，完善智能咨询知识库，提高智能咨询的解答准确率，加快推动咨询服务向以24小时智能咨询为主转变。强化12366咨询数据的多维度分析和多场景运用，聚焦减税降费政策出台、重大改革推进和社会关注热点，及时研究提出改进建议，快速响应纳税人缴费人诉求。探索远程咨询和办税辅导新模式，纳税人缴费人可直接通过电子税务局、征纳互动平台等远程发起税费咨询求助，实现"办问协同"。进一步推动涉税文书电子化推送，逐步实现"无接触"送达。

2. 政策及时送达。优化税费优惠政策精准推送机制，完善税费政策宣传辅导标签体系，实现税费优惠政策的系统集成、精准定位、智能推送，帮助纳税人缴费人便捷了解政策。增加贴近实操的政策解读、操作指南等推送内容，开发图片、短视频、动漫等更加直观的新媒体产品，拓宽微信、抖音、税企沟通平台等推送接收渠道。

3. 问题实时解决。积极拓展征纳互动平台、自助办税终端、电子发票服务平台、电子税务局等纳税人端税费办理渠道的征纳互动服务，实时解决纳税人缴费人办理过程中遇到的问题。在电子税务局、自然人电子税务局税收扣缴客户端，探索启用主管税务机关电子印章，在出具高频的表证单书上自动套印，提升办税效率。

4. 关注个性需求。对老年人、残疾人等特殊人群加强服务保障，优化线下服务流程，提供"一站式"综合服务、优先办理服务。推进办税缴费软件适老化改造。明确本地区申请城镇土地使用税困难减免税的情形以及办理流程、时限，提高困难减免税办理的确定性。结合本地纳税人缴费人群体特征，组建由税务人员、志愿者组成的民族语言、方言和外语等服务团队，消除语言沟通障碍。

(二)智慧办理更便捷

5. 提升网办体验。扩大"非接触式"服务范围，持续拓展办税缴费网上办事项清单。试点推广税收完税证明线上开具，提升税收票证获取便利性。完善电子税务局增值税申报比对功能，优化异常申报在线提示提醒事项内容。增加环境保护税申报数据批量导入功能，纳税人填报完成后即可线上提交。扩大跨省异地电子缴税试点范围，逐步实现全国推广上线。在具备电子税务局移动端的地区实现非居民扣缴企业所得税套餐式服务掌上办理，方便纳税人办理相关业务。

6. 精简办理流程。对全面数字化的电子发票依托税收大数据自动确定最高开票限额,并以动态管理为主、纳税人申请调整为辅,大幅简化发票申领流程、环节和相关文书。推动纳税人延期缴纳税款、延期申报、变更纳税定额的核准,以及采取实际利润额预缴以外的其他企业所得税预缴方式的核定等4个事项由行政许可事项调整为其他权力事项,简化事项办理程序。发布第一批全国通办税费事项清单,进一步方便纳税人缴费人跨区域办理税费业务。研究制定简化企业涉税涉费事项跨省迁移办理程序的措施办法,基本实现资质异地共认,便利生产要素合理流动。开展不动产登记区块链应用试点,进一步推动不动产登记税费信息共享,减轻纳税人缴费人提交资料负担,缩短办理时间。

7.减少资料报送。将土地增值税税收优惠由事前备案改为纳税人"自行判别、申报享受、资料留存备查",进一步减少纳税人报送资料,简化办理流程。开展整合企业所得税和财产行为税综合申报表试点,进一步统一不同税种征期、减少纳税人申报和缴税的次数。发布第二批实行告知承诺制的税务证明事项,进一步减少纳税人需提交的证明材料。

8.便利发票使用。配合司法部做好发票管理办法修订相关工作。制定铁路、民航等领域发票电子化方案并组织实施,提高社会满意度。深化全面数字化电子发票试点的"首票服务",为纳税人提供线上多渠道精准服务,同步提升线下网格化服务效能,显著优化纳税人体验。完善电子发票服务保障体系,税务机关通过电子发票服务平台向纳税人免费提供电子发票申领、开具、交付、查验等服务。

9.提速退税办理。进一步精简出口退税涉税资料报送、简化退税办理流程,将全国正常出口退税平均办理时间由7个工作日压缩至6个工作日以内。推进电子化方式留存出口退税备案单证。依托各地电子税务局,探索多缴退税业务由税务机关自动推送退税提示提醒,纳税人在线办理确认、申请和退税。

(三)分类服务更精细

10.助力大型企业。提供大企业税收确定性服务,建立健全相关制度,提升大企业纳税人满意度。试点开展大企业集团遵从评价,根据企业集团遵从度,提供差异性服务和管理措施。试点开展税企数据互联互通,降低大企业集团办税成本,提升纳税人服务体验。通过线上沟通渠道,适时推送行业性税收优惠政策,开展政策宣传,助力企业及时、准确掌握政策。与部分遵从意愿强、遵从能力高的大企业集团签订税收遵从合作协议,提供定制服务。

11. 扶持中小企业。扩大小微企业减税降费红利账单推送服务试点范围,帮助纳税人算清算细减税降费红利账。按照国务院部署,组织开展税务系统助力中小企业发展主题服务月活动。推进"专精特新"中小企业和"小巨人"企业"一户一档"服务措施落实,助力企业高质量发展。深化规范"银税互动"合作,试点在税务和银保监部门间实现数据直连,安全高效助力小微企业缓解融资难融资贵问题。

12. 完善缴费服务。发布社保费缴费事项清单,明确事项办理流程、办理方式、办理时限以及需提交的资料。推广社保退费申请网上受理,让缴费人"少跑路"。加强与人社、医保等相关部门数据共享,落实好特困人员、低保对象等困难人群分类资助参保缴费政策。以采矿业、制造业、建筑业等行业为重点,开展社保费政策进企业、进车间、进工地宣传和缴费服务活动。规范和优化电力能源类、土地出让类等非税收入征缴流程,编制相关缴费指引,提高办理缴费业务的便利度。推进土地出让金、土地闲置费、矿产资源专项收入、海域使用金、水利建设基金、防空地下室易地建设费等非税收入项目自动预填申报,改善缴费人申报操作体验。

13. 服务个税汇算。积极协调动员社会力量,组织开展税收志愿服务活动,做好各项个人所得税专项附加扣除的宣传辅导,让符合条件的纳税人及时享受红利。对灵活就业自行缴纳社保费的纳税人,优化在个人所得税综合所得年度汇算时的填报方式,提升纳税人的填报体验。运用税收大数据智能分析,完善个人所得税综合所得年度汇算提示提醒,引导纳税人如实准确申报。优化自然人电子税务局扣缴端数据备份功能,使扣缴义务人在更换设备后恢复数据更加便利。

(四)执法监管更公正

14.优化执法方式。推进区域间税务执法标准统一,更好服务国家区域协调发展战略。在部分地区推行非强制性执法方式试点,让执法既有温度又有力度。推出第二批全国统一的税务行政处罚"首违不罚"事项清单,对于首次发生清单中所列事项且危害后果轻微,在税务机关发现前主动改正或者在税务机关责令限期改正的期限内改正的,不予行政处罚,并对当事人加强税法宣传和辅导。推进简易处罚事项网上办理,实现违法信息自动提醒、处罚流程全程网上办、处罚结果实时传递。坚持依法组织税费收入原则,坚决不收"过头税费",发现一起查处一起。

15.加强精准监管。深入推进税收执法责任制,加强税收执法监督,持续督促规范公正执法。推进税务系统"双随机、一公开"监管,拓展部门联合"双随机、一公开"监管覆盖范围,规范双随机的方式方法,提高监管效率。充分发挥税收大数据作用,严厉精准查处打击涉税违法行为,保障国家税收安全,为守法守规纳税人营造更加公平公正的市场环境。试点推进动态"信用+风险"税务监控,简化无风险和低风险企业的涉税业务办理流程,提醒预警或直接阻断高风险企业的涉税业务办理,依托大数据分析进一步提高风险管理效能。

16.保障合法权益。开展税务规范性文件权益性审核,制发权益性审核操作办法,更好维护纳税人缴费人合法权益。将"枫桥经验"应用于税收实践,推动建设"公职律师涉税争议咨询调解中心",开展涉税争议咨询、组织调解、出具意见等法务活动,推动争议化解,维护纳税人合法权益。

(五)税收共治更聚力

17.推进部门联动。深化税务、海关两部门数据共享,优化电子税务局、国际贸易"单一窗口"功能,进一步扩大出口退税申报"免填报"范围。结合残疾人按比例就业情况联网认证跨省通办工作,加强与各级残联的双向数据共享,优化残疾人保障金申报表单,方便企业办理残疾人安置情况认证和申报缴纳残疾人就业保障金。推进土地出让金、土地闲置费、矿产资源专项收入、海域使用金、防空地下室易地建设费等项目与相关业务主管部门的互联互通和信息共享,减轻缴费人缴费办证相关资料报送负担。完善涉税数据共享机制,拓展数据获取渠道,推进数据共享共用,减少纳税人缴费人重复报送。

18.深化国际协作。持续加强国别(地区)税收信息研究工作,优化"一带一路"相关税收政策资讯服务,分批次更新国别(地区)投资税收指南,帮助"走出去"纳税人了解相关国家(地区)税制等信息,防范和规避跨境投资税收风险。扩大和完善税收协定网络,推动与更多国家(地区)开展税收协定谈签工作,为纳税人跨境经营提供税收确定性,避免和消除国际重复征税,降低纳税人在东道国的税收负担。针对符合享受以利润分配直接投资暂不征收预提所得税政策但未实际享受的情况,向纳税人精准推送提示提醒信息,帮助境外投资者应享尽享优惠政策。

19.促进社会协同。制定出台相关措施,支持第三方按市场化原则为纳税人提供个性化服务。开展涉税服务虚假宣传及广告信息专项治理,帮助纳税人降低选择涉税专业服务的风险。曝光涉税专业服务机构违法违规典型案例,形成警示震慑效应,促进规范涉税专业服务行业秩序。

20.拓展信用应用。编制税务领域公共信用信息目录,促进纳税人依法诚信纳税。扩大纳税信用修复范围,引导市场主体及时纠正自身涉税违规行为,强化纳税人信用意识。加大对破产重整企业纳税信用修复支持力度,帮助符合条件的企业及时修复信用。进一步优化守信激励措施,为守信纳税人在跨省迁移、发票使用、税收证明等事项办理时给予更多便利。实施《重大税收违法失信主体信息公布管理办法》,加强重大税收违法失信案件信息和当事人名单动态管理,积极开展信用修复工作,依法依规开展联合惩戒,引导市场主体规范健康发展。

三、工作要求

（一）提升政治站位，加强党建引领。各级税务机关要秉承以纳税人缴费人为中心的理念，对标纳税人缴费人所需所盼，努力在提升办税缴费便利化水平等方面取得新突破。各级税务局党委要压实主体责任，切实加强组织领导，将"春风行动"的推进落实与推进党史学习教育常态化长效化结合起来、与加强党的建设结合起来、与加强政风行风建设结合起来、与创建模范税务机关结合起来，充分发挥基层党组织的战斗堡垒作用和共产党员的先锋模范作用，形成各级党组织聚力推进、广大党员积极行动的良好局面。

（二）坚持统筹推进，抓好贯彻落实。各级税务机关要深刻认识开展"春风行动"的重要意义，结合工作制定出符合本地实际的行动方案。纳税服务部门要协助党委抓好"春风行动"各项措施的推动落实，各职能部门要结合自身工作抓好职责范围内的工作安排。要结合当地政府关于深化"放管服"改革、优化营商环境的有关要求，持续细化和创新推出"春风行动"举措，让便民春风常吹常新。

（三）强化督导检查，务求取得实效。各级税务机关要坚持求真务实，坚决避免搞形式、走过场。要把开展"春风行动"成效作为绩效考评和领导干部述职评议考核内容，推动"春风行动"扎实开展。要通过工作调研、巡视巡察等方式，对行动开展情况和取得的实际效果进行督导检查和跟踪问效，并适时以集中研讨、座谈交流、书面反馈等形式持续推进各项措施落地落实落细。

（四）加大宣传力度，发掘特色精品。各级税务机关要加强宣传引导，发挥先进典型示范作用，及时总结推广在实践中形成的经验做法，以点带面推动解民忧破难题，形成为纳税人缴费人办实事的常态化机制。各地税务机关可在落实规定动作的基础上积极丰富自选动作，发掘各具特色的行动内容，总结出更多可复制、可推广的好经验好做法，打造行动精品，切实提升纳税人缴费人的满意度和获得感。

2.《国家税务总局关于推出2022年"我为纳税人缴费人办实事暨便民办税春风行动2.0版"的通知》(2022年3月31日颁布　2022年3月31日实施　税总纳服函〔2022〕32号)

国家税务总局各省、自治区、直辖市和计划单列市税务局,国家税务总局驻各地特派员办事处,局内各单位:

为深入贯彻落实党中央、国务院决策部署,确保中央经济工作会议、全国两会精神落实落地,税务总局决定,在年初已陆续出台105条便民办税缴费措施的基础上,聚焦推进党史学习教育常态化长效化新要求,聚焦落实新的组合式税费支持政策新部署,聚焦优化税收营商环境新挑战,再推出16条便民办税缴费新措施,升级形成2022年"我为纳税人缴费人办实事暨便民办税春风行动2.0版"(以下简称"春风行动2.0版")。现通知如下:

一、新增16条便民办税缴费措施

(一)聚焦推进党史学习教育常态化长效化新要求,更好提升为民办实事质效。按照中办印发的《关于推动党史学习教育常态化长效化的意见》要求,围绕巩固拓展党史学习教育成果、推进党史学习教育常态化长效化,新推出5条措施,进一步回应纳税人缴费人所需所盼所想。

1. 开展"一把手走流程"工作。通过积极开展"一把手走流程"工作,找准办税缴费过程中的痛点难点堵点,及时加以解决。

2. 关注纳税人缴费人需求。深入分析2022年纳税人缴费人需求调查结果,准确掌握纳税人缴费人共性需求,进一步优化办税缴费服务。

3. 回应纳税人缴费人诉求。严格落实涉税涉费诉求和意见快速响应机制,广泛收集纳税人缴费人对税费支持政策落实方面的意见建议,及时响应合理诉求、回应关切。

4. 分层次开展精准推送。区分企业法定代表人、财务负责人、办税(费)人员等不同类型,通过多种渠道开展更具针对性的税费优惠政策推送。

5. 加强人权法治保障。切实落实加强人权法治保障的要求,坚持人民至上,建立纳税缴费服务投诉暨舆情定期分析改进机制,进一步维护纳税人缴费人合法权益。

(二)聚焦落实新的组合式税费支持政策新部署,更好助力纳税人缴费人享受政策红利。全面落实党中央、国务院关于大规模留抵退税等组合式税费支持政策,新推出5条措施,进一步助力企业更好应对复杂多变的国内国际经济环境。

6. 深化税收宣传月活动。深入开展第31个全国税收宣传月活动,积极主动向纳税人缴费人宣传辅导新的组合式税费支持政策,开展依法诚信纳税缴费典型宣传推介。

7. 拓展政策宣传渠道。在税务官网上线"组合式税费支持政策"专题,集成展示并持续更新组合式税费支持政策及解读信息;积极利用二维码等载体开展税费支持政策宣传,为纳税人缴费人提供方便快捷的政策查阅渠道。

8. 强化政策培训辅导。结合各地纳税人缴费人特点,针对不同业务场景制发"拳头"宣传辅导产品,特别是要按照《增值税留抵退税培训辅导工作方案》要求,分阶段、分对象、多轮次做好面向税务人员的专题培训和面向纳税人缴费人的培训辅导。

9. 完善信息系统功能。优化信息系统功能、改造信息系统流程,通过弹窗提醒、一键通达等方式实现简便快捷好操作,便利广大纳税人缴费人享受税费支持政策。

10. 健全直联工作机制。在继续做好全国100个办税服务厅直联点和12366纳税缴费服务热线信息报送的同时,建立与基层税务机关、纳税人缴费人的信息直联直报机制,通过对每一项新出台税费支持政策的跟踪,强化"第一手"信息的收集梳理和研究分析。

(三)聚焦优化税收营商环境新挑战,更好增强市场主体活力。按照《优化营商环境条例》工作部署,在提升服务效能上创新推进,在加强税收监管上精准发力,新推出6条措施,进一步打造法治公平的税收营商环境。

11. 落实《市场主体登记管理条例》。进一步优化市场主体歇业纳税申报事项,依法逐步扩大税务注销即办范围,更好维护税收征管秩序和服务纳税人。

12. 完善非税收入制度建设。研究出台重点非税收入项目征管规范,保护缴费人合法权益。

13. 引导个体工商户积累信用资产。适用增值税一般计税方法的个体工商户,可自愿参照企业纳税信用评价指标和评价方式申请参加评价,符合条件的可申请办理留抵退税。

14. 优化代开发票管理。开展虚假代开发票专项治理,依法打击不法分子利用自然人、小规模纳税人身份虚假代开发票行为。

15. 规范核定征收管理。引导纳税人从核定征收向查账征收方式过渡,依法处理部分高收入人员分拆收入、转换收入性质、违规利用核定征收逃避税问题,促进市场主体健康发展。

16. 完善新型动态精准监管机制。坚持依法治税原则,严密防范和严厉打击各类涉税违法行为,对通过虚增进项、隐瞒收入、虚假申报和其他欺骗手段骗取留抵退税的违法行为持续加大打击力度,并对性质恶劣、情节严重的予以曝光。

二、"春风行动2.0版"主要内容

"春风行动2.0版"共计121条便民办税缴费措施(详细措施见附件),分为五大类20项。

(一)诉求响应更及时。包括需求快速响应、政策及时送达、问题实时解决、关注个性需求4项29条具体措施。

(二)智慧办理更便捷。包括提升网办体验、精简办理流程、减少资料报送、便利发票使用、提速退税办理5项27条具体措施。

(三)分类服务更精细。包括助力大型企业、扶持中小企业、完善缴费服务、服务个税汇算4项25条具体措施。

(四)执法监管更公正。包括优化执法方式、加强精准监管、保障合法权益3项20条具体措施。

(五)税收共治更聚力。包括推进部门联动、深化国际协作、促进社会协同、拓展信用应用4项20条具体措施。

通过这次升级,"春风行动2.0版"将有力促进服务更加精细、监管更加精准、执法更加优化、共治更加协同,纳税人缴费人的体验感、获得感和税法遵从度将进一步提升。

三、有关工作要求

(一)坚持党建引领,压实工作责任。各级税务机关要全面坚持党建引领,深刻认识"春风行动2.0版"的重要意义,切实加强组织领导,坚决扛牢压实责任,确保在落实过程中人员到位、责任到位、推进到位。

(二)加强通盘部署,统筹举措落实。各级税务机关要在前期工作开展的基础上,完善"春风行动"推进落实机制,通盘考虑、系统谋划、统筹安排好各项举措的推进落实工作,确保"春风行动2.0版"各项措施落地落细。

(三)强化督导检查,务求取得实效。各级税务机关要严格台账管理、加强跟踪督办、强化督查问效,通过深入调研、巡视巡察等方式,对行动开展情况和取得的实际效果进行督导检查和跟踪问效,务求在办好为民实事、精细精准服务、规范公正监管等方面取得实实在在的成效,以优异成绩迎接党的二十大胜利召开。

3.《国家税务总局关于接续推出2023年"便民办税春风行动"第二批措施的通知》(2023年2月20日颁布　2023年2月20日实施　税总纳服函〔2023〕13号)

四、智能办税提速。依托各地政务服务平台,持续推行社会保险经办和缴费业务线上"一网通办"。进一步优化自然人税收管理系统税务端功能,不断提升数字化、智能化水平,提升自然人纳税人办税便捷度。进一步扩大全国跨省异地电子缴税推广成果,会同国库部门推动更多商业银行优化完善系统功能,支持跨省资金清算,为跨省经营纳税人提供更加便利化的缴税方式,实现足不出户即可跨省缴税。

五、精简流程提级。优化电子税务局印花税申报,探索实现"一键零申报",优化纳税人纳税申报体验。简化印花税申报流程,对银行、保险、烟草行业相同税目的应税合同探索实行合并申报并留存备查。推进土地出让类、电力能源类非税收入缴费指引在部分省局试点并适时修订完善后逐步推广，为缴费人提供便捷、高效、规范的缴费服务。推进职业伤害保障制度试点工作，优化征管流程，提升缴费服务。增加电力能源类非税收入汇算清缴相关系统功能，方便缴费人线上办理汇算清缴业务。

六、规范执法提升。对一般纳税人登记等领域的部分业务事项运用说服教育、提示提醒等非强制性执法方式，推动税务执法理念和方式手段变革，提升严格规范公正文明执法水平，维护纳税人缴费人合法权益。加强重大税收违法失信主体信息动态管理，积极开展信用修复工作，引导市场主体规范健康发展。

各级税务机关要切实加强组织领导，聚焦纳税人缴费人急难愁盼问题，结合工作实际，抓好便民办税缴费措施实施，推动各项措施及时落地见效，确保连续第10年开展的"便民办税春风行动"开局起势、持续深化，不断提升纳税人缴费人的获得感和满意度。

4.《国家税务总局关于开展2024年"便民办税春风行动"的意见》(2024年3月28日颁布　2024年3月28日实施　税总纳服发〔2024〕19号)

国家税务总局各省、自治区、直辖市和计划单列市税务局，国家税务总局驻各地特派员办事处，局内各单位：

为深入贯彻党的二十大精神，认真落实中央经济工作会议和全国两会部署，巩固拓展学习贯彻习近平新时代中国特色社会主义思想主题教育成果，更好服务经济社会发展大局，税务总局决定，2024年以"持续提升效能·办好为民实事"为主题，紧紧围绕推动国务院"高效办成一件事"部署在税务系统落地见效，持续开展"便民办税春风行动"，集成推出系列惠民利企服务举措，进一步提高纳税人缴费人获得感、满意度。

一、总体要求

以习近平新时代中国特色社会主义思想为指导，深入贯彻落实党的二十大精神，从纳税人缴费人视角出发，聚焦办税缴费高频事项和纳税人缴费人热点诉求，树牢主动服务意识，强化科技支撑、数字赋能，着力提升税务行政效能，全面增强税费服务的可及性、均衡性、权益性,切实做到用心用情优化税费服务、全心全意办好惠民利企实事,持续打造市场化、法治化、国际化税收营商环境,为服务高质量发展作出积极贡献。

二、进一步夯实税费服务供给基础

持续丰富税费服务多元供给,从优化税费业务办理渠道、优化纳税缴费信用评价、优化涉税专业服务管理等方面入手,进一步夯实税费服务供给基础,推动税费服务水平实现整体提升。

(一)优化税费业务办理渠道。全面推广上线全国统一规范电子税务局,实现税费服务智能化升级;开发电子税务局手机端,拓展"掌上办"服务,提升精准推送、智能算税、预填申报的便利化水平,更好满足办税缴费个性化需求。升级自然人电子税务局,优化网页端扣缴功能,丰富扣缴功能模块,增强实用性、便捷性,更好满足扣缴义务人使用需求;优化手机端界面布局,直观展示办理界面,增加"待办"模块,提供分类细化提示指引,便利居民个人实际操作。优化自助办税终端布局,探索利用集成式自助终端提供"24小时不打烊"服务,方便纳税人缴费人"就近办、便捷办"。

(二)优化纳税缴费信用评价。助力新设立经营主体尽早提升信用级别,纳入纳税信用管理已满12个月但因不满一个评价年度而未参加年度评价的纳税人可申请纳税信用复评;税务机关在次月依据其近12个月的纳税信用状况,确定其信用级别,并提供查询服务,帮助新设立经营主体更快积累信用资产。纳税信用A级纳税人下一年度起评分提高1分,连续评为A级的可累积提高(起评分最高不超过100分),提升A级纳税人的容错空间。优化"银税互动"合作机制,加强部门间信用信息共享应用,提高守信小微企业、个体工商户的融资便利性。

五、进一步推进税费服务方式创新

持续关注纳税人缴费人精细化、场景式服务需求,创新服务方式,优化升级"跨域办""跨境办""批量办""一窗办"等集成式服务场景,推动税费服务提档升级。

(八)推进"跨域办"。依托征纳互动服务,建立完善收件、办理两地协同联动工作机制,在办税服务厅开设"远程虚拟窗口",运用远程身份核验、音视频交互、资料传递、屏幕共享等技术,探索实现办税事项省内通办、跨省通办,满足特殊事项、特殊群体、特殊情形下纳税人进厅跨区域办理需求。推进跨区域涉税事项报告异地业务线上办,通过场景式归集,整合跨区域涉税事项报告、报验、预缴、反馈等功能,通过全国统一规范电子税务局,纳税人一次登录、直接办理跨区域涉税事项,避免频繁切换账号身份。

(九)推进"跨境办"。丰富"税路通"跨境服务品牌知识产品,分类梳理并动态发布国际税收热点资讯,帮助纳税人及时了解国际税收动态,深入推进跨境涉税疑难问题解决。整合相关功能,为"走出去"企业集成提供线上"一站式"服务,根据纳税人定制需求,精准推送投资目的国(地)涉税资讯。建设优化英文税收政策法规库,方便跨境纳税人查询知晓税收政策。推出对外支付业务智能预填综合办理,将合同信息采集、对外支付税务备案等多个关联事项组合,实现关联要素不同表单间复用和预填,减轻企业填报负担;针对非居民所得不同类型项目,纳税人通过点击选择即可实现智能算税、多税种一键申报,提升申报体验。优化跨境税费缴库退库办理方式,依托财税库银横向联网系统支持跨境全程电子缴退税,提升跨境税费业务办理便利度。

(十)推进"批量办"。紧贴涉税专业服务便利办税需求,优化涉税专业服务机构及其从业人员在电子税务局中的代理办税功能,实现涉税专业服务机构批量申报,提升涉税专业服务申报效率和使用体验。

(十一)推进"一窗办"。持续优化不动产登记办税"一窗办理",为纳税人申报、缴税、获取发票和税票提供更加规范便捷的服务;进一步提升网上办、掌上办服务水平,优化二手房交易税费线上支付方式,实现发票代开网上办。推进涉企不动产登记办税"一件事一次办",会同自然资源等部门设立企业办事专区或专窗,为企业提供便利高效的登记办税服务。

六、保障措施

各地税务机关要进一步提高政治站位,积极引导广大税务干部增强服务意识,切实履职尽责,做纳税人缴费人的倾情服务者,努力在高水平优化税费服务方面取得新突破。要加强组织领导,细化责任分工,深化内外部协同配合,强化统筹推进落实。要及时研究解决落实中的重大问题,有效防范化解工作风险,做好经验做法的复制推广,切实推动国务院"高效办成一件事"部署在税务系统见行见效。要强化宣传引导,着力营造以税费服务水平的不断提高,助力各类经营主体活力激发、服务新质生产力发展的良好氛围,为高质量推进中国式现代化税务实践贡献力量。

第二十九条 【征税权的专属性】 除税务机关、税务人员以及经税务机关依照法律、行政法规委托的单位和人员外,任何单位和个人不得进行税款征收活动。

一、税收行政法规

《中华人民共和国税收征收管理法实施细则》(2002年9月7日中华人民共和国国务院令第362号公布 根据2012年11月9日《国务院关于修改和废止部分行政法规的决定》第一次修订 根据2013年7月18日《国务院关于废止和修改部分行政法规的决定》第二次修订 根据2016年2月6日《国务院关于修改部分行政法规的决定》第三次修订)

第四十四条 税务机关根据有利于税收控管和方便纳税的原则,可以按照国家有关规定委托有关单位和人员代征零星分散和异地缴纳的税收,并发给委托代征证书。受托单位和人员按照代征证书的要求,以税务机关的名义依法征收税款,纳税人不得拒绝;纳税人拒绝的,受托代征单位和人员应当及时报告税务机关。

二、税务规范性文件

1.《国家税务总局关于印发〈集贸市场税收分类管理办法〉的通知》①（2004年11月24日颁布　2004年11月24日实施　国税发〔2004〕154号）

第五条　……

对实行委托代征税款的，主管税务机关应当与代征单位签订委托代征协议，明确代征范围、计税依据、代征期限、代征税款的缴库期限以及税收票证的领取、保管、使用、报缴等事项，界定双方的权利、义务和责任，并发给委托代征证书。主管税务机关应当按照规定支付代征单位的代征手续费，并加强对代征单位及其代征人员的业务辅导和日常管理，适时开展检查，促使其依法做好代征工作。

2.《国家税务总局关于发布〈委托代征管理办法〉的公告》（2013年5月10日颁布　2013年7月1日实施　国家税务总局公告2013年第24号）

根据《中华人民共和国税收征收管理法》及实施细则和《中华人民共和国发票管理办法》的规定，现将国家税务总局制定的《委托代征管理办法》予以发布，自2013年7月1日起施行。

特此公告。

国家税务总局
2013年5月10日

委托代征管理办法

第一章　总　　则

第一条　为加强税收委托代征管理，规范委托代征行为，降低征纳成本，根据《中华人民共和国税收征收管理法》《中华人民共

---

① 《国家税务总局关于修改部分税收规范性文件的公告》（国家税务总局公告2018年第31号）对本文进行了修改。

和国税收征收管理法实施细则》《合同法》及《中华人民共和国发票管理办法》的有关规定，制定本办法。

第二条　本办法所称委托代征，是指税务机关根据《中华人民共和国税收征收管理法实施细则》有利于税收控管和方便纳税的要求，按照双方自愿、简便征收、强化管理、依法委托的原则和国家有关规定，委托有关单位和人员代征零星、分散和异地缴纳的税收的行为。

第三条　本办法所称税务机关，是指县以上(含本级)税务局。

本办法所称代征人，是指依法接受税务机关委托、行使代征税款权利并承担《委托代征协议书》规定义务的单位或人员。

第二章　委托代征的范围和条件

第四条　委托代征范围由税务机关根据《中华人民共和国税收征收管理法实施细则》关于加强税收控管、方便纳税的规定，结合当地税源管理的实际情况确定。税务机关不得将法律、行政法规已确定的代扣代缴、代收代缴税收，委托他人代征。

第五条　税务机关确定的代征人，应当与纳税人有下列关系之一：

(一)与纳税人有管理关系；

(二)与纳税人有经济业务往来；

(三)与纳税人有地缘关系；

(四)有利于税收控管和方便纳税人的其他关系。

第六条　代征人为行政、事业、企业单位及其他社会组织的，应当同时具备下列条件：

(一)有固定的工作场所；

(二)内部管理制度规范，财务制度健全；

(三)有熟悉相关税收法律、法规的工作人员，能依法履行税收代征工作；

(四)税务机关根据委托代征事项和税收管理要求确定的其他条件。

第七条　代征税款人员，应当同时具备下列条件：

（一）具备中国国籍、遵纪守法、无严重违法行为及犯罪记录，具有完全民事行为能力；

（二）具备与完成代征税款工作要求相适应的税收业务知识和操作技能；

（三）税务机关根据委托代征管理要求确定的其他条件。

第八条 税务机关可以与代征人签订代开发票书面协议并委托代征人代开普通发票。代开发票书面协议的主要内容应当包括代开的普通发票种类、对象、内容和相关责任。

代开发票书面协议由各省、自治区、直辖市和计划单列市自行制定。

第九条 代征人不得将其受托代征税款事项再行委托其他单位、组织或人员办理。

第三章 委托代征协议的生效和终止

第十条 税务机关应当与代征人签订《委托代征协议书》，明确委托代征相关事宜。《委托代征协议书》包括以下内容：

（一）税务机关和代征人的名称、联系电话，代征人为行政、事业、企业单位及其他社会组织的，应包括法定代表人或负责人姓名、居民身份证号码和地址；代征人为自然人的，应包括姓名、居民身份证号码和户口所在地、现居住地址；

（二）委托代征范围和期限；

（三）委托代征的税种及附加、计税依据及税率；

（四）票、款结报缴销期限和额度；

（五）税务机关和代征人双方的权利、义务和责任；

（六）代征手续费标准；

（七）违约责任；

（八）其他有关事项。

代征人为行政、事业、企业单位及其他社会组织的，《委托代征协议书》自双方的法定代表人或法定代理人签字并加盖公章后生效；代征人为自然人的，《委托代征协议书》自代征人及税务机关的法定代表人签字并加盖税务机关公章后生效。

第十一条 《委托代征协议书》签订后,税务机关应当向代征人发放《委托代征证书》,并在广播、电视、报纸、期刊、网络等新闻媒体或者代征范围内纳税人相对集中的场所,公告代征人的委托代征资格和《委托代征协议书》中的以下内容:

(一)税务机关和代征人的名称、联系电话,代征人为行政、事业、企业单位及其他社会组织的,应包括法定代表人或负责人姓名和地址;代征人为自然人的,应包括姓名、户口所在地、现居住地址;

(二)委托代征的范围和期限;

(三)委托代征的税种及附加、计税依据及税率;

(四)税务机关确定的其他需要公告的事项。

第十二条 《委托代征协议书》有效期最长不得超过3年。有效期满需要继续委托代征的,应当重新签订《委托代征协议书》。

《委托代征协议书》签订后,税务机关应当向代征人提供受托代征税款所需的税收票证、报表。

第十三条 有下列情形之一的,税务机关可以向代征人发出《终止委托代征协议通知书》,提前终止委托代征协议:

(一)因国家税收法律、行政法规、规章等规定发生重大变化,需要终止协议的;

(二)税务机关被撤销主体资格的;

(三)因代征人发生合并、分立、解散、破产、撤销或者因不可抗力发生等情形,需要终止协议的;

(四)代征人有弄虚作假、故意不履行义务、严重违反税收法律法规的行为,或者有其他严重违反协议的行为;

(五)税务机关认为需要终止协议的其他情形。

第十四条 终止委托代征协议的,代征人应自委托代征协议终止之日起5个工作日内,向税务机关结清代征税款,缴销代征业务所需的税收票证和发票;税务机关应当收回《委托代征证书》,结清代征手续费。

第十五条 代征人在委托代征协议期限届满之前提出终止协

议的,应当提前20个工作日向税务机关申请,经税务机关确认后按照本办法第十四条的规定办理相关手续。

第十六条 税务机关应当自委托代征协议终止之日起10个工作日内,在广播、电视、报纸、期刊、网络等新闻媒体或者代征范围内纳税人相对集中的场所,公告代征人委托代征资格终止和本办法第十一条规定需要公告的《委托代征协议书》主要内容。

第四章 委托代征管理职责

第十七条 税收委托代征工作中,税务机关应当监督、管理、检查委托代征业务,履行以下职责:

(一)审查代征人资格,确定、登记代征人的相关信息;

(二)填制、发放、收回、缴销《委托代征证书》;

(三)确定委托代征的具体范围、税种及附征、计税依据、税率等;

(四)核定和调整代征人代征的个体工商户定额,并通知纳税人和代征人执行;

(五)定期核查代征人的管户信息,了解代征户籍变化情况;

(六)采集委托代征的征收信息、纳税人欠税信息、税收票证管理情况等信息;

(七)辅导和培训代征人;

(八)在有关规定确定的代征手续费比率范围内,按照手续费与代征人征收成本相匹配的原则,确定具体支付标准,办理手续费支付手续;

(九)督促代征人按时解缴代征税款,并对代征情况进行定期检查;

(十)其他管理职责。

第十八条 税收委托代征工作中,代征人应当履行以下职责:

(一)根据税务机关确定的代征范围、核定税额或计税依据、税率代征税款,并按规定及时解缴入库;

(二)按照税务机关有关规定领取、保管、开具、结报缴销税收票证、发票,确保税收票证和发票安全;

（三）代征税款时，向纳税人开具税收票证；

（四）建立代征税款账簿，逐户登记代征税种税目、税款金额及税款所属期等内容；

（五）在税款解缴期内向税务机关报送《代征代扣税款结报单》，以及受托代征税款的纳税人当期已纳税、逾期未纳税、管户变化等相关情况；

（六）对拒绝代征人依法代征税款的纳税人，自其拒绝之时起24小时内报告税务机关；

（七）在代征税款工作中获知纳税人商业秘密和个人隐私的，应当依法为纳税人保密。

第十九条　代征人不得对纳税人实施税款核定、税收保全和税收强制执行措施，不得对纳税人进行行政处罚。

第二十条　代征人应根据《委托代征协议书》的规定向税务机关申请代征税款手续费，不得从代征税款中直接扣取代征税款手续费。

第五章　法律责任

第二十一条　代征人在《委托代征协议书》授权范围内的代征税款行为引起纳税人的争议或法律纠纷的，由税务机关解决并承担相应法律责任；税务机关拥有事后向代征人追究法律责任的权利。

第二十二条　因代征人责任未征或少征税款的，税务机关应向纳税人追缴税款，并可按《委托代征协议书》的约定向代征人按日加收未征少征税款万分之五的违约金，但代征人将纳税人拒绝缴纳等情况自纳税人拒绝之时起24小时内报告税务机关的除外。代征人违规多征税款的，由税务机关承担相应的法律责任，并责令代征人立即退还，税款已入库的，由税务机关按规定办理退库手续；代征人违规多征税款致使纳税人合法权益受到损失的，由税务机关赔偿，税务机关拥有事后向代征人追偿的权利。

代征人违规多征税款而多取得代征手续费的，应当及时退回。

第二十三条　代征人造成印有固定金额的税收票证损失的，

应当按照票面金额赔偿,未按规定领取、保管、开具、结报缴销税票证的,税务机关应当根据情节轻重,适当扣减代征手续费。

第二十四条 代征人未按规定期限解缴税款的,由税务机关责令限期解缴,并可从税款滞纳之日起按日加收未解缴税款万分之五的违约金。

第二十五条 税务机关工作人员玩忽职守,不按照规定对代征人履行管理职责,给委托代征工作造成损害的,按规定追究相关人员的责任。

第二十六条 违反《委托代征协议书》其他有关规定的,按照协议约定处理。

第二十七条 纳税人对委托代征行为不服,可依法申请税务行政复议。

第六章 附 则

第二十八条 各省、自治区、直辖市和计划单列市税务机关根据本地实际情况制定具体实施办法。

第二十九条 税务机关可以比照本办法的规定,对代售印花税票者进行管理。

第三十条 本办法自2013年7月1日起施行。

3.《国家税务总局关于规范国税机关代开发票环节征收地方税费工作的通知》(2016年8月15日颁布 2016年8月15日实施 税总发〔2016〕127号)

各省、自治区、直辖市和计划单列市国家税务局、地方税务局:

为贯彻落实《深化国税、地税征管体制改革方案》(以下简称《方案》)要求,进一步加强地方税费的管理,根据《中华人民共和国税收征收管理法》及其实施细则、《中华人民共和国发票管理办法》和《国家税务总局关于发布〈委托代征管理办法〉的公告》(国家税务总局公告2013年第24号)的有关规定,现对规范国税机关为纳税人代开发票环节征收地方税费工作,提出如下要求:

一、基本原则

代开发票应当缴纳税款的,税务机关应严格执行先征收税款、再代开发票的有关规定。

二、征收方式

地税机关直接征收。对已实现国税、地税办税服务厅互设窗口,或者国税与地税共建办税服务厅、共驻政务服务中心等合作办税模式的地区,地税机关应在办税服务厅设置专职岗位,负责征收国税机关代开发票环节涉及的地方税费。

委托国税机关代征。对暂未实现上述国税、地税合作办税模式的地区,地税机关应委托国税机关在代开发票环节代征地方税费。

三、具体事项

(一)代征范围

委托国税机关代征的,国税机关应当在代开发票环节征收增值税,并同时按规定代征城市维护建设税、教育费附加、地方教育附加、个人所得税(有扣缴义务人的除外)以及跨地区经营建筑企业项目部的企业所得税。

有条件的地区,经省国税机关、地税机关协商,国税机关在代开发票环节可为地税机关代征资源税、印花税及其他非税收入,代征范围需及时向社会公告。

(二)票证使用及税款退库

委托国税机关代征的,国税机关、地税机关应在《委托代征协议书》中明确税款解缴、税收票证使用等事项。

国税机关为纳税人代开发票,如果发生作废或者销货退回需开具红字发票等情形涉及税款退库的,国税机关、地税机关应按照有关规定为纳税人做好税款退库事宜。

(三)情况反馈

纳税人拒绝接受国税机关代征税款的,国税机关应当及时告知委托方地税机关,由地税机关根据法律、法规的规定予以处理。

四、工作要求

(一)统一思想,提高认识

加强代开发票环节征收地方税费工作是满足营改增地税机关

征管范围调整以及地税发票停止使用后加强税源管理、保障地方税费应收尽收的重要手段,是落实《方案》,推动国税机关与地税机关深度合作的重要内容。各地税务机关要充分认识其现实意义,积极争取当地党委、政府支持和相关部门的配合,不断优化整合征管资源,立足当地实际确保代开发票环节征收地方税费工作落到实处。

(二)加强合作,统筹协调

各省国税机关、地税机关要协同配合,制定本辖区委托代征工作的管理办法,指导基层税务机关签订《委托代征协议书》,做好宣传解释、督导检查工作,制定应急预案,并就委托代征的具体范围联合向社会公告。要建立定期工作沟通协调机制,及时研究解决新出现的问题,及时总结创新做法、先进经验并加以推广。

(三)信息支撑,减轻负担

各省税务机关要按照提高征管效率、节约行政资源、方便纳税人办税的原则,利用信息化手段,有效简化环节,解决纳税人"多头跑、跑多次"的问题,切实减轻纳税人的办税负担。

第三十条 【税款的扣缴】 扣缴义务人依照法律、行政法规的规定履行代扣、代收税款的义务。对法律、行政法规没有规定负有代扣、代收税款义务的单位和个人,税务机关不得要求其履行代扣、代收税款义务。

扣缴义务人依法履行代扣、代收税款义务时,纳税人不得拒绝。纳税人拒绝的,扣缴义务人应当及时报告税务机关处理。

税务机关按照规定付给扣缴义务人代扣、代收手续费。

一、税收行政法规

《中华人民共和国税收征收管理法实施细则》(2002年9月7日中华人民共和国国务院令第362号公布 根据2012年11月9日《国务院关于修改和废止部分行政法规的决定》第一次修订 根据2013年7月18日《国务院关于废止和修改部分行政法规的决定》第二次修订 根据2016年2月6日《国务院关于修改部分行政法规的决定》第三次修订)

第一百一十条 税收征管法第三十条第三款规定的代扣、代收手续费,纳入预算管理,由税务机关依照法律、行政法规的规定付给扣缴义务人。

二、税务规范性文件

1.《国家税务总局关于贯彻〈中华人民共和国税收征收管理法〉及其实施细则若干具体问题的通知》[①](2003年4月23日颁布 2003年4月23日实施 国税发〔2003〕47号)

二、关于扣缴义务人扣缴税款问题

负有代扣代缴义务的单位和个人,在支付款项时应按照征管法及其实施细则的规定,将取得款项的纳税人应缴纳的税款代为扣缴,对纳税人拒绝扣缴税款的,扣缴义务人应暂停支付相当于纳税人应纳税款的款项,并在一日之内报告主管税务机关。

负有代收代缴义务的单位和个人,在收取款项时应按照征管法及其实施细则的规定,将支付款项的纳税人应缴纳的税款代为收缴,对纳税人拒绝给付的,扣缴义务人应在一日之内报告主管税务机关。

扣缴义务人违反征管法及其实施细则规定应扣未扣、应收未收税款的,税务机关除按征管法及其实施细则的有关规定对其给予处罚外,应当责成扣缴义务人限期将应扣未扣、应收未收的税款

---

① 根据国家税务总局公告2018年第33号《国家税务总局关于公布全文失效废止和部分条款失效废止的税收规范性文件目录的公告》文件的规定,第一条失效废止。

补扣或补收。

2.《财政部关于印发〈财政监察专员办事处对国家税务局代扣代收代征税款手续费审核暂行办法〉的通知》(2007年1月10日颁布　2007年1月10日实施　财监〔2007〕1号)

财政部驻各省、自治区、直辖市、计划单列市财政监察专员办事处：

为加强对财政部驻各地财政监察专员办事处(以下简称专员办)开展国家税务局代扣代收代征税款手续费审核工作的指导,规范专员办的审核行为,财政部制定了《财政监察专员办事处对国家税务局代扣代收代征税款手续费审核暂行办法》。现印发给你们,请遵照执行。执行中如有问题,请及时向我部反映。

附件:财政监察专员办事处对国家税务局代扣代收代征税款手续费审核暂行办法

附件:

财政监察专员办事处对国家税务局
代扣代收代征税款手续费审核暂行办法

第一条　为规范财政部驻各地财政监察专员办事处(以下简称专员办)对国家税务局代扣代收代征(以下简称"三代")税款手续费的审核工作,加强专员办和国家税务局之间的协调配合,根据《财政检查工作办法》(财政部令第32号)、《财政部、国家税务总局、中国人民银行关于进一步加强代扣代收代征税款手续费管理的通知》(财行〔2005〕365号)等文件规定,制定本办法。

第二条　本办法所指"三代"税款手续费,是指国家税务局系统按照财行〔2005〕365号文件规定由中央财政预算安排的应支付给"三代"单位或个人的专项经费。

第三条　专员办对"三代"税款手续费的审核,是指专员办在省级(含计划单列市,下同)国家税务局统计汇总并审查把关的基础上,对国家税务局认定的"三代"单位资格、"三代"税款手续费计算依据、上级拨入支出金额及结余等情况的真实性、合规性的审核监督。审核方式包括非现场审核和实地审核。

第四条 专员办在实施审核监督时,应当依照规定的职责权限,严格履行审核程序,开展重点核查验证。

第五条 专员办与省级国家税务局之间应建立相互协调配合的工作机制。通过联席会议等工作制度,及时沟通"三代"税款手续费管理和审核中的有关情况,通报审核发现的问题,研究完善管理的制度措施等。

第六条 省级国家税务局应当在每年1月15日前,向当地专员办书面报送"三代"税款手续费审核材料(以下简称送审材料),送审材料主要包括:

(一)上一年度省级国家税务局系统涉及"三代"税款手续费的预算报表,国家税务总局涉及"三代"税款手续费的预算批复文件,省级国家税务局向下一级国家税务局预算分配下达文件;

(二)上一年度省级国家税务局系统"三代"税款手续费支出情况;

(三)年度决算与年度预算相比,有关"三代"税款手续费资金结余或出现缺口的原因说明。

第七条 专员办在收到"三代"手续费送审材料2个工作日内,应向省级国家税务局出具回执(见附1),对送审材料符合第六条规定的,应予以受理;对不符合规定或材料不齐全的,应当明确指出并退回送审材料,要求其补齐后再行报送。

第八条 专员办应在正式受理"三代"手续费送审材料后10个工作日内,完成审核工作,出具审核意见书(见附2)。

第九条 为保证审核时限和审核质量,专员办在受理省级国家税务局送审材料之前或审核过程中,要选择部分县(市)级国家税务局开展实地核查。专员办实地核查的县(市)一般应不少于3个。

在实地核查中,被核查的县(市)级国家税务局应当提供以下材料:

(一)上一年度涉及"三代"税款手续费的预算编制和决算报表;

(二)"三代"税款手续费会计账簿;

(三)代征协议及登记台账;
(四)代征代扣税款明细月报表;
(五)代征代扣税款结报单;
(六)代扣代收和代征税款手续费支付凭证;
(七)其他有关资料。

第十条 专员办在实地核查中,要重点核查以下内容:
(一)执行规定签订"三代"税款代征协议以及按代征协议支付代征税款手续费的情况;
(二)"三代"税款手续费收支会计核算情况;
(三)"三代"税款手续费支出的真实性情况;
(四)"三代"税款手续费计提比例情况;
(五)受托代征税款单位或个人的资格审定情况;
(六)其他情况。

第十一条 专员办在审核过程中发现问题,出现定性及处理依据不确定或与省级国家税务局有分歧而不能在规定的工作日内结束审核的,应及时向财政部、国家税务总局报告。

第十二条 专员办内部要建立审核工作三级复核制度,主管处经办人负责具体审核;主管处负责人对经办人的审核依据和审核结论进行复审,并对初审中提出的问题进行界定、确认;办领导对主管处复审意见进行终审。

第十三条 专员办在出具的审核意见书中须签署下列之一的审核意见:
(一)经审核,未发现违规问题;
(二)经审核,发现××元手续费存在违规问题(具体描述)。

第十四条 专员办向省级国家税务局出具审核意见书的同时,应抄报财政部(行政政法司、监督检查局)、国家税务总局(财务司)。

专员办对在审核过程中发现的违法违规问题,应根据《财政违法行为处罚处分条例》(国务院令第427号)等规定,提出处理处罚建议上报财政部和国家税务总局。

第十五条 专员办要建立健全审核工作日常监督机制：

（一）建立"三代"税款手续费管理政策和收支数据审核资料信息库；

（二）调查反映国家税务局系统在"三代"税款手续费管理中需关注的问题；

（三）对国家税务局系统管理和拨付"三代"税款手续费情况进行不定期检查；

（四）追踪国家税务局系统对"三代"税款手续费违规问题纠正和整改意见的落实情况。

第十六条 财政部对专员办的审核工作进行监督和考核。对专员办及其工作人员违反本办法规定的工作程序、不认真履行职责、甚至以权谋私、失职、渎职的，按《中华人民共和国公务员法》的规定予以处理。

第十七条 本办法自发布之日起试行。

3.《国家税务总局关于纳税人权利与义务的公告》[①]（2009年11月6日颁布 2009年11月6日实施 国家税务总局公告2009年第1号）

七、代扣、代收税款的义务

如您按照法律、行政法规规定负有代扣代缴、代收代缴税款义务，必须依照法律、行政法规的规定履行代扣、代收税款的义务。您依法履行代扣、代收税款义务时，纳税人不得拒绝。纳税人拒绝的，您应当及时报告我们处理。

4.《财政部 税务总局 人民银行关于进一步加强代扣代收代征税款手续费管理的通知》（2019年2月2日颁布 2019年2月2日实施 财行〔2019〕11号）

各省、自治区、直辖市、计划单列市财政厅（局），国家税务总局各省、

---

① 《国家税务总局关于修改部分税收规范性文件的公告》（国家税务总局公告2018年第31号）对本文进行了修改。

自治区、直辖市、计划单列市税务局,中国人民银行上海总部,各分行、营业管理部,各省省会(首府)城市中心支行,各副省级城市中心支行:

为进一步规范和加强代扣代缴、代收代缴和委托代征(以下简称"三代")税款手续费的管理,根据《中华人民共和国预算法》和《中华人民共和国税收征收管理法》及其他有关法律、行政法规的规定,就进一步加强"三代"税款手续费管理通知如下:

一、"三代"范围

(一)代扣代缴是指税收法律、行政法规已经明确规定负有扣缴义务的单位和个人在支付款项时,代税务机关从支付给负有纳税义务的单位和个人的收入中扣留并向税务机关解缴的行为。

(二)代收代缴是指税收法律、行政法规已经明确规定负有扣缴义务的单位和个人在收取款项时,代税务机关向负有纳税义务的单位和个人收取并向税务机关缴纳的行为。

(三)委托代征是指税务机关根据《中华人民共和国税收征收管理法》及其实施细则关于有利于税收控管和方便纳税的要求,按照双方自愿、简便征收、强化管理、依法委托的原则和国家有关规定,委托有关单位和人员代征零星、分散和异地缴纳的税收的行为。

二、"三代"的管理

税务机关应严格按照《中华人民共和国税收征收管理法》及其实施细则有关规定和"放管服"改革有关要求开展"三代"工作。税务机关应按照法律、行政法规,以及国家税务总局有关规定确定"三代"单位或个人,不得自行扩大"三代"范围和提高"三代"税款手续费支付比例。

(一)税务机关应依据国家税务总局有关规定,对负有代扣代缴、代收代缴的扣缴义务人办理登记。

对法律、行政法规没有规定负有代扣代缴、代收代缴税款义务的单位和个人,税务机关不得要求履行代扣代缴、代收代缴税款义务。

(二)税务机关应严格按照法律、行政法规,以及国家税务总局委托代征相关规定确定委托代征范围,不得将法律、行政法规已确定的代扣代缴、代收代缴税款,委托他人代征。

(三)对于需按比例支付"三代"税款手续费的,税务机关在确定"三代"单位或个人的手续费比例时,应从降低税收成本的角度,充分考虑"三代"单位或个人的业务量、工作成本等因素,确定合理的手续费支付比例,可根据需要在相应规定的支付比例范围内设置手续费支付限额。

三、"三代"税款手续费支付比例和限额

(一)法律、行政法规规定的代扣代缴税款,税务机关按不超过代扣税款的2%支付手续费,且支付给单个扣缴义务人年度最高限额70万元,超过限额部分不予支付。对于法律、行政法规明确规定手续费比例的,按规定比例执行。

(二)法律、行政法规规定的代收代缴车辆车船税,税务机关按不超过代收税款的3%支付手续费。

(三)法律、行政法规规定的代收代缴委托加工消费税,税务机关按不超过代收税款的2%支付手续费。委托受托双方存在关联关系的,不得支付代收手续费。关联关系依据《中华人民共和国企业所得税法》及其实施条例有关规定确定。

(四)法律、行政法规规定的代收代缴其他税款,税务机关按不超过代收税款的2%支付手续费。

(五)税务机关委托交通运输部门海事管理机构代征船舶车船税,税务机关按不超过代征税款的5%支付手续费。

(六)税务机关委托代征人代征车辆购置税,税务机关按每辆车支付15元手续费。

(七)税务机关委托证券交易所或证券登记结算机构代征证券交易印花税,税务机关按不超过代征税款的0.03%支付代征手续费,且支付给单个代征人年度最高限额1000万元,超过限额部分不予支付。委托有关单位代售印花税票按不超过代售金额5%支付手续费。

(八)税务机关委托邮政部门代征税款,税务机关按不超过代征税款的3%支付手续费。

(九)税务机关委托代征人代征农贸市场、专业市场等税收以及委托代征人代征其他零星分散、异地缴纳的税收,税务机关按不超过代征税款的5%支付手续费。

四、手续费管理

(一)预算管理。

1."三代"税款手续费纳入预算管理,由财政通过预算支出统一安排。法律、行政法规另有规定的,按法律、行政法规的规定执行。

2."三代"税款手续费按年据实清算。代扣、代收扣缴义务人和代征人应于每年3月30日前,向税务机关提交上一年度"三代"税款手续费申请相关资料,因"三代"单位或个人自身原因,未及时提交申请的,视为自动放弃上一年度"三代"税款手续费。各级税务机关应严格审核"三代"税款手续费申请情况,并以此作为编制下一年度部门预算的依据。

3.代扣、代收扣缴义务人和代征人在年度内扣缴义务终止或代征关系终止的,应在终止后3个月内向税务机关提交手续费申请资料,由税务机关办理手续费清算。

4.各级税务机关应按照《中华人民共和国预算法》《国务院关于深化预算管理制度改革的决定》和财政部部门预算编制的有关程序和要求,将"三代"税款手续费申请情况据实编入下一年度部门预算。教育费附加的手续费预算,按代扣、代收、代征所划缴正税的手续费比例编制。各级税务机关要积极配合财政部驻各地财政监察专员办事处开展部门预算监管工作。

5.财政部根据批复的"三代"税款手续费预算,及时核批用款计划。各级税务机关应主动、及时支付"三代"税款手续费。

6."三代"税款手续费当年预算不足部分,在下年预算中弥补;结转部分,留待下年继续使用;结余部分,按规定上缴中央财政。

7.各级税务机关应强化"三代"税款手续费预算绩效管理,科学设置绩效目标、完善绩效评价方法、提高绩效评价质量、加强绩效评价结果应用。

(二)核算管理。

1.各级税务机关应按照行政事业单位会计核算有关管理规定,及时、全面、完整核算"三代"税款手续费。

2.各级税务机关应根据财政部部门决算编报和审核有关要求,真实、准确、全面、及时编报"三代"税款手续费决算,并做好决算审核相关工作。

(三)支付管理。

1.税务机关应按照国库集中支付制度和本通知规定支付"三代"税款手续费。

2.税务机关对单位和个人未按照法律、行政法规或者委托代征协议规定履行代扣、代收、代征义务的,不得支付"三代"税款手续费。

3.税务机关之间委托代征税款,不得支付手续费。

4."三代"单位所取得的手续费收入应单独核算,计入本单位收入,用于与"三代"业务直接相关的办公设备、人员成本、信息化建设、耗材、交通费等管理支出。上述支出内容,国家已有相关支出标准的,严格执行有关规定;没有支出标准的,参照当地物价水平及市场价格,按需支出。单位取得的"三代"税款手续费以及手续费的使用,应按照法律、法规有关规定执行。

(四)监督管理。

1.各级财政、税务部门及其工作人员在"三代"税款手续费预算编制、调剂、决算等审批工作中,存在违规编报、批复预预算,违规管理"三代"税款手续费项目资金等行为的,以及其他滥用职权、玩忽职守、徇私舞弊等违法违纪行为的,按照《中华人民共和国预算法》《中华人民共和国公务员法》《中华人民共和国行政监察法》《财政违法行为处罚处分条例》等国家有关规定追究相应责任;涉嫌犯罪的,移送司法机关处理。对于发现存在上述违法、违规行为的税务机关,财政部、上级税务机关可按照有关规定扣减下一年度经费预算。

2.税务总局应加强对各级税务机关经费使用和管理情况的检查、审计,并接受审计署等有关部门的监督检查。

3.除法律、行政法规另有规定外,各级税务机关均不得从税款中直接提取手续费或办理退库,各级国库不得办理"三代"税款手续

> 费退库。
>
> 本通知自印发之日起执行。《财政部 国家税务总局 中国人民银行关于进一步加强代扣代收代征税款手续费管理的通知》(财行〔2005〕365号)和《财政部 国家税务总局关于明确保险机构代收代缴车船税手续费有关问题的通知》(财行〔2007〕659号)相应废止。

第三十一条 【按期缴款与延期】 纳税人、扣缴义务人按照法律、行政法规规定或者税务机关依照法律、行政法规的规定确定的期限,缴纳或者解缴税款。

纳税人因有特殊困难,不能按期缴纳税款的,经省、自治区、直辖市国家税务局、地方税务局批准,可以延期缴纳税款,但是最长不得超过三个月。

> **一、税收行政法规**
>
> 《中华人民共和国税收征收管理法实施细则》(2002年9月7日中华人民共和国国务院令第362号公布 根据2012年11月9日《国务院关于修改和废止部分行政法规的决定》第一次修订 根据2013年7月18日《国务院关于废止和修改部分行政法规的决定》第二次修订 根据2016年2月6日《国务院关于修改部分行政法规的决定》第三次修订)
>
> 第四十一条 纳税人有下列情形之一的,属于税收征管法第三十一条所称特殊困难:
>
> (一)因不可抗力,导致纳税人发生较大损失,正常生产经营活动受到较大影响的;
>
> (二)当期货币资金在扣除应付职工工资、社会保险费后,不足以缴纳税款的。
>
> 计划单列市国家税务局、地方税务局可以参照税收征管法第三十一条第二款的批准权限,审批纳税人延期缴纳税款。
>
> 第四十二条 纳税人需要延期缴纳税款的,应当在缴纳税款期限届满前提出申请,并报送下列材料:申请延期缴纳税款报告,

当期货币资金余额情况及所有银行存款账户的对账单,资产负债表,应付职工工资和社会保险费等税务机关要求提供的支出预算。

税务机关应当自收到申请延期缴纳税款报告之日起20日内作出批准或者不予批准的决定;不予批准的,从缴纳税款期限届满之日起加收滞纳金。

二、税务规范性文件

1.《国家税务总局 中国人民银行关于明确"扣缴税款通知书"有效期限的批复》(1997年1月10日颁布 1997年1月10日实施 国税函〔1997〕11号)

四川省国家税务局、地方税务局,中国人民银行四川省分行:

你们《关于明确"扣缴税款通知书有效日期"的请示》(川人行国〔1996〕37号)收悉。经研究,批复如下:

一、"扣缴税款通知书"的有效日期为《国家税务总局关于印发全国统一税务文书式样的通知》(国税发〔1993〕109号)附表12"扣缴税款通知书"中所载明的限定扣缴时间。

二、纳税人开户银行在此期限内无法实现扣缴税款的,应当书面通知税务机关,并说明原因;税务机关可以依法采取其他强制执行措施,也可通知开户银行继续实施扣缴税款措施。

三、纳税人应缴税款已经实现入库的,税务机关应当通知开户银行,撤销扣缴税款通知。

2.《国家税务总局关于延期缴纳税款有关问题的通知》(2004年12月22日颁布 2004年12月22日实施 国税函〔2004〕1406号)

各省、自治区、直辖市和计划单列市国家税务局、地方税务局,扬州税务进修学院,局内各单位:

为进一步加强延期缴纳税款的审批管理,维护国家的税收权益,现对有关问题明确如下:

《中华人民共和国税收征收管理法实施细则》第四十一条规定纳税人"当期货币资金在扣除应付职工工资、社会保险费后,不足以缴纳税款的",经批准可延期缴纳税款。此条规定中的"当期货币资金"是指纳税人申请延期缴纳税款之日的资金余额,其中不含国家法律和行政法规明确规定企业不可动用的资金;"应付职工工资"是指当期计提数。

3.《国家税务总局关于纳税人权利与义务的公告》[①]**(2009年11月6日颁布 2009年11月6日实施 国家税务总局公告2009年第1号)**

您的权利

六、申请延期缴纳税款权

如您因有特殊困难,不能按期缴纳税款的,经省、自治区、直辖市税务局批准,可以延期缴纳税款,但是最长不得超过三个月。计划单列市税务局可以参照省税务机关的批准权限,审批您的延期缴纳税款申请。

您满足以下任何一个条件,均可以申请延期缴纳税款:一是因不可抗力,导致您发生较大损失,正常生产经营活动受到较大影响的;二是当期货币资金在扣除应付职工工资、社会保险费后,不足以缴纳税款的。

您的义务

六、按时缴纳税款的义务

您应当按照法律、行政法规规定或者我们依照法律、行政法规的规定确定的期限,缴纳或者解缴税款。

未按照规定期限缴纳税款或者未按照规定期限解缴税款的,我们除责令限期缴纳外,从滞纳税款之日起,按日加收滞纳税款万分之五的滞纳金。

4.《国家税务总局关于取消20项税务证明事项的公告》(2018年12月28日颁布 2018年12月28日实施 国家税务总局公告2018年第65号)

为贯彻落实党中央、国务院关于减证便民、优化服务的部署要

[①] 《国家税务总局关于修改部分税收规范性文件的公告》(国家税务总局公告2018年第31号)对本文进行了修改。

求,根据《国务院办公厅关于做好证明事项清理工作的通知》(国办发〔2018〕47号),按照《国家税务总局关于实施进一步支持和服务民营经济发展若干措施的通知》(税总发〔2018〕174号)的安排,税务总局决定取消20项税务证明事项(详见附件),现予以发布。自发布之日起,附件所列证明事项停止执行。附件所列证明事项涉及的规范性文件,按程序修改后另行发布。

各级税务机关应认真落实取消税务证明事项有关工作,不得保留或变相保留,不得将税务机关的核查义务转嫁纳税人;应及时修改涉及取消事项的相关规定、表证单书和征管流程,明确事中事后监管要求;要树立诚信推定、风险监控、信用管理相关理念,进一步减少纳税人向税务机关报送的资料,探索推行告知承诺制。

各级税务机关应以本次清理工作为契机,进一步转变管理方式,规范监管行为,优化营商环境,更好地为市场主体增便利、添活力。

本公告自发布之日起施行。

附件:取消的税务证明事项目录(共20件)

序号	证明名称	证明用途	取消后的办理方式
4	不可抗力的事故证明	纳税人因不可抗力需要延期缴纳税款的,应当在缴纳税款期限届满前,提交公安机关出具的遭受不可抗力的事故证明。	不再提交。改为纳税人在申请延期缴纳税款书面报告中对不可抗力情况进行说明并承诺属实。税务机关事后进行抽查。

5.《国家税务总局关于取消一批税务证明事项的决定》(2019年3月8日颁布　2019年3月8日实施　国家税务总局令第46号)

附件:取消的税务证明事项目录

序号	证明名称	证明用途	取消后的办理方式
1	纳税困难证明	受严重自然灾害影响纳税困难的纳税人办理减免车船税时,需提供纳税人遭受自然灾害影响纳税困难的相关证明材料。	不再提交。税务机关根据实际需要可以采取告知承诺、主动核查、部门间信息共享等替代方式办理。

6.《国家税务总局关于优化纳税人延期缴纳税款等税务事项管理方式的公告》(2022 年 9 月 28 日颁布　2022 年 11 月 1 日实施　国家税务总局公告 2022 年第 20 号)

附件1

"对纳税人延期缴纳税款的核准"等事项实施规定

一、对纳税人延期缴纳税款的核准实施规定

(一)事项名称

对纳税人延期缴纳税款的核准

(二)实施机关

国家税务总局各省、自治区、直辖市和计划单列市税务局

(三)设定依据

1.《中华人民共和国税收征收管理法》第三十一条第二款：纳税人因有特殊困难，不能按期缴纳税款的，经省、自治区、直辖市国家税务局、地方税务局批准，可以延期缴纳税款，但是最长不得超过三个月。

2.《中华人民共和国税收征收管理法实施细则》第四十一条：纳税人有下列情形之一的，属于税收征管法第三十一条所称特殊困难：

(一)因不可抗力，导致纳税人发生较大损失，正常生产经营活动受到较大影响的；

(二)当期货币资金在扣除应付职工工资、社会保险费后，不足以缴纳税款的。

计划单列市国家税务局、地方税务局可以参照税收征管法第三十一条第二款的批准权限，审批纳税人延期缴纳税款。

3.《中华人民共和国税收征收管理法实施细则》第四十二条第一款：纳税人需要延期缴纳税款的，应当在缴纳税款期限届满前提出申请，并报送下列材料：申请延期缴纳税款报告，当期货币资金余额情况及所有银行存款账户的对账单，资产负债表，应付职工工资和社会保险费等税务机关要求提供的支出预算。

（四）实施条件

纳税人有下列情形之一，不能按期缴纳税款的，经税务机关批准，可以延期缴纳税款：

1. 因不可抗力，导致纳税人发生较大损失，正常生产经营活动受到较大影响的；

2. 当期货币资金在扣除应付职工工资、社会保险费后，不足以缴纳税款的。

（五）提交材料

1. 延期缴纳税款申请表；

2. 经办人身份证件；

3. 代理委托书；

4. 代理人身份证件；

5. 所有银行存款账户的对账单。

（申请人通过办税窗口申请的，提供经办人、代理人身份证件原件，税务机关查验后退回；通过电子税务局等网上办税途径申请的，提供经办人、代理人身份证件原件电子照片或者扫描件。对已实名办税纳税人的经办人、代理人，免于提供个人身份证件。）

（六）申请时限

缴纳税款期限届满前。

（七）实施程序

1. 受理

申请人通过办税窗口、电子税务局等途径向主管税务机关提交申请材料。申请人可以委托代理人提出申请，税务机关不得拒绝受理。

主管税务机关收到申请材料后，当场或在2个工作日内进行核对。材料齐全、符合法定形式的，自收到申请材料之日起即为受理；材料不齐全、不符合法定形式的，制作《税务事项通知书(补正通知)》一次性告知需要补正的全部内容。

2. 核实

主管税务机关对延期缴纳税款申请材料进行核实，应当以书面核实为原则；根据法定条件和程序，需要进行实地核实的，应当指派两名以上税务人员核实。

申请人、利害关系人有权进行陈述和申辩,税务机关应当认真听取申请人、利害关系人的意见,对其提出的事实、理由和证据应当进行复核;申请人、利害关系人提出的事实、理由或者证据成立的,应当采纳,有关过程应当予以记录。主管税务机关将核实情况和处理意见直报省税务机关。

3. 通知

(1)符合法定条件的,省税务机关出具加盖本税务机关印章或者税收业务专用章的《延期缴纳税款通知书》。

(2)不符合法定条件的,省税务机关出具加盖本税务机关印章或者税收业务专用章的《不予延期缴纳税款通知书》,并应当说明理由,告知申请人享有申请行政复议或者提起行政诉讼的权利。

省税务机关可以直接或者委托主管税务机关将上述文书送交申请人。

(八)办结时限

本事项法定办结时限为20日,税务机关应当自受理之日起20日内办结。20日的最后一日是法定休假日的,以休假日期满的次日为期限的最后一日;在期限内有连续3日以上法定休假日的,按休假日天数顺延。

有条件的税务机关在10个工作日内办结。

(九)监管规则

纳税人未按照核准的期限缴纳税款,由税务机关责令限期缴纳,逾期仍未缴纳的,经县以上税务局(分局)局长批准,税务机关可以依照《中华人民共和国税收征收管理法》第四十条的规定采取强制执行措施追缴其不缴或者少缴的税款及滞纳金,并可以依法处以罚款。

第三十二条 【税款的补缴与滞纳金】 纳税人未按照规定期限缴纳税款的,扣缴义务人未按照规定期限解缴税款的,税务机关除责令限期缴纳外,从滞纳税款之日起,按日加收滞纳税款万分之五的滞纳金。

一、税收行政法规

《中华人民共和国税收征收管理法实施细则》(2002年9月7日中华人民共和国国务院令第362号公布　根据2012年11月9日《国务院关于修改和废止部分行政法规的决定》第一次修订　根据2013年7月18日《国务院关于废止和修改部分行政法规的决定》第二次修订　根据2016年2月6日《国务院关于修改部分行政法规的决定》第三次修订)

第七十五条　税收征管法第三十二条规定的加收滞纳金的起止时间，为法律、行政法规规定或者税务机关依照法律、行政法规的规定确定的税款缴纳期限届满次日起至纳税人、扣缴义务人实际缴纳或者解缴税款之日止。

二、税务规范性文件

1.《国家税务总局关于贯彻实施〈中华人民共和国税收征收管理法〉有关问题的通知》(2001年5月18日颁布　2001年5月18日实施　国税发〔2001〕54号)

四、滞纳金分两段计征(新《征管法》第三十二条)，2001年4月30日前按照千分之二计算，从2001年5月1日起按照万分之五计算，累计后征收。

2.《国家税务总局关于贯彻〈中华人民共和国税收征收管理法〉及其实施细则若干具体问题的通知》[①]**(2003年4月23日颁布　2003年4月23日实施　国税发〔2003〕47号)**

五、关于滞纳金的计算期限问题

对纳税人未按照法律、行政法规规定的期限或者未按照税务机关依照法律、行政法规的规定确定的期限向税务机关缴纳的税款，滞纳金的计算从纳税人应缴纳税款的期限届满之次日起至实际缴纳税款之日止。

---

① 根据国家税务总局公告2018年第33号《国家税务总局关于公布全文失效废止和部分条款失效废止的税收规范性文件目录的公告》文件的规定，第一条失效废止。

六、关于滞纳金的强制执行问题

根据征管法第四十条规定"税务机关在采取强制执行措施时,对纳税人未缴纳的滞纳金同时强制执行"的立法精神,对纳税人已缴纳税款,但拒不缴纳滞纳金的,税务机关可以单独对纳税人应缴未缴的滞纳金采取强制执行措施。

3.《国家税务总局关于延期申报预缴税款滞纳金问题的批复》(2007年7月10日颁布 2007年7月10日实施 国税函〔2007〕753号)

深圳市国家税务局:

你局《关于延期申报是否加收滞纳金问题的请示》(深国税发〔2007〕92号)收悉。对于纳税人经税务机关批准延期申报,并在核准的延期内办理税款结算,因预缴税款小于实际应纳税额所产生的补税是否应当加收滞纳金的问题,经研究,批复如下:

一、《中华人民共和国税收征收管理法》(以下简称税收征管法)第二十七条规定,纳税人不能按期办理纳税申报的,经税务机关核准,可以延期申报,但要在纳税期内按照上期实际缴纳的税额或者税务机关核定的税额预缴税款,并在核准的延期内办理税款结算。预缴税款之后,按照规定期限办理税款结算的,不适用税收征管法第三十二条关于纳税人未按期缴纳税款而被加收滞纳金的规定。

二、经核准预缴税款之后按照规定办理税款结算而补缴税款的各种情形,均不适用加收滞纳金的规定。在办理税款结算之前,预缴的税额可能大于或小于应纳税额。当预缴税额大于应纳税额时,税务机关结算退税但不向纳税人计退利息;当预缴税额小于应纳税额时,税务机关在纳税人结算补税时不加收滞纳金。

三、当纳税人本期应纳税额远远大于比照上期税额的预缴税款时,延期申报则可能成为纳税人拖延缴纳税款的手段,造成国家税款被占用。为防止此类问题发生,税务机关在审核延期申报时,要结合纳税人本期经营情况来确定预缴税额,对于经营情况变动大的,应合理核定预缴税额,以维护国家税收权益,并保护真正需要延期申报的纳税人的权利。

4.《国家税务总局关于税收征管若干事项的公告》(2019 年 12 月 12 日颁布　2020 年 3 月 1 日实施　国家税务总局公告 2019 年第 48 号)

为深入贯彻党的十九届四中全会和中央经济工作会议精神,进一步优化税务执法方式,改善税收营商环境,支持企业发展壮大,现就税收征管若干事项公告如下:

一、关于欠税滞纳金加收问题

(一)对纳税人、扣缴义务人、纳税担保人应缴纳的欠税及滞纳金不再要求同时缴纳,可以先行缴纳欠税,再依法缴纳滞纳金。

(二)本条所称欠税,是指依照《欠税公告办法(试行)》(国家税务总局令第 9 号公布,第 44 号修改)第三条、第十三条规定认定的,纳税人、扣缴义务人、纳税担保人超过税收法律、行政法规规定的期限或者超过税务机关依照税收法律、行政法规规定确定的纳税期限未缴纳的税款。

三、司法解释

1.《最高人民法院关于审理企业破产案件若干问题的规定》(2002 年 7 月 30 日颁布　2002 年 9 月 1 日实施　法释〔2002〕23 号)

第六十一条　下列债权不属于破产债权:

(一)行政、司法机关对破产企业的罚款、罚金以及其他有关费用;

(二)人民法院受理破产案件后债务人未支付应付款项的滞纳金,包括债务人未执行生效法律文书应当加倍支付的迟延利息和劳动保险金的滞纳金;

(三)破产宣告后的债务利息;

(四)债权人参加破产程序所支出的费用;

(五)破产企业的股权、股票持有人在股权、股票上的权利;

(六)破产财产分配开始后向清算组申报的债权;

(七)超过诉讼时效的债权;

(八)债务人开办单位对债务人未收取的管理费、承包费。

上述不属于破产债权的权利,人民法院或者清算组也应当对当事人的申报进行登记。

2.《最高人民法院关于税务机关就破产企业欠缴税款产生的滞纳金提起的债权确认之诉应否受理问题的批复》(2012年6月26日颁布 2012年7月12日实施 法释〔2012〕9号)

青海省高级人民法院:

你院《关于税务机关就税款滞纳金提起债权确认之诉应否受理问题的请示》(青民他字〔2011〕1号)收悉。经研究,答复如下:

税务机关就破产企业欠缴税款产生的滞纳金提起的债权确认之诉,人民法院应依法受理。依照企业破产法、税收征收管理法的有关规定,破产企业在破产案件受理前因欠缴税款产生的滞纳金属于普通破产债权。对于破产案件受理后因欠缴税款产生的滞纳金,人民法院应当依照最高人民法院《关于审理企业破产案件若干问题的规定》第六十一条规定处理。

第三十三条 【减免税的法定性】 纳税人依照法律、行政法规的规定办理减税、免税。

地方各级人民政府、各级人民政府主管部门、单位和个人违反法律、行政法规规定,擅自作出的减税、免税决定无效,税务机关不得执行,并向上级税务机关报告。

一、税收行政法规

《中华人民共和国税收征收管理法实施细则》(2002年9月7日中华人民共和国国务院令第362号公布 根据2012年11月9日《国务院关于修改和废止部分行政法规的决定》第一次修订 根据2013年7月18日《国务院关于废止和修改部分行政法规的决定》第二次修订 根据2016年2月6日《国务院关于修改部分行政法规的决定》第三次修订)

第四十三条 享受减税、免税优惠的纳税人,减税、免税期满,应当自期满次日起恢复纳税;减税、免税条件发生变化的,应当在纳税申报时向税务机关报告;不再符合减税、免税条件的,应当依法履行纳税义务;未依法纳税的,税务机关应当予以追缴。

二、税务规范性文件

1.《财政部 国家税务总局关于明确对查补税款不得享受先征后退政策的批复》(1998年5月12日颁布 1998年5月12日实施 财税字〔1998〕80号)

财政部驻陕西省财政监察专员办事处:

你办报来的《关于对查补税款是否享受"先征后返"优惠政策的请示报告》(驻陕监字(98)第87号)收悉。经研究,明确如下:

为严肃财经法纪,对于税务机关、财政监察专员办事机构、审计机关等执法机关根据税法有关规定查补的增值税等各项税款,必须全部收缴入库,均不得执行由财政和税务机关给予返还的优惠政策。

2.《国家税务总局关于贯彻〈中华人民共和国税收征收管理法〉及其实施细则若干具体问题的通知》[①](2003年4月23日颁布 2003年4月23日实施 国税发〔2003〕47号)

八、关于减免税管理问题

除法律、行政法规规定不需要经税务机关审批的减免税外,纳税人享受减税、免税的应当向主管税务机关提出书面申请,并按照主管税务机关的要求附送有关资料,经税务机关审核,按照减免税的审批程序经由法律、行政法规授权的机关批准后,方可享受减税、免税。

3.《国家税务总局关于发布〈减免税政策代码目录〉的公告》(2015年10月29日颁布 2015年10月29日实施 国家税务总局公告2015年第73号)

为全面落实减免税政策,规范减免税事项办理,提高税务机关

---

① 根据国家税务总局公告2018年第33号《国家税务总局关于公布全文失效废止和部分条款失效废止的税收规范性文件目录的公告》文件的规定,第一条失效废止。

减免税管理工作效能,国家税务总局制定了《减免税政策代码目录》,现予以发布,并将有关问题公告如下:

一、《减免税政策代码目录》对税收法律法规规定、国务院制定或经国务院批准,由财政部、国家税务总局等中央部门发布的减免税政策及条款,按收入种类和政策优惠的领域类别,分别赋予减免性质代码及减免项目名称。税务机关及纳税人办理减免税申报、备案、核准、减免退税等业务事项时,根据各项工作的管理要求,检索相应的减免性质代码及减免项目名称,填报有关表证单书。

地方依照法律法规制定发布的适用于本地区的减免税政策,由各地税务机关制定代码并发布。

二、《减免税政策代码目录》将根据减免税政策的新增、废止等情况,每月定期更新,并通过国家税务总局网站"纳税服务"下的"申报纳税"栏目发布。各地税务机关应当通过办税服务大厅、税务网站、12366热线、短信、微信等多种渠道和方式进行转载、发布与宣传推送。

4.《国家税务总局关于进一步落实落细税费优惠政策 坚决防止违规征税收费的通知》(2020年4月24日颁布 2020年4月24日实施 税总发〔2020〕24号)

国家税务总局各省、自治区、直辖市和计划单列市税务局,国家税务总局驻各地特派员办事处:

新冠肺炎疫情发生以来,全国税务系统坚决贯彻习近平总书记重要指示批示精神和党中央、国务院决策部署,紧紧围绕优惠政策落实要给力、"非接触式"办税要添力、数据服务大局要尽力、疫情防控工作要加力的要求,统筹做好支持疫情防控和服务经济社会发展相关工作。为进一步聚焦"四力",确保税费优惠政策更好落地见效,促进依法规范组织收入,坚决防止违规征税收费,现就有关要求通知如下:

一、切实提高政治站位,全面落实落细税费优惠政策

各级税务机关要深入学习贯彻习近平总书记系列重要讲话和重要指示批示精神,从增强"四个意识"、坚定"四个自信"、做到

"两个维护"的高度,深刻认识落实税费优惠政策对统筹推进疫情防控和经济社会发展的重要意义,将其作为一项严肃重大的政治责任扛牢抓实。要进一步强化主动担当作为,采取有力有效措施,坚决做到该免的免到位、该减的减到位、该降的降到位、该缓的缓到位、该退的退到位,充分释放政策红利,切实减轻市场主体负担,巩固和拓展减税降费成效,决不能以组织税费收入为由拖延落实、打折落实税费优惠政策。要坚持2019年实施更大规模减税降费中形成的"短平快优九个一"工作法等好经验好做法,并不断拓展推出更实更细举措,持续增强落实政策的精准性和享受政策的便利性。要进一步加强政策效应跟踪评估和动态分析,确保各项税费优惠政策显实效、见长效。

二、依法依规组织收入,严格禁止违反规定征税收费

受疫情和经济下行影响,今年以来各地税费收入普遍下滑,财政收支平衡压力明显加大。面对组织税费收入的压力和挑战,各级税务机关要保持清醒头脑,坚持依法规范组织收入原则不动摇,坚决不收"过头税费",坚决不允许乱收费,坚决不搞大规模集中清欠、大面积行业检查和突击征税,坚决禁止采取空转、转引税款等手段虚增收入。要高度重视收入分析工作,及时掌握疫情对组织税费收入产生的影响,密切加强税费收入形势研判,通过大数据比对分析等方法及时发现趋势性、苗头性问题,坚决打击"假发票""假退税""假申报"等违法犯罪行为,堵塞税费征管漏洞,维护国家税收安全。

三、积极争取各方支持,着力优化税收营商环境

落实税费优惠政策、依法规范组织收入,需要地方各级党委政府、各部门以及社会各界的支持帮助。各级税务机关要通过多种途径、运用有针对性的方法,进一步广泛宣传税费优惠政策和依法组织收入的要求,及时回应各方面的关切,主动释疑解惑。要在算好账的基础上,及时与财政、人社等部门沟通协调,推动合理调整税费收入预算,使预算安排符合税源实际。对存在不符合依法组织收入原则的情况,要积极向当地党委政府汇报,充分争取支持处

理,并及时向上级税务机关报告。要进一步深化税务系统"放管服"改革,深入开展便民办税春风行动,积极加强与相关部门的协调联动,在减税费优服务、助复产促发展方面,凝聚更大合力,让纳税人、缴费人更好增便利、获实益。

四、加大监督检查力度,严明纪律强化责任落实

各级税务机关要将落实税费优惠政策、贯彻依法组织收入原则情况纳入全年税收执法督察工作重点,持续加大监督力度,重点排查收"过头税费"等不符合"六稳""六保"工作要求的问题。要自觉接受和配合审计等部门的监督检查,主动报告落实税费优惠政策、组织税费收入等工作情况。对监督检查发现的问题,要毫不含糊坚决纠正,并举一反三改进,防止问题反弹。对落实税费优惠政策不力和违反依法组织收入原则,造成不良影响的单位和个人,要严肃追责问责,并按照有关规定进行通报等处理。

各省(自治区、直辖市、计划单列市)税务局要按照本通知要求,结合当地实际认真抓好贯彻落实。重要情况请及时报告税务总局(政策法规司)。

5.《国家税务总局办公厅关于进一步加强地方性减免税管理工作的通知》(2020年6月2日颁布 2020年6月2日实施 税总办发〔2020〕21号)
国家税务总局各省、自治区、直辖市和计划单列市税务局,国家税务总局驻各地特派员办事处:

今年新冠肺炎疫情发生以来,全国税务系统坚决贯彻习近平总书记重要指示批示精神和党中央、国务院决策部署,按照优惠政策落实要给力、"非接触式"办税要添力、数据服务大局要尽力、疫情防控工作要加力的要求,积极配合地方政府或地方有关部门研究出台地方性税收减免政策,在统筹推进疫情防控和经济社会发展中发挥了积极作用。为促进做好"六稳"工作,全面落实"六保"任务,现就进一步加强地方性减免税管理通知如下:

一、进一步提升政治站位,不折不扣地落实地方性税收减免政策

各级税务机关要深入学习贯彻习近平新时代中国特色社会主

义思想和重要指示批示精神,充分认识减税降费对保居民就业、保基本民生、保市场主体,维护经济社会发展稳定大局的重要意义,切实扛牢落实疫情防控税收支持政策的政治责任。要态度坚决、措施精准地落实好 2019 年地方出台的"六税两费"减半征收等政策,落实落细今年新出台的地方性减免税政策,不能因为税收收入形势严峻、地方财政困难而打折扣、设门槛。特别是今年疫情发生以来,各地政府落实国务院常务会议要求,通过减免城镇土地使用税、房产税等方式支持房屋出租方为个体工商户、服务业小微企业减免物业租金,这项减免税政策对保居民就业、保市场主体有重要作用,必须采取有力措施切实落实好,要进一步增强政策的可操作性,及时明确减免税适用对象及条件、办理流程、办理渠道等操作性规定。

二、进一步加强宣传辅导,更加有效地让纳税人知晓地方性税收减免政策

要适应常态化疫情防控要求,结合地方税税源及管理特点,不断创新减免税政策宣传方式,拓展宣传渠道。充分运用信息化手段,实现分类宣传、主动宣传,提高宣传的精准度和有效性。采取编制工作指引等方式,方便纳税人更系统更快捷掌握本地出台的减免税政策和享受程序。充分利用税务网站、"两微一端"、12366 纳税服务平台等途径,畅通纳税人诉求渠道,及时回应纳税人关切。加强地方性减免税政策辅导和解读,确保政策执行准确规范、口径一致。

三、进一步优化办税服务,更加便捷地让纳税人享受地方性税收减免政策

要进一步深化"放管服"改革,创新优化地方性税收减免政策管理,不断提升服务质效。充分运用税收大数据和第三方信息,精准确定享受地方性减免税政策的纳税人,主动以短信、微信等方式发送提示信息。压缩地方性减免税核准时限,简化核准流程,确保纳税人及时享受相关税收优惠政策。创新困难性减免税管理方式,对申请享受房产税、城镇土地使用税困难减免税的纳税人,资

料报送不齐全、但不影响实质判断的,可允许其容缺办理、限期补正。加大房产税、城镇土地使用税困难减免税网上办理力度,便捷纳税人申请享受税收优惠。

四、进一步强化统计分析,及时准确地反映地方性税收减免政策成效

要加强地方性减免税政策的统计核算和跟踪分析。按照规范的减免税代码进行减免税统计核算,在征期内即开展审核,发现异常情况立即核实更正。征期结束后,尽快对减免税数据进行复核,确保数据及时准确统计。进一步发挥税收大数据的优势和内在价值,深入开展地方性减免税政策落实情况和实施效应分析,对政策需要调整或到期需要延续的,及时向有关部门提出政策建议。

国家税务总局各省、自治区、直辖市和计划单列市税务局要按照本通知要求,结合当地实际认真抓好落实。对各地已出台的地方性减免税政策、已形成的分析报告和其他重要情况,请及时向税务总局(财产行为税司)报告。

6.《税务总局等十三部门关于推进纳税缴费便利化改革 优化税收营商环境若干措施的通知》(2020年9月28日颁布 2020年9月28日实施 税总发〔2020〕48号)

各省、自治区、直辖市人民政府,国务院有关部门:

为贯彻党中央、国务院决策部署,深化"放管服"改革、优化营商环境,认真落实《优化营商环境条例》、《国务院办公厅关于进一步优化营商环境更好服务市场主体的实施意见》要求,经国务院同意,现就进一步推进纳税缴费便利化改革、持续提升为市场主体服务水平、加快打造市场化法治化国际化税收营商环境有关事项通知如下:

一、持续推进减税降费政策直达快享

(一)优化政策落实工作机制。融合运用网络、热线、政务服务场所等线上线下渠道,综合采取"云讲堂"、在线答疑、现场培训、编发指引、定点推送等方式,及时发布税费优惠政策,不断加大辅导解读力度,确保政策广为周知、易懂能会。着力打造"网上有专栏、

线上有专席、场点有专窗、事项有专办、全程有专督"的政策落实保障体系,确保各项减税降费政策不折不扣落实到位。(人力资源社会保障部、税务总局、医保局按职责分工负责)

(二)充分发挥大数据作用确保政策应享尽享。深化大数据分析和应用,主动甄别符合享受优惠政策条件的纳税人缴费人,精准推送税费政策信息,帮助纳税人缴费人充分适用优惠政策。运用税费大数据监测减税降费政策落实情况,及时扫描分析应享未享和违规享受的疑点信息,让符合条件的纳税人缴费人应享尽享,对违规享受的及时提示纠正和处理。(人力资源社会保障部、税务总局、医保局按职责分工负责)

(三)压缩优惠办理手续确保流程简明易行好操作。优化纳税人缴费人享受税费优惠方式,加大部门协同和信息共享,除依法需要核准或办理备案的事项外,推行"自行判别、申报享受、资料留存备查"的办理方式,进一步提升纳税人缴费人享受政策红利和服务便利的获得感。(人力资源社会保障部、税务总局、医保局按职责分工负责)

(四)提高增值税留抵退税政策落实效率。依托电子税务局,拓展纳税人网上申请和办理增值税留抵退税业务渠道,提高退税效率。财政部门加强统筹,及时保障退库资金到位。财政、税务和国库部门密切合作,畅通电子退税渠道,确保符合条件的纳税人及时获得退税款。(财政部、人民银行、税务总局按职责分工负责)

(五)加快出口业务各环节事项办理速度。优化"单一窗口"出口退税申报功能。推行无纸化单证备案。进一步简化结关、收汇手续。商务、人民银行、海关、税务等部门强化协作配合,扩大数据共享范围,加大宣传辅导力度,帮助出口企业加快全环节各事项办理速度、压缩单证收集整理时间,提升出口退税整体效率。税务部门办理正常出口退税业务的平均时间确保不超过 8 个工作日,并进一步压缩 A 级纳税人办理时限。(商务部、人民银行、海关总署、税务总局按职责分工负责)

7.《"非接触式"办税缴费事项清单》(2022 年 5 月 26 日颁布 2022 年 5 月 26 日实施)

序号	事项名称	备注
30	税收减免备案	

8.《国家税务总局关于部分税务事项实行容缺办理和进一步精简涉税费资料报送的公告》(2022 年 12 月 20 日颁布 2023 年 2 月 1 日实施 国家税务总局公告 2022 年第 26 号)

为深入贯彻党中央、国务院关于深化"放管服"改革、优化营商环境的决策部署,认真落实中办、国办印发的《关于进一步深化税收征管改革的意见》,切实减轻纳税人缴费人办税缴费负担,税务总局决定对部分税务事项实行容缺办理,进一步精简涉税费资料报送。现就有关事项公告如下:

一、税务事项容缺办理

(一)容缺办理事项

符合容缺办理情形的纳税人,可以选择《容缺办理涉税费事项及容缺资料清单》(附件 1)所列的一项或多项税费业务事项,按照可容缺资料范围进行容缺办理。

容缺办理的纳税人签署《容缺办理承诺书》(附件 2),书面承诺知晓容缺办理的相关要求,愿意承担容缺办理的相关责任。对符合容缺办理情形的纳税人,税务机关以书面形式(含电子文本)一次性告知纳税人需要补正的资料及具体补正形式、补正时限和未履行承诺的法律责任(附件 3),并按照规定程序办理业务事项。

(二)容缺办理资料补正

纳税人可选择采取现场提交、邮政寄递或税务机关认可的其他方式补正容缺办理资料,补正时限为 20 个工作日。采取现场提交的,补正时间为资料提交时间;采取邮政寄递方式的,补正时间为资料寄出时间;采取其他方式的,补正时间以税务机关收到资料时间为准。

纳税人应履行容缺办理承诺,承担未履行承诺的相关责任。纳税人未按承诺时限补正资料的,相关记录将按规定纳入纳税信用评价。

(三)不适用容缺办理的情形

重大税收违法失信案件当事人不适用容缺办理。相关当事人已履行相关法定义务,经实施检查的税务机关确认的,在公布期届满后可以适用容缺办理。

超出补正时限未提交容缺办理补正资料的纳税人,不得再次适用容缺办理。

二、精简涉税费资料报送

(一)取消报送的涉税费资料

纳税人办理《取消报送涉税费资料清单》(附件4)所列的税费业务事项,不再向税务机关报送《取消报送涉税费资料清单》明确取消报送的相关资料。

(二)改为留存备查的涉税费资料

纳税人办理《改留存备查涉税费资料清单》(附件5)所列的税费业务事项,不再向税务机关报送《改留存备查涉税费资料清单》明确改留存备查的相关资料,改由纳税人完整保存留存备查。纳税人对留存备查资料的真实性和合法性承担法律责任。

本公告自2023年2月1日起施行,《废止的文件条款目录》(附件6)中列明的条款同时废止。

特此公告。

附件:1.容缺办理涉税费事项及容缺资料清单

2.容缺办理承诺书

3.税务事项通知书(容缺办理补正通知)

4.取消报送涉税费资料清单

5.改留存备查涉税费资料清单

6.废止的文件条款目录

附件4.取消报送涉税费资料清单

序号	业务事项	取消报送资料
1	纳税人放弃免(减)税权声明	税务登记证副本

三、部门工作文件

《国家税务总局关于落实落细税费优惠政策推出"便民办税春风行动"第三批措施的通知》(2023年4月4日颁布　2023年4月4日实施　税总纳服函〔2023〕38号)

国家税务总局各省、自治区、直辖市和计划单列市税务局,国家税务总局驻各地特派员办事处,局内各单位:

为深入学习贯彻党的二十大精神,认真落实中央经济工作会议、全国两会和国务院常务会议部署,不折不扣执行延续和优化的税费优惠政策,税务总局推出"便民办税春风行动"第三批20条措施,确保各项税费政策及时落实落细、落准落稳,提振市场信心,稳定市场预期,推动经济运行持续整体好转,积极助力高质量发展。现通知如下:

一、政策落实提速

1. 健全完善统一税费政策口径工作机制,持续发布有关政策即问即答口径,提高税费政策确定性和执行一致性,为各项税费政策落地落细提供保障。

2. 系统梳理各项税费优惠政策,制定通俗易懂、简洁明了的分主题政策清单,针对税费优惠政策的适用主体,向纳税人缴费人分类推送相关税费优惠政策,努力实现"政策找人""送政策上门"。

3. 结合第32个全国税收宣传月活动,广泛利用新闻宣传和网络媒介加强政策宣介,开展针对性宣传辅导,帮助纳税人缴费人准确掌握和及时适用各项税费优惠政策。

4. 对今年出台的各项税费优惠政策,做好跟踪评估,深入分析政策执行效果,及时发现存在问题,适时研提优化完善建议。

5. 深入开展减税降费红利账单推送并进一步扩大推送范围,优化推送模式,提升红利账单信息化核验水平,拓展推送渠道,提升纳税人缴费人减税降费获得感。

二、重点服务提档

6. 认真落实《促进个体工商户发展条例》,通过加强信息共享,进一步优化个体工商户经营者变更操作流程,充分释放个体工商户税费优惠政策红利。

7. 组织税务系统开展全国个体工商户服务月活动，采取针对性措施帮助个体工商户知政策、会操作、能享受，持续为个体工商户纾困解难、优化经营环境。

8. 联合全国工商联深入开展"春雨润苗"专项行动，让各项税费优惠政策和创新服务举措及时惠及小微企业，持续助力小微企业健康发展。

9. 确保2023年全年一类、二类出口企业正常出口退（免）税的平均办理时间保持在3个工作日之内，进一步激发出口企业活力，支持外贸平稳发展。

10. 制定研发费用加计扣除政策指引，结合优惠政策享受情况，开展全方位宣传辅导，帮助企业充分享受政策红利，促进企业加大研发投入。

三、诉求响应提效

11. 通过"走流程听建议"等方式，大兴调查研究，全面收集纳税人缴费人政策享受中遇到的问题、困难和诉求，及时处理、研究、反馈，促进政策实施更加有力有效，充分保障纳税人缴费人不折不扣享受政策红利。

12. 深化运用税收大数据，识别纳税人缴费人在税费优惠政策、办理服务等方面的潜在需求，探索开展个性化、集合式推送和纳税信用提示提醒，帮助纳税人及时防范失信风险、纠正失信行为，促进税法遵从。

四、便捷办理提质

13. 持续推进"减证便民"，深入实施税务证明事项告知承诺制，为纳税人申报享受税费优惠政策提供便利。

14. 持续优化电子税务局功能，丰富应用场景，推动个体工商户减半征收、小型微利企业所得税优惠等延续优化税费优惠政策的申报实现信息系统自动计算减免税额、自动预填申报，提升纳税人缴费人办理体验，确保税费优惠政策落准落稳。

15. 对在职职工人数30人以下的企业自动免征残保金，确保优惠政策应享尽享。

16. 主动提示提醒并及时为符合残保金优惠政策条件的缴费人办理一季度已缴费款退费,确保优惠政策落到实处。

17. 做好物流企业大宗商品仓储设施用地城镇土地使用税优惠政策追溯享受有关退抵税工作;施行城镇土地使用税按月申报的地区,形成退抵税纳税人清单,针对性推送预填好的退抵税申请表,加快退抵税审核,提高退抵税效率。

18. 进一步拓展不动产登记税费线上办理渠道,利用税务 App、微信小程序等,为纳税人提供更加丰富的掌上服务,更好满足纳税人个性化需求;加强相关部门间不动产登记税费信息共享,提升办理质效。

五、规范执法提升

19. 规范促进涉税专业服务机构按照市场化原则为纳税人缴费人提供个性化服务,帮助纳税人缴费人依法依规快速享受政策红利;严厉惩治不良涉税中介唆使误导纳税人缴费人实施税收违法行为,防范纳税人缴费人信用受损,维护国家税收安全。

20. 深入推进税务文书电子送达,逐步减少纳税人签收纸质文书的情形,减轻纳税人办税负担。

各级税务机关要进一步增强责任感、紧迫感,强化系统思维和科学谋划,因地制宜创造性开展工作、抓好落实,确保延续优化的减税降费政策全面落地见效,尽心尽力为纳税人缴费人办实事、解难题,为经营主体纾困解难、减负增效,有力推动党中央、国务院决策部署不折不扣落到实处。

第三十四条 【完税凭证】税务机关征收税款时,必须给纳税人开具完税凭证。扣缴义务人代扣、代收税款时,纳税人要求扣缴义务人开具代扣、代收税款凭证的,扣缴义务人应当开具。

一、税收行政法规

《中华人民共和国税收征收管理法实施细则》(2002 年 9 月 7 日中华人民共和国国务院令第 362 号公布 根据 2012 年 11 月 9 日《国务院关于修改和废止部分行政法规的决定》第一次修订 根据 2013 年 7 月 18 日《国务院关于废止和修改部分行政法规的决定》第二次修订 根据 2016 年 2 月 6 日《国务院关于修改部分行政法规的决定》第三次修订)

第四十五条 税收征管法第三十四条所称完税凭证,是指各种完税证、缴款书、印花税票、扣(收)税凭证以及其他完税证明。

未经税务机关指定,任何单位、个人不得印制完税凭证。完税凭证不得转借、倒卖、变造或者伪造。

完税凭证的式样及管理办法由国家税务总局制定。

第四十六条 税务机关收到税款后,应当向纳税人开具完税凭证。纳税人通过银行缴纳税款的,税务机关可以委托银行开具完税凭证。

二、税务规章

《税收票证管理办法》[①](2013 年 2 月 25 日颁布 2014 年 4 月 1 日实施 2013 年 2 月 25 日国家税务总局令第 28 号公布 自 2014 年 4 月 1 日起施行 根据 2019 年 7 月 24 日《国家税务总局关于公布取消一批税务证明事项以及废止和修改部分规章规范性文件的决定》国家税务总局第 48 号令修正)

《税收票证管理办法》已经 2013 年 1 月 25 日国家税务总局第 1 次局务会议审议通过,现予公布,自 2014 年 1 月 1 日起施行。

国家税务总局局长:肖捷
2013 年 2 月 25 日

---

① 根据 2019 年 7 月 24 日《国家税务总局关于公布取消一批税务证明事项以及废止和修改部分规章规范性文件的决定》(国家税务总局令第 48 号),第 46 条修改为:"纳税人遗失已完税税收票证需要税务机关另行提供的,如税款经核实确已缴纳入库或从国库退还,税务机关应当开具税收完税证明或提供原完税税收票证复印件。"

税收票证管理办法

第一章 总 则

第一条 为了规范税收票证管理工作,保证国家税收收入的安全完整,维护纳税人合法权益,适应税收信息化发展需要,根据《中华人民共和国税收征收管理法》及其实施细则等法律法规,制定本办法。

第二条 税务机关、税务人员、纳税人、扣缴义务人、代征代售人和税收票证印制企业在中华人民共和国境内印制、使用、管理税收票证,适用本办法。

第三条 本办法所称税收票证,是指税务机关、扣缴义务人依照法律法规,代征代售人按照委托协议,征收税款、基金、费、滞纳金、罚没款等各项收入(以下统称税款)的过程中,开具的收款、退款和缴库凭证。税收票证是纳税人实际缴纳税款或者收取退还税款的法定证明。

税收票证包括纸质形式和数据电文形式。数据电文税收票证是指通过横向联网电子缴税系统办理税款的征收缴库、退库时,向银行、国库发送的电子缴款、退款信息。

第四条 国家积极推广以横向联网电子缴税系统为依托的数据电文税收票证的使用工作。

第五条 税务机关、代征代售人征收税款时应当开具税收票证。通过横向联网电子缴税系统完成税款的缴纳或者退还后,纳税人需要纸质税收票证的,税务机关应当开具。

扣缴义务人代扣代收税款时,纳税人要求扣缴义务人开具税收票证的,扣缴义务人应当开具。

第六条 税收票证的基本要素包括:税收票证号码、征收单位名称、开具日期、纳税人名称、纳税人识别号、税种(费、基金、罚没款)、金额、所属时期等。

第七条 纸质税收票证的基本联次包括收据联、存根联、报查联。收据联交纳税人作完税凭证;存根联由税务机关、扣缴义务人、代征代售人留存;报查联由税务机关做会计凭证或备查。

省、自治区、直辖市和计划单列市(以下简称省)税务机关可以根据税收票证管理情况,确定除收据联以外的税收票证启用联次。

第八条 国家税务总局统一负责全国的税收票证管理工作。其职责包括:

(一)设计和确定税收票证的种类、适用范围、联次、内容、式样及规格;

(二)设计和确定税收票证专用章戳的种类、适用范围、式样及规格;

(三)印制、保管、发运需要全国统一印制的税收票证,刻制需要全国统一制发的税收票证专用章戳;

(四)确定税收票证管理的机构、岗位和职责;

(五)组织、指导和推广税收票证信息化工作;

(六)组织全国税收票证检查工作;

(七)其他全国性的税收票证管理工作。

第九条 省以下税务机关应当依照本办法做好本行政区域内的税收票证管理工作。其职责包括:

(一)负责本级权限范围内的税收票证印制、领发、保管、开具、作废、结报缴销、停用、交回、损失核销、移交、核算、归档、审核、检查、销毁等工作;

(二)指导和监督下级税务机关、扣缴义务人、代征代售人、自行填开税收票证的纳税人税收票证管理工作;

(三)组织、指导、具体实施税收票证信息化工作;

(四)组织税收票证检查工作;

(五)其他税收票证管理工作。

第十条 扣缴义务人和代征代售人在代扣代缴、代收代缴、代征税款以及代售印花税票过程中应当做好税收票证的管理工作。其职责包括:

(一)妥善保管从税务机关领取的税收票证,并按照税务机关要求建立、报送和保管税收票证账簿及有关资料;

(二)为纳税人开具并交付税收票证;
(三)按时解缴税款、结报缴销税收票证;
(四)其他税收票证管理工作。

第十一条 各级税务机关的收入规划核算部门主管税收票证管理工作。

国家税务总局收入规划核算司设立主管税收票证管理工作的机构;省、市(不含县级市,下同)、县税务机关收入规划核算部门应当设置税收票证管理岗位并配备专职税收票证管理人员;直接向税务机关税收票证开具人员、扣缴义务人、代征代售人、自行填开税收票证的纳税人发放税收票证并办理结报缴销等工作的征收分局、税务所、办税服务厅等机构(以下简称基层税务机关)应当设置税收票证管理岗位,由税收会计负责税收票证管理工作。税收票证管理岗位和税收票证开具(含印花税票销售)岗位应当分设,不得一人多岗。

扣缴义务人、代征代售人、自行填开税收票证的纳税人应当由专人负责税收票证管理工作。

第二章 种类和适用范围

第十二条 税收票证包括税收缴款书、税收收入退还书、税收完税证明、出口货物劳务专用税收票证、印花税专用税收票证以及国家税务总局规定的其他税收票证。

第十三条 税收缴款书是纳税人据以缴纳税款,税务机关、扣缴义务人以及代征代售人据以征收、汇总税款的税收票证。具体包括:

(一)《税收缴款书(银行经收专用)》。由纳税人、税务机关、扣缴义务人、代征代售人向银行传递,通过银行划缴税款(出口货物劳务增值税、消费税除外)到国库时使用的纸质税收票证。其适用范围是:

1. 纳税人自行填开或税务机关开具,纳税人据以在银行柜面办理缴税(转账或现金),由银行将税款缴入国库;

2. 税务机关收取现金税款、扣缴义务人扣缴税款、代征代售人

代征税款后开具,据以在银行柜面办理税款汇总缴入国库;

3.税务机关开具,据以办理"待缴库税款"账户款项缴入国库。

(二)《税收缴款书(税务收现专用)》。纳税人以现金、刷卡(未通过横向联网电子缴税系统)方式向税务机关缴纳税款时,由税务机关开具并交付纳税人的纸质税收票证。代征人代征税款时,也应开具本缴款书并交付纳税人。为方便流动性零散税收的征收管理,本缴款书可以在票面印有固定金额,具体面额种类由各省税务机关确定,但是,单种面额不得超过一百元。

(三)《税收缴款书(代扣代收专用)》。扣缴义务人依法履行税款代扣代缴、代收代缴义务时开具并交付纳税人的纸质税收票证。扣缴义务人代扣代收税款后,已经向纳税人开具了税法规定或国家税务总局认可的记载完税情况的其他凭证的,可不再开具本缴款书。

(四)《税收电子缴款书》。税务机关将纳税人、扣缴义务人、代征代售人的电子缴款信息通过横向联网电子缴税系统发送给银行,银行据以划缴税款到国库时,由税收征管系统生成的数据电文形式的税收票证。

第十四条 税收收入退还书是税务机关依法为纳税人从国库办理退税时使用的税收票证。具体包括:

(一)《税收收入退还书》。税务机关向国库传递,依法为纳税人从国库办理退税时使用的纸质税收票证。

(二)《税收收入电子退还书》。税务机关通过横向联网电子缴税系统依法为纳税人从国库办理退税时,由税收征管系统生成的数据电文形式的税收票证。

税收收入退还书应当由县以上税务机关税收会计开具并向国库传递或发送。

第十五条 出口货物劳务专用税收票证是由税务机关开具,专门用于纳税人缴纳出口货物劳务增值税、消费税或者证明该纳税人再销售给其他出口企业的货物已缴纳增值税、消费税的纸质税收票证。具体包括:

(一)《税收缴款书(出口货物劳务专用)》。由税务机关开具,专门用于纳税人缴纳出口货物劳务增值税、消费税时使用的纸质税收票证。纳税人以银行经收方式,税务收现方式,或者通过横向联网电子缴税系统缴纳出口货物劳务增值税、消费税时,均使用本缴款书。纳税人缴纳随出口货物劳务增值税、消费税附征的其他税款时,税务机关应当根据缴款方式,使用其他种类的缴款书,不得使用本缴款书。

(二)《出口货物完税分割单》。已经缴纳出口货物增值税、消费税的纳税人将购进货物再销售给其他出口企业时,为证明所售货物完税情况,便于其他出口企业办理出口退税,到税务机关换开的纸质税收票证。

第十六条 印花税专用税收票证是税务机关或印花税票代售人在征收印花税时向纳税人交付、开具的纸质税收票证。具体包括:

(一)印花税票。印有固定金额,专门用于征收印花税的有价证券。纳税人缴纳印花税,可以购买印花税票贴花缴纳,也可以开具税收缴款书缴纳。采用开具税收缴款书缴纳的,应当将纸质税收缴款书或税收完税证明粘贴在应税凭证上,或者由税务机关在应税凭证上加盖印花税收讫专用章。

(二)《印花税票销售凭证》。税务机关和印花税票代售人销售印花税票时一并开具的专供购买方报销的纸质凭证。

第十七条 税收完税证明是税务机关为证明纳税人已经缴纳税款或者已经退还纳税人税款而开具的纸质税收票证。其适用范围是:

(一)纳税人、扣缴义务人、代征代售人通过横向联网电子缴税系统划缴税款到国库(经收处)后或收到从国库退还的税款后,当场或事后需要取得税收票证的;

(二)扣缴义务人代扣代收税款后,已经向纳税人开具税法规定或国家税务总局认可的记载完税情况的其他凭证,纳税人需要换开正式完税凭证的;

（三）纳税人遗失已完税的各种税收票证(《出口货物完税分割单》、印花税票和《印花税票销售凭证》除外),需要重新开具的；

（四）对纳税人特定期间完税情况出具证明的；

（五）国家税务总局规定的其他需要为纳税人开具完税凭证情形。

税务机关在确保纳税人缴、退税信息全面、准确、完整的条件下,可以开展前款第四项规定的税收完税证明开具工作,具体开具办法由各省税务机关确定。

第十八条　税收票证专用章戳是指税务机关印制税收票证和征、退税款时使用的各种专用章戳,具体包括：

（一）税收票证监制章。套印在税收票证上,用以表明税收票证制定单位和税收票证印制合法性的一种章戳。

（二）征税专用章。税务机关办理税款征收业务,开具税收缴款书、税收完税证明、《印花税销售凭证》等征收凭证时使用的征收业务专用公章。

（三）退库专用章。税务机关办理税款退库业务,开具《税收收入退还书》等退库凭证时使用的,在国库预留印鉴的退库业务专用公章。

（四）印花税收讫专用章。以开具税收缴款书代替贴花缴纳印花税时,加盖在应税凭证上,用以证明应税凭证已完税的专用章戳。

（五）国家税务总局规定的其他税收票证专用章戳。

第十九条　《税收缴款书(税务收现专用)》、《税收缴款书(代扣代收专用)》、《税收缴款书(出口货物劳务专用)》、《出口货物完税分割单》、印花税票和税收完税证明应当视同现金进行严格管理。

第二十条　税收票证应当按规定的适用范围填开,不得混用。

第二十一条　国家税务总局增设或简并税收票证及税收票证专用章戳种类,应当及时向社会公告。

第三章　设计和印制

第二十二条　税收票证及税收票证专用章戳按照税收征收管

理和国家预算管理的基本要求设计,具体式样另行制发。

第二十三条 税收票证实行分级印制管理。

《税收缴款书(出口货物劳务专用)》《出口货物完税分割单》、印花税票以及其他需要全国统一印制的税收票证由国家税务总局确定的企业印制;其他税收票证,按照国家税务总局规定的式样和要求,由各省税务机关确定的企业集中统一印制。

禁止私自印制、倒卖、变造、伪造税收票证。

第二十四条 印制税收票证的企业应当具备下列条件:

(一)取得印刷经营许可证和营业执照;

(二)设备、技术水平能够满足印制税收票证的需要;

(三)有健全的财务制度和严格的质量监督、安全管理、保密制度;

(四)有安全、良好的保管场地和设施。

印制税收票证的企业应当按照税务机关提供的式样、数量等要求印制税收票证,建立税收票证印制管理制度。

税收票证印制合同终止后,税收票证的印制企业应当将有关资料交还委托印制的税务机关,不得保留或提供给其他单位及个人。

第二十五条 税收票证应当套印税收票证监制章。

税收票证监制章由国家税务总局统一制发各省税务机关。

第二十六条 除税收票证监制章外,其他税收票证专用章戳的具体刻制权限由各省税务机关确定。刻制的税收票证专用章戳应当在市以上税务机关留底归档。

第二十七条 税收票证应当使用中文印制。民族自治地方的税收票证,可以加印当地一种通用的民族文字。

第二十八条 负责税收票证印制的税务机关应当对印制完成的税收票证质量、数量进行查验。查验无误的,办理税收票证的印制入库手续;查验不合格的,对不合格税收票证监督销毁。

第四章 使 用

第二十九条 上、下级税务机关之间,税务机关税收票证开具人员、扣缴义务人、代征代售人、自行填开税收票证的纳税人与税收票证管理人员之间,应当建立税收票证及税收票证专用章戳的领发登记制度,办理领发手续,共同清点、确认领发种类、数量和号码。

税收票证的运输应当确保安全、保密。

数据电文税收票证由税收征管系统自动生成税收票证号码,分配给税收票证开具人员,视同发放。数据电文税收票证不得重复发放、重复开具。

第三十条 税收票证管理人员向税务机关税收票证开具人员、扣缴义务人和代征代售人发放视同现金管理的税收票证时,应当拆包发放,并且一般不得超过一个月的用量。

视同现金管理的税收票证未按照本办法第三十九条规定办理结报的,不得继续发放同一种类的税收票证。

其他种类的税收票证,应当根据领用人的具体使用情况,适度发放。

第三十一条 税务机关、扣缴义务人、代征代售人、自行填开税收票证的纳税人应当妥善保管纸质税收票证及税收票证专用章戳。县以上税务机关应当设置具备安全条件的税收票证专用库房;基层税务机关、扣缴义务人、代征代售人和自行填开税收票证的纳税人应当配备税收票证保险专用箱柜。确有必要外出征收税款的,税收票证及税收票证专用章戳应当随身携带,严防丢失。

第三十二条 税务机关对结存的税收票证应当定期进行盘点,发现结存税收票证实物与账簿记录数量不符的,应当及时查明原因并报告上级或所属税务机关。

第三十三条 税收收入退还书开具人员不得同时从事退库专用章保管或《税收收入电子退还书》复核授权工作。印花税票销售人员不得同时从事印花税收讫专用章保管工作。外出征收税款的,税收票证开具人员不得同时从事现金收款工作。

第三十四条 税收票证应当分纳税人开具;同一份税收票证上,税种(费、基金、罚没款)、税目、预算科目、预算级次、所属时期不同的,应当分行填列。

第三十五条　税收票证栏目内容应当填写齐全、清晰、真实、规范,不得漏填、简写、省略、涂改、挖补、编造;多联式税收票证应当一次全份开具。

第三十六条　因开具错误作废的纸质税收票证,应当在各联注明"作废"字样、作废原因和重新开具的税收票证字轨及号码。《税收缴款书(税务收现专用)》、《税收缴款书(代扣代收专用)》、税收完税证明应当全份保存;其他税收票证的纳税人所持联次或银行流转联次无法收回的,应当注明原因,并将纳税人出具的情况说明或银行文书代替相关联次一并保存。开具作废的税收票证应当按期与已填用的税收票证一起办理结报缴销手续,不得自行销毁。

税务机关开具税收票证后,纳税人向银行办理缴税前丢失的,税务机关参照前款规定处理。

数据电文税收票证作废的,应当在税收征管系统中予以标识;已经作废的数据电文税收票证号码不得再次使用。

第三十七条　纸质税收票证各联次各种章戳应当加盖齐全。章戳不得套印,国家税务总局另有规定的除外。

第三十八条　税务机关税收票证开具人员、扣缴义务人、代征代售人、自行填开税收票证的纳税人与税收票证管理人员之间,基层税务机关与上级或所属税务机关之间,应当办理税收票款结报缴销手续。

税务机关税收票证开具人员、扣缴义务人、代征代售人向税收票证管理人员结报缴销视同现金管理的税收票证时,应当将已开具税收票证的存根联、报查联等联次,连同作废税收票证、需交回的税收票证及未开具的税收票证(含未销售印花税票)一并办理结报缴销手续;已开具税收票证只设一联的,税收票证管理人员应当查验其开具情况的电子记录。

其他各种税收票证结报缴销手续的具体要求,由各省税务机关确定。

第三十九条 税收票款应当按照规定的时限办理结报缴销。税务机关税收票证开具人员、代征代售人开具税收票证(含销售印花税票)收取现金税款时,办理结报缴销手续的时限要求是:

(一)当地设有国库经收处的,应于收取税款的当日或次日办理税收票款的结报缴销;

(二)当地未设国库经收处和代征代售人收取现金税款的,由各省税务机关确定办理税收票款结报缴销的期限和额度,并以期限或额度条件先满足之日为准。

扣缴义务人代扣代收税款的,应按税法规定的税款解缴期限一并办理结报缴销。

其他各种税收票证的结报缴销时限、基层税务机关向上级或所属税务机关缴销税收票证的时限,由各省税务机关确定。

第四十条 领发、开具税收票证时,发现多出、短少、污损、残破、错号、印刷字迹不清及联数不全等印制质量不合格情况的,应当查明字轨、号码、数量,清点登记,妥善保管。

全包、全本印制质量不合格的,按照本办法第五十一条规定销毁;全份印制质量不合格的,按开具作废处理。

第四十一条 由于税收政策变动或式样改变等原因,国家税务总局规定停用的税收票证及税收票证专用章戳,应由县以上税务机关集中清理,核对字轨、号码和数量,造册登记,按照本办法第五十一条规定销毁。

第四十二条 未开具税收票证(含未销售印花税票)发生毁损或丢失、被盗、被抢等损失的,受损单位应当及时组织清点核查,并由各级税务机关按照权限进行损失核销审批。《税收缴款书(出口货物劳务专用)》、《出口货物完税分割单》、印花税票发生损失的,由省税务机关审批核销;《税收缴款书(税务收现专用)》、《税收缴款书(代扣代收专用)》、税收完税证明发生损失的,由市税务机关审批核销;其他各种税收票证发生损失的,由县税务机关审批核销。

毁损残票和追回的税收票证按照本办法第五十一条规定

销毁。

第四十三条 视同现金管理的未开具税收票证(含未销售印花税票)丢失、被盗、被抢的,受损税务机关应当查明损失税收票证的字轨、号码和数量,立即向当地公安机关报案并报告上级或所属税务机关;经查不能追回的税收票证,除印花税票外,应当及时在办税场所和广播、电视、报纸、期刊、网络等新闻媒体上公告作废。

受损单位为扣缴义务人、代征代售人或税收票证印制企业的,扣缴义务人、代征代售人或税收票证印制企业应当立即报告基层税务机关或委托印制的税务机关,由税务机关按前款规定办理。

对丢失印花税票和印有固定金额的《税收缴款书(税务收现专用)》负有责任的相关人员,税务机关应当要求其按照面额赔偿;对丢失其他视同现金管理的税收票证负有责任的相关人员,税务机关应当要求其适当赔偿。

第四十四条 税收票证专用章戳丢失、被盗、被抢的,受损税务机关应当立即向当地公安机关报案并逐级报告刻制税收票证专用章戳的税务机关;退库专用章丢失、被盗、被抢的,应当同时通知国库部门。重新刻制的税收票证专用章戳应当及时办理留底归档或预留印鉴手续。

毁损和损失追回的税收票证专用章戳按照本办法第五十一条规定销毁。

第四十五条 由于印制质量不合格、停用、毁损、损失追回、领发错误,或者扣缴义务人和代征代售人终止税款征收业务、纳税人停止自行填开税收票证等原因,税收票证及税收票证专用章戳需要交回的,税收票证管理人员应当清点、核对字轨、号码和数量,及时上交至发放或有权销毁税收票证及税收票证专用章戳的税务机关。

第四十六条 纳税人遗失已完税税收票证需要税务机关另行提供的,如税款经核实确已缴纳入库或从国库退还,税务机关应当开具税收完税证明或提供原完税税收票证复印件。

第五章 监督管理

第四十七条 税务机关税收票证开具人员、税收票证管理人员工作变动离岗前,应当办理税收票证、税收票证专用章戳、账簿以及其他税收票证资料的移交。移交时应当有专人监交,监交人、移交人、接管人三方共同签章,票清离岗。

第四十八条　税务机关应当按税收票证种类、领用单位设置税收票证账簿,对各种税收票证的印制、领发、用存、作废、结报缴销、停用、损失、销毁的数量、号码进行及时登记和核算,定期结账。

第四十九条　基层税务机关的税收票证管理人员应当按日对已结报缴销税收票证的完整性、准确性和税收票证管理的规范性进行审核;基层税务机关的上级或所属税务机关税收票证管理人员对基层税务机关缴销的税收票证,应当定期进行复审。

第五十条　税务机关应当及时对已经开具、作废的税收票证、账簿以及其他税收票证资料进行归档保存。

纸质税收票证、账簿以及其他税收票证资料,应当整理装订成册,保存期限五年;作为会计凭证的纸质税收票证保存期限十五年。

数据电文税收票证、账簿以及其他税收票证资料,应当通过光盘等介质进行存储,确保数据电文税收票证信息的安全、完整,保存时间和具体办法另行制定。

第五十一条　未填用的《税收缴款书(出口货物劳务专用)》、《出口货物完税分割单》、印花税票需要销毁的,应当由两人以上共同清点,编制销毁清册,逐级上缴省税务机关销毁;未填用的《税收缴款书(税务收现专用)》、《税收缴款书(代扣代收专用)》、税收完税证明需要销毁的,应当由两人以上共同清点,编制销毁清册,报经市税务机关批准,指派专人到县税务机关复核并监督销毁;其他各种税收票证、账簿和税收票证资料需要销毁的,由税收票证主管人员清点并编制销毁清册,报经县或市税务机关批准,由两人以上监督销毁;税收票证专用章戳需要销毁的,由刻制税收票证专用章戳的税务机关销毁。

第五十二条　税务机关应当定期对本级及下级税务机关、税收票证印制企业、扣缴义务人、代征代售人、自行填开税收票证的纳税人税收票证及税收票证专用章戳管理工作进行检查。

第五十三条 税务机关工作人员违反本办法的,应当根据情节轻重,给予批评教育、责令做出检查、诫勉谈话或调整工作岗位处理;构成违纪的,依照《中华人民共和国公务员法》、《行政机关公务员处分条例》等法律法规给予处分;涉嫌犯罪的,移送司法机关。

第五十四条 扣缴义务人未按照本办法及有关规定保管、报送代扣代缴、代收代缴税收票证及有关资料的,按照《中华人民共和国税收征收管理法》及相关规定进行处理。

扣缴义务人未按照本办法开具税收票证的,可以根据情节轻重,处以一千元以下的罚款。

第五十五条 税务机关与代征代售人、税收票证印制企业签订代征代售合同、税收票证印制合同时,应当就违反本办法及相关规定的责任进行约定,并按约定及其他有关规定追究责任;涉嫌犯罪的,移送司法机关。

第五十六条 自行填开税收票证的纳税人违反本办法及相关规定的,税务机关应当停止其税收票证的领用和自行填开,并限期缴销全部税收票证;情节严重的,可以处以一千元以下的罚款。

第五十七条 非法印制、转借、倒卖、变造或者伪造税收票证的,依照《中华人民共和国税收征收管理法实施细则》的规定进行处理;伪造、变造、买卖、盗窃、抢夺、毁灭税收票证专用章戳的,移送司法机关。

第六章 附 则

第五十八条 各级政府部门委托税务机关征收的各种基金、费可以使用税收票证。

第五十九条 本办法第六条、第七条、第二十五条、第三十六条、第三十七条、第四十六条所称税收票证,不包括印花税票。

第六十条 本办法所称银行,是指经收预算收入的银行、信用社。

第六十一条 各省税务机关应当根据本办法制定具体规定,

并报国家税务总局备案。

第六十二条 本办法自 2014 年 1 月 1 日起施行。1998 年 3 月 10 日国家税务总局发布的《税收票证管理办法》(国税发〔1998〕32 号)同时废止。

三、税务规范性文件

1.《国家税务总局关于纳税人权利与义务的公告》[①]**(2009 年 11 月 6 日颁布 2009 年 11 月 6 日实施 国家税务总局公告 2009 年第 1 号)**

十四、索取有关税收凭证的权利

我们征收税款时,必须给您开具完税凭证。扣缴义务人代扣、代收税款时,纳税人要求扣缴义务人开具代扣、代收税款凭证时,扣缴义务人应当开具。

我们扣押商品、货物或者其他财产时,必须开付收据;查封商品、货物或者其他财产时,必须开付清单。

2.《国家税务总局关于推行纳税人网上开具缴款凭证有关工作的通知》(2009 年 11 月 17 日颁布 2009 年 11 月 17 日实施 国税函〔2009〕637 号)

各省、自治区、直辖市和计划单列市国家税务局、地方税务局:

为进一步优化纳税服务,提高税款征缴效率,国家税务总局决定在全国范围内推行纳税人网上开具缴款凭证工作。现就有关问题通知如下:

一、充分认识纳税人网上开具缴款凭证工作的重要意义

纳税人网上开具缴款凭证,是充分利用信息化条件,结合横向联网电子缴税、个人所得税全员全额申报等工作,对电子缴税开票方式的完善和制度创新。推行网上开具缴款凭证工作,能够使纳税人通过互联网系统自行在计算机终端打印缴款凭证,实现网上

---

① 《国家税务总局关于修改部分税收规范性文件的公告》(国家税务总局公告 2018 年第 31 号)对本文进行了修改。

申报、缴税、开票"一条龙"服务,最大程度地方便纳税人完成缴税义务。推行网上开具缴款凭证工作,有利于完善纳税服务、减少纳税人办税时间和费用、有效维护纳税人的知情权、真正实现纳税人足不出户完成纳税义务,有利于税务机关缓解办税大厅压力、优化资源配置、节约征税成本、提高办税效率,是税务机关提升纳税服务水平,提高征缴效率,实现税务机关和纳税人"双赢"的重要举措。各级税务机关应当高度重视,认真组织,积极推进此项工作的开展。

二、网上开具缴款凭证的工作内容

(一)工作前提

具备以下两项条件之一的地区,均可实施纳税人网上开具缴款凭证工作:

1. 已实施推广税务、国库、商业银行横向联网电子缴税,且横向联网系统的运行安全、可靠、稳定,能保证电子税票数据准确完整。

2. 个人所得税扣缴义务人能按期向税务机关申报个人所得税明细信息,申报数据准确。

(二)基本流程

以省辖市或省级税务机关为单位,在互联网网站建立网上开具缴款凭证平台(以下简称网上开票平台),按日将纳税人缴税信息和个人所得税代扣代缴明细申报缴税信息从税收征管系统导出,经整理转换为可开具缴款凭证信息后,存入网上开票平台数据库。税务机关也可以将网上开具缴款凭证功能纳入电子申报系统,由商业银行将电子缴税扣款成功的税票信息上传到税务机关电子申报网站,供纳税人下载打印。

纳税人通过税务机关互联网网站或到办税服务厅申请网上开票登录密钥后,按权限登录税务机关互联网网站,查询缴款情况,打印缴款凭证。

(三)系统功能

主要包括纳税人缴款情况查询及缴款凭证的下载和打印、税务人员查询、密码修改或重置等。

(四)服务范围

开票对象包括所有电子缴税的纳税人(缴款人)、扣缴义务人以及个人所得税明细申报的自然人。

业务范围包括已缴纳的各项收入,即:企业和事业单位、机关和社会团体、个体户和个人缴纳的税款、基金、费等,包括扣缴义务人代扣代缴的个人所得税明细税款,以及个人从多处取得收入自行申报缴纳的个人所得税税款。

网上开票系统应提供至少半年至一年的纳税人缴款数据供纳税人查询和打印,具体时期由各地自行决定。

(五)缴款凭证式样和用途

1. 凭证式样

网上开具的电子缴款凭证基本要素包括:凭证编号、系统税票号、打印日期、税务征收机关、纳税人识别号、纳税人全称、银行账号、税(费)种名称、税(品)目名称、所属时期、实缴金额、缴款日期等。其中,凭证编号指所打印的电子缴款凭证的编号;系统税票号为缴款信息在税务征管系统中的税票号码,是该信息在税务征管系统中的唯一性标志;银行账号指纳税人缴款银行账号;缴款日期指商业银行扣款日期或纳税人、扣缴义务人缴纳、解缴现金日期;代扣代缴个人所得税的,备注栏填写扣缴义务人名称或税务登记证号码。

电子缴款凭证上应包含省辖市或省级税务机关电子缴款专用章图像(即电子章)。章戳大小、形状、颜色、内容等由各地自行决定。

本凭证可按纳税人每次缴款记录开具明细缴款信息,可一票多税。

电子缴款凭证参考式样如下,各地可根据当地实际情况对此凭证的基本要素、式样等进行适当调整。

电子缴款凭证(详见附件)

2. 凭证用途

纳税人网上开具的电子缴款凭证,在与银行对账单核对无误后,纳税人可将其作为记账核算凭证。

纳税人取得网上开具的缴款凭证后,如需汇总开具正式完税证明,可凭税务登记证或身份证明到主管税务机关开具;纳税人如涉及办理退税的,可到主管税务机关开具税收转账专用完税证,按有关规定办理退税审批手续。

三、工作要求

(一)高度重视,加强领导。网上开具缴款凭证工作既是优化税款征缴流程、提高税款征缴效率的重要措施,也是税务系统加强纳税服务的一项重点工作。各地要统一思想,高度重视,明确部门职责,落实负责人员,在各项条件具备的情况下,积极主动地推进工作开展。

(二)周密部署,分步实施。各地要在认真分析工作的基础上,积极稳妥地推行纳税人网上开具缴款凭证工作。已经实现电子缴税的单位(包括使用全国 TIPS 横向联网电子缴税系统和使用当地横向联网电子缴税系统的),要在 2009 年年底前拟订具体的工作实施计划并报总局备案(上报网址:FTP://centre/收入规划核算司/会计处/网上开具缴款凭证工作实施计划),2010 年上半年选取部分单位进行试点,并尽快在全省推行;尚未实现电子缴税的单位,要积极创造实施横向联网电子缴税的条件,条件一旦具备,要尽快开展网上开具缴款凭证工作。2010 年税务总局将适时对各地推进网上开具缴款凭证工作情况进行总结。

(三)认真组织,广泛宣传。各地要认真拟定推行工作方案,做好业务需求编写和软件开发工作,加强组织培训,制定详细的应急预案。要采取多种形式,认真做好对纳税人的宣传和操作指导,为顺利推行纳税人网上开具缴款凭证工作创造良好的氛围和条件。

(四)积极沟通,注意协调。各地税务机关规划核算、纳税服务、征管科技、信息中心等部门要密切配合,齐心协力,切实推进此项工作开展。要加强与当地国库、商业银行的沟通与协作,取得相关部门的支持。各地在实施推广过程中遇到的困难和问题,要及时向税务总局反映。

（五）加强保障，确保安全。各地要根据国家信息安全有关规定和税务总局有关要求做好网上开具缴款凭证业务的安全保障工作，加强数据安全保护，强化身份管理和访问控制措施，并做好信息安全风险评估工作。

3.《国家税务总局关于1元以下应纳税额和滞纳金处理问题的公告》(2012年6月14日颁布　2012年8月1日实施　国家税务总局公告2012年第25号)

　　为了提高征收效率，降低征收成本和纳税人负担，现将1元以下应纳税额和滞纳金处理问题公告如下：

　　主管税务机关开具的缴税凭证上的应纳税额和滞纳金为1元以下的，应纳税额和滞纳金为零。

　　本公告自2012年8月1日起施行。

4.《国家税务总局关于实施〈税收票证管理办法〉若干问题的公告》①(2013年6月24日颁布　2014年1月1日实施　国家税务总局公告2013年第34号)

　　《税收票证管理办法》(国家税务总局令第28号，以下简称《办法》)已经于2013年2月25日公布，自2014年1月1日起施行。现就《办法》实施的有关问题公告如下：

　　一、关于未纳入《办法》的几种相关凭证的使用

　　税务机关按照《税务代保管资金账户管理办法》(国税发

---

① 1.根据《国家税务总局关于修改部分税收规范性文件的公告》(国家税务总局公告2018年第31号)，第一条中"按照《中华人民共和国车辆购置税暂行条例》和《车辆购置税征收管理办法》(国家税务总局令第15号)开具的《车辆购置税完税证明》及'车购税完税专用章'"，修改为"按照《中华人民共和国车辆购置税暂行条例》和《车辆购置税征收管理办法》(国家税务总局令第33号公布，国家税务总局令第38号修改)开具的《车辆购置税完税证明》"；第二条第(二)项中，"国家税务局"修改为"税务局"。2.根据《国家税务总局关于公布全文和部分条款失效废止的税收规范性文件目录的公告》(国家税务总局公告2022年第24号)，第一条中"按照《中华人民共和国车辆购置税暂行条例》和《车辆购置税征收管理办法》(国家税务总局令第33号公布，国家税务总局令第38号修改)开具的《车辆购置税完税证明》"废止。

〔2005〕181号)、《国家税务总局 财政部 中国人民银行关于税务代保管资金账户管理有关问题的通知》(国税发〔2007〕12号)收取税务代保管资金时使用的《税务代保管资金专用收据》及"税务代保管资金专用章"、按照《中华人民共和国行政处罚法》当场收缴罚款时使用的财政部门统一制发的罚款收据(以下简称当场处罚罚款收据),继续执行原有规定。

税务机关应当将《税务代保管资金专用收据》、当场处罚罚款收据、《车辆购置税完税证明》纳入税收票证核算范围,并且参照《办法》的规定,对《税务代保管资金专用收据》及当场处罚罚款收据按照视同现金管理的税收票证进行管理。

纳税人通过横向联网电子缴税系统缴纳税款后,银行为纳税人打印的《电子缴税付款凭证》和纳税人通过税务机关网上开票系统自行开具的《电子缴款凭证》,不属于税收票证的范畴,但是,经银行确认并加盖收讫章的《电子缴税付款凭证》、与银行对账单核对无误的《电子缴款凭证》可以作为纳税人的记账核算凭证。

二、关于几种税收票证的使用管理

(一)数据电文税收票证的使用管理

《办法》第三条第二款所称数据电文税收票证,不包括存储在税收征管系统中纸质税收票证的电子信息。

(二)《出口货物完税分割单》的使用管理

已经取得购进货物的《税收缴款书(出口货物劳务专用)》或《出口货物完税分割单》的企业将购进货物再销售给其他出口企业时,应当由销货企业凭已完税的原购进货物的《税收缴款书(出口货物劳务专用)》第二联(收据乙)或已完税的原购进货物的《出口货物完税分割单》第一联,到所在地的县(区)级税务局申请开具《出口货物完税分割单》。税务机关开具《出口货物完税分割单》时,必须先收回原《税收缴款书(出口货物劳务专用)》第二联(收据乙)或原《出口货物完税分割单》第一联。

(三)税收完税证明的使用管理

1.税收完税证明分为表格式和文书式两种。按照《办法》第十七条第一款第(一)项、第(二)项、第(三)项以及国家税务总局明确规定的其他情形开具的税收完税证明为表格式;按照《办法》第十七条第一款第(四)项规定开具的税收完税证明为文书式,文书式税收完税证明不得作为纳税人的记账或抵扣凭证。

2.《办法》第十三条第(三)项、第十七条第一款第(二)项所称扣缴义务人已经向纳税人开具的税法规定或国家税务总局认可的记载完税情况的其他凭证,是指记载车船税完税情况的交强险保单、记载储蓄存款利息所得税完税情况的利息清单等税法或国家税务总局认可的能够作为已完税情况证明的凭证。

3.《办法》第十七条第一款第(四)项所称"对纳税人特定期间完税情况出具证明",是指税务机关为纳税人连续期间的纳税情况汇总开具完税证明的情形。税务机关按照《办法》第十七条第一款第(四)项开具完税证明时,必须确保纳税人缴、退税信息全面、准确、完整,具体开具办法由各省税务机关确定。

4.扣缴义务人未按规定为纳税人开具税收票证的,税务机关核实税款缴纳情况后,应当为纳税人开具税收完税证明(表格式)。

(四)《印花税票销售凭证》的使用管理

税务机关、代售人销售印花税票应当同时开具《印花税票销售凭证》;税务机关印花税票销售人员、代售人向税收票证管理人员办理票款结报缴销时,应当持《印花税票销售凭证》一并办理。

三、关于税收票款的结报缴销

(一)税务机关税收票证开具人员、扣缴义务人、代征代售人按照《办法》第三十八条第二款的规定办理税收票款结报缴销手续时,应当填制《税收票款结报缴销单》,连同所收取的税款或税款汇总缴库的相关凭证(《税收缴款书(银行经收专用)》或税收完税证明(表格式)),向税收票证管理人员办理税款的结算和税收票证的结报缴销,核对无误的,双方互相签章并登记《税收票证结报缴销手册》;代征代售人和扣缴义务人还应当报送代征、代扣税款报告表,用于对代征代售、代扣代收税款的核算及手续费的支付管理。

(二)有条件的地区,税务机关应当积极引导代征代售人和扣缴义务人报送代征代售、代扣代收税款电子明细清单,列明纳税人名称、税种、税目、税款所属期、税额、已开具税收票证字号等。

四、关于新税收票证式样的启用时间

自2014年1月1日起,各地税务机关统一启用由国家税务总局根据《办法》制发的新税收票证式样,国家税务总局根据1998年国家税务总局发布的《税收票证管理办法》制发的税收票证式样、根据《国家税务总局关于电子缴税完税凭证有关问题的通知》(国税发〔2002〕155号)制发的税收电子转账专用完税证式样、根据《国家税务总局关于进一步做好个人所得税完税凭证开具工作的通知》(国税发〔2010〕63号)制发的个人所得税完税证明式样、根据《国家税务总局关于印发〈契税纳税申报表、契税完税证〉式样的通知》(国税发〔1997〕177号)制发的契税完税证式样同时废止。

本公告自2014年1月1日起施行。

5.《国家税务总局关于明确〈税收完税证明〉(文书式)开具管理有关事项的通知》(2018年12月5日颁布　2019年1月1日实施　税总函〔2018〕628号)

国家税务总局各省、自治区、直辖市和计划单列市税务局:

为进一步规范税收票证管理,服务经济社会发展,依据《税收票证管理办法》(国家税务总局令第28号),税务总局决定自2019年1月1日起,对《税收完税证明》(文书式,下同)的开具进行调整。现将有关事项通知如下:

一、自2019年1月1日起,《税收完税证明》不再作为税收票证管理,不再套印"国家税务总局税收票证监制章",加盖的税务机关印章由"征税专用章"调整为"业务专用章"。具体式样见附件。

二、除本通知第三条规定外,纳税人就特定期间完税情况申请开具证明的,税务机关为其提供开具《税收完税证明》的服务。

三、个人所得税纳税人就税款所属期为2019年1月1日(含)以后缴(退)税情况申请开具证明的,税务机关依据《国家税务总局关于将个人所得税〈税收完税证明〉(文书式)调整为〈纳税记录〉有关事项的公告》(国家税务总局公告2018年第55号)为其开具个人所得税《纳税记录》,不再开具《税收完税证明》。

四、各地税务机关要做好调整后的《税收完税证明》网上开具工作。网上开具的式样与办税服务厅开具的一致,加印电子形式的业务专用章。

五、调整后的《税收完税证明》的开具内容、开具方式和管理办法由各省税务机关确定。

六、调整完善《税收完税证明》的开具管理,是税务总局进一步深化"放管服"改革,优化税收营商环境的一项重要决策。各地要高度重视,周密部署,充分运用原有文书式《税收完税证明》的信息系统和管理经验,抓紧系统升级、流程优化和宣传咨询等相关工作,确保2019年1月1日顺利实施。

七、本通知自2019年1月1日起执行。《国家税务总局办公厅关于推行网上开具税收完税证明工作的通知》(税总办发〔2017〕162号)相关规定与本通知不一致的,按本通知规定执行。

6.《国家税务总局关于开具〈无欠税证明〉有关事项的公告》(2019年12月6日颁布　2020年3月1日实施　国家税务总局公告2019年第47号)

为深入贯彻党的十九届四中全会精神,持续推进税收领域"放管服"改革,积极回应市场主体需求,切实服务和便利纳税人,国家税务总局决定向纳税人提供《无欠税证明》开具服务,现将有关事项公告如下:

一、《无欠税证明》是指税务机关依纳税人申请,根据税收征管信息系统所记载的信息,为纳税人开具的表明其不存在欠税情形的证明。

二、本公告所称"不存在欠税情形",是指纳税人在税收征管信息系统中,不存在应申报未申报记录且无下列应缴未缴的税款:

(一)办理纳税申报后,纳税人未在税款缴纳期限内缴纳的税款;

(二)经批准延期缴纳的税款期限已满,纳税人未在税款缴纳期限内缴纳的税款；

(三)税务机关检查已查定纳税人的应补税额,纳税人未缴纳的税款；

(四)税务机关根据《中华人民共和国税收征收管理法》第二十七条、第三十五条核定纳税人的应纳税额,纳税人未在税款缴纳期限内缴纳的税款；

(五)纳税人的其他未在税款缴纳期限内缴纳的税款。

三、纳税人因境外投标、企业上市等需要,确需开具《无欠税证明》的,可以向主管税务机关申请办理。

四、已实行实名办税的纳税人到主管税务机关申请开具《无欠税证明》的,办税人员持有效身份证件直接申请开具,无需提供登记证照副本或税务登记证副本。

未办理实名办税的纳税人到主管税务机关申请开具《无欠税证明》的,区分以下情况提供相关有效证件：

(一)单位纳税人和个体工商户,提供市场监管部门或其他登记机关发放的登记证照副本或税务登记证副本,以及经办人有效身份证件；

(二)自然人纳税人,提供本人有效身份证件；委托他人代为申请开具的,还需一并提供委托书、委托人及受托人有效身份证件。

五、对申请开具《无欠税证明》的纳税人,证件齐全的,主管税务机关应当受理其申请。经查询税收征管信息系统,符合开具条件的,主管税务机关应当即时开具《无欠税证明》；不符合开具条件的,不予开具并向纳税人告知未办结涉税事宜。

六、纳税人办结相关涉税事宜后,符合开具条件的,主管税务机关应当即时开具《无欠税证明》。

七、本公告自2020年3月1日起施行。

第三十五条 【税额的核定】 纳税人有下列情形之一的,税务机关有权核定其应纳税额：

(一)依照法律、行政法规的规定可以不设置帐簿的；

（二）依照法律、行政法规的规定应当设置帐簿但未设置的；

（三）擅自销毁帐簿或者拒不提供纳税资料的；

（四）虽设置帐簿，但帐目混乱或者成本资料、收入凭证、费用凭证残缺不全，难以查帐的；

（五）发生纳税义务，未按照规定的期限办理纳税申报，经税务机关责令限期申报，逾期仍不申报的；

（六）纳税人申报的计税依据明显偏低，又无正当理由的。

税务机关核定应纳税额的具体程序和方法由国务院税务主管部门规定。

一、税收行政法规

《中华人民共和国税收征收管理法实施细则》（2002年9月7日中华人民共和国国务院令第362号公布　根据2012年11月9日《国务院关于修改和废止部分行政法规的决定》第一次修订　根据2013年7月18日《国务院关于废止和修改部分行政法规的决定》第二次修订　根据2016年2月6日《国务院关于修改部分行政法规的决定》第三次修订）

第四十七条　纳税人有税收征管法第三十五条或者第三十七条所列情形之一的，税务机关有权采用下列任何一种方法核定其应纳税额：

（一）参照当地同类行业或者类似行业中经营规模和收入水平相近的纳税人的税负水平核定；

（二）按照营业收入或者成本加合理的费用和利润的方法核定；

（三）按照耗用的原材料、燃料、动力等推算或者测算核定；

（四）按照其他合理方法核定。

采用前款所列一种方法不足以正确核定应纳税额时，可以同时采用两种以上的方法核定。

纳税人对税务机关采取本条规定的方法核定的应纳税额有异议的，应当提供相关证据，经税务机关认定后，调整应纳税额。

二、税务规章

《个体工商户税收定期定额征收管理办法》(2006年8月30日国家税务总局令第16号公布 自2007年1月1日起施行 根据2018年6月15日《国家税务总局关于修改部分税务部门规章的决定》国家税务总局令第44号修正)

第一条 为规范和加强个体工商户税收定期定额征收(以下简称定期定额征收)管理,公平税负,保护个体工商户合法权益,促进个体经济的健康发展,根据《中华人民共和国税收征收管理法》及其实施细则,制定本办法。

第二条 本办法所称个体工商户税收定期定额征收,是指税务机关依照法律、行政法规及本办法的规定,对个体工商户在一定经营地点、一定经营时期、一定经营范围内的应纳税经营额(包括经营数量)或所得额(以下简称定额)进行核定,并以此为计税依据,确定其应纳税额的一种征收方式。

第三条 本办法适用于经主管税务机关认定和县以上税务机关(含县级,下同)批准的生产、经营规模小,达不到《个体工商户建账管理暂行办法》规定设置账簿标准的个体工商户(以下简称定期定额户)的税收征收管理。

第四条 主管税务机关应当将定期定额户进行分类,在年度内按行业、区域选择一定数量并具有代表性的定期定额户,对其经营、所得情况进行典型调查,做出调查分析,填制有关表格。

典型调查户数应当占该行业、区域总户数的5%以上。具体比例由省税务机关确定。

第五条 定额执行期的具体期限由省税务机关确定,但最长不得超过一年。

定额执行期是指税务机关核定后执行的第一个纳税期至最后一个纳税期。

第六条 税务机关应当根据定期定额户的经营规模、经营区域、经营内容、行业特点、管理水平等因素核定定额,可以采用下列一种或两种以上的方法核定:

(一)按照耗用的原材料、燃料、动力等推算或者测算核定；

(二)按照成本加合理的费用和利润的方法核定；

(三)按照盘点库存情况推算或者测算核定；

(四)按照发票和相关凭据核定；

(五)按照银行经营账户资金往来情况测算核定；

(六)参照同类行业或类似行业中同规模、同区域纳税人的生产、经营情况核定；

(七)按照其他合理方法核定。

税务机关应当运用现代信息技术手段核定定额，增强核定工作的规范性和合理性。

第七条 税务机关核定定额程序：

(一)自行申报。定期定额户要按照税务机关规定的申报期限、申报内容向主管税务机关申报，填写有关申报文书。申报内容应包括经营行业、营业面积、雇佣人数和每月经营额、所得额以及税务机关需要的其他申报项目。

本项所称经营额、所得额为估数。

(二)核定定额。主管税务机关根据定期定额户自行申报情况，参考典型调查结果，采取本办法第六条规定的核定方法核定定额，并计算应纳税额。

(三)定额公示。主管税务机关应当将核定定额的初步结果进行公示，公示期限为五个工作日。

公示地点、范围、形式应当按照便于定期定额户及社会各界了解、监督的原则，由主管税务机关确定。

(四)上级核准。主管税务机关根据公示意见结果修改定额，并将核定情况报经县以上税务机关审核批准后，填制《核定定额通知书》。

(五)下达定额。将《核定定额通知书》送达定期定额户执行。

(六)公布定额。主管税务机关将最终确定的定额和应纳税额情况在原公示范围内进行公布。

第八条 定期定额户应当建立收支凭证粘贴簿、进销货登记簿，完整保存有关纳税资料，并接受税务机关的检查。

第九条 依照法律、行政法规的规定，定期定额户负有纳税申报义务。

实行简易申报的定期定额户,应当在税务机关规定的期限内按照法律、行政法规规定缴清应纳税款,当期(指纳税期,下同)可以不办理申报手续。

第十条　采用数据电文申报、邮寄申报、简易申报等方式的,经税务机关认可后方可执行。经确定的纳税申报方式在定额执行期内不予更改。

第十一条　定期定额户可以委托经税务机关认定的银行或其他金融机构办理税款划缴。

凡委托银行或其他金融机构办理税款划缴的定期定额户,应当向税务机关书面报告开户银行及账号。其账户内存款应当足以按期缴纳当期税款。其存款余额低于当期应纳税款,致使当期税款不能按期入库的,税务机关按逾期缴纳税款处理;对实行简易申报的,按逾期办理纳税申报和逾期缴纳税款处理。

第十二条　定期定额户发生下列情形,应当向税务机关办理相关纳税事宜:

(一)定额与发票开具金额或税控收款机记录数据比对后,超过定额的经营额、所得额所应缴纳的税款;

(二)在税务机关核定定额的经营地点以外从事经营活动所应缴纳的税款。

第十三条　税务机关可以根据保证国家税款及时足额入库、方便纳税人、降低税收成本的原则,采用简化的税款征收方式,具体方式由省税务机关确定。

第十四条　县以上税务机关可以根据当地实际情况,依法委托有关单位代征税款。税务机关与代征单位必须签订委托代征协议,明确双方的权利、义务和应当承担的责任,并向代征单位颁发委托代征证书。

第十五条　定期定额户经营地点偏远、缴纳税款数额较小,或者税务机关征收税款有困难的,税务机关可以按照法律、行政法规的规定简并征期。但简并征期最长不得超过一个定额执行期。

简并征期的税款征收时间为最后一个纳税期。

第十六条 通过银行或其他金融机构划缴税款的,其完税凭证可以到税务机关领取,或到税务机关委托的银行或其他金融机构领取;税务机关也可以根据当地实际情况采取邮寄送达,或委托有关单位送达。

第十七条 定期定额户在定额执行期结束后,应当以该期每月实际发生的经营额、所得额向税务机关申报,申报额超过定额的,按申报额缴纳税款;申报额低于定额的,按定额缴纳税款。具体申报期限由省税务机关确定。

定期定额户当期发生的经营额、所得额超过定额一定幅度的,应当在法律、行政法规规定的申报期限内向税务机关进行申报并缴清税款。具体幅度由省税务机关确定。

第十八条 定期定额户的经营额、所得额连续纳税期超过或低于税务机关核定的定额,应当提请税务机关重新核定定额,税务机关应当根据本办法规定的核定方法和程序重新核定定额。具体期限由省税务机关确定。

第十九条 经税务机关检查发现定期定额户在以前定额执行期发生的经营额、所得额超过定额,或者当期发生的经营额、所得额超过定额一定幅度而未向税务机关进行纳税申报及结清应纳税款的,税务机关应当追缴税款、加收滞纳金,并按照法律、行政法规规定予以处理。其经营额、所得额连续纳税期超过定额,税务机关应当按照本办法第十八条的规定重新核定其定额。

第二十条 定期定额户发生停业的,应当在停业前向税务机关书面提出停业报告;提前恢复经营的,应当在恢复经营前向税务机关书面提出复业报告;需延长停业时间的,应当在停业期满前向税务机关提出书面的延长停业报告。

第二十一条 税务机关停止定期定额户实行定期定额征收方式,应当书面通知定期定额户。

第二十二条 定期定额户对税务机关核定的定额有争议的,可以在接到《核定定额通知书》之日起 30 日内向主管税务机关提出重新核定定额申请,并提供足以说明其生产、经营真实情况的证据,主管税务机关应当自接到申请之日起 30 日内书面答复。

定期定额户也可以按照法律、行政法规的规定直接向上一级税务机关申请行政复议;对行政复议决定不服的,可以依法向人民法院提起行政诉讼。

定期定额户在未接到重新核定定额通知、行政复议决定书或人民法院判决书前,仍按原定额缴纳税款。

第二十三条 税务机关应当严格执行核定定额程序,遵守回避制度。税务人员个人不得擅自确定或更改定额。

税务人员徇私舞弊或者玩忽职守,致使国家税收遭受重大损失,构成犯罪的,依法追究刑事责任;尚不构成犯罪的,依法给予行政处分。

第二十四条 对违反本办法规定的行为,按照《中华人民共和国税收征收管理法》及其实施细则有关规定处理。

第二十五条 个人独资企业的税款征收管理比照本办法执行。

第二十六条 各省、自治区、直辖市税务局根据本办法制定具体实施办法,并报国家税务总局备案。

第二十七条 本办法自 2007 年 1 月 1 日起施行。1997 年 6 月 19 日国家税务总局发布的《个体工商户定期定额管理暂行办法》同时废止。

三、税务规范性文件

1.《国家税务总局关于贯彻〈中华人民共和国税收征收管理法〉及其实施细则若干具体问题的通知》[①]**(2003 年 4 月 23 日颁布　2003 年 4 月 23 日实施　国税发〔2003〕47 号)**

十四、关于税款核定征收条款的适用对象问题

征管法第三十五条、实施细则第四十七条关于核定应纳税款的规定,适用于单位纳税人和个人纳税人。对个人纳税人的核定

[①] 根据国家税务总局公告 2018 年第 33 号《国家税务总局关于公布全文失效废止和部分条款失效废止的税收规范性文件目录的公告》文件的规定,第一条失效废止。

征收办法,国家税务总局将另行制定。

2.《国家税务总局关于印发〈集贸市场税收分类管理办法〉的通知》①(2004 年 11 月 24 日颁布　2004 年 11 月 24 日实施　国税发〔2004〕154 号)

第十条　……

查账征收户有《中华人民共和国税收征收管理法》第三十五条所规定情形的,主管税务机关有权核定其应纳税额。

第十一条　对于实行定期定额征收的个体工商户,主管税务机关应当严格按照定额核定程序,科学核定定额。为确保定额的公正和公平,各地应积极推行计算机核定定额工作,要区分不同行业,科学选取定额核定参数,合理确定定额调整系数,运用统一软件进行核定。同时,各地要普遍实行定额公示制度。

定期定额征收户应纳的各项税款由纳税人按期申报缴纳。

对定期定额征收户,主管税务机关应本着方便纳税人的原则,积极推行简易申报,实行报缴合一,即纳税人凡在法律、行政法规规定的期限或者在税务机关依照法律、行政法规的规定确定的期限内缴纳税款的,税务机关可以视同申报,纳税人不再单独填报纳税申报表。

第十二条　主管税务机关应根据本地区增值税、营业税起征点标准和对个体工商户核定的定额及有关税收优惠政策规定,准确认定未达起征点户和免税户。

主管税务机关应加强对市场的日常巡查,及时掌握和了解未达起征点户的经营变化情况。对因经营情况改变而达到增值税或营业税起征点的,要及时恢复征税,并按规定程序重新核定定额。

主管税务机关应加强对免税户经营主体和免税期限的管理,对经营主体发生变化后不符合免税条件的和免税期满的纳税人,要及时恢复征税。

---

①　《国家税务总局关于修改部分税收规范性文件的公告》(国家税务总局公告 2018 年第 31 号)对本文进行了修改。

未达起征点户和免税户应定期向主管税务机关报送与生产经营有关的资料。具体报送内容和期限由省级税务机关确定。

3.《国家税务总局关于进一步规范和完善个体税收征收管理工作的意见》①(2005年3月28日颁布　2005年3月28日实施　国税发〔2005〕48号)

二、积极推进计算机核定定额工作

对实行定期定额征收的个体工商户采用计算机核定定额,是全面提高定额核定科学性,有效避免定额核定过程中的"关系税"和"人情税"的重要措施。各地要继续推进计算机核定定额工作,不断完善业务需求和优化定额核定的软件,加快推广使用的步伐;尚未开展此项工作的地区,要严格按照定额核定的程序,坚持集体核定的原则,积极为利用计算机核定定额创造条件。

4.《国家税务总局关于个体工商户定期定额征收管理有关问题的通知》②(2006年12月21日颁布　2007年1月1日实施　国税发〔2006〕183号)

各省、自治区、直辖市和计划单列市国家税务局、地方税务局:

国家税务总局令第16号发布的《个体工商户税收定期定额征收管理办法》(以下简称《办法》)将于2007年1月1日开始施行。为了有利于征纳双方准确理解和全面贯彻落实《办法》,现将有关问题明确如下:

---

① 根据《国家税务总局关于修改部分税收规范性文件的公告》(国家税务总局公告2018年31号公告),原第三条删除。原第四条切实加强个体税源分析中修改为"储蓄存款利息个人所得税虽不属于个体经营税收收入的范畴,但为保持上报数据的连续性,各地税务局在向总局报送个体经营税收收入时应包含该税收入,总局收入规划核算司在生成个体经营税收月度快报时再予以扣除。"并改为第三条:三、切实加强个体税源分析中"储蓄存款利息个人所得税虽不属于个体经营税收收入的范畴,但为保持上报数据的连续性,各地税务局在向总局报送个体经营税收收入时应包含该税收入,总局收入规划核算司在生成个体经营税收月度快报时再予以扣除。"

② 根据《国家税务总局关于优化纳税人延期缴纳税款等税务事项管理方式的公告》(国家税务总局公告2022年第20号),自2022年9月28日起,本文第六条第一项废止。

一、《办法》第二条所称的"经营数量",是指从量计征的货物数量。

二、对虽设置账簿,但账目混乱或成本资料、收入凭证、费用凭证残缺不全,难以查账的个体工商户,税务机关可以实行定期定额征收。

三、个人所得税附征率应当按照法律、行政法规的规定和当地实际情况,分地域、行业进行换算。

个人所得税可以按照换算后的附征率,依据增值税、消费税、营业税的计税依据实行附征。

四、核定定额的有关问题

(一)定期定额户应当自行申报经营情况,对未按照规定期限自行申报的,税务机关可以不经过自行申报程序,按照《办法》第七条规定的方法核定其定额。

(二)税务机关核定定额可以到定期定额户生产、经营场所,对其自行申报的内容进行核实。

(三)运用个体工商户定额核定管理系统的,在采集有关数据时,应当由两名以上税务人员参加。

(四)税务机关不得委托其他单位核定定额。

五、新开业的个体工商户,在未接到税务机关送达的《核定定额通知书》前,应当按月向税务机关办理纳税申报,并缴纳税款。

六、对未达到起征点定期定额户的管理

(二)未达到起征点的定期定额户月实际经营额达到起征点,应当在纳税期限内办理纳税申报手续,并缴纳税款。

(三)未达到起征点的定期定额户连续三个月达到起征点,应当向税务机关申报,提请重新核定定额。税务机关应当按照《办法》有关规定重新核定定额,并下达《核定定额通知书》。

七、定期定额户委托银行或其他金融机构划缴税款的,其账户内存款数额,应当足以缴纳当期税款。为保证税款及时入库,其存款入账的时间不得影响银行或其他金融机构在纳税期限内将其税款划缴入库。

八、定期定额户在定额执行期结束后,应当将该期每月实际发生经营额、所得额向税务机关申报(以下简称分月汇总申报),申报额超过定额的,税务机关按照申报额所应缴纳的税款减去已缴纳税款的差额补缴税款。

九、《办法》第二十条"……或者当期发生的经营额、所得额超过定额一定幅度……"中的"当期",是指定额执行期内所有纳税期。

十、滞纳金的有关问题

(一)定期定额户在定额执行期届满分月汇总申报时,月申报额高于定额又低于省税务机关规定申报幅度的应纳税款,在规定的期限内申报纳税不加收滞纳金。

(二)对实行简并征期的定期定额户,其按照定额所应缴纳的税款在规定的期限内申报纳税不加收滞纳金。

十一、实行简并征期的定期定额户,在简并征期结束后应当办理分月汇总申报。

十二、定期定额户的经营额、所得额连续纳税期超过或低于定额一定幅度的,应当提请税务机关重新核定定额。具体幅度由省税务机关确定。

十三、定期定额户注销税务登记,应当向税务机关进行分月汇总申报并缴清税款。其停业是否分月汇总申报由主管税务机关确定。

5.《国家税务总局关于印发〈外国企业常驻代表机构税收管理暂行办法〉的通知》①(2010年2月20日颁布 2010年1月1日实施 国税发[2010]18号)

第七条 对账簿不健全,不能准确核算收入或成本费用,以及

---

① 1.根据《国家税务总局关于修改按经费支出换算收入方式核定非居民企业应纳税所得额计算公式的公告》(国家税务总局公告2016年第28号)规定,自2016年5月1日起,本文第七条第一项第1目规定的计算公式修改为:应纳税所得额＝本期经费支出额/(1－核定利润率)×核定利润率。2.根据《国家税务总局关于修改部分税收规范性文件的公告》(国家税务总局公告2018年第31号),本文第十二条"各省、自治区、直辖市和计划单列市国家税务局和地方税务局可按本办法规定制定具体操作规程,并报国家税务总局(国际税务司)备案。"修改为"各省、自治区、直辖市和计划单列市税务局可按本办法规定制定具体操作规程,并报国家税务总局(国际税务司)备案。"

无法按照本办法第六条规定据实申报的代表机构,税务机关有权采取以下两种方式核定其应纳税所得额:

(一)按经费支出换算收入:适用于能够准确反映经费支出但不能准确反映收入或成本费用的代表机构。

1. 计算公式:

应纳税所得额＝本期经费支出额/(1－核定利润率)×核定利润率

2. 代表机构的经费支出额包括:在中国境内、外支付给工作人员的工资薪金、奖金、津贴、福利费、物品采购费(包括汽车、办公设备等固定资产)、通讯费、差旅费、房租、设备租赁费、交通费、交际费、其他费用等。

(1)购置固定资产所发生的支出,以及代表机构设立时或者搬迁等原因所发生的装修费支出,应在发生时一次性作为经费支出额换算收入计税。

(2)利息收入不得冲抵经费支出额;发生的交际应酬费,以实际发生数额计入经费支出额。

(3)以货币形式用于我国境内的公益、救济性质的捐赠、滞纳金、罚款,以及为其总机构垫付的不属于其自身业务活动所发生的费用,不应作为代表机构的经费支出额;

(4)其他费用包括:为总机构从中国境内购买样品所支付的样品费和运输费用;国外样品运往中国发生的中国境内的仓储费用、报关费用;总机构人员来华访问聘用翻译的费用;总机构为中国某个项目投标由代表机构支付的购买标书的费用,等等。

(二)按收入总额核定应纳税所得额:适用于可以准确反映收入但不能准确反映成本费用的代表机构。计算公式:

应纳企业所得税额＝收入总额×核定利润率×企业所得税税率。

第八条 代表机构的核定利润率不应低于15%。采取核定征收方式的代表机构,如能建立健全会计账簿,准确计算其应税收入和应纳税所得额,报主管税务机关备案,可调整为据实申报方式。

6.《国家税务总局关于纳税人首次办理涉税事项有关问题的批复》(2015年7月31日颁布　2015年7月31日实施　税总函〔2015〕419号)

深圳市国家税务局、地方税务局：

你局《关于纳税人首次办理涉税事项的请示》(深国税发〔2015〕115号,以下简称《请示》)收悉。鉴于深圳市实施"四证合一"登记新模式,由工商部门采集纳税人基础信息、登记注册的实际情况,经研究,批复如下：

一、同意你局在纳税人首次办理纳税申报或领用(代开)发票时,再对纳税人进行税种(基金、费)核定,税种(基金、费)范围为：增值税、消费税、营业税、废弃电器电子产品处理基金、文化事业建设费。税种核定后,纳税人应当按照法律法规规定,连续按期纳税申报。

7.《国家税务总局关于优化纳税人延期缴纳税款等税务事项管理方式的公告》(2022年9月28日颁布　2022年11月1日实施　国家税务总局公告2022年第20号)

附件1

"对纳税人延期缴纳税款的核准"等事项实施规定

三、对纳税人变更纳税定额的核准实施规定

(一)事项名称

对纳税人变更纳税定额的核准

(二)实施机关

主管税务机关

(三)设定依据

《中华人民共和国税收征收管理法实施细则》第四十七条第三款：纳税人对税务机关采取本条规定的方法核定的应纳税额有异议的,应当提供相关证据,经税务机关认定后,调整应纳税额。

(四)实施条件

申请人对税务机关采取以下方法核定的应纳税额有异议的,应当提供相关证据,经税务机关认定后,调整应纳税额：

1.参照当地同类行业或者类似行业中经营规模和收入水平相

近的纳税人的税负水平核定;

2. 按照营业收入或者成本加合理的费用和利润的方法核定;

3. 按照耗用的原材料、燃料、动力等推算或者测算核定;

4. 按照其他合理的方法核定。

(五)提交材料

(1)个体工商户定额核定表;

(2)经办人身份证件;

(3)申请变更纳税定额的相关证明材料;

(4)代理委托书;

(5)代理人身份证件。

(申请人通过办税窗口申请的,提供经办人、代理人身份证件原件,税务机关查验后退回;通过电子税务局等网上办税途径申请的,提供经办人、代理人身份证件原件电子照片或者扫描件。对已实名办税纳税人的经办人、代理人,免于提供个人身份证件。)

(六)提交材料时限

无

(七)实施程序

1. 受理

税务机关接收纳税人对已核定应纳税额提交的异议材料,当场或者在2个工作日内进行核对。材料齐全、符合法定形式的,自收到异议材料之日起即为受理;材料不齐全、不符合法定形式的,制作《税务事项通知书(补正通知)》一次性告知需要补正的全部内容。

2. 核定和通知

按照《个体工商户税收定期定额征收管理办法》(国家税务总局令第16号公布,第44号修改)规定的核定程序重新核定定额并通知纳税人。其中,予以变更核定定额的,出具《核定定额通知书》;不予变更核定定额的,出具《不予变更纳税定额通知书》,并应当说明理由,告知纳税人享有申请行政复议或者提起行政诉讼的权利。

(八)办结时限

本事项办结时限为15个工作日(含公示时间),税务机关应当自受理之日起15个工作日内办结。15个工作日内不能办结的,经本税务机关负责人批准,可以延长5个工作日,并应当将延长期限的理由告知纳税人。

(九)监管规则

1. 主管税务机关应当将定期定额户进行分类,在年度内按行业、区域选择一定数量并具有代表性的定期定额户,对其经营、所得情况进行典型调查;

2. 经税务机关检查发现定期定额户在以前定额执行期发生的经营额、所得额超过定额,或者当期发生的经营额、所得额超过定额一定幅度而未向税务机关进行纳税申报及结清应纳税款的,税务机关应当追缴税款、加收滞纳金,并按照法律、行政法规规定予以处理。其经营额、所得额连续纳税期超过定额,税务机关应当按照《个体工商户税收定期定额征收管理办法》(国家税务总局令第16号公布,第44号修改)第十八条的规定重新核定其定额。

第三十六条 【转让定价调整】 企业或者外国企业在中国境内设立的从事生产、经营的机构、场所与其关联企业之间的业务往来,应当按照独立企业之间的业务往来收取或者支付价款、费用;不按照独立企业之间的业务往来收取或者支付价款、费用,而减少其应纳税的收入或者所得额的,税务机关有权进行合理调整。

一、税收行政法规

《中华人民共和国税收征收管理法实施细则》(2002年9月7日中华人民共和国国务院令第362号公布 根据2012年11月9日《国务院关于修改和废止部分行政法规的决定》第一次修订 根据2013年7月18日《国务院关于废止和修改部分行政法规的决定》第二次修订 根据2016年2月6日《国务院关于修改部分行政法规的决定》第三次修订)

第五十一条 税收征管法第三十六条所称关联企业,是指有下列关系之一的公司、企业和其他经济组织:

（一）在资金、经营、购销等方面，存在直接或者间接的拥有或者控制关系；

（二）直接或者间接地同为第三者所拥有或者控制；

（三）在利益上具有相关联的其他关系。

纳税人有义务就其与关联企业之间的业务往来，向当地税务机关提供有关的价格、费用标准等资料。具体办法由国家税务总局制定。

第五十二条 税收征管法第三十六条所称独立企业之间的业务往来，是指没有关联关系的企业之间按照公平成交价格和营业常规所进行的业务往来。

第五十三条 纳税人可以向主管税务机关提出与其关联企业之间业务往来的定价原则和计算方法，主管税务机关审核、批准后，与纳税人预先约定有关定价事项，监督纳税人执行。

第五十四条 纳税人与其关联企业之间的业务往来有下列情形之一的，税务机关可以调整其应纳税额：

（一）购销业务未按照独立企业之间的业务往来作价；

（二）融通资金所支付或者收取的利息超过或者低于没有关联关系的企业之间所能同意的数额，或者利率超过或者低于同类业务的正常利率；

（三）提供劳务，未按照独立企业之间业务往来收取或者支付劳务费用；

（四）转让财产、提供财产使用权等业务往来，未按照独立企业之间业务往来作价或者收取、支付费用；

（五）未按照独立企业之间业务往来作价的其他情形。

第五十五条 纳税人有本细则第五十四条所列情形之一的，税务机关可以按照下列方法调整计税收入额或者所得额：

（一）按照独立企业之间进行的相同或者类似业务活动的价格；

（二）按照再销售给无关联关系的第三者的价格所应取得的收入和利润水平；

(三)按照成本加合理的费用和利润;

(四)按照其他合理的方法。

第五十六条 纳税人与其关联企业未按照独立企业之间的业务往来支付价款、费用的,税务机关自该业务往来发生的纳税年度起3年内进行调整;有特殊情况的,可以自该业务往来发生的纳税年度起10年内进行调整。

二、税务规范性文件

1.《国家税务总局关于贯彻〈中华人民共和国税收征收管理法〉及其实施细则若干具体问题的通知》①(2003年4月23日颁布 2003年4月23日实施 国税发[2003]47号)

十二、关于关联企业间业务往来的追溯调整期限问题

实施细则第五十六条规定:"有特殊情况的,可以自该业务往来发生的纳税年度起10年内进行调整。"该条所称"特殊情况"是指纳税人有下列情形之一:(一)纳税人在以前年度与其关联企业间的业务往来累计达到或超过10万元人民币的;(二)经税务机关案头审计分析,纳税人在以前年度与其关联企业间的业务往来,预计需调增其应纳税收入或所得额达到或超过50万元人民币的;(三)纳税人在以前年度与设在避税地的关联企业有业务往来的;(四)纳税人在以前年度未按规定进行关联企业间业务往来年度申报,或者经税务机关审查核实,关联企业间业务往来年度申报内容不实,以及不履行提供有关价格、费用标准等资料义务的。

2.《国家税务总局关于纳税人权利与义务的公告》②(2009年11月6日颁布 2009年11月6日实施 国家税务总局公告2009年第1号)

十、报告其他涉税信息的义务

为了保障国家税收能够及时、足额征收入库,税收法律还规定

---

① 根据国家税务总局公告2018年第33号《国家税务总局关于公布全文失效废止和部分条款失效废止的税收规范性文件目录的公告》文件的规定,第一条失效废止。

② 《国家税务总局关于修改部分税收规范性文件的公告》(国家税务总局公告2018年第31号)对本文进行了修改。

了您有义务向我们报告如下涉税信息：

1. 您有义务就您与关联企业之间的业务往来，向当地税务机关提供有关的价格、费用标准等资料。

3.《国家税务总局关于关联股权债权交易适用特别纳税调整法律法规及有关规定的批复》(2012年6月6日颁布　2012年6月6日实施　国税函〔2012〕262号)

四川省国家税务局：

你局《关于股权债权交易是否适用特别纳税调整有关法律法规政策制度的请示》(川国税发〔2012〕5号)收悉。关于你局对某企业进行股权关联交易调查涉及的关联股权或债权交易的法律适用问题，经研究，现批复如下：

根据《中华人民共和国企业所得税法》及其实施条例、《中华人民共和国税收征收管理法》及其实施细则的有关规定，股权或债权的关联交易属于关联业务往来的内容，应当适用特别纳税调整的法律法规及有关规定。

4.《国家税务总局关于完善关联申报和同期资料管理有关事项的公告》(2016年6月29日颁布　2016年1月1日起实施　国家税务总局公告2016年第42号)

为进一步完善关联申报和同期资料管理，根据《中华人民共和国企业所得税法》(以下简称企业所得税法)及其实施条例、《中华人民共和国税收征收管理法》(以下简称税收征管法)及其实施细则的有关规定，现就有关问题公告如下：

一、实行查账征收的居民企业和在中国境内设立机构、场所并据实申报缴纳企业所得税的非居民企业向税务机关报送年度企业所得税纳税申报表时，应当就其与关联方之间的业务往来进行关联申报，附送《中华人民共和国企业年度关联业务往来报告表(2016年版)》。

二、企业与其他企业、组织或者个人具有下列关系之一的，构成本公告所称关联关系：

（一）一方直接或者间接持有另一方的股份总和达到25%以上；双方直接或者间接同为第三方所持有的股份达到25%以上。

如果一方通过中间方对另一方间接持有股份，只要其对中间方持股比例达到25%以上，则其对另一方的持股比例按照中间方对另一方的持股比例计算。

两个以上具有夫妻、直系血亲、兄弟姐妹以及其他抚养、赡养关系的自然人共同持股同一企业，在判定关联关系时持股比例合并计算。

（二）双方存在持股关系或者同为第三方持股，虽持股比例未达到本条第（一）项规定，但双方之间借贷资金总额占任一方实收资本比例达到50%以上，或者一方全部借贷资金总额的10%以上由另一方担保（与独立金融机构之间的借贷或者担保除外）。

借贷资金总额占实收资本比例＝年度加权平均借贷资金/年度加权平均实收资本，其中：

年度加权平均借贷资金＝i笔借入或者贷出资金账面金额×i笔借入或者贷出资金年度实际占用天数/365

年度加权平均实收资本＝i笔实收资本账面金额×i笔实收资本年度实际占用天数/365

（三）双方存在持股关系或者同为第三方持股，虽持股比例未达到本条第（一）项规定，但一方的生产经营活动必须由另一方提供专利权、非专利技术、商标权、著作权等特许权才能正常进行。

（四）双方存在持股关系或者同为第三方持股，虽持股比例未达到本条第（一）项规定，但一方的购买、销售、接受劳务、提供劳务等经营活动由另一方控制。

上述控制是指一方有权决定另一方的财务和经营政策，并能据以从另一方的经营活动中获取利益。

（五）一方半数以上董事或者半数以上高级管理人员（包括上市公司董事会秘书、经理、副经理、财务负责人和公司章程规定的其他人员）由另一方任命或者委派，或者同时担任另一方的董事或者高级管理人员；或者双方各自半数以上董事或者半数以上高级管理人员同为第三方任命或者委派。

（六）具有夫妻、直系血亲、兄弟姐妹以及其他抚养、赡养关系的两个自然人分别与双方具有本条第（一）至（五）项关系之一。

（七）双方在实质上具有其他共同利益。

除本条第（二）项规定外，上述关联关系年度内发生变化的，关联关系按照实际存续期间认定。

三、仅因国家持股或者由国有资产管理部门委派董事、高级管理人员而存在本公告第二条第（一）至（五）项关系的，不构成本公告所称关联关系。

四、关联交易主要包括：

（一）有形资产使用权或者所有权的转让。有形资产包括商品、产品、房屋建筑物、交通工具、机器设备、工具器具等。

（二）金融资产的转让。金融资产包括应收账款、应收票据、其他应收款项、股权投资、债权投资和衍生金融工具形成的资产等。

（三）无形资产使用权或者所有权的转让。无形资产包括专利权、非专利技术、商业秘密、商标权、品牌、客户名单、销售渠道、特许经营权、政府许可、著作权等。

（四）资金融通。资金包括各类长短期借贷资金（含集团资金池）、担保费、各类应计息预付款和延期收付款等。

（五）劳务交易。劳务包括市场调查、营销策划、代理、设计、咨询、行政管理、技术服务、合约研发、维修、法律服务、财务管理、审计、招聘、培训、集中采购等。

五、存在下列情形之一的居民企业，应当在报送年度关联业务往来报告表时，填报国别报告：

（一）该居民企业为跨国企业集团的最终控股企业，且其上一会计年度合并财务报表中的各类收入金额合计超过55亿元。

最终控股企业是指能够合并其所属跨国企业集团所有成员实体财务报表的，且不能被其他企业纳入合并财务报表的企业。

成员实体应当包括：

1. 实际已被纳入跨国企业集团合并财务报表的任一实体。

2.跨国企业集团持有该实体股权且按公开证券市场交易要求应被纳入但实际未被纳入跨国企业集团合并财务报表的任一实体。

3.仅由于业务规模或者重要性程度而未纳入跨国企业集团合并财务报表的任一实体。

4.独立核算并编制财务报表的常设机构。

(二)该居民企业被跨国企业集团指定为国别报告的报送企业。

国别报告主要披露最终控股企业所属跨国企业集团所有成员实体的全球所得、税收和业务活动的国别分布情况。

六、最终控股企业为中国居民企业的跨国企业集团,其信息涉及国家安全的,可以按照国家有关规定,豁免填报部分或者全部国别报告。

七、税务机关可以按照我国对外签订的协定、协议或者安排实施国别报告的信息交换。

八、企业虽不属于本公告第五条规定填报国别报告的范围,但其所属跨国企业集团按照其他国家有关规定应当准备国别报告,且符合下列条件之一的,税务机关可以在实施特别纳税调查时要求企业提供国别报告:

(一)跨国企业集团未向任何国家提供国别报告。

(二)虽然跨国企业集团已向其他国家提供国别报告,但我国与该国尚未建立国别报告信息交换机制。

(三)虽然跨国企业集团已向其他国家提供国别报告,且我国与该国已建立国别报告信息交换机制,但国别报告实际未成功交换至我国。

九、企业在规定期限内报送年度关联业务往来报告表确有困难,需要延期的,应当按照税收征管法及其实施细则的有关规定办理。

十、企业应当依据企业所得税法实施条例第一百一十四条的规定,按纳税年度准备并按税务机关要求提供其关联交易的同期资料。

同期资料包括主体文档、本地文档和特殊事项文档。

十一、符合下列条件之一的企业,应当准备主体文档:

(一)年度发生跨境关联交易,且合并该企业财务报表的最终控股企业所属企业集团已准备主体文档。

(二)年度关联交易总额超过10亿元。

十二、主体文档主要披露最终控股企业所属企业集团的全球业务整体情况,包括以下内容:

(一)组织架构

以图表形式说明企业集团的全球组织架构、股权结构和所有成员实体的地理分布。成员实体是指企业集团内任一营运实体,包括公司制企业、合伙企业和常设机构等。

(二)企业集团业务

1.企业集团业务描述,包括利润的重要价值贡献因素。

2.企业集团营业收入前五位以及占营业收入超过5%的产品或者劳务的供应链及其主要市场地域分布情况。供应链情况可以采用图表形式进行说明。

3.企业集团除研发外的重要关联劳务及简要说明,说明内容包括主要劳务提供方提供劳务的胜任能力、分配劳务成本以及确定关联劳务价格的转让定价政策。

4.企业集团内各成员实体主要价值贡献分析,包括执行的关键功能、承担的重大风险、以及使用的重要资产。

5.企业集团会计年度内发生的业务重组,产业结构调整,集团内企业功能、风险或者资产的转移。

6.企业集团会计年度内发生的企业法律形式改变、债务重组、股权收购、资产收购、合并、分立等。

(三)无形资产

1.企业集团开发、应用无形资产及确定无形资产所有权归属的整体战略,包括主要研发机构所在地和研发管理活动发生地及其主要功能、风险、资产和人员情况。

2. 企业集团对转让定价安排有显著影响的无形资产或者无形资产组合,以及对应的无形资产所有权人。

3. 企业集团内各成员实体与其关联方的无形资产重要协议清单,重要协议包括成本分摊协议、主要研发服务协议和许可协议等。

4. 企业集团内与研发活动及无形资产相关的转让定价政策。

5. 企业集团会计年度内重要无形资产所有权和使用权关联转让情况,包括转让涉及的企业、国家以及转让价格等。

(四)融资活动

1. 企业集团内部各关联方之间的融资安排以及与非关联方的主要融资安排。

2. 企业集团内提供集中融资功能的成员实体情况,包括其注册地和实际管理机构所在地。

3. 企业集团内部各关联方之间融资安排的总体转让定价政策。

(五)财务与税务状况

1. 企业集团最近一个会计年度的合并财务报表。

2. 企业集团内各成员实体签订的单边预约定价安排、双边预约定价安排以及涉及国家之间所得分配的其他税收裁定的清单及简要说明。

3. 报送国别报告的企业名称及其所在地。

十三、年度关联交易金额符合下列条件之一的企业,应当准备本地文档:

(一)有形资产所有权转让金额(来料加工业务按照年度进出口报关价格计算)超过2亿元。

(二)金融资产转让金额超过1亿元。

(三)无形资产所有权转让金额超过1亿元。

(四)其他关联交易金额合计超过4000万元。

十四、本地文档主要披露企业关联交易的详细信息,包括以下内容:

(一)企业概况

1.组织结构,包括企业各职能部门的设置、职责范围和雇员数量等。

2.管理架构,包括企业各级管理层的汇报对象以及汇报对象主要办公所在地等。

3.业务描述,包括企业所属行业的发展概况、产业政策、行业限制等影响企业和行业的主要经济和法律问题,主要竞争者等。

4.经营策略,包括企业各部门、各环节的业务流程,运营模式,价值贡献因素等。

5.财务数据,包括企业不同类型业务及产品的收入、成本、费用及利润。

6.涉及本企业或者对本企业产生影响的重组或者无形资产转让情况,以及对本企业的影响分析。

(二)关联关系

1.关联方信息,包括直接或者间接拥有企业股权的关联方,以及与企业发生交易的关联方,内容涵盖关联方名称、法定代表人、高级管理人员的构成情况、注册地址、实际经营地址,以及关联个人的姓名、国籍、居住地等情况。

2.上述关联方适用的具有所得税性质的税种、税率及相应可享受的税收优惠。

3.本会计年度内,企业关联关系的变化情况。

(三)关联交易

1.关联交易概况

(1)关联交易描述和明细,包括关联交易相关合同或者协议副本及其执行情况的说明,交易标的的特性,关联交易的类型、参与方、时间、金额、结算货币、交易条件、贸易形式,以及关联交易与非关联交易业务的异同等。

(2)关联交易流程,包括关联交易的信息流、物流和资金流,与非关联交易业务流程的异同。

(3)功能风险描述,包括企业及其关联方在各类关联交易中执行的功能、承担的风险和使用的资产。

(4)交易定价影响要素,包括关联交易涉及的无形资产及其影响,成本市约、市场溢价等地域特殊因素。地域特殊因素应从劳动力成本、环境成本、市场规模、市场竞争程度、消费者购买力、商品或者劳务的可替代性、政府管制等方面进行分析。

(5)关联交易数据,包括各关联方、各类关联交易涉及的交易金额。分别披露关联交易和非关联交易的收入、成本、费用和利润,不能直接归集的,按照合理比例划分,并说明该划分比例的依据。

2.价值链分析

(1)企业集团内业务流、物流和资金流,包括商品、劳务或者其他交易标的从设计、开发、生产制造、营销、销售、交货、结算、消费、售后服务、循环利用等各环节及其参与方。

(2)上述各环节参与方最近会计年度的财务报表。

(3)地域特殊因素对企业创造价值贡献的计量及其归属。

(4)企业集团利润在全球价值链条中的分配原则和分配结果。

3.对外投资

(1)对外投资基本信息,包括对外投资项目的投资地区、金额、主营业务及战略规划。

(2)对外投资项目概况,包括对外投资项目的股权架构、组织结构,高级管理人员的雇佣方式,项目决策权限的归属。

(3)对外投资项目数据,包括对外投资项目的营运数据。

4.关联股权转让

(1)股权转让概况,包括转让背景、参与方、时间、价格、支付方式,以及影响股权转让的其他因素。

(2)股权转让标的的相关信息,包括股权转让标的所在地,出让方获取该股权的时间、方式和成本,股权转让收益等信息。

(3)尽职调查报告或者资产评估报告等与股权转让相关的其他信息。

5.关联劳务

(1)关联劳务概况,包括劳务提供方和接受方,劳务的具体内容、特性、开展方式、定价原则、支付形式,以及劳务发生后各方受益情况等。

(2)劳务成本费用的归集方法、项目、金额、分配标准、计算过程及结果等。

(3)企业及其所属企业集团与非关联方存在相同或者类似劳务交易的,还应当详细说明关联劳务与非关联劳务在定价原则和交易结果上的异同。

6. 与企业关联交易直接相关的,中国以外其他国家税务主管当局签订的预约定价安排和作出的其他税收裁定。

(四)可比性分析

1. 可比性分析考虑的因素,包括交易资产或者劳务特性,交易各方功能、风险和资产,合同条款,经济环境,经营策略等。

2. 可比企业执行的功能、承担的风险以及使用的资产等相关信息。

3. 可比对象搜索方法、信息来源、选择条件及理由。

4. 所选取的内部或者外部可比非受控交易信息和可比企业的财务信息。

5. 可比数据的差异调整及理由。

(五)转让定价方法的选择和使用

1. 被测试方的选择及理由。

2. 转让定价方法的选用及理由,无论选择何种转让定价方法,均须说明企业对集团整体利润或者剩余利润所做的贡献。

3. 确定可比非关联交易价格或者利润的过程中所做的假设和判断。

4. 运用合理的转让定价方法和可比性分析结果,确定可比非关联交易价格或者利润。

5. 其他支持所选用转让定价方法的资料。

6. 关联交易定价是否符合独立交易原则的分析及结论。

十五、特殊事项文档包括成本分摊协议特殊事项文档和资本弱化特殊事项文档。

企业签订或者执行成本分摊协议的,应当准备成本分摊协议特殊事项文档。

企业关联债资比例超过标准比例需要说明符合独立交易原则的,应当准备资本弱化特殊事项文档。

十六、成本分摊协议特殊事项文档包括以下内容:

(一)成本分摊协议副本。

(二)各参与方之间达成的为实施成本分摊协议的其他协议。

(三)非参与方使用协议成果的情况、支付的金额和形式,以及支付金额在参与方之间的分配方式。

(四)本年度成本分摊协议的参与方加入或者退出的情况,包括加入或者退出的参与方名称、所在国家和关联关系,加入支付或者退出补偿的金额及形式。

(五)成本分摊协议的变更或者终止情况,包括变更或者终止的原因、对已形成协议成果的处理或者分配。

(六)本年度按照成本分摊协议发生的成本总额及构成情况。

(七)本年度各参与方成本分摊的情况,包括成本支付的金额、形式和对象,作出或者接受补偿支付的金额、形式和对象。

(八)本年度协议预期收益与实际收益的比较以及由此作出的调整。

(九)预期收益的计算,包括计量参数的选取、计算方法和改变理由。

十七、资本弱化特殊事项文档包括以下内容:

(一)企业偿债能力和举债能力分析。

(二)企业集团举债能力及融资结构情况分析。

(三)企业注册资本等权益投资的变动情况说明。

(四)关联债权投资的性质、目的及取得时的市场状况。

(五)关联债权投资的货币种类、金额、利率、期限及融资条件。

(六)非关联方是否能够并且愿意接受上述融资条件、融资金额及利率。

(七)企业为取得债权性投资而提供的抵押品情况及条件。

（八）担保人状况及担保条件。

（九）同类同期贷款的利率情况及融资条件。

（十）可转换公司债券的转换条件。

（十一）其他能够证明符合独立交易原则的资料。

十八、企业执行预约定价安排的，可以不准备预约定价安排涉及关联交易的本地文档和特殊事项文档，且关联交易金额不计入本公告第十三条规定的关联交易金额范围。

企业仅与境内关联方发生关联交易的，可以不准备主体文档、本地文档和特殊事项文档。

十九、主体文档应当在企业集团最终控股企业会计年度终了之日起 12 个月内准备完毕；本地文档和特殊事项文档应当在关联交易发生年度次年 6 月 30 日之前准备完毕。同期资料应当自税务机关要求之日起 30 日内提供。

二十、企业因不可抗力无法按期提供同期资料的，应当在不可抗力消除后 30 日内提供同期资料。

二十一、同期资料应当使用中文，并标明引用信息资料的出处来源。

二十二、同期资料应当加盖企业印章，并由法定代表人或者法定代表人授权的代表签章。

二十三、企业合并、分立的，应当由合并、分立后的企业保存同期资料。

二十四、同期资料应当自税务机关要求的准备完毕之日起保存 10 年。

二十五、企业依照有关规定进行关联申报、提供同期资料及有关资料的，税务机关实施特别纳税调查补征税款时，可以依据企业所得税法实施条例第一百二十二条的规定，按照税款所属纳税年度中国人民银行公布的与补税期间同期的人民币贷款基准利率加收利息。

二十六、涉及港澳台地区的，参照本公告相关规定处理。

二十七、本公告适用于 2016 年及以后的会计年度。《特别纳税调整实施办法(试行)》(国税发〔2009〕2 号文件印发)第二章、第三章、第七十四条和第八十九条、《中华人民共和国企业年度关联业务往来报告表》(国税发〔2008〕114 号文件印发)同时废止。

5.《国家税务总局关于完善预约定价安排管理有关事项的公告》①**(2016 年 10 月 11 日颁布　2016 年 12 月 1 日起实施　国家税务总局公告 2016 年第 64 号)**

为进一步完善预约定价安排管理,执行我国政府对外签署的避免双重征税协定、协议或者安排(以下简称"税收协定"),根据《中华人民共和国企业所得税法》(以下简称"企业所得税法")及其实施条例、《中华人民共和国税收征收管理法》(以下简称"税收征管法")及其实施细则的有关规定,现就有关事项公告如下:

一、企业可以与税务机关就其未来年度关联交易的定价原则和计算方法达成预约定价安排。

二、预约定价安排的谈签与执行经过预备会谈、谈签意向、分析评估、正式申请、协商签署和监控执行 6 个阶段。预约定价安排包括单边、双边和多边 3 种类型。

三、预约定价安排适用于主管税务机关向企业送达接收其谈签意向的《税务事项通知书》之日所属纳税年度起 3 至 5 个年度的关联交易。

企业以前年度的关联交易与预约定价安排适用年度相同或者类似的,经企业申请,税务机关可以将预约定价安排确定的定价原则和计算方法追溯适用于以前年度该关联交易的评估和调整。追溯期最长为 10 年。

预约定价安排的谈签不影响税务机关对企业不适用预约定价

---

① 根据《国家税务总局关于修改部分税收规范性文件的公告》(国家税务总局公告 2018 年第 31 号),自 2018 年 6 月 15 日起,第十条第四项删除,第十七条中的"或者同时涉及国家税务局和地方税务局的,"删除,第十八条中的",且仅涉及国家税务局或者地方税务局"删除,附件 4 第九条中,"或者同时涉及国家税务局和地方税务局的,"删除。

安排的年度及关联交易的特别纳税调查调整和监控管理。

四、预约定价安排一般适用于主管税务机关向企业送达接收其谈签意向的《税务事项通知书》之日所属纳税年度前3个年度每年度发生的关联交易金额4000万元人民币以上的企业。

五、企业有谈签预约定价安排意向的,应当向税务机关书面提出预备会谈申请。税务机关可以与企业开展预备会谈。

(一)企业申请单边预约定价安排的,应当向主管税务机关书面提出预备会谈申请,提交《预约定价安排预备会谈申请书》(附件1)。主管税务机关组织与企业开展预备会谈。

企业申请双边或者多边预约定价安排的,应当同时向国家税务总局和主管税务机关书面提出预备会谈申请,提交《预约定价安排预备会谈申请书》。国家税务总局统一组织与企业开展预备会谈。

(二)预备会谈期间,企业应当就以下内容作出简要说明:

1. 预约定价安排的适用年度;
2. 预约定价安排涉及的关联方及关联交易;
3. 企业及其所属企业集团的组织结构和管理架构;
4. 企业最近3至5个年度生产经营情况、同期资料等;
5. 预约定价安排涉及各关联方功能和风险的说明,包括功能和风险划分所依据的机构、人员、费用、资产等;
6. 市场情况的说明,包括行业发展趋势和竞争环境等;
7. 是否存在成本节约、市场溢价等地域特殊优势;
8. 预约定价安排是否追溯适用以前年度;
9. 其他需要说明的情况。

企业申请双边或者多边预约定价安排的,说明内容还应当包括:

1. 向税收协定缔约对方税务主管当局提出预约定价安排申请的情况;
2. 预约定价安排涉及的关联方最近3至5个年度生产经营情况及关联交易情况;

3.是否涉及国际重复征税及其说明。

(三)预备会谈期间,企业应当按照税务机关的要求补充资料。

六、税务机关和企业在预备会谈期间达成一致意见的,主管税务机关向企业送达同意其提交谈签意向的《税务事项通知书》。企业收到《税务事项通知书》后向税务机关提出谈签意向。

(一)企业申请单边预约定价安排的,应当向主管税务机关提交《预约定价安排谈签意向书》(附件2),并附送单边预约定价安排申请草案。

企业申请双边或者多边预约定价安排的,应当同时向国家税务总局和主管税务机关提交《预约定价安排谈签意向书》,并附送双边或者多边预约定价安排申请草案。

(二)单边预约定价安排申请草案应当包括以下内容:

1.预约定价安排的适用年度;

2.预约定价安排涉及的关联方及关联交易;

3.企业及其所属企业集团的组织结构和管理架构;

4.企业最近3至5个年度生产经营情况、财务会计报告、审计报告、同期资料等;

5.预约定价安排涉及各关联方功能和风险的说明,包括功能和风险划分所依据的机构、人员、费用、资产等;

6.预约定价安排使用的定价原则和计算方法,以及支持这一定价原则和计算方法的功能风险分析、可比性分析和假设条件等;

7.价值链或者供应链分析,以及对成本节约、市场溢价等地域特殊优势的考虑;

8.市场情况的说明,包括行业发展趋势和竞争环境等;

9.预约定价安排适用期间的年度经营规模、经营效益预测以及经营规划等;

10.预约定价安排是否追溯适用以前年度;

11.对预约定价安排有影响的境内、外行业相关法律、法规;

12.企业关于不存在本条第(三)项所列举情形的说明;

13.其他需要说明的情况。

双边或者多边预约定价安排申请草案还应当包括：

1. 向税收协定缔约对方税务主管当局提出预约定价安排申请的情况；

2. 预约定价安排涉及的关联方最近3至5个年度生产经营情况及关联交易情况；

3. 是否涉及国际重复征税及其说明。

(三)有下列情形之一的，税务机关可以拒绝企业提交谈签意向：

1. 税务机关已经对企业实施特别纳税调整立案调查或者其他涉税案件调查，且尚未结案的；

2. 未按照有关规定填报年度关联业务往来报告表；

3. 未按照有关规定准备、保存和提供同期资料；

4. 预备会谈阶段税务机关和企业无法达成一致意见。

七、企业提交谈签意向后，税务机关应当分析预约定价安排申请草案内容，评估其是否符合独立交易原则。根据分析评估的具体情况可以要求企业补充提供有关资料。

税务机关可以从以下方面进行分析评估：

(一)功能和风险状况。分析评估企业与其关联方之间在供货、生产、运输、销售等各环节以及在研究、开发无形资产等方面各自作出的贡献、执行的功能以及在存货、信贷、外汇、市场等方面承担的风险。

(二)可比交易信息。分析评估企业提供的可比交易信息，对存在的实质性差异进行调整。

(三)关联交易数据。分析评估预约定价安排涉及的关联交易的收入、成本、费用和利润是否单独核算或者按照合理比例划分。

(四)定价原则和计算方法。分析评估企业在预约定价安排中采用的定价原则和计算方法。如申请追溯适用以前年度的，应当作出说明。

(五)价值链分析和贡献分析。评估企业对价值链或者供应链的分析是否完整、清晰，是否充分考虑成本节约、市场溢价等地域特殊优势,是否充分考虑本地企业对价值创造的贡献等。

(六)交易价格或者利润水平。根据上述分析评估结果,确定符合独立交易原则的价格或者利润水平。

(七)假设条件。分析评估影响行业利润水平和企业生产经营的因素及程度,合理确定预约定价安排适用的假设条件。

八、分析评估阶段,税务机关可以与企业就预约定价安排申请草案进行讨论。税务机关可以进行功能和风险实地访谈。税务机关认为预约定价安排申请草案不符合独立交易原则的,企业应当与税务机关协商,并进行调整;税务机关认为预约定价安排申请草案符合独立交易原则的,主管税务机关向企业送达同意其提交正式申请的《税务事项通知书》,企业收到通知后,可以向税务机关提交《预约定价安排正式申请书》(附件3),并附送预约定价安排正式申请报告。

(一)企业申请单边预约定价安排的,应当向主管税务机关提交上述资料。企业申请双边或者多边预约定价安排的,应当同时向国家税务总局和主管税务机关提交上述资料,并按照有关规定提交启动特别纳税调整相互协商程序的申请。

(二)有下列情形之一的,税务机关可以拒绝企业提交正式申请:

1. 预约定价安排申请草案拟采用的定价原则和计算方法不合理,且企业拒绝协商调整;

2. 企业拒不提供有关资料或者提供的资料不符合税务机关要求,且不按时补正或者更正;

3. 企业拒不配合税务机关进行功能和风险实地访谈;

4. 其他不适合谈签预约定价安排的情况。

九、税务机关应当在分析评估的基础上形成协商方案,并据此开展协商工作。

(一)主管税务机关与企业开展单边预约定价安排协商,协商达成一致的,拟定单边预约定价安排文本(参照文本见附件4)。

国家税务总局与税收协定缔约对方税务主管当局开展双边或

者多边预约定价安排协商,协商达成一致的,拟定双边或者多边预约定价安排文本。

(二)预约定价安排文本可以包括以下内容:

1. 企业及其关联方名称、地址等基本信息;

2. 预约定价安排涉及的关联交易及适用年度;

3. 预约定价安排选用的定价原则和计算方法,以及可比价格或者可比利润水平等;

4. 与转让定价方法运用和计算基础相关的术语定义;

5. 假设条件及假设条件变动通知义务;

6. 企业年度报告义务;

7. 预约定价安排的效力;

8. 预约定价安排的续签;

9. 预约定价安排的生效、修订和终止;

10. 争议的解决;

11. 文件资料等信息的保密义务;

12. 单边预约定价安排的信息交换;

13. 附则。

(三)主管税务机关与企业就单边预约定价安排文本达成一致后,双方的法定代表人或者法定代表人授权的代表签署单边预约定价安排。

国家税务总局与税收协定缔约对方税务主管当局就双边或者多边预约定价安排文本达成一致后,双方或者多方税务主管当局授权的代表签署双边或者多边预约定价安排。国家税务总局应当将预约定价安排转发主管税务机关。主管税务机关应当向企业送达《税务事项通知书》,附送预约定价安排,并做好执行工作。

(四)预约定价安排涉及适用年度或者追溯年度补(退)税款的,税务机关应当按照纳税年度计算应补征或者退还的税款,并向企业送达《预约定价安排补(退)税款通知书》(附件5)。

十、税务机关应当监控预约定价安排的执行情况。

(一)预约定价安排执行期间,企业应当完整保存与预约定价安排有关的文件和资料,包括账簿和有关记录等,不得丢失、销毁和转移。

企业应当在纳税年度终了后6个月内,向主管税务机关报送执行预约定价安排情况的纸质版和电子版年度报告,主管税务机关将电子版年度报告报送国家税务总局;涉及双边或者多边预约定价安排的,企业应当向主管税务机关报送执行预约定价安排情况的纸质版和电子版年度报告,同时将电子版年度报告报送国家税务总局。

年度报告应当说明报告期内企业经营情况以及执行预约定价安排的情况。需要修订、终止预约定价安排,或者有未决问题或者预计将要发生问题的,应当作出说明。

(二)预约定价安排执行期间,主管税务机关应当每年监控企业执行预约定价安排的情况。监控内容主要包括:企业是否遵守预约定价安排条款及要求;年度报告是否反映企业的实际经营情况;预约定价安排所描述的假设条件是否仍然有效等。

(三)预约定价安排执行期间,企业发生影响预约定价安排的实质性变化,应当在发生变化之日起30日内书面报告主管税务机关,详细说明该变化对执行预约定价安排的影响,并附送相关资料。由于非主观原因而无法按期报告的,可以延期报告,但延长期限不得超过30日。

税务机关应当在收到企业书面报告后,分析企业实质性变化情况,根据实质性变化对预约定价安排的影响程度,修订或者终止预约定价安排。签署的预约定价安排终止执行的,税务机关可以和企业按照本公告规定的程序和要求,重新谈签预约定价安排。

十一、预约定价安排执行期满后自动失效。企业申请续签的,应当在预约定价安排执行期满之日前90日内向税务机关提出续签申请,报送《预约定价安排续签申请书》(附件6),并提供执行现行预约定价安排情况的报告,现行预约定价安排所述事实和经营环境是否发生实质性变化的说明材料以及续签预约定价安排年度的预测情况等相关资料。

十二、预约定价安排采用四分位法确定价格或者利润水平,在预约定价安排执行期间,如果企业当年实际经营结果在四分位区间之外,税务机关可以将实际经营结果调整到四分位区间中位值。预约定价安排执行期满,企业各年度经营结果的加权平均值低于区间中位值,且未调整至中位值的,税务机关不再受理续签申请。

双边或者多边预约定价安排执行期间存在上述问题的,主管税务机关应当及时将有关情况层报国家税务总局。

十三、预约定价安排执行期间,主管税务机关与企业发生分歧的,双方应当进行协商。协商不能解决的,可以报上一级税务机关协调;涉及双边或者多边预约定价安排的,必须层报国家税务总局协调。对上一级税务机关或者国家税务总局的决定,下一级税务机关应当予以执行。企业仍不能接受的,可以终止预约定价安排的执行。

十四、在预约定价安排签署前,税务机关和企业均可暂停、终止预约定价安排程序。税务机关发现企业或者其关联方故意不提供与谈签预约定价安排有关的必要资料,或者提供虚假、不完整资料,或者存在其他不配合的情形,使预约定价安排难以达成一致的,可以暂停、终止预约定价安排程序。涉及双边或者多边预约定价安排的,经税收协定缔约各方税务主管当局协商,可以暂停、终止预约定价安排程序。税务机关暂停、终止预约定价安排程序的,应当向企业送达《税务事项通知书》,并说明原因;企业暂停、终止预约定价安排程序的,应当向税务机关提交书面说明。

十五、没有按照规定的权限和程序签署预约定价安排,或者税务机关发现企业隐瞒事实的,应当认定预约定价安排自始无效,并向企业送达《税务事项通知书》,说明原因;发现企业拒不执行预约定价安排或者存在违反预约定价安排的其他情况,可以视情况进行处理,直至终止预约定价安排。

十六、有下列情形之一的,税务机关可以优先受理企业提交的申请:

(一)企业关联申报和同期资料完备合理,披露充分;

(二)企业纳税信用级别为A级;

(三)税务机关曾经对企业实施特别纳税调查调整,并已经结案;

(四)签署的预约定价安排执行期满,企业申请续签,且预约定价安排所述事实和经营环境没有发生实质性变化;

(五)企业提交的申请材料齐备,对价值链或者供应链的分析完整、清晰,充分考虑成本节约、市场溢价等地域特殊因素,拟采用的定价原则和计算方法合理;

(六)企业积极配合税务机关开展预约定价安排谈签工作;

(七)申请双边或者多边预约定价安排的,所涉及的税收协定缔约对方税务主管当局有较强的谈签意愿,对预约定价安排的重视程度较高;

(八)其他有利于预约定价安排谈签的因素。

十七、预约定价安排同时涉及两个或者两个以上省、自治区、直辖市和计划单列市税务机关的,由国家税务总局统一组织协调。

企业申请上述单边预约定价安排的,应当同时向国家税务总局及其指定的税务机关提出谈签预约定价安排的相关申请。国家税务总局可以与企业统一签署单边预约定价安排,或者指定税务机关与企业统一签署单边预约定价安排,也可以由各主管税务机关与企业分别签署单边预约定价安排。

十八、单边预约定价安排涉及一个省、自治区、直辖市和计划单列市内两个或者两个以上主管税务机关的,由省、自治区、直辖市和计划单列市相应税务机关统一组织协调。

十九、税务机关与企业在预约定价安排谈签过程中取得的所有信息资料,双方均负有保密义务。除依法应当向有关部门提供信息的情况外,未经纳税人同意,税务机关不得以任何方式泄露预约定价安排相关信息。

税务机关与企业不能达成预约定价安排的,税务机关在协商过程中所取得的有关企业的提议、推理、观念和判断等非事实性信息,不得用于对该预约定价安排涉及关联交易的特别纳税调查调整。

二十、除涉及国家安全的信息以外,国家税务总局可以按照对外缔结的国际公约、协定、协议等有关规定,与其他国家(地区)税务主管当局就 2016 年 4 月 1 日以后签署的单边预约定价安排文本实施信息交换。企业应当在签署单边预约定价安排时提供其最终控股公司、上一级直接控股公司及单边预约定价安排涉及的境外关联方所在国家(地区)的名单。

二十一、本公告所称主管税务机关是指负责特别纳税调整事项的税务机关。

二十二、本公告自 2016 年 12 月 1 日起施行。《特别纳税调整实施办法(试行)》(国税发〔2009〕2 号文件印发)第六章同时废止。本公告施行前税务机关未接受正式申请的预约定价安排,适用本公告的规定。

6.《国家税务总局关于明确同期资料主体文档提供及管理有关事项的公告》(2018 年 4 月 4 日颁布　2018 年 5 月 20 日实施　国家税务总局公告 2018 年第 14 号)

为进一步深化"放管服"改革,优化税收环境,简化办税程序,减轻纳税人负担,现就落实《国家税务总局关于完善关联申报和同期资料管理有关事项的公告》(国家税务总局公告 2016 年第 42 号)关于同期资料准备及提供要求的有关事项公告如下:

一、依照规定需要准备主体文档的企业集团,如果集团内企业分属两个以上税务机关管辖,可以选择任一企业主管税务机关主动提供主体文档。集团内其他企业被主管税务机关要求提供主体文档时,在向主管税务机关书面报告集团主动提供主体文档情况后,可免于提供。

本公告所称"主动提供"是指在税务机关实施特别纳税调查前企业提供主体文档的情形。如果集团内一家企业被税务机关实施特别纳税调查并已按主管税务机关要求提供主体文档,集团内其他企业不能免于提供主体文档,但集团仍然可以选择其他任一企业适用前款规定。

二、收到企业主动提供主体文档的主管税务机关应区分以下情况进行处理：

（一）企业集团内各企业均属一个省、自治区、直辖市、计划单列市税务机关管辖的，收到主体文档的主管税务机关需层报至省税务机关，由省税务机关负责主体文档管理，统一组织协调，按需求提供给集团内各企业主管税务机关使用。

（二）企业集团内各企业分属两个或者两个以上省、自治区、直辖市、计划单列市税务机关管辖的，收到主体文档的主管税务机关需层报至国家税务总局，由国家税务总局负责主体文档管理，统一组织协调，按需求提供给集团内各企业主管税务机关使用。

三、本公告自2018年5月20日起施行。

7.《国家税务总局关于单边预约定价安排适用简易程序有关事项的公告》(2021年7月26日颁布　2021年9月1日实施　国家税务总局公告2021年第24号)

为贯彻落实中办、国办印发的《关于进一步深化税收征管改革的意见》，深化税务领域"放管服"改革，优化营商环境，促进税企合作，提高对跨境投资者的个性化服务水平和税收确定性，根据《中华人民共和国企业所得税法》及其实施条例、《中华人民共和国税收征收管理法》及其实施细则的有关规定，现就单边预约定价安排适用简易程序有关事项公告如下：

一、企业按照《国家税务总局关于完善预约定价安排管理有关事项的公告》(2016年第64号，以下简称64号公告)的有关规定申请单边预约定价安排，符合本公告要求的，可以适用简易程序。

二、简易程序包括申请评估、协商签署和监控执行3个阶段。

三、企业在主管税务机关向其送达受理申请的《税务事项通知书》之日所属纳税年度前3个年度，每年度发生的关联交易金额4000万元人民币以上，并符合下列条件之一的，可以申请适用简易程序。

（一）已向主管税务机关提供拟提交申请所属年度前3个纳税年度的，符合《国家税务总局关于完善关联申报和同期资料管理有

关事项的公告》(2016年第42号)规定的同期资料;

(二)自企业提交申请之日所属纳税年度前10个年度内,曾执行预约定价安排,且执行结果符合安排要求的;

(三)自企业提交申请之日所属纳税年度前10个年度内,曾受到税务机关特别纳税调查调整且结案的。

四、企业应当向主管税务机关提出适用简易程序的申请,主管税务机关分析评估后,决定是否受理。

(一)企业有申请意向的,应当向主管税务机关提交《单边预约定价安排简易程序申请书》(附件),并附送申请报告。申请报告包括以下内容:

1. 单边预约定价安排涉及的关联方及关联交易;

2. 单边预约定价安排的适用年度;

3. 单边预约定价安排是否追溯适用以前年度;

4. 企业及其所属企业集团的组织结构和管理架构;

5. 企业最近3至5个纳税年度生产经营情况、财务会计报告、审计报告、同期资料等;

6. 单边预约定价安排涉及各关联方功能和风险的说明,包括功能和风险划分所依据的机构、人员、费用、资产等;

7. 单边预约定价安排使用的定价原则和计算方法,以及支持这一定价原则和计算方法的功能风险分析、可比性分析和假设条件等;

8. 价值链或者供应链分析,以及对成本节约、市场溢价等地域特殊优势的考虑;

9. 市场情况的说明,包括行业发展趋势和竞争环境等;

10. 单边预约定价安排适用期间的年度经营规模、经营效益预测以及经营规划等;

11. 对单边预约定价安排有影响的境内、外行业相关法律、法规;

12. 符合本公告第三条的有关情况;

13. 其他需要说明的情况。

(二)有下列情形之一的,主管税务机关不予受理企业提交的申请:

1. 税务机关已经对企业实施特别纳税调整立案调查或者其他涉税案件调查,且尚未结案;

2. 未按照有关规定填报年度关联业务往来报告表,且不按时更正;

3. 未按照有关规定准备、保存和提供同期资料;

4. 未按照本公告要求提供相关资料或者提供的资料不符合税务机关要求,且不按时补正或者更正;

5. 拒不配合税务机关进行功能和风险实地访谈。

(三)主管税务机关收到企业申请后,应当开展分析评估,进行功能和风险实地访谈,并于收到企业申请之日起 90 日内向企业送达《税务事项通知书》,告知其是否受理;不予受理的,说明理由。

五、主管税务机关受理企业申请后,应当与企业就其关联交易是否符合独立交易原则进行协商,并于向企业送达受理申请的《税务事项通知书》之日起 6 个月内协商完毕。协商期间,主管税务机关可以要求企业补充提交相关资料,企业补充提交资料时间不计入上述 6 个月内。

(一)主管税务机关与企业协商一致的,应当拟定单边预约定价安排文本。双方的法定代表人或法定代表人授权的代表签署单边预约定价安排。

(二)主管税务机关不能与企业协商一致的,应当向企业送达终止简易程序的《税务事项通知书》。企业可以按照 64 号公告的规定,重新申请单边预约定价安排。已经提交过的资料,无需重复提交。

六、税务机关应当按照 64 号公告的要求,做好单边预约定价安排的监控执行工作。

单边预约定价安排执行期间,企业发生影响单边预约定价安排的实质性变化,导致终止执行的,可以按照本公告的规定,重新申请单边预约定价安排。

七、单边预约定价安排适用于主管税务机关向企业送达受理申请的《税务事项通知书》之日所属纳税年度起3至5个年度的关联交易。

八、同时涉及两个或者两个以上省、自治区、直辖市和计划单列市税务机关的单边预约定价安排,暂不适用简易程序。

九、本公告未作具体规定的其他单边预约定价安排事项,按照64号公告的规定执行。

十、本公告自2021年9月1日起施行。

8.《国家税务总局关于进一步深化税务领域"放管服"改革 培育和激发市场主体活力若干措施的通知》(2021年10月12日颁布 2021年10月12日实施 税总征科发〔2021〕69号)

(九)严格执行关联申报要求。认真落实《国家税务总局关于完善关联申报和同期资料有关事项的公告》(2016年第42号),企业与其他企业、组织或者个人之间,一方通过合同或其他形式能够控制另一方的相关活动并因此享有回报的,双方构成关联关系,应当就其与关联方之间的业务往来进行关联申报。

三、部门工作文件

1.《国家税务总局关于贯彻落实〈国务院关于取消非行政许可审批事项的决定〉的通知》(2015年5月25日颁布 2015年5月25日实施 税总发〔2015〕74号)

各省、自治区、直辖市和计划单列市国家税务局、地方税务局,局内各单位:

2015年5月14日,《国务院关于取消非行政许可审批事项的决定》(国发〔2015〕27号)公布取消49项非行政许可审批事项,并将84项非行政许可审批事项调整为政府内部审批事项。其中,涉及取消11个大项以及其他3项中8个子项的税务非行政许可审批事项。

同时,根据国发〔2015〕27号文件关于今后不再保留非行政许可审批这一类别的决定和国务院非行政许可审批事项清理工作要求,将23项税务非行政许可审批事项调整为其他权力事项。这些需要进一步改革和规范的其他权力事项,将随着简政放权和依法行政的推进,结合制定国务院部门权力清单,进一步研究、清理和规范。

另外,2014年11月24日,《国务院关于取消和调整一批行政审批项目等事项的决定》(国发〔2014〕50号)建议取消和下放32项依据有关法律设立的行政审批事项,其中,涉及取消22项税收优惠核准事项。由于需要修改《中华人民共和国税收征收管理法》的相关规定,该22项税收优惠核准事项一直未予公布。现《全国人民代表大会常务委员会关于修改〈中华人民共和国港口法〉等七部法律的决定》(2015年4月24日,第十二届全国人民代表大会常务委员会第十四次会议通过)已经修改《中华人民共和国税收征收管理法》第33条,待国务院公布取消上述22项税收优惠核准事项后,税务总局将另行发文予以贯彻。

《国家税务总局关于公开税务行政审批事项等相关工作的公告》(国家税务总局公告2014年第10号)公布的87项税务行政审批事项中,7项行政许可予以保留,80项非行政许可审批事项已清理完毕(已经国务院决定取消56项,税务总局自行取消1项,调整为其他权力事项23项)。

附件2.需要进一步改革和规范的其他权力事项目录(23项)

序号	审批部门	项目名称	原项目编码	事项性质
21	税务总局	预约定价期满后对需要续签的企业核准	24050	具有行政征收性质

2.《国家税务总局关于优化纳税服务简并居民企业报告境外投资和所得信息有关报表的公告》(2023年9月7日颁布　2023年10月10日实施　国家税务总局公告2023年第17号)

为贯彻落实中办、国办印发的《关于进一步深化税收征管改革的意见》,持续深化税务系统"放管服"改革,优化税收营商环境,深入开展"便民办税春风行动",根据《中华人民共和国税收征收管理法》及其实施细则、《中华人民共和国企业所得税法》(以下简称企业所得税法)及其实施条例等有关规定,国家税务总局修订了居民企业报告境外投资和所得信息有关报表,简并优化了信息报告内容和方式,现公告如下:

一、居民企业或其通过境内合伙企业,在一个纳税年度中的任何一天,直接或间接持有外国企业股份或有表决权股份达到10%(含)以上的,应当在办理该年度企业所得税年度申报时向主管税务机关报送简并后的《居民企业境外投资信息报告表》(见附件)。

二、本公告附表所称受控外国企业是指由居民企业,或者由居民企业和中国居民控制的依照外国(地区)法律成立且实际管理机构不在中国境内的企业。

在判定控制时,多层间接持有股份按各层持股比例相乘计算,中间层持有股份超过50%的,按100%计算。

三、非居民企业在境内设立机构、场所,取得发生在境外但与其所设机构、场所有实际联系的所得的,参照本公告执行。

四、本公告自2023年10月10日起施行。2023年度及以后年度发生的应报告信息,适用本公告规定。《国家税务总局关于印发〈特别纳税调整实施办法(试行)〉的通知》(国税发[2009]2号)第八章第七十六条、第七十七条、第七十九条,《国家税务总局关于居民企业报告境外投资和所得信息有关问题的公告》(国家税务总局公告2014年第38号)同时废止。

第三十七条 【未办理税务登记的税额核定】对未按照规定办理税务登记的从事生产、经营的纳税人以及临时从事经营的纳税人,由税务机关核定其应纳税额,责令缴纳;不缴纳的,税务机关可以扣押其价值相当于应纳税款的商品、货物。扣押后缴纳应纳税款的,税务机关必须立即解除扣押,并归还所扣押的商品、货物;扣押后仍不缴纳应纳税款的,经县以上税务局(分局)局长批准,依法拍卖或者变卖所扣押的商品、货物,以拍卖或者变卖所得抵缴税款。

> **税收行政法规**
>
> 《中华人民共和国税收征收管理法实施细则》(2002 年 9 月 7 日中华人民共和国国务院令第 362 号公布　根据 2012 年 11 月 9 日《国务院关于修改和废止部分行政法规的决定》第一次修订　根据 2013 年 7 月 18 日《国务院关于废止和修改部分行政法规的决定》第二次修订　根据 2016 年 2 月 6 日《国务院关于修改部分行政法规的决定》第三次修订)
>
> 　　第五十七条　税收征管法第三十七条所称未按照规定办理税务登记从事生产、经营的纳税人,包括到外县(市)从事生产、经营而未向营业地税务机关报验登记的纳税人。
>
> 　　第五十八条　税务机关依照税收征管法第三十七条的规定,扣押纳税人商品、货物的,纳税人应当自扣押之日起 15 日内缴纳税款。
>
> 　　对扣押的鲜活、易腐烂变质或者易失效的商品、货物,税务机关根据被扣押物品的保质期,可以缩短前款规定的扣押期限。

　　第三十八条　【税款的保全措施】税务机关有根据认为从事生产、经营的纳税人有逃避纳税义务行为的,可以在规定的纳税期之前,责令限期缴纳应纳税款;在限期内发现纳税人有明显的转移、隐匿其应纳税的商品、货物以及其他财产或者应纳税的收入的迹象的,税务机关可以责成纳税人提供纳税担保。如果纳税人不能提供纳税担保,经县以上税务局(分局)局长批准,税务机关可以采取下列税收保全措施:

　　(一)书面通知纳税人开户银行或者其他金融机构冻结纳税人的金额相当于应纳税款的存款;

　　(二)扣押、查封纳税人的价值相当于应纳税款的商品、货物或者其他财产。

　　纳税人在前款规定的限期内缴纳税款的,税务机关必须立即解除税收保全措施;限期期满仍未缴纳税款的,经县以上税务局(分局)局长批准,税务机关可以书面通知纳税人开户银行或者其他金融机构从其冻结的存款中扣缴税款,或者依法拍卖或者变卖所扣押、查封的商品、货物或者其他财产,以拍卖或者变卖所得抵缴税款。

个人及其所扶养家属维持生活必需的住房和用品,不在税收保全措施的范围之内。

一、税收行政法规

《中华人民共和国税收征收管理法实施细则》(2002年9月7日中华人民共和国国务院令第362号公布 根据2012年11月9日《国务院关于修改和废止部分行政法规的决定》第一次修订 根据2013年7月18日《国务院关于废止和修改部分行政法规的决定》第二次修订 根据2016年2月6日《国务院关于修改部分行政法规的决定》第三次修订)

第五十九条 税收征管法第三十八条、第四十条所称其他财产,包括纳税人的房地产、现金、有价证券等不动产和动产。

机动车辆、金银饰品、古玩字画、豪华住宅或者一处以外的住房不属于税收征管法第三十八条、第四十条、第四十二条所称个人及其所扶养家属维持生活必需的住房和用品。

税务机关对单价5000元以下的其他生活用品,不采取税收保全措施和强制执行措施。

第六十条 税收征管法第三十八条、第四十条、第四十二条所称个人所扶养家属,是指与纳税人共同居住生活的配偶、直系亲属以及无生活来源并由纳税人扶养的其他亲属。

第六十一条 税收征管法第三十八条、第八十八条所称担保,包括经税务机关认可的纳税保证人为纳税人提供的纳税保证,以及纳税人或者第三人以其未设置或者未全部设置担保物权的财产提供的担保。

纳税保证人,是指在中国境内具有纳税担保能力的自然人、法人或者其他经济组织。

法律、行政法规规定的没有担保资格的单位和个人,不得作为纳税担保人。

第六十二条 纳税担保人同意为纳税人提供纳税担保的,应当填写纳税担保书,写明担保对象、担保范围、担保期限和担保责任以及其他有关事项。担保书须经纳税人、纳税担保人签字盖章并经税务机关同意,方为有效。

纳税人或者第三人以其财产提供纳税担保的,应当填写财产清单,并写明财产价值以及其他有关事项。纳税担保财产清单须经纳税人、第三人签字盖章并经税务机关确认,方为有效。

第六十三条 税务机关执行扣押、查封商品、货物或者其他财产时,应当由两名以上税务人员执行,并通知被执行人。被执行人是自然人的,应当通知被执行人本人或者其成年家属到场;被执行人是法人或者其他组织的,应当通知其法定代表人或者主要负责人到场;拒不到场的,不影响执行。

第六十四条 税务机关执行税收征管法第三十七条、第三十八条、第四十条的规定,扣押、查封价值相当于应纳税款的商品、货物或者其他财产时,参照同类商品的市场价、出厂价或者评估价估算。

税务机关按照前款方法确定应扣押、查封的商品、货物或者其他财产的价值时,还应当包括滞纳金和拍卖、变卖所发生的费用。

第六十五条 对价值超过应纳税额且不可分割的商品、货物或者其他财产,税务机关在纳税人、扣缴义务人或者纳税担保人无其他可供强制执行的财产的情况下,可以整体扣押、查封、拍卖。

第六十六条 税务机关执行税收征管法第三十七条、第三十八条、第四十条的规定,实施扣押、查封时,对有产权证件的动产或者不动产,税务机关可以责令当事人将产权证件交税务机关保管,同时可以向有关机关发出协助执行通知书,有关机关在扣押、查封期间不再办理该动产或者不动产的过户手续。

第六十七条 对查封的商品、货物或者其他财产,税务机关可以指令被执行人负责保管,保管责任由被执行人承担。

继续使用被查封的财产不会减少其价值的,税务机关可以允许被执行人继续使用;因被执行人保管或者使用的过错造成的损失,由被执行人承担。

第六十八条 纳税人在税务机关采取税收保全措施后,按照税务机关规定的期限缴纳税款的,税务机关应当自收到税款或者银行转回的完税凭证之日起 1 日内解除税收保全。

第六十九条 税务机关将扣押、查封的商品、货物或者其他财产变价抵缴税款时,应当交由依法成立的拍卖机构拍卖;无法委托拍卖或者不适于拍卖的,可以交由当地商业企业代为销售,也可以责令纳税人限期处理;无法委托商业企业销售,纳税人也无法处理的,可以由税务机关变价处理,具体办法由国家税务总局规定。国家禁止自由买卖的商品,应当交由有关单位按照国家规定的价格收购。

拍卖或者变卖所得抵缴税款、滞纳金、罚款以及拍卖、变卖等费用后,剩余部分应当在 3 日内退还被执行人。

第七十一条 税收征管法所称其他金融机构,是指信托投资公司、信用合作社、邮政储蓄机构以及经中国人民银行、中国证券监督管理委员会等批准设立的其他金融机构。

第七十二条 税收征管法所称存款,包括独资企业投资人、合伙企业合伙人、个体工商户的储蓄存款以及股东资金账户中的资金等。

二、税务规章

1.《纳税担保试行办法》(2005 年 5 月 24 日国家税务总局令第 11 号公布 自 2005 年 7 月 1 日起施行)

第一章 总　　则

第一条 为规范纳税担保行为,保障国家税收收入,保护纳税人和其他当事人的合法权益,根据《中华人民共和国税收征收管理法》(以下简称《税收征管法》)及其实施细则和其他法律、法规的规定,制定本办法。

第二条 本办法所称纳税担保,是指经税务机关同意或确认,纳税人或其他自然人、法人、经济组织以保证、抵押、质押的方式,为纳税人应当缴纳的税款及滞纳金提供担保的行为。

纳税担保人包括以保证方式为纳税人提供纳税担保的纳税保证人和其他以未设置或者未全部设置担保物权的财产为纳税人提供纳税担保的第三人。

第三条 纳税人有下列情况之一的,适用纳税担保:

(一)税务机关有根据认为从事生产、经营的纳税人有逃避纳税义务行为,在规定的纳税期之前经责令其限期缴纳应纳税款,在限期内发现纳税人有明显的转移、隐匿其应纳税的商品、货物以及其他财产或者应纳税收入的迹象,责成纳税人提供纳税担保的;

(二)欠缴税款、滞纳金的纳税人或者其法定代表人需要出境的;

(三)纳税人同税务机关在纳税上发生争议而未缴清税款,需要申请行政复议的;

(四)税收法律、行政法规规定可以提供纳税担保的其他情形。

第四条 扣缴义务人按照《税收征管法》第八十八条规定需要提供纳税担保的,适用本办法的规定。

纳税担保人按照《税收征管法》第八十八条规定需要提供纳税担保的,应当按照本办法规定的抵押、质押方式,以其财产提供纳税担保;纳税担保人已经以其财产为纳税人向税务机关提供担保的,不再需要提供新的担保。

第五条 纳税担保范围包括税款、滞纳金和实现税款、滞纳金的费用。费用包括抵押、质押登记费用,质押保管费用,以及保管、拍卖、变卖担保财产等相关费用支出。

用于纳税担保的财产、权利的价值不得低于应当缴纳的税款、滞纳金,并考虑相关的费用。纳税担保的财产价值不足以抵缴税款、滞纳金的,税务机关应当向提供担保的纳税人或纳税担保人继续追缴。

第六条 用于纳税担保的财产、权利的价格估算,除法律、行政法规另有规定外,由税务机关按照税收征管法实施细则第六十四条规定的方式,参照同类商品的市场价、出厂价或者评估价估算。

第二章　纳税保证

第七条　纳税保证,是指纳税保证人向税务机关保证,当纳税人未按照税收法律、行政法规规定或者税务机关确定的期限缴清税款、滞纳金时,由纳税保证人按照约定履行缴纳税款及滞纳金的行为。税务机关认可的,保证成立;税务机关不认可的,保证不成立。

本办法所称纳税保证为连带责任保证,纳税人和纳税保证人对所担保的税款及滞纳金承担连带责任。当纳税人在税收法律、行政法规或税务机关确定的期限届满未缴清税款及滞纳金的,税务机关即可要求纳税保证人在其担保范围内承担保证责任,缴纳担保的税款及滞纳金。

第八条　纳税保证人,是指在中国境内具有纳税担保能力的自然人、法人或者其他经济组织。法人或其他经济组织财务报表资产净值超过需要担保的税额及滞纳金 2 倍以上的,自然人、法人或其他经济组织所拥有或者依法可以处分的未设置担保的财产的价值超过需要担保的税额及滞纳金的,为具有纳税担保能力。

第九条　国家机关,学校、幼儿园、医院等事业单位,社会团体不得作为纳税保证人。

企业法人的职能部门不得为纳税保证人。企业法人的分支机构有法人书面授权的,可以在授权范围内提供纳税担保。

有以下情形之一的,不得作为纳税保证人:

(一)有偷税、抗税、骗税、逃避追缴欠税行为被税务机关、司法机关追究过法律责任未满 2 年的;

(二)因有税收违法行为正在被税务机关立案处理或涉嫌刑事犯罪被司法机关立案侦查的;

(三)纳税信誉等级被评为 C 级以下的;

(四)在主管税务机关所在地的市(地、州)没有住所的自然人或税务登记不在本市(地、州)的企业;

(五)无民事行为能力或限制民事行为能力的自然人;

（六）与纳税人存在担保关联关系的；

（七）有欠税行为的。

第十条 纳税保证人同意为纳税人提供纳税担保的,应当填写纳税担保书。纳税担保书应当包括以下内容：

（一）纳税人应缴纳的税款及滞纳金数额、所属期间、税种、税目名称；

（二）纳税人应当履行缴纳税款及滞纳金的期限；

（三）保证担保范围及担保责任；

（四）保证期间和履行保证责任的期限；

（五）保证人的存款账号或者开户银行及其账号；

（六）税务机关认为需要说明的其他事项。

第十一条 纳税担保书须经纳税人、纳税保证人签字盖章并经税务机关签字盖章同意方为有效。

纳税担保从税务机关在纳税担保书签字盖章之日起生效。

第十二条 保证期间为纳税人应缴纳税款期限届满之日起60日,即税务机关自纳税人应缴纳税款的期限届满之日起60日内有权要求纳税保证人承担保证责任,缴纳税款、滞纳金。

履行保证责任的期限为15日,即纳税保证人应当自收到税务机关的纳税通知书之日起15日内履行保证责任,缴纳税款及滞纳金。

纳税保证期间内税务机关未通知纳税保证人缴纳税款及滞纳金以承担担保责任的,纳税保证人免除担保责任。

第十三条 纳税人在规定的期限届满未缴清税款及滞纳金,税务机关在保证期限内书面通知纳税保证人的,纳税保证人应按照纳税担保书约定的范围,自收到纳税通知书之日起15日内缴纳税款及滞纳金,履行担保责任。

纳税保证人未按照规定的履行保证责任的期限缴纳税款及滞纳金的,由税务机关发出责令限期缴纳通知书,责令纳税保证人在限期15日内缴纳;逾期仍未缴纳的,经县以上税务局(分局)局长批准,对纳税保证人采取强制执行措施,通知其开户银行或其他金融机构从其存款中扣缴所担保的纳税人应缴纳的税款、滞纳金,或扣押、查封、拍卖、变卖其价值相当于所担保的纳税人应缴纳的税款、滞纳金的商品、货物或者其他财产,以拍卖、变卖所得抵缴担保的税款、滞纳金。

第三章 纳税抵押

第十四条 纳税抵押,是指纳税人或纳税担保人不转移对本办法第十五条所列财产的占有,将该财产作为税款及滞纳金的担保。纳税人逾期未缴清税款及滞纳金的,税务机关有权依法处置该财产以抵缴税款及滞纳金。

前款规定的纳税人或者纳税担保人为抵押人,税务机关为抵押权人,提供担保的财产为抵押物。

第十五条 下列财产可以抵押:

(一)抵押人所有的房屋和其他地上定着物;

(二)抵押人所有的机器、交通运输工具和其他财产;

(三)抵押人依法有权处分的国有的房屋和其他地上定着物;

(四)抵押人依法有权处分的国有的机器、交通运输工具和其他财产;

(五)经设区的市、自治州以上税务机关确认的其他可以抵押的合法财产。

第十六条 以依法取得的国有土地上的房屋抵押的,该房屋占用范围内的国有土地使用权同时抵押。

以乡(镇)、村企业的厂房等建筑物抵押的,其占用范围内的土地使用权同时抵押。

第十七条 下列财产不得抵押:

(一)土地所有权;

(二)土地使用权,但本办法第十六条规定的除外;

(三)学校、幼儿园、医院等以公益为目的的事业单位、社会团体、民办非企业单位的教育设施、医疗卫生设施和其他社会公益设施;

(四)所有权、使用权不明或者有争议的财产;

(五)依法被查封、扣押、监管的财产;

(六)依法定程序确认为违法、违章的建筑物;

(七)法律、行政法规规定禁止流通的财产或者不可转让的财产;

(八)经设区的市、自治州以上税务机关确认的其他不予抵押的财产。

第十八条 学校、幼儿园、医院等以公益为目的的事业单位、社会团体,可以其教育设施、医疗卫生设施和其他社会公益设施以外的财产为其应缴纳的税款及滞纳金提供抵押。

第十九条 纳税人提供抵押担保的,应当填写纳税担保书和纳税担保财产清单。纳税担保书应当包括以下内容:

(一)担保的纳税人应缴纳的税款及滞纳金数额、所属期间、税种名称、税目;

(二)纳税人履行应缴纳税款及滞纳金的期限;

(三)抵押物的名称、数量、质量、状况、所在地、所有权权属或者使用权权属;

(四)抵押担保的范围及担保责任;

(五)税务机关认为需要说明的其他事项。

纳税担保财产清单应当写明财产价值以及相关事项。纳税担保书和纳税担保财产清单须经纳税人签字盖章并经税务机关确认。

第二十条 纳税抵押财产应当办理抵押物登记。纳税抵押自抵押物登记之日起生效。纳税人应向税务机关提供以下部门出具的抵押登记的证明及其复印件(以下简称证明材料):

(一)以城市房地产或者乡(镇)、村企业的厂房等建筑物抵押的,提供县级以上地方人民政府规定部门出具的证明材料;

(二)以船舶、车辆抵押的,提供运输工具的登记部门出具的证明材料;

(三)以企业的设备和其他动产抵押的,提供财产所在地的工商行政管理部门出具的证明材料或者纳税人所在地的公证部门出具的证明材料。

第二十一条　抵押期间,经税务机关同意,纳税人可以转让已办理登记的抵押物,并告知受让人转让物已经抵押的情况。

纳税人转让抵押物所得的价款,应当向税务机关提前缴纳所担保的税款、滞纳金。超过部分,归纳税人所有,不足部分由纳税人缴纳或提供相应的担保。

第二十二条　在抵押物灭失、毁损或者被征用的情况下,税务机关应该就该抵押物的保险金、赔偿金或者补偿金要求优先受偿,抵缴税款、滞纳金。

抵押物灭失、毁损或者被征用的情况下,抵押权所担保的纳税义务履行期未满的,税务机关可以要求将保险金、赔偿金或补偿金等作为担保财产。

第二十三条　纳税人在规定的期限内未缴清税款、滞纳金的,税务机关应当依法拍卖、变卖抵押物,变价抵缴税款、滞纳金。

第二十四条　纳税担保人以其财产为纳税人提供纳税抵押担保的,按照纳税人提供抵押担保的规定执行;纳税担保书和纳税担保财产清单须经纳税人、纳税担保人签字盖章并经税务机关确认。

纳税人在规定的期限届满未缴清税款、滞纳金的,税务机关应当在期限届满之日起15日内书面通知纳税担保人自收到纳税通知书之日起15日内缴纳担保的税款、滞纳金。

纳税担保人未按照前款规定的期限缴纳所担保的税款、滞纳金的,由税务机关责令限期在15日内缴纳;逾期仍未缴纳的,经县以上税务局(分局)局长批准,税务机关依法拍卖、变卖抵押物,抵缴税款、滞纳金。

第四章　纳税质押

第二十五条　纳税质押,是指经税务机关同意,纳税人或纳税担保人将其动产或权利凭证移交税务机关占有,将该动产或权利凭证作为税款及滞纳金的担保。纳税人逾期未缴清税款及滞纳金的,税务机关有权依法处置该动产或权利凭证以抵缴税款及滞纳金。纳税质押分为动产质押和权利质押。

动产质押包括现金以及其他除不动产以外的财产提供的质押。

汇票、支票、本票、债券、存款单等权利凭证可以质押。

对于实际价值波动很大的动产或权利凭证,经设区的市、自治州以上税务机关确认,税务机关可以不接受其作为纳税质押。

第二十六条 纳税人提供质押担保的,应当填写纳税担保书和纳税担保财产清单并签字盖章。纳税担保书应当包括以下内容:

(一)担保的税款及滞纳金数额、所属期间、税种名称、税目;

(二)纳税人履行应缴纳税款、滞纳金的期限;

(三)质物的名称、数量、质量、价值、状况、移交前所在地、所有权权属或者使用权权属;

(四)质押担保的范围及担保责任;

(五)纳税担保财产价值;

(六)税务机关认为需要说明的其他事项。

纳税担保财产清单应当写明财产价值及相关事项。

纳税质押自纳税担保书和纳税担保财产清单经税务机关确认和质物移交之日起生效。

第二十七条 以汇票、支票、本票、公司债券出质的,税务机关应当与纳税人背书清单记载"质押"字样。以存款单出质的,应由签发的金融机构核押。

第二十八条 以载明兑现或者提货日期的汇票、支票、本票、债券、存款单出质的,汇票、支票、本票、债券、存款单兑现日期先于纳税义务履行期或者担保期的,税务机关与纳税人约定将兑现的价款用于缴纳或者抵缴所担保的税款及滞纳金。

第二十九条 纳税人在规定的期限内缴清税款及滞纳金的,税务机关应当自纳税人缴清税款及滞纳金之日起3个工作日内返还质物,解除质押关系。

纳税人在规定的期限内未缴清税款、滞纳金的,税务机关应当依法拍卖、变卖质物,抵缴税款、滞纳金。

第三十条 纳税担保人以其动产或财产权利为纳税人提供纳税质押担保的,按照纳税人提供质押担保的规定执行;纳税担保书和纳税担保财产清单须经纳税人、纳税担保人签字盖章并经税务机关确认。

纳税人在规定的期限内缴清税款、滞纳金的,税务机关应当在3个工作日内将质物返还给纳税担保人,解除质押关系。

纳税人在规定的期限内未缴清税款、滞纳金的,税务机关应当在期限届满之日起15日内书面通知纳税担保人自收到纳税通知书之日起15日内缴纳担保的税款、滞纳金。

纳税担保人未按照前款规定的期限缴纳所担保的税款、滞纳金,由税务机关责令限期在15日内缴纳;缴清税款、滞纳金的,税务机关自纳税担保人缴清税款及滞纳金之日起3个工作日内返还质物、解除质押关系;逾期仍未缴纳的,经县以上税务局(分局)局长批准,税务机关依法拍卖、变卖质物,抵缴税款、滞纳金。

第五章 法律责任

第三十一条 纳税人、纳税担保人采取欺骗、隐瞒等手段提供担保的,由税务机关处以1000元以下的罚款;属于经营行为的,处以10000元以下的罚款。

非法为纳税人、纳税担保人实施虚假纳税担保提供方便的,由税务机关处以1000元以下的罚款。

第三十二条 纳税人采取欺骗、隐瞒等手段提供担保,造成应缴税款损失的,由税务机关按照《税收征管法》第六十八条规定处以未缴、少缴税款50%以上5倍以下的罚款。

第三十三条 税务机关负有妥善保管质物的义务。因保管不善致使质物灭失或者毁损,或未经纳税人同意擅自使用、出租、处分质物而给纳税人造成损失的,税务机关应当对直接损失承担赔偿责任。

纳税义务期限届满或担保期间,纳税人或者纳税担保人请求税务机关及时行使权利,而税务机关怠于行使权利致使质物价格下跌造成损失的,税务机关应当对直接损失承担赔偿责任。

第三十四条 税务机关工作人员有下列情形之一的,根据情节轻重给予行政处分:

(一)违反本办法规定,对符合担保条件的纳税担保,不予同意或故意刁难的;

(二)违反本办法规定,对不符合担保条件的纳税担保,予以批准,致使国家税款及滞纳金遭受损失的;

(三)私分、挪用、占用、擅自处分担保财物的;

(四)其他违法情形。

第六章 附　则

第三十五条 纳税担保文书由国家税务总局统一制定。

第三十六条 本办法自 2005 年 7 月 1 日起施行。

2.《抵税财物拍卖、变卖试行办法》(2005 年 5 月 24 日国家税务总局令第 12 号公布　自 2005 年 7 月 1 日起施行)

第一章 总　则

第一条 为规范税收强制执行中抵税财物的拍卖、变卖行为,保障国家税收收入,保护纳税人合法权益,根据《中华人民共和国税收征收管理法》及其实施细则和有关法律法规规定,制定本办法。

第二条 税务机关拍卖、变卖抵税财物,以拍卖、变卖所得抵缴税款、滞纳金的行为,适用本办法。

拍卖是指税务机关将抵税财物依法委托拍卖机构,以公开竞价的形式,将特定财物转让给最高应价者的买卖方式。

变卖是指税务机关将抵税财物委托商业企业代为销售、责令纳税人限期处理或由税务机关变价处理的买卖方式。

抵税财物,是指被税务机关依法实施税收强制执行而扣押、查封或者按照规定应强制执行的已设置纳税担保物权的商品、货物、其他财产或者财产权利。

被执行人是指从事生产经营的纳税人、扣缴义务人或者纳税担保人等税务行政相对人。

第三条 拍卖或者变卖抵税财物应依法进行,并遵循公开、公正、公平、效率的原则。

第四条 有下列情形之一的,税务机关依法进行拍卖、变卖:
(一)采取税收保全措施后,限期期满仍未缴纳税款的;
(二)设置纳税担保后,限期期满仍未缴纳所担保的税款的;
(三)逾期不按规定履行税务处理决定的;
(四)逾期不按规定履行复议决定的;
(五)逾期不按规定履行税务行政处罚决定的;
(六)其他经责令限期缴纳,逾期仍未缴纳税款的。
对前款(三)至(六)项情形进行强制执行时,在拍卖、变卖之前(或同时)进行扣押、查封,办理扣押、查封手续。

第五条 税务机关按照拍卖优先的原则确定抵税财物拍卖、变卖的顺序:
(一)委托依法成立的拍卖机构拍卖;
(二)无法委托拍卖或者不适于拍卖的,可以委托当地商业企业代为销售,或者责令被执行人限期处理;
(三)无法委托商业企业销售,被执行人也无法处理的,由税务机关变价处理。
国家禁止自由买卖的商品、货物、其他财产,应当交由有关单位按照国家规定的价格收购。

第六条 税务机关拍卖变卖抵税财物时按下列程序进行:
(一)制作拍卖(变卖)抵税财物决定书,经县以上税务局(分局)局长批准后,对被执行人下达拍卖(变卖)抵税财物决定书。
依照法律法规规定需要经过审批才能转让的物品或财产权利,在拍卖、变卖前,应当依法办理审批手续。
(二)查实需要拍卖或者变卖的商品、货物或者其他财产。在拍卖或者变卖前,应当审查所扣押商品、货物、财产专用收据和所查封商品、货物、财产清单,查实被执行人与抵税财物的权利关系,核对盘点需要拍卖或者变卖的商品、货物或者其他财产是否与收据或清单一致。
(三)按照本办法规定的顺序和程序,委托拍卖、变卖,填写拍卖(变卖)财产清单,与拍卖机构签订委托拍卖合同,与受委托的商业企业签订委托变卖合同,对被执行人下达税务事项通知书,并按规定结算价款。

(四)以拍卖、变卖所得支付应由被执行人依法承担的扣押、查封、保管以及拍卖、变卖过程中的费用。

(五)拍卖、变卖所得支付有关费用后抵缴未缴的税款、滞纳金,并按规定抵缴罚款。

(六)拍卖、变卖所得支付扣押、查封、保管、拍卖、变卖等费用并抵缴税款、滞纳金后,剩余部分应当在3个工作日内退还被执行人。

(七)税务机关应当通知被执行人将拍卖、变卖全部收入计入当期销售收入额并在当期申报缴纳各种应纳税款。

拍卖、变卖所得不足抵缴税款、滞纳金的,税务机关应当继续追缴。

第七条 拍卖、变卖抵税财物,由县以上税务局(分局)组织进行。变卖鲜活、易腐烂变质或者易失效的商品、货物时,经县以上税务局(分局)局长批准,可由县以下税务机关进行。

第八条 拍卖、变卖抵税财物进行时,应当通知被执行人到场;被执行人未到场的,不影响执行。

第九条 税务机关及其工作人员不得参与被拍卖或者变卖商品、货物或者其他财产的竞买或收购,也不得委托他人为其竞买或收购。

第二章 拍 卖

第十条 拍卖由财产所在地的省、自治区、直辖市的人民政府和设区的市的人民政府指定的拍卖机构进行拍卖。

第十一条 抵税财物除有市场价或其价格依照通常方法可以确定的外,应当委托依法设立并具有相应资质的评估鉴定机构进行质量鉴定和价格评估,并将鉴定、评估结果通知被执行人。

拍卖抵税财物应当确定保留价,由税务机关与被执行人协商确定,协商不成的,由税务机关参照市场价、出厂价或者评估价确定。

第十二条 委托拍卖的文物,在拍卖前,应当经文物行政管理部门依法鉴定、许可。

第十三条 被执行人应当向税务机关说明商品、货物或其他财产的瑕疵,税务机关应当向拍卖机构说明拍卖标的的来源和了解到的瑕疵。

第十四条 拍卖机构接受委托后,未经委托拍卖的税务机关同意,不得委托其他拍卖机构拍卖。

第十五条 税务机关应当在作出拍卖决定后10日内委托拍卖。

第十六条 税务机关应当向拍卖机构提供下列材料:

(一)税务机关单位证明及委托拍卖的授权委托书;

(二)拍卖(变卖)抵税财物决定书;

(三)拍卖(变卖)财产清单;

(四)抵税财物质量鉴定与价格评估结果;

(五)与拍卖活动有关的其他资料。

第十七条 税务机关应当与拍卖机构签订书面委托拍卖合同。委托拍卖合同应载明以下内容:

(一)税务机关及拍卖机构的名称、住所、法定代表人姓名;

(二)拍卖标的的名称、规格、数量、质量、存放地或者坐落地、新旧程度或者使用年限等;

(三)拍卖的时间、地点,拍卖标的交付或转移的时间、方式,拍卖公告的方式及其费用的承担;

(四)拍卖价款结算方式及价款给付期限;

(五)佣金标准及其支付的方式、期限;

(六)违约责任;

(七)双方约定的其他事项。

第十八条 拍卖一次流拍后,税务机关经与被执行人协商同意,可以将抵税财物进行变卖;被执行人不同意变卖的,应当进行第二次拍卖。不动产和文物应当进行第二次拍卖。

第二次拍卖仍然流拍的,税务机关应当将抵税财物进行变卖,以抵缴税款、滞纳金或罚款。

经过流拍再次拍卖的,保留价应当不低于前次拍卖保留价的2/3。

第十九条 税务机关可以自行办理委托拍卖手续,也可以由其上级税务机关代为办理拍卖手续。

第三章 变　　卖

第二十条 下列抵税财物为无法委托拍卖或者不适于拍卖,可以交由当地商业企业代为销售或责令被执行人限期处理,进行变卖:

(一)鲜活、易腐烂变质或者易失效的商品、货物;

(二)经拍卖程序一次或二次流拍的抵税财物;

(三)拍卖机构不接受拍卖的抵税财物。

第二十一条 变卖抵税财物的价格,应当参照同类商品的市场价、出厂价遵循公平、合理、合法的原则确定。税务机关应当与被执行人协商是否需要请评估机构进行价格评估,被执行人认为需要的,税务机关应当委托评估机构进行评估,按照评估价确定变卖价格。

对有政府定价的商品、货物或者其他财产,由政府价格主管部门,按照定价权限和范围确定价格。对实行政府指导价的商品、货物或者其他财产,按照定价权限和范围规定的基准价及其浮动幅度确定。

经拍卖流拍的抵税财物,其变卖价格应当不低于最后一次拍卖保留价的2/3。

第二十二条 委托商业企业变卖的,受委托的商业企业要经县以上税务机关确认,并与商业企业签订委托变卖合同,按本办法第二十一条规定的核价方式约定变卖价格。委托变卖合同应载明下列内容:

(一)税务机关及商业企业的名称、地址、法定代表人姓名;

(二)变卖商品、货物或其他财产的名称、规格、数量、质量、存

放地或坐落地、新旧程度或使用年限等;

(三)变卖商品、货物或其他财产的时间、地点及其费用的承担;

(四)变卖价款结算方式及价款给付期限;

(五)违约责任;

(六)双方约定的其他事项。

第二十三条 抵税财物委托商业企业代为销售15日后,无法实现销售的,税务机关应当第二次核定价格,由商业企业继续销售,第二次核定的价格应当不低于首次核定价格的2/3。

第二十四条 无法委托商业企业销售,被执行人也无法处理的,税务机关应当进行变价处理。

有下列情形之一的,属于无法委托商业企业代为销售:

(一)税务机关与两家(含两家)以上商业企业联系协商,不能达成委托销售的;

(二)经税务机关在新闻媒体上征求代售单位,自征求公告发出之日起10日内无应征单位或个人,或应征之后未达成代售协议的;

(三)已达成代售协议的商业企业在经第二次核定价格15日内仍无法售出税务机关委托代售的商品、货物或其他财产的。

被执行人无法处理,包括拒绝处理、逾期不处理等情形。

第二十五条 税务机关变价处理时,按照本办法第二十一条规定的原则以不低于前两种变卖方式定价的2/3确定价格。

税务机关实施变卖前,应当在办税服务厅、税务机关网站或当地新闻媒体上公告,说明变卖财物的名称、规格、数量、质量、新旧程度或使用年限、变卖价格、变卖时间等事项;登出公告10日后实施变卖。

税务机关实施变卖10日后仍没有实现变卖的,税务机关可以重新核定价格,再次发布变卖公告,组织变卖。再次核定的价格不得低于首次定价的2/3。

经过二次定价变卖仍未实现变卖的,以市场可接受的价格进行变卖。

第四章　税款的实现和费用的支付

第二十六条　以拍卖、变卖收入抵缴未缴的税款、滞纳金和支付相关费用时按照下列顺序进行：

（一）拍卖、变卖费用。由被执行人承担拍卖变卖所发生的费用，包括扣押、查封活动中和拍卖或者变卖活动中发生的依法应由被执行人承担的费用，具体为：保管费、仓储费、运杂费、评估费、鉴定费、拍卖公告费、支付给变卖企业的手续费以及其他依法应由被执行人承担的费用。

拍卖物品的买受人未按照约定领受拍卖物品的，由买受人支付自应领受拍卖财物之日起的保管费用。

（二）未缴的税款、滞纳金。

（三）罚款。下列情况可以用拍卖、变卖收入抵缴罚款：

1. 被执行人主动用拍卖、变卖收入抵缴罚款的；

2. 对价值超过应纳税额且不可分割的商品、货物或者其他财产进行整体扣押、查封、拍卖，以拍卖收入抵缴未缴的税款、滞纳金时，连同罚款一并抵缴；

3. 从事生产经营的被执行人对税务机关的处罚决定逾期不申请行政复议也不向人民法院起诉，又不履行的，作出处罚决定的税务机关可以强制执行，抵缴罚款。

第二十七条　拍卖或者变卖实现后，税务机关在结算并收取价款后3个工作日内，办理税款、滞纳金或者罚款的入库手续。

第二十八条　拍卖或者变卖收入抵缴税款、滞纳金、罚款后有余额的，税务机关应当自办理入库手续之日起3个工作日内退还被执行人，并通知被执行人将拍卖、变卖全部收入记入当期销售收入额并在当期申报缴纳各种税款。

第二十九条　拍卖变卖结束后，税务机关制作拍卖、变卖结果通知书，拍卖、变卖扣押、查封的商品、货物、财产清单一式两份，一份税务机关留存，一份交被执行人。

第三十条　被执行人在拍卖、变卖成交前缴清了税款、滞纳金的，税务机关应当终止拍卖或者变卖活动，税务机关将商品、货物或其他财产退还被执行人,扣押、查封、保管以及拍卖或者变卖已经产生的费用由被执行人承担。

被执行人拒不承担上述相关费用的,继续进行拍卖或者变卖,以拍卖、变卖收入扣除被执行人应承担的扣押、查封、保管、拍卖或者变卖费用后,剩余部分税务机关在3个工作日内返还被执行人。

第三十一条 对抵税财物经鉴定、评估为不能或不适于进行拍卖、变卖的,税务机关应当终止拍卖、变卖,并将抵税财物返还执行人。

对抵税财物经拍卖、变卖程序而无法完成拍卖、变卖实现变价抵税的,税务机关应当将抵税财物返还被执行人。

抵税财物无法或不能返还被执行人的,税务机关应当经专门鉴定机构或公证部门鉴定或公证,报废抵税财物。

被执行人应缴纳的税款、滞纳金和应支付的费用,由税务机关采取其他措施继续追缴。

第五章 法律责任

第三十二条 拍卖、变卖过程中,严禁向被执行人摊派、索取任何不合法费用。税务人员在拍卖、变卖过程中,向被执行人摊派、索取不合法费用的,依法给予行政处分;税务机关及其工作人员参与被拍卖或者变卖商品、货物或者其他财产的竞买或收购,或者委托他人竞买或收购,依法给予行政处分。

第三十三条 税务人员有不依法对抵税财物进行拍卖或者变卖,或者擅自将应该拍卖的改为变卖的,在变卖过程中擅自将应该委托商业企业变卖、责令被执行人自行处理的由税务机关直接变价处理的行为,依法给予行政处分;给被执行人造成损失的,由批准拍卖或者变卖的税务机关赔偿其直接损失。

税务机关可向直接责任人追偿部分或全部直接损失。对有故意或重大过失的责任人员依法给予行政处分。

第三十四条 因税务机关违法对扣押、查封的商品、货物或者其他财产造成损失的,由造成损失的税务机关负责赔偿直接损失,并可向直接责任人追偿部分或全部直接损失。

第三十五条　受税务机关委托的拍卖机构或商业企业违反拍卖合同或变卖合同的约定进行拍卖或变卖的,依照合同的约定承担违约责任;合同无约定的,依照法律的规定承担违约责任;其行为构成违法的,依法承担法律责任。

　　第三十六条　抵税财物在被查封、扣押前,已经设置担保物权而被执行人隐瞒的,或者有瑕疵、质量问题而被执行人隐瞒的,由被执行人承担扣押、查封、拍卖、变卖活动产生的费用,并依法承担法律责任。

第六章　附　　则

　　第三十七条　税务机关追缴从事生产经营的纳税人骗取国家出口退税的,适用本办法规定。

　　第三十八条　税收强制执行拍卖、变卖文书由国家税务总局统一制定。

　　第三十九条　本办法自 2005 年 7 月 1 日起施行。

三、税务规范性文件

《国家税务总局关于税务机关实施税收保全措施有关问题的通知》(2007 年 3 月 5 日颁布　2007 年 3 月 5 日实施　国税发〔2007〕24 号)

各省、自治区、直辖市和计划单列市国家税务局、地方税务局:

　　为加强税收征管,保障国家税收收入,维护纳税人的合法权益,现就税务机关实施税收保全措施的有关问题通知如下:

　　一、税务机关按照《税收征管法》第 55 条的规定采取扣押、查封的税收保全措施过程中,对已采取税收保全的商品、货物、其他财产或者财产权利,在作出税务处理决定之前,不得拍卖、变卖处理变现。但是,在税收保全期内,已采取税收保全措施的财物有下列情形之一的,税务机关可以制作《税务事项通知书》,书面通知纳税人及时协助处理:

　　(一)鲜活、易腐烂变质或者易失效的商品、货物;

　　(二)商品保质期临近届满的商品、货物;

(三)季节性的商品、货物;
　　(四)价格有急速下降可能的商品、货物;
　　(五)保管困难或者需要保管费用过大的商品、货物;
　　(六)其他不宜长期保存,需要及时处理的商品、货物。
　　二、对本通知第一条所列财物,纳税人未按规定期限协助处理的,经县以上税务局(分局)局长批准,税务机关制作《税务事项通知书》通知纳税人后,可参照《抵税财物拍卖、变卖试行办法》规定的程序和方式拍卖、变卖。
　　三、对本通知第一条所列财物的拍卖、变卖所得,由税务机关保存价款,继续实施税收保全措施,并以《税务事项通知书》的形式书面通知纳税人。
　　四、税务机关依法作出税务处理决定后,应及时办理税款、滞纳金或者罚款的入库手续。拍卖或者变卖所得抵缴税款、滞纳金、罚款后有余额的,税务机关应当自办理入库手续之日起3个工作日内退还纳税人。拍卖、变卖所得不足抵缴税款、滞纳金或者罚款的,税务机关应当继续追缴。

第三十九条 【保全措施未及时解除的损害赔偿】 纳税人在限期内已缴纳税款,税务机关未立即解除税收保全措施,使纳税人的合法利益遭受损失的,税务机关应当承担赔偿责任。

税收行政法规

《中华人民共和国税收征收管理法实施细则》(2002年9月7日中华人民共和国国务院令第362号公布　根据2012年11月9日《国务院关于修改和废止部分行政法规的决定》第一次修订　根据2013年7月18日《国务院关于废止和修改部分行政法规的决定》第二次修订　根据2016年2月6日《国务院关于修改部分行政法规的决定》第三次修订)

　　第七十条　税收征管法第三十九条、第四十三条所称损失,是指因税务机关的责任,使纳税人、扣缴义务人或者纳税担保人的合法利益遭受的直接损失。

第四十条 【强制执行措施】从事生产、经营的纳税人、扣缴义务人未按照规定的期限缴纳或者解缴税款,纳税担保人未按照规定的期限缴纳所担保的税款,由税务机关责令限期缴纳,逾期仍未缴纳的,经县以上税务局(分局)局长批准,税务机关可以采取下列强制执行措施:

(一)书面通知其开户银行或者其他金融机构从其存款中扣缴税款;

(二)扣押、查封、依法拍卖或者变卖其价值相当于应纳税款的商品、货物或者其他财产,以拍卖或者变卖所得抵缴税款。

税务机关采取强制执行措施时,对前款所列纳税人、扣缴义务人、纳税担保人未缴纳的滞纳金同时强制执行。

个人及其所扶养家属维持生活必需的住房和用品,不在强制执行措施的范围之内。

第四十一条 【税收保障权限的专属性】本法第三十七条、第三十八条、第四十条规定的采取税收保全措施、强制执行措施的权力,不得由法定的税务机关以外的单位和个人行使。

税收行政法规

《中华人民共和国税收征收管理法实施细则》(2002年9月7日中华人民共和国国务院令第362号公布 根据2012年11月9日《国务院关于修改和废止部分行政法规的决定》第一次修订 根据2013年7月18日《国务院关于废止和修改部分行政法规的决定》第二次修订 根据2016年2月6日《国务院关于修改部分行政法规的决定》第三次修订)

第七十三条 从事生产、经营的纳税人、扣缴义务人未按照规定的期限缴纳或者解缴税款的,纳税担保人未按照规定的期限缴纳所担保的税款的,由税务机关发出限期缴纳税款通知书,责令缴纳或者解缴税款的最长期限不得超过15日。

第四十二条 【生活必需品不得强制】税务机关采取税收保全措施和强制执行措施必须依照法定权限和法定程序,不得查封、扣押纳

税人个人及其所扶养家属维持生活必需的住房和用品。

第四十三条　【不当强制的赔偿】税务机关滥用职权违法采取税收保全措施、强制执行措施，或者采取税收保全措施、强制执行措施不当，使纳税人、扣缴义务人或者纳税担保人的合法权益遭受损失的，应当依法承担赔偿责任。

第四十四条　【离境清税】欠缴税款的纳税人或者他的法定代表人需要出境的，应当在出境前向税务机关结清应纳税款、滞纳金或者提供担保。未结清税款、滞纳金，又不提供担保的，税务机关可以通知出境管理机关阻止其出境。

税收行政法规

《中华人民共和国税收征收管理法实施细则》(2002年9月7日中华人民共和国国务院令第362号公布　根据2012年11月9日《国务院关于修改和废止部分行政法规的决定》第一次修订　根据2013年7月18日《国务院关于废止和修改部分行政法规的决定》第二次修订　根据2016年2月6日《国务院关于修改部分行政法规的决定》第三次修订)

第七十四条　欠缴税款的纳税人或者其法定代表人在出境前未按照规定结清应纳税款、滞纳金或者提供纳税担保的，税务机关可以通知出入境管理机关阻止其出境。阻止出境的具体办法，由国家税务总局会同公安部制定。

第四十五条　【税收优先权】税务机关征收税款，税收优先于无担保债权，法律另有规定的除外；纳税人欠缴的税款发生在纳税人以其财产设定抵押、质押或者纳税人的财产被留置之前的，税收应当先于抵押权、质权、留置权执行。

纳税人欠缴税款，同时又被行政机关决定处以罚款、没收违法所得的，税收优先于罚款、没收违法所得。

税务机关应当对纳税人欠缴税款的情况定期予以公告。

一、税收行政法规

《中华人民共和国税收征收管理法实施细则》(2002年9月7日中华人民共和国国务院令第362号公布　根据2012年11月9日《国务院关于修改和废止部分行政法规的决定》第一次修订　根据2013年7月18日《国务院关于废止和修改部分行政法规的决定》第二次修订　根据2016年2月6日《国务院关于修改部分行政法规的决定》第三次修订)

第七十六条　县级以上各级税务机关应当将纳税人的欠税情况,在办税场所或者广播、电视、报纸、期刊、网络等新闻媒体上定期公告。

对纳税人欠缴税款的情况实行定期公告的办法,由国家税务总局制定。

二、税务规章

1.《欠税公告办法(试行)》(2004年10月10日国家税务总局令第9号公布　根据2018年6月15日《国家税务总局关于修改部分税务部门规章的决定》国家税务总局令第44号修正)

第一条　为了规范税务机关的欠税公告行为,督促纳税人自觉缴纳欠税,防止新的欠税的发生,保证国家税款的及时足额入库,根据《中华人民共和国税收征收管理法》(以下简称《税收征管法》)及其实施细则的规定,制定本办法。

第二条　本办法所称公告机关为县以上(含县)税务局。

第三条　本办法所称欠税是指纳税人超过税收法律、行政法规规定的期限或者纳税人超过税务机关依照税收法律、行政法规规定确定的纳税期限(以下简称税款缴纳期限)未缴纳的税款,包括:

(一)办理纳税申报后,纳税人未在税款缴纳期限内缴纳的税款;

(二)经批准延期缴纳的税款期限已满,纳税人未在税款缴纳期限内缴纳的税款;

（三）税务检查已查定纳税人的应补税额，纳税人未在税款缴纳期限内缴纳的税款；

（四）税务机关根据《税收征管法》第二十七条、第三十五条核定纳税人的应纳税额，纳税人未在税款缴纳期限内缴纳的税款；

（五）纳税人的其他未在税款缴纳期限内缴纳的税款。

税务机关对前款规定的欠税数额应当及时核实。

本办法公告的欠税不包括滞纳金和罚款。

第四条 公告机关应当按期在办税场所或者广播、电视、报纸、期刊、网络等新闻媒体上公告纳税人的欠缴税款情况。

（一）企业或单位欠税的，每季公告一次；

（二）个体工商户和其他个人欠税的，每半年公告一次；

（三）走逃、失踪的纳税户以及其他经税务机关查无下落的非正常户欠税的，随时公告。

第五条 欠税公告内容如下：

（一）企业或单位欠税的，公告企业或单位的名称、纳税人识别号、法定代表人或负责人姓名、居民身份证或其他有效身份证件号码、经营地点、欠税税种、欠税余额和当期新发生的欠税金额；

（二）个体工商户欠税的，公告业户名称、业主姓名、纳税人识别号、居民身份证或其他有效身份证件号码、经营地点、欠税税种、欠税余额和当期新发生的欠税金额；

（三）个人（不含个体工商户）欠税的，公告其姓名、居民身份证或其他有效身份证件号码、欠税税种、欠税余额和当期新发生的欠税金额。

第六条 企业、单位纳税人欠缴税款 200 万元以下（不含 200 万元），个体工商户和其他个人欠缴税款 10 万元以下（不含 10 万元）的，由县级税务局（分局）在办税服务厅公告。

企业、单位纳税人欠缴税款 200 万元以上（含 200 万元），个体工商户和其他个人欠缴税款 10 万元以上（含 10 万元）的，由地（市）级税务局（分局）公告。

对走逃、失踪的纳税户以及其他经税务机关查无下落的纳税人欠税的,由各省、自治区、直辖市和计划单列市税务局公告。

第七条 对按本办法规定需要由上级公告机关公告的纳税人欠税信息,下级公告机关应及时上报。具体的时间和要求由各省、自治区、直辖市和计划单列市税务局确定。

第八条 公告机关在欠税公告前,应当深入细致地对纳税人欠税情况进行确认,重点要就欠税统计清单数据与纳税人分户台账记载数据、账簿记载书面数据与信息系统记录电子数据逐一进行核对,确保公告数据的真实、准确。

第九条 欠税一经确定,公告机关应当以正式文书的形式签发公告决定,向社会公告。

欠税公告的数额实行欠税余额和新增欠税相结合的办法,对纳税人的以下欠税,税务机关可不公告:

(一)已宣告破产,经法定清算后,依法注销其法人资格的企业欠税;

(二)被责令撤销、关闭,经法定清算后,被依法注销或吊销其法人资格的企业欠税;

(三)已经连续停止生产经营一年(按日历日期计算)以上的企业欠税;

(四)失踪两年以上的纳税人的欠税。

公告决定应当列为税收征管资料档案,妥善保存。

第十条 公告机关公告纳税人欠税情况不得超出本办法规定的范围,并应依照《税收征管法》及其实施细则的规定对纳税人的有关情况进行保密。

第十一条 欠税发生后,除依照本办法公告外,税务机关应当依法催缴并严格按日计算加收滞纳金,直至采取税收保全、税收强制执行措施清缴欠税。任何单位和个人不得以欠税公告代替税收保全、税收强制执行等法定措施的实施,干扰清缴欠税。各级公告机关应指定部门负责欠税公告工作,并明确其他有关职能部门的相关责任,加强欠税管理。

第十二条 公告机关应公告不公告或者应上报不上报,给国家税款造成损失的,上级税务机关除责令其改正外,应按《中华人民共和国公务员法》规定,对直接责任人员予以处理。

第十三条 扣缴义务人、纳税担保人的欠税公告参照本办法的规定执行。

第十四条 各省、自治区、直辖市和计划单列市税务局可以根据本办法制定具体实施细则。

第十五条 本办法由国家税务总局负责解释。

第十六条 本办法自2005年1月1日起施行。

2.《重大税收违法失信主体信息公布管理办法》(2021年12月31日颁布 2022年2月1日实施 国家税务总局令第54号)

《重大税收违法失信主体信息公布管理办法》,已经2021年12月27日国家税务总局2021年度第3次局务会议审议通过,现予公布,自2022年2月1日起施行。

国家税务总局局长:王军
2021年12月31日

重大税收违法失信主体信息公布管理办法

第一章 总 则

第一条 为了贯彻落实中共中央办公厅、国务院办公厅印发的《关于进一步深化税收征管改革的意见》,维护正常税收征收管理秩序,惩戒重大税收违法失信行为,保障税务行政相对人合法权益,促进依法诚信纳税,推进社会信用体系建设,根据《中华人民共和国税收征收管理法》《优化营商环境条例》等相关法律法规,制定本办法。

第二条 税务机关依照本办法的规定,确定重大税收违法失信主体,向社会公布失信信息,并将信息通报相关部门实施监管和联合惩戒。

第三条 重大税收违法失信主体信息公布管理应当遵循依法行政、公平公正、统一规范、审慎适当的原则。

第四条 各级税务机关应当依法保护税务行政相对人合法权

益,对重大税收违法失信主体信息公布管理工作中知悉的国家秘密、商业秘密或者个人隐私、个人信息,应当依法予以保密。

第五条 税务机关工作人员在重大税收违法失信主体信息公布管理工作中,滥用职权、玩忽职守、徇私舞弊的,依照有关规定严肃处理;涉嫌犯罪的,依法移送司法机关。

第二章 失信主体的确定

第六条 本办法所称"重大税收违法失信主体"(以下简称失信主体)是指有下列情形之一的纳税人、扣缴义务人或者其他涉税当事人(以下简称当事人):

(一)伪造、变造、隐匿、擅自销毁账簿、记账凭证,或者在账簿上多列支出或者不列、少列收入,或者经税务机关通知申报而拒不申报或者进行虚假的纳税申报,不缴或者少缴应纳税款100万元以上,且任一年度不缴或者少缴应纳税款占当年各税种应纳税总额10%以上的,或者采取前述手段,不缴或者少缴已扣、已收税款,数额在100万元以上的;

(二)欠缴应纳税款,采取转移或者隐匿财产的手段,妨碍税务机关追缴欠缴的税款,欠缴税款金额100万元以上的;

(三)骗取国家出口退税款的;

(四)以暴力、威胁方法拒不缴纳税款的;

(五)虚开增值税专用发票或者虚开用于骗取出口退税、抵扣税款的其他发票的;

(六)虚开增值税普通发票100份以上或者金额400万元以上的;

(七)私自印制、伪造、变造发票,非法制造发票防伪专用品,伪造发票监制章的;

(八)具有偷税、逃避追缴欠税、骗取出口退税、抗税、虚开发票等行为,在稽查案件执行完毕前,不履行税收义务并脱离税务机关监管,经税务机关检查确认走逃(失联)的;

(九)为纳税人、扣缴义务人非法提供银行账户、发票、证明或者其他方便,导致未缴、少缴税款100万元以上或者骗取国家出口退税款的；

（十）税务代理人违反税收法律、行政法规造成纳税人未缴或者少缴税款100万元以上的；

（十一）其他性质恶劣、情节严重、社会危害性较大的税收违法行为。

第七条 税务机关对当事人依法作出《税务行政处罚决定书》，当事人在法定期限内未申请行政复议、未提起行政诉讼，或者申请行政复议，行政复议机关作出行政复议决定后，在法定期限内未提起行政诉讼，或者人民法院对税务行政处罚决定或行政复议决定作出生效判决、裁定后，有本办法第六条规定情形之一的，税务机关确定其为失信主体。

对移送公安机关的当事人，税务机关在移送时已依法作出《税务处理决定书》，未作出《税务行政处罚决定书》的，当事人在法定期限内未申请行政复议、未提起行政诉讼，或者申请行政复议，行政复议机关作出行政复议决定后，在法定期限内未提起行政诉讼，或者人民法院对税务处理决定或行政复议决定作出生效判决、裁定后，有本办法第六条规定情形之一的，税务机关确定其为失信主体。

第八条 税务机关应当在作出确定失信主体决定前向当事人送达告知文书，告知其依法享有陈述、申辩的权利。告知文书应当包括以下内容：

（一）当事人姓名或者名称、有效身份证件号码或者统一社会信用代码、地址。没有统一社会信用代码的，以税务机关赋予的纳税人识别号代替；

（二）拟确定为失信主体的事由、依据；

（三）拟向社会公布的失信信息；

（四）拟通知相关部门采取失信惩戒措施提示；

（五）当事人依法享有的相关权利；

（六）其他相关事项。

对纳入纳税信用评价范围的当事人，还应当告知其拟适用D

级纳税人管理措施。

第九条 当事人在税务机关告知后5日内,可以书面或者口头提出陈述、申辩意见。当事人口头提出陈述、申辩意见的,税务机关应当制作陈述申辩笔录,并由当事人签章。

税务机关应当充分听取当事人陈述、申辩意见,对当事人提出的事实、理由和证据进行复核。当事人提出的事实、理由或者证据成立的,应当采纳。

第十条 经设区的市、自治州以上税务局局长或者其授权的税务局领导批准,税务机关在本办法第七条规定的申请行政复议或提起行政诉讼期限届满,或者行政复议决定、人民法院判决或裁定生效后,于30日内制作失信主体确定文书,并依法送达当事人。失信主体确定文书应当包括以下内容:

(一)当事人姓名或者名称、有效身份证件号码或者统一社会信用代码、地址。没有统一社会信用代码的,以税务机关赋予的纳税人识别号代替;

(二)确定为失信主体的事由、依据;

(三)向社会公布的失信信息提示;

(四)相关部门采取失信惩戒措施提示;

(五)当事人依法享有的相关权利;

(六)其他相关事项。

对纳入纳税信用评价范围的当事人,还应当包括适用D级纳税人管理措施提示。

本条第一款规定的时限不包括因其他方式无法送达,公告送达告知文书和确定文书的时间。

第三章 信息公布

第十一条 税务机关应当在失信主体确定文书送达后的次月15日内,向社会公布下列信息:

(一)失信主体基本情况;

(二)失信主体的主要税收违法事实;

(三)税务处理、税务行政处罚决定及法律依据;

(四)确定失信主体的税务机关;

(五)法律、行政法规规定应当公布的其他信息。

对依法确定为国家秘密的信息,法律、行政法规禁止公开的信息,以及公开后可能危及国家安全、公共安全、经济安全、社会稳定的信息,税务机关不予公开。

第十二条 税务机关按照本办法第十一条第一款第一项规定向社会公布失信主体基本情况。失信主体为法人或者其他组织的,公布其名称、统一社会信用代码(纳税人识别号)、注册地址以及违法行为发生时的法定代表人、负责人或者经人民法院生效裁判确定的实际责任人的姓名、性别及身份证件号码(隐去出生年、月、日号码段);失信主体为自然人的,公布其姓名、性别、身份证件号码(隐去出生年、月、日号码段)。

经人民法院生效裁判确定的实际责任人,与违法行为发生时的法定代表人或者负责人不一致的,除有证据证明法定代表人或者负责人有涉案行为外,税务机关只向社会公布实际责任人信息。

第十三条 税务机关应当通过国家税务总局各省、自治区、直辖市、计划单列市税务局网站向社会公布失信主体信息,根据本地区实际情况,也可以通过税务机关公告栏、报纸、广播、电视、网络媒体等途径以及新闻发布会等形式向社会公布。

国家税务总局归集各地税务机关确定的失信主体信息,并提供至"信用中国"网站进行公开。

第十四条 属于本办法第六条第一项、第二项规定情形的失信主体,在失信信息公布前按照《税务处理决定书》《税务行政处罚决定书》缴清税款、滞纳金和罚款的,经税务机关确认,不向社会公布其相关信息。

属于本办法第六条第八项规定情形的失信主体,具有偷税、逃避追缴欠税行为的,按照前款规定处理。

第十五条 税务机关对按本办法规定确定的失信主体,纳入纳税信用评价范围的,按照纳税信用管理规定,将其纳税信用级别判为 D 级,适用相应的 D 级纳税人管理措施。

第十六条　对按本办法第十一条第一款规定向社会公布信息的失信主体,税务机关将失信信息提供给相关部门,由相关部门依法依规采取失信惩戒措施。

第十七条　失信主体信息自公布之日起满 3 年的,税务机关在 5 日内停止信息公布。

第四章　提前停止公布

第十八条　失信信息公布期间,符合下列条件之一的,失信主体或者其破产管理人可以向作出确定失信主体决定的税务机关申请提前停止公布失信信息:

(一)按照《税务处理决定书》《税务行政处罚决定书》缴清(退)税款、滞纳金、罚款,且失信主体失信信息公布满六个月的;

(二)失信主体破产,人民法院出具批准重整计划或认可和解协议的裁定书,税务机关依法受偿的;

(三)在发生重大自然灾害、公共卫生、社会安全等突发事件期间,因参与应急抢险救灾、疫情防控、重大项目建设或者履行社会责任作出突出贡献的。

第十九条　按本办法第十八条第一项规定申请提前停止公布的,申请人应当提交停止公布失信信息申请表、诚信纳税承诺书。

按本办法第十八条第二项规定申请提前停止公布的,申请人应当提交停止公布失信信息申请表、人民法院出具的批准重整计划或认可和解协议的裁定书。

按本办法第十八条第三项规定申请提前停止公布的,申请人应当提交停止公布失信信息申请表、诚信纳税承诺书以及省、自治区、直辖市、计划单列市人民政府出具的有关材料。

第二十条　税务机关应当自收到申请之日起 2 日内作出是否受理的决定。申请材料齐全、符合法定形式的,应当予以受理,并告知申请人。不予受理的,应当告知申请人,并说明理由。

第二十一条　受理申请后,税务机关应当及时审核。符合本办法第十八条第一项规定条件的,经设区的市、自治州以上税务局局长或者其授权的税务局领导批准,准予提前停止公布;符合本办法第十八条第二项、第三项规定条件的,经省、自治区、直辖市、计划单列市税务局局长或者其授权的税务局领导批准,准予提前停止公布。

税务机关应当自受理之日起 15 日内作出是否予以提前停止公布的决定,并告知申请人。对不予提前停止公布的,应当说明理由。

第二十二条　失信主体有下列情形之一的,不予提前停止公布:

(一)被确定为失信主体后,因发生偷税、逃避追缴欠税、骗取出口退税、抗税、虚开发票等税收违法行为受到税务处理或者行政处罚的;

(二)五年内被确定为失信主体两次以上的。

申请人按本办法第十八条第二项规定申请提前停止公布的,不受前款规定限制。

第二十三条　税务机关作出准予提前停止公布决定的,应当在 5 日内停止信息公布。

第二十四条　税务机关可以组织申请提前停止公布的失信主体法定代表人、财务负责人等参加信用培训,开展依法诚信纳税教育。信用培训不得收取任何费用。

第五章　附　则

第二十五条　本办法规定的期间以日计算的,是指工作日,不含法定休假日;期间以年、月计算的,到期月的对应日为期间的最后一日;没有对应日的,月末日为期间的最后一日。期间开始的当日不计算在期间内。

本办法所称"以上、日内",包含本数(级)。

第二十六条　国家税务总局各省、自治区、直辖市、计划单列市税务局可以依照本办法制定具体实施办法。

第二十七条　本办法自 2022 年 2 月 1 日起施行。《国家税务总局关于发布〈重大税收违法失信案件信息公布办法〉的公告》(2018 年第 54 号)同时废止。

三、税务规范性文件

1.《国家税务总局关于贯彻〈中华人民共和国税收征收管理法〉及其实施细则若干具体问题的通知》①(2003年4月23日颁布　2003年4月23日实施　国税发〔2003〕47号)

七、关于税款优先的时间确定问题

征管法第四十五条规定"纳税人欠缴的税款发生在纳税人以其财产设定抵押、质押或者纳税人的财产被留置之前的,税收应当先于抵押权、质权、留置权执行",欠缴的税款是纳税人发生纳税义务,但未按照法律、行政法规规定的期限或者未按照税务机关依照法律、行政法规的规定确定的期限向税务机关申报缴纳的税款或者少缴的税款,纳税人应缴纳税款的期限届满之次日即是纳税人欠缴税款的发生时间。

2.《国家税务总局关于人民法院强制执行被执行人财产有关税收问题的复函》(2005年9月12日颁布　2005年9月12日实施　国税函〔2005〕869号)

最高人民法院:

你院《关于人民法院依法强制执行拍卖、变卖被执行人财产后,税务部门能否直接向人民法院征收营业税的征求意见稿》(〔2005〕执他字第12号)收悉。经研究,函复如下:

一、人民法院的强制执行活动属司法活动,不具有经营性质,不属于应税行为,税务部门不能向人民法院的强制执行活动征税。

二、无论拍卖、变卖财产的行为是纳税人的自主行为,还是人民法院实施的强制执行活动,对拍卖、变卖财产的全部收入,纳税人均应依法申报缴纳税款。

三、税收具有优先权。《中华人民共和国税收征收管理法》第四十五条规定,税务机关征收税款,税收优先于无担保债权,法律另有规定的除外;纳税人欠缴的税款发生在纳税人以其财产设定抵押、质权或者纳税人的财产被留置之前的,税收应当先于抵押权、质权、留置权执行。

---

① 根据国家税务总局公告2018年第33号《国家税务总局关于公布全文失效废止和部分条款失效废止的税收规范性文件目录的公告》文件的规定,第一条失效废止。

四、鉴于人民法院实际控制纳税人因强制执行活动而被拍卖、变卖财产的收入,根据《中华人民共和国税收征收管理法》第五条的规定,人民法院应当协助税务机关依法优先从该收入中征收税款。

3.《国家税务总局关于税收优先权包括滞纳金问题的批复》(2008 年 12 月 31 日颁布　2008 年 12 月 31 日实施　国税函〔2008〕1084 号)

广东省国家税务局:

你局《关于税收优先权是否包括滞纳金的请示》(粤国税发〔2008〕225 号)收悉。现批复如下:

按照《中华人民共和国税收征收管理法》的立法精神,税款滞纳金与罚款两者在征收和缴纳时顺序不同,税款滞纳金在征缴时视同税款管理,税收强制执行、出境清税、税款追征、复议前置条件等相关条款都明确规定滞纳金随税款同时缴纳。税收优先权等情形也适用这一法律精神,《税收征管法》第四十五条规定的税收优先权执行时包括税款及其滞纳金。

第四十六条　【欠税担保的说明义务】纳税人有欠税情形而以其财产设定抵押、质押的,应当向抵押权人、质权人说明其欠税情况。抵押权人、质权人可以请求税务机关提供有关的欠税情况。

税务规范性文件

《国家税务总局关于纳税人权利与义务的公告》[①]**(2009 年 11 月 6 日颁布　2009 年 11 月 6 日实施　国家税务总局公告 2009 年第 1 号)**

十、报告其他涉税信息的义务

……

您有欠税情形而以财产设定抵押、质押的,应当向抵押权人、质权人说明您的欠税情况。

……

[①]　《国家税务总局关于修改部分税收规范性文件的公告》(国家税务总局公告 2018 年第 31 号)对本文进行了修改。

第四十七条 【查封与扣押的凭证】税务机关扣押商品、货物或者其他财产时,必须开付收据;查封商品、货物或者其他财产时,必须开付清单。

第四十八条 【纳税义务的继承】纳税人有合并、分立情形的,应当向税务机关报告,并依法缴清税款。纳税人合并时未缴清税款的,应当由合并后的纳税人继续履行未履行的纳税义务;纳税人分立时未缴清税款的,分立后的纳税人对未履行的纳税义务应当承担连带责任。

一、税务规范性文件

《国家税务总局关于纳税人权利与义务的公告》[①](2009年11月6日颁布 2009年11月6日实施 国家税务总局公告2009年第1号)

十、报告其他涉税信息的义务

为了保障国家税收能够及时、足额征收入库,税收法律还规定了您有义务向我们报告如下涉税信息:

……

2.企业合并、分立的报告义务。您有合并、分立情形的,应当向我们报告,并依法缴清税款。合并时未缴清税款的,应当由合并后的纳税人继续履行未履行的纳税义务;分立时未缴清税款的,分立后的纳税人对未履行的纳税义务应当承担连带责任。

……

二、司法解释

《最高人民法院关于审理与企业改制相关的民事纠纷案件若干问题的规定》(2020年修正)(2020年12月29日颁布 2021年1月1日实施 2002年12月3日最高人民法院审判委员会第1259次会议通过,根据2020年12月23日最高人民法院审判委员会第1823次会议通过的《最高人民法院关于修改〈最高人民法院关于

---

① 《国家税务总局关于修改部分税收规范性文件的公告》(国家税务总局公告2018年第31号)对本文进行了修改。

破产企业国有划拨土地使用权应否列入破产财产等问题的批复〉等二十九件商事类司法解释的决定》修正)

四、企业分立

第十二条 债权人向分立后的企业主张债权,企业分立时对原企业的债务承担有约定,并经债权人认可的,按照当事人的约定处理;企业分立时对原企业债务承担没有约定或者约定不明,或者虽然有约定但债权人不予认可的,分立后的企业应当承担连带责任。

第十三条 分立的企业在承担连带责任后,各分立的企业间对原企业债务承担有约定的,按照约定处理;没有约定或者约定不明的,根据企业分立时的资产比例分担。

七、企业兼并

第三十条 企业兼并协议自当事人签字盖章之日起生效。需经政府主管部门批准的,兼并协议自批准之日起生效;未经批准的,企业兼并协议不生效。但当事人在一审法庭辩论终结前补办报批手续的,人民法院应当确认该兼并协议有效。

第三十一条 企业吸收合并后,被兼并企业的债务应当由兼并方承担。

第三十二条 企业新设合并后,被兼并企业的债务由新设合并后的企业法人承担。

第三十三条 企业吸收合并或新设合并后,被兼并企业应当办理而未办理工商注销登记,债权人起诉被兼并企业的,人民法院应当根据企业兼并后的具体情况,告知债权人追加责任主体,并判令责任主体承担民事责任。

第三十四条 以收购方式实现对企业控股的,被控股企业的债务,仍由其自行承担。但因控股企业抽逃资金、逃避债务,致被控股企业无力偿还债务的,被控股企业的债务则由控股企业承担。

第四十九条 【大额资产报告义务】 欠缴税款数额较大的纳税人在处分其不动产或者大额资产之前,应当向税务机关报告。

一、税收行政法规

《中华人民共和国税收征收管理法实施细则》(2002年9月7日中华人民共和国国务院令第362号公布 根据2012年11月9日《国务院关于修改和废止部分行政法规的决定》第一次修订 根据2013年7月18日《国务院关于废止和修改部分行政法规的决定》第二次修订 根据2016年2月6日《国务院关于修改部分行政法规的决定》第三次修订)

第七十七条 税收征管法第四十九条所称欠缴税款数额较大,是指欠缴税款5万元以上。

二、税务规范性文件

1.《国家税务总局 国家外汇管理局关于个人财产对外转移提交税收证明或者完税凭证有关问题的通知》[①](2005年1月31日颁布 2005年1月31日实施 国税发〔2005〕13号)

各省、自治区、直辖市和计划单列市国家税务局、地方税务局,国家外汇管理局各省、自治区、直辖市分局、外汇管理部,深圳、大连、青岛、厦门、宁波市分局:

为落实《个人财产对外转移售付汇管理暂行办法》(中国人民银行公告〔2004〕第16号,以下简称《办法》),便利申请人办理业务,防止国家税收流失,现就《办法》所涉及个人财产对外转移提交税收证明或完税凭证的有关问题通知如下:

一、税务机关对申请人缴纳税款情况进行证明。税务机关在为申请人开具税收证明时,应当按其收入或财产不同类别、来源,由收入来源地或者财产所在地税务局分别开具。

二、申请人拟转移的财产已取得完税凭证的,可直接向外汇管理部门提供完税凭证,不需向税务机关另外申请税收证明。

申请人拟转移的财产总价值在人民币15万元以下的,可不需

---

① 《国家税务总局关于修改部分税收规范性文件的公告》(国家税务总局公告2018年第31号)对本文进行了修改。

向税务机关申请税收证明。

三、申请人申请领取税收证明的程序如下：

（一）申请人按照本通知第五条的规定提交相关资料,按财产类别和来源地,分别向税务局申请开具税收证明。

开具税收证明的税务机关为县级或者县级以上税务局。

（二）申请人资料齐全的,税务机关应当在15日内开具税收证明；申请人提供资料不全的,可要求其补正,待补正后开具。

（三）申请人有未完税事项的,允许补办申报纳税后开具税收证明。

（四）税务机关有根据认为申请人有偷税、骗税等情形,需要立案稽查的,在稽查结案并完税后可开具税收证明。

申请人与纳税人姓名、名称不一致的,税务机关只对纳税人出具证明,申请人应向外汇管理部门提供其与纳税人关系的证明。

四、税务机关开具税收证明的内部工作程序由省、自治区、直辖市和计划单列市税务局明确。

五、申请人向税务机关申请税收证明时,应当提交的资料分别为：代扣代缴单位报送的含有申请人明细资料的《扣缴个人所得税报告表》复印件,《个体工商户所得税年度申报表》、《个人承包承租经营所得税年度申报表》原件,有关合同、协议原件,取得有关所得的凭证,以及税务机关要求报送的其他有关资料。

申请人发生财产变现的,应当提供交易合同、发票等资料。

必要时税务机关应当对以上资料进行核实；对申请人没有缴税的应税行为,应当责成纳税人缴清税款并按照税收征管法的规定处理后开具税收证明。

六、税务机关必须按照申请人实际入库税额如实开具证明,并审查其有无欠税情况,严禁开具虚假证明。

申请人编造虚假的计税依据骗取税收证明的,伪造、变造、涂改税收证明的,按照税收征管法及其实施细则的规定处理。

七、税务机关应当与当地外汇管理部门加强沟通和协作,要建立定期协调机制,共同防范国家税收流失。税务机关应当将有税收违法行为且可能转移财产的纳税人情况向外汇管理部门通报,以防止申请人非法对外转移财产。外汇管理部门审核过程中,发现申请人有偷税嫌疑的,应当及时向相应税务机关通报。

有条件的地方,税务机关应当与外汇管理部门建立电子信息交换制度,建立税收证明的电子传递、比对、统计、分析评估制度。

各地税务机关、外汇管理部门对执行中的问题,应及时向国家税务总局、国家外汇管理局反映。

2.《国家税务总局关于纳税人权利与义务的公告》①(2009年11月6日颁布 2009年11月6日实施 国家税务总局公告2009年第1号)

十、报告其他涉税信息的义务

……

4.处分大额财产报告的义务。如您的欠缴税款数额在5万元以上,您在处分不动产或者大额资产之前,应当向我们报告。

第五十条 【税收债权的保全】 欠缴税款的纳税人因怠于行使到期债权,或者放弃到期债权,或者无偿转让财产,或者以明显不合理的低价转让财产而受让人知道该情形,对国家税收造成损害的,税务机关可以依照合同法第七十三条、第七十四条的规定行使代位权、撤销权。

税务机关依照前款规定行使代位权、撤销权的,不免除欠缴税款的纳税人尚未履行的纳税义务和应承担的法律责任。

一、其他部门法

《中华人民共和国民法典》(2020年5月28日第十三届全国人民代表大会第三次会议通过)

第五章 合同的保全

第五百三十五条 因债务人怠于行使其债权或者与该债权有关的从权利,影响债权人的到期债权实现的,债权人可以向人民法

---

① 《国家税务总局关于修改部分税收规范性文件的公告》(国家税务总局公告2018年第31号)对本文进行了修改。

院请求以自己的名义代位行使债务人对相对人的权利,但是该权利专属于债务人自身的除外。

代位权的行使范围以债权人的到期债权为限。债权人行使代位权的必要费用,由债务人负担。

相对人对债务人的抗辩,可以向债权人主张。

第五百三十六条 债权人的债权到期前,债务人的债权或者与该债权有关的从权利存在诉讼时效期间即将届满或未及时申报破产债权等情形,影响债权人的债权实现的,债权人可以代位向债务人的相对人请求其向债务人履行、向破产管理人申报或者作出其他必要的行为。

第五百三十七条 人民法院认定代位权成立的,由债务人的相对人向债权人履行义务,债权人接受履行后,债权人与债务人、债务人与相对人之间相应的权利义务终止。债务人对相对人的债权或者与该债权有关的从权利被采取保全、执行措施,或者债务人破产的,依照相关法律的规定处理。

第五百三十八条 债务人以放弃其债权、放弃债权担保、无偿转让财产等方式无偿处分财产权益,或者恶意延长其到期债权的履行期限,影响债权人的债权实现的,债权人可以请求人民法院撤销债务人的行为。

第五百三十九条 债务人以明显不合理的低价转让财产、以明显不合理的高价受让他人财产或者为他人的债务提供担保,影响债权人的债权实现,债务人的相对人知道或者应当知道该情形的,债权人可以请求人民法院撤销债务人的行为。

第五百四十条 撤销权的行使范围以债权人的债权为限。债权人行使撤销权的必要费用,由债务人负担。

第五百四十一条 撤销权自债权人知道或者应当知道撤销事由之日起一年内行使。自债务人的行为发生之日起五年内没有行使撤销权的,该撤销权消灭。

第五百四十二条 债务人影响债权人的债权实现的行为被撤销的,自始没有法律约束力。

二、司法解释

《最高人民法院关于适用〈中华人民共和国民法典〉合同编通则若干问题的解释》(2023年12月4日颁布 2023年12月5日实施 法释〔2023〕13号)

五、合同的保全

第三十三条 债务人不履行其对债权人的到期债务,又不以诉讼或者仲裁方式向相对人主张其享有的债权或者与该债权有关的从权利,致使债权人的到期债权未能实现的,人民法院可以认定为民法典第五百三十五条规定的"债务人怠于行使其债权或者与该债权有关的从权利,影响债权人的到期债权实现"。

第三十四条 下列权利,人民法院可以认定为民法典第五百三十五条第一款规定的专属于债务人自身的权利:

(一)抚养费、赡养费或者扶养费请求权;

(二)人身损害赔偿请求权;

(三)劳动报酬请求权,但是超过债务人及其所扶养家属的生活必需费用的部分除外;

(四)请求支付基本养老保险金、失业保险金、最低生活保障金等保障当事人基本生活的权利;

(五)其他专属于债务人自身的权利。

第三十五条 债权人依据民法典第五百三十五条的规定对债务人的相对人提起代位权诉讼的,由被告住所地人民法院管辖,但是依法应当适用专属管辖规定的除外。

债务人或者相对人以双方之间的债权债务关系订有管辖协议为由提出异议的,人民法院不予支持。

第三十六条 债权人提起代位权诉讼后,债务人或者相对人以双方之间的债权债务关系订有仲裁协议为由对法院主管提出异议的,人民法院不予支持。但是,债务人或者相对人在首次开庭前就债务人与相对人之间的债权债务关系申请仲裁的,人民法院可以依法中止代位权诉讼。

第三十七条 债权人以债务人的相对人为被告向人民法院提

起代位权诉讼,未将债务人列为第三人的,人民法院应当追加债务人为第三人。

两个以上债权人以债务人的同一相对人为被告提起代位权诉讼的,人民法院可以合并审理。债务人对相对人享有的债权不足以清偿其对两个以上债权人负担的债务的,人民法院应当按照债权人享有的债权比例确定相对人的履行份额,但是法律另有规定的除外。

第三十八条 债权人向人民法院起诉债务人后,又向同一人民法院对债务人的相对人提起代位权诉讼,属于该人民法院管辖的,可以合并审理。不属于该人民法院管辖的,应当告知其向有管辖权的人民法院另行起诉;在起诉债务人的诉讼终结前,代位权诉讼应当中止。

第三十九条 在代位权诉讼中,债务人对超过债权人代位请求数额的债权部分起诉相对人,属于同一人民法院管辖的,可以合并审理。不属于同一人民法院管辖的,应当告知其向有管辖权的人民法院另行起诉;在代位权诉讼终结前,债务人对相对人的诉讼应当中止。

第四十条 代位权诉讼中,人民法院经审理认为债权人的主张不符合代位权行使条件的,应当驳回诉讼请求,但是不影响债权人根据新的事实再次起诉。

债务人的相对人仅以债权人提起代位权诉讼时债权人与债务人之间的债权债务关系未经生效法律文书确认为由,主张债权人提起的诉讼不符合代位权行使条件的,人民法院不予支持。

第四十一条 债权人提起代位权诉讼后,债务人无正当理由减免相对人的债务或者延长相对人的履行期限,相对人以此向债权人抗辩的,人民法院不予支持。

第四十二条 对于民法典第五百三十九条规定的"明显不合理"的低价或者高价,人民法院应当按照交易当地一般经营者的判断,并参考交易时交易地的市场交易价或者物价部门指导价予以认定。

转让价格未达到交易时交易地的市场交易价或者指导价百分之七十的,一般可以认定为"明显不合理的低价";受让价格高于交易时交易地的市场交易价或者指导价百分之三十的,一般可以认定为"明显不合理的高价"。

债务人与相对人存在亲属关系、关联关系的,不受前款规定的百分之七十、百分之三十的限制。

第四十三条 债务人以明显不合理的价格,实施互易财产、以物抵债、出租或者承租财产、知识产权许可使用等行为,影响债权人的债权实现,债务人的相对人知道或者应当知道该情形,债权人请求撤销债务人的行为的,人民法院应当依据民法典第五百三十九条的规定予以支持。

第四十四条 债权人依据民法典第五百三十八条、第五百三十九条的规定提起撤销权诉讼的,应当以债务人和债务人的相对人为共同被告,由债务人或者相对人的住所地人民法院管辖,但是依法应当适用专属管辖规定的除外。

两个以上债权人就债务人的同一行为提起撤销权诉讼的,人民法院可以合并审理。

第四十五条 在债权人撤销权诉讼中,被撤销行为的标的可分,当事人主张在受影响的债权范围内撤销债务人的行为的,人民法院应予支持;被撤销行为的标的不可分,债权人主张将债务人的行为全部撤销的,人民法院应予支持。

债权人行使撤销权所支付的合理的律师代理费、差旅费等费用,可以认定为民法典第五百四十条规定的"必要费用"。

第四十六条 债权人在撤销权诉讼中同时请求债务人的相对人向债务人承担返还财产、折价补偿、履行到期债务等法律后果的,人民法院依法予以支持。

债权人请求受理撤销权诉讼的人民法院一并审理其与债务人之间的债权债务关系,属于该人民法院管辖的,可以合并审理。不属于该人民法院管辖的,应当告知其向有管辖权的人民法院另行起诉。

债权人依据其与债务人的诉讼、撤销权诉讼产生的生效法律文书申请强制执行的,人民法院可以就债务人对相对人享有的权利采取强制执行措施以实现债权人的债权。债权人在撤销权诉讼中,申请对相对人的财产采取保全措施的,人民法院依法予以准许。

第五十一条 【退税权】纳税人超过应纳税额缴纳的税款,税务机关发现后应当立即退还;纳税人自结算缴纳税款之日起三年内发现的,可以向税务机关要求退还多缴的税款并加算银行同期存款利息,税务机关及时查实后应当立即退还;涉及从国库中退库的,依照法律、行政法规有关国库管理的规定退还。

一、税收行政法规

《中华人民共和国税收征收管理法实施细则》(2002年9月7日中华人民共和国国务院令第362号公布 根据2012年11月9日《国务院关于修改和废止部分行政法规的决定》第一次修订 根据2013年7月18日《国务院关于废止和修改部分行政法规的决定》第二次修订 根据2016年2月6日《国务院关于修改部分行政法规的决定》第三次修订)

第七十八条 税务机关发现纳税人多缴税款的,应当自发现之日起10日内办理退还手续;纳税人发现多缴税款,要求退还的,税务机关应当自接到纳税人退还申请之日起30日内查实并办理退还手续。

税收征管法第五十一条规定的加算银行同期存款利息的多缴税款退税,不包括依法预缴税款形成的结算退税、出口退税和各种减免退税。

退税利息按照税务机关办理退税手续当天中国人民银行规定的活期存款利率计算。

第七十九条 当纳税人既有应退税款又有欠缴税款的,税务机关可以将应退税款和利息先抵扣欠缴税款;抵扣后有余额的,退还纳税人。

二、税务规范性文件

1.《财政部 国家税务总局 中国人民银行关于纳税人多缴税款及应付利息办理退库的通知》(2001年12月14日颁布 2001年12月14日实施 财预字〔2001〕502号)

各省、自治区、直辖市、计划单列市财政厅(局)、国家税务局、地方税务局,中国人民银行各分行、营业管理部、省会(首府)城市中心支行,深圳、大连、青岛、宁波、厦门市中心支行:

认真贯彻执行新修订的《中华人民共和国税收征收管理法》(以下简称新征管法),做好纳税人多缴税款和应付利息的退付工作,现就有关事项通知如下:

一、自新征管法实施之日起,凡纳税人申请退付多缴税款,各级税务机关应根据多缴税款数额和开具"收入退还书"当日中国人民银行规定的活期存款利率计算利息,随同多缴的税款一并办理退付手续。计息时间从纳税人结算缴纳税款之日起至税务机关开具"收入退还书"之日止。

二、税务机关对纳税人的退付申请及所附多缴税款的入库凭证(缴款书)进行审核后,开具"收入退还书"。纳税人持"收入退还书"到当地国库就地办理退库。

纳税人多缴税款及应付利息由国库直接退付申请人银行账户。如以现金缴税需退付现金时,由征收机关在"收入退还书"上加盖"退付现金"戳记,纳税人再持身份证和原缴款书复印件到指定国库办理退付手续,指定国库将款项划至原经收银行,纳税人从原经收银行领取退付的现金。

三、纳税人多缴税款及应付利息,统一采用冲减正税入库科目的办法,由正税入库收入中退付。

2.《国家税务总局 财政部 中国人民银行关于纳税人多缴税款退付利息的范围及退库程序的批复》(2002年6月24日颁布 2002年6月24日实施 国税函〔2002〕566号)

上海市国家税务局:

你局《关于请明确纳税人多缴税款应付利息的范围和程序的请示》(沪国税计〔2002〕11号)收悉。经研究,现批复如下:

一、《税收征管法》第五十一条规定的应加算银行同期存款利息的多缴税款退税范围,《国家税务总局关于贯彻实施〈中华人民共和国税收征管法〉有关问题的通知》(国税发〔2001〕54号)已明确为:不包括依法预缴税款所造成的结算退税、享受税收优惠政策而产生的出口退税和各种减免退税。

二、当纳税人既有应退税款又有欠缴税款时,税务机关应先将欠缴税款及滞纳金从应退税款及应付利息中抵扣,抵扣后尚有应退税款的,按抵扣后的余额办理退税。

三、小额税款退税的应付利息需退付现金的,税务机关应视同小额税款退税办理。

四、为加强预算收入的管理,对多缴税款退税及应付利息,应由税务机关开具"收入退还书"并送国库办理退库。

3.《国家税务总局关于应退税款抵扣欠缴税款有关问题的通知》①(2002年11月28日颁布　2002年11月28日实施　国税发〔2002〕150号)

各省、自治区、直辖市和计划单列市国家税务局、地方税务局:

根据新颁布实施的《中华人民共和国税收征收管理法》及其实施细则的有关规定,现将应退税款抵扣欠缴税款的有关问题明确如下:

一、可以抵扣的应退税款为2001年5月1日后征收并已经确认应退的下列各项税金:(一)减免(包括"先征后退")应退税款;

---

① 根据《国家税务总局关于修改部分税收规范性文件的公告》(国家税务总局公告2018年第31号),第三条中"国家税务局与地方税务局分别征退的税款、滞纳金和罚没款,相互之间不得抵扣;由税务机关征退的农业税及教育费附加、社保费、文化事业建设费等非税收入不得与税收收入相互抵扣",修改为"税务机关征退的教育费附加、社保费、文化事业建设费等非税收入不得与税收收入相互抵扣";第五条第(二)项第1目中,"《调库通知书》(具体式样由各地参照科目更正通知书商当地国库制定)",修改为"《更正(调库)通知书》";全文和附件中"调库通知书"的内容,修改为"更正(调库)通知书"。

(二)依法预缴税款形成的汇算和结算应退税款;(三)误收应退税款、滞纳金、罚款及没收非法所得(简称罚没款,以下同);(四)其他应退税款、滞纳金和罚没款;(五)误收和其他应退税款的应退利息。

二、可以抵扣的欠缴税款为2001年5月1日后发生的下列各项欠缴税金:(一)欠税;(二)欠税应缴未缴的滞纳金;(三)税务机关作出行政处罚决定,纳税人逾期不申请行政复议、不提起行政诉讼,又不履行的应缴未缴税收罚没款;纳税人要求抵扣应退税金的应缴未缴罚没款。

三、税务机关征退的教育费附加、社保费、文化事业建设费等非税收入不得与税收收入相互抵扣。

抵扣欠缴税款时,应按欠缴税款的发生时间逐笔抵扣,先发生的先抵扣。

四、关于抵扣凭证的使用及抵扣金额的确定

(一)当纳税人既有应退税款又有欠缴税款需要抵扣的,应由县或县以上税务机关填开《应退税款抵扣欠缴税款通知书》(式样见附件1)通知纳税人,并根据实际抵扣金额开具完税凭证。

(二)确定实际抵扣金额时,按填开《应退税款抵扣欠缴税款通知书》的日期作为计算应退税款的应付利息的截止期,计算应付利息金额及应退税款总额;按填开《应退税款抵扣欠缴税款通知书》的日期作为计算欠缴税款的滞纳金的截止期,计算应缴未缴滞纳金金额及欠缴税款总额。若应退总额大于欠缴总额,按欠缴总额确定实际抵扣金额;若应退总额小于欠缴总额,按应退总额确定实际抵扣金额。

五、关于抵扣业务的税收会计账务处理

(一)当抵扣的应退税款和欠缴税款属于同一款、项级预算科目时,税收会计以《应退税款抵扣欠缴税款通知书》作抵扣业务的账务处理。由于目前应缴未缴滞纳金在账外核算,应先根据实际抵扣的滞纳金,借记"待征"类科目,贷记"应征"类科目;再根据实际抵扣的税款、滞纳金及罚没款,借记"多缴税金"、"提退税金"或"减免税金"科目,贷记"待征"类科目。

（二）当抵扣的应退税款和欠缴税款属于不同款、项级预算科目时，应视同退税进行管理，并按以下方法办理：

1. 在实际抵扣时，应由县或县以上税务机关的计会部门根据《应退税款抵扣欠缴税款通知书》填开一式三联《更正(调库)通知书》。第一联税务机关留存备查；第二、第三联送国库审核后，第二联由国库作调库凭证；第三联由国库签章后随收入日报表退送税务机关，作为税务机关入库税金调账的会计凭证。

2. 税收会计以《应退税款抵扣欠缴税款通知书》和《更正(调库)通知书》作抵扣业务的账务处理(实务举例见附件2)：

(1) 根据实际抵扣的滞纳金，借记"待征"类科目，贷记"应征"类科目；

(2) 根据实际抵扣的欠税、应缴未缴滞纳金、应缴未缴罚没款所对应的入库科目和级次借记"入库"类科目，同时根据抵扣的应退税款、应退滞纳金、应退罚没款及应付利息所对应的退库科目和级次贷记"入库"类科目；

(3) 按照实际抵扣的税款、滞纳金、罚没款，借记"多缴税金"、"提退税金"或"减免税金"科目，贷记"待征"类科目。

4.《国家税务总局 中国人民银行 财政部关于现金退税问题的紧急通知》(2004年4月29日颁布　2004年4月29日实施　国税发〔2004〕47号)

各省、自治区、直辖市和计划单列市国家税务局、地方税务局、财政厅(局)，中国人民银行各分行、营业管理部、省会(首府)城市中心支行，深圳、大连、青岛、宁波、厦门市中心支行：

近期接到一些地区反映，个体工商户和个人纳税人需要现金退税的，难以办理。经研究，现将有关现金退税问题的规定重申并明确如下：

一、自2003年9月1日起，《人民币银行结算账户管理办法》已在全国实施。为保证税款安全和最大限度地减少现金退税数量，对于需要办理退付税款(含应退利息，以下同)的个体工商户和个人，各地应积极鼓励其开立银行结算账户，通过结算账户办理税款的退付。对于个体工商户和个人开户银行根据税务机关开具的税收缴款书或发送的电子信息从纳税人储蓄账户或银行卡账户划缴税款的,发生退税时,原则上应将税款直接退到纳税人原缴款账户。

二、对确需现金退税的,税务机关应在审核批准后的3个工作日内,分纳税人逐笔填开《税收收入退还书》,在备注栏加注"退付现金"字样,并注明原完税凭证号码和纳税人有效身份证明号码后,送当地国库办理退税。

税务机关应在开具《税收收入退还书》的同时,书面通知纳税人到指定银行领取退税款。书面通知应包括领取退税的纳税人名称、退税金额、办理退库时《税收收入退还书》的字号、取款的银行名称和地址等内容,并应在通知中注明"纳税人在收到书面通知的5个工作日后即可到取款银行领取退税款"、"到银行领取退税,须持本通知、原完税凭证复印件和有效的身份证明"等告知事项。

各级财政部门、国库和税务机关应当本着方便纳税人的原则与当地金融机构协商确定指定银行。各级国库要监督办理现金退税的银行,按规定及时将现金退付纳税人。

三、为严密退税手续,办理个体工商户和个人退税时,各地税务机关除向国库签发《税收收入退还书》外,还必须附送有关退税审批件和原完税凭证复印件。

各级财政部门、税务机关和国库应从加强纳税服务,保护纳税人合法权益的高度,加强配合,做好现金退税工作,确保应退税款及时如数退给纳税人。现金退税中出现的问题,各地要及时向上级部门反映。

5.《国家税务总局关于严格执行税款退库办理制度的通知》(2011年1月12日颁布　2011年1月12日实施　国税函〔2011〕19号)

各省、自治区、直辖市和计划单列市国家税务局、地方税务局:

为进一步规范税款退库工作,保证税款资金安全,现就税款退库办理有关规定重申并要求如下:

一、办理税款退库属于税收会计业务范围,各级税务机关收入规划核算部门是办理税款退库的专职业务部门,负责办理出口退税、减免退税、汇算结算退税、误收退税等各项税款的退库业务。

各级税务机关要进一步强化内部制约机制,退税审批部门和退库办理部门必须严格分开,不得由一个部门既进行退税审批,又办理具体退库手续。

二、收入规划核算部门要严格按照各项法律法规和财经纪律办理税款退库手续,确保税款资金安全。税务机关必须依据纳税人或扣缴义务人填报的退税申请书方可办理退税;《税收收入退还书》开具人员和退库专用国库预留印鉴保管人员必须分开(电子退库情况下,应增设复核岗位,电子收入退还书开具岗位和复核岗位必须分开,电子收入退还书开具后必须经由复核人员复核授权后才能发送);税收会计必须把退税申请书与退税审批件、收入退还书一起装订;使用电子收入退还书的,必须把电子收入退还书与相应的退税申请书、退税审批件信息相关联;要按期、准确上报相关会统报表,及时、全面地反映退库情况。

三、对于符合条件的应退税款,税务机关应按照税收法律法规规定,及时为纳税人办理退税。税务机关发现纳税人多缴税款的,应当自发现之日起 10 日内办理退还手续;纳税人发现多缴税款,要求退还的,税务机关应当自接到纳税人退还申请之日起 30 日内查实并办理退还手续。

四、收入规划核算部门要发挥退库办理工作的会计监督职能。要根据退税审批部门转来的退税审批件和纳税人的退税申请书,复核退税原因、退税依据、原完税情况、预算科目、预算级次、退税金额、退税收款账户等退库凭证项目内容,开具《税收收入退还书》发送当地国库办理退库。对于发现退库资料缺失、退库项目不合规定等问题的,应退回审批部门或报告上级领导。

五、各级税务机关要认真落实税收会计检查制度。要根据收入退库制度的有关规定,检查《税收收入退还书》是否按规定填开,有无违规退库行为。对于因制度执行不力造成税款损失的,上级税务机关应严肃追究主管税务机关领导和相关责任人的责任。

6.《国家税务总局关于应退税款抵扣欠缴税款有关问题的公告》(2013年9月16日颁布 2013年9月16日实施 国家税务总局公告2013年第54号)

近期地方反映,对于《中华人民共和国税收征收管理法实施细则》第79条关于应退税款抵扣欠缴税款(以下简称以退抵欠)的规定是否属于强制执行措施有不同理解。为了全面准确贯彻强制执行措施和以退抵欠的规定,根据《中华人民共和国税收征收管理法》(以下简称税收征管法)及其实施细则的有关规定,现将应退税款抵扣欠缴税款有关问题公告如下:

税收征管法第40条规定,税收强制执行措施是指对经税务机关责令限期缴纳税款逾期仍不缴纳的情形,税务机关采取书面通知其开户银行或者其他金融机构从其存款中扣缴税款;扣押、查封、依法拍卖或者变卖其价值相当于应纳税款的商品、货物或者其他财产,以拍卖或者变卖所得抵缴税款的行为。

以退抵欠是税务机关计算确定纳税人应纳税义务的一项税款结算制度,不涉及从存款中扣缴税款和扣押、查封、拍卖、变卖强制行为。以退抵欠确定后有余额的退还纳税人;不足部分,责令纳税人继续缴纳。以退抵欠之后纳税人仍有欠税,经责令缴纳仍不缴纳的,税务机关采取强制执行措施,为行政强制执行。以退抵欠不属于行政强制执行。

三、部门工作文件

《国家税务总局关于扎实开展税务系统主题教育推出"便民办税春风行动"第四批措施的通知》(2023年5月23日颁布 2023年5月23日实施 税总纳服函〔2023〕72号)

4.优化退税办理流程,税务机关依托电子税务局自动推送退税提示提醒,逐步实现纳税人在线办理确认、申请和退税。

第五十二条 【追征期】 因税务机关的责任,致使纳税人、扣缴义务人未缴或者少缴税款的,税务机关在三年内可以要求纳税人、扣缴义务人补缴税款,但是不得加收滞纳金。

因纳税人、扣缴义务人计算错误等失误,未缴或者少缴税款的,税务机关在三年内可以追征税款、滞纳金;有特殊情况的,追征期可以延长到五年。

对偷税、抗税、骗税的,税务机关追征其未缴或者少缴的税款、滞纳金或者所骗取的税款,不受前款规定期限的限制。

一、税收行政法规

《中华人民共和国税收征收管理法实施细则》(2002年9月7日中华人民共和国国务院令第362号公布 根据2012年11月9日《国务院关于修改和废止部分行政法规的决定》第一次修订 根据2013年7月18日《国务院关于废止和修改部分行政法规的决定》第二次修订 根据2016年2月6日《国务院关于修改部分行政法规的决定》第三次修订)

第八十条 税收征管法第五十二条所称税务机关的责任,是指税务机关适用税收法律、行政法规不当或者执法行为违法。

第八十一条 税收征管法第五十二条所称纳税人、扣缴义务人计算错误等失误,是指非主观故意的计算公式运用错误以及明显的笔误。

第八十二条 税收征管法第五十二条所称特殊情况,是指纳税人或者扣缴义务人因计算错误等失误,未缴或者少缴、未扣或者少扣、未收或者少收税款,累计数额在10万元以上的。

第八十三条 税收征管法第五十二条规定的补缴和追征税款、滞纳金的期限,自纳税人、扣缴义务人应缴未缴或者少缴税款之日起计算。

二、税务规范性文件

1.《国家税务总局关于欠税追缴期限有关问题的批复》(2005年8月16日颁布 2005年8月16日实施 国税函〔2005〕813号)

湖北省国家税务局:

你局《关于明确欠税追缴期限的请示》(鄂国税发〔2005〕82

号)收悉。经研究,批复如下:

按照《中华人民共和国税收征收管理法》(以下简称税收征管法)和其他税收法律、法规的规定,纳税人有依法缴纳税款的义务。纳税人欠缴税款的,税务机关应当依法追征,直至收缴入库,任何单位和个人不得豁免。税务机关追缴税款没有追征期的限制。

税收征管法第五十二条有关追征期限的规定,是指因税务机关或纳税人的责任造成未缴或少缴税款在一定期限内未发现的,超过此期限不再追征。纳税人已申报或税务机关已查处的欠缴税款,税务机关不受该条追征期规定的限制,应当依法无限期追缴税款。

2.《国家税务总局关于未申报税款追缴期限问题的批复》(2009年6月15日颁布 2009年6月15日实施 国税函〔2009〕326号)

新疆维吾尔自治区地方税务局:

你局《关于明确未申报税款追缴期限的请示》(新地税发〔2009〕156号)收悉。经研究,批复如下:

税收征管法第五十二条规定:对偷税、抗税、骗税的,税务机关可以无限期追征其未缴或者少缴的税款、滞纳金或者所骗取的税款。税收征管法第六十四条第二款规定的纳税人不进行纳税申报造成不缴或少缴应纳税款的情形不属于偷税、抗税、骗税,其追征期按照税收征管法第五十二条规定的精神,一般为三年,特殊情况可以延长至五年。

第五十三条 【税款的入库】 国家税务局和地方税务局应当按照国家规定的税收征收管理范围和税款入库预算级次,将征收的税款缴入国库。

对审计机关、财政机关依法查出的税收违法行为,税务机关应当根据有关机关的决定、意见书,依法将应收的税款、滞纳金按照税款入库预算级次缴入国库,并将结果及时回复有关机关。

一、税收行政法规

《中华人民共和国税收征收管理法实施细则》(2002年9月7日中华人民共和国国务院令第362号公布 根据2012年11月9日《国务院关于修改和废止部分行政法规的决定》第一次修订 根据2013年7月18日《国务院关于废止和修改部分行政法规的决定》第二次修订 根据2016年2月6日《国务院关于修改部分行政法规的决定》第三次修订)

第三十九条 税务机关应当将各种税收的税款、滞纳金、罚款,按照国家规定的预算科目和预算级次及时缴入国库,税务机关不得占压、挪用、截留,不得缴入国库以外或者国家规定的税款账户以外的任何账户。

已缴入国库的税款、滞纳金、罚款,任何单位和个人不得擅自变更预算科目和预算级次。

第八十四条 审计机关、财政机关依法进行审计、检查时,对税务机关的税收违法行为作出的决定,税务机关应当执行;发现被审计、检查单位有税收违法行为的,向被审计、检查单位下达决定、意见书,责成被审计、检查单位向税务机关缴纳应当缴纳的税款、滞纳金。税务机关应当根据有关机关的决定、意见书,依照税收法律、行政法规的规定,将应收的税款、滞纳金按照国家规定的税收征收管理范围和税款入库预算级次缴入国库。

税务机关应当自收到审计机关、财政机关的决定、意见书之日起30日内将执行情况书面回复审计机关、财政机关。

有关机关不得将其履行职责过程中发现的税款、滞纳金自行征收入库或者以其他款项的名义自行处理、占压。

二、税务规章

《税款缴库退库工作规程》(2014年3月25日颁布 2014年9月1日实施 国家税务总局令第31号)

《税款缴库退库工作规程》,已经2014年2月27日国家税务总局2014年度第1次局务会议审议通过,现予公布,自2014年9

月1日起施行。

国家税务总局局长:王军
2014年3月25日

税款缴库退库工作规程

(2014年3月25日国家税务总局令第31号公布 自2014年9月1日起施行)

第一章 总 则

第一条 为规范税款缴库及退库管理,保障国家税收收入的安全完整,维护纳税人合法权益,适应税收信息化发展需要,根据《中华人民共和国税收征收管理法》《中华人民共和国预算法》《中华人民共和国国家金库条例》等法律法规,制定本规程。

第二条 税务机关、纳税人、扣缴义务人、代征代售人办理税款缴库和退库业务,适用本规程。

第三条 本规程所称税款缴库是指税务机关、扣缴义务人、代征代售人依照法律法规或者委托代征税款协议,开具法定税收票证,将征收的税款、滞纳金、罚没款等各项收入(以下统称税款)缴入国家金库(以下简称国库),以及纳税人直接通过银行将应缴纳的税款缴入国库;税款退库是指税务机关对经财政部门授权办理的税收收入退库业务,依照法律法规,开具法定税收票证,通过国库向纳税人退还应退税款。

税务机关按照国家政策规定和预算管理要求,对税款预算科目、预算级次、收款国库等事项,通过国库进行调整的税款调库业务,适用本规程。

第四条 税款缴库、退库应当遵循依法、规范、安全、效率、简便的原则。

第五条 税款缴库、退库按照办理凭证的不同分为手工缴库、退库和电子缴库、退库。

第六条 国家积极推广以横向联网电子缴税系统为依托的税款电子缴库、退库工作。

税务机关应当加强与国库、银行等部门间的协作,保持税收征管系统与横向联网电子缴税系统稳定,确保电子缴库、退库信息安全、完整和不可篡改,保证电子缴库、退库税款准确。

第七条 税务机关应当按照国家规定的税收征收管理范围和税款预算科目、预算级次办理税款缴库、退库。

第八条 税务机关应当将征收的税款按照国家规定直接缴入国库,不得缴入在国库以外或者国家规定的税款账户以外的任何账户。

任何税务机关不得占压、挪用和截留税款。

第九条 税务机关应当加强税款缴库、退库管理,建立部门、岗位配合和制约机制。

第十条 各级税务机关收入规划核算部门根据本级职责范围,负责制定税款缴库、退库管理制度,办理税款缴库、退库相关业务,反映税款缴库、退库结果,监督税款缴库、退库的规范性、准确性和及时性。

第二章 税款缴库

第十一条 《税收缴款书(银行经收专用)》、《税收缴款书(出口货物劳务专用)》和《税收电子缴款书》是税款缴库的法定凭证。

第十二条 税务机关、扣缴义务人、代征代售人、自行填开税收票证的纳税人开具税款缴库凭证,应当对开具内容与开具依据进行核对。

核对内容包括登记注册类型、缴款单位(人)识别号、缴款单位(人)名称、开户银行、账号、税务机关、收款国库、预算科目编码、预算科目名称、预算级次、品目名称、税款限缴日期、实缴金额等。

开具依据包括纳税申报表、代扣代收税款报告表、延期缴纳税款申请审批表、税务事项通知书、税务处理决定书、税务行政处罚决定书、税务行政复议决定书、生效的法院判决书以及其他记载税款缴库凭证内容的纸质资料或电子信息。

第十三条 税务机关、纳税人、扣缴义务人、代征代售人等向银行传递《税收缴款书(银行经收专用)》《税收缴款书(出口货物劳务专用)》,由银行据以收纳报解税款后缴入国库的缴库方式为手工缴库。

税务机关将记录纳税人、扣缴义务人、代征代售人应缴税款信息的《税收电子缴款书》通过横向联网电子缴税系统发送给国库,国库转发给银行,银行据以收纳报解税款后缴入国库的缴库方式为电子缴库。

第十四条 手工缴库包括直接缴库和汇总缴库两种形式。

直接缴库的,由纳税人持《税收缴款书(银行经收专用)》或《税收缴款书(出口货物劳务专用)》,直接到银行缴纳税款,银行据以收纳报解税款后缴入国库。

汇总缴库分为税务机关汇总缴库和扣缴义务人、代征代售人汇总缴库:

(一)税务机关汇总缴库的,由纳税人、扣缴义务人、代征代售人向税务机关缴纳或者解缴税款,税务机关根据所收税款,汇总开具《税收缴款书(银行经收专用)》,向银行解缴,银行据以收纳报解税款后缴入国库,应予缴库的税务代保管资金和待缴库税款,按纳税人分别开具《税收缴款书(银行经收专用)》;

(二)扣缴义务人、代征代售人汇总缴库的,由纳税人向扣缴义务人、代征代售人缴纳税款,扣缴义务人、代征代售人根据所扣、所收税款,汇总开具《税收缴款书(银行经收专用)》,向银行解缴,银行据以收纳报解税款后缴入国库。

第十五条 直接缴库时,纳税人应当在税款缴库凭证载明的税款限缴日期内,到银行办理税款的缴纳;超过税款限缴日期的,由税务机关计算纳税人应缴滞纳金,开具税款缴库凭证,纳税人到银行办理税款和滞纳金的缴纳。

税务机关汇总缴库时,应当于收取税款的当日或次日向银行办理税款解缴;地区偏远无法及时办理的,应当按照限期限额的规定向银行办理税款解缴。扣缴义务人、代征代售人汇总缴库时,应当在到税务机关办理税收票款结报缴销前向银行办理税款解缴;

解缴迟延的,参照上款规定,办理滞纳金、违约金的缴纳。

第十六条 电子缴库包括划缴入库和自缴入库两种形式。

划缴入库的,由税务机关将纳税人、扣缴义务人、代征代售人应缴库税款的信息,通过横向联网电子缴税系统发送给国库,国库转发给纳税人、扣缴义务人、代征代售人签订授权(委托)划缴协议的开户银行,开户银行从签约指定账户将款项划至国库。

自缴入库的,由纳税人、扣缴义务人、代征代售人通过银行或POS机布设机构,经横向联网电子缴税系统向税务机关查询其应缴税款信息并予以确认,银行或POS机布设机构办理税款实时入库。

条件具备时,税务机关可以通过电子缴库方式,办理税务代保管资金和待缴库税款的缴库。

第十七条 用划缴入库形式缴库时,税务机关可以将应缴税款信息分户发送至横向联网电子缴税系统办理税款实时划缴入库,也可以将多户应缴税款信息批量发送横向联网电子缴税系统办理税款定时划缴入库。

第十八条 授权(委托)划缴协议是纳税人、扣缴义务人、代征代售人等缴款人准予其指定账户的开户银行根据税务机关发送的应缴税信息,从该指定账户中扣划税款缴库的书面约定。协议的基本要素应当包括协议编号、签约各方名称、签约方地址、缴款人税务登记号、划缴税款账户名称及账号、缴款人开户银行行号、清算行行号及名称、签约日期,签约各方的权利和义务等。

第十九条 由于横向联网电子缴税系统故障等非纳税人、扣缴义务人原因造成税款缴库不成功的,对纳税人、扣缴义务人不加征滞纳金。

第二十条 纳税人从异地或第三方账户缴纳的不能直接缴库的非现金税款,由直接负责税款征收的县以上税务机关通过国库"待缴库税款"专户收缴,并在收到国库发送的收账回单的当日或次日,核对收账回单、纳税申报表、税务处理决定书等凭证,分纳税人填开缴库凭证,将税款解缴入库。

"待缴库税款"专户收缴税款时,应当区分以下情况办理:

(一)通过国内汇款方式缴纳税款的,税务机关应当通知纳税人或其他汇款人将税款直接汇入国库"待缴库税款"专户。

(二)通过国外汇款方式缴纳税款的,税务机关应当通知纳税人或其他汇款人将税款汇入国库商税务、财政部门选定的具备结汇资格的银行,指定银行按照当日外汇买入价办理结汇并将税款划转"待缴库税款"专户。

第三章 税款退库

第二十一条 《税收收入退还书》《税收收入电子退还书》是税款退库的法定凭证。

税务机关向国库传递《税收收入退还书》,由国库据以办理税款退还的方式为手工退库。

税务机关通过横向联网电子缴税系统将记录应退税款信息的《税收收入电子退还书》发送给国库,国库据以办理税款退还的方式为电子退库。

第二十二条 税务机关办理税款退库应当直接退还纳税人。

纳税人经由扣缴义务人代扣代收的税款发生多缴的,经纳税人同意,税务机关可以将税款退还扣缴义务人,由扣缴义务人转退纳税人。

国家政策明确规定税款退给非原纳税人的,税务机关应当向非原纳税人退还,退库办理程序参照本章规定执行。

第二十三条 税务机关直接向纳税人退还税款的,应当由纳税人填写退税申请。税务机关通过扣缴义务人向纳税人退还税款的,可以由扣缴义务人填写退税申请。

第二十四条 税务机关应当在法定期限内办理税款退库。

税务机关发现纳税人多缴税款的,应当立即核实应退税额、账户等相关情况,通知纳税人或扣缴义务人提交退税申请,自接到纳税人或扣缴义务人退税申请之日起 10 日内办理退库手续。

纳税人发现多缴税款要求退还的,税务机关应当自接到纳税人或扣缴义务人退税申请之日起 30 日内查实并办理退库手续。

第二十五条 除出口退税以外,纳税人既有应退税款又有欠缴税款的,税务机关可以将纳税人的应退税款和利息先抵扣欠缴的税款;抵扣后有余额的,办理应退余额的退库。

第二十六条 县以上税务机关收入规划核算部门具体办理税款退库工作,根据退税申请相关资料和纳税人欠税情况,复核退税依据、原完税情况、退税金额、退税收款账户等退库凭证项目内容,复核无误的,正确适用预算科目、预算级次,开具税款退库凭证。退税申请相关资料不齐全、相关项目内容不准确的,不得开具退库凭证办理退库;应予抵扣欠税的,办理税款抵扣手续。

退税申请相关资料包括:签有退税核实部门意见的退税申请书、原完税凭证、出口退(免)税汇总申报表、减免税审批文书、纳税申报表、税务稽查结论、税务处理决定书、纳税评估文书、税务行政复议决定书、生效的法院判决书、税务机关认可的其他记载应退税款内容的资料或电子信息。

税收征管系统中可以查询到纳税申报表、税款缴库等电子信息的,可以不再通过书面资料复核。

第二十七条 手工退库的,《税收收入退还书》应当经税务机关主要负责人签发并加盖在国库预留的退税专用印鉴,连同退税申请书,由税务机关送国库办理退库手续;电子退库的,《税收收入电子退还书》应当经税务机关复核人员复核授权,连同相关电子文件,由税务机关向国库发送办理退库手续。

第二十八条 税务机关直接向纳税人退还税款时,应当将税款退至纳税人原缴款账户。税务机关通过扣缴义务人向纳税人退还税款的,应当将税款退至扣缴义务人原缴款账户。

由于特殊情况不能退至纳税人、扣缴义务人原缴款账户的,纳税人、扣缴义务人在申请退税时应当书面说明理由,提交相关证明资料,并指定接受退税的其他账户及接受退税单位(人)名称。

第二十九条 税务机关对未开设银行账户的纳税人确需以现金方式退税的,应当在《税收收入退还书》备注栏注明"退付现金"和原完税凭证号码、纳税人身份证号码,送当地国库办理退库手续,同时通知纳税人到指定银行领取退还税款。

第三十条　境外纳税人以外币兑换人民币缴纳的税款需要退库的,税务机关应当在《税收收入退还书》上加盖"可退付外币"戳记,并根据纳税人缴纳的外汇税款币种注明退付的外币币种,送交国库通过指定银行退至境外纳税人账户。

第三十一条　根据《中华人民共和国税收征收管理法》及其实施细则规定应当向纳税人退付利息的,按照税务机关办理退税手续当天中国人民银行规定的活期存款利率计算利息。

办理退税手续当天是指开具《税收收入退还书》或《税收收入电子退还书》、办理应退税款抵扣欠缴税款的当天。

第三十二条　退付给纳税人的利息,用冲减应退税款原入库预算科目的办法,从入库收入中退付。

第三十三条　退库税款预算科目和预算级次应当与原入库税款一致,但是,退库税款有专用退库预算科目、原预算科目、预算级次已修订或国家另有规定的除外。

第三十四条　除出口退税以外,应退税款超过一定额度标准的,应当事先向市(不含县级市,下同)或省(自治区、直辖市和计划单列市,以下简称省)税务机关报告,具体标准和报告程序由各省税务机关确定。

第四章　税款调库

第三十五条　税务机关办理税款调库时,应当开具《更正(调库)通知书》等凭证,送国库进行业务处理。

税款调库可以用传递纸质调库凭证的手工调库方式办理,也可以采用通过横向联网电子缴税系统发送电子调库凭证的电子调库方式办理。

第三十六条　税款调库包括出口免抵调、应退税款跨预算科目抵扣欠税、税款更正等业务。

第三十七条　退库办理部门根据免抵调政策办理税款调库时,应当根据免抵税数额和免抵调库指标,开具《更正(调库)通知书》,并于开具当日或次日连同开具依据一起送当地国库办理税款调库手续。

第三十八条　税务机关办理应退税款抵扣欠缴税款业务,并且应退税款与欠缴税款属于不同预算科目的,退库办理部门应当根据《应退税款抵扣欠缴税款通知书》填开《更正(调库)通知书》,送国库办理调库手续。

第三十九条　税款缴库、退库业务办理完成后,税务机关或国库发现双方入库或退库税款预算科目、预算级次、收款国库等要素不一致需要调整的,应当根据"谁差错、谁更正"的原则,按以下程序办理税款更正调库手续:

(一)国库数据发生差错、税务机关数据正确的,税务机关应当及时将差错数据情况告知国库,由国库填写《更正(调库)通知书》办理更正调库;

(二)国库和税务机关数据同时发生差错的,由税务机关进行数据红字更正处理,同时填写《更正(调库)通知书》,送国库办理更正调库。

第四十条　由于政策性原因需要对入库税款预算科目和预算级次等进行调整的,税务机关应当填写《更正(调库)通知书》,送国库办理更正调库。

第五章　国库对账

第四十一条　银行和国库返回缴库、退库和调库凭证后,税务机关应当与留存凭证的相关项目核对,进行凭证销号和税款对账,确认税款缴库、退库和调库业务的完成,并且完成相关业务税收会计核算原始凭证的收集。

根据税款缴库、退库和调库业务的处理方式,销号和对账可以由税务机关根据国库返回的纸质凭证或电子凭证信息,手工进行销号、对账或者由税收征管系统自动进行电子销号、对账。

第四十二条　手工缴库、退库、调库的,税务机关应当在收到银行、国库返回的纸质缴库、退库、调库凭证相关联次的当日或次日,根据银行收讫章日期、国库收讫章日期、国库退库转讫章日期、国库调库业务章日期进行税款上解、入库、退库和调库销号。

电子缴库、退库、调库的,税务机关应当在横向联网电子缴税系统返回电子缴库、退库、调库凭证信息的当日,根据电子缴库凭证的扣款成功日期、电子缴库凭证的入库日期、电子退库凭证的退还日期、电子调库更正凭证的办理日期进行税款上解、入库、退库和调库销号。

电子信息未能及时、准确返回的,应当在与国库确认业务办理成功后,手工进行销号。

第四十三条 每日、每月、每年业务终了后,县税务机关应当将税款缴库、退库、调库数据与国库预算收入日报表(月报表、年报表)数据进行对账,对账项目包括预算科目、预算级次和税款金额。

省、市税务机关与国库对账周期由各省税务机关商当地国库自行确定,但每年业务终了后,必须与同级国库进行对账。

第四十四条 对账不一致时,税务机关数据发生差错而国库数据正确的,税务机关应当通过数据红字更正方式或补充更正方式处理。

国库和税务机关数据同时发生差错,或者国库数据发生差错而税务机关数据正确的,通过税款更正调库办理。

第四十五条 年终对账无误后,税务机关应当在加盖国家金库章的国库预算收入年报表上加盖单位公章,按规定及时反馈国库。

第六章 监督管理

第四十六条 税务机关应当强化内部制约机制,严格按照各项法律法规和财经纪律办理税款缴库、退库、调库及销号对账等手续,确保国家税款的安全、完整、准确。

第四十七条 税务机关应当定期对下级税务机关、扣缴义务人、代征代售人的税款缴库、退库的及时性、准确性等情况进行检查。

第四十八条 税务机关应当及时对税款缴库、退库、调库凭证及相关资料进行归档,保存期限按国家有关规定执行。

第四十九条 税务机关工作人员违反本规程的,应当根据情节轻重,给予批评教育、责令做出检查、诫勉谈话或调整工作岗位处理;构成违纪的,按照《中华人民共和国税收征收管理法》《中华人民共和国公务员法》《行政机关公务员处分条例》《财政违法行为处罚处分条例》《税收违法违纪行为处分规定》及有关规定给予处分;涉嫌犯罪的,移送司法机关。

第五十条 纳税人、扣缴义务人违反本规程的,按照《中华人民共和国税收征收管理法》及相关规定进行处理;涉嫌犯罪的,移送司法机关。

第五十一条 税务机关与代征代售人签订代征代售合同时,应当就违反本规程及相关规定的责任进行约定,并按约定及其他有关规定追究责任;涉嫌犯罪的,移送司法机关。

第七章 附 则

第五十二条 税务机关依照法律法规征收的各种基金、费办理缴库、退库,参照本规程执行。

各级政府部门委托税务机关征收的各种基金、费办理缴库、退库,可以参照本规程执行。

第五十三条 本规程所称银行,是指经收预算收入的银行、信用社等银行业金融机构。

第五十四条 本规程所称应予缴库的税务代保管资金是指按照《税务代保管资金账户管理办法》规定缴入税务代保管资金账户的款项中经确认属于税款的资金;待缴库税款是指按照《待缴库税款收缴管理办法》规定缴入"待缴库税款"专户的税款。

第五十五条 各省税务机关应当根据本规程制定本地区的具体实施办法。

第五十六条 本规程自2014年9月1日起施行。

三、税务规范性文件

1.《国家税务总局关于贯彻实施〈中华人民共和国税收征收管理法〉有关问题的通知》(2001年5月18日颁布 2001年5月18日实施 国税发〔2001〕54号)

六、税款、滞纳金、税收罚款的征收入库及其与其他款项的先后顺序(新《征管法》第二十九条、第四十五条、第五十三条),按照新《征管法》的规定执行。

2.《国家税务总局关于税务稽查部门查补税款入库问题的批复》(2005年10月13日颁布　2005年10月13日实施　国税函〔2005〕957号)

四川省地方税务局:

你局《四川省地方税务局关于税务稽查部门查补税款入库问题的请示》(川地税发〔2005〕126号)收悉。经研究,现批复如下:

根据《财政部关于国家税务局系统银行账户管理有关问题的复函》(财库函〔2003〕6号)和《国家税务总局关于撤销"税务稽查收入"等账户问题的通知》(国税函〔2003〕928号)的有关规定,各级税务机关开设的"税务稽查收入账户"在2003年12月31日前撤户,《国家税务总局、中国人民银行、财政部关于税务稽查部门查补收入入库规定的通知》(国税发〔1998〕194号)同时废止。"税务稽查收入账户"撤销后,各级税务稽查部门查补的收入均应按照《中华人民共和国税收征收管理法》第53条的规定缴入国库。

3.《国家税务总局 财政部 中国人民银行关于印发〈税务代保管资金账户管理办法〉的通知》(2005年11月19日颁布　2005年11月19日实施　国税发〔2005〕181号)

各省、自治区、直辖市和计划单列市国家税务局、地方税务局、财政厅(局),财政部驻各省、自治区、直辖市、计划单列市财政监察专员办事处,中国人民银行各分行、营业管理部、省会(首府)城市中心支行,大连、青岛、宁波、厦门、深圳市中心支行:

为保障国家税收收入,保护纳税人合法权益,规范税务代保管资金管理,根据《中华人民共和国税收征收管理法》及其实施细则、《人民币银行结算账户管理办法》及《中央预算单位银行账户管理暂行办法》等有关规定,国家税务总局、财政部、中国人民银行制定了《税务代保管资金账户管理办法》,现印发给你们,请遵照执行。

目前,国家税务总局正在通过公开招标方式选择税务代保管资金账户的开户银行,待开户银行确定后各地税务机关即可按本办法办理开户手续,使用税务代保管资金账户。

国家税务总局
财政部
中国人民银行
二〇〇五年十一月九日

税务代保管资金账户管理办法

第一章 总 则

第一条 为规范税务代保管资金账户管理,保障国家税收收入,保护纳税人合法权益,根据《中华人民共和国税收征收管理法》、《中华人民共和国税收征收管理法实施细则》《人民币银行结算账户管理办法》《中央预算单位银行账户管理暂行办法》等有关规定,制定本办法。

第二条 税务机关在银行开立的税务代保管资金账户属专用存款账户,该账户的管理适用本办法。

本办法所称税务机关,是指直接负责税款征收的县级以上(含县级)国家税务局、地方税务局、税务分局。

本办法所称银行,是指经国家税务总局公开招标选定的商业银行或该商业银行因当地无其分支机构而委托的其他商业银行。

第三条 税务代保管资金的征收业务和账户管理分别由不同部门负责,各相关部门应职责明确,密切配合,相互监督。

第二章 账户的开立、变更、撤销

第四条 税务机关开立、变更、撤销税务代保管资金账户,应按财政部、中国人民银行的相关规定执行。其中,国家税务局系统由省级国家税务局统一向财政部驻当地财政监察专员办事处申请办理相关手续,地方税务局向同级地方财政部门申请办理相关手续。

第五条 同一税务机关只能开立一个税务代保管资金账户。

税务机关开立税务代保管资金账户时应当向开户银行提供以下文件、资料：

（一）开户申请；

（二）机关登记证书；

（三）财政部门批准税务机关开立基本存款账户的文件；

（四）基本存款账户开户许可证；

（五）财政部门批准税务机关开立税务代保管资金账户的文件；

（六）其他有关资料。

第六条 税务机关因单位名称、主要负责人及其他开户资料发生变更,应于5个工作日内持有关证明向开户银行提出变更的书面申请。

第七条 税务机关因故撤销税务代保管资金账户,应当在税务代保管资金账户撤销之前进行资金清算,并于5个工作日内向开户银行书面申请撤销。

第三章　账户的使用

第八条 税务代保管资金是指税务机关根据法律、行政法规、规章或有关规定,为履行征管职责,向纳税人、扣缴义务人、纳税担保人或者其他当事人收取的款项。其内容包括：

（一）个人出售住房所应缴纳的个人所得税纳税保证金；

（二）外省、自治区、直辖市来本辖区从事临时经营活动的单位和个人申请领购发票按现行规定交纳的发票保证金；

（三）纳税担保金；

（四）采取税收保全措施扣押的现金；

（五）税收强制执行拍卖、变卖的款项；

（六）国家税务总局、财政部、中国人民银行根据税收业务需要确定的其他资金。

第九条 税务机关应当明确区分税务代保管资金的内容。税务代保管资金必须通过税务代保管资金账户收付；不得将税款或者前款规定以外的款项作为税务代保管资金,通过税务代保管资金账户进行收纳、缴库。

第十条 税务机关收取税务代保管资金应当填制《税务代保管资金收入报告单》(格式见附件1),经税务机关主要负责人批准,存入税务代保管资金账户。

纳税人、扣缴义务人、纳税担保人或其他当事人以转账方式缴纳税务代保管资金的,税务机关应当在收到银行进账回执联或收账通知单后开具《税务代保管资金专用收据》(格式见附件2)。

纳税人、扣缴义务人、纳税担保人或其他当事人以现金交纳税务代保管资金的,税务机关应当当场开具《税务代保管资金专用收据》,并按限期、限额(期限和额度由各省级税务机关确定)的规定及时汇总存入税务代保管资金账户,但"限期"最长不超过10天。

代保管资金存入账户时,必须注明资金的用途。

第十一条 税务代保管资金支付范围包括:缴入国库;退还缴款人或其他当事人;依法支付拍卖费、保管费。

对于税务代保管资金账户中经确认属于税款的资金,税务机关应于3个工作日内填制税收缴款书缴入国库。

第十二条 税务代保管资金的支付方式应当符合下列规定:

(一)资金用于划缴国库时应当采用转账方式;

(二)资金用于退还缴款人、其他当事人或者依法支付拍卖费、保管费等相关费用时,应当采用转账方式;但支付给以现金方式交纳代保管资金且无银行结算账户的个人时,可以现金支付。

第十三条 税务机关办理税务代保管资金支付业务,应当由原受理税务代保管资金业务的职能部门填制《税务代保管资金申请支付审批单》(格式见附件3),写明申请理由,由会计人员审核,并经税务机关主要负责人批准后,出纳人员凭批准后的《税务代保管资金申请支付审批单》及相关支出凭证,在当日或次日办理缴库或者支付手续。

对不具备缴库或者支付条件的,会计人员应当拒绝办理,并告之理由。

会计人员审核的主要内容包括:手续是否齐备,凭证是否合法、有效,支付金额、范围是否符合规定等。

第十四条　税务代保管资金账户资金的利息,按照国家有关规定执行;年终,税务机关填制一般缴款书,将利息余额以"其他利息收入"科目(科目编码710109)一次缴入国库,国家税务局系统税务代保管资金账户的利息全部缴入中央国库,地方税务局税务代保管资金账户资金的利息缴入同级地方国库。

第十五条　税务机关向开户银行支付的结算费用列入各级税务机关预算。

第四章　账户管理和监督

第十六条　税务机关税收会计部门负责税务代保管资金账户的日常管理,履行以下职责:

(一)办理税务代保管资金账户的开立、变更、撤销手续;

(二)填制、收集、审核相关原始凭证;

(三)办理资金收付及账户资金余额核对;

(四)负责税务代保管资金账户资金的会计核算;

(五)负责各种报表、信息的统计和编报;

(六)履行其他相关的职责。

第十七条　税务机关负责征收、管理、稽查等业务的单位履行以下职责:

(一)向当事人依法制作、送达相关税务文书;

(二)填制、收集、审核、传递《税务代保管资金收入报告单》、《税务代保管资金申请支付审批单》以及其他相关原始凭证;

(三)设立税务代保管资金备查账;

(四)履行其他相关的职责。

第十八条　税务机关税收会计部门应当按月与负责征收、管理、稽查等业务的单位及开户银行核对税务代保管资金账户资金的余额;发现差异,应当及时查明原因,并予以调整。

第十九条　上级税务机关应当开通网上银行,利用开户银行的计算机网络系统,实现对所属税务机关税务代保管资金账户的实时查询,监督其资金收纳、支付情况。上级税务机关的上述网上银行,不得办理任何资金的收纳和支付。

第二十条　上级税务机关每年应当定期对所属单位税务代保管资金账户的开立、使用情况进行实地检查。

第二十一条　税务机关应当接受财政、人民银行、审计部门按照法律法规及相关规定对税务代保管资金账户开立、使用情况的检查和监督。

税务机关对检查、监督中反映的情况和问题,应当及时调查核实,并限期整改。

第五章　会 计 核 算

第二十二条　税务代保管资金账户资金及其运动,均应当纳入税收会计核算范围。

第二十三条　税务机关是税务代保管资金的会计核算单位。各核算单位应当设置税收会计、出纳人员,按照税收会计制度和本办法的规定,及时、准确地进行会计核算。

第二十四条　会计人员应当根据合法、有效的原始凭证进行会计核算。任何部门、单位和个人不得授意、指使、强令税收会计人员篡改会计资料或者提供虚假的会计资料。

资金收入原始凭证主要有:税务代保管资金收入报告单,税务代保管资金专用收据,银行进账回执联或收账通知单等。

资金支付原始凭证主要有:税务代保管申请支付审批单,支票存根联,收款方开具的收款凭证等。

第二十五条　各核算单位应当按照税收会计核算制度设置总账、明细账、辅助账。在"暂收款""保管款"两类总账科目下分别设置明细科目核算税务代保管资金账户的资金收入、支出。

第二十六条　"暂收款"科目按照纳税人设置二级明细科目,按照税务代保管资金内容设置三级明细科目。

本科目"贷方"记实际收到的各类资金金额,"借方"记各类资金的支出或退还金额。即实际收到各类资金时,借记"保管款"科目,贷记本科目;缴库、依法支付费用或退还缴款人及其他当事人资金时,借记本科目,贷记"保管款"科目。余额在"贷方",表示暂收款未处理数。年终余额应结转下年度继续处理。

第二十七条 "保管款"科目分别设置银行存款和现金两个明细科目。

本科目"借方"记存放在税务代保管账户资金的增加数,"贷方"记减少数。年终余额应结转下年度继续处理。

第二十八条 各核算单位应当加强现金的监督管理,设置现金登记簿对现金进行登记。

第二十九条 各核算单位应当按期向上一级税务机关编报《税务代保管资金明细月报表》(格式见附件4),以月度为报表期,以年度为决算期,按照税务代保管资金的内容详细反映税务代保管资金收支变动情况。

第六章 相关责任

第三十条 违反本办法规定擅自开立税务代保管资金账户的,应责令立即撤销税务代保管资金账户,对单位主要领导、直接主管人员和其他直接责任人员给予警告直至记大过处分。

第三十一条 未按规定变更、撤销税务代保管资金账户的,责令限期改正,对单位主要领导、直接主管人员和其他直接责任人员给予批评教育;造成后果的,对单位主要领导、直接主管人员和其他直接责任人员给予警告直至记大过处分。

第三十二条 故意将税务代保管资金账户与经费账户混用的,责令限期改正,对单位主要领导、直接主管人员和其他直接责任人员给予批评教育;情节严重的,对单位主要领导、直接主管人员和其他直接责任人员给予警告直至记大过处分。

第三十三条 税务机关、税务人员有下列行为之一的,对单位主要领导、直接主管人员和其他直接责任人员依纪给予行政处分,构成犯罪的,移送司法机关依法追究刑事责任:

(一)利用税务代保管资金账户转移国家税款的。

(二)利用税务代保管资金账户延压、截留国家税款的。

(三)利用税务代保管资金账户擅自改变税款入库预算科目、预算级次的。

(四)贪污、挪用税务代保管资金的。

(五)未按"限期限额"规定将现金存入税务代保管资金账户的。

(六)以税务代保管资金提供担保等其他改变资金用途的。

(七)未将税务代保管资金纳入税务代保管资金账户管理的。

第三十四条 伪造、变造、隐匿、擅自销毁会计凭证、会计账簿,编造虚假会计报告,构成犯罪的,移送司法机关依法追究刑事责任;尚未构成犯罪的,依纪给予行政处分。

第七章 附 则

第三十五条 本办法涉及的处理业务期限以工作日计算,不含法定节假日。

第三十六条 本办法由国家税务总局、财政部和中国人民银行负责解释。

第三十七条 本办法自印发之日起施行。

4.《国家税务总局关于开立税务代保管资金账户有关问题的紧急通知》(2006年8月11日颁布 2006年8月11日实施 国税函〔2006〕755号)

各省、自治区、直辖市和计划单列市国家税务局、地方税务局:

为规范税务代保管资金管理,2005年11月,国家税务总局、财政部、中国人民银行下发了《关于印发〈税务代保管资金账户管理办法〉的通知》(国税发〔2005〕181号),要求纳税保证金、发票保证金、纳税担保金等税务机关保管款应当纳入税务代保管资金账户管理。现将开立税务代保管资金账户有关问题通知如下:

一、经国家税务总局公开招标,税务代保管资金账户银行代理项目由中国农业银行和中信银行中标。各地接到本通知后,应按照国税发〔2005〕181号文件有关要求,及时办理税务代保管资金账户的开户业务。

二、国税局系统的税务代保管资金账户由省级国家税务局计统部门统一向财政部驻当地财政监察专员办事处办理申请及报批手续;地税局系统的税务代保管资金账户由县级以上(含县级)地方税务局计统部门向同级地方财政部门申请办理开户相关手续。

三、各地开立和使用税务代保管资金账户,应当按照国家税务总局集中采购中心与中标银行签订的《国家税务总局税务代保管资金代理银行项目合同》有关规定支付费用。具体是:基本结算费用执行《国家计委、中国人民银行关于进一步规范银行结算业务收费的通知》(计价费〔1996〕184号,见附件1)、《国家计委、中国人民银行关于制定电子汇划收费标准的通知》(计价格〔2001〕791号,见附件2);对公账户管理费、网上银行工本费、网上银行年服务费几项免费。

四、各地开立税务代保管资金账户后,要加强管理,严格按照《税务代保管资金账户管理办法》第八条规定的项目存储和结算资金,不得通过税务代保管资金账户收纳、缴库其他款项。

五、上级税务机关应对所属税务机关税务代保管资金账户加强日常查询和监控,并定期对账户的开立、使用情况进行检查。

5.《国家税务总局 财政部 中国人民银行关于税务代保管资金账户管理有关问题的通知》(2007年3月20日颁布　2007年3月20日实施　国税发〔2007〕12号)

各省、自治区、直辖市和计划单列市国家税务局、地方税务局、财政厅(局),财政部驻各省、自治区、直辖市、计划单列市财政监察专员办事处,中国人民银行上海总部,各分行、营业管理部、省会(首府)城市中心支行,大连、青岛、宁波、厦门、深圳市中心支行:

2006年8月以来,各地税务机关按照《国家税务总局、财政部、中国人民银行关于印发〈税务代保管资金账户管理办法〉的通知》(国税发〔2005〕181号)和《国家税务总局关于开立税务代保管资金账户有关问题的紧急通知》(国税函〔2006〕755号)有关规定,陆续在中国农业银行或中信银行开立税务代保管资金账户。为进一步加强税务代保管资金账户查询和监控,规范账户管理,现就有关问题通知如下:

一、关于开通税务代保管资金账户查询功能的问题

(一)税务代保管资金账户的开户银行应提供公用(或专用)

网上银行系统,根据其与开立税务代保管资金专用存款账户的税务机关的协议,为税务代保管资金专用存款账户开通相应的账户查询功能,实现上级税务机关对所属税务机关税务代保管资金账户的实时查询,监督其资金收纳、支付情况,包括资金的发生日期、收入金额、支出金额、余额以及资金收入种类、付出种类等明细情况。

中国农业银行总行和中信银行总行根据国家税务总局提供的全国税务机关机构代码确定各级查询权限,在网上银行后台系统设置和维护账户信息、操作员信息、权限信息,并根据查询权限向税务机关统一发放税务代保管资金账户查询证书。

(二)中国农业银行总行和中信银行总行应分别为国家税务总局、财政部开通税务代保管资金账户的查询功能,国家税务总局、财政部对各级税务机关税务代保管资金账户的开立和使用等情况可进行实时查询和监控。

二、关于税务代保管资金账户的查询监控问题

(一)上级税务机关应当利用账户查询功能,加强对所属税务机关税务代保管资金账户的监督和检查。开通查询功能的税务机关,应设置专岗、确定人员,定期(间隔时间最长为一个月)登录开户银行网上银行系统的税务代保管资金账户查询系统,全面查询(打印)、监控所属税务机关代保管资金账户的金额和种类等使用情况,查询种类包括实时查询、按期查询、分地区查询等。

(二)各税收会计核算单位应当按期向上一级税务机关编报《税务代保管资金明细月报表》,以月度为报表期,以年度为决算期,按照税务代保管资金的内容详细反映税务代保管资金收支变动情况。《税务代保管资金明细月报表》的表式、填报口径等按照《国家税务总局关于印发 2007 年税收会计统计报表制度的通知》(国税函〔2006〕1201 号)中有关规定执行。上级税务机关应加强对查询信息和《税务代保管资金明细月报表》有关信息的比对、审核。

(三)上级税务机关通过查询发现所属税务机关税务代保管资

金账户的收纳、支付等情况异常的,应立即查找原因,掌握具体情况,必要时应通过调取原始凭证、实地检查等方式,及时发现和解决问题。

(四)上级税务机关应当定期对所属税务机关开立和使用税务代保管资金账户的情况进行实地检查,省市税务机关和地市税务机关每年至少要分别组织一次抽查,总共抽查面不得低于30%。为避免对所属税务机关重复检查,省市税务机关与地市税务机关要加强信息沟通,合理确定检查单位。账户检查内容主要包括税务机关是否合法、规范、准确地使用税务代保管资金账户,是否发生《税务代保管资金账户管理办法》第三十条、第三十一条、第三十二条、第三十三条、第三十四条列举的各类行为或其他违规行为。

(五)各级税务机关对在账户查询监控中发现的问题,要限期整改,并及时向上级税务机关书面报告。对发现擅自开立税务代保管资金账户,利用税务代保管资金账户延压、截留国家税款,贪污、挪用税务代保管资金等重大问题的,必须逐级上报至国家税务总局(计划统计司)。

各县市税务机关应将税务机关名称及代码、税务代保管资金账户的开户银行网点名称、账户名称、账号、上级税务机关名称及代码等情况,于2007年4月20日前逐级上报至国家税务总局(计划统计司)。请各地按照统一表式上报。表式下载及上报地址:FTP:/centre/计统司/会计处/银行账户。

三、关于税务代保管资金票证管理问题

(一)关于《税务代保管资金专用收据》

税务机关收取税务代保管资金时,应当按要求填开《中华人民共和国税务代保管资金专用收据》(以下简称《专用收据》)。《专用收据》一式三联,第一联(存根联),税务机关留存,白纸黑油墨;第二联(收据联),税务机关盖章后交缴款人留存,白纸红油墨;第三联(记账联),税务机关作为会计凭证,白纸蓝油墨。《专用收据》第二联(收据联)的抬头中央套印税收票证监制章。

《专用收据》的字号编制方法、机构区别标记均按《国家税务总局关于核发税收票证统一式样的通知》(国税发〔1998〕77号)有关规定执行。票证式样、边沿尺寸及内部栏次尺寸见附件。

《专用收据》"类别"栏的填写内容应当与《税务代保管资金收入报告单》中的"款项类别"一致(《税务代保管资金收入报告单》"款项类别"包括:纳税保证金、发票保证金、纳税担保金、税收保全款、拍卖变卖款、其他),不得超范围使用;"备注"栏应注明"现金"或"转账"等缴款方式。

《专用收据》视同现金类税收票证管理,由省级税务机关统一印制发放。各地必须按照本通知所附纸质票样的边沿尺寸、内部栏次尺寸等印制。

启用《专用收据》后,停止使用《中华人民共和国纳税保证金收据》,并由省市或地市税务机关集中销毁库存的《中华人民共和国纳税保证金收据》。

(二)关于税务代保管资金专用章

税务代保管资金专用章,是税务机关办理税务代保管资金收取、支付和管理业务时使用,并在税务机关代保管资金账户开户银行预留印鉴的税务代保管资金业务专用公章。税务机关填开《税务代保管资金专用收据》时,在税务机关盖章处加盖本章。办理账户资金支付时,在支付票据上加盖本章。税务代保管资金专用章只能用于税务代保管资金的收纳和支付,不得作为他用,也不得以税务机关的机关公章、征税专用章等其他章戳代替本章。

税务代保管资金专用章的形状为圆形,边沿直径为30mm,边沿刻一道粗圈,其宽度为1mm。字体为宋体。刻制内容和刻章方法如下:

税务代保管资金专用章环边位置刻征收机关名称"××省(市、区)××市(地、州、盟)××县(市、区、旗)国家税务局(或地方税务局)"或"××省(市、区)××市(地、州、盟)国家税务局(或地方税务局)××分局"字样。征收机关名称字数多的,可适当简化,简化方法请参考国税发〔1998〕77号文件规定的"征税专用章"和"退库专用章"的刻制方法。"税务代保管资金专用章"字样分两行刻制,中央位置刻"税务代保管资金"字样,中央下一行位置刻"专用章"字样,并分散居中。

税务代保管资金专用章由直接负责税款征收并开立税务代保管资金账户的县市以上(含县市)税务机关刻制使用,并将专用章底样报省市税务机关备案。

(三)关于税款缴库凭证

对于税务代保管资金账户中经确认属于税款的资金,税务机关应于确认之日起3个工作日内,分税种、分纳税人填制《税收通用缴款书》,将税款解缴国库。《税收通用缴款书》中,缴款单位(人)代码为纳税人识别号,缴款单位(人)全称栏按"开立账户的税务征收机关的全称(纳税人全称)"填写,开户银行为对应开立"税务代保管资金"账户的银行网点名称,账号为"税务代保管资金"账户账号,税务机关盖章栏应加盖"征税专用章",缴款书第二联(付款凭证)的缴款单位(人)盖章栏加盖"税务代保管资金专用章"。税收会计将国库返回的《税收通用缴款书》第四联(回执)复印件及《税务代保管资金申请支付审批单》等作为账户资金缴纳税款的原始凭证。

当地税务、国库、商业银行已实现横向联网电子缴税的,可通过电子缴税系统实施税款划缴。

(四)关于资金支付时收款方开具的收款凭证

税务机关从税务代保管资金中向纳税人支付款项时,如纳税人已开立银行结算账户的,通过转账方式支付,纳税人应开具收款收据,收款经办人签章;纳税人未开立银行结算账户的,通过现金支付,纳税人应出具收条,收款经办人签章。税收会计将有关收据与《税务代保管资金申请支付审批单》一并作为账户资金支付的原始凭证。

四、关于税务代保管资金账户利息缴库和结算费用的支付问题

各地税务机关应当按照《税务代保管资金账户管理办法》第十四条和第十五条有关规定,办理税务代保管资金账户资金利息缴

库以及向开户银行支付结算费用等事宜。税务机关应根据银行返回的利息入账通知单记账,借记"保管款——银行存款",贷记"暂收款——其他";年终,税务机关填制从财政部门领取的一般缴款书,将利息余额以"其他利息收入"科目(2007年科目编码103070599)一次缴入国库,并根据国库返回的一般缴款书(回执)记账,借记"暂收款——其他",贷记"保管款——银行存款"。税务代保管资金账户有关业务发生的费用应在税务机关财务部门列支,不得直接从税务代保管资金账户支付。

五、关于清理以前年度的代保管资金转入账户问题

对于按照《国家税务总局关于加强发票保证金管理的通知》(国税函〔2006〕735号)规定,清理检查以前年度收取的发票保证金后,发生纳税人已按期缴销发票但无法找到纳税人情形的,应将发票保证金存入税务代保管资金账户。税务机关应当分纳税人填制《税务代保管资金收入报告单》(以下简称《报告单》),由原具体受理税务代保管资金具体行政行为的税务部门在《报告单》交款事由栏对资金来源、有关清理转入情况等进行说明。经税务机关主要负责人批准后,将《报告单》转入计统部门。税务机关计统部门根据《报告单》填制银行进账单,并以银行进账回执联或收账通知单和《报告单》作为原始凭证,分纳税人进行会计账务处理,待纳税人申请退还时,从该账户办理退款。税务机关清理以前年度发生的纳税保证金、纳税担保金、税收保全款、拍卖变卖款等项目的代保管资金需要转入账户的,也按相同方式予以办理。

6.《国家税务总局关于扣缴义务人应扣未扣应收不收税款处以罚款使用收入科目和级次的批复》(2007年7月12日颁布 2007年7月12日实施 国税函〔2007〕760号)

广东省地方税务局:

你局《关于对扣缴义务人应扣未扣、应收而不收税款行为处以罚款使用收入科目及级次问题的请示》(粤地税发〔2007〕141号)收悉。经研究,批复如下:

根据《财政部关于税务部门罚没收入预算管理有关问题的通

知》(财预字〔1999〕517号)、《国家税务总局关于严格执行税收罚款入库制度的通知》(国税发〔1999〕128号)、《国家税务总局关于调整查补税金会计核算事项的通知》(国税函〔2004〕485号)有关规定,税务机关按照《税收征管法》第六十九条规定,对扣缴义务人处以应扣未扣、应收不收税款一定比例或倍数的罚款,应当随应扣未扣、应收不收税款相应税种的滞纳金罚款收入科目和级次入库。

7.《国家税务总局关于税务机关代征各种基金、费有关征缴入库和会统核算问题的通知》(2011年3月4日颁布　2011年3月4日实施　国税函〔2011〕137号)

各省、自治区、直辖市和计划单列市国家税务局、地方税务局:

最近,部分地区税务机关询问税务部门代征各种基金、费的相关征缴方式、票证使用和会统核算等问题。现将有关问题重申并明确如下:

一、为方便纳税人,提高基层税务机关工作效率,各地税务机关应严格遵照税务总局关于税款征缴、税库银联网电子缴税、税收票证管理和会统核算的有关规定,统一开展各项税款、基金、费的征缴、票证和会统核算工作,确保各项会统工作的规范运行。

二、税务机关应当采用税收征缴方式代征各种基金、费。税务机关应在税收征管信息系统和税库银联网电子缴税系统中增设有关代征基金、费的项目内容,在同一系统中,办理税款、基金、费的征收缴纳业务,实现税务机关征收税款、基金、费的一体化管理。

三、根据《国家税务总局关于印发〈税收票证管理办法〉的通知》(国税发〔1998〕32号)规定,税收票证是税务机关组织税款、基金、费用及滞纳金、罚款等各项收入时使用的法定收款和退款凭证。税务机关代征各种基金、费时,应根据缴款人电子、转账、现金、刷卡等不同的缴款方式,统一使用相关税收票证作为缴款人的缴款凭证。

四、各级税务机关对代征基金、费进行税收会计、统计核算时,应严格按照税务总局规定的相应会计科目、报表项目进行账务处理和报表编制,准确核算反映基金、费的应征、欠缴、减免、入库和退库情况。

8.《国家税务总局关于税务机关协助执行人民法院裁定有关问题的批复》(2013年8月14日颁布　2013年8月14日实施　税总函〔2013〕466号)

广东省国家税务局：

你局《关于罗湖区法院判决深圳飞镖公司犯非法经营罪要求东莞市国税局配合其追缴非法所得有关涉税问题的请示》(粤国税发〔2012〕184号)收悉。经研究，批复如下：

一、人民法院的生效判决、裁定，税务机关应当执行。

二、相关款项应当直接退至深圳市罗湖区人民法院指定账户。由于深圳市罗湖区人民法院不是已入库税款的纳税人，退款行为系将税款退至异地第三方账户，因此，在办理退税手续时，应当对此作出特别说明，并将深圳市罗湖区人民法院的相关法律文书一并送交东莞市当地国库办理。

第四章　税务检查

第五十四条　【税务检查】税务机关有权进行下列税务检查：

(一)检查纳税人的帐簿、记帐凭证、报表和有关资料，检查扣缴义务人代扣代缴、代收代缴税款帐簿、记帐凭证和有关资料；

(二)到纳税人的生产、经营场所和货物存放地检查纳税人应纳税的商品、货物或者其他财产，检查扣缴义务人与代扣代缴、代收代缴税款有关的经营情况；

(三)责成纳税人、扣缴义务人提供与纳税或者代扣代缴、代收代缴税款有关的文件、证明材料和有关资料；

(四)询问纳税人、扣缴义务人与纳税或者代扣代缴、代收代缴税款有关的问题和情况；

(五)到车站、码头、机场、邮政企业及其分支机构检查纳税人托运、邮寄应纳税商品、货物或者其他财产的有关单据、凭证和有关资料；

（六）经县以上税务局（分局）局长批准，凭全国统一格式的检查存款帐户许可证明，查询从事生产、经营的纳税人、扣缴义务人在银行或者其他金融机构的存款帐户。税务机关在调查税收违法案件时，经设区的市、自治州以上税务局（分局）局长批准，可以查询案件涉嫌人员的储蓄存款。税务机关查询所获得的资料，不得用于税收以外的用途。

一、税收行政法规

《中华人民共和国税收征收管理法实施细则》（2002年9月7日中华人民共和国国务院令第362号公布　根据2012年11月9日《国务院关于修改和废止部分行政法规的决定》第一次修订　根据2013年7月18日《国务院关于废止和修改部分行政法规的决定》第二次修订　根据2016年2月6日《国务院关于修改部分行政法规的决定》第三次修订）

第八十五条　税务机关应当建立科学的检查制度，统筹安排检查工作，严格控制对纳税人、扣缴义务人的检查次数。

税务机关应当制定合理的税务稽查工作规程，负责选案、检查、审理、执行的人员的职责应当明确，并相互分离、相互制约，规范选案程序和检查行为。

税务检查工作的具体办法，由国家税务总局制定。

第八十六条　税务机关行使税收征管法第五十四条第（一）项职权时，可以在纳税人、扣缴义务人的业务场所进行；必要时，经县以上税务局（分局）局长批准，可以将纳税人、扣缴义务人以前会计年度的账簿、记账凭证、报表和其他有关资料调回税务机关检查，但是税务机关必须向纳税人、扣缴义务人开付清单，并在3个月内完整退还；有特殊情况的，经设区的市、自治州以上税务局局长批准，税务机关可以将纳税人、扣缴义务人当年的账簿、记账凭证、报表和其他有关资料调回检查，但是税务机关必须在30日内退还。

第八十七条 税务机关行使税收征管法第五十四条第(六)项职权时,应当指定专人负责,凭全国统一格式的检查存款账户许可证明进行,并有责任为被检查人保守秘密。

检查存款账户许可证明,由国家税务总局制定。

税务机关查询的内容,包括纳税人存款账户余额和资金往来情况。

二、税务规章

《税务稽查案件办理程序规定》(2021年7月12日颁布 2021年8月11日实施 国家税务总局令第52号)

《税务稽查案件办理程序规定》,已经2021年6月18日国家税务总局2021年度第2次局务会议审议通过,现予公布,自2021年8月11日起施行。

国家税务总局局长:王军

2021年7月12日

税务稽查案件办理程序规定

第一章 总 则

第一条 为了贯彻落实中共中央办公厅、国务院办公厅印发的《关于进一步深化税收征管改革的意见》,保障税收法律、行政法规的贯彻实施,规范税务稽查案件办理程序,强化监督制约机制,保护纳税人、扣缴义务人和其他涉税当事人合法权益,根据《中华人民共和国税收征收管理法》(以下简称税收征管法)、《中华人民共和国税收征收管理法实施细则》(以下简称税收征管法实施细则)等法律、行政法规,制定本规定。

第二条 稽查局办理税务稽查案件适用本规定。

第三条 办理税务稽查案件应当以事实为根据,以法律为准绳,坚持公平、公正、公开、效率的原则。

第四条 税务稽查由稽查局依法实施。稽查局主要职责是依法对纳税人、扣缴义务人和其他涉税当事人履行纳税义务、扣缴义务情况及涉税事项进行检查处理,以及围绕检查处理开展的其他相关工作。稽查局具体职责由国家税务总局依照税收征管法、税收征管法实施细则和国家有关规定确定。

第五条 稽查局办理税务稽查案件时,实行选案、检查、审理、执行分工制约原则。

第六条 稽查局应当在税务局向社会公告的范围内实施税务稽查。上级税务机关可以根据案件办理的需要指定管辖。

税收法律、行政法规和国家税务总局规章对税务稽查管辖另有规定的,从其规定。

第七条 税务稽查管辖有争议的,由争议各方本着有利于案件办理的原则逐级协商解决;不能协商一致的,报请共同的上级税务机关决定。

第八条 税务稽查人员具有税收征管法实施细则规定回避情形的,应当回避。

被查对象申请税务稽查人员回避或者税务稽查人员自行申请回避的,由稽查局局长依法决定是否回避。稽查局局长发现税务稽查人员具有规定回避情形的,应当要求其回避。稽查局局长的回避,由税务局局长依法审查决定。

第九条 税务稽查人员对实施税务稽查过程中知悉的国家秘密、商业秘密或者个人隐私、个人信息,应当依法予以保密。

纳税人、扣缴义务人和其他涉税当事人的税收违法行为不属于保密范围。

第十条 税务稽查人员应当遵守工作纪律,恪守职业道德,不得有下列行为:

(一)违反法定程序、超越权限行使职权;

(二)利用职权为自己或者他人牟取利益;

(三)玩忽职守,不履行法定义务;

(四)泄露国家秘密、工作秘密,向被查对象通风报信、泄露案情;

(五)弄虚作假,故意夸大或者隐瞒案情;

(六)接受被查对象的请客送礼等影响公正执行公务的行为；
(七)其他违法违纪行为。

税务稽查人员在执法办案中滥用职权、玩忽职守、徇私舞弊的，依照有关规定严肃处理；涉嫌犯罪的，依法移送司法机关处理。

第十一条 税务稽查案件办理应当通过文字、音像等形式，对案件办理的启动、调查取证、审核、决定、送达、执行等进行全过程记录。

第二章 选 案

第十二条 稽查局应当加强稽查案源管理，全面收集整理案源信息，合理、准确地选择待查对象。案源管理依照国家税务总局有关规定执行。

第十三条 待查对象确定后，经稽查局局长批准实施立案检查。

必要时，依照法律法规的规定，稽查局可以在立案前进行检查。

第十四条 稽查局应当统筹安排检查工作，严格控制对纳税人、扣缴义务人的检查次数。

第三章 检 查

第十六条 检查应当依照法定权限和程序，采取实地检查、调取账簿资料、询问、查询存款账户或者储蓄存款、异地协查等方法。

对采用电子信息系统进行管理和核算的被查对象，检查人员可以要求其打开该电子信息系统，或者提供与原始电子数据、电子信息系统技术资料一致的复制件。被查对象拒不打开或者拒不提供的，经稽查局局长批准，可以采用适当的技术手段对该电子信息系统进行直接检查，或者提取、复制电子数据进行检查，但所采用的技术手段不得破坏该电子信息系统原始电子数据，或者影响该电子信息系统正常运行。

第十七条 检查应当依照法定权限和程序收集证据材料。收集的证据必须经查证属实，并与证明事项相关联。

不得以下列方式收集、获取证据材料：

(一)严重违反法定程序收集；

(二)以违反法律强制性规定的手段获取且侵害他人合法权益；

(三)以利诱、欺诈、胁迫、暴力等手段获取。

第二十条 询问应当由两名以上检查人员实施。除在被查对象生产、经营、办公场所询问外,应当向被询问人送达询问通知书。

询问时应当告知被询问人有关权利义务。询问笔录应当交被询问人核对或者向其宣读；询问笔录有修改的,应当由被询问人在改动处捺指印；核对无误后,由被询问人在尾页结束处写明"以上笔录我看过(或者向我宣读过),与我说的相符",并逐页签章、捺指印。被询问人拒绝在询问笔录上签章、捺指印的,检查人员应当在笔录上注明。

第二十四条 检查人员实地调查取证时,可以制作现场笔录、勘验笔录,对实地调查取证情况予以记录。

制作现场笔录、勘验笔录,应当载明时间、地点和事件等内容,并由检查人员签名和当事人签章。

当事人经通知不到场或者拒绝在现场笔录、勘验笔录上签章的,检查人员应当在笔录上注明原因；如有其他人员在场,可以由其签章证明。

第二十五条 检查人员异地调查取证的,当地税务机关应当予以协助；发函委托相关稽查局调查取证的,必要时可以派人参与受托地稽查局的调查取证,受托地稽查局应当根据协查请求,依照法定权限和程序调查。

需要取得境外资料的,稽查局可以提请国际税收管理部门依照有关规定程序获取。

第二十六条 查询从事生产、经营的纳税人、扣缴义务人存款账户,应当经县以上税务局局长批准,凭检查存款账户许可证明向相关银行或者其他金融机构查询。

查询案件涉嫌人员储蓄存款的,应当经设区的市、自治州以上税务局局长批准,凭检查存款账户许可证明向相关银行或者其他金融机构查询。

第二十七条　被查对象有下列情形之一的,依照税收征管法和税收征管法实施细则有关逃避、拒绝或者以其他方式阻挠税务检查的规定处理:

(一)提供虚假资料,不如实反映情况,或者拒绝提供有关资料的;

(二)拒绝或者阻止税务机关记录、录音、录像、照相和复制与案件有关的情况和资料的;

(三)在检查期间转移、隐匿、销毁有关资料的;

(四)有不依法接受税务检查的其他情形的。

第三十三条　有下列情形之一,致使检查暂时无法进行的,经稽查局局长批准后,中止检查:

(一)当事人被有关机关依法限制人身自由的;

(二)账簿、记账凭证及有关资料被其他国家机关依法调取且尚未归还的;

(三)与税收违法行为直接相关的事实需要人民法院或者其他国家机关确认的;

(四)法律、行政法规或者国家税务总局规定的其他可以中止检查的。

中止检查的情形消失,经稽查局局长批准后,恢复检查。

第三十四条　有下列情形之一,致使检查确实无法进行的,经稽查局局长批准后,终结检查:

(一)被查对象死亡或者被依法宣告死亡或者依法注销,且有证据表明无财产可抵缴税款或者无法定税收义务承担主体的;

(二)被查对象税收违法行为均已超过法定追究期限的;

(三)法律、行政法规或者国家税务总局规定的其他可以终结检查的。

第三十五条　检查结束前,检查人员可以将发现的税收违法事实和依据告知被查对象。

被查对象对违法事实和依据有异议的,应当在限期内提供说明及证据材料。被查对象口头说明的,检查人员应当制作笔录,由当事人签章。

第四章 审 理

第三十六条 检查结束后,稽查局应当对案件进行审理。符合重大税务案件标准的,稽查局审理后提请税务局重大税务案件审理委员会审理。

重大税务案件审理依照国家税务总局有关规定执行。

第三十七条 案件审理应当着重审核以下内容:

(一)执法主体是否正确;

(二)被查对象是否准确;

(三)税收违法事实是否清楚,证据是否充分,数据是否准确,资料是否齐全;

(四)适用法律、行政法规、规章及其他规范性文件是否适当,定性是否正确;

(五)是否符合法定程序;

(六)是否超越或者滥用职权;

(七)税务处理、处罚建议是否适当;

(八)其他应当审核确认的事项或者问题。

第三十八条 有下列情形之一的,应当补正或者补充调查:

(一)被查对象认定错误的;

(二)税收违法事实不清、证据不足的;

(三)不符合法定程序的;

(四)税务文书不规范、不完整的;

(五)其他需要补正或者补充调查的。

第三十九条 拟对被查对象或者其他涉税当事人作出税务行政处罚的,应当向其送达税务行政处罚事项告知书,告知其依法享有陈述、申辩及要求听证的权利。税务行政处罚事项告知书应当包括以下内容:

(一)被查对象或者其他涉税当事人姓名或者名称、有效身份证件号码或者统一社会信用代码、地址。没有统一社会信用代码

的,以税务机关赋予的纳税人识别号代替;

(二)认定的税收违法事实和性质;

(三)适用的法律、行政法规、规章及其他规范性文件;

(四)拟作出的税务行政处罚;

(五)当事人依法享有的权利;

(六)告知书的文号、制作日期、税务机关名称及印章;

(七)其他相关事项。

第四十条 被查对象或者其他涉税当事人可以书面或者口头提出陈述、申辩意见。对当事人口头提出陈述、申辩意见,应当制作陈述申辩笔录,如实记录,由陈述人、申辩人签章。

应当充分听取当事人的陈述、申辩意见;经复核,当事人提出的事实、理由或者证据成立的,应当采纳。

第四十一条 被查对象或者其他涉税当事人按照法律、法规、规章要求听证的,应当依法组织听证。

听证依照国家税务总局有关规定执行。

第四十二条 经审理,区分下列情形分别作出处理:

(一)有税收违法行为,应当作出税务处理决定的,制作税务处理决定书;

(二)有税收违法行为,应当作出税务行政处罚决定的,制作税务行政处罚决定书;

(三)税收违法行为轻微,依法可以不予税务行政处罚的,制作不予税务行政处罚决定书;

(四)没有税收违法行为的,制作税务稽查结论。

税务处理决定书、税务行政处罚决定书、不予税务行政处罚决定书、税务稽查结论引用的法律、行政法规、规章及其他规范性文件,应当注明文件全称、文号和有关条款。

第四十三条 税务处理决定书应当包括以下主要内容:

(一)被查对象姓名或者名称、有效身份证件号码或者统一社会信用代码、地址。没有统一社会信用代码的,以税务机关赋予的纳税人识别号代替;

(二)检查范围和内容;

(三)税收违法事实及所属期间;

(四)处理决定及依据;

(五)税款金额、缴纳期限及地点;

(六)税款滞纳时间、滞纳金计算方法、缴纳期限及地点;

(七)被查对象不按期履行处理决定应当承担的责任;

(八)申请行政复议或者提起行政诉讼的途径和期限;

(九)处理决定书的文号、制作日期、税务机关名称及印章。

第四十四条 税务行政处罚决定书应当包括以下主要内容:

(一)被查对象或者其他涉税当事人姓名或者名称、有效身份证件号码或者统一社会信用代码、地址。没有统一社会信用代码的,以税务机关赋予的纳税人识别号代替;

(二)检查范围和内容;

(三)税收违法事实、证据及所属期间;

(四)行政处罚种类和依据;

(五)行政处罚履行方式、期限和地点;

(六)当事人不按期履行行政处罚决定应当承担的责任;

(七)申请行政复议或者提起行政诉讼的途径和期限;

(八)行政处罚决定书的文号、制作日期、税务机关名称及印章。

税务行政处罚决定应当依法公开。公开的行政处罚决定被依法变更、撤销、确认违法或者确认无效的,应当在3个工作日内撤回原行政处罚决定信息并公开说明理由。

第四十五条 不予税务行政处罚决定书应当包括以下主要内容:

(一)被查对象或者其他涉税当事人姓名或者名称、有效身份证件号码或者统一社会信用代码、地址。没有统一社会信用代码的,以税务机关赋予的纳税人识别号代替;

(二)检查范围和内容;

(三)税收违法事实及所属期间;

（四）不予税务行政处罚的理由及依据；

（五）申请行政复议或者提起行政诉讼的途径和期限；

（六）不予行政处罚决定书的文号、制作日期、税务机关名称及印章。

第四十六条 税务稽查结论应当包括以下主要内容：

（一）被查对象姓名或者名称、有效身份证件号码或者统一社会信用代码、地址。没有统一社会信用代码的，以税务机关赋予的纳税人识别号代替；

（二）检查范围和内容；

（三）检查时间和检查所属期间；

（四）检查结论；

（五）结论的文号、制作日期、税务机关名称及印章。

第四十七条 稽查局应当自立案之日起 90 日内作出行政处理、处罚决定或者无税收违法行为结论。案情复杂需要延期的，经税务局局长批准，可以延长不超过 90 日；特殊情况或者发生不可抗力需要继续延期的，应当经上一级税务局分管副局长批准，并确定合理的延长期限。但下列时间不计算在内：

（一）中止检查的时间；

（二）请示上级机关或者征求有权机关意见的时间；

（三）提请重大税务案件审理的时间；

（四）因其他方式无法送达，公告送达文书的时间；

（五）组织听证的时间；

（六）纳税人、扣缴义务人超期提供资料的时间；

（七）移送司法机关后，税务机关需根据司法文书决定是否处罚的案件，从司法机关接受移送到司法文书生效的时间。

第四十八条 税收违法行为涉嫌犯罪的，填制涉嫌犯罪案件移送书，经税务局局长批准后，依法移送公安机关，并附送以下资料：

（一）涉嫌犯罪案件情况的调查报告；

（二）涉嫌犯罪的主要证据材料复制件；

(三)其他有关涉嫌犯罪的材料。

第五章 执 行

第四十九条 稽查局应当依法及时送达税务处理决定书、税务行政处罚决定书、不予税务行政处罚决定书、税务稽查结论等税务文书。

第五十条 具有下列情形之一的,经县以上税务局局长批准,稽查局可以依法强制执行,或者依法申请人民法院强制执行:

(一)纳税人、扣缴义务人未按照规定的期限缴纳或者解缴税款、滞纳金,责令限期缴纳逾期仍未缴纳的;

(二)经稽查局确认的纳税担保人未按照规定的期限缴纳所担保的税款、滞纳金,责令限期缴纳逾期仍未缴纳的;

(三)当事人对处罚决定逾期不申请行政复议也不向人民法院起诉、又不履行的;

(四)其他可以依法强制执行的。

第五十一条 当事人确有经济困难,需要延期或者分期缴纳罚款的,可向稽查局提出申请,经税务局局长批准后,可以暂缓或者分期缴纳。

第五十二条 作出强制执行决定前,应当制作并送达催告文书,催告当事人履行义务,听取当事人陈述、申辩意见。经催告,当事人逾期仍不履行行政决定,且无正当理由的,经县以上税务局局长批准,实施强制执行。

实施强制执行时,应当向被执行人送达强制执行决定书,告知其实施强制执行的内容、理由及依据,并告知其享有依法申请行政复议或者提起行政诉讼的权利。

催告期间,对有证据证明有转移或者隐匿财物迹象的,可以作出立即强制执行决定。

第五十三条 稽查局采取从被执行人开户银行或者其他金融机构的存款中扣缴税款、滞纳金、罚款措施时,应当向被执行人开户银行或者其他金融机构送达扣缴税收款项通知书,依法扣缴税款、滞纳金、罚款,并及时将有关凭证送达被执行人。

第五十四条 拍卖、变卖被执行人商品、货物或者其他财产,以拍卖、变卖所得抵缴税款、滞纳金、罚款的,在拍卖、变卖前应当依法进行查封、扣押。

稽查局拍卖、变卖被执行人商品、货物或者其他财产前,应当制作拍卖/变卖抵税财物决定书,经县以上税务局局长批准后送达被执行人,予以拍卖或者变卖。

拍卖或者变卖实现后,应当在结算并收取价款后3个工作日内,办理税款、滞纳金、罚款的入库手续,并制作拍卖/变卖结果通知书,附拍卖/变卖查封、扣押的商品、货物或者其他财产清单,经稽查局局长审核后,送达被执行人。

以拍卖或者变卖所得抵缴税款、滞纳金、罚款和拍卖、变卖等费用后,尚有剩余的财产或者无法进行拍卖、变卖的财产的,应当制作返还商品、货物或者其他财产通知书,附返还商品、货物或者其他财产清单,送达被执行人,并自办理税款、滞纳金、罚款入库手续之日起3个工作日内退还被执行人。

第五十五条 执行过程中发现涉嫌犯罪的,依照本规定第四十八条处理。

第五十六条 执行过程中发现有下列情形之一的,经稽查局局长批准后,中止执行:

(一)当事人死亡或者被依法宣告死亡,尚未确定可执行财产的;

(二)当事人进入破产清算程序尚未终结的;

(三)可执行财产被司法机关或者其他国家机关依法查封、扣押、冻结,致使执行暂时无法进行的;

(四)可供执行的标的物需要人民法院或者仲裁机构确定权属的;

(五)法律、行政法规和国家税务总局规定其他可以中止执行的。

中止执行情形消失后,经稽查局局长批准,恢复执行。

第五十七条 当事人确无财产可供抵缴税款、滞纳金、罚款或者依照破产清算程序确实无法清缴税款、滞纳金、罚款,或者有其他法定终结执行情形的,经税务局局长批准后,终结执行。

第五十八条 税务处理决定书、税务行政处罚决定书等决定性文书送达后,有下列情形之一的,稽查局可以依法重新作出:

(一)决定性文书被人民法院判决撤销的;

(二)决定性文书被行政复议机关决定撤销的;

(三)税务机关认为需要变更或者撤销原决定性文书的;

(四)其他依法需要变更或者撤销原决定性文书的。

第六章 附 则

第五十九条 本规定相关税务文书的式样,由国家税务总局规定。

第六十条 本规定所称签章,区分以下情况确定:

(一)属于法人或者其他组织的,由相关人员签名,加盖单位印章并注明日期;

(二)属于个人的,由个人签名并注明日期。

本规定所称"以上""日内",均含本数。

第六十一条 本规定自 2021 年 8 月 11 日起施行。《税务稽查工作规程》(国税发〔2009〕157 号印发,国家税务总局公告 2018 年第 31 号修改)同时废止。

三、税务规范性文件

1.《国家税务总局关于贯彻〈中华人民共和国税收征收管理法〉及其实施细则若干具体问题的通知》[①](2003 年 4 月 23 日颁布 2003 年 4 月 23 日实施 国税发〔2003〕47 号)

十一、关于账簿凭证的检查问题

征管法第五十四条第六款规定:"税务机关在调查税收违法案件时,经设区的市、自治州以上税务局(分局)局长批准,可以查询

---

① 根据国家税务总局公告 2018 年第 33 号《国家税务总局关于公布全文失效废止和部分条款失效废止的税收规范性文件目录的公告》文件的规定,第一条失效废止。

案件涉嫌人员的储蓄存款";实施细则第八十六条规定:"有特殊情况的,经设区的市、自治州以上税务局局长批准,税务机关可以将纳税人、扣缴义务人当年的账簿、记账凭证、报表和其他有关资料调回检查"。这里所称的"经设区的市、自治州以上税务局局长"包括地(市)一级(含直辖市下设区)的税务局局长。这里所称的"特殊情况"是指纳税人有下列情形之一:(一)涉及增值税专用发票检查的;(二)纳税人涉嫌税收违法行为情节严重的;(三)纳税人及其他当事人可能毁灭、藏匿、转移账簿等证据资料的;(四)税务机关认为其他需要调回检查的情况。

2.《国家税务总局关于进一步加强税收征管工作的若干意见》①(2004年8月24日颁布　2004年8月24日实施　国税发〔2004〕108号)

三、加大税务稽查力度

(一)充分发挥税务稽查的重要作用

加大稽查工作力度,严厉查处涉税违法案件,震慑和惩处涉税犯罪。重点查处伪造、倒卖、虚开增值税专用发票,利用作假账、多套账或账外经营手段偷逃税款,伪造海关代征进口增值税专用缴款书、运输发票、废旧物资普通发票和农产品收购发票等骗抵税款以及骗取出口退税等违法案件。对跨地区的大案要案,上级机关要直接指挥和组织协调,有关地区要积极协助主办部门调查取证。要切实做好税收专项检查统一组织工作,深入开展各项专项检查。

(二)建立健全稽查执法办案责任制

要建立健全首查责任制,增强责任意识,提高检查、办案的能力和水平,加快办案速度。要全面推行案件复查制度,对检查案件要确定一定比例定期进行复查。要坚持重大案件集体审理制度,要规范和加强对重大案件的审理工作。对税收违法行为涉嫌犯罪

---

① 根据《国家税务总局关于修改部分税收规范性文件的公告》(国家税务总局公告2018年第31号)对本文进行了修改,三、四、五删除了国地税相关用语,删除了第六点部分内容。

的案件,税务机关除依法进行行政处理(处罚)外,要严格执行国务院《行政执法机关移送涉嫌犯罪案件的规定》及相关法律、行政法规,及时移送公安机关处理,对徇私舞弊不依法移送的,必须依法追究责任。对收缴的税款、滞纳金、罚款等涉税款项,要严格按照规定缴入国库,违者要严肃处理。

(三)加强案例分析,查找管理漏洞

加强税务稽查的案例分析,及时掌握涉税案件的发生、分布特点,作案手段和发展动向,有针对性地采取措施,防范、打击涉税违法活动。对查处的案件,要进行认真剖析,通过案例分析,发现税收征管的薄弱环节,制定并采取整改措施,堵塞税收征管漏洞,充分发挥税务稽查对税款征收和税源管理的监督与促进作用。

(四)明确划分日常税务检查与税务稽查的职责

日常税务检查与税务稽查的职责范围要按照《国家税务总局关于进一步加强税收征管基础工作若干问题的意见》(国税发〔2003〕124号)规定的三条原则划分。各级税务机关要根据各地实际情况,制定具体管理办法,从税务检查的对象、范围、性质、时间等方面划清日常税务检查与税务稽查的业务边界。

为保持税务稽查选案、检查、审理和执行各环节的完整性,税务稽查案源主要从以下几个方面确定:举报案件;日常管理过程中发现有偷、逃、骗税等税收违法行为嫌疑、需要移送稽查的案件;上级交办的案件;稽查局按规定采取计算机选取或人工随机抽样等办法选取并与税源管理部门协调后确定的案件;外单位(包括国际情报交换)转办的案件等。

为保证税务稽查人员集中精力查处案件,以及征收、管理部门及时了解发票交叉稽核情况和有利于管理,增值税专用发票、运输发票、海关代征进口增值税专用缴款书、废旧物资普通发票和农产品收购发票以及税务机关为小规模纳税人代开增值税专用发票等经稽核系统筛选出的异常票,由协查系统转征收、管理部门进行审核,区分不同情况处理。属于采集、填写、打印、传输等一般技术性错误,无需立案查处的,由征收、管理部门进行处理;确有偷逃骗税以及虚开等嫌疑的,移送稽查部门查处。

(五)规范税务检查行为

税务人员进行税务检查,要严格执行税务检查程序,按照征管法及其实施细则的规定,出示税务检查通知书和税务检查证件。为避免多头重复检查,要严格控制检查次数和检查时间,制定统一的检查计划。各级税务机关要建立日常税务检查和税务稽查的协调机制,已经被税务稽查部门立案查处的,税源管理部门不再进行日常税务检查。

3.《国家税务总局关于印发〈税收违法案件发票协查管理办法(试行)〉的通知》(2013 年 6 月 19 日颁布　2013 年 6 月 19 日实施　税总发〔2013〕66 号)

各省、自治区、直辖市和计划单列市国家税务局、地方税务局:

为进一步规范税收违法案件发票协查工作,提高协查质量和效率,在充分调研和广泛征求意见的基础上,税务总局制定了《税收违法案件发票协查管理办法(试行)》,现印发你们,请认真贯彻执行。对执行过程中遇到的情况和问题,请及时反馈税务总局(稽查局)。

国家税务总局
2013 年 6 月 19 日

税收违法案件发票协查管理办法(试行)

第一章　总　　则

第一条　为了规范税收违法案件发票协查工作,提高协查管理工作效率,根据《中华人民共和国税收征收管理法》、《中华人民共和国发票管理办法》及相关法律法规,制订本办法。

第二条　税收违法案件发票协查是指查办税收违法案件的税务局稽查局(以下简称委托方)将需异地调查取证的发票委托有管辖权的税务局稽查局(以下简称受托方),开展调查取证的相关活动。

第三条　协查工作遵循合法、真实、相关和效率的原则。

第四条　税务局稽查局负责实施税收违法案件发票的协查。

第五条 国家税务总局应当逐步推进税收违法案件发票协查信息化,将税收违法案件发票协查全面纳入协查信息管理系统进行管理。

第二章 委托协查

第六条 委托方对税收违法案件中需调查取证的发票采取发函或者派人参与的方式进行协查。

发函是指委托方向受托方发出《税收违法案件协查函》,包括寄送纸质协查函和通过协查信息管理系统发出协查函。纸质协查函原则上采取同级发函的方式进行。

派人参与是指重大案件或者有特殊要求的案件,委托方可派人参与受托方的调查取证,提出取证要求。

第七条 委托方根据案件查办情况,确定协查对象,需要发起委托协查的,向受托方发出《税收违法案件协查函》。

《税收违法案件协查函》内容包括:委托方案件名称、基本案情、涉案发票记载的信息、已掌握的疑点或者线索、作案手法、提出有针对性的取证要求、回复期限、组卷及寄送要求、联系人和联系方式等。

第八条 国家税务总局督办案件的发票协查应当按照《重大税收违法案件督办管理暂行办法》有关规定执行,并在协查函中予以说明,注明督办函号。

第九条 已确定虚开发票案件的协查,委托方应当按照受托方一户一函的形式出具《已证实虚开通知单》及相关证据资料,并在所附发票清单上逐页加盖公章,随同《税收违法案件协查函》寄送受托方。

通过协查信息管理系统发起已确定虚开发票案件协查函的,委托方应当在发送委托协查信息后5个工作日内寄送《已证实虚开通知单》以及相关证据资料。

第十条 委托方收到协查回函后,根据协查回函信息依法对被查对象进行查处。

第十一条 委托方派人协查方式进行协查的,应当向受托方通报情况、沟通案情,派出人员需携带加盖本单位公章的《介绍信》和《税收违法案件协查函》、《税务检查证》以及相关身份证明,参与受托方的调查取证,提出取证要求。

第十二条 委托方应当及时登记《委托协查台账》,跟踪协查函的发出、回复和处理情况。

《委托协查台账》包括以下内容:

(一)函件发出日期,派人协查日期;

(二)函件名称、编号或者文号、是否督办;

(三)涉及企业名称、资料种类、数量;

(四)是否立案;

(五)负责检查的人员;

(六)协查回函情况、回函日期;

(七)案卷号和归档地;

(八)其他。

第三章 受托协查

第十三条 受托方收到《税收违法案件协查函》后,应当根据协查请求,依照法定权限和程序调查,并按照要求及期限回函。

第十四条 《税收违法案件协查函》涉及的协查对象不属于受托方管辖范围的,受托方应当在收函之日起5个工作日内,出具本辖区县(区)级主管税务机关证明材料,并将《税收违法案件协查函》退回委托方。

第十五条 有下列情形之一的,受托方应当按照《税务稽查工作规程》有关规定立案检查:

(一)委托方已开具《已证实虚开通知单》的;

(二)委托方提供的证据资料证明协查对象有税收违法嫌疑的;

(三)受托方检查发现协查对象有税收违法嫌疑的;

(四)上级税务局稽查局要求立案检查的。

第十六条 国家税务总局督办的案件,受托方在回函期限前不能完成检查工作的,可以逐级上报国家税务总局申请延期,在得到国家税务总局同意后,在延期期限内给予回复。

申请延期应当说明延期理由、延期期限以及与委托方沟通的情况。

第十七条 受托方需要取得协查对象的税务登记、变更、注销、失控或者查无企业、发票领用、发票鉴定、纳税申报、抵扣税款、免税、出口退税等征管资料和证明材料的,应当向其县(区)级主管税务机关提出要求。县(区)级主管税务机关应当在5个工作日内提供相关资料并出具相应的证明材料。

第十八条 受托方应当依据调查取证所掌握的情况及所获取的证据材料,向委托方出具《税收违法案件协查回复函》。

《税收违法案件协查回复函》的内容包括:

(一)协查来源;

(二)涉案企业的基本情况及协查发票记载的信息;

(三)协查取证要求的说明;

(四)协查结论或者协查结果;

(五)税务处理和税务行政处罚事项;

(六)其他应予说明的事项。

第十九条 受托方应当对取得的证据材料,连同相关文书一并作为协查案卷立卷存档;同时根据委托方协查函委托的事项,将相关证据材料及文书复制,注明"与原件核对无误",注明原件存放处,并加盖本单位印章后一并寄送委托方。

受托方通过协查信息管理系统收到的协查函,应当通过协查信息管理系统进行函复。经检查有问题的以及委托方要求寄送取证材料的,应当在回复协查结果后5个工作日内将相关证据材料及文书复制,注明"与原件核对无误",注明原件存放处,并加盖本单位印章后一并寄送委托方。

第二十条 受托方应当在收到协查函后60日内回函。

通过协查信息管理系统发出的协查函,受托方应当在收到协查函后30日内回函。

国家税务总局对协查回函期限有特殊要求的,应当按照相关要求办理。

第二十一条 受托方应当登记《受托协查台账》,及时掌握协查工作安排、回复、处理情况。

《受托协查台账》包括以下内容:

(一)函件收到日期,来人协查日期;

(二)函件名称、编号或者文号、是否督办;

(三)涉及企业名称、资料种类、数量;

(四)是否立案;

(五)负责检查的人员;

(六)协查复函情况、复函日期;

(七)案卷号和归档地;

(八)其他。

第四章 协查管理

第二十二条 地市级以上税务局稽查局应当定期对本辖区协查台账进行统计汇总,全面掌握本辖区协查情况,督促指导下级协查工作。

第二十三条 上级税务局稽查局对下级税务局稽查局的协查质量和效率进行考核,包括受托方按期回复情况、委托方选票针对性、协查函和回复函的信息完整性等。

第二十四条 稽查机构设置发生撤销、合并、增设的,应当及时向上一级税务局稽查局提出与本稽查机构对应的协查信息管理系统节点的变更申请,并逐级上报国家税务总局备案。

第二十五条 税务违法案件发票协查资料按照《税务稽查工作规程》的规定归档。

第五章 附 则

第二十六条 本办法适用于各级税务机关。

第二十七条 各级税务局可以依据本办法对辖区内税务违法案件发票协查工作制定考核制度和奖惩实施办法。

第二十八条 本办法所称以上、日内,包括本数(级)。

第二十九条 本办法自发布之日起施行。2008 年 5 月 14 日印发的《国家税务总局关于印发〈增值税抵扣凭证协查管理办法〉的通知》(国税发〔2008〕51号)同时废止。

4.《国家税务总局关于印发〈税务稽查案卷管理暂行办法〉和〈税务稽查案卷电子文件管理参考规范〉的通知》(2014年10月23日颁布　2015年1月1日实施　税总发〔2014〕127号)

各省、自治区、直辖市和计划单列市国家税务局、地方税务局：

现将《税务稽查案卷管理暂行办法》和《税务稽查案卷电子文件管理参考规范》印发给你们，请认真遵照执行。执行中遇到的问题，请及时报告国家税务总局(稽查局)。

国家税务总局
2014年10月23日

税务稽查案卷管理暂行办法

第一章　总　　则

第一条　为了规范税务稽查案卷管理，加强执法控制监督，根据《中华人民共和国税收征收管理法》《中华人民共和国档案法》有关规定，制定本办法。

第二条　税务稽查案卷是指税务局及其稽查局在依法履行税务稽查职责过程中取得或者形成的，具有保存价值的文字、图表、声像以及电子数据等形式的过程记录。案卷类别划分为：

(一)税务稽查立案查处类(以下简称立案查处类)；

(二)承办税收违法案件异地协助类(以下简称承办异地协助类)；

(三)重大税收违法案件督办类(以下简称重案督办类)；

(四)国家税务总局和省、自治区、直辖市、计划单列市国家税务局、地方税务局规定的其他类别。

第三条　税务局稽查局(以下简称稽查局)应当在税务局档案管理部门监督和指导下，做好税务稽查案卷立卷、收集、整理、归档、保管、利用等管理工作。

第四条　税务稽查案卷应当完整、准确、客观、规范，方便利用,防止损毁、丢失和泄密。

第二章 立卷及文件材料收集

第五条 对确定税务稽查的对象和事项,稽查局应当建立税务稽查案卷,将稽查选案、检查、审理、执行等相关工作情况记录纳入案卷管理。

税务稽查事项办理过程中取得或者形成的证据材料、相关文书、文件以及其他记录等材料(以下简称文件材料),应当装入临时税务稽查案卷,填写文件材料交接清单。文件材料交接清单应当编写目录,注明序号。

第六条 立案查处类税务稽查案卷应当包括下列文件材料:

(一)选案环节相关文件材料,如税务稽查立案审批表、税收违法案件交办函等;

(二)检查环节相关文件材料,如税务稽查报告、纳税人自查报告材料、税务稽查工作底稿、当事人陈述申辩材料、现场笔录、勘验笔录、书证、物证、视听资料、证人证言、电子数据等;

(三)审理环节相关文件材料,如税务稽查审理报告、税务行政处罚事项告知书、听证材料、税务处理决定书、税务行政处罚决定书、税务稽查结论等;

(四)执行环节相关文件材料,如税务稽查执行报告、延期或者分期缴纳罚款申请审批表、查补税收款项完税凭证等;

(五)其他应当归入立案查处类案卷的文件材料。

稽查局选案部门在选案时,根据税务稽查对象,建立立案查处类税务稽查案卷;选案、检查、审理、执行部门分别收集本环节相关文件材料,并按照规定移交下一工作环节;审理部门在结案后60日内整理、装订、归档。

第七条 承办异地协助类税务稽查案卷应当包括下列文件材料:

(一)异地协助事项接受的相关文件材料,如税收违法案件协查函等;

(二)异地协助事项办理的相关文件材料,如税务检查通知书、现场笔录、书证、视听资料、证人证言等；

（三）异地协助事项办结的相关文件材料，如税收违法案件协查回复函等；

（四）其他应当归入承办异地协助类案卷的文件材料。

承办异地协助事项的稽查局（以下简称协助方稽查局）承办具体事项的部门，根据协助事项涉及的对象，建立承办异地协助类税务稽查案卷，收集相关文件材料，在异地协助事项办结后60日内整理、装订、归档。

协助方稽查局发现协助事项涉嫌税收违法行为需要立案查处的，承办具体事项的部门应当将承办异地协助类税务稽查案卷移交选案部门，立案后并入立案查处类案卷管理。

协助方稽查局应当将取得的证据材料原件保留在税务稽查案卷中，并向请求异地协助的稽查局提供复制件，注明"与原件核对无误"，加盖公章证明原件出处和存处。

第八条　重案督办类税务稽查案卷应当包括下列文件材料：

（一）督办立项的相关文件材料，如重大税收违法案件督办立项审批表等；

（二）督办办理的相关文件材料，如重大税收违法案件督办函、重大税收违法案件情况报告表、重大税收违法案件拟处理意见报告、重大税收违法案件催办函等；

（三）督办办结的相关文件材料，如重大税收违法案件结案报告等；

（四）其他应当归入重案督办类案卷的文件材料。

督办税务局所属稽查局具体承担督办事项的部门，根据督办的重大税收违法案件，建立重案督办类税务稽查案卷，收集相关文件材料，在督办事项办结后60日内整理、装订、归档。

督办税务局及其稽查局认为督办的重大税收违法案件依法需要由本机关直接查处的，具体承担督办事项的部门应当将重案督办类税务稽查案卷移交选案部门，立案后并入立案查处类案卷管理。

第九条 税务稽查事项发生行政复议、行政诉讼、国家赔偿诉讼、民事诉讼、刑事诉讼的,收集的复议、诉讼相关文件材料应当归入相关税务稽查案卷。

第十条 税务稽查案卷文件材料有发文稿纸、文件处理单的,应当与文件材料正本、定稿一并收集。会同相关部门召开会议、发文所形成的文件材料,应当收集原件;无法收集原件的,收集复制件或者注明原件主要内容及制作单位。

第十一条 税务局及其稽查局相关部门应当按照税务稽查案卷文件材料交接清单所列项目,对上一工作环节移交的全部文件材料进行清点,填写文件材料交接签收单,办理交接手续。

第三章 整理及装订归档

第十二条 稽查局相关部门和人员应当在税务稽查事项办结后,及时对税务稽查案卷进行整理、装订、归档,做到分类规范、目录清晰、资料齐全、编号统一、装订整齐、归档及时。

第十三条 装订成册的立案查处类税务稽查案卷有不宜对外公开内容的,应当分为正卷、副卷。正卷主要列入各类证据材料、税收执法文书正本以及可以对外公开的相关审批文书等证明定性处理处罚合法性、合理性的文件材料。副卷主要列入检举相关材料、案件讨论记录、法定秘密材料、结论性文书原稿、审批稿以及不宜对外公开的税务稽查报告、税务稽查审理报告等内部管理文书、对案件最终定性处理处罚不具有直接影响但反映税务稽查执法过程的文件材料。

税务稽查案卷副卷作为密卷或者内部档案管理;作为密卷管理的,密级以卷内文件材料最高密级确定。

第一款规定以外的其他税务稽查案卷可以不分正卷、副卷,但其中有不宜对外公开内容的,按照副卷管理,并在案卷封面上标明;无不宜对外公开内容的,按照正卷管理,并在案卷封面上标明。

第十四条 税务稽查案卷及其相关文件材料的密级、保密期限、解密条件、知悉范围等依照国家保密规定确定。

第十五条 装订成册的税务稽查案卷卷内文件材料应当按照

以下规则组合排列：

（一）立案查处类案卷正卷中的结论性文书及其送达回证排列在最前面，其他文书材料及副卷文书材料按照工作流程顺序排列；

（二）承办异地协助类、重案督办类等案卷文件材料按照工作流程顺序排列；

（三）证据材料按照所反映的问题特征分类，每类证据主证材料排列在前，旁证材料附列其后；

（四）其他文件材料按照其取得或者形成的时间顺序，并结合其重要程度进行排列。

税务稽查案卷卷内每份或者每组文件材料的排列规则：正文在前，附件在后；批复在前，请示在后；批示在前，报告在后；税收执法文书在前，送达回证在后；重要文件材料在前，其他文件材料在后；汇总性文件材料在前，基础性文件材料在后；定稿在前，修改稿在后。

第十六条　装订成册的税务稽查案卷由案卷封面、卷内文件材料目录、卷内文件材料、卷内文件材料备考表、封底组成。

装订成册的税务稽查案卷封面项目包括：案件名称、纳税人识别号、案件来源、案卷类别、案件编号、立案立项日期、办结日期、立卷日期、保管期限、密级等。

装订成册的税务稽查案卷卷内文件材料目录项目包括：文件材料名称、文号、序号、页号、页数、日期、备注、责任者。

装订成册的税务稽查案卷卷内文件材料备考表项目包括：本卷情况说明、立卷人、检查人、立卷时间。

第十七条　税务稽查案卷卷内文件材料经过系统整理排列后，应当用阿拉伯数字逐页编注页码，正面编注在右上角，背面编注在左上角，空白页不编注页码。卷内每份文件材料的原页码原样不变。案卷封面、卷内文件材料目录、卷内文件材料备考表、封底不编注页码。

装订成册的税务稽查案卷不得擅自增添或者抽取文件材料；确需增减文件材料的，应当由案卷保管人员在备考表中注明。增添的文件材料,可以插入与之直接相关的文件材料处,或者放在卷内文件材料之后,并相应追加填写目录。

第十八条 装订成册的税务稽查案卷可以采用硬卷皮装订保存,或者采用软卷皮装订并装入卷盒保存。

硬卷皮由封面、封底、卷脊构成。

采用软卷皮装订的税务稽查案卷,应当按照案卷编号依序装入卷盒保存。卷盒由封面和卷脊构成,卷脊项目包括全宗名称、目录号、年度、起止卷号。

税务稽查案卷文件材料过多的,应当按照顺序分册装订,各册分别从第一页起编注页码。

税务稽查案卷卷皮、卷盒尺寸规格应当符合国家规定标准。

第十九条 装订税务稽查案卷,应当检查卷内文件材料是否齐全、规范整洁,排列顺序是否符合规则,编注页码是否正确,卷内文件材料名称、数量与目录是否一致等。

第二十条 装订税务稽查案卷,应当剔除下列文件材料:

(一)没有证明或者参考价值的信封、工作材料;

(二)内容完全相同的重份文件材料;

(三)其他与卷内记录事项无关、确无保存必要的文件材料。

对前款所列的文件材料是否剔除存在疑问的,由相关部门甄别后提出意见,由稽查局领导或者税务局档案管理部门负责人审核确定。

第二十一条 装订税务稽查案卷,应当注意以下事项:

(一)文书破损的,应当进行修复或者复制,原件在前,复制件在后;

(二)卷内有不可替代的容易褪色、消失的字迹等证据材料或者其他不利于长期保管的文件材料的,应当进行复制,原件在前,复制件在后;

(三)文件材料小于A4纸或者装订后影响字迹的,应当加贴衬纸;横向粘贴的,字头应当朝向左边;票据应当码平粘贴;

(四)文件材料大于A4纸的,右边与下边应当对齐,采取从里向外、从上往下的方式折叠；

（五）需要附卷保存的信封，应当打开展平后加贴衬纸或者复制留存，邮票不得撕揭；

（六）文件材料上的金属物应当剔除；

（七）排除可能影响案卷装订保管、损坏卷内文件材料的其他事项。

第二十二条　可以随税务稽查案卷保存的物证，应当归入案卷；无法装订的，装入证物袋，标注证物名称、数量、特征、来源等相关信息，用封条粘贴，放到备考表与封底之间。不能随卷保存的物证，应当另处存放，并与案卷相互标注相关信息。不宜保存的物证，应当拍照装订归卷，实物经所属税务局主管稽查工作的局领导批准后销毁或者作其他适当处理。

第二十三条　税务稽查案卷装订后，应当在卷底装订线结扣处粘贴封志，并加盖骑缝章。

第二十四条　装订成册的税务稽查案卷保管期限：

（一）立案查处类中重大偷逃骗抗税、虚开发票等税收违法案件的案卷，保管期限为永久；

（二）立案查处类中一般偷逃骗抗税、虚开发票等税收违法案件的案卷，保管期限为30年；

（三）其他立案查处类案卷，保管期限为10年；

（四）承办异地协助类案卷保管期限参照前三项确定；

（五）重案督办类案卷保管期限根据所督办的案件确定；

（六）其他类别案卷保管期限依照国家税务总局或省、自治区、直辖市、计划单列市国家税务局、地方税务局规定确定，或者根据所办事项具体情况适当确定。

保管期限从案卷装订成册次年1月1日起计算。

第一款第一项所列的重大税收违法案件标准，由国家税务总局或者省、自治区、直辖市、计划单列市国家税务局、地方税务局确定。

第二十五条　稽查局对装订成册的税务稽查案卷应当集中保

管,并指定专人管理。案卷保管人员对保管的案卷应当严格查验,对不合格的案卷,应当退回相关部门重新整理。

稽查局撤销或者稽查局不具备长期档案保管条件的,应当将税务稽查案卷移交承继其职能的机构保管或者移交所属税务局档案管理部门保管。案卷移交时,应当填写档案交接文据,办理交接手续。

第二十六条 稽查局应当定期清理所保管的税务稽查案卷,对已到期的案卷进行鉴定,对仍有保存价值的,应当延长保管期限;对无继续保存价值的,应当依照档案管理规定的权限和程序审批后销毁。

税务局档案管理部门保管的税务稽查案卷的清理、鉴定、销毁,由档案管理部门会同稽查局审核报税务局领导审批后进行。

第二十七条 任何单位和个人不得擅自销毁、转移、藏匿、伪造、变造、篡改、损毁税务稽查案卷及其文件材料,不得将案卷及其文件材料转让他人或者据为己有。

第四章 电子文件管理

第二十八条 税务稽查案卷电子文件与纸质文件材料的收集、整理、归档应当同步进行。

前款所称税务稽查案卷电子文件,是指税务局及其稽查局在依法履行税务稽查职责过程中,通过计算机等电子设备取得、形成、处理、传输、存储的文字、图表、图像、音频、视频等文件,包括税收执法文书和内部管理文书的电子文本、电子数据、数码照片等。

第二十九条 税务稽查案卷电子文件管理应当遵循以下规则:

(一)统筹规划,统一标准,集中保存,规范管理;

(二)对电子文件取得、形成、处理、传输、存储、利用、销毁等实行全过程管理,确保电子文件始终处于受控状态;

(三)方便利用,提供分层次、分类别共享应用;

(四)依照国家规定标准,采取有效技术手段和管理措施,确保电子文件信息安全。

第三十条 取得或者形成的税务稽查案卷电子文件,应当具备国家规定的原件形式,并符合以下要求:

(一)能够有效表现所记载的内容并可供调取查用;

(二)采用符合国家规定标准的文件存储格式,确保能够长期有效读取;

(三)能够保证电子文件及其元数据自形成起完整无缺、来源可靠,未被非法更改;

(四)在信息交换、存储和显示过程中发生的形式变化不影响电子文件内容真实、完整。

涉密电子文件的原件形式应当符合国家保密规定。

第三十一条 税务稽查过程中取得或者形成的税务稽查案卷电子文件,应当符合以下要求:

(一)从税务稽查对象取得的作为证据的电子文件,应当保持文件原貌,及时封存;

(二)检查人员制作的电子文件,应当注明电子文件的形成背景、证明对象、格式、大小、制作人等;

(三)数据分析过程中产生的电子文件,应当注明数据分析的数据源、数据分析和处理方法、数据处理过程以及数据分析结论。

第三十二条 税务稽查案卷电子文件归档应当符合以下要求:

(一)与相对应的纸质案卷的归档期限相同;

(二)不得低于相对应的纸质案卷保管期限;

(三)电子文件及其元数据应当同时归档;

(四)可以随案卷保存的录音带、录像带、光盘等载体,应当在装具上标注相关信息;

(五)已经真实性、完整性、有效性鉴定、检测,并由相关责任人确认;

(六)具有永久保存价值或者其他重要价值的电子文件,应当转换为纸质文件或者缩微品同时归档;

(七)冲印的数码照片,应当标注照片相关信息;

（八）采用技术手段加密的电子文件应当解密后归档,压缩的电子文件应当解压缩后归档;

（九）准确划分密级;

（十）涉密电子文件应当使用符合国家保密规定的载体存储,并按照保密要求进行管理和使用。

第三十三条 通过税收管理信息系统审批运转、对税务定性处理处罚具有直接决定作用的电子文件,应当连同审批单打印成纸质文件材料,归入相对应的纸质税务稽查案卷;无可靠电子签名的纸质文件材料,由相关人员手写补充签名;确有特殊情况无法手写补充签名的,应当注明缘由。

第三十四条 税务稽查案卷电子文件归档可以采用在线或者离线存储。在线存储应当使用专用存储服务器,实行电子文件在线管理;离线存储可以选择使用只读光盘、一次写光盘、磁带、可擦写光盘、硬磁盘等耐久性好的载体,不得使用软磁盘作为归档电子文件长期保存的载体。

第三十五条 税务稽查案卷电子文件管理相关事项,参照国家税务总局《税务稽查案卷电子文件管理参考规范》。

第五章 数字化处理

第三十六条 税务机关应当积极创造条件,逐步实现税务稽查案卷数字化。

税务稽查案卷数字化,是指采用扫描仪或者数码相机等数码设备对纸质案卷文件材料进行数字化加工,将其转化为存储在磁带、磁盘、光盘等载体上且能被计算机识别的数字图像或者数字文本,并与案卷已有电子文件融合起来的处理过程。

第三十七条 税务稽查案卷数字化,可以在案卷文件材料整理装订时同步进行,也可以在案卷归档后集中进行。

税务稽查案卷数字化,由稽查局、档案管理部门、电子税务管理部门依照国家纸质档案数字化有关规定实施。

第三十八条 税务稽查案卷数字化应当符合以下要求：

（一）纸质案卷电子版本应当与原纸质案卷保持一致,不一致的应当注明原因和处理方法；

（二）对纸质案卷文件材料从封面至封底进行完整数字化，确实不能数字化的文件材料，应当登记备查；

（三）对纸质案卷数字化直接产生的图像文件应当采用通用格式；

（四）扫描色彩模式通常采用黑白二值模式扫描；对材料中有多色文字、红头、印章、插有照片图片、字迹清晰度较差等采用黑白扫描模式扫描无法清晰辨识的页面，应当采用彩色扫描模式扫描；

（五）需要进行文字识别的文件材料，扫描分辨率应当达到相应率值；

（六）符合国家相关保密规定。

第三十九条　税务稽查案卷数字化过程中，可以为原纸质案卷逐册加贴与税收管理信息系统相关联的条形码、二维码、无线射频等机读标签。

第六章　利　　用

第四十条　税务稽查对象出示有效身份证明，可以查阅、复制涉及自身的税务稽查案卷正卷相关文件材料。

代理人出示税务稽查对象授权委托书及双方有效身份证明，可以查阅、复制涉及税务稽查对象自身的税务稽查案卷正卷相关文件材料。

第四十一条　税务机关相关部门可以查阅、借阅本级税务机关与其工作相关的税务稽查案卷文件材料。

上级税务机关可以查阅、调阅下级税务机关税务稽查案卷相关文件材料。

经税务稽查案卷所在税务机关审核同意，同级税务机关之间可以查阅、复制案卷正卷相关文件材料，下级税务机关可以查阅、复制上级税务机关案卷正卷相关文件材料。

第四十二条　司法、执法、纪检监察机关依照法定职权和程序查阅、调阅税务稽查案卷文件材料的，从其相关法律、法规规定。

其他单位因工作需要，出示单位有效证明和经办人员有效身份证明，经税务稽查案卷所在税务机关审核同意，可以查阅、复制案卷正卷相关文件材料。

第四十三条 查阅、借阅、调阅、复制税务稽查案卷文件材料，应当按照规定办理相关手续。

复制的税务稽查案卷文件材料，案卷保管部门可以加盖印章证明出处或者存处。

借阅、调阅税务稽查案卷文件材料时，应当确定归还期限；借阅、调阅、归还案卷时，应当由借阅、调阅经办人员和案卷保管人员共同对案卷相关文件材料进行清点并签字确认。

第四十四条 涉及国家秘密、工作秘密、商业秘密、个人隐私和可能造成不良社会影响、后果的税务稽查案卷文件材料，以及尚未装订归档的案卷文件材料，在提供利用前应当由税务局及其稽查局相关部门进行审核，严格限制利用范围。利用涉密文件材料，应当按照规定报有权机关和领导批准，并按照规定程序办理有关手续。

具体税务稽查执法行为涉及法律、行政法规和国务院规定应当信息公开的事项，从其相关规定。

第四十五条 对查阅、借阅、调阅、复制的税务稽查案卷文件材料，不得涂改、圈划、抽换、批注、污损、折皱；不得将所借阅、调阅的案卷文件材料转借其他单位或者个人；不得擅自将查阅、借阅、调阅的案卷文件材料内容告知其他单位或者个人；不得泄露案卷涉及国家秘密、工作秘密、商业秘密、个人隐私的内容和事项。

发现被查阅、借阅、调阅、复制的税务稽查案卷文件材料有短缺、涂改、抽换、污损等情况的，案卷保管人员应当及时报告并追查。

第四十六条 税务稽查案卷电子文件与纸质案卷电子版本的利用，依照纸质案卷利用有关规定办理。

具备条件的税务机关，应当优先将税务稽查案卷电子文件与纸质案卷电子版本提供利用。案卷电子文件与纸质案卷电子版本能够满足利用需要的，一般不提供纸质案卷。

提供利用税务稽查案卷电子文件与纸质案卷电子版本,可以采取在线阅览、数据传输、打印输出等方式。

税务稽查案卷电子文件与纸质案卷电子版本经打印输出的,一般应当覆有表明其为复制件的水印,案卷保管部门可以加盖印章证明出处或者存处。

第四十七条 税务稽查案卷电子文件封存载体不得外借。

利用税务稽查案卷电子文件,应当使用拷贝件。

任何单位或者个人不得擅自拷贝税务稽查案卷电子文件。

第四十八条 具有文献价值的税务稽查案卷电子文件和纸质案卷电子版本,由税务局档案管理部门负责人和稽查局局长签报所属税务局主管领导批准,可以永久保存,不与其相对应的纸质案卷同步销毁。

第四十九条 国家税务总局依托税收管理信息系统,逐步建立全国统一的税务稽查案卷查阅服务平台,争取实现案卷远程异地查阅。

第七章 奖 惩

第五十条 对税务稽查案卷管理工作成绩突出的单位或者个人,应当给予奖励。

第五十一条 对违反税务稽查案卷管理及档案管理规定的单位和个人,依照有关规定追究责任。

第八章 附 则

第五十二条 本办法所称结案,参照国家税务总局《重大税收违法案件督办管理暂行办法》有关结案规定执行。

第五十三条 国家税务总局和省、自治区、直辖市、计划单列市国家税务局、地方税务局规定的其他类别税务稽查案卷文件材料处理方法,参照本办法有关规定确定。

第五十四条 税务稽查案卷管理基本文书式样,由国家税务总局制定。

第五十五条 国家税务总局以前有关规定与本办法规定不一致的,依照本办法规定执行。

第五十六条 本办法自 2015 年 1 月 1 日起执行。

附件：1. 税务稽查案卷文件材料排列顺序

2. 税务稽查案卷管理基本文书式样

<h3 style="text-align:center">税务稽查案卷电子文件管理参考规范</h3>

第一条 为了指导税务稽查案卷电子文件安全规范管理，根据《中华人民共和国税收征收管理法》《中华人民共和国档案法》有关规定，制定本规范。

第二条 本规范是指引税务稽查案卷电子文件管理的一般路径和基本方法，本规范未涉及或者未作说明的相关事项，依照国家有关规定执行。

第三条 收集税务稽查案卷电子文件，应当符合以下要求：

（一）收集电子文件应当同时制作记录每份电子文件的元数据、背景信息的电子文件登记表；

（二）收集的电子文件同时存在相对应的纸质或者其他载体形式的文件的，应当在内容、相关说明及描述上保持一致；

（三）收集具有永久保存价值的文本或者图形形式的电子文件，应当制成纸质文件或者缩微品等；

（四）收集只有电子签名的电子文件，应当尽量同时收集具有法律效力的非电子签名；

（五）收集记录重要文件的修改过程和办理情况、有查考价值的电子文件，应当同时收集电子文件及其电子版本的定稿；

（六）收集在网络系统中处于流转状态，暂时无法确定其保管责任的电子文件，应当采取捕获措施，集中暂存在符合安全要求的电子文件存储器中，以防散失；

（七）收集使用文字处理技术形成的文本电子文件，应当采用文字型电子文件通用的 XML、RTF、TXT 格式，并注明文件存储格式、文字处理工具等，必要时应当同时保留文字处理工具软件；

（八）收集使用扫描仪、数码相机等设备获得的图像电子文件，应当采用扫描型电子文件通用的 JPEG、TIFF 格式;采用非通用文件格式的,收集时应当将其转换成通用格式;无法转换的,应当将相关软件一并收集;

(九)收集使用数码相机拍摄的照片,反映重要内容的,应当冲洗出纸质照片,与数码照片一并归档;反映一般内容的,可只归档数码照片;

(十)收集使用计算机辅助设计或者绘图等设备获得的图形电子文件,应当注明其软硬件环境和相关数据;

(十一)收集使用视频或者多媒体设备获得的电子文件以及使用超媒体链接技术制作的电子文件,应当采用视频和多媒体电子文件通用的 MPEG、AVI 格式;采用非通用文件格式的,应当同时收集其非通用格式的压缩算法和相关软件;

(十二)收集使用音频设备获得的声音文件,应当采用音频电子文件通用的 WAV、MP3 格式,并同时收集其属性标识、参数和非通用格式的相关软件;

(十三)收集使用通用软件产生的电子文件,应当同时收集其软件型号、名称、版本号和相关参数手册、说明资料等;

(十四)收集使用专用软件产生的电子文件,应当转换成通用型电子文件;确实不能转换的,应当连同专用软件一同收集;

(十五)收集套用统一模板的电子文件,在保证能够恢复原形态的情况下,其内容信息可脱离套用模板进行存储,被套用模板作为电子文件的元数据保存;

(十六)收集电子文件一般不加密;加密的,应当将密钥同时归档;

(十七)计算机系统运行和信息处理过程中涉及的与电子文件处理有关的参数、管理数据等,应当与电子文件一并收集。

第四条 税务稽查案卷电子文件可以采用在线或者离线存储。在线存储应当使用专用存储服务器,实行电子文件在线管理。离线存储应当符合以下要求:

(一)可以选择使用只读光盘、一次写光盘、磁带、可擦写光盘、

硬磁盘等耐久性好的载体,一式两套,一套封存保管,一套供查阅使用;有条件的,可另制作一套异处保存;

(二)加密电子文件,应当在解密后再制作拷贝;

(三)不允许使用软磁盘作为归档电子文件长期保存的载体;取得证据原件为软磁盘的,应当将软磁盘中数据拷贝到耐久性好的载体,并将软磁盘原件与拷贝后的载体一并归档;

(四)电子文件存储载体或者装具上应当有标签,标签上应当注明相对应的案卷全宗号、载体序号、类别号、密级、保管期限、存入日期等;需要在光盘标签面书写的,应当使用光盘标签笔;需要通过光盘打印标签的,应当通过计算机排版后,使用能够支持光盘盘面打印的打印机打印。

第五条 保管税务稽查案卷电子文件离线存储载体,应当符合下列条件:

(一)载体应当作防写处理,避免擦、划、触摸记录涂层;

(二)单片载体应当装盒,竖立存放,避免挤压;

(三)存放时应当远离强磁场、强热源,与有害气体隔离;

(四)环境温度及相对湿度应当适宜。

第六条 税务稽查案卷电子文件的利用,依照国家税务总局《税务稽查案卷管理暂行办法》有关规定办理。

第七条 传递、保管、利用、销毁税务稽查案卷电子文件,应当严格遵守国家保密规定,采取相应的安全保密措施。

第八条 本规范应当根据信息技术发展和税务稽查案卷管理实际需要适时修订调整。

5.《国家税务总局关于印发〈推进税务稽查随机抽查实施方案〉的通知》(2015 年 8 月 25 日颁布　2015 年 8 月 25 日实施　税总发〔2015〕104 号)

各省、自治区、直辖市和计划单列市国家税务局、地方税务局:

为贯彻落实《国务院办公厅关于推广随机抽查规范事中事后监管的通知》(国办发〔2015〕58 号)要求,国家税务总局制定了《推进税务稽查随机抽查实施方案》,现印发给你们,请认真贯彻执行。执行中遇到的问题,请及时报告国家税务总局(稽查局)。

国家税务总局
2015 年 8 月 25 日

推进税务稽查随机抽查实施方案

为深入贯彻落实《国务院办公厅关于推广随机抽查规范事中事后监管的通知》(国办发〔2015〕58 号)要求,推进税务稽查随机抽查,增强执法效能,特制定本实施方案。

一、总体要求

(一)指导思想

贯彻党中央、国务院的决策部署,落实简政放权、放管结合、优化服务要求,坚持执法公正,提高执法效率,以风险管理为导向,建立健全科学的随机抽查机制,规范税务稽查,创新方式方法,加强专业化和集约化,努力实现执法成本最小化和执法效能最大化,促进税法遵从和公平竞争。

(二)基本原则

——依法实施。严格执行相关法律、行政法规和规章,规范执法行为,确保税务稽查随机抽查工作依法顺利进行。

——公正高效。坚持规范公正文明执法,对不同类型税务稽查对象分别采取适当的随机抽查方法,注重公平,兼顾效率,减轻纳税人负担,优化市场环境。

——公开透明。在阳光下运行执法权力,公开税务稽查随机抽查职责、程序、事项、结果等,强化社会监督,切实做到确职限权,尽责担当。

——稳步推进。充分利用相关信息数据,立足税源分布结构、稽查资源配置等实际情况,分步实施,有序推进,求求实效。

二、完善税务稽查随机抽查机制

(一)随机抽查依据

《中华人民共和国税收征收管理法》第四章及其实施细则第六章等法律、行政法规和税务部门规章相关规定。

(二)随机抽查主体

税务稽查随机抽查主体是各级税务稽查部门。国家税务总局稽查局负责组织、协调全国税务稽查随机抽查工作,根据工作需要从全国重点税源企业中随机抽取待查对象,组织或督促相关地区税务稽查部门实施稽查。省、市税务局稽查局负责组织、协调、实施辖区内税务稽查随机抽查工作。县税务局稽查局负责实施辖区内税务稽查随机抽查工作。

省税务局可以根据本地实际情况,适当调整税务稽查选案层级,对辖区内的全国、省、市重点税源企业由省税务局稽查局集中确定随机抽查对象。上级税务稽查部门随机抽取的待查对象,可以自行稽查,也可以交由下级税务稽查部门稽查。下级税务稽查部门因力量不足实施稽查确有困难的,可以报请上级税务稽查部门从其他地区选调人员参与稽查。

上级税务稽查部门可以对下级税务稽查部门随机抽查情况进行复查,以检验抽查绩效。复查以案卷审核为主,必要时可以实地核查。

(三)随机抽查对象和内容

依法检查纳税人、扣缴义务人和其他涉税当事人(以下统称为税务稽查对象)履行纳税义务、扣缴税款义务情况及其他税法遵从情况。所有待查对象,除线索明显涉嫌偷逃骗抗税和虚开发票等税收违法行为直接立案查处的外,均须通过摇号等方式,从税务稽查对象分类名录库和税务稽查异常对象名录库中随机抽取。

各级税务局建立税务稽查对象分类名录库,实施动态管理。国家税务总局名录库包括全国重点税源企业,相关信息由税务稽查对象所在省税务局提供。省税务局名录库包括辖区内的全国、省、市重点税源企业。市、县税务局名录库包括辖区内的所有税务稽查对象。名录库应录入税务稽查对象税务登记基本信息和前三个年度经营规模、纳税数额以及税务检查、税务处理处罚、涉税刑事追究等情况。该项工作应于2015年12月31日前完成。

省、市、县税务局在收集各类税务稽查案源信息的基础上,建立税务稽查异常对象名录库,实施动态管理。名录库应包括长期纳税申报异常企业、税收高风险企业、纳税信用级别低的企业、多次被检举有税收违法行为的企业、相关部门列明违法失信联合惩戒企业等,并录入税务登记基本信息以及涉嫌税收违法等异常线索情况。该项工作应于 2016 年 3 月 31 日前完成。

税务稽查对象分类名录库和税务稽查异常对象名录库相关信息应从税收信息管理系统获取。

(四)随机抽查方式

随机抽查分为定向抽查和不定向抽查。定向抽查是指按照税务稽查对象类型、行业、性质、隶属关系、组织架构、经营规模、收入规模、纳税数额、成本利润率、税负率、地理区域、税收风险等级、纳税信用级别等特定条件,通过摇号等方式,随机抽取确定待查对象名单,对其纳税等情况进行稽查。不定向抽查是指不设定条件,通过摇号等方式,随机抽取确定待查对象名单,对其纳税等情况进行稽查。定向抽查与不定向抽查要结合应用,兼施并举,确保稽查执法效能。

对随机抽查对象,税务稽查部门可以直接检查,也可以要求其先行自查,再实施重点检查,或自查与重点检查同时进行。对自查如实报告税收违法行为,主动配合税务稽查部门检查,主动补缴税款和缴纳滞纳金的,依法从轻、减轻或不予行政处罚;税务稽查部门重点检查发现存在重大税收违法行为或故意隐瞒税收违法行为的,应依法从严处罚;涉嫌犯罪的,应依法移送公安机关处理。

(五)分类确定随机抽查比例和频次

随机抽查比例和频次要合理适度,切合实际,以不影响公正与效率为前提,既要保证必要的抽查覆盖面和工作力度,又要防止检查过多和执法扰民。

对全国、省、市重点税源企业,采取定向抽查与不定向抽查相结合的方式,每年抽查比例 20% 左右,原则上每 5 年检查一轮。

对非重点税源企业,采取以定向抽查为主、辅以不定向抽查的方式,每年抽查比例不超过 3%。

对非企业纳税人,主要采取不定向抽查方式,每年抽查比例不超过 1%。

对列入税务稽查异常对象名录库的企业,要加大抽查力度,提高抽查比例和频次。

3年内已被随机抽查的税务稽查对象,不列入随机抽查范围。

(六)随机和竞标选派执法检查人员

各级税务局建立税务稽查执法检查人员分类名录库,实施动态管理。国家税务总局名录库人员由各省税务局推荐,国家税务总局稽查局审核确定。省、市、县税务局名录库应包括辖区内所有税务稽查执法检查人员。名录库应录入执法检查人员基本信息及其专长、业绩等情况,并按照执法检查人员擅长检查的行业、领域、税种、案件等进行分类。该项工作应于2015年12月31日前完成。

实施抽查的执法检查人员,通过摇号方式,从税务稽查执法检查人员分类名录库中随机选派,也可以采取竞标等方式选派。执法检查人员应根据抽查内容,结合其专长进行选派。在一定周期内对同一抽查对象不得由同一执法检查人员实施检查。对同一抽查对象实施检查,选派执法检查人员不得少于2人。执法检查人员与抽查对象有利害关系的,应依法回避。

(七)国税、地税开展联合抽查

国税、地税机关建立税务稽查联合随机抽查机制,共同制订并实施联合抽查计划,确定重点抽查对象,实施联合稽查,同步入户执法,及时互通查获的情况,商讨解决疑难问题,准确定性处理。

(八)实现抽查成果增值运用

对随机抽查发现税收违法行为的税务稽查对象,综合运用经济惩戒、信用惩戒、联合惩戒和从严监管等措施,加大税收违法代价,加强抽查威慑力,引导纳税人自觉遵从税法,提高税收征管整体效能。抽查中发现的税收征管薄弱环节和税收政策缺陷,及时向相关部门反馈,强化工作成果增值运用。

三、保障措施

(一)实行计划统筹管理

科学安排年度税务稽查随机抽查工作计划,制订严密的具体实施方案,统筹考虑辖区内税务稽查对象数量、稽查资源配置、税收违法案件数量、工作任务计划及企业、行业分布结构等因素,合理确定年度定向抽查、不定向抽查的比例,保持各类税务稽查对象相对均衡。税务稽查部门的检查与税收征管部门的检查要相互协调,统筹安排实地检查事项,统一规范进户执法,避免多头重复检查和交叉重叠执法,切实解决检查任性、执法扰民、效率低下、影响形象问题。税务稽查部门与税收征管、大企业税收管理等部门要充分沟通配合,统筹协同做好国家税务总局、省税务局定点联系企业(列名企业)等重点税源企业抽查工作。

(二)强化信息技术支持

将税务稽查随机抽查纳入税收信息管理系统,运用信息技术手段确保其落实到位,并实现全程跟踪记录,运行透明,痕迹可查,效果可评,责任可追。税务稽查对象分类名录库和税务稽查异常对象名录库相关信息,通过税收信息管理系统在税务系统共享。国家税务总局和省税务局应加强税务稽查选案指标体系建设,加快定向抽查分析模型设计,并不断修正完善。该项工作应于2016年6月30日前取得阶段性成果。

(三)加强纵向横向联动

上级税务机关布置、安排、督办随机抽查事项,要严密跟踪,督促、指导实施稽查的税务机关开展工作,防止敷衍塞责和消极懈怠。下级税务机关对上级税务机关布置、安排、督办的随机抽查事项,应严格按照规定的时限和要求办理。随机抽查事项涉及其他地区的,相关地区税务机关应积极协助主办地区税务机关调查取证,不得推诿抵制和包庇袒护。积极参与当地人民政府协调组织的联合抽查,进一步加强与公安、海关、工商等部门执法协作。

(四)推进与社会信用体系相衔接

将税务稽查随机抽查结果纳入纳税信用和社会信用记录,按规定推送至全国信用信息共享交换平台和全国企业信用信息公示系统平台,与相关部门实现信息共享;将严重税收违法行为列入税收违法"黑名单",实施联合惩戒,让失信者一处违法、处处受限。

(五)接受社会监督

向社会公布税务稽查随机抽查的依据、主体、内容、方式等事项清单,公布抽查情况和抽查结果,自觉接受社会监督,扩大执法社会影响。

四、工作要求

(一)统一思想认识

推进税务稽查随机抽查,是税务系统贯彻落实党中央、国务院关于深化行政体制改革,加快转变政府职能,推进简政放权、放管结合、优化服务的决策部署的重要举措。各级税务机关务必高度认识此项工作的重要性和必要性,创造性地落实工作部署和要求,充分发挥税务稽查职能作用,打击税收违法活动,整顿规范税收秩序,促进市场公平竞争,服务经济社会发展。

(二)加强组织领导

各级税务机关主要领导对税务稽查随机抽查工作要亲自抓,分管领导具体抓,税务稽查部门牵头落实,相关部门协作配合。根据本实施方案确定的抽查工作任务和目标,相应调整充实一线执法检查力量。加强对抽查工作的组织部署、督促指导和业绩考评,确保抽查工作顺利开展,取得明显实效。

(三)强化责任落实

明确工作进度要求,落实责任任务,一级抓一级,一级督一级,强化对税务稽查随机抽查工作的过程监控和绩效评价。各省税务局要根据本实施方案要求,具体细化辖区内推进随机抽查的任务和步骤,确保此项工作落到实处,抓出成效。要激励先进,鞭策后进,通过纳入绩效考核,对落实到位、成绩突出的单位和个人,按有关规定给予激励;对落实不力、成绩较差的单位和个人,按有关规定处理。

(四)注重培训宣传

加强税务稽查随机抽查业务培训和交流,转变执法理念,增强执法能力,组建专业团队。充分利用广播、电视、报刊、网络等多种渠道,广泛开展宣传报道,积极争取各界支持。加大相关税收政策法规解读力度,及时回应纳税人关切,解疑释惑,增进理解,促进和谐,为随机抽查工作顺利开展营造良好的氛围。

各省税务局要按照本实施方案的要求,作出贯彻落实国办发

〔2015〕58号文件和本实施方案的具体工作安排,于2015年9月15日前报送国家税务总局(稽查局);后续工作进展及主要成果等情况,于每年7月1日前和12月31日前各报送一次。

6.《国家税务总局关于印发〈税务稽查案源管理办法(试行)〉的通知》(2016年5月19日颁布　2016年7月1日实施　税总发〔2016〕71号)

各省、自治区、直辖市和计划单列市国家税务局、地方税务局,税务干部进修学院:

为落实《深化国税、地税征管体制改革方案》关于"制定针对高风险纳税人定向稽查制度"和"建立健全案源管理制度"的要求,现将国家税务总局制定的《税务稽查案源管理办法(试行)》印发给你们,请遵照执行。执行中遇有问题和有关建议,请及时反馈至国家税务总局(稽查局)。

附件:1.税务稽查案源审批表.doc

2.案源信息退回(补正)函.doc

3.税务稽查调查核实(包括协查)任务通知书.doc

4.税务稽查调查核实(包括协查)报告.doc

5.税务稽查案源清册.doc

6.税务稽查案源撤销审批表.doc

7.案源处理结果反馈单.doc

国家税务总局
2016年5月19日

税务稽查案源管理办法(试行)

第一章　总　　则

第一条　为规范税务稽查案源管理,提高税务稽查质效,推进税务稽查体制机制改革,根据《中华人民共和国税收征收管理法》及其实施细则等相关规定制定本办法。

第二条　本办法适用于国家税务总局及省、市、县国家税务局、地方税务局(以下统称税务局)。

第三条　本办法所称税务稽查案源(以下统称案源)即税收违法案件的来源,是指经过收集、分析、判断、处理等程序形成的涉嫌偷税(逃避缴纳税款)、逃避追缴欠税、骗税、抗税、虚开发票等税收违法行为的相关数据、信息和线索。

第四条　本办法所称税务稽查案源管理,是指税务局稽查局(以下简称稽查局)按照规定程序,对各类涉税数据、信息和线索进行收集、处理、立案、反馈的管理过程。

案源管理的具体流程主要包括:案源信息的收集、案源的分类处理、案源的立案分配和处理结果的使用。

第五条　案源管理应当遵循依法依规、风险导向、统筹协调、分类分级、动态管理的原则。

第六条　税务局应当以风险管理为导向,以税收大数据为支撑,以风险推送、外部转办、稽查自选为重点,以打击偷税(逃避缴纳税款)、逃避追缴欠税、骗税、抗税、虚开发票等税收违法行为为目标,注重处理结果的分析反馈和增值使用,形成风险闭环式案源管理的新格局。

第七条　案源由稽查局归口管理。

上级稽查局对下级稽查局的案源管理工作进行指导和监督。

下级稽查局确定的案源属于上级稽查局重点稽查对象名录范围的,应当报上级稽查局审批。

实施案源集中管理的地区,由上级稽查局审批确定下级稽查局选取的案源。

第八条　各级税务机关应当不断提高案源管理信息化水平,高效采集、有效整合税收征管数据与社会公共数据,保障案源信息的及时性、有效性和准确性。

第九条　国家税务局、地方税务局应当加强案源管理工作的联系与协作,建立健全国税、地税案源管理合作机制,实现涉税数据、信息和线索共建共享、互联互通。

第二章　案源信息

第十条　案源信息是指税务局在税收管理中形成的,以及外部相关单位、部门或者个人提供的纳税人、扣缴义务人和其他涉税当事人(以下简称纳税人)的税收数据、信息和违法行为线索。

第十一条 案源信息的内容具体包括:

(一)纳税人自行申报的税收数据和信息,以及税务局在税收管理过程中形成的税务登记、发票使用、税收优惠、资格认定、出口退税、企业财务报表等涉税数据和信息;

(二)税务局风险管理等部门在风险分析和识别工作中发现并推送的高风险纳税人风险信息;

(三)上级党委、政府、纪检监察等单位和上级税务机关(以下统称上级机关)通过督办函、交办函等形式下发的督办、交办任务提供的税收违法线索;

(四)检举人提供的税收违法线索;

(五)受托协查事项形成的税收违法线索;

(六)公安、检察、审计、纪检监察等外部单位以及税务局督察内审、纪检监察等部门提供的税收违法线索;

(七)专项情报交换、自动情报交换和自发情报交换等过程中形成的国际税收情报信息;

(八)稽查局执法过程中形成的案件线索、处理处罚等税务稽查数据;

(九)政府部门和社会组织共享的涉税信息以及税务局收集的社会公共信息等第三方信息;

(十)其他涉税数据、信息和税收违法线索。

第十二条 稽查局应当拓展信息来源渠道,按规定收集和整理案源信息。

(一)稽查局案源部门(以下简称案源部门)负责以下事项:

1.接收风险管理等部门推送的高风险纳税人风险信息,税务局内、外部相关单位和部门提供的税收违法线索,并确认案源信息来源部门的工作和时限要求;

2.接收督办、交办线索,并明确督办、交办事项的工作和时限要求;

3. 收集和整理纳税人自行申报信息、税收管理数据、税务稽查数据、国际税收情报信息和第三方信息等涉税数据、信息,并按照稽查任务和计划,提取选案所需的案源信息。

(二)稽查局举报受理部门(以下简称举报受理部门)负责接收书信、来访、互联网、传真等形式的检举线索。12366纳税服务热线举报专岗负责接收的电话形式的检举线索,应填制举报工单后移交举报受理部门进一步处理。

(三)稽查局协查部门(以下简称协查部门)负责接收协查信息管理系统发函、不通过协查系统发起的纸质发函、实地协查等形式的协查线索,并按照《税收违法案件协查函》的内容登记案源信息。

第十三条 案源信息以纳税人识别号为标识,一户一档建立案源信息档案。案源信息档案包括基本信息、分类信息、异常信息、共享信息和必要的信息标识等。

第十四条 稽查局应当对案源信息进行分类处理,建立案源信息库;同时按照随机抽查工作要求,在案源信息档案中分级标识重点稽查对象,作为建立税务稽查随机抽查对象名录库的重要信息来源。

第三章 案源类型

第十五条 根据案源信息的来源不同,将案源分为九种类型:

(一)推送案源,是指根据风险管理等部门按照风险管理工作流程推送的高风险纳税人风险信息分析选取的案源;

(二)督办案源,是指根据上级机关以督办函等形式下达的,有明确工作和时限要求的特定纳税人税收违法线索或者工作任务确认的案源;

(三)交办案源,是指根据上级机关以交办函等形式交办的特定纳税人税收违法线索或者工作任务确认的案源;

(四)安排案源,是指根据上级税务局安排的随机抽查计划和打击偷税(逃避缴纳税款)、逃避追缴欠税、骗税、抗税、虚开发票等稽查任务,对案源信息进行分析选取的案源;

（五）自选案源，是指根据本级税务局制定的随机抽查和打击偷税（逃避缴纳税款）、逃避追缴欠税、骗税、抗税、虚开发票等稽查任务，对案源信息进行分析选取的案源；

（六）检举案源，是指对检举线索进行识别判断确认的案源；

（七）协查案源，是指对协查线索进行识别判断确认的案源；

（八）转办案源，是指对公安、检察、审计、纪检监察等外部单位以及税务局督察内审、纪检监察等部门提供的税收违法线索进行识别判断确认的案源；

（九）其他案源，是指对税务稽查部门自行收集或者税务局内、外部相关单位和部门提供的其他税收违法线索进行识别判断确认的案源。

第十六条 督办案源、交办案源、转办案源、检举案源和协查案源由于来源渠道特殊，统称为特殊案源。

对特殊案源应当由稽查局指定专人负责管理，严格遵守保密纪律，依法依规进行处理。

第四章 案源处理

第十七条 案源处理是指案源部门对收集的案源信息进行识别和判断，根据案源类型、纳税人状态、线索清晰程度、税收风险等级等因素，进行退回或者补正、移交税务局相关部门、暂存待查、调查核实（包括协查）、立案检查等分类处理的过程。

第十八条 案源部门对案源信息进行识别判断，提出拟处理意见，填写《税务稽查案源审批表》（见附件1），经稽查局负责人批准后处理。

第十九条 推送和转办的案源信息符合下列情形之一的，案源部门制作《案源信息退回（补正）函》（见附件2），退回信息来源部门或者要求信息来源部门补充资料：

（一）纳税人不属于管辖范围，纳税人状态为非正常或者注销的，可以作退回处理；

（二）案源信息数据有误、未提供必要数据资料或者其他导致无法进一步处理的情形，可以作退回处理或者要求补充资料；

(三)税收违法线索不清晰或者资料不完整,要求补充资料不能补充资料的,可以作退回处理;

(四)其他需要退回信息来源部门或者要求补充资料的情形。

第二十条 符合下列情形之一的,案源部门制作《转办函》,移交税务局相关部门处理:

(一)检举、转办等案源信息涉及发票违法等事项,通过日常税务管理能够纠正的,经税务局负责人批准移交相关部门处理;

(二)协查事项需要提供纳税人查无此户、非正常、注销等状态证明或者提取征管资料、鉴定发票等事项,经稽查局负责人批准移交相关部门配合取证;

(三)案源信息涉及特别纳税调整事项的,经税务局负责人批准移交反避税部门处理;

(四)其他需要移交相关部门配合工作的事项。

第二十一条 符合下列情形之一的,作暂存待查处理:

(一)纳税人状态为非正常或者注销的督办、交办案源信息,经督办、交办部门同意可以作暂存待查处理;

(二)纳税人状态为非正常、注销或者税收违法线索不清晰的检举案源信息可以作暂存待查处理;

(三)纳税人走逃而无法开展检查的可以作暂存待查处理;

(四)其他不宜开展检查又无法退回的情形。

第二十二条 符合下列情形之一的特殊案源,经稽查局负责人批准进行调查核实(包括协查):

(一)督办、交办的工作任务只涉及协助取证等事项,通过调查核实(包括协查)可以完成,经督办、交办部门同意的;

(二)检举案源信息线索较明确但缺少必要证明资料,举报受理部门认为需要通过调查核实(包括协查)确认的;

(三)协查案源信息不符合《税收违法案件发票协查管理办法(试行)》规定的直接立案条件的,应当根据协查要求及时安排调查核实(包括协查);

(四)其他特殊案源信息,存在一定疑点线索但缺少必要证明

资料,需要通过进一步调查核实(包括协查)确认的;

需要调查核实(包括协查)的,应由案源部门或者举报受理部门或者协查部门制作《税务稽查调查核实(包括协查)任务通知书》(见附件3),转送稽查局检查部门(以下简称检查部门),检查部门制作《税务检查通知书(检通二)》进行调查核实(包括协查)。检查部门应当按照有关要求根据调查核实结果制作《税务稽查调查核实(包括协查)报告》(见附件4)反馈安排调查核实(包括协查)任务的部门。

第二十三条　符合下列情形之一的,确认为需要立案检查的案源:

(一)督办、交办事项明确要求立案检查的案源;

(二)案源部门接收并确认的高风险纳税人风险信息案源,以及按照稽查任务和计划要求安排和自选的案源;

(三)举报受理部门受理的检举内容详细、线索清楚的案源;

(四)协查部门接收的协查案源信息涉及的纳税人状态正常,且存在下列情形之一的案源:委托方已开具《已证实虚开通知单》并提供相关证据的;委托方提供的证据资料能够证明协查对象存在税收违法嫌疑的;协查证实协查对象存在税收违法行为的;

(五)转办案源涉及的纳税人状态正常,且税收违法线索清晰的案源;

(六)经过调查核实(包括协查)发现纳税人存在税收违法行为的案源;

(七)其他经过识别判断后应当立案的案源;

(八)上级稽查局要求立案检查的案源。

第五章　案源分配

第二十四条　稽查局应当建立案源管理集体审议会议制度,负责重点稽查对象和批量案源立案或者撤销的审批,并制定集体审议案源的标准。

对达到集体审议标准的重点稽查对象和批量案源立案或者撤销案源的审批,由稽查局负责人主持召开案源管理集体审议会议,稽查局相关部门负责人参加。

第二十五条 需要立案检查的案源,由案源部门制作《税务稽查立案审批表》,经稽查局负责人批准或者案源管理集体审议会议审议决定立案。

同一批次立案户数较多的,可附《税务稽查案源清册》(见附件5)。

第二十六条 案源立案的优先原则:

(一)督办案源优先于其他案源;

(二)重要或者紧急的案源,优先于一般案源;

(三)实名检举案源优先于匿名检举案源。

第二十七条 涉及国税、地税共同管辖的案源,符合下列情形的应当共同立案:

(一)上级机关要求开展联合稽查的;

(二)共同管辖的重点稽查对象;

(三)通过联合随机抽查选取的;

(四)共同获得具体税收违法线索的;

(五)除以上情形之外,经国税、地税协商一致,需要共同立案的。

第二十八条 案源部门对立案的案源,应当合理地分配到检查部门,实施检查。

(一)稽查层级与管理对象相匹配。对纳入全国、省级和市级重点稽查对象名录库的案源,按照分级管理的原则,由国家税务总局和省、市税务局稽查局分别组织或者实施检查。

(二)执法主体与案件性质相匹配。按照案源的涉税违法数额大小、情节轻重、案情复杂程度、涉案地区多少、社会影响情况等因素,分别由国家税务总局和省、市、县税务局稽查局组织或者实施检查。

本级稽查局查处确有困难的案源,可以报请上级稽查局督办。上级机关下发的督办案源未经批准,本级稽查局不得转给下级稽查局查处。

(三)稽查力量与检查任务相匹配。案情复杂的案源可以采取"项目式管理、团队化作业"的形式组织检查。

(四)办案能力与案源特点相匹配。根据案源所属行业和税收违法类型等特点,合理搭配检查人员力量或者采取竞标等形式选派检查人员。

第二十九条 案源分配计划经批准后,案源部门制作《税务稽查任务通知书》,附《税务稽查项目书》,列明检查所属期、检查疑点、检查时限和要求等内容,连同相关资料一并移交检查部门。

第三十条 符合下列情形之一的,提请撤销案源的部门填写《税务稽查案源撤销审批表》(见附件6),经稽查局负责人批准或者案源管理集体审议会议决定,可以撤销案源:

(一)案源登记有误或者案源重复的;

(二)多个部门同时入户,经所属税务局负责人决定稽查局停止实施检查的;

(三)不符合上级政策规定或者上级机关要求撤销案源的。

第六章 结 果 使 用

第三十一条 稽查局应当按照风险管理要求,对案源处理结果进行跟踪反馈和统计分析,实现案源闭环管理。

第三十二条 稽查局相关部门应当及时将案源处理结果填写《案源处理结果反馈单》(见附件7),归集到案源部门。

(一)未立案的,由案源部门记录未立案理由;

(二)中止、终结检查的,由检查部门反馈并附阶段性检查情况和中止、终结理由;

(三)中止、终结执行的,由执行部门反馈并附中止、终结理由、《税务处理决定书》《税务行政处罚决定书》及相关资料;

(四)执行完毕的,由执行部门反馈并附《税务处理决定书》《税务行政处罚决定书》《税收缴款书》及相关资料。

第三十三条 案源部门接到案源处理结果,应当及时处理,并填写《案源处理结果反馈单》。

(一)推送案源,按照风险管理工作流程的要求向风险管理等部门反馈处理结果,对于高风险应对任务中反映出的行业性、地域性或者特定类型纳税人的共性税收风险特征,及时提交风险管理等部门;

(二)督办案源、交办案源和转办案源,根据案源来源部门要求就需核实的税收违法线索检查情况进行反馈;

(三)自选案源和安排案源,汇总检查情况并定期上报稽查局负责人;

(四)检举案源和协查案源,将检查情况反馈给举报受理部门或者协查部门,由举报受理部门或者协查部门反馈给实名检举人或者协查委托方。

第三十四条 按反馈对象的不同,《案源处理结果反馈单》的审批要求如下:

(一)反馈稽查局相关部门、实名检举人和协查委托方的,分别由案源部门、举报受理部门和协查部门负责人批准;

(二)反馈税务局其他部门的,由稽查局负责人批准;

(三)反馈税务局外部单位的,由税务局负责人批准。

第三十五条 稽查局未立案检查的推送案源,反馈后推送部门仍认为需要立案检查的,经税务局负责人批准,由稽查局按交办案源程序立案检查。

第三十六条 确因案情复杂无法按期查结反馈的,应当向信息来源部门说明情况。

第三十七条 案源部门负责按照年度工作任务和计划的要求,从案源信息的收集、案源的分类处理和立案分配、案源处理结果的使用等方面,对立案检查案源的分布区域、所属行业、企业规模、经济性质、税收违法类型、查补入库税额等情况定期进行统计分析。

第三十八条 稽查局要通过对稽查结果的统计分析和典型案例剖析,查找税收管理薄弱环节,并就完善税收政策和加强管理等方面提出意见和建议。

第七章　附　　则

第三十九条 案源管理工作适用保密条款的,应当依照《中华人民共和国保守国家秘密法》《中华人民共和国税收征收管理法》《中华人民共和国税收征收管理法实施细则》《国家税务机关系统保密工作规则》《税收违法行为检举管理办法》《税务稽查案件协查管理办法(试行)》等有关规定执行。

第四十条　本办法所称税务局负责人,是指税务局局长或者经税务局局长授权的税务局领导。

本办法所称稽查局负责人,是指稽查局局长或者经稽查局局长授权的稽查局领导。

第四十一条　各省、自治区、直辖市和计划单列市国家税务局、地方税务局可根据本办法制定具体实施规定。

第四十二条　本办法由国家税务总局负责解释。

第四十三条　本办法自2016年7月1日起施行。

7.《国家税务总局关于印发〈税务稽查随机抽查对象名录库管理办法(试行)〉的通知》(2016年5月24日颁布　2016年5月24日实施　税总发〔2016〕73号)

各省、自治区、直辖市和计划单列市国家税务局、地方税务局,税务干部进修学院:

为贯彻落实中办、国办印发的《深化国税、地税征管体制改革方案》关于"建立健全随机抽查制度和案源管理制度"的要求,根据《推进税务稽查随机抽查实施方案》(税总发〔2015〕104号文件印发)的规定,现将国家税务总局制定的《税务稽查随机抽查对象名录库管理办法(试行)》印发给你们,请遵照执行。执行中遇有问题和有关建议,请及时反馈至国家税务总局(稽查局)。

国家税务总局
2016年5月24日

税务稽查随机抽查对象名录库管理办法(试行)

第一章　总　　则

第一条　为贯彻落实《国务院办公厅关于推广随机抽查规范事中事后监管的通知》(国办发〔2015〕58号)精神,健全完善税务稽查随机抽查机制,统一规范税务稽查随机抽查对象名录库管理,根据国家税务总局《推进税务稽查随机抽查实施方案》(税总发〔2015〕104号文件印发)有关要求,制定本办法。

第二条 随机抽查对象包括各级税务局辖区内的全部纳税人、扣缴义务人和其他涉税当事人。

随机抽查对象名录库是指市(地、盟、州以及直辖市和计划单列市的区,下同)以上税务局根据税务稽查随机抽查工作要求,针对随机抽查对象的不同类别,按照不同层级建设和管理的信息库。

第三条 本办法所称随机抽查对象名录库包括随机抽查对象异常名录。

第四条 随机抽查对象名录库的建设、使用和维护应当充分运用信息化手段,遵循统筹规划、分类管理、分级使用、动态维护的原则。

第五条 随机抽查对象名录库由市以上税务局稽查局案源管理部门归口管理,专人负责。

第六条 市以上税务局相关部门应当加强协作配合,为随机抽查对象名录库的建设提供符合需求的数据和信息,实现数据和信息共建共享。

第七条 市以上国家税务局、地方税务局应当加强联系与协作,定期交换、共享随机抽查对象名录库的相关数据和信息。

第八条 随机抽查对象名录库主要适用于市以上税务局稽查局随机抽查对象的选取。

第二章 分 类 管 理

第九条 市以上税务局稽查局应当按照管理层级、稽查资源配置与纳税规模等标准,将随机抽查对象分为重点稽查对象和非重点稽查对象。

第十条 重点稽查对象由市以上税务局稽查局根据稽查工作任务和计划,参照收入规划核算、大企业税收管理等相关部门确定的重点税源企业范围,按照纳税规模、所属行业、分布区域、注册类型、集团类企业等因素以及稽查资源的匹配程度确定。

非重点稽查对象为未达到市以上税务局稽查局确定的重点稽查对象标准的随机抽查对象，包括非企业纳税人。

第十一条 国家税务总局稽查局和省（自治区、直辖市、计划单列市，下同）、市税务局稽查局依照上述原则和不同层级分别确定相应层级重点稽查对象。

第十二条 国家税务总局重点稽查对象主要包括：

（一）国务院国有资产监督管理委员会中央企业名录列名的企业，由财政部按规定管理的金融类企业以及代表国务院履行出资人职责管理的国有企业；

（二）国家税务总局稽查局确定的纳税规模较大的重点税源企业；

（三）国家税务总局稽查局确定的跨区域经营的大型企业集团；

（四）国家税务总局稽查局确定的其他重点稽查对象。

第十三条 省税务局稽查局根据稽查工作任务和计划，在国家税务总局重点稽查对象之外，按照本级确定重点稽查对象的要求，综合考虑纳税规模、所属行业、分布区域、稽查资源配置等因素，确定本级税务局重点稽查对象名录。

第十四条 市税务局稽查局根据稽查工作任务和计划，在国家税务总局和省税务局重点稽查对象之外，按照本级确定重点稽查对象的要求，综合考虑纳税规模、所属行业、稽查资源配置等因素，确定本级税务局重点稽查对象名录。

第十五条 市以上税务局应当建立随机抽查对象名录库。

国家税务总局随机抽查对象名录库主要包括国家税务总局重点稽查对象；省税务局随机抽查对象名录库主要包括辖区内的国家税务总局、省税务局重点稽查对象，并对国家税务总局重点稽查对象进行标识；市税务局随机抽查对象名录库包括辖区内的所有随机抽查对象，并对国家税务总局、省税务局重点稽查对象进行分别标识。

第十六条 省、市税务局应当在建立随机抽查对象名录库的基础上,通过接收、分析、整理和确认随机抽查对象的异常涉税信息并进行标识,建立随机抽查对象异常名录。

第十七条 对符合下列情形之一的随机抽查对象,列入随机抽查对象异常名录:

(一)税收风险等级为高风险的;

(二)两个年度内两次以上被检举且经检查均有税收违法行为的;

(三)受托协查事项中存在税收违法行为的;

(四)长期纳税申报异常的;

(五)纳税信用级别为D级的;

(六)被相关部门列为违法失信联合惩戒的;

(七)存在其他异常情况的。

第十八条 随机抽查对象名录库应当按照随机抽查对象类型,完整准确采录相关涉税信息。

重点稽查对象的采录信息主要包括:登记类信息、前三年纳税申报及财务报表、税控开票、风险分析、纳税评估、出口退税、纳税信用等级、跨区域企业集团组织架构情况,以及是否为国家税务局、地方税务局共管户等信息。

非重点稽查对象的采录信息主要包括:登记类信息、前三年纳税申报及财务报表、税控开票,以及是否为国家税务局、地方税务局共管户等信息。

非企业纳税人的采录信息主要包括:登记类信息、前三年纳税申报、税控开票,以及自行确定的其他信息。

随机抽查对象标识的异常涉税信息主要包括:高风险分析信息、检举线索、协查违法线索、长期异常纳税申报、纳税信用等级、相关部门列明的违法失信联合惩戒等相关信息。

第十九条 国家税务总局随机抽查对象名录库的信息由国家税务总局稽查局采录,重点稽查对象所在省税务局稽查局负责协助补充相关信息。

省、市税务局随机抽查对象名录库的信息由省、市税务局稽查局分别采录,涉及国家税务局、地方税务局共同管辖的,由国家税务局、地方税务局稽查局联合采录。

第三章 分级使用

第二十条 市以上税务局稽查局应当按照随机抽查工作要求,遵循分级使用的原则,运用随机抽查对象名录库,采用定向抽查和不定向抽查的方式选取检查对象。

第二十一条 市以上税务局稽查局对随机抽查对象名录库中的随机抽查对象,应当合理适度确定随机抽查比例和频次。

(一)国家税务总局稽查局根据稽查工作任务和计划,按照计划有序、依次安排的原则,每年按行业随机选取重点稽查对象组织开展检查,原则上每五年检查一轮。

对国家税务总局大企业税收管理司列名的"千户集团"企业,国家税务总局稽查局和大企业税收管理司共同协商制定工作规划和年度计划,选取随机抽查对象,实现数据共享、资源共享、结果共享。

(二)省、市税务局稽查局根据本级稽查工作任务和计划,有序选取重点稽查对象开展检查,原则上每五年检查一轮。

(三)对非重点稽查对象中的企业纳税人,每年抽查比例不超过3%;对非重点稽查对象中的非企业纳税人,每年抽查比例不超过1%。

(四)三年内已被抽查的随机抽查对象,不列入随机抽查范围。

第二十二条 对列入随机抽查对象异常名录且属于持续经营状态的随机抽查对象,省、市税务局稽查局要加大抽查力度,具体抽查比例和频次由省、市税务局稽查局确定。

第二十三条 市以上税务局稽查局对随机选取的检查对象,按照税务稽查案源管理相关规定进行立案审批。

第二十四条 国家税务局、地方税务局稽查局应当根据联合稽查工作计划,按照相关行业、区域、项目,随机选取共同管辖的检查对象,开展联合稽查工作。

第二十五条 市以上税务局稽查局要按照风险管理制度和机

制要求,对随机抽查中发现的税收政策及管理问题,及时向税务局相关部门反馈,提出管理建议,强化稽查成果增值利用。

第四章 动 态 维 护

第二十六条 市以上税务局应当充分运用信息化手段建立随机抽查对象名录库,逐步实现国家税务总局、省税务局和市税务局三级信息共享。

第二十七条 国家税务总局统一规划建设随机抽查对象名录库管理信息系统,满足按照纳税规模、所属行业、分布区域、注册类型等条件进行随机抽查的需要。

第二十八条 市以上税务局稽查局应当定期维护、及时更新辖区内随机抽查对象名录库的相关信息。

第五章 附 则

第二十九条 本办法适用于市以上税务局随机抽查对象名录库的建设、使用和维护。

第三十条 本办法由国家税务总局负责解释。

第三十一条 本办法自印发之日起施行。

8.《国家税务总局关于印发〈税务稽查随机抽查执法检查人员名录库管理办法(试行)〉的通知》(2016 年 5 月 24 日颁布 2016 年 5 月 24 日实施 税总发〔2016〕74 号)

各省、自治区、直辖市和计划单列市国家税务局、地方税务局,税务干部进修学院:

为落实《深化国税、地税征管体制改革方案》关于"建立健全随机抽查制度和案源管理制度"的要求,根据《推进税务稽查随机抽查实施方案》(税总发〔2015〕104 号文件印发)的规定,现将国家税务总局制定的《税务稽查随机抽查执法检查人员名录库管理办法(试行)》印发给你们,请遵照执行。执行中遇有问题和有关建议,请及时反馈至国家税务总局(稽查局)。

国家税务总局
2016 年 5 月 24 日

税务稽查随机抽查执法检查人员名录库管理办法(试行)

第一章 总 则

第一条 为贯彻落实《国务院办公厅关于推广随机抽查规范事中事后监管的通知》(国办发〔2015〕58号)精神,健全税务稽查随机抽查机制,统一规范税务稽查随机抽查执法检查人员名录库管理,根据国家税务总局《推进税务稽查随机抽查实施方案》(税总发〔2015〕104号文件印发)有关要求,制定本办法。

第二条 各级税务机关税务稽查随机抽查执法检查人员名录库的建立、运用和管理适用本办法。

第三条 本办法所称税务稽查随机抽查执法检查人员(以下简称执法检查人员),是指各级税务机关中取得《中华人民共和国税务检查证》的从事稽查实施工作的人员。

本办法所称税务稽查随机抽查执法检查人员名录库(以下简称执法检查人员名录库),是指国家税务总局和省(自治区、直辖市和计划单列市,下同)、市(地、盟、州及直辖市和计划单列市的区,下同)、县(县级市、旗,下同)税务局根据税务稽查随机抽查工作要求,按照不同层级建设和管理的执法检查人员相关信息库。

第四条 建立、运用和管理执法检查人员名录库应当遵循统筹规划、统一建设、规范运用、动态管理、公正公开、持续完善的原则。

第五条 各级税务机关由稽查部门牵头负责、相关部门协作配合,建立、运用和管理本级执法检查人员名录库。

第二章 执法检查人员名录库的建立

第六条 国家税务总局、省、市、县税务局分别建立执法检查人员名录库。国家税务总局执法检查人员名录库人员包括税务总局本级执法检查人员和各省税务局推荐执法检查人员,推荐执法检查人员的数量为本省执法检查人员总数的1%,由国家税务总局稽查局审核确定。各省税务局执法检查人员名录库人员包括省税务局本级执法检查人员和各市税务局推荐执法检查人员,推荐执法检查人员的数量由各省税务局自行确定。市、县税务局执法检查人员名录库包括辖区内所有执法检查人员。

第七条 改革了属地稽查方式,推行省、市一级稽查模式或者实施稽查集约化管理的地区,相应的市、县税务局可不建立执法检查人员名录库。

第八条 国家税务总局、省税务局执法检查人员名录库中的推荐执法检查人员应当具备以下基本条件:

(一)热爱税收事业,具有良好的政治素质,敬业爱岗,勤政廉洁,累计从事税务稽查工作2年以上,身体健康,能够承担外出办案等特定工作任务。

(二)工作实绩突出,领导和群众认可度较高,骨干带头作用较为明显,在本单位或者本专业领域具有一定的影响。

(三)具备较高的业务素质和专业素养,熟练掌握财税知识,具有较强的检查办案能力、组织协调能力、解决复杂问题能力,有一定业务专长,对相关行业有较丰富的实际检查工作经验,有办理重大案件经历。

(四)符合下列情形之一的,同等条件下可优先备选税务总局、省税务局执法检查人员名录库:

1. 获得各类专业资格证书或相应职称的。
2. 获得市税务局以上稽查能手、征管能手等荣誉称号的。
3. 省税务局以上税务领军人才或者专业人才库成员。
4. 多次被上级机关抽调参与全国、全省、全市各类案件检查、业务检查、重大专项行动等工作,取得突出成绩并受到表彰的。

第九条 执法检查人员信息包括以下四类:

(一)基本信息:包括姓名、性别、年龄、政治面貌、学历学位、所学专业、职业资格、所在单位、所在岗位、职务、稽查工作年限、能级等次(主辅查)、证件号码等。

(二)专长信息:是指执法检查人员擅长检查的行业、税种、案件、其他特长等信息。一名执法检查人员可以同时具备一项或多项专长,具体包括:

1. 擅长检查的行业门类(包括采矿业,制造业,电力、热力、燃气及水的生产和供应业,建筑业;批发和零售业,交通运输、仓储和邮政业,住宿和餐饮业,信息传输、软件和信息技术服务业,金融保险业,房地产业,租赁和商务服务业,文化、体育和娱乐业等)。

2.擅长检查的税种(包括增值税、营业税、消费税、企业所得税、个人所得税、资源税、土地增值税、其他各税)。

3.擅长检查的案件(包括逃避缴纳税款案件、逃避追缴欠税案件、骗取出口退税案件、虚开发票案件、制售非法发票案件等)。

4.擅长的其他领域(包括法律、会计、电子查账等领域)。

(三)业绩信息

1.近三年检查的企业数量、重大税收违法案件数量、重点税源企业数量及相应查补数额。

2.工作考核考评结果、获得各类奖励情况等。

3.上级评价信息:包括上级借调记录及借调期间工作评价等。

4.其他业绩信息,如科研成果、各类竞赛荣誉等。

(四)状态信息

1.个人当前在查案件数量。

2.个人为税务总局、省税务局执法检查人员名录库成员的标记信息。

3.个人为各级税务领军人才、各类人才库成员的标记信息。

4.个人应当回避的信息,主要是指本人配偶、直系血亲、三代以内旁系血亲、近姻亲等可能影响公正执法的利害关系人担任执法检查人员本人执法权限范围内企业的法定代表人、实际控制人、重要股东或者直接责任人等信息。

第十条 国家税务总局执法检查人员名录库的信息由国家税务总局稽查局采录,推荐执法检查人员所在省税务局稽查局协助提供相关信息。

省、市、县税务局执法检查人员名录库的信息由省、市、县税务局稽查局分别采录。

第三章 执法检查人员的选派

第十一条 选派执法检查人员实施随机抽查,可以通过摇号方式从执法检查人员名录库中随机选派,也可以采取竞标等方式选派。

随机选派分为定向选派和不定向选派。定向选派是指根据抽查对象类型、性质和抽查内容,结合执法检查人员专长进行选派。不定向选派是指随机抽取检查对象后完全随机抽取主查、辅查等执法检查人员。执法检查人员的分组相对固定的稽查局,可只随机选派主查人员,由该主查人员所属的检查组实施随机抽查。定向选派与不定向选派要结合应用,兼施并举,确保稽查执法效能。

竞标选派是指相关执法检查人员组成相对固定的检查团队或者检查小组,针对特定稽查对象,按照先申请、后评定的方式,取得承担随机抽查任务的资格。竞标选派的具体方式可由各地税务局结合实际情况探索施行。

第十二条 选派执法检查人员应符合以下要求:

(一)执法检查人员在检查工作完成后,原则上3年内不得被选派对同一抽查对象再次实施检查。

(二)对同一抽查对象选派执法检查人员不得少于2人。

(三)执法检查人员与抽查对象有利害关系的,应当依法回避。

第十三条 当前承担在查案件数量3起以上(含)的执法检查人员,原则上不再列入随机选派人员范围。

第十四条 市以上税务局稽查局组织开展随机抽查工作,应当从本级执法检查人员名录库中随机选派执法检查人员。确有必要时,可以从下级稽查局执法检查人员名录库中抽调成员参加检查工作。下级稽查局可以提请上级稽查局随机选派执法检查人员,指导、协调或者直接参加下级稽查局组织开展的随机抽查工作。

第十五条 同一执法检查人员在被上级稽查局选派承担抽查任务期间,本级稽查局不再将其列入随机选派人员范围。

第十六条 上级稽查局从下级稽查局执法检查人员名录库中选派参加随机抽查工作的人员,原则上连续调用时间不得超过半年。情况特殊需要延长调用时间的,必须经上级稽查局主管领导批准,并且延长期限最长不得超过一年。

第十七条　国家税务局、地方税务局对共同管辖的纳税人开展联合抽查,应当协商选派执法检查人员组成检查组,同步入户执法,履行各自执法程序,协作开展查处工作。

第四章　执法检查人员名录库的管理

第十八条　国家税务总局统一开发执法检查人员名录库管理信息系统,实现对随机选派执法检查人员工作全程跟踪、痕迹可查、效果可评、责任可追。

第十九条　各级税务机关使用国家税务总局统一开发的执法检查人员名录库管理信息系统,实施动态管理。执法检查人员所属税务局稽查局按要求录入各类人员信息,并对信息的真实性进行严格审核。执法检查人员信息因职务晋升、岗位变动或者其他原因发生变更的,所属税务局稽查局应当及时在系统内调整、更新。

第二十条　国家税务总局稽查局、省税务局稽查局要按照定期与不定期相结合的原则,及时对本级执法检查人员名录库人员信息进行调整、更新。

第二十一条　上级稽查局选派下级稽查局执法检查人员工作结束后,应当对调用人员进行工作评价,作为后续管理使用的依据。上级稽查局在工作评价中给予充分肯定的,相关执法检查人员在年终绩效考评时应当给予加分。对在重大专项行动、重大案件查处工作中有突出贡献的人员,人事部门应当在评先评优、选拔后备、晋升职务等方面,在同等条件下给予优先考虑。

第二十二条　负责执法检查人员名录库管理信息系统维护的工作人员不得将相关信息用于税务稽查随机抽查以外的目的。

第五章　附　　则

第二十三条　各省、自治区、直辖市和计划单列市国家税务局、地方税务局可参照本办法制订具体实施办法。

第二十四条　本办法由国家税务总局负责解释。

第二十五条　本办法自印发之日起施行。

第五十五条 【逃避欠税的强制】税务机关对从事生产、经营的纳税人以前纳税期的纳税情况依法进行税务检查时,发现纳税人有逃避纳税义务行为,并有明显的转移、隐匿其应纳税的商品、货物以及其他财产或者应纳税的收入的迹象的,可以按照本法规定的批准权限采取税收保全措施或者强制执行措施。

一、税收行政法规

《中华人民共和国税收征收管理法实施细则》(2002年9月7日中华人民共和国国务院令第362号公布 根据2012年11月9日《国务院关于修改和废止部分行政法规的决定》第一次修订 根据2013年7月18日《国务院关于废止和修改部分行政法规的决定》第二次修订 根据2016年2月6日《国务院关于修改部分行政法规的决定》第三次修订)

第八十八条 依照税收征管法第五十五条规定,税务机关采取税收保全措施的期限一般不得超过6个月;重大案件需要延长的,应当报国家税务总局批准。

二、税务规章

《税务稽查案件办理程序规定》(2021年7月12日颁布 2021年8月11日实施 国家税务总局令第52号)

第二十八条 税务机关有根据认为从事生产、经营的纳税人有逃避纳税义务行为,可以在规定的纳税期之前,责令限期缴纳应纳税款;在限期内发现纳税人有明显的转移、隐匿其应纳税的商品、货物以及其他财产或者应纳税收入迹象的,可以责成纳税人提供纳税担保。如果纳税人不能提供纳税担保,经县以上税务局局长批准,可以依法采取税收强制措施。

检查从事生产、经营的纳税人以前纳税期的纳税情况时,发现纳税人有逃避纳税义务行为,并有明显的转移、隐匿其应纳税的商品、货物以及其他财产或者应纳税收入迹象的,经县以上税务局局长批准,可以依法采取税收强制措施。

第二十九条 稽查局采取税收强制措施时,应当向纳税人、扣缴义务人、纳税担保人交付税收强制措施决定书,告知其采取税收强制措施的内容、理由、依据以及依法享有的权利、救济途径,并履行法律、法规规定的其他程序。

采取冻结纳税人在开户银行或者其他金融机构的存款措施时,应当向纳税人开户银行或者其他金融机构交付冻结存款通知书,冻结其相当于应纳税款的存款;并于作出冻结决定之日起 3 个工作日内,向纳税人交付冻结决定书。

采取查封、扣押商品、货物或者其他财产措施时,应当向纳税人、扣缴义务人、纳税担保人当场交付查封、扣押决定书,填写查封商品、货物或者其他财产清单或者出具扣押商品、货物或者其他财产专用收据,由当事人核对后签章。查封清单、扣押收据一式二份,由当事人和稽查局分别保存。

采取查封、扣押有产权证件的动产或者不动产措施时,应当依法向有关单位送达税务协助执行通知书,通知其在查封、扣押期间不再办理该动产或者不动产的过户手续。

第三十条 按照本规定第二十八条第二款采取查封、扣押措施的,期限一般不得超过 6 个月;重大案件有下列情形之一,需要延长期限的,应当报国家税务总局批准:

(一)案情复杂,在查封、扣押期限内确实难以查明案件事实的;

(二)被查对象转移、隐匿、销毁账簿、记账凭证或者其他证据材料的;

(三)被查对象拒不提供相关情况或者以其他方式拒绝、阻挠检查的;

(四)解除查封、扣押措施可能使纳税人转移、隐匿、损毁或者违法处置财产,从而导致税款无法追缴的。

除前款规定情形外采取查封、扣押、冻结措施的,期限不得超过 30 日;情况复杂的,经县以上税务局局长批准,可以延长,但是延长期限不得超过 30 日。

第三十一条 有下列情形之一的,应当依法及时解除税收强制措施:

(一)纳税人已按履行期限缴纳税款、扣缴义务人已按履行期限解缴税款、纳税担保人已按履行期限缴纳所担保税款的;
(二)税收强制措施被复议机关决定撤销的;
(三)税收强制措施被人民法院判决撤销的;
(四)其他法定应当解除税收强制措施的。

第三十二条 解除税收强制措施时,应当向纳税人、扣缴义务人、纳税担保人送达解除税收强制措施决定书,告知其解除税收强制措施的时间、内容和依据,并通知其在规定时间内办理解除税收强制措施的有关事宜:

(一)采取冻结存款措施的,应当向冻结存款的纳税人开户银行或者其他金融机构送达解除冻结存款通知书,解除冻结;
(二)采取查封商品、货物或者其他财产措施的,应当解除查封并收回查封商品、货物或者其他财产清单;
(三)采取扣押商品、货物或者其他财产措施的,应当予以返还并收回扣押商品、货物或者其他财产专用收据。

税收强制措施涉及协助执行单位的,应当向协助执行单位送达税务协助执行通知书,通知解除税收强制措施相关事项。

第五十六条 【接受检查义务】纳税人、扣缴义务人必须接受税务机关依法进行的税务检查,如实反映情况,提供有关资料,不得拒绝、隐瞒。

一、税务规章

《税务稽查案件办理程序规定》(2021年7月12日颁布 2021年8月11日实施 国家税务总局令第52号)

第十八条 调取账簿、记账凭证、报表和其他有关资料时,应当向被查对象出具调取账簿资料通知书,并填写调取账簿资料清单交其核对后签章确认。

调取纳税人、扣缴义务人以前会计年度的账簿、记账凭证、报表和其他有关资料的,应当经县以上税务局局长批准,并在3个月内完整退还;调取纳税人、扣缴义务人当年的账簿、记账凭证、报表和其他有关资料的,应当经设区的市、自治州以上税务局局长批准,并在30日内退还。

退还账簿资料时,应当由被查对象核对调取账簿资料清单,并签章确认。

二、税务规范性文件

《国家税务总局关于纳税人权利与义务的公告》[①](2009年11月6日颁布 2009年11月6日实施 国家税务总局公告2009年第1号)

八、接受依法检查的义务

您有接受我们依法进行税务检查的义务,应主动配合我们按法定程序进行的税务检查,如实地向我们反映自己的生产经营情况和执行财务制度的情况,并按有关规定提供报表和资料,不得隐瞒和弄虚作假,不能阻挠、刁难我们的检查和监督。

第五十七条 【协助调查义务】 税务机关依法进行税务检查时,有权向有关单位和个人调查纳税人、扣缴义务人和其他当事人与纳税或者代扣代缴、代收代缴税款有关的情况,有关单位和个人有义务向税务机关如实提供有关资料及证明材料。

一、税务规章

《税务稽查案件办理程序规定》(2021年7月12日颁布 2021年8月11日实施 国家税务总局令第52号)

第十八条 调取账簿、记账凭证、报表和其他有关资料时,应当向被查对象出具调取账簿资料通知书,并填写调取账簿资料清单交其核对后签章确认。

---

① 《国家税务总局关于修改部分税收规范性文件的公告》(国家税务总局公告2018年第31号)对本文进行了修改。

调取纳税人、扣缴义务人以前会计年度的账簿、记账凭证、报表和其他有关资料的,应当经县以上税务局局长批准,并在3个月内完整退还;调取纳税人、扣缴义务人当年的账簿、记账凭证、报表和其他有关资料的,应当经设区的市、自治州以上税务局局长批准,并在30日内退还。

退还账簿资料时,应当由被查对象核对调取账簿资料清单,并签章确认。

第十九条 需要提取证据材料原件的,应当向当事人出具提取证据专用收据,由当事人核对后签章确认。对需要退还的证据材料原件,检查结束后应当及时退还,并履行相关签收手续。需要将已开具的纸质发票调出查验时,应当向被查验的单位或者个人开具发票换票证;需要将空白纸质发票调出查验时,应当向被查验的单位或者个人开具调验空白发票收据。经查无问题的,应当及时退还,并履行相关签收手续。

提取证据材料复制件的,应当由当事人或者原件保存单位(个人)在复制件上注明"与原件核对无误"及原件存放地点,并签章。

二、税务规范性文件

《国家税务总局关于纳税人权利与义务的公告》①(2009年11月6日颁布 2009年11月6日实施 国家税务总局公告2009年第1号)

九、及时提供信息的义务

您除通过税务登记和纳税申报向我们提供与纳税有关的信息外,还应及时提供其他信息。如您有歇业、经营情况变化、遭受各种灾害等特殊情况的,应及时向我们说明,以便我们依法妥善处理。

第五十八条 【调查方法】 税务机关调查税务违法案件时,对与案件有关的情况和资料,可以记录、录音、录像、照相和复制。

---

① 《国家税务总局关于修改部分税收规范性文件的公告》(国家税务总局公告2018年第31号)对本文进行了修改。

税务规章

《税务稽查案件办理程序规定》(2021年7月12日颁布 2021年8月11日实施 国家税务总局令第52号)

第二十一条 当事人、证人可以采取书面或者口头方式陈述或者提供证言。当事人、证人口头陈述或者提供证言的,检查人员应当以笔录、录音、录像等形式进行记录。笔录可以手写或者使用计算机记录并打印,由当事人或者证人逐页签章、捺指印。

当事人、证人口头提出变更陈述或者证言的,检查人员应当就变更部分重新制作笔录,注明原因,由当事人或者证人逐页签章、捺指印。当事人、证人变更书面陈述或者证言的,变更前的笔录不予退回。

第二十二条 制作录音、录像等视听资料的,应当注明制作方法、制作时间、制作人和证明对象等内容。

调取视听资料时,应当调取有关资料的原始载体;难以调取原始载体的,可以调取复制件,但应当说明复制方法、人员、时间和原件存放处等事项。

对声音资料,应当附有该声音内容的文字记录;对图像资料,应当附有必要的文字说明。

第二十三条 以电子数据的内容证明案件事实的,检查人员可以要求当事人将电子数据打印成纸质资料,在纸质资料上注明数据出处、打印场所、打印时间或者提供时间,注明"与电子数据核对无误",并由当事人签章。

需要以有形载体形式固定电子数据的,检查人员应当与提供电子数据的个人、单位的法定代表人或者财务负责人或者经单位授权的其他人员一起将电子数据复制到存储介质上并封存,同时在封存包装物上注明制作方法、制作时间、制作人、文件格式及大小等,注明"与原始载体记载的电子数据核对无误",并由电子数据提供人签章。

收集、提取电子数据,检查人员应当制作现场笔录,注明电子数据的来源、事由、证明目的或者对象,提取时间、地点、方法、过程,原始存储介质的存放地点以及对电子数据存储介质的签封情况等。进行数据压缩的,应当在笔录中注明压缩方法和完整性校验值。

第五十九条 【检查程序】 税务机关派出的人员进行税务检查时,应当出示税务检查证和税务检查通知书,并有责任为被检查人保守秘密;未出示税务检查证和税务检查通知书的,被检查人有权拒绝检查。

一、税收行政法规

《中华人民共和国税收征收管理法实施细则》(2002年9月7日中华人民共和国国务院令第362号公布 根据2012年11月9日《国务院关于修改和废止部分行政法规的决定》第一次修订 根据2013年7月18日《国务院关于废止和修改部分行政法规的决定》第二次修订 根据2016年2月6日《国务院关于修改部分行政法规的决定》第三次修订)

第八十九条 税务机关和税务人员应当依照税收征管法及本细则的规定行使税务检查职权。

税务人员进行税务检查时,应当出示税务检查证和税务检查通知书;无税务检查证和税务检查通知书的,纳税人、扣缴义务人及其他当事人有权拒绝检查。税务机关对集贸市场及集中经营业户进行检查时,可以使用统一的税务检查通知书。

税务检查证和税务检查通知书的式样、使用和管理的具体办法,由国家税务总局制定。

二、税务规章

《税务稽查案件办理程序规定》(2021年7月12日颁布 2021年8月11日实施 国家税务总局令第52号)

第十五条 检查前,稽查局应当告知被查对象检查时间、需要准备的资料等,但预先通知有碍检查的除外。

检查应当由两名以上具有执法资格的检查人员共同实施,并向被查对象出示税务检查证件、出示或者送达税务检查通知书,告知其权利和义务。

三、税务规范性文件

1.《国家税务总局关于换发征收管理部门税务检查证件的通知》[①]**(2006年3月15日颁布　2006年5月1日实施　国税发〔2006〕36号)**

各省、自治区、直辖市和计划单列市国家税务局、地方税务局:

根据《国家税务总局关于印发〈税务检查证管理暂行办法〉的通知》(国税发〔2005〕154号,以下简称《暂行办法》)文件规定,经总局研究决定,自2006年5月1日起,全国税务系统征收、管理部门启用新版(2005年版)税务检查证。现就换发新版税务检查证有关事项通知如下:

一、各省征收、管理部门使用的税务检查证换发工作由各省局征管部门统一负责。税务检查证的规格、式样、质量要求、定购价格、货款支付方式等按照国家税务总局统一的合同样本规定执行。检查证件需用数量由各省税务局向总局通过公开招标确定的供应商"福建鸿博印刷有限公司"提供并按规定签订印制合同(质量标准、合同样本、联系方式等详见附件)。

二、税务检查证内芯包括照片、姓名、工作单位、证件编号、发证机关、检查范围、检查职责、有效期限共8项内容。其中,照片为蓝色背景二寸正面免冠着税服彩色照。工作单位为持证人所在县或县级以上税务机关全称,如:××税务局。证件编号采用字轨加8位编码,字轨为省、自治区、直辖市和计划单列市简称加"税"简称;8位编码中,第1、2位为市(地、州、盟)局编码,第3、4位为县(市、区、旗)局(分局)编码(上述编码均采用《中国行政区划常用

[①]《国家税务总局关于修改部分税收规范性文件的公告》(国家税务总局公告2018年第31号)对本文进行了修改。

代码》);第5、6、7、8位为顺序编号。发证机关为省税务局。检查范围为所辖地的主管税收。检查职责为税务检查。有效期为《税务检查证管理暂行办法》规定的起始日期和截止日期。各办证单位要按照以上要求填写税务检查证内芯。

三、税务检查证换发采取以旧换新方式。各级税务机关要严格执行国家税务总局关于《税务检查证管理暂行办法》的有关规定,加强审核把关,严格控制发放人数。收缴的旧版税务检查证要清点数量,并造册上报地市级税务局,经主管领导批准后就地销毁。

四、各级税务机关对换发税务检查证工作要高度重视,加强领导,落实责任,加强检查,确保换证工作任务如期完成,并严格按照《暂行办法》进行管理。

五、各级税务机关要加强宣传,搞好服务。要采取多种宣传形式,将新版税务检查证的式样、防伪功能等特点告知社会,以取得纳税人的理解、支持与配合。

2.《国家税务总局关于纳税人权利与义务的公告》[①]**(2009年11月6日颁布 2009年11月6日实施 国家税务总局公告2009年第1号)**

十一、对未出示税务检查证和税务检查通知书的拒绝检查权

我们派出的人员进行税务检查时,应当向您出示税务检查证和税务检查通知书;对未出示税务检查证和税务检查通知书的,您有权拒绝检查。

3.《国家税务总局关于发布〈税务检查证管理办法〉的公告》(2018年8月7日颁布 2019年1月1日实施 国家税务总局公告2018年第44号)

为落实国税地税征管体制改革工作要求,加强税务检查证管理,规范税务执法行为,国家税务总局制定了《税务检查证管理办

[①] 《国家税务总局关于修改部分税收规范性文件的公告》(国家税务总局公告2018年第31号)对本文进行了修改。

法》,现予以公布。

本公告自 2019 年 1 月 1 日起实施,同时启用新的税务检查证。特此公告。

国家税务总局
2018 年 8 月 7 日

税务检查证管理办法

第一章 总 则

第一条 为加强税务检查证管理,规范税务执法行为,保护纳税人、扣缴义务人及其他当事人合法权益,根据《中华人民共和国税收征收管理法》等相关规定,制定本办法。

第二条 税务检查证是具有法定执法权限的税务人员,对纳税人、扣缴义务人及其他当事人进行检查时,证明其执法身份、职责权限和执法范围的专用证件。

税务检查证的名称为《中华人民共和国税务检查证》。

第三条 国家税务总局负责制定、发布税务检查证式样和技术标准。

第四条 国家税务总局负责适用全国范围税务检查证的审批、制作、发放、监督管理工作。

国家税务总局各省、自治区、直辖市、计划单列市税务局(以下简称省税务局)负责适用本辖区税务检查证的审批、制作、发放、监督管理工作。

国家税务总局和省税务局应当严格控制税务检查证的发放。

第五条 税务检查证分为稽查部门专用税务检查证和征收管理部门专用税务检查证。

稽查部门专用税务检查证,适用于稽查人员开展稽查工作,由稽查部门归口管理。

征收管理部门专用税务检查证,适用于征收、管理人员开展日常检查工作,由征收管理部门归口管理。

第六条 税务检查证实行信息化管理。

省税务局应当在税收征管信息系统中的税务检查证管理模块内及时完善、更新持证人员相关信息，提供税务检查证互联网验证服务。

第二章 证 件 式 样

第七条 税务检查证由专用皮夹和内卡组成。

第八条 税务检查证的皮夹式样如下：

（一）稽查部门专用税务检查证皮夹为竖式黑色皮质，征收管理部门专用税务检查证皮夹为竖式咖啡色皮质；

（二）皮夹外部正面镂刻税徽图案、"中华人民共和国税务检查证"字样，背面镂刻"CHINA TAXATION"字样；

（三）皮夹内部上端镶嵌税徽一枚和"中国税务"四字，下端放置内卡。

第九条 税务检查证内卡应当载明下列事项：持证人的姓名、照片、工作单位、证号、二维码、检查范围、检查职责、税务检查证专用印章、有效期限。

内卡需内置芯片，存储持证人员上述信息。

第十条 税务检查证的皮夹和内卡文字均使用中文。民族自治区可以同时使用当地通用的一种民族文字。

第三章 证件申领和核发

第十一条 税务人员因岗位职责需要办理税务检查证时，由其所在单位税务检查证主管部门核实基础信息后，填报税务检查证申请。

首次申领税务检查证的，应当取得税务执法资格。

第十二条 国家税务总局及省税务局税务检查证主管部门负责审批办证申请。

第十三条 审批通过后，国家税务总局及省税务局税务检查证主管部门印制《中华人民共和国税务检查证》，由申请人员所在单位税务检查证主管部门负责具体发放工作。

第十四条 税务人员到所在单位管辖区域以外临时执行检查公务的，由国家税务总局或者执行公务所在地省税务局税务检查证主管部门核发相应有效期限的临时税务检查证。

临时税务检查证有效期限不得超过一年,临时公务执行完毕后应当及时缴销。

第四章 证件使用

第十五条 税务人员进行检查时,应当出示税务检查证和税务检查通知书,可以以文字或音像形式记录出示情况。

第十六条 税务人员出示税务检查证时,可以告知被检查人或其他当事人通过扫描二维码查验持证人身份。

第十七条 税务人员应当严格依法行使税务检查职权,并为被检查人或其他当事人保守秘密。

第十八条 税务检查证只限于持证人本人使用,不得转借、转让或涂改。

第十九条 持证人应当妥善保管税务检查证,防止遗失、损毁。

税务检查证遗失的,持证人应当作出书面情况说明,并在税务检查证所注明的管辖区域内公开发行的报纸或者政府网站、税务机关网站发布公告后,再申请补发。

税务检查证严重损毁、无法使用的,持证人可以申请换发,并在办理换发手续时交回原证件。

第五章 监督管理

第二十条 税务检查证实行定期审验制度,每两年审验一次。临时税务检查证不在审验范围。

第二十一条 国家税务总局及省税务局税务检查证主管部门统一组织审验工作,持证人所在单位税务检查证主管部门负责具体实施,并及时报送审验情况。

第二十二条 通过比对内卡芯片信息与税务检查证管理模块中所载持证人信息进行审验,一致的为审验通过。

第二十三条 税务检查证审验不通过的,持证人所在单位税务检查证主管部门应当及时变更、清理相关信息。

第二十四条 持证人因调动、辞退、辞职、退休或者岗位调整等原因不再从事税务检查工作的,由持证人所在单位税务检查证主管部门在工作变动前收缴其税务检查证。

持证人因涉嫌违法违纪被立案审查、尚未作出结论的,应当暂时收缴其税务检查证。

第二十五条 收回的税务检查证应当由发放证件机关定期销毁。

第六章 附　　则

第二十六条 本办法自2019年1月1日起施行。《国家税务总局关于印发〈税务检查证管理暂行办法〉的通知》(国税发〔2005〕154号,国家税务总局公告2018年第31号修改)同时废止。

第五章　法　律　责　任

第六十条 【违反协力义务的行政责任】纳税人有下列行为之一的,由税务机关责令限期改正,可以处二千元以下的罚款;情节严重的,处二千元以上一万元以下的罚款:

(一)未按照规定的期限申报办理税务登记、变更或者注销登记的;

(二)未按照规定设置、保管帐簿或者保管记帐凭证和有关资料的;

(三)未按照规定将财务、会计制度或者财务、会计处理办法和会计核算软件报送税务机关备查的;

(四)未按照规定将其全部银行帐号向税务机关报告的;

(五)未按照规定安装、使用税控装置,或者损毁或者擅自改动税控装置的。

纳税人不办理税务登记的,由税务机关责令限期改正;逾期不改正的,经税务机关提请,由工商行政管理机关吊销其营业执照。

纳税人未按照规定使用税务登记证件,或者转借、涂改、损毁、买卖、伪造税务登记证件的,处二千元以上一万元以下的罚款;情节严重的,处一万元以上五万元以下的罚款。

一、税收行政法规

《中华人民共和国税收征收管理法实施细则》(2002年9月7日中华人民共和国国务院令第362号公布 根据2012年11月9日《国务院关于修改和废止部分行政法规的决定》第一次修订 根据2013年7月18日《国务院关于废止和修改部分行政法规的决定》第二次修订 根据2016年2月6日《国务院关于修改部分行政法规的决定》第三次修订)

第九十条 纳税人未按照规定办理税务登记证件验证或者换证手续的,由税务机关责令限期改正,可以处2000元以下的罚款;情节严重的,处2000元以上1万元以下的罚款。

第九十一条 非法印制、转借、倒卖、变造或者伪造完税凭证的,由税务机关责令改正,处2000元以上1万元以下的罚款;情节严重的,处1万元以上5万元以下的罚款;构成犯罪的,依法追究刑事责任。

第九十九条 税务机关对纳税人、扣缴义务人及其他当事人处以罚款或者没收违法所得时,应当开付罚没凭证;未开付罚没凭证的,纳税人、扣缴义务人以及其他当事人有权拒绝给付。

二、税务规章

《税务登记管理办法》①(2019年7月24日颁布 2019年7月24日实施 国家税务总局令第48号)

第四十条 纳税人不办理税务登记的,税务机关应当自发现之日起3日内责令其限期改正;逾期不改正的,依照《税收征管法》第六十条第一款的规定处罚。

第四十一条 纳税人通过提供虚假的证明资料等手段,骗取

---

① 2003年12月17日国家税务总局令第7号公布,自2004年2月1日起施行,根据2014年12月27日《国家税务总局关于修改〈税务登记管理办法〉的决定》(国家税务总局令第36号)、2018年6月15日《国家税务总局关于修改部分税务部门规章的决定》(国家税务总局令第44号)、2019年7月24日《国家税务总局关于公布取消一批税务证明事项以及废止和修改部分规章规范性文件的决定》(国家税务总局令第48号)修正。

税务登记证的,处2000元以下的罚款;情节严重的,处2000元以上10000元以下的罚款。纳税人涉嫌其他违法行为的,按有关法律、行政法规的规定处理。

第四十二条 扣缴义务人未按照规定办理扣缴税款登记的,税务机关应当自发现之日起3日内责令其限期改正,并可处以1000元以下的罚款。

第四十三条 纳税人、扣缴义务人违反本办法规定,拒不接受税务机关处理的,税务机关可以收缴其发票或者停止向其发售发票。

三、税务规范性文件

1.《国家税务总局关于贯彻实施〈中华人民共和国税收征收管理法〉有关问题的通知》(2001年5月18日颁布 2001年5月18日实施 国税发〔2001〕54号)

二、纳税人、扣缴义务人和其他当事人有违反税收管理等方面的税收违法行为(新《征管法》第六十条、第六十一条、第六十二条、第六十四条第一款、第七十一条、第七十二条)延续到2001年5月1日以后的,按照新《征管法》的规定处理。

三、应当给予行政处罚的税收违法行为发生在1996年9月30日以前的,按原《征管法》的规定执行;发生在2001年4月30日以前的,按《行政处罚法》的规定执行;发生在2001年5月1日以后的,按新《征管法》的规定执行(新《征管法》第八十六条)。

2.《国家税务总局关于发布〈税务行政处罚"首违不罚"事项清单〉的公告》(2021年3月31日颁布 2021年4月1日实施 国家税务总局公告2021年第6号)

为贯彻落实中共中央办公厅、国务院办公厅《关于进一步深化税收征管改革的意见》、国务院常务会有关部署,深入开展2021年"我为纳税人缴费人办实事暨便民办税春风行动",推进税务领域"放管服"改革,更好服务市场主体,根据《中华人民共和国行政处罚法》、《中华人民共和国税收征收管理法》及其实施细则等法律法规,国家税务总局制定了《税务行政处罚"首违不罚"事项清单》。对于首次发生清单中所列事项且危害后果轻微,在税务机关发现前主动改正或者在税务机关责令限期改正的期限内改正的,不予行政处罚。税务机关应当对当事人加强税法宣传和辅导。

现将《税务行政处罚"首违不罚"事项清单》予以发布,自2021年4月1日起施行。

特此公告。

国家税务总局

2021年3月31日

税务行政处罚"首违不罚"事项清单

对于首次发生下列清单中所列事项且危害后果轻微,在税务机关发现前主动改正或者在税务机关责令限期改正的期限内改正的,不予行政处罚。

序号	事项
1	纳税人未按照税收征收管理法及实施细则等有关规定将其全部银行账号向税务机关报送
2	纳税人未按照税收征收管理法及实施细则等有关规定设置、保管账簿或者保管记账凭证和有关资料
4	纳税人使用税控装置开具发票,未按照税收征收管理法及实施细则、发票管理办法等有关规定的期限向主管税务机关报送开具发票的数据且没有违法所得

3.《国家税务总局关于发布〈第二批税务行政处罚"首违不罚"事项清单〉的公告》(2021年12月30日颁布 2022年1月1日实施 国家税务总局公告2021年第33号)

为进一步贯彻落实中共中央办公厅、国务院办公厅《关于进一步深化税收征管改革的意见》,持续推进税务领域"放管服"改革,根据《中华人民共和国行政处罚法》、《中华人民共和国税收征收管理法》及其实施细则等法律法规,国家税务总局制定了《第二批税务行政处罚"首违不罚"事项清单》,现予以发布。同时,对执行中的若干问题明确如下：

一、对当事人首次发生清单中所列事项且危害后果轻微，在税务机关发现前主动改正或者在税务机关责令限期改正的期限内改正的，不予行政处罚。

税务违法行为造成不可挽回的税费损失或者较大社会影响的，不能认定为"危害后果轻微"。

二、适用税务行政处罚"首违不罚"的，主管税务机关应及时作出不予行政处罚决定，充分保障当事人合法权益。

三、各级税务机关应加强税务行政处罚"首违不罚"管理，准确把握适用"首违不罚"的条件，不得变相扩大或者缩小"首违不罚"范围，既彰显税收执法温度，又不放松税收管理。

四、对适用税务行政处罚"首违不罚"的当事人，主管税务机关应采取签订承诺书等方式教育、引导、督促其自觉守法，对再次违反的当事人应严格按照规定予以行政处罚。

五、税务机关应明确和完善税务行政处罚"首违不罚"相关岗责流程，构建权责一致、边界清晰、协调配合、运转高效的职能体系。

六、税务机关应将税务行政处罚"首违不罚"风险防范措施嵌入信息系统，依托信息系统开展"首违不罚"预警提醒、违法阻止和分析评估，定期对"首违不罚"施行情况进行总结，取得"事前放、事中管、事后评"效果。

本公告自2022年1月1日起施行。

特此公告。

国家税务总局
2021年12月30日

第二批税务行政处罚"首违不罚"事项清单

对于首次发生下列清单中所列事项且危害后果轻微，在税务机关发现前主动改正或者在税务机关责令限期改正的期限内改正的，不予行政处罚。

序号	事项
2	纳税人未按照税收征收管理法及实施细则、税务登记管理办法等有关规定办理税务登记证件验证或者换证手续
4	纳税人未按照税收征收管理法及实施细则等有关规定将财务、会计制度或者财务、会计处理办法和会计核算软件报送税务机关备查

第六十一条 【扣缴义务人违反保管义务的行政处罚】扣缴义务人未按照规定设置、保管代扣代缴、代收代缴税款帐簿或者保管代扣代缴、代收代缴税款记帐凭证及有关资料的,由税务机关责令限期改正,可以处二千元以下的罚款;情节严重的,处二千元以上五千元以下的罚款。

> **税务规范性文件**
>
> **《国家税务总局关于发布〈税务行政处罚"首违不罚"事项清单〉的公告》(2021年3月31日颁布　2021年4月1日实施　国家税务总局公告2021年第6号)**
>
> 税务行政处罚"首违不罚"事项清单
>
> 对于首次发生下列清单中所列事项且危害后果轻微,在税务机关发现前主动改正或者在税务机关责令限期改正的期限内改正的,不予行政处罚。
>
> | 序号 | 事项 |
> | --- | --- |
> | 7 | 扣缴义务人未按照税收征收管理法及实施细则等有关规定设置、保管代扣代缴、代收代缴税款账簿或者保管代扣代缴、代收代缴税款记账凭证及有关资料 |

第六十二条 【未按期申报的行政责任】纳税人未按照规定的期限办理纳税申报和报送纳税资料的,或者扣缴义务人未按照规定的期限向税务机关报送代扣代缴、代收代缴税款报告表和有关资料的,由税务机关责令限期改正,可以处二千元以下的罚款;情节严重的,可以处二千元以上一万元以下的罚款。

> **税务规范性文件**
>
> 《国家税务总局关于发布〈税务行政处罚"首违不罚"事项清单〉的公告》(2021年3月31日颁布　2021年4月1日实施　国家税务总局公告2021年第6号)
>
> 税务行政处罚"首违不罚"事项清单
>
> 对于首次发生下列清单中所列事项且危害后果轻微,在税务机关发现前主动改正或者在税务机关责令限期改正的期限内改正的,不予行政处罚。
>
> | 序号 | 事项 |
> | --- | --- |
> | 3 | 纳税人未按照税收征收管理法及实施细则等有关规定的期限办理纳税申报和报送纳税资料 |
> | 8 | 扣缴义务人未按照税收征收管理法及实施细则等有关规定的期限报送代扣代缴、代收代缴税款有关资料 |

第六十三条　【偷税行为的法律责任】纳税人伪造、变造、隐匿、擅自销毁帐簿、记帐凭证,或者在帐簿上多列支出或者不列、少列收入,或者经税务机关通知申报而拒不申报或者进行虚假的纳税申报,不缴或者少缴应纳税款的,是偷税。对纳税人偷税的,由税务机关追缴其不缴或者少缴的税款、滞纳金,并处不缴或者少缴的税款百分之五十以上五倍以下的罚款;构成犯罪的,依法追究刑事责任。

扣缴义务人采取前款所列手段,不缴或者少缴已扣、已收税款,由税务机关追缴其不缴或者少缴的税款、滞纳金,并处不缴或者少缴的税款百分之五十以上五倍以下的罚款;构成犯罪的,依法追究刑事责任。

一、税务规范性文件

1.《国家税务总局关于纳税人取得虚开的增值税专用发票处理问题的通知》(1997年8月8日颁布　1997年8月8日实施　国税发〔1997〕134号)

最近,一些地区国家税务局询问,对纳税人取得虚开的增值税专用发票(以下简称专用发票)如何处理。经研究,现明确如下：

一、受票方利用他人虚开的专用发票,向税务机关申报抵扣税款进行偷税的,应当依照《中华人民共和国税收征收管理法》及有关规定追缴税款,处以偷税数额五倍以下的罚款；进项税金大于销项税金的,还应当调减其留抵的进项税额。利用虚开的专用发票进行骗取出口退税的,应当依法追缴税款,处以骗税数额五倍以下的罚款。

二、在货物交易中,购货方从销售方取得第三方开具的专用发票,或者从销货地以外的地区取得专用发票,向税务机关申报抵扣税款或者申请出口退税的,应当按偷税、骗取出口退税处理,依照《中华人民共和国税收征收管理法》及有关规定追缴税款,处以偷税、骗税数额五倍以下的罚款。

三、纳税人以上述第一条、第二条所列的方式取得专用发票未申报抵扣税款,或者未申请出口退税的,应当依照《中华人民共和国发票管理办法》及有关规定,按所取得专用发票的份数,分别处以1万元以下的罚款；但知道或者应当知道取得的是虚开的专用发票,或者让他人为自己提供虚开的专用发票的,应当从重处罚。

四、利用虚开的专用发票进行偷税、骗税,构成犯罪的,税务机关依法进行追缴税款等行政处理,并移送司法机关追究刑事责任。

2.《国家税务总局关于增值税一般纳税人发生偷税行为如何确定偷税数额和补税罚款的通知》①**(1998年5月12日颁布　1998年5月12日实施　国税发〔1998〕66号)**

目前,各地对增值税一般纳税人发生偷税行为,如何计算确定

---

① 依据《国家税务总局关于修改〈国家税务总局关于增值税一般纳税人发生偷税行为如何确定偷税数额和补税罚款的通知〉的通知》(国税函〔1999〕739号),第一条第(三)项失效。

其增值税偷税额以及如何补税、罚款的认识和做法不一,现统一明确如下:

一、关于偷税数额的确定

(一)由于现行增值税制采取购进扣税法计税,一般纳税人有偷税行为,其不报、少报的销项税额或者多报的进项税额,即是其不缴或少缴的应纳增值税额。因此,偷税数额应当按销项税额的不报、少报部分或者进项税额的多报部分确定。如果销项、进项均查有偷税问题,其偷税数额应当为两项偷税数额之和。

(二)纳税人的偷税手段如属账外经营,即购销活动均不入账,其不缴或少缴的应纳增值税额即偷税额为账外经营部分的销项税额抵扣账外经营部分中已销货物进项税额后的余额。已销货物的进项税额按下列公式计算:

已销货物进项税额 = 账外经营部分购货的进项税额 − 账外经营部分存货的进项税额

二、关于税款的补征

偷税款的补征入库,应当视纳税人不同情况处理,即:根据检查核实后一般纳税人当期全部的销项税额与进项税额(包括当期留抵税额),重新计算当期全部应纳税额,若应纳税额为正数,应当作补税处理,若应纳税额为负数,应当核减期末留抵税额(企业账务调整的具体方法,见《增值税日常稽查办法》)。

三、关于罚款

对一般纳税人偷税行为的罚款,应当按照本通知第一条的规定计算确定偷税数额,以偷税数额为依据处理。

3.《国家税务总局关于修改〈国家税务总局关于增值税一般纳税人发生偷税行为如何确定偷税数额和补税罚款的通知〉的通知》(1999年11月12日颁布　1999年11月12日实施　国税函〔1999〕739号)

《国家税务总局关于增值税一般纳税人发生偷税行为如何确定偷税数额和补税罚款的通知》(国税发〔1998〕66号)下发后,部分地区反映通知第一条第(三)项的表述不够确切,现修改如下:

纳税人账外经营部分的销售额(计税价格)难以核实的,应根据《中华人民共和国增值税暂行条例实施细则》第十六条第(三)项规定按组成计税价格核定其销售额。

原《国家税务总局关于增值税一般纳税人发生偷税行为如何确定偷税数额和补税罚款的通知》(国税发〔1998〕66号)第一条第(三)项废止。

4.《国家税务总局关于贯彻实施〈中华人民共和国税收征收管理法〉有关问题的通知》(2001年5月18日颁布 2001年5月18日实施 国税发〔2001〕54号)

九届全国人大常委会第二十一次会议于2001年4月28日通过了《中华人民共和国税收征收管理法(修正案)》(以下简称新《征管法》),并从2001年5月1日起施行。新《征管法》的修订颁布实施,对于加强税收征管,规范税收征收和缴纳行为,保障国家税收收入,保护纳税人的合法权益,促进经济和社会发展,进一步推进依法治税,具有十分重要的意义。各级税务机关要认真学习领会新《征管法》的精神和实质,严格按照新《征管法》的规定贯彻实施,依法行政。

根据新《征管法》的规定,从2001年5月1日起,税收征收管理按照新《征管法》的规定执行,即在2001年5月1日以后发生的税收征纳行为以及相关权利、义务和法律责任统一按照新《征管法》的规定执行。新《征管法》实施前颁布的税收法律与新《征管法》有不同规定的,适用新《征管法》的规定。

现将适用新《征管法》与原《征管法》的一些问题明确如下:

一、税收违法行为应当按倍数进行税收行政处罚的(新《征管法》第六十三条、第六十五条、第六十六条、第六十七条、第六十八条),其违法行为完全发生在2001年4月30日之前的,适用五倍以下罚款的规定;其违法行为既有发生在2001年4月30日之前的,也有发生在2001年5月1日之后的,分别计算其违法税款数额,分别按照五倍以下和百分之五十以上或者一倍以上、五倍以下罚款的规定执行。

税收违法行为按照新《征管法》第六十四条第二款、第六十九条规定应予行政处罚的行为延续到2001年5月1日以后的,只对其发生在2001年5月1日以后的不缴或少缴的税款或者应扣未扣、应收未收税款的行为处以罚款。

5.《国家税务总局关于税务检查期间补正申报补缴税款是否影响偷税行为定性有关问题的批复》(2013年4月19日颁布 2013年4月19日实施 税总函〔2013〕196号)

山西省地方税务局:

你局《关于税务检查期间补正申报补缴税款是否影响偷税行为定性的请示》(晋地税发〔2012〕118号)收悉。经研究,批复如下:

税务机关认定纳税人不缴或者少缴税款的行为是否属于偷税,应当严格遵循《中华人民共和国税收征收管理法》第六十三条的有关规定。纳税人未在法定的期限内缴纳税款,且其行为符合《中华人民共和国税收征收管理法》第六十三条规定的构成要件的,即构成偷税,逾期后补缴税款不影响行为的定性。

纳税人在稽查局进行税务检查前主动补正申报补缴税款,并且税务机关没有证据证明纳税人具有偷税主观故意的,不按偷税处理。

6.《国家税务总局关于界定超标准小规模纳税人偷税数额的批复》(2015年6月11日颁布 2015年6月11日实施 税总函〔2015〕311号)

黑龙江省国家税务局:

你局《关于界定超标准小规模纳税人偷税数额的请示》(黑国税发〔2014〕85号)收悉。根据《增值税一般纳税人资格认定管理办法》(国家税务总局令第22号)、《国家税务总局关于明确〈增值税一般纳税人资格认定管理办法〉若干条款处理意见的通知》(国税函〔2010〕139号)有关规定,批复如下:

稽查查补销售额和纳税评估调整销售额计入查补税款申报当月的销售额,以界定增值税小规模纳税人年应税销售额。

纳税人年应税销售额超过小规模纳税人标准且未在规定时限

内申请一般纳税人资格认定的,主管税务机关应制作《税务事项通知书》予以告知。纳税人在《税务事项通知书》规定时限内仍未向主管税务机关报送一般纳税人认定有关资料的,其《税务事项通知书》规定时限届满之后的销售额依照增值税税率计算应纳税额,不得抵扣进项税额。税务机关送达《税务事项通知书》规定时限届满之前的销售额,应按小规模纳税人简易计税方法,依3%征收率计算应纳税额。

你局对所属企业实施税务检查,发生的具体涉税事项,应按上述原则处理。其中,涉及滞纳金和罚款的计算等问题,仍按照相关规定执行。

二、司法解释

《最高人民法院 最高人民检察院关于办理危害税收征管刑事案件适用法律若干问题的解释》(2024年3月15日颁布 2024年3月20日实施 法释〔2024〕4号)

《最高人民法院、最高人民检察院关于办理危害税收征管刑事案件适用法律若干问题的解释》已于2024年1月8日由最高人民法院审判委员会第1911次会议、2024年2月22日由最高人民检察院第十四届检察委员会第二十五次会议通过,现予公布,自2024年3月20日起施行。

最高人民法院　最高人民检察院
2024年3月15日

最高人民法院　最高人民检察院
关于办理危害税收征管刑事案件适用法律若干问题的解释

法释〔2024〕4号

(2024年1月8日最高人民法院审判委员会第1911次会议、2024年2月22日最高人民检察院第十四届检察委员会第二十五次会议通过,自2024年3月20日起施行)

为依法惩治危害税收征管犯罪,根据《中华人民共和国刑法》

《中华人民共和国刑事诉讼法》的有关规定,现就办理此类刑事案件适用法律的若干问题解释如下:

第一条 纳税人进行虚假纳税申报,具有下列情形之一的,应当认定为刑法第二百零一条第一款规定的"欺骗、隐瞒手段":

(一)伪造、变造、转移、隐匿、擅自销毁账簿、记账凭证或者其他涉税资料的;

(二)以签订"阴阳合同"等形式隐匿或者以他人名义分解收入、财产的;

(三)虚列支出、虚抵进项税额或者虚报专项附加扣除的;

(四)提供虚假材料,骗取税收优惠的;

(五)编造虚假计税依据的;

(六)为不缴、少缴税款而采取的其他欺骗、隐瞒手段。

具有下列情形之一的,应当认定为刑法第二百零一条第一款规定的"不申报":

(一)依法在登记机关办理设立登记的纳税人,发生应税行为而不申报纳税的;

(二)依法不需要在登记机关办理设立登记或者未依法办理设立登记的纳税人,发生应税行为,经税务机关依法通知其申报而不申报纳税的;

(三)其他明知应当依法申报纳税而不申报纳税的。

扣缴义务人采取第一、二款所列手段,不缴或者少缴已扣、已收税款,数额较大的,依照刑法第二百零一条第一款的规定定罪处罚。扣缴义务人承诺为纳税人代付税款,在其向纳税人支付税后所得时,应当认定扣缴义务人"已扣、已收税款"。

第二条 纳税人逃避缴纳税款十万元以上、五十万元以上的,应当分别认定为刑法第二百零一条第一款规定的"数额较大""数额巨大"。

扣缴义务人不缴或者少缴已扣、已收税款"数额较大""数额巨大"的认定标准,依照前款规定。

第三条 纳税人有刑法第二百零一条第一款规定的逃避缴纳

税款行为,在公安机关立案前,经税务机关依法下达追缴通知后,在规定的期限或者批准延缓、分期缴纳的期限内足额补缴应纳税款,缴纳滞纳金,并全部履行税务机关作出的行政处罚决定的,不予追究刑事责任。但是,五年内因逃避缴纳税款受过刑事处罚或者被税务机关给予二次以上行政处罚的除外。

纳税人有逃避缴纳税款行为,税务机关没有依法下达追缴通知的,依法不予追究刑事责任。

第四条 刑法第二百零一条第一款规定的"逃避缴纳税款数额",是指在确定的纳税期间,不缴或者少缴税务机关负责征收的各税种税款的总额。

刑法第二百零一条第一款规定的"应纳税额",是指应税行为发生年度内依照税收法律、行政法规规定应当缴纳的税额,不包括海关代征的增值税、关税等及纳税人依法预缴的税额。

刑法第二百零一条第一款规定的"逃避缴纳税款数额占应纳税额的百分比",是指行为人在一个纳税年度中的各税种逃税总额与该纳税年度应纳税总额的比例;不按纳税年度确定纳税期的,按照最后一次逃税行为发生之日前一年中各税种逃税总额与该年应纳税总额的比例确定。纳税义务存续期间不足一个纳税年度的,按照各税种逃税总额与实际发生纳税义务期间应纳税总额的比例确定。

逃税行为跨越若干个纳税年度,只要其中一个纳税年度的逃税数额及百分比达到刑法第二百零一条第一款规定的标准,即构成逃税罪。各纳税年度的逃税数额应当累计计算,逃税额占应纳税额百分比应当按照各逃税年度百分比的最高值确定。

刑法第二百零一条第三款规定的"未经处理",包括未经行政处理和刑事处理。

三、批复文件

《国家税务总局关于北京聚菱燕塑料有限公司偷税案件复核意见的批复》(2016年6月19日颁布 2016年6月19日实施 税总函〔2016〕274号)

北京市国家税务局:

你局《关于对2009年北京聚菱燕塑料有限公司偷税案件复核

> 意见有关问题的请示》(京国税发〔2016〕138号)收悉。经研究,批复如下:
>
> 根据《中华人民共和国企业所得税法实施条例》第三十六条,该企业为部分管理人员购买的商业保险支出不得在企业所得税税前扣除。但是,该企业税前扣除的上述支出,是企业真实发生的支出。
>
> 根据你局提供的材料:一、除本案所涉及稽查外,未对该企业进行过其他稽查立案处理;二、除本案所涉违规列支行为外,未发现该企业成立以来存在其他违规列支行为;三、本案所涉该企业为部分管理人员购买的商业保险已在当期代扣代缴了个人所得税。据此,从证据角度不能认定该企业存在偷税的主观故意。
>
> 综上,我局同意你局的第二种复核意见,即不认定为偷税。

第六十四条 【编造虚假计税依据与不申报的行政责任】 纳税人、扣缴义务人编造虚假计税依据的,由税务机关责令限期改正,并处五万元以下的罚款。

纳税人不进行纳税申报,不缴或者少缴应纳税款的,由税务机关追缴其不缴或者少缴的税款、滞纳金,并处不缴或者少缴的税款百分之五十以上五倍以下的罚款。

第六十五条 【逃避欠税行为的行政责任】 纳税人欠缴应纳税款,采取转移或者隐匿财产的手段,妨碍税务机关追缴欠缴的税款的,由税务机关追缴欠缴的税款、滞纳金,并处欠缴税款百分之五十以上五倍以下的罚款;构成犯罪的,依法追究刑事责任。

一、税收行政法规

《中华人民共和国税收征收管理法实施细则》(2002年9月7日中华人民共和国国务院令第362号公布 根据2012年11月9日《国务院关于修改和废止部分行政法规的决定》第一次修订 根据2013年7月18日《国务院关于废止和修改部分行政法规的决定》第二次修订 根据2016年2月6日《国务院关于修改部分行政法规的决定》第三次修订)

第九十三条 为纳税人、扣缴义务人非法提供银行账户、发票、证明或者其他方便,导致未缴、少缴税款或者骗取国家出口退税款的,税务机关除没收其违法所得外,可以处未缴、少缴或者骗取的税款1倍以下的罚款。

二、司法解释

《最高人民法院 最高人民检察院关于办理危害税收征管刑事案件适用法律若干问题的解释》(2024年3月15日颁布 2024年3月20日实施 法释〔2024〕4号)

第六条 纳税人欠缴应纳税款,为逃避税务机关追缴,具有下列情形之一的,应当认定为刑法第二百零三条规定的"采取转移或者隐匿财产的手段":

(一)放弃到期债权的;

(二)无偿转让财产的;

(三)以明显不合理的价格进行交易的;

(四)隐匿财产的;

(五)不履行税收义务并脱离税务机关监管的;

(六)以其他手段转移或者隐匿财产的。

第六十六条 【骗税的法律责任】 以假报出口或者其他欺骗手段,骗取国家出口退税款的,由税务机关追缴其骗取的退税款,并处骗取税款一倍以上五倍以下的罚款;构成犯罪的,依法追究刑事责任。

对骗取国家出口退税款的,税务机关可以在规定期间内停止为其办理出口退税。

一、税务规范性文件

1.《国家税务总局关于进一步加强出口货物税收管理严防骗税案件发生的通知》①(1999年12月6日颁布 1999年12月6日实施 国税发[1999]228号)

为进一步促进我国外贸出口,国务院自1999年1月1日起,两次提高机电、纺织品、化工、轻工、农产品等出口货物的退税率。各级税务机关从"千方百计扩大出口"的要求和高度出发,加快退税进度,努力做好出口退税工作,有力地支持了外经贸事业的发展。但与此同时,少数不法分子骗取出口退税的违法犯罪行为又有所抬头。种种迹象表明,骗税活动大有愈演愈烈之势。为防范和打击骗取出口退税的违法犯罪行为,进一步加强出口货物的税收管理,经研究,特通知如下:

一、各级税务机关在审批办理出口货物退(免)税过程中,必须严格按照国家税务总局下发的退税率文库审批办理退税。除国家税务总局授权外,任何单位和个人不得擅自修改退税率文库。

二、各级税务机关要指导并提请本地区出口企业注意端正经营作风,规范经营行为,加强出口贸易管理,建立企业内部防范骗税的管理机制,严格按正常贸易程序经营出口业务,特别是对业务员要进行严格管理,禁止从事"四自三不见"("客商"或中间人自带客户、自带货源、自带汇票、自行报关和出口企业不见出口产品、不见供货企业、不见外商)的"买单"业务。

三、进一步加强骗税多发地区购进货物出口退(免)税的审核、审批工作。各级税务机关要进一步加强出口货物退(免)税的审核、审批工作,特别是对那些以往容易出现骗税的敏感货物和此次调高出口退税率幅度较大的货物应进行重点审查,要严格按照《国家税务总局关于加强敏感地区购进货物出口退税核查工作的通知》(国税明电[1998]27号)规定,进一步加强骗税多发地区购进

---

① 条款失效,第四条废止。参见《国家税务总局关于公布全文失效废止 部分条款失效废止的税收规范性文件目录的公告》(国家税务总局公告2011年第2号)。

出口货物退税的审核、审批工作。凡从骗税多发地区购进出口货物申请退税的,无论申请退税的出口企业实行的是 A 类、B 类还是 C 类退税管理办法,出口企业都必须在出口货物增值税发票、专用税票、出口货物报关单、外汇核销单齐全的情况下申报退税。税务机关在进行退税单证审核、报关单等电子信息核对的同时,必须对出口货物的货源地进行函调,在回函内容真实、出口业务成交的逻辑关系正确、退税单证和有关电子信息核对无误的情况下,方能办理退税。对退税单证虽然齐全、电子信息也核对无误、但出口业务成交的逻辑关系明显有疑问的,也不得办理退税。对出口企业从骗税多发地区购进出口的货物,税务机关不进行函调、不认真审核、审批而造成骗税的,对有关责任人员要按照《国务院关于坚决打击骗取出口退税严厉惩治金融和财税领域违法乱纪行为的决定》(国发〔1996〕4 号)的有关规定严肃处理。

五、进一步加强增值税专用发票、专用税票的管理和稽查。各级税务机关应严格增值税发票的领、用、存管理,加强购进出口货物增值税发票的稽核工作,严厉打击利用虚开发票偷骗税的行为。税务机关在开具专用税票时,严禁采取只开票不缴税或违反征税规定在定额、定率甚至包税的情况下开具专用税票;对生产企业销售的非自产货物,不得开具专用税票。开具专用税票后,凡需返还多征税款的,必须查清生产出口产品业务真实、资金往来正常、进项发票及内容没有虚假、没有偷逃税情况后,方可返还,不得违反专用税票有关按季返还多征税款的规定,采取"即征即返"或"一月一返"的方式开具专用税票。凡发现出口企业申请退税的专用税票存在上述问题的,税务机关一律不予办理退税,并将有关情况上报国家税务总局。税务机关及其征税人员凡违反上述规定开具专用税票可返还税款的,一律按有关法规从严处理。

六、严厉查处骗税案件。对从事"四自三不见"买单业务的出口企业,一经发现,无论退税额大小或是否申报退税,税务机关一律停止其半年以上的退税权,并划入 D 类企业管理。对企业在停止退税权期间出口的货物,任何时间均一律不得办理退税。对骗取退税情节严重的,国家税务总局将在作出停止出口退税权的行政处罚后,提请外经贸部撤消其对外贸易经营许可权;对企业有关责任人员,提请司法机关追究其法律责任。

七、各级税务机关应进一步完善内部管理机制,建立内部岗位轮换制度,加强业务培训,避免因工作上的漏洞或其他因素,使不法分子骗税得逞。

八、各级税务机关要加强与当地外经贸、海关、外汇管理部门的协作,密切注意骗税新动向,及时收集骗税的线索和信息,对重大骗税案件和线索必须认真查处,及时上报。同时要加强防范骗税的宣传工作,对一些典型案例要通过报纸、电视等媒体曝光,震慑犯罪分子,打击偷、逃、骗税活动。

2.《国家税务总局关于停止为骗取出口退税企业办理出口退税有关问题的通知》①(2008年3月25日颁布　2008年4月1日实施　国税发〔2008〕32号)

各省、自治区、直辖市和计划单列市国家税务局:

为加强出口退税管理,规范税收执法,根据《中华人民共和国税收征收管理法》有关规定,现将停止为骗取出口退税企业办理出口退税的有关问题规定如下:

一、出口企业骗取国家出口退税款的,税务机关按以下规定处理:

(一)骗取国家出口退税款不满5万元的,可以停止为其办理出口退税半年以上一年以下。

(二)骗取国家出口退税款5万元以上不满50万元的,可以停止为其办理出口退税一年以上一年半以下。

(三)骗取国家出口退税款50万元以上不满250万元,或因骗取出口退税行为受过行政处罚、两年内又骗取国家出口退税款数

---

① 根据《国家税务总局关于修改部分税收规范性文件的公告》(国家税务总局公告2018年第31号),自2018年6月15日起,全文中"国家税务局"的内容,修改为"税务局"。

额在 30 万元以上不满 150 万元的,停止为其办理出口退税一年半以上两年以下。

(四)骗取国家出口退税款 250 万元以上,或因骗取出口退税行为受过行政处罚、两年内又骗取国家出口退税款数额在 150 万元以上的,停止为其办理出口退税两年以上三年以下。

二、对拟停止为其办理出口退税的骗税企业,由其主管税务机关或稽查局逐级上报省、自治区、直辖市和计划单列市税务局批准后按规定程序作出《税务行政处罚决定书》。停止办理出口退税的时间以作出《税务行政处罚决定书》的决定之日为起点。

三、出口企业在税务机关停止为其办理出口退税期间发生的自营或委托出口货物以及代理出口货物等,一律不得申报办理出口退税。

在税务机关停止为其办理出口退税期间,出口企业代理其他单位出口的货物,不得向税务机关申请开具《代理出口货物证明》。

四、出口企业自税务机关停止为其办理出口退税期限届满之日起,可以按现行规定到税务机关办理出口退税业务。

五、出口企业违反国家有关进出口经营的规定,以自营名义出口货物,但实质是靠非法出售或购买权益牟利,情节严重的,税务机关可以比照上述规定在一定期限内停止为其办理出口退税。

六、本通知自 2008 年 4 月 1 日起执行。

二、司法解释

《最高人民法院 最高人民检察院关于办理危害税收征管刑事案件适用法律若干问题的解释》(2024 年 3 月 15 日颁布　2024 年 3 月 20 日实施　法释〔2024〕4 号)

第七条　具有下列情形之一的,应当认定为刑法第二百零四条第一款规定的"假报出口或者其他欺骗手段":

(一)使用虚开、非法购买或者以其他非法手段取得的增值税专用发票或者其他可以用于出口退税的发票申报出口退税的；

（二）将未负税或者免税的出口业务申报为已税的出口业务的；

（三）冒用他人出口业务申报出口退税的；

（四）虽有出口，但虚构应退税出口业务的品名、数量、单价等要素，以虚增出口退税额申报出口退税的；

（五）伪造、签订虚假的销售合同，或者以伪造、变造等非法手段取得出口报关单、运输单据等出口业务相关单据、凭证，虚构出口事实申报出口退税的；

（六）在货物出口后，又转入境内或者将境外同种货物转入境内循环进出口并申报出口退税的；

（七）虚报出口产品的功能、用途等，将不享受退税政策的产品申报为退税产品的；

（八）以其他欺骗手段骗取出口退税款的。

第八条 骗取国家出口退税款数额十万元以上、五十万元以上、五百万元以上的，应当分别认定为刑法第二百零四条第一款规定的"数额较大""数额巨大""数额特别巨大"。

具有下列情形之一的，应当认定为刑法第二百零四条第一款规定的"其他严重情节"：

（一）两年内实施虚假申报出口退税行为三次以上，且骗取国家税款三十万元以上的；

（二）五年内因骗取国家出口退税受过刑事处罚或者二次以上行政处罚，又实施骗取国家出口退税行为，数额在三十万元以上的；

（三）致使国家税款被骗取三十万元以上并且在提起公诉前无法追回的；

（四）其他情节严重的情形。

具有下列情形之一的，应当认定为刑法第二百零四条第一款规定的"其他特别严重情节"：

（一）两年内实施虚假申报出口退税行为五次以上，或者以骗

取出口退税为主要业务,且骗取国家税款三百万元以上的;

(二)五年内因骗取国家出口退税受过刑事处罚或者二次以上行政处罚,又实施骗取国家出口退税行为,数额在三百万元以上的;

(三)致使国家税款被骗取三百万元以上并且在提起公诉前无法追回的;

(四)其他情节特别严重的情形。

第九条 实施骗取国家出口退税行为,没有实际取得出口退税款的,可以比照既遂犯从轻或者减轻处罚。

从事货物运输代理、报关、会计、税务、外贸综合服务等中介组织及其人员违反国家有关进出口经营规定,为他人提供虚假证明文件,致使他人骗取国家出口退税款,情节严重的,依照刑法第二百二十九条的规定追究刑事责任。

第六十七条 【抗税行为的法律责任】 以暴力、威胁方法拒不缴纳税款的,是抗税,除由税务机关追缴其拒缴的税款、滞纳金外,依法追究刑事责任。情节轻微,未构成犯罪的,由税务机关追缴其拒缴的税款、滞纳金,并处拒缴税款一倍以上五倍以下的罚款。

司法解释

《最高人民法院 最高人民检察院关于办理危害税收征管刑事案件适用法律若干问题的解释》(2024年3月15日颁布 2024年3月20日实施 法释〔2024〕4号)

第五条 以暴力、威胁方法拒不缴纳税款,具有下列情形之一的,应当认定为刑法第二百零二条规定的"情节严重":

(一)聚众抗税的首要分子;

(二)故意伤害致人轻伤的;

(三)其他情节严重的情形。

实施抗税行为致人重伤、死亡,符合刑法第二百三十四条或者第二百三十二条规定的,以故意伤害罪或者故意杀人罪定罪处罚。

第六十八条 【未按期纳税的法律责任】纳税人、扣缴义务人在规定期限内不缴或者少缴应纳或者应解缴的税款,经税务机关责令限期缴纳,逾期仍未缴纳的,税务机关除依照本法第四十条的规定采取强制执行措施追缴其不缴或者少缴的税款外,可以处不缴或者少缴的税款百分之五十以上五倍以下的罚款。

> **税收行政法规**
>
> 《中华人民共和国税收征收管理法实施细则》(2002年9月7日中华人民共和国国务院令第362号公布 根据2012年11月9日《国务院关于修改和废止部分行政法规的决定》第一次修订 根据2013年7月18日《国务院关于废止和修改部分行政法规的决定》第二次修订 根据2016年2月6日《国务院关于修改部分行政法规的决定》第三次修订)
>
> 第九十四条 纳税人拒绝代扣、代收税款的,扣缴义务人应当向税务机关报告,由税务机关直接向纳税人追缴税款、滞纳金;纳税人拒不缴纳的,依照税收征管法第六十八条的规定执行。

第六十九条 【未扣缴税款的法律责任】扣缴义务人应扣未扣、应收而不收税款的,由税务机关向纳税人追缴税款,对扣缴义务人处应扣未扣、应收未收税款百分之五十以上三倍以下的罚款。

第七十条 【拒绝检查的法律责任】纳税人、扣缴义务人逃避、拒绝或者以其他方式阻挠税务机关检查的,由税务机关责令改正,可以处一万元以下的罚款;情节严重的,处一万元以上五万元以下的罚款。

> **税收行政法规**
>
> 《中华人民共和国税收征收管理法实施细则》(2002年9月7日中华人民共和国国务院令第362号公布 根据2012年11月9日《国务院关于修改和废止部分行政法规的决定》第一次修订 根据2013年7月18日《国务院关于废止和修改部分行政法规的决定》第二次修订 根据2016年2月6日《国务院关于修改部分行政法规的决定》第三次修订)
>
> 第九十五条 税务机关依照税收征管法第五十四条第(五)项的规定,到车站、码头、机场、邮政企业及其分支机构检查纳税人有关情况时,有关单位拒绝的,由税务机关责令改正,可以处1万元以下的罚款;情节严重的,处1万元以上5万元以下的罚款。
>
> 第九十六条 纳税人、扣缴义务人有下列情形之一的,依照税收征管法第七十条的规定处罚:
>
> (一)提供虚假资料,不如实反映情况,或者拒绝提供有关资料的;
>
> (二)拒绝或者阻止税务机关记录、录音、录像、照相和复制与案件有关的情况和资料的;
>
> (三)在检查期间,纳税人、扣缴义务人转移、隐匿、销毁有关资料的;
>
> (四)有不依法接受税务检查的其他情形的。

第七十一条 【非法印制发票的法律责任】 违反本法第二十二条规定,非法印制发票的,由税务机关销毁非法印制的发票,没收违法所得和作案工具,并处一万元以上五万元以下的罚款;构成犯罪的,依法追究刑事责任。

第七十二条 【发票资格的限制】 从事生产、经营的纳税人、扣缴义务人有本法规定的税收违法行为,拒不接受税务机关处理的,税务机关可以收缴其发票或者停止向其发售发票。

第七十三条 【银行拒绝协助的法律义务】 纳税人、扣缴义务人的开户银行或者其他金融机构拒绝接受税务机关依法检查纳税人、扣缴义务人存款帐户,或者拒绝执行税务机关作出的冻结存款或者扣缴税款的决定,或者在接到税务机关的书面通知后帮助纳税人、扣缴义务人转移存款,造成税款流失的,由税务机关处十万元以上五十万元以下的罚款,对直接负责的主管人员和其他直接责任人员处一千元以上一万元以下的罚款。

> 税收行政法规
>
> 《中华人民共和国税收征收管理法实施细则》(2002年9月7日中华人民共和国国务院令第362号公布　根据2012年11月9日《国务院关于修改和废止部分行政法规的决定》第一次修订　根据2013年7月18日《国务院关于废止和修改部分行政法规的决定》第二次修订　根据2016年2月6日《国务院关于修改部分行政法规的决定》第三次修订)
>
> 第九十二条　银行和其他金融机构未依照税收征管法的规定在从事生产、经营的纳税人的账户中登录税务登记证件号码,或者未按规定在税务登记证件中登录从事生产、经营的纳税人的账户账号的,由税务机关责令其限期改正,处2000元以上2万元以下的罚款;情节严重的,处2万元以上5万元以下的罚款。

第七十四条　【税务所的处罚权】本法规定的行政处罚,罚款额在二千元以下的,可以由税务所决定。

第七十五条　【罚没收入的入库】税务机关和司法机关的涉税罚没收入,应当按照税款入库预算级次上缴国库。

第七十六条　【擅自改变征管和入库的处分】税务机关违反规定擅自改变税收征收管理范围和税款入库预算级次的,责令限期改正,对直接负责的主管人员和其他直接责任人员依法给予降级或者撤职的行政处分。

第七十七条　【涉税案件的移送】纳税人、扣缴义务人有本法第六十三条、第六十五条、第六十六条、第六十七条、第七十一条规定的行为涉嫌犯罪的,税务机关应当依法移交司法机关追究刑事责任。

税务人员徇私舞弊,对依法应当移交司法机关追究刑事责任的不移交,情节严重的,依法追究刑事责任。

> **税收行政法规**
>
> 《行政执法机关移送涉嫌犯罪案件的规定》(2001年7月9日中华人民共和国国务院令第310号公布 根据2020年8月7日《国务院关于修改〈行政执法机关移送涉嫌犯罪案件的规定〉的决定》修订)
>
> 第一条 为了保证行政执法机关向公安机关及时移送涉嫌犯罪案件,依法惩罚破坏社会主义市场经济秩序罪、妨害社会管理秩序罪以及其他罪,保障社会主义建设事业顺利进行,制定本规定。
>
> 第二条 本规定所称行政执法机关,是指依照法律、法规或者规章的规定,对破坏社会主义市场经济秩序、妨害社会管理秩序以及其他违法行为具有行政处罚权的行政机关,以及法律、法规授权的具有管理公共事务职能、在法定授权范围内实施行政处罚的组织。
>
> 第三条 行政执法机关在依法查处违法行为过程中,发现违法事实涉及的金额、违法事实的情节、违法事实造成的后果等,根据刑法关于破坏社会主义市场经济秩序罪、妨害社会管理秩序罪等罪的规定和最高人民法院、最高人民检察院关于破坏社会主义市场经济秩序罪、妨害社会管理秩序罪等罪的司法解释以及最高人民检察院、公安部关于经济犯罪案件的追诉标准等规定,涉嫌构成犯罪,依法需要追究刑事责任的,必须依照本规定向公安机关移送。
>
> 知识产权领域的违法案件,行政执法机关根据调查收集的证据和查明的案件事实,认为存在犯罪的合理嫌疑,需要公安机关采取措施进一步获取证据以判断是否达到刑事案件立案追诉标准的,应当向公安机关移送。
>
> 第四条 行政执法机关在查处违法行为过程中,必须妥善保存所收集的与违法行为有关的证据。

行政执法机关对查获的涉案物品,应当如实填写涉案物品清单,并按照国家有关规定予以处理。对易腐烂、变质等不宜或者不易保管的涉案物品,应当采取必要措施,留取证据;对需要进行检验、鉴定的涉案物品,应当由法定检验、鉴定机构进行检验、鉴定,并出具检验报告或者鉴定结论。

第五条 行政执法机关对应当向公安机关移送的涉嫌犯罪案件,应当立即指定 2 名或者 2 名以上行政执法人员组成专案组专门负责,核实情况后提出移送涉嫌犯罪案件的书面报告,报经本机关正职负责人或者主持工作的负责人审批。

行政执法机关正职负责人或者主持工作的负责人应当自接到报告之日起 3 日内作出批准移送或者不批准移送的决定。决定批准的,应当在 24 小时内向同级公安机关移送;决定不批准的,应当将不予批准的理由记录在案。

第六条 行政执法机关向公安机关移送涉嫌犯罪案件,应当附有下列材料:

(一)涉嫌犯罪案件移送书;
(二)涉嫌犯罪案件情况的调查报告;
(三)涉案物品清单;
(四)有关检验报告或者鉴定结论;
(五)其他有关涉嫌犯罪的材料。

第七条 公安机关对行政执法机关移送的涉嫌犯罪案件,应当在涉嫌犯罪案件移送书的回执上签字;其中,不属于本机关管辖的,应当在 24 小时内转送有管辖权的机关,并书面告知移送案件的行政执法机关。

第八条 公安机关应当自接受行政执法机关移送的涉嫌犯罪案件之日起 3 日内,依照刑法、刑事诉讼法以及最高人民法院、最高人民检察院关于立案标准和公安部关于公安机关办理刑事案件程序的规定,对所移送的案件进行审查。认为有犯罪事实,需要追究刑事责任,依法决定立案的,应当书面通知移送案件的行政执法机关;认为没有犯罪事实,或者犯罪事实显著轻微,不需要追究刑事责任,依法不予立案的,应当说明理由,并书面通知移送案件的行政执法机关,相应退回案卷材料。

第九条 行政执法机关接到公安机关不予立案的通知书后,认为依法应当由公安机关决定立案的,可以自接到不予立案通知书之日起3日内,提请作出不予立案决定的公安机关复议,也可以建议人民检察院依法进行立案监督。

作出不予立案决定的公安机关应当自收到行政执法机关提请复议的文件之日起3日内作出立案或者不予立案的决定,并书面通知移送案件的行政执法机关。移送案件的行政执法机关对公安机关不予立案的复议决定仍有异议的,应当自收到复议决定通知书之日起3日内建议人民检察院依法进行立案监督。

公安机关应当接受人民检察院依法进行的立案监督。

第十条 行政执法机关对公安机关决定不予立案的案件,应当依法作出处理;其中,依照有关法律、法规或者规章的规定应当给予行政处罚的,应当依法实施行政处罚。

第十一条 行政执法机关对应当向公安机关移送的涉嫌犯罪案件,不得以行政处罚代替移送。

行政执法机关向公安机关移送涉嫌犯罪案件前已经作出的警告、责令停产停业、暂扣或者吊销许可证、暂扣或者吊销执照的行政处罚决定,不停止执行。

依照行政处罚法的规定,行政执法机关向公安机关移送涉嫌犯罪案件前,已经依法给予当事人罚款的,人民法院判处罚金时,依法折抵相应罚金。

第十二条 行政执法机关对公安机关决定立案的案件,应当自接到立案通知书之日起3日内将涉案物品以及与案件有关的其他材料移交公安机关,并办结交接手续;法律、行政法规另有规定的,依照其规定。

第十三条 公安机关对发现的违法行为,经审查,没有犯罪事实,或者立案侦查后认为犯罪事实显著轻微,不需要追究刑事责任,但依法应当追究行政责任的,应当及时将案件移送同级行政执法机关,有关行政执法机关应当依法作出处理。

第十四条 行政执法机关移送涉嫌犯罪案件,应当接受人民检察院和监察机关依法实施的监督。

任何单位和个人对行政执法机关违反本规定,应当向公安机关移送涉嫌犯罪案件而不移送的,有权向人民检察院、监察机关或者上级行政执法机关举报。

第十五条 行政执法机关违反本规定,隐匿、私分、销毁涉案物品的,由本级或者上级人民政府,或者实行垂直管理的上级行政执法机关,对其正职负责人根据情节轻重,给予降级以上的处分;构成犯罪的,依法追究刑事责任。

对前款所列行为直接负责的主管人员和其他直接责任人员,比照前款的规定给予处分;构成犯罪的,依法追究刑事责任。

第十六条 行政执法机关违反本规定,逾期不将案件移送公安机关的,由本级或者上级人民政府,或者实行垂直管理的上级行政执法机关,责令限期移送,并对其正职负责人或者主持工作的负责人根据情节轻重,给予记过以上的处分;构成犯罪的,依法追究刑事责任。

行政执法机关违反本规定,对应当向公安机关移送的案件不移送,或者以行政处罚代替移送的,由本级或者上级人民政府,或者实行垂直管理的上级行政执法机关,责令改正,给予通报;拒不改正的,对其正职负责人或者主持工作的负责人给予记过以上的处分;构成犯罪的,依法追究刑事责任。

对本条第一款、第二款所列行为直接负责的主管人员和其他直接责任人员,分别比照前两款的规定给予处分;构成犯罪的,依法追究刑事责任。

第十七条 公安机关违反本规定,不接受行政执法机关移送的涉嫌犯罪案件,或者逾期不作出立案或者不予立案的决定的,除由人民检察院依法实施立案监督外,由本级或者上级人民政府责令改正,对其正职负责人根据情节轻重,给予记过以上的处分;构成犯罪的,依法追究刑事责任。

对前款所列行为直接负责的主管人员和其他直接责任人员,比照前款的规定给予处分;构成犯罪的,依法追究刑事责任。

> 第十八条 有关机关存在本规定第十五条、第十六条、第十七条所列违法行为，需要由监察机关依法给予违法的公职人员政务处分的，该机关及其上级主管机关或者有关人民政府应当依照有关规定将相关案件线索移送监察机关处理。
> 第十九条 行政执法机关在依法查处违法行为过程中，发现公职人员有贪污贿赂、失职渎职或者利用职权侵犯公民人身权利和民主权利等违法行为，涉嫌构成职务犯罪的，应当依照刑法、刑事诉讼法、监察法等法律规定及时将案件线索移送监察机关或者人民检察院处理。
> 第二十条 本规定自公布之日起施行。

第七十八条 【无权代征的法律责任】未经税务机关依法委托征收税款的，责令退还收取的财物，依法给予行政处分或者行政处罚；致使他人合法权益受到损失的，依法承担赔偿责任；构成犯罪的，依法追究刑事责任。

第七十九条 【强制非生活必需品的法律责任】税务机关、税务人员查封、扣押纳税人个人及其所扶养家属维持生活必需的住房和用品的，责令退还，依法给予行政处分；构成犯罪的，依法追究刑事责任。

第八十条 【教唆偷逃骗税的法律责任】税务人员与纳税人、扣缴义务人勾结，唆使或者协助纳税人、扣缴义务人有本法第六十三条、第六十五条、第六十六条规定的行为，构成犯罪的，依法追究刑事责任；尚不构成犯罪的，依法给予行政处分。

第八十一条 【税务机关贪污行为的法律责任】税务人员利用职务上的便利，收受或者索取纳税人、扣缴义务人财物或者谋取其他不正当利益，构成犯罪的，依法追究刑事责任；尚不构成犯罪的，依法给予行政处分。

第八十二条 【渎职行为的处分】税务人员徇私舞弊或者玩忽职守，不征或者少征应征税款，致使国家税收遭受重大损失，构成犯罪的，依法追究刑事责任；尚不构成犯罪的，依法给予行政处分。

税务人员滥用职权,故意刁难纳税人、扣缴义务人的,调离税收工作岗位,并依法给予行政处分。

税务人员对控告、检举税收违法违纪行为的纳税人、扣缴义务人以及其他检举人进行打击报复的,依法给予行政处分;构成犯罪的,依法追究刑事责任。

税务人员违反法律、行政法规的规定,故意高估或者低估农业税计税产量,致使多征或者少征税款,侵犯农民合法权益或者损害国家利益,构成犯罪的,依法追究刑事责任;尚不构成犯罪的,依法给予行政处分。

税收行政法规

《中华人民共和国税收征收管理法实施细则》(2002 年 9 月 7 日中华人民共和国国务院令第 362 号公布　根据 2012 年 11 月 9 日《国务院关于修改和废止部分行政法规的决定》第一次修订　根据 2013 年 7 月 18 日《国务院关于废止和修改部分行政法规的决定》第二次修订　根据 2016 年 2 月 6 日《国务院关于修改部分行政法规的决定》第三次修订)

第九十七条　税务人员私分扣押、查封的商品、货物或者其他财产,情节严重,构成犯罪的,依法追究刑事责任;尚不构成犯罪的,依法给予行政处分。

第八十三条　【违规征收的处分】违反法律、行政法规的规定提前征收、延缓征收或者摊派税款的,由其上级机关或者行政监察机关责令改正,对直接负责的主管人员和其他直接责任人员依法给予行政处分。

第八十四条　【违法征税的法律责任】违反法律、行政法规的规定,擅自作出税收的开征、停征或者减税、免税、退税、补税以及其他同税收法律、行政法规相抵触的决定的,除依照本法规定撤销其擅自作出的决定外,补征应征未征税款,退还不应征收而征收的税款,并由上级机关追究直接负责的主管人员和其他直接责任人员的行政责任;构成犯罪的,依法追究刑事责任。

第八十五条　【未回避的法律责任】税务人员在征收税款或者查

处税收违法案件时,未按照本法规定进行回避的,对直接负责的主管人员和其他直接责任人员,依法给予行政处分。

第八十六条 【处罚时效】 违反税收法律、行政法规应当给予行政处罚的行为,在五年内未被发现的,不再给予行政处罚。

第八十七条 【违反保密义务的处分】 未按照本法规定为纳税人、扣缴义务人、检举人保密的,对直接负责的主管人员和其他直接责任人员,由所在单位或者有关单位依法给予行政处分。

第八十八条 【司法救济】 纳税人、扣缴义务人、纳税担保人同税务机关在纳税上发生争议时,必须先依照税务机关的纳税决定缴纳或者解缴税款及滞纳金或者提供相应的担保,然后可以依法申请行政复议;对行政复议决定不服的,可以依法向人民法院起诉。

当事人对税务机关的处罚决定、强制执行措施或者税收保全措施不服的,可以依法申请行政复议,也可以依法向人民法院起诉。

当事人对税务机关的处罚决定逾期不申请行政复议也不向人民法院起诉、又不履行的,作出处罚决定的税务机关可以采取本法第四十条规定的强制执行措施,或者申请人民法院强制执行。

一、税收行政法规

《中华人民共和国税收征收管理法实施细则》(2002年9月7日中华人民共和国国务院令第362号公布　根据2012年11月9日《国务院关于修改和废止部分行政法规的决定》第一次修订　根据2013年7月18日《国务院关于废止和修改部分行政法规的决定》第二次修订　根据2016年2月6日《国务院关于修改部分行政法规的决定》第三次修订)

第一百条　税收征管法第八十八条规定的纳税争议,是指纳税人、扣缴义务人、纳税担保人对税务机关确定纳税主体、征税对象、征税范围、减税、免税及退税、适用税率、计税依据、纳税环节、纳税期限、纳税地点以及税款征收方式等具体行政行为有异议而发生的争议。

二、税务规章

《国家税务总局关于修改〈税务行政复议规则〉的决定》(2015年12月28日颁布 2016年2月1日实施 国家税务总局令第39号)

《国家税务总局关于修改〈税务行政复议规则〉的决定》,已经2015年12月17日国家税务总局2015年度第2次局务会议审议通过,现予公布,自2016年2月1日起施行。

国家税务总局局长:王军

2015年12月28日

税务行政复议规则

(2010年2月10日国家税务总局令第21号公布 根据2015年12月28日《国家税务总局关于修改〈税务行政复议规则〉的决定》修正)

第一章 总　则

第一条　为了进一步发挥行政复议解决税务行政争议的作用,保护公民、法人和其他组织的合法权益,监督和保障税务机关依法行使职权,根据《中华人民共和国行政复议法》(以下简称行政复议法)、《中华人民共和国税收征收管理法》和《中华人民共和国行政复议法实施条例》(以下简称行政复议法实施条例),结合税收工作实际,制定本规则。

第二条　公民、法人和其他组织(以下简称申请人)认为税务机关的具体行政行为侵犯其合法权益,向税务行政复议机关申请行政复议,税务行政复议机关办理行政复议事项,适用本规则。

第三条　本规则所称税务行政复议机关(以下简称行政复议机关),指依法受理行政复议申请、对具体行政行为进行审查并作出行政复议决定的税务机关。

第四条　行政复议应当遵循合法、公正、公开、及时和便民的原则。

行政复议机关应当树立依法行政观念,强化责任意识和服务意识,认真履行行政复议职责,坚持有错必纠,确保法律正确实施。

第五条 行政复议机关在申请人的行政复议请求范围内,不得作出对申请人更为不利的行政复议决定。

第六条 申请人对行政复议决定不服的,可以依法向人民法院提起行政诉讼。

第七条 行政复议机关受理行政复议申请,不得向申请人收取任何费用。

第八条 各级税务机关行政首长是行政复议工作第一责任人,应当切实履行职责,加强对行政复议工作的组织领导。

第九条 行政复议机关应当为申请人、第三人查阅案卷资料、接受询问、调解、听证等提供专门场所和其他必要条件。

第十条 各级税务机关应当加大对行政复议工作的基础投入,推进行政复议工作信息化建设,配备调查取证所需的照相、录音、录像和办案所需的电脑、扫描、投影、传真、复印等设备,保障办案交通工具和相应经费。

第二章 税务行政复议机构和人员

第十一条 各级行政复议机关负责法制工作的机构(以下简称行政复议机构)依法办理行政复议事项,履行下列职责:

(一)受理行政复议申请。

(二)向有关组织和人员调查取证,查阅文件和资料。

(三)审查申请行政复议的具体行政行为是否合法和适当,起草行政复议决定。

(四)处理或者转送对本规则第十五条所列有关规定的审查申请。

(五)对被申请人违反行政复议法及其实施条例和本规则规定的行为,依照规定的权限和程序向相关部门提出处理建议。

(六)研究行政复议工作中发现的问题,及时向有关机关或者部门提出改进建议,重大问题及时向行政复议机关报告。

(七)指导和监督下级税务机关的行政复议工作。

(八)办理或者组织办理行政诉讼案件应诉事项。

(九)办理行政复议案件的赔偿事项。

(十)办理行政复议、诉讼、赔偿等案件的统计、报告、归档工作和重大行政复议决定备案事项。

(十一)其他与行政复议工作有关的事项。

第十二条 各级行政复议机关可以成立行政复议委员会,研究重大、疑难案件,提出处理建议。

行政复议委员会可以邀请本机关以外的具有相关专业知识的人员参加。

第十三条 行政复议工作人员应当具备与履行行政复议职责相适应的品行、专业知识和业务能力,并取得行政复议法实施条例规定的资格。

第三章 税务行政复议范围

第十四条 行政复议机关受理申请人对税务机关下列具体行政行为不服提出的行政复议申请:

(一)征税行为,包括确认纳税主体、征税对象、征税范围、减税、免税、退税、抵扣税款、适用税率、计税依据、纳税环节、纳税期限、纳税地点和税款征收方式等具体行政行为,征收税款、加收滞纳金、扣缴义务人、受税务机关委托的单位和个人作出的代扣代缴、代收代缴、代征行为等。

(二)行政许可、行政审批行为。

(三)发票管理行为,包括发售、收缴、代开发票等。

(四)税收保全措施、强制执行措施。

(五)行政处罚行为:

1. 罚款;

2. 没收财物和违法所得;

3. 停止出口退税权。

(六)不依法履行下列职责的行为:

1. 颁发税务登记;

2. 开具、出具完税凭证、外出经营活动税收管理证明;

3. 行政赔偿;

4.行政奖励；

5.其他不依法履行职责的行为。

（七）资格认定行为。

（八）不依法确认纳税担保行为。

（九）政府信息公开工作中的具体行政行为。

（十）纳税信用等级评定行为。

（十一）通知出入境管理机关阻止出境行为。

（十二）其他具体行政行为。

第十五条 申请人认为税务机关的具体行政行为所依据的下列规定不合法，对具体行政行为申请行政复议时，可以一并向行政复议机关提出对有关规定的审查申请；申请人对具体行政行为提出行政复议申请时不知道该具体行政行为所依据的规定的，可以在行政复议机关作出行政复议决定以前提出对该规定的审查申请：

（一）国家税务总局和国务院其他部门的规定。

（二）其他各级税务机关的规定。

（三）地方各级人民政府的规定。

（四）地方人民政府工作部门的规定。

前款中的规定不包括规章。

第四章 税务行政复议管辖

第十六条 对各级国家税务局的具体行政行为不服的，向其上一级国家税务局申请行政复议。

第十七条 对各级地方税务局的具体行政行为不服的，可以选择向其上一级地方税务局或者该税务局的本级人民政府申请行政复议。

省、自治区、直辖市人民代表大会及其常务委员会、人民政府对地方税务局的行政复议管辖另有规定的，从其规定。

第十八条 对国家税务总局的具体行政行为不服的，向国家税务总局申请行政复议。对行政复议决定不服，申请人可以向人民法院提起行政诉讼，也可以向国务院申请裁决。国务院的裁决为最终裁决。

第十九条 对下列税务机关的具体行政行为不服的,按照下列规定申请行政复议:

(一)对计划单列市国家税务局的具体行政行为不服的,向国家税务总局申请行政复议;对计划单列市地方税务局的具体行政行为不服的,可以选择向省地方税务局或者本级人民政府申请行政复议。

(二)对税务所(分局)、各级税务局的稽查局的具体行政行为不服的,向其所属税务局申请行政复议。

(三)对两个以上税务机关共同作出的具体行政行为不服的,向共同上一级税务机关申请行政复议;对税务机关与其他行政机关共同作出的具体行政行为不服的,向其共同上一级行政机关申请行政复议。

(四)对被撤销的税务机关在撤销以前所作出的具体行政行为不服的,向继续行使其职权的税务机关的上一级税务机关申请行政复议。

(五)对税务机关作出逾期不缴纳罚款加处罚款的决定不服的,向作出行政处罚决定的税务机关申请行政复议。但是对已处罚款和加处罚款都不服的,一并向作出行政处罚决定的税务机关的上一级税务机关申请行政复议。

有前款(二)、(三)、(四)、(五)项所列情形之一的,申请人也可以向具体行政行为发生地的县级地方人民政府提交行政复议申请,由接受申请的县级地方人民政府依法转送。

第五章 税务行政复议申请人和被申请人

第二十条 合伙企业申请行政复议的,应当以工商行政管理机关核准登记的企业为申请人,由执行合伙事务的合伙人代表该企业参加行政复议;其他合伙组织申请行政复议的,由合伙人共同申请行政复议。

前款规定以外的不具备法人资格的其他组织申请行政复议的,由该组织的主要负责人代表该组织参加行政复议;没有主要负责人的,由共同推选的其他成员代表该组织参加行政复议。

第二十一条 股份制企业的股东大会、股东代表大会、董事会认为税务具体行政行为侵犯企业合法权益的,可以以企业的名义申请行政复议。

第二十二条 有权申请行政复议的公民死亡的,其近亲属可以申请行政复议;有权申请行政复议的公民为无行为能力人或者限制行为能力人,其法定代理人可以代理申请行政复议。

有权申请行政复议的法人或者其他组织发生合并、分立或终止的,承受其权利义务的法人或者其他组织可以申请行政复议。

第二十三条 行政复议期间,行政复议机关认为申请人以外的公民、法人或者其他组织与被审查的具体行政行为有利害关系的,可以通知其作为第三人参加行政复议。

行政复议期间,申请人以外的公民、法人或者其他组织与被审查的税务具体行政行为有利害关系的,可以向行政复议机关申请作为第三人参加行政复议。

第三人不参加行政复议,不影响行政复议案件的审理。

第二十四条 非具体行政行为的行政管理相对人,但其权利直接被该具体行政行为所剥夺、限制或者被赋予义务的公民、法人或其他组织,在行政管理相对人没有申请行政复议时,可以单独申请行政复议。

第二十五条 同一行政复议案件申请人超过5人的,应当推选1至5名代表参加行政复议。

第二十六条 申请人对具体行政行为不服申请行政复议的,作出该具体行政行为的税务机关为被申请人。

第二十七条 申请人对扣缴义务人的扣缴税款行为不服的,主管该扣缴义务人的税务机关为被申请人;对税务机关委托的单位和个人的代征行为不服的,委托税务机关为被申请人。

第二十八条 税务机关与法律、法规授权的组织以共同的名义作出具体行政行为的,税务机关和法律、法规授权的组织为共同被申请人。

税务机关与其他组织以共同名义作出具体行政行为的,税务机关为被申请人。

第二十九条 税务机关依照法律、法规和规章规定,经上级税务机关批准作出具体行政行为的,批准机关为被申请人。

申请人对经重大税务案件审理程序作出的决定不服的,审理委员会所在税务机关为被申请人。

第三十条 税务机关设立的派出机构、内设机构或者其他组织,未经法律、法规授权,以自己名义对外作出具体行政行为的,税务机关为被申请人。

第三十一条 申请人、第三人可以委托1至2名代理人参加行政复议。申请人、第三人委托代理人的,应当向行政复议机构提交授权委托书。授权委托书应当载明委托事项、权限和期限。公民在特殊情况下无法书面委托的,可以口头委托。口头委托的,行政复议机构应当核实并记录在卷。申请人、第三人解除或者变更委托的,应当书面告知行政复议机构。

被申请人不得委托本机关以外人员参加行政复议。

第六章 税务行政复议申请

第三十二条 申请人可以在知道税务机关作出具体行政行为之日起60日内提出行政复议申请。

因不可抗力或者被申请人设置障碍等原因耽误法定申请期限的,申请期限的计算应当扣除被耽误时间。

第三十三条 申请人对本规则第十四条第(一)项规定的行为不服的,应当先向行政复议机关申请行政复议;对行政复议决定不服的,可以向人民法院提起行政诉讼。

申请人按照前款规定申请行政复议的,必须依照税务机关根据法律、法规确定的税额、期限,先行缴纳或者解缴税款和滞纳金,或者提供相应的担保,才可以在缴清税款和滞纳金以后或者所提供的担保得到作出具体行政行为的税务机关确认之日起60日内提出行政复议申请。

申请人提供担保的方式包括保证、抵押和质押。作出具体行政行为的税务机关应当对保证人的资格、资信进行审查,对不具备法律规定资格或者没有能力保证的,有权拒绝。作出具体行政行为的税务机关应当对抵押人、出质人提供的抵押担保、质押担保进行审查,对不符合法律规定的抵押担保、质押担保,不予确认。

第三十四条 申请人对本规则第十四条第(一)项规定以外的其他具体行政行为不服,可以申请行政复议,也可以直接向人民法院提起行政诉讼。

申请人对税务机关作出逾期不缴纳罚款加处罚款的决定不服的,应当先缴纳罚款和加处罚款,再申请行政复议。

第三十五条 本规则第三十二条第一款规定的行政复议申请期限的计算,依照下列规定办理:

(一)当场作出具体行政行为的,自具体行政行为作出之日起计算。

(二)载明具体行政行为的法律文书直接送达的,自受送达人签收之日起计算。

(三)载明具体行政行为的法律文书邮寄送达的,自受送达人在邮件签收单上签收之日起计算;没有邮件签收单的,自受送达人在送达回执上签名之日起计算。

(四)具体行政行为依法通过公告形式告知受送达人的,自公告规定的期限届满之日起计算。

(五)税务机关作出具体行政行为时未告知申请人,事后补充告知的,自该申请人收到税务机关补充告知的通知之日起计算。

(六)被申请人能够证明申请人知道具体行政行为的,自证据材料证明其知道具体行政行为之日起计算。

税务机关作出具体行政行为,依法应当向申请人送达法律文书而未送达的,视为该申请人不知道该具体行政行为。

第三十六条 申请人依照行政复议法第六条第(八)项、第(九)项、第(十)项的规定申请税务机关履行法定职责,税务机关未履行的,行政复议申请期限依照下列规定计算:

(一)有履行期限规定的,自履行期限届满之日起计算。

(二)没有履行期限规定的,自税务机关收到申请满 60 日起计算。

第三十七条　税务机关作出的具体行政行为对申请人的权利、义务可能产生不利影响的,应当告知其申请行政复议的权利、行政复议机关和行政复议申请期限。

第三十八条　申请人书面申请行政复议的,可以采取当面递交、邮寄或者传真等方式提出行政复议申请。

有条件的行政复议机关可以接受以电子邮件形式提出的行政复议申请。

对以传真、电子邮件形式提出行政复议申请的,行政复议机关应当审核确认申请人的身份、复议事项。

第三十九条　申请人书面申请行政复议的,应当在行政复议申请书中载明下列事项:

(一)申请人的基本情况,包括公民的姓名、性别、出生年月、身份证件号码、工作单位、住所、邮政编码、联系电话;法人或者其他组织的名称、住所、邮政编码、联系电话和法定代表人或者主要负责人的姓名、职务。

(二)被申请人的名称。

(三)行政复议请求、申请行政复议的主要事实和理由。

(四)申请人的签名或者盖章。

(五)申请行政复议的日期。

第四十条　申请人口头申请行政复议的,行政复议机构应当依照本规则第三十九条规定的事项,当场制作行政复议申请笔录,交申请人核对或者向申请人宣读,并由申请人确认。

第四十一条　有下列情形之一的,申请人应当提供证明材料:

(一)认为被申请人不履行法定职责的,提供要求被申请人履行法定职责而被申请人未履行的证明材料。

(二)申请行政复议时一并提出行政赔偿请求的,提供受具体行政行为侵害而造成损害的证明材料。

(三)法律、法规规定需要申请人提供证据材料的其他情形。

第四十二条 申请人提出行政复议申请时错列被申请人的，行政复议机关应当告知申请人变更被申请人。申请人不变更被申请人的，行政复议机关不予受理，或者驳回行政复议申请。

第四十三条 申请人向行政复议机关申请行政复议，行政复议机关已经受理的，在法定行政复议期限内申请人不得向人民法院提起行政诉讼；申请人向人民法院提起行政诉讼，人民法院已经依法受理的，不得申请行政复议。

第七章 税务行政复议受理

第四十四条 行政复议申请符合下列规定的，行政复议机关应当受理：

（一）属于本规则规定的行政复议范围。

（二）在法定申请期限内提出。

（三）有明确的申请人和符合规定的被申请人。

（四）申请人与具体行政行为有利害关系。

（五）有具体的行政复议请求和理由。

（六）符合本规则第三十三条和第三十四条规定的条件。

（七）属于收到行政复议申请的行政复议机关的职责范围。

（八）其他行政复议机关尚未受理同一行政复议申请，人民法院尚未受理同一主体就同一事实提起的行政诉讼。

第四十五条 行政复议机关收到行政复议申请以后，应当在5日内审查，决定是否受理。对不符合本规则规定的行政复议申请，决定不予受理，并书面告知申请人。

对不属于本机关受理的行政复议申请，应当告知申请人向有关行政复议机关提出。

行政复议机关收到行政复议申请以后未按照前款规定期限审查并作出不予受理决定的，视为受理。

第四十六条 对符合规定的行政复议申请，自行政复议机构收到之日起即为受理；受理行政复议申请，应当书面告知申请人。

第四十七条 行政复议申请材料不齐全、表述不清楚的，行政复议机构可以自收到该行政复议申请之日起5日内书面通知申请人补正。补正通知应当载明需要补正的事项和合理的补正期限。无正当理由逾期不补正的,视为申请人放弃行政复议申请。

补正申请材料所用时间不计入行政复议审理期限。

第四十八条 上级税务机关认为行政复议机关不予受理行政复议申请的理由不成立的,可以督促其受理;经督促仍然不受理的,责令其限期受理。

上级税务机关认为行政复议申请不符合法定受理条件的,应当告知申请人。

第四十九条 上级税务机关认为有必要的,可以直接受理或者提审由下级税务机关管辖的行政复议案件。

第五十条 对应当先向行政复议机关申请行政复议,对行政复议决定不服再向人民法院提起行政诉讼的具体行政行为,行政复议机关决定不予受理或者受理以后超过行政复议期限不作答复的,申请人可以自收到不予受理决定书之日起或者行政复议期满之日起15日内,依法向人民法院提起行政诉讼。

依照本规则第八十三条规定延长行政复议期限的,以延长以后的时间为行政复议期满时间。

第五十一条 行政复议期间具体行政行为不停止执行;但是有下列情形之一的,可以停止执行:

(一)被申请人认为需要停止执行的。

(二)行政复议机关认为需要停止执行的。

(三)申请人申请停止执行,行政复议机关认为其要求合理,决定停止执行的。

(四)法律规定停止执行的。

第八章 税务行政复议证据

第五十二条 行政复议证据包括以下类别:

(一)书证;

(二)物证;

(三)视听资料;

(四)电子数据;

(五)证人证言;

(六)当事人的陈述;

(七)鉴定意见;

(八)勘验笔录、现场笔录。

第五十三条 在行政复议中,被申请人对其作出的具体行政行为负有举证责任。

第五十四条 行政复议机关应当依法全面审查相关证据。行政复议机关审查行政复议案件,应当以证据证明的案件事实为依据。定案证据应当具有合法性、真实性和关联性。

第五十五条 行政复议机关应当根据案件的具体情况,从以下方面审查证据的合法性:

(一)证据是否符合法定形式。

(二)证据的取得是否符合法律、法规、规章和司法解释的规定。

(三)是否有影响证据效力的其他违法情形。

第五十六条 行政复议机关应当根据案件的具体情况,从以下方面审查证据的真实性:

(一)证据形成的原因。

(二)发现证据时的环境。

(三)证据是否为原件、原物,复制件、复制品与原件、原物是否相符。

(四)提供证据的人或者证人与行政复议参加人是否具有利害关系。

(五)影响证据真实性的其他因素。

第五十七条 行政复议机关应当根据案件的具体情况,从以下方面审查证据的关联性:

(一)证据与待证事实是否具有证明关系。

(二)证据与待证事实的关联程度。

(三)影响证据关联性的其他因素。

第五十八条 下列证据材料不得作为定案依据:

（一）违反法定程序收集的证据材料。

（二）以偷拍、偷录和窃听等手段获取侵害他人合法权益的证据材料。

（三）以利诱、欺诈、胁迫和暴力等不正当手段获取的证据材料。

（四）无正当事由超出举证期限提供的证据材料。

（五）无正当理由拒不提供原件、原物，又无其他证据印证，且对方不予认可的证据的复件件、复制品。

（六）无法辨明真伪的证据材料。

（七）不能正确表达意志的证人提供的证言。

（八）不具备合法性、真实性的其他证据材料。

行政复议机构依据本规则第十一条第（二）项规定的职责所取得的有关材料，不得作为支持被申请人具体行政行为的证据。

第五十九条 在行政复议过程中，被申请人不得自行向申请人和其他有关组织或者个人收集证据。

第六十条 行政复议机构认为必要时，可以调查取证。

行政复议工作人员向有关组织和人员调查取证时，可以查阅、复制和调取有关文件和资料，向有关人员询问。调查取证时，行政复议工作人员不得少于2人，并应当向当事人和有关人员出示证件。被调查单位和人员应当配合行政复议工作人员的工作，不得拒绝、阻挠。

需要现场勘验的，现场勘验所用时间不计入行政复议审理期限。

第六十一条 申请人和第三人可以查阅被申请人提出的书面答复、作出具体行政行为的证据、依据和其他有关材料，除涉及国家秘密、商业秘密或者个人隐私外，行政复议机关不得拒绝。

第九章　税务行政复议审查和决定

第六十二条 行政复议机构应当自受理行政复议申请之日起7日内，将行政复议申请书副本或者行政复议申请笔录复印件发送被申请人。被申请人应当自收到申请书副本或者申请笔录复印件之日起 10 日内提出书面答复,并提交当初作出具体行政行为的证据、依据和其他有关材料。

对国家税务总局的具体行政行为不服申请行政复议的案件,由原承办具体行政行为的相关机构向行政复议机构提出书面答复,并提交当初作出具体行政行为的证据、依据和其他有关材料。

第六十三条　行政复议机构审理行政复议案件,应当由 2 名以上行政复议工作人员参加。

第六十四条　行政复议原则上采用书面审查的办法,但是申请人提出要求或者行政复议机构认为有必要时,应当听取申请人、被申请人和第三人的意见,并可以向有关组织和人员调查了解情况。

第六十五条　对重大、复杂的案件,申请人提出要求或者行政复议机构认为必要时,可以采取听证的方式审理。

第六十六条　行政复议机构决定举行听证的,应当将举行听证的时间、地点和具体要求等事项通知申请人、被申请人和第三人。

第三人不参加听证的,不影响听证的举行。

第六十七条　听证应当公开举行,但是涉及国家秘密、商业秘密或者个人隐私的除外。

第六十八条　行政复议听证人员不得少于 2 人,听证主持人由行政复议机构指定。

第六十九条　听证应当制作笔录。申请人、被申请人和第三人应当确认听证笔录内容。

行政复议听证笔录应当附卷,作为行政复议机构审理案件的依据之一。

第七十条　行政复议机关应当全面审查被申请人的具体行政行为所依据的事实证据、法律程序、法律依据和设定的权利义务内容的合法性、适当性。

第七十一条　申请人在行政复议决定作出以前撤回行政复议申请的,经行政复议机构同意,可以撤回。

申请人撤回行政复议申请的,不得再以同一事实和理由提出行政复议申请。但是,申请人能够证明撤回行政复议申请违背其真实意思表示的除外。

第七十二条 行政复议期间被申请人改变原具体行政行为的,不影响行政复议案件的审理。但是,申请人依法撤回行政复议申请的除外。

第七十三条 申请人在申请行政复议时,依据本规则第十五条规定一并提出对有关规定的审查申请的,行政复议机关对该规定有权处理的,应当在 30 日内依法处理;无权处理的,应当在 7 日内按照法定程序逐级转送有权处理的行政机关依法处理,有权处理的行政机关应当在 60 日内依法处理。处理期间,中止对具体行政行为的审查。

第七十四条 行政复议机关审查被申请人的具体行政行为时,认为其依据不合法,本机关有权处理的,应当在 30 日内依法处理;无权处理的,应当在 7 日内按照法定程序逐级转送有权处理的国家机关依法处理。处理期间,中止对具体行政行为的审查。

第七十五条 行政复议机构应当对被申请人的具体行政行为提出审查意见,经行政复议机关负责人批准,按照下列规定作出行政复议决定:

(一)具体行政行为认定事实清楚,证据确凿,适用依据正确,程序合法,内容适当的,决定维持。

(二)被申请人不履行法定职责的,决定其在一定期限内履行。

(三)具体行政行为有下列情形之一的,决定撤销、变更或者确认该具体行政行为违法;决定撤销或者确认该具体行政行为违法的,可以责令被申请人在一定期限内重新作出具体行政行为:

1. 主要事实不清、证据不足的;
2. 适用依据错误的;
3. 违反法定程序的;
4. 超越职权或者滥用职权的;
5. 具体行政行为明显不当的。

(四)被申请人不按照本规则第六十二条的规定提出书面答复,提交当初作出具体行政行为的证据、依据和其他有关材料的,视为该具体行政行为没有证据、依据,决定撤销该具体行政行为。

第七十六条 行政复议机关责令被申请人重新作出具体行政行为的,被申请人不得以同一事实和理由作出与原具体行政行为相同或者基本相同的具体行政行为;但是行政复议机关以原具体行政行为违反法定程序决定撤销的,被申请人重新作出具体行政行为的除外。

行政复议机关责令被申请人重新作出具体行政行为的,被申请人不得作出对申请人更为不利的决定;但是行政复议机关以原具体行政行为主要事实不清、证据不足或适用依据错误决定撤销的,被申请人重新作出具体行政行为的除外。

第七十七条 有下列情形之一的,行政复议机关可以决定变更:

(一)认定事实清楚,证据确凿,程序合法,但是明显不当或者适用依据错误的。

(二)认定事实不清,证据不足,但是经行政复议机关审理查明事实清楚,证据确凿的。

第七十八条 有下列情形之一的,行政复议机关应当决定驳回行政复议申请:

(一)申请人认为税务机关不履行法定职责申请行政复议,行政复议机关受理以后发现该税务机关没有相应法定职责或者在受理以前已经履行法定职责的。

(二)受理行政复议申请后,发现该行政复议申请不符合行政复议法及其实施条例和本规则规定的受理条件的。

上级税务机关认为行政复议机关驳回行政复议申请的理由不成立的,应当责令限期恢复受理。行政复议机关审理行政复议申请期限的计算应当扣除因驳回耽误的时间。

第七十九条 行政复议期间,有下列情形之一的,行政复议中止:

（一）作为申请人的公民死亡，其近亲属尚未确定是否参加行政复议的。

（二）作为申请人的公民丧失参加行政复议的能力，尚未确定法定代理人参加行政复议的。

（三）作为申请人的法人或者其他组织终止，尚未确定权利义务承受人的。

（四）作为申请人的公民下落不明或者被宣告失踪的。

（五）申请人、被申请人因不可抗力，不能参加行政复议的。

（六）行政复议机关因不可抗力原因暂时不能履行工作职责的。

（七）案件涉及法律适用问题，需要有权机关作出解释或者确认的。

（八）案件审理需要以其他案件的审理结果为依据，而其他案件尚未审结的。

（九）其他需要中止行政复议的情形。

行政复议中止的原因消除以后，应当及时恢复行政复议案件的审理。

行政复议机构中止、恢复行政复议案件的审理，应当告知申请人、被申请人、第三人。

第八十条 行政复议期间，有下列情形之一的，行政复议终止：

（一）申请人要求撤回行政复议申请，行政复议机构准予撤回的。

（二）作为申请人的公民死亡，没有近亲属，或者其近亲属放弃行政复议权利的。

（三）作为申请人的法人或者其他组织终止，其权利义务的承受人放弃行政复议权利的。

（四）申请人与被申请人依照本规则第八十七条的规定，经行政复议机构准许达成和解的。

（五）行政复议申请受理以后，发现其他行政复议机关已经先于本机关受理,或者人民法院已经受理的。

依照本规则第七十九条第一款第(一)项、第(二)项、第(三)项规定中止行政复议,满 60 日行政复议中止的原因未消除的,行政复议终止。

第八十一条 行政复议机关责令被申请人重新作出具体行政行为的,被申请人应当在 60 日内重新作出具体行政行为;情况复杂,不能在规定期限内重新作出具体行政行为的,经行政复议机关批准,可以适当延期,但是延期不得超过 30 日。

公民、法人或者其他组织对被申请人重新作出的具体行政行为不服,可以依法申请行政复议,或者提起行政诉讼。

第八十二条 申请人在申请行政复议时可以一并提出行政赔偿请求,行政复议机关对符合国家赔偿法的规定应当赔偿的,在决定撤销、变更具体行政行为或者确认具体行政行为违法时,应同时决定被申请人依法赔偿。

申请人在申请行政复议时没有提出行政赔偿请求的,行政复议机关在依法决定撤销、变更原具体行政行为确定的税款、滞纳金、罚款和对财产的扣押、查封等强制措施时,应当同时责令被申请人退还税款、滞纳金和罚款,解除对财产的扣押、查封等强制措施,或者赔偿相应的价款。

第八十三条 行政复议机关应当自受理申请之日起 60 日内作出行政复议决定。情况复杂,不能在规定期限内作出行政复议决定的,经行政复议机关负责人批准,可以适当延期,并告知申请人和被申请人;但是延期不得超过 30 日。

行政复议机关作出行政复议决定,应当制作行政复议决定书,并加盖行政复议机关印章。

行政复议决定书一经送达,即发生法律效力。

第八十四条 被申请人应当履行行政复议决定。

被申请人不履行、无正当理由拖延履行行政复议决定的,行政复议机关或者有关上级税务机关应当责令其限期履行。

第八十五条 申请人、第三人逾期不起诉又不履行行政复议

决定的,或者不履行最终裁决的行政复议决定的,按照下列规定分别处理:

(一)维持具体行政行为的行政复议决定,由作出具体行政行为的税务机关依法强制执行,或者申请人民法院强制执行。

(二)变更具体行政行为的行政复议决定,由行政复议机关依法强制执行,或者申请人民法院强制执行。

第十章 税务行政复议和解与调解

第八十六条 对下列行政复议事项,按照自愿、合法的原则,申请人和被申请人在行政复议机关作出行政复议决定以前可以达成和解,行政复议机关也可以调解:

(一)行使自由裁量权作出的具体行政行为,如行政处罚、核定税额、确定应税所得率等。

(二)行政赔偿。

(三)行政奖励。

(四)存在其他合理性问题的具体行政行为。

行政复议审理期限在和解、调解期间中止计算。

第八十七条 申请人和被申请人达成和解的,应当向行政复议机构提交书面和解协议。和解内容不损害社会公共利益和他人合法权益的,行政复议机构应当准许。

第八十八条 经行政复议机构准许和解终止行政复议的,申请人不得以同一事实和理由再次申请行政复议。

第八十九条 调解应当符合下列要求:

(一)尊重申请人和被申请人的意愿。

(二)在查明案件事实的基础上进行。

(三)遵循客观、公正和合理原则。

(四)不得损害社会公共利益和他人合法权益。

第九十条 行政复议机关按照下列程序调解:

(一)征得申请人和被申请人同意。

(二)听取申请人和被申请人的意见。

(三)提出调解方案。

(四)达成调解协议。

(五)制作行政复议调解书。

第九十一条 行政复议调解书应当载明行政复议请求、事实、理由和调解结果,并加盖行政复议机关印章。行政复议调解书经双方当事人签字,即具有法律效力。

调解未达成协议,或者行政复议调解书不生效的,行政复议机关应当及时作出行政复议决定。

第九十二条 申请人不履行行政复议调解书的,由被申请人依法强制执行,或者申请人民法院强制执行。

第十一章 税务行政复议指导和监督

第九十三条 各级税务复议机关应当加强对履行行政复议职责的监督。行政复议机构负责对行政复议工作进行系统督促、指导。

第九十四条 各级税务机关应当建立健全行政复议工作责任制,将行政复议工作纳入本单位目标责任制。

第九十五条 各级税务机关应当按照职责权限,通过定期组织检查、抽查等方式,检查下级税务机关的行政复议工作,并及时向有关方面反馈检查结果。

第九十六条 行政复议期间行政复议机关发现被申请人和其他下级税务机关的相关行政行为违法或者需要做好善后工作的,可以制作行政复议意见书。有关机关应当自收到行政复议意见书之日起60日内将纠正相关行政违法行为或者做好善后工作的情况报告行政复议机关。

行政复议期间行政复议机构发现法律、法规和规章实施中带有普遍性的问题,可以制作行政复议建议书,向有关机关提出完善制度和改进行政执法的建议。

第九十七条 省以下各级税务机关应当定期向上一级税务机关提交行政复议、应诉、赔偿统计表和分析报告,及时将重大行政复议决定报上一级行政复议机关备案。

第九十八条 行政复议机构应当按照规定将行政复议案件资

料立卷归档。

行政复议案卷应当按照行政复议申请分别装订立卷,一案一卷,统一编号,做到目录清晰、资料齐全、分类规范、装订整齐。

第九十九条 行政复议机构应当定期组织行政复议工作人员业务培训和工作交流,提高行政复议工作人员的专业素质。

第一百条 行政复议机关应当定期总结行政复议工作。对行政复议工作中做出显著成绩的单位和个人,依照有关规定表彰和奖励。

第十二章 附 则

第一百零一条 行政复议机关、行政复议机关工作人员和被申请人在税务行政复议活动中,违反行政复议法及其实施条例和本规则规定的,应当依法处理。

第一百零二条 外国人、无国籍人、外国组织在中华人民共和国境内向税务机关申请行政复议,适用本规则。

第一百零三条 行政复议机关在行政复议工作中可以使用行政复议专用章。行政复议专用章与行政复议机关印章在行政复议中具有同等效力。

第一百零四条 行政复议期间的计算和行政复议文书的送达,依照民事诉讼法关于期间、送达的规定执行。

本规则关于行政复议期间有关"5 日"、"7 日"的规定指工作日,不包括法定节假日。

第一百零五条 本规则自 2010 年 4 月 1 日起施行,2004 年 2 月 24 日国家税务总局公布的《税务行政复议规则(暂行)》(国家税务总局令第 8 号)同时废止。

三、税务规范性文件

1.《国家税务总局关于税务行政处罚有关问题的通知》(1998 年 2 月 8 日颁布 1998 年 1 月 1 日实施 国税发〔1998〕20 号)

各省、自治区、直辖市和计划单列市国家税务局、地方税务局:

为了贯彻《中华人民共和国行政处罚法》和《国务院关于贯彻

实施〈中华人民共和国行政处罚法〉的通知》(国发〔1996〕13号），正确实施税务行政处罚，推进依法治税，现将税务行政处罚有关问题通知如下：

一、税务行政处罚只能由法律、法规或者规章设定。规章可以设定警告和罚款，但罚款的幅度不得超出国务院国发〔1996〕13号文件规定的标准。省和省以下各级税务机关不得以任何形式设定税务行政处罚，但可在法律、法规、规章规定给予税务行政处罚的行为、种类和幅度范围内作出具体规定。

四、本通知自1998年1月1日起执行。望各地税务机关将执行中发现的问题和意见，及时报告我局(联系电话：政策法规司复议应诉处 63417606、63417674)。

2.《国家税务总局关于全面加强税务行政复议工作的意见》(2007年3月13日颁布　2007年3月13日实施　国税发〔2007〕28号)

各省、自治区、直辖市和计划单列市国家税务局、地方税务局：

为了充分发挥行政复议职能，妥善解决税务行政争议，切实保护纳税人合法权益，推进税务机关依法行政，构建和谐征纳关系，根据中共中央办公厅、国务院办公厅《关于预防和化解行政争议健全行政争议解决机制的意见》(中办发〔2006〕27号)和国务院行政复议工作座谈会精神，提出如下意见：

一、提高认识，充分发挥行政复议化解税务行政争议的主渠道作用

(一)行政复议是化解税务行政争议的有效手段。税务系统开展行政复议工作以来，各级税务机关大力推进依法行政，行政执法和行政复议工作水平不断提高，有效发挥了行政复议的职能作用，维护了纳税人的合法权益，及时、妥善地处理了大量税务行政争议。

(二)新形势要求必须加强行政复议工作。随着改革的深入，行政复议案件日趋增多，反映的问题渐趋复杂，深层次的问题愈益凸显，税收政策不完善、执法不规范、复议工作质量不高的问题仍然存在。党中央、国务院高度重视行政复议在解决行政争议、加快

建设法治政府、维护社会稳定中的重要作用。各级税务机关必须进一步提高对做好行政复议工作重要性和紧迫性的认识,切实增强政治责任感,采取扎实有效措施,全面加强税务行政复议工作。

(三)充分发挥行政复议化解税务行政争议的主渠道作用。行政复议是解决税务行政争议的重要法律制度和主要渠道。各级税务机关要充分发挥行政复议便捷高效、方式灵活的优势,完善相关制度,改进工作方法,加强行政复议能力建设,努力提高案件办理质量,有效化解税务行政争议。

二、畅通渠道,积极受理行政复议案件

(四)渠道畅通是行政复议制度得以发挥作用的前提。各级税务机关要把畅通渠道作为加强行政复议工作的着力点和突破口,疏通进口,敞开大门,积极受理行政复议案件,除法律明确规定不受理的案件外,复议机关必须受理。对无正当理由拒不受理复议申请而经法院审理责令受理的,要定期通报,并追究有关人员责任。对确实不符合受理条件的案件要妥善处理,不能简单一推了之,要向申请人说明情况,告知解决问题的渠道。对确有问题的案件要通过建立个案督促纠正制度予以纠正。

三、提高工作质量,力争把税务行政争议解决在税务机关内部

(五)坚持公平正义。查清案件事实,正确适用法律,依法公正合理地做出复议决定,是行政复议工作的基本要求。坚持以公开求公正、以公正促稳定的法治理念,把实现社会公平公正作为行政复议的根本价值目标。

(六)全面审查合法性与合理性。税务机关办理行政复议案件既要注重对具体行政行为合法性的审查,也要加大对具体行政行为合理性的审查,切实提高办案质量。要使每一件行政复议案件都能够经得起历史的检验。

(七)注重证据审查。税务机关办理行政复议案件必须依法全面审查相关证据,做到定案证据合法、真实、确凿、充分。既要注重审查税务机关提供的证据,也要重视纳税人提供的证据;既要审查证据的真实性,也要审查证据的合法性;据以定案的证据必须具有

排他性和唯一性。

（八）秉公执法,切实维护纳税人的合法权益。税务机关在办理行政复议案件过程中,必须查清案件事实,正确适用法律,依法做出行政复议决定,对该撤销或者变更的具体行政行为要坚决予以撤销或者变更。

四、注重运用调解手段,实现法律效果与社会效果的统一

（九）调解是化解矛盾的有效手段。各级复议机关要增强运用调解手段解决行政争议的意识,将调解贯穿于行政复议的全过程。运用和解、调解方式办案,必须坚持当事人自愿、合法、公平公正、诚实守信的原则,不得侵害纳税人的合法权益。在不损害国家利益、公共利益和他人合法利益的前提下,应当引导双方当事人之间和平协商,平衡利益,增进相互理解和信任,最大限度地降低税务争议的负面影响,实现法律效果与社会效果的统一。

（十）坚持原则性与灵活性相统一,依法进行调解。对于存在合理性问题、混合过错问题或者社会影响重大的案件,不能简单地撤销或者维持,要注重运用和解、调解的方式加以处理。复议机关要积极为当事人自行和解创造条件。当事人通过调解、和解达成协议的,复议机关要制作行政复议调解书或者行政复议和解书予以确认,及时送达当事人执行。不能达成和解协议或者调解书、和解书送达前申请人反悔的,复议机关应当及时做出行政复议决定。

五、创新工作方法,提高解决行政争议的效率

（十一）复议机关要根据案情特点,区分不同情况,在法律、法规允许的范围内,采取灵活多样的工作方法和结案方式。对疑难复杂、社会关注的重大案件,可以采取当面核实、公开听证等审理方式,召集双方质证辩论,充分听取各方意见,增加行政复议的透明度,提高公信力,做到公平公正。对基本事实清楚、争议不大的案件,被申请人经过上级机关指示,确认具体行政行为存在明显错误的,可以立即纠正。税务机关对自身明显违法或不当的执法行为引起的复议案件应主动纠正,上级税务机关也可以督促其在规定期限内予以改正,以取得申请人的理解,避免加重违法不当行为

造成的损害。

六、关注个案调研,促进税收政策完善

(十二)及时反馈问题,完善税收政策,从源头上预防和化解行政争议。要把办理个案与完善政策有机结合起来,不能只是就案办案做出行政复议决定,也不能简单报告了事。对办案过程中发现的政策问题和纳税人反映强烈的问题,应当由点及面、由表及里,进行深入专题调研,提出切实可行的修改完善建议,反馈到政策制定机关和部门,及时对政策制度进行立、改、废,促进税收政策完善,从源头上预防税务行政争议的发生。

七、总结经验,落实和完善行政复议有关制度

(十三)制度完善是顺利开展行政复议工作的必要条件。对行政复议法有明确规定的制度,要认真贯彻落实,不能走形式。要积极探索法律没有明确规定但又为行政复议工作所需,有利于保护纳税人合法权益的制度,勇于创新,不断完善。各级税务机关要认真总结经验,积极探索建立税务行政复议听证制度、调查制度、和解制度、重大案件备案制度和重大事项报告制度。

(十四)认真落实上级税务机关直接受理行政复议申请制度。对下级复议机关无正当理由不受理复议案件的,除责令受理外,上级税务机关要加大直接受理的力度,保证案件及时得到处理。要探索建立行政复议案件"提审"制度,对本辖区内有重大影响或者有典型意义的案件,上级税务机关可以直接受理。

八、采取切实措施,强化行政复议能力建设

(十五)加强业务指导,提高办案水平。上级税务机关要加强对基层行政复议工作的指导,保证不同税务机关对同类案件的处理结果基本一致,确保法律适用的公平。要注重理论与实践相结合,加强对个案的指导,帮助解决实际问题,提高办案能力。要组织经常性的工作交流,总结经验,推广典型,促进整体办案水平的提高。

(十六)增强专业素质,保证办案力量。行政复议工作是一项"辨是非、断曲直、定纷争"的工作,要保证能办案、办好案,配备一

定数量的高质量和稳定的专门人员十分重要。复议工作人员必须具备坚定的政治立场和敏锐的观察力,必须具备较为全面的知识结构,必须具备驾驭、解决复杂矛盾的能力。要切实解决存在的行政复议能力偏低、人员短缺和流失等问题,抓紧配备、充实和调剂行政复议专业人员。根据行政复议应诉工作的性质特点,保证一般案件至少有2人承办,重大复杂案件有3人承办。切实保障行政复议人员有机构干事、有人员干事、有条件干事,促使复议人员想干事、能干事、干成事。

(十七)强化监督,奖优罚劣。评价一个地方行政复议工作的优劣,不能简单地看案件的多少,更不能简单地以案件撤销、变更数量为标准,而是要看是否解决了争议,是否保护了纳税人的合法权益,是否促进了征纳关系的和谐。要把行政复议渠道是否畅通、质量是否过硬、人员配备是否与工作任务相适应作为重要考核内容。上级税务机关要定期对下级税务机关行政复议工作进行监督检查,对工作突出的单位和个人给予表彰,对不依法履行职责的要严格按照行政复议法的有关规定追究责任。

九、加强组织领导,为做好行政复议工作提供有力保障

(十八)加强对行政复议工作的组织领导。各级税务机关的行政首长是本机关行政复议应诉工作的第一责任人,必须切实履行好职责。各级税务机关要把行政复议工作摆上重要位置,抓紧建立健全履行行政复议职责的责任制。要定期召开会议,听取行政复议有关工作的汇报,研究重大疑难案件,解决行政复议工作中遇到的困难和问题,积极支持和督促行政复议机构依法办理复议案件。逐步推行行政首长行政诉讼出庭应诉制度。

(十九)加大对行政复议应诉工作的基础投入。要加快行政复议应诉工作信息化建设。落实办案经费,保障行政复议办案的必要条件。

(二十)加大行政复议工作宣传力度。通过加强法律知识培训,帮助广大税务干部增强依法行政意识,正确认识行政复议对纳税人的合法权益救济作用,自觉接受监督。向纳税人广泛宣传行

政复议的法律规定、制度功能及其在解决行政争议方面的优势,引导纳税人通过行政复议渠道解决行政争议,营造依法解决行政争议的良好社会氛围。

3.《国家税务总局关于印发〈税务行政应诉工作规程〉的通知》(2017年11月29日颁布　2018年1月1日实施　税总发〔2017〕135号)

各省、自治区、直辖市和计划单列市国家税务局、地方税务局,局内各单位:

现将税务总局制定的《税务行政应诉工作规程》印发给你们,请遵照执行。执行中遇到有关问题和重要情况,请及时向税务总局(政策法规司)报告。

附件:供参考税务行政应诉文书格式

国家税务总局
2017年11月29日

税务行政应诉工作规程

第一章　总　　则

第一条　为了规范税务机关行政应诉行为,提高行政应诉水平,促进依法行政,维护国家税收利益,根据《中华人民共和国行政诉讼法》《中华人民共和国税收征收管理法》以及《国务院办公厅关于加强和改进行政应诉工作的意见》(国办发〔2016〕54号)、《国家税务总局关于进一步加强和改进税务行政应诉工作的实施意见》(税总发〔2017〕110号)等相关规定,制定本规程。

第二条　税务行政应诉是指公民、法人或者其他组织认为税务机关的行政行为侵犯其合法权益,依法向人民法院提起诉讼,或者人民检察院依法提起税务行政公益诉讼,税务机关依法参加诉讼的活动。

第三条　税务机关应当充分行使诉讼权利、履行诉讼义务,尊重公民、法人或者其他组织的诉讼权利,自觉接受司法监督,不得干预、阻碍人民法院受理和审理税务行政诉讼案件。

第四条　各级税务机关的主要负责人是本机关行政应诉工作的第一责任人,应当积极出庭应诉。

第五条　各级税务机关应当建立职责明晰、集成高效、运转顺畅的行政应诉工作机制,充分发挥法制工作机构在行政应诉工作中的组织、协调、指导作用,强化被诉行政行为承办机构的应诉责任。

第六条　复议机关和作出原行政行为税务机关作为共同被告的,复议机关统筹行政应诉工作,作出原行政行为税务机关应当协同配合做好有关工作。

第七条　各级税务机关的行政应诉工作适用本规程。

各级税务机关作为第三人参加行政诉讼的,参照本规程相关规定执行。

税务分局、税务所和按照国务院规定设立并向社会公告的税务机构作为行政诉讼被告的,上级税务机关应当予以指导。

第二章　机构与职能

第八条　各级税务局应当成立税务行政应诉工作领导小组(以下简称"领导小组"),加强对行政应诉工作的领导。领导小组可以与税务行政复议委员会合署办公。

领导小组应当及时研究解决行政应诉工作中的重大问题,为行政应诉工作提供必要的组织保障和工作条件,确保依法、及时、全面履行行政应诉工作职责。

第九条　涉及下列重大事项的,税务行政应诉工作应当提交领导小组集体研究确定:

(一)涉及重大公共利益的;

(二)社会关注度高的;

(三)可能引发群体性事件的;

(四)其他重大事项。

第十条　法制工作机构应当在收到应诉通知书和起诉状副本之日起2日内牵头组建行政应诉工作小组(以下简称"工作小组")。

工作小组负责行政应诉具体工作,其成员应当由被诉行政行为承办机构和法制工作机构组成。有关问题需要领导小组审定的,由法制工作机构呈报领导小组。

公职律师、法律顾问根据需要参与相关应诉工作。

第三章 应诉准备

第十一条 负责收发信件的机构应当于收到应诉通知书和起诉状副本等涉诉材料当日转送法制工作机构。

第十二条 法制工作机构收到材料后,应当对案件的案号、案由、当事人、立案人民法院、收文日期、答辩期限等进行登记,并将起诉状副本分送工作小组成员。

第十三条 被诉行政行为承办机构应当积极参与行政应诉工作,并在收到起诉状副本之日起5日内,向工作小组提交作出行政行为的全部证据和依据,并提交书面意见,结合相关证据和依据说明作出行政行为的全部过程。

证据应当提交原件并办理移交手续。证据应当按照时间顺序或者办理流程进行编号排列,并编制目录。案件办理完结后,证据原件应当退回被诉行政行为承办机构。

法制工作机构负责处理工作小组的其他事务。

第十四条 工作小组应当审查原告的起诉状,认为案件管辖不符合法律、法规和司法解释规定的,可以提出建议,经领导小组审定后以税务机关的名义向人民法院提出管辖异议。管辖异议应当在税务机关收到应诉通知书和起诉状副本之日起10日内以书面形式提出。

第十五条 经审查发现下列情形之一的,应当在答辩状中写明,提请人民法院裁定驳回原告的起诉:

(一)原告无诉讼主体资格;

(二)没有明确的被告或者错列被告;

(三)没有具体的诉讼请求或者事实根据;

(四)不属于人民法院受案范围或者受诉人民法院管辖;

(五)超过法定起诉期限且无正当理由;

（六）未按照法律规定由法定代理人、指定代理人、代表人为诉讼行为；

（七）未按照法律、法规规定先向行政机关申请复议；

（八）重复起诉；

（九）撤回起诉后无正当理由再行起诉；

（十）行政行为对其合法权益明显不产生实际影响；

（十一）诉讼标的已为生效裁判所羁束；

（十二）不符合其他法定起诉条件。

第十六条 工作小组应当及时拟定答辩状、证据清单、法律依据以及授权委托书，报领导小组审定。

第十七条 答辩状应当清晰明了，从实体和程序两个方面说明行政行为的合法性和合理性。

答辩状主要包括以下内容：

（一）答辩人以及被答辩人的基本信息；

（二）明确的答辩请求；

（三）被诉行政行为的名称、文号、内容、作出的行政机关、作出的时间以及送达情况；

（四）主体资格以及依据；

（五）执法程序以及依据；

（六）认定的事实以及证据；

（七）适用依据的名称以及条款；

（八）其他有关的问题或者事实。

第十八条 证据清单应当载明证据的编号、名称、来源、内容、证明目的，并列明案号、举证人和举证时间。

第十九条 授权委托书应当载明委托代理人的基本信息、委托事项、代理权限和代理期限。

委托代理人应当包括法制工作机构的工作人员或者律师，以及被诉行政行为承办机构的工作人员。

第二十条 税务机关应当自收到应诉通知书和起诉状副本之日起15日内，将据以作出被诉行政行为的全部证据和所依据的规范性文件,连同答辩状、证据清单、法律依据、授权委托书、法定代表人身份证明及其他诉讼材料一并递交人民法院。

答辩状、证据清单、授权委托书及法定代表人身份证明应当加盖税务机关印章,授权委托书还应当加盖法定代表人签名章或者由法定代表人签字。

第二十一条 共同被告案件,作出原行政行为税务机关和复议机关对原行政行为的合法性共同承担举证责任。作出原行政行为税务机关对原行政行为的合法性进行举证,复议机关对复议程序的合法性进行举证。

第二十二条 税务机关因不可抗力等正当事由不能按期举证的,以及原告或者第三人提出了其在行政处理程序中没有提出的理由或者证据的,应当分别在举证期限内向人民法院提出延期提供证据或者补充证据的书面申请。

第二十三条 人民法院要求提供或者补充证据的,税务机关应当按要求提交证据。

第二十四条 税务机关发现证据可能灭失或者以后难以取得的,可以向人民法院申请保全证据。

第二十五条 工作小组在开庭审理前应当组织召开庭前准备会议,研究拟定质证意见、法庭辩论提纲和最后陈述,并对可能出现的突发状况准备应急预案。对行政赔偿、补偿及税务机关行使法律、法规规定的自由裁量权的案件,还应当做好是否接受调解的预案并报领导小组审定。

第四章 出庭应诉

第二十六条 税务机关的出庭应诉人员包括负责人和委托代理人。

第二十七条 主要负责人不能出庭的,由分管被诉行政行为承办机构的负责人出庭应诉。分管被诉行政行为承办机构的负责人也不能出庭的,主要负责人指定其他负责人出庭应诉。

负责人不能出庭应诉的,应当委托本机关相应的工作人员出庭。

第二十八条 涉及重大事项的案件及人民法院书面建议负责人出庭应诉的案件,税务机关负责人应当出庭应诉。

对于因纳税发生的案件,地市级税务局负责人应当出庭应诉。县级税务局和县级以下税务机构负责人对所有案件均应当出庭应诉。

第二十九条 人民法院书面建议负责人出庭应诉,但负责人不能出庭应诉的,税务机关应事先向人民法院反映情况,并按照人民法院的要求出具书面说明。

第三十条 税务机关应当按照人民法院通知按时出庭,因特殊情况不能按时出庭的,应当向人民法院申请延期开庭。

税务机关收到人民法院的传票时距离开庭时间不足3日的,可以申请人民法院变更开庭时间。

第三十一条 税务机关认为审判人员以及书记员、翻译人员、鉴定人、勘验人与本案有利害关系或者其他关系,可能影响公正审判的,应当申请回避。

申请回避一般应当在案件开庭审理前提出,回避事由在案件开庭审理后知道的,也可以在法庭辩论终结前提出。申请回避可以口头提出,也可以书面提出。

第三十二条 诉讼期间,税务机关认为需要停止执行行政行为的,应当向人民法院说明,由人民法院裁定停止执行。

第三十三条 税务机关对人民法院作出的回避决定、停止执行裁定以及先予执行的裁定不服的,可以向作出决定或者裁定的人民法院申请复议一次。

第三十四条 发现对方出庭人员并非当事人本人或者其法定代表人,且未办理委托代理手续等情形,税务机关可以向法庭提出异议。

第三十五条 在法庭调查过程中,税务机关应当根据法庭询问,以答辩状的内容为基础进行陈述。

第三十六条 在举证过程中,税务机关应当出示证据材料,说明证据的名称、来源、内容和证明目的。

第三十七条 在质证过程中,税务机关应当从以下三个方面对其余各方当事人提交的证据发表质证意见:

(一)对证据关联性的质证

证据与被诉行政行为是否具有法律、事实上的关系。

(二)对证据合法性的质证

1. 证据的来源是否合法;

2. 证据的形式是否合法;

3. 是否存在影响证据效力的其他违法情形。

(三)对证据真实性的质证

1. 证据的内容是否真实;

2. 证据是否为原件、原物,复印件、复制件与原件、原物是否一致;

3. 提供证据的主体或者证人与当事人是否具有利害关系;

4. 是否存在影响证据真实性的其他情形。

税务机关应当发表结论性意见,明确是否认可其余各方当事人提交证据的证明目的。

经法庭许可,税务机关可以向证人、鉴定人、勘验人发问,可以申请重新鉴定、调查或者勘验。

第三十八条 在法庭辩论中,税务机关应当在法庭主导下,从以下方面发表辩论意见:

(一)是否认可法庭总结、归纳的争议焦点问题;

(二)围绕案件事实、证据效力、适用依据和程序规范等争议焦点问题,阐明作出行政行为的合法性与合理性;

(三)反驳对方当事人关于争议焦点问题的意见。

如果发现案件事实尚未查清的,税务机关可以申请恢复法庭调查。

第三十九条 税务机关应当做好最后陈述,坚持答辩意见,请求人民法院依法裁判。

第四十条 对于人民法院依法主持调解的案件,税务机关应当按照调解预案向法庭表明是否接受调解。

第四十一条 税务机关出庭应诉人员应当核对庭审笔录并签字确认,有异议的及时向法庭提出,并在法庭许可后进行更正。

第四十二条 原告无正当理由,超过法定期限改变诉讼请求、提出新的诉讼理由和事实、提交新的重要证据依据,税务机关应当提出异议并根据应急预案妥善处理。

第四十三条 在接受调解的案件中,工作小组应当结合原告提出的调解方案、人民法院的调解建议拟定调解方案,并报领导小组审定。

第四十四条 在行政诉讼过程中发现本机关作出的行政行为确有错误的,工作小组应当提出建议。经领导小组审定后,税务机关可以在人民法院对案件宣告判决或者作出裁定前,按照法定程序改变其所作的行政行为,并书面告知人民法院和其他各方当事人。

第五章 上诉与申诉

第四十五条 对上诉案件或者再审案件,税务机关应当结合具体情况,参照本规程第三章、第四章的规定办理。

第四十六条 对人民法院作出的一审判决及管辖异议裁定是否提起上诉,工作小组应当提出建议并报领导小组审定。

税务机关决定上诉的,应当在收到人民法院判决书之日起15日内或者收到裁定书之日起10日内向上一级人民法院提起上诉。上诉状应当向一审人民法院提交。

第四十七条 上诉状应当包括以下内容:

(一)上诉人与被上诉人的基本信息;

(二)一审人民法院名称、案号和案由;

(三)明确的上诉请求;

(四)提起上诉的事实和理由。

第四十八条 对已经发生法律效力的判决、裁定或者调解书,工作小组认为确有错误的,应当就是否申请再审提出建议并报领导小组审定。

税务机关决定申请再审的,应当在法定期限内向上一级人民法院提出。

第四十九条　在上诉或申诉案件中,原告或者第三人提出新的事实、理由、证据或者依据的,工作小组应当核实并撰写答辩状。

第五十条　工作小组发现有下列情形之一的,应当就是否申请抗诉或者申请向人民法院发送检察建议提出建议,并报领导小组审定:

(一)人民法院驳回再审申请的;

(二)人民法院逾期未对再审申请作出裁定的;

(三)再审判决、裁定有明显错误的。

税务机关决定申请抗诉或者申请向人民法院发送检察建议的,应当依法向人民检察院提出。

第五十一条　工作小组在收到生效判决、裁定或者调解书之后,应当及时向领导小组报告应诉工作情况和诉讼结果,结合案件具体情况提出意见和建议,并将裁判文书转交被诉行政行为承办机构。

对于败诉的案件,工作小组还应当形成分析报告,对败诉的原因进行分析,提出后续整改措施,并由法制工作机构报送上一级税务机关法制工作机构,同时抄送上一级税务机关相关业务工作机构。

第六章　履行与执行

第五十二条　税务机关要依法自觉履行人民法院生效判决、裁定和调解,不得拒绝履行或者拖延履行。被诉行政行为承办机构负责具体执行。

对人民法院作出的责令重新作出行政行为的判决,税务机关应当在法定期限或者人民法院指定的期限内重新作出,除原行政行为因程序违法或者法律适用问题被人民法院判决撤销的情形外,不得以同一事实和理由作出与原行政行为基本相同的行政行为。

第五十三条　原告拒不执行生效判决、裁定或者调解的,税务机关应当依法强制执行,或者向人民法院申请强制执行。

第五十四条　对人民法院提出的司法建议或者人民检察院提

出的检察建议,税务机关要认真研究并按照要求作出书面回复,确有问题的要加以整改。

第七章　附　　则

第五十五条　法制工作机构应当在行政诉讼活动全部结束后30日内,将案件的卷宗材料装订成册,并按相关规定归档保管。

案件卷宗应一案一卷,按诉讼流程或者时间先后顺序排列诉讼材料并编制目录清单。

第五十六条　法制工作机构应当在行政诉讼活动全部结束后10日内,将案件的有关情况和生效裁判文书报送上一级税务机关法制工作机构。

法制工作机构应当按照上级税务机关要求的形式和期限报送当年的税务行政诉讼案件统计表和年度分析报告。

第五十七条　法制工作机构应当会同相关机构开展集中培训、旁听庭审、模拟法庭和案例研讨等活动,提高税务机关及其工作人员的依法行政水平和行政应诉能力。

第五十八条　需要缴纳诉讼费用的,由相关机构会同法制工作机构办理。

第五十九条　各级税务机关应当将行政应诉工作纳入绩效考核范围。

第六十条　本规程中的日期均指自然日。

第六十一条　本规程由国家税务总局负责解释。

第六十二条　本规程自2018年1月1日起施行。1995年制发的《税务行政应诉工作规程(试行)》(国税发〔1995〕9号文件印发)同时废止。

第六章　附　　则

第八十九条　【税务代理】纳税人、扣缴义务人可以委托税务代理人代为办理税务事宜。

一、税收行政法规

《中华人民共和国税收征收管理法实施细则》(2002年9月7日中华人民共和国国务院令第362号公布 根据2012年11月9日《国务院关于修改和废止部分行政法规的决定》第一次修订 根据2013年7月18日《国务院关于废止和修改部分行政法规的决定》第二次修订 根据2016年2月6日《国务院关于修改部分行政法规的决定》第三次修订)

第九十八条 税务代理人违反税收法律、行政法规,造成纳税人未缴或者少缴税款的,除由纳税人缴纳或者补缴应纳税款、滞纳金外,对税务代理人处纳税人未缴或者少缴税款50%以上3倍以下的罚款。

第一百一十一条 纳税人、扣缴义务人委托税务代理人代为办理税务事宜的办法,由国家税务总局规定。

二、税务规范性文件

1.《国家计委 国家税务总局关于规范税务代理收费有关问题的通知》(1999年12月30日颁布 1999年12月30日实施 计价格〔1999〕2370号)

为加强税务代理收费管理,规范收费行为,促进税务代理事业健康发展,现就规范税务代理收费的有关事项通知如下:

一、税务代理收费属于中介服务收费。税务代理机构提供服务并实施收费应遵循公开、公正、诚实信用的原则和公平竞争、自愿有偿、委托人付费的原则,严格按照业务规程提供质量合格的服务。

二、纳税人或扣缴义务人对有关涉税事宜可自行办理,也可委托税务代理机构办理。税务机关不得将税务行政管理职能转交税务代理机构办理并收费,不得利用行政权力强制纳税人和扣缴义务人接受代理服务和到指定的代理机构接收服务。对纳税人和扣缴义务人自行办理涉税事宜的,各级税务机关不得以任何借口故意刁难或拒绝办理。

三、税务代理机构接受纳税人、扣缴义务人委托,可以从事下列代理服务：

(一)代办税务登记、变更、注销手续；

(二)代办除增值税专用发票外的发票领购手续；

(三)代纳税人办理纳税申报或代扣缴义务人办理扣缴税款报告；

(四)代办缴纳税款和申请退税；

(五)制作涉税文书；

(六)代纳税人进行纳税审核；

(七)建账建制，办理账务；

(八)代理申请行政复议；

(九)开展税务咨询和受聘担任税务顾问；

(十)国家计委、国家税务总局规定的其他业务。

四、税务代理收费实行政府指导价，收费标准由各省、自治区、直辖市价格主管部门商同级税务主管部门制定中准价和浮动幅度，指导税务代理服务机构制定具体收费标准。制定收费标准应以税务代理服务人员的平均工时成本费用为基础，加法定税金和合理利润，并考虑市场供求状况制定。

税务代理计费方式原则上实行定额计费或按人员工时计费。对确实不宜按定额或人员工时计费的，可以按代理标的额的一定比率计费，但应规定最高限额。

五、税务代理机构接受委托办理有关涉税事宜时，应与委托人签订委托协议书。因税务代理机构的过错或其无正当理由要求终止委托关系的，或因委托人过错或其无正当理由要求终止委托关系的，有关费用的退补和赔偿依据《合同法》办理。

六、税务代理机构应在收费场所的显著位置公布服务程序或业务规程、服务项目和收费标准，实行明码标价，自觉接受委托人及社会各方面的监督。

七、税务代理机构应当严格执行国家有关收费管理的法规和政策，建立健全内部收费管理制度，自觉接受价格主管部门的监督检查。

八、税务代理机构有下列行为之一的,由价格主管部门依据《价格法》和《价格违法行为行政处罚规定》予以查处:

(一)超出指导价浮动幅度制定收费标准的;

(二)提前或推迟执行政府指导价的;

(三)自立收费项目和收费标准收费的;

(四)采取分解收费项目、重复收费、扩大收费范围等方式变相提高收费标准的;

(五)违反规定以保证金、抵押金等形式变相收费的;

(六)强制或变相强制服务并收费的;

(七)不按规定提供服务而收取费用的;

(八)未按规定进行明码标价的;

(九)对委托人实行价格歧视的;

(十)其他违反本通知规定的收费行为。

十、各省、自治区、直辖市价格主管部门会同同级税务主管部门可根据本通知制定本地区税务代理收费的具体管理办法。

2.《国家税务总局 国家工商行政管理局关于税务师事务所体制改革中登记注册有关问题的通知》(1999 年 11 月 24 日颁布 1999 年 11 月 24 日实施 国税发〔1999〕217 号)

为认真贯彻执行中央关于党政机关与所办经济实体彻底脱钩的规定,根据《中华人民共和国税收征收管理法》及其实施细则和工商行政管理法律、法规的有关规定,现对税务师事务所脱钩改制中登记注册的有关问题通知如下:

一、所有税务机关兴办或挂靠的税务代理机构,必须按照国家税务总局的要求,在编制、人员、财务、职能和名称5个方面与税务机关彻底脱钩,并实施改制。

二、实行脱钩改制的事务所,应按照国家税务总局关于《清理整顿税务代理行业实施方案》、《有限责任税务师事务所设立及审批暂行办法》和《合伙税务师事务所设立及审批暂行办法》的规定,向国家税务总局及其授权机构提出税务师事务所脱钩改制的申请。

三、国家税务总局及其授权机构对符合条件的,核发同意税务师事务所脱钩改制的批准文件。事务所在规定的期限内,持批准文件、税务师事务所脱钩改制方案以及财政部门或其授权单位对国有资产处置的认定文件(税务部门开办的,由其上一级税务机关认定)到工商行政管理机关办理变更登记手续。经税务师事务所申请,也可以将原事务所注销登记后,重新依法设立。

四、工商行政管理机关对改制为有限责任税务师事务所的,依照《公司登记管理条例》的规定办理,核发适用公司的《企业法人营业执照》,其名称的组成应依次为:行政区划+字号+税务师事务(所)+有限责任公司;对改制为合伙税务师事务所的,依照《合伙企业登记管理办法》的规定办理,核发《合伙企业营业执照》,其名称的组成应依次为:行政区划+字号+合伙税务师事务所。

五、对新设立税务师事务所的登记注册,按照本通知的有关规定执行。

其他社会中介机构,未经国家税务总局及其授权机构批准,未经工商行政管理机关登记注册,一律不得从事税务代理业务。

3.《国家税务总局关于保留对设立税务师事务所审批意见的函》(2004年3月10日颁布　2004年3月10日实施　国税函〔2004〕343号)

国务院行政审批制度改革领导小组办公室:

注册税务师行业是适应社会主义市场经济发展和社会化分工的需要逐步成长起来的一个新兴产业。从1998年我国出现第一批专门从事税务中介服务的注册税务师开始至今,在短短6年时间里,全国已经有56000多人取得注册税务师资格,从业人员6万多人,税务师事务所近2600个,并且呈逐年上升趋势。为规范这一新兴行业的发展,必须保留对设立税务师事务所的审批,理由如下:

一、依据行政许可法的规定,可以设定对设立税务师事务所的审批

行政许可法第12条第三项规定"提供公众服务并且直接关系公共利益的职业、行业,需要确定具备特殊信誉、特殊条件或者特

殊技能等资格、资质的事项",可以设定行政许可。国务院办公厅1999年11月发出的《关于清理整顿经济鉴证类社会中介机构的通知》(国办发[1999]92号)将税务师事务所明确界定为"与市场经济运行和市场经济活动有着密切关系、对维护市场秩序具有重要作用,并依靠专业知识和技能向社会提供经济鉴证服务的经济鉴证类社会中介机构"。我们认为,设立税务师事务所属于可以设定行政许可的事项,符合上述规定。

(一)税务师事务所为公众提供的服务直接关系公共利益。随着社会经济发展,越来越多的公民、法人需要专业人士或机构为他们提供税款的计算、审核和筹划服务。同时,在税收征管体制改革过程中,除税务机关为纳税人提供的专门服务之外,由注册税务师提供的社会服务已经被确定为纳税服务体系的重要组成部分。为减少申报误差、提高申报质量,一些政策性强、技术难度高、涉税事项复杂的纳税事务,可以由税务师事务所进行真实性审核并出具审核报告。因此,注册税务师行业事关纳税人合法权益和国家税收利益,税务师事务所能否合法、诚实地履行鉴证职责,直接关系到社会公众和公共利益的维护与实现。从税收征管实践看,在每年增加的税收收入中,通过税务师事务所鉴证审核后调增的数额逐年上升(仅北京市地税局通过税务师事务所对2000~2002年度的企业所得税汇算清缴就调整应纳税所得额41.5亿元,直接增加所得税额3.03亿元,间接增加以后年度所得税额9.9亿元),有力地证明了税务师事务所在维护国家税收利益方面发挥的积极作用。

(二)税务师事务所从事的活动是需要具备特殊技能的事项。税务师事务所通过加入本所的注册税务师为客户提供税收筹划、所得税汇算清缴、财产损失审核、破产清算涉税鉴证等中介服务。要取得注册税务师资格必须参加难度极高的全国统一资格考试。由于税法体系庞大、内容复杂,并不是任何机构、任何人都有能力从事税务中介服务,即使是注册会计师、执业律师,如果不经过专门训练并长期办理税收业务,也没有能力为客户提供涉税中介服务。

（三）税务师事务所从事的是具有特殊信誉的社会活动。税务师事务所从事的业务包括经济鉴证类中介服务，如破产清算涉税鉴证、企业重组涉税鉴证、企业合并分立涉税鉴证、股权转让涉税鉴证、涉税司法鉴定业务等。"经济鉴证"意味着从业人员和机构出具的意见可以直接作为行政机关乃至司法机关作出决定或裁判的依据。因此，注册税务师行业必须具有高度社会公信力这种特殊信誉。

二、根据注册税务师行业的特点，必须保留对设立税务师事务所的审批

（一）注册税务师行业需要特殊的社会信誉，为控制社会道德风险，必须保留对设立税务师事务所的审批。国办发〔1999〕92号文件把税务师事务所明确界定为与市场经济运行和市场经济活动有着密切关系、对维护市场秩序具有重要作用、依靠专业知识和技能向社会提供经济鉴证服务的经济鉴证类社会中介机构。据此，国家税务总局在2000年5月16日下发的《关于印发〈企业所得税税前扣除办法〉的通知》（国税发〔2000〕84号）中规定，"需经税务机关审核批准后在税前扣除的事项，省级税务机关可以作出规定，要求纳税人在上报税务机关审核批准时，附送中国注册税务师或注册会计师的审核证明。"现在全国已经有北京、广东、安徽等部分省市对附有注册税务师审核证明的申请直接受理、批准，只保留事后核查监督的权力。我局拟在总结经验的基础上，在全国范围内推广这一做法，并逐步扩大税务师事务所鉴证审核业务的范围。可以想象，在出具涉税审核证明这类需要特殊信誉的鉴证服务行业，如果取消对设立税务师事务所的审批，任何人只要办理了营业执照后就可以从事涉税鉴证服务，势必给不法分子提供可乘之机，造成涉税违法犯罪活动泛滥猖獗、国家税款大量流失的严重后果。

（二）中介机构市场秩序依然混乱，为整顿税务中介服务市场秩序，必须保留对设立税务师事务所的审批。2001年4月27日，国务院在《关于整顿和规范市场经济秩序的决定》（国发〔2001〕11

号)中规定,今后五年整顿和规范市场经济秩序的主要内容之一是"规范中介机构的行为,实行中介机构市场准入制度。整顿经济鉴证服务市场,严肃查处中介机构出具虚假资信证明、虚假评估、虚假鉴证等不法行为,对严重违法违规的中介机构和人员实行禁入制度"。可见,在今后相当长一段时间,整顿市场秩序仍然是鉴证类行业的重要任务。为整顿税务中介服务市场,就必须实行市场准入制度,保留事前审批,禁止那些不具备特定资格资质、有严重违法违规行为的人员和机构进入税务中介服务尤其是鉴证类服务市场。

(三)注册税务师行业自律组织仍不成熟,为避免出现管理真空,必须保留对设立税务师事务所的审批。1999年8月,我局开始在全国范围内对注册税务师行业进行脱钩改制,2000年底这项工作基本完成。2003年8月,中国税务咨询协会经国务院批准更名为中国注册税务师协会,目前内设机构还不够完善,地区性的协会还没有组建完成,人员素质亟待提高。因此,尽管注册税务师行业作为一种新兴行业发展很快,但是由于出现时间比较短,行业自律组织仍处于组建整合之中,还不能有效发挥监管作用。另外,注册税务师立法严重滞后,目前还没有一部规范行业的法律或行政法规,只能依靠行政手段对行业进行监管。如果取消对设立税务师事务所的审批,税务机关将没有其他替代手段对行业进行有效管理。在这种情况下,取消审批就意味着取消行政管理,取消行政管理就意味着出现管理真空。为避免这种不良后果的出现,必须保留审批。

三、与注册会计师行业相一致,应当保留对设立税务师事务所的审批

根据国办发〔1999〕92号文件规定,税务师事务所与会计师事务所在性质上都属于经济鉴证类社会中介机构。2002年,根据国办发〔1999〕92号文件,财政部和国家税务总局经国务院批准联合下发了《关于贯彻落实国务院关于注册税务师行业与注册会计师行业实行"统一领导分行业管理"决定的通知》(财办〔2002〕35号),明确规定两个行业的自律协会对行业实行"统一领导,分行业

管理","中国税务咨询协会为中国注册会计师协会的社团会员","国家税务总局党组推荐中税协的会长、秘书长任中注协副会长、副秘书长。中税协的日常重大工作和年度总结向中注协报告"。注册税务师与注册会计师在行业性质、领导体制上的一致性,决定了两个行业要采取相同的行政管理方式,因此应当保留对设立税务师事务所的审批。同时,我们还要积极借鉴注册会计师行业的管理经验,实行立法保障和行政审批并举,在保留行政审批的同时,加快立法进程,运用法律手段规范注册税务师行业发展。

"合法、合理、效能、责任、监督"是指导行政审批制度改革工作的基本原则。根据国务院行政审批制度改革工作领导小组《关于印发〈关于贯彻实施行政审批制度改革的五项原则需要把握的几个问题〉的通知》(国审改发〔2001〕1号)和国务院审改办领导讲话精神,在把握这五项原则时,应当把它们作为一个有机的整体,全面加以考虑;在合法性原则与合理性原则发生冲突时,要优先考虑合理性原则。对设立税务师事务所的审批,尽管没有法律、行政法规依据,但如果深入分析注册税务师行业的性质及其对社会公众、公共利益的影响,就可以得出应当保留审批的结论。

从这些年的实践来看,对注册税务师行业实行的许可管理制度,不但没有成为阻碍生产力发展的体制性障碍,反而大大规范、促进了行业的健康发展。注册税务师这一新兴行业逐渐得到社会认同,开始步入良性发展。我们相信,保留对设立税务师事务所的审批,将继续成为规范、促进行业进步的积极手段。

4.《国家税务总局关于纳税人权利与义务的公告》[①]**(2009年11月6日颁布 2009年11月6日实施 国家税务总局公告2009年第1号)**

九、委托税务代理权

您有权就以下事项委托税务代理人代为办理:办理、变更或者

[①] 《国家税务总局关于修改部分税收规范性文件的公告》(国家税务总局公告2018年第31号)对本文进行了修改。

注销税务登记、除增值税专用发票外的发票领购手续、纳税申报或扣缴税款报告、税款缴纳和申请退税、制作涉税文书、审查纳税情况、建账建制、办理财务、税务咨询、申请税务行政复议、提起税务行政诉讼以及国家税务总局规定的其他业务。

5.《国家税务总局关于贯彻落实〈国务院关于取消非行政许可审批事项的决定〉的通知》(2015 年 5 月 25 日颁布　2015 年 5 月 25 日实施　税总发〔2015〕74 号)

各省、自治区、直辖市和计划单列市国家税务局、地方税务局,局内各单位:

2015 年 5 月 14 日,《国务院关于取消非行政许可审批事项的决定》(国发〔2015〕27 号)公布取消 49 项非行政许可审批事项,并将 84 项非行政许可审批事项调整为政府内部审批事项。其中,涉及取消 11 个大项以及其他 3 项中 8 个子项的税务非行政许可审批事项。

同时,根据国发〔2015〕27 号文件关于今后不再保留非行政许可审批这一类别的决定和国务院非行政许可审批事项清理工作要求,将 23 项税务非行政许可审批事项调整为其他权力事项。这些需要进一步改革和规范的其他权力事项,将随着简政放权和依法行政的推进,结合制定国务院部门权力清单,进一步研究、清理和规范。

另外,2014 年 11 月 24 日,《国务院关于取消和调整一批行政审批项目等事项的决定》(国发〔2014〕50 号)建议取消和下放 32 项依据有关法律设立的行政审批事项,其中,涉及取消 22 项税收优惠核准事项。由于需要修改《中华人民共和国税收征收管理法》的相关规定,该 22 项税收优惠核准事项一直未予公布。现《全国人民代表大会常务委员会关于修改〈中华人民共和国港口法〉等七部法律的决定》(2015 年 4 月 24 日,第十二届全国人民代表大会常务委员会第十四次会议通过)已经修改《中华人民共和国税收征收管理法》第 33 条,待国务院公布取消上述 22 项税收优惠核准事项后,税务总局将另行发文予以贯彻。

《国家税务总局关于公开税务行政审批事项等相关工作的公告》(国家税务总局公告2014年第10号)公布的87项税务行政审批事项中,7项行政许可予以保留,80项非行政许可审批事项已清理完毕(已经国务院决定取消56项,税务总局自行取消1项,调整为其他权力事项23项)。

附件1. 国务院决定取消的非行政许可审批事项目录(涉税11个大项以及其他3项中的8个子项)

序号	项目名称	审批部门	其他共同审批部门	设定依据	备注
19	注册税务师执业核准	税务总局	无	《注册税务师管理暂行办法》(税务总局令第14号)	

附件2. 需要进一步改革和规范的其他权力事项目录(23项)

序号	审批部门	项目名称	原项目编码	事项性质
23	税务总局	税务师事务所设立审批	24085	具有行政登记性质

6.《人力资源社会保障部 国家税务总局关于印发〈税务师职业资格制度暂行规定〉和〈税务师职业资格考试实施办法〉的通知》(2015年11月2日颁布　2015年11月2日实施　人社部发〔2015〕90号)

各省、自治区、直辖市及新疆生产建设兵团人力资源社会保障厅(局)、国家税务局、地方税务局,国务院各部委、各直属机构人事部门,中央管理的企业:

　　根据《国务院机构改革和职能转变方案》和《国务院关于取消和调整一批行政审批项目等事项的决定》(国发〔2014〕27号)有关取消"注册税务师职业资格许可和认定"的要求,为加强税务专业人员队伍建设,提高税务专业人员素质,在总结原注册税务师职业资格制度实施情况的基础上,人力资源社会保障部、国家税务总局制定了《税务师职业资格制度暂行规定》和《税务师职业资格考试实施办法》,现印发给你们,请遵照执行。

自本通知发布之日起,原人事部、国家税务总局《关于印发〈注册税务师资格制度暂行规定〉的通知》(人发〔1996〕116号)、《关于实施注册税务师资格认定考试工作的通知》(人发〔1998〕18号)、《关于印发〈注册税务师执业资格考试实施办法〉的通知》(人发〔1999〕4号)和原人事部办公厅、国家税务总局办公厅《关于注册税务师执业资格考试报名条件补充规定的通知》(人办发〔1999〕104号)同时废止。

人力资源社会保障部　国家税务总局
2015年11月2日

税务师职业资格制度暂行规定

第一章　总　　则

第一条　为规范税务专业人员队伍建设,提高税务专业人员素质,根据《国务院机构改革和职能转变方案》和国家职业资格证书制度的有关规定,制定本规定。

第二条　本规定适用于从事涉税服务的专业人员。

第三条　国家设立税务师水平评价类职业资格制度,面向社会提供税务专业人员能力水平评价服务,纳入全国专业技术人员职业资格证书制度统一规划。

第四条　税务师职业资格实行统一考试的评价方式。

税务师英文为:Tax Advisor(简称TA)

第五条　通过税务师职业资格考试并取得职业资格证书的人员,表明其已具备从事涉税专业服务的职业能力和水平。

第六条　人力资源社会保障部、国家税务总局共同负责税务师职业资格制度的政策制定,并按职责分工对税务师职业资格制度的实施进行指导、监督和检查。全国税务师行业协会具体承担税务师职业资格考试的评价与管理工作。

第二章　考　　试

第七条　税务师职业资格实行全国统一大纲、统一命题、统一组织的考试制度。原则上每年举行1次考试。

第八条 全国税务师行业协会负责税务师职业资格考试的组织和实施工作。组织成立税务师职业资格考试专家委员会,研究拟定税务师职业资格考试科目、考试大纲、考试试题和考试合格标准。

第九条 人力资源社会保障部、国家税务总局对全国税务师行业协会实施的税务师职业资格考试工作进行监督和检查,指导全国税务师行业协会确定税务师职业资格考试科目、考试大纲、考试试题和考试合格标准。

第十条 中华人民共和国公民,遵守国家法律、法规,恪守职业道德,具有完全民事行为能力,并符合下列相应条件之一的,可报名参加税务师职业资格考试。

(一)取得经济学、法学、管理学学科门类大学专科学历,从事经济、法律相关工作满2年;或者取得其他学科门类大学专科学历,从事经济、法律相关工作满3年。

(二)取得经济学、法学、管理学学科门类大学本科及以上学历(学位);或者取得其他学科门类大学本科学历,从事经济、法律相关工作满1年。

第十一条 税务师职业资格考试合格,由全国税务师行业协会颁发人力资源社会保障部、国家税务总局监制,全国税务师行业协会用印的《中华人民共和国税务师职业资格证书》(以下简称税务师职业资格证书)。该证书在全国范围有效。

第十二条 对以不正当手段取得税务师职业资格证书的,按照国家专业技术人员资格考试违纪违规行为处理规定处理。

第三章 职业能力

第十三条 取得税务师职业资格证书的人员,应当遵守国家法律、法规、规章及税务师行业相关制度、准则,恪守职业道德,秉承独立、客观、公正原则,维护国家利益和委托人的合法权益。

第十四条 取得税务师职业资格证书的人员,应当具备下列职业能力:

(一)熟悉并掌握涉税服务相关的法律、法规和行业制度、准则;

(二)有丰富的税务专业知识,独立开展包括涉税鉴证、申报代理、税收筹划、接受委托审查纳税情况在内的各项涉税专业服务工作；

（三）运用财会、税收专业理论与方法，较好完成涉税服务业务；

（四）独立解决涉税服务业务中的疑难问题。

第十五条 取得税务师职业资格证书的人员，应当按照国家专业技术人员继续教育以及税务师行业管理的有关规定，参加继续教育，不断更新专业知识、提高职业素质和业务能力。

第四章 登 记

第十六条 税务师职业资格证书实行登记服务制度。税务师职业资格证书登记服务的具体工作由全国税务师行业协会负责。

第十七条 各级税务师行业协会定期向社会公布税务师职业资格证书的登记情况，建立持证人员的诚信档案，并向社会提供相关信息查询服务。

第十八条 取得税务师职业资格证书的人员，应当自觉接受各级税务师行业协会的管理，在工作中违反法律法规及相关规定或者职业道德，造成不良影响的，由全国税务师行业协会取消登记，收回其职业资格证书并向社会公告。

第十九条 各级税务师行业协会在税务师职业资格登记服务工作中，应当严格遵守国家和本行业的各项管理规定以及协会章程。

第五章 附 则

第二十条 本规定施行前，按照原人事部、国家税务总局印发的《关于印发〈注册税务师资格制度暂行规定〉的通知》(人发〔1996〕116号)规定，取得的注册税务师职业资格证书效用不变。

第二十一条 本规定自发布之日起施行。

税务师职业资格考试实施办法

第一条 人力资源社会保障部、国家税务总局按照职责分工负责指导、监督和检查税务师职业资格考试(以下简称税务师资格考试)的实施工作。

第二条 全国税务师行业协会具体负责税务师资格考试的实施工作。

第三条 税务师资格考试设置《税法(一)》、《税法(二)》、《涉税服务实务》、《涉税服务相关法律》和《财务与会计》5个科目。每个科目考试时间为两个半小时,成绩满分为140分。

第四条 考试成绩实行5年为一个周期的滚动管理办法,在连续的5个考试年度内参加全部(5个)科目的考试并合格,可取得税务师职业资格证书。

截至2015年,在原制度文件规定的有效期内的各科目合格成绩有效期顺延。

第五条 符合《税务师职业资格制度暂行规定》(以下简称《暂行规定》)报考条件的人员,均可申请参加税务师资格考试。

第六条 符合《暂行规定》报考条件,并具备下列条件之一者,可免试相应科目:

(一)已评聘经济、审计等高级专业技术职务,从事涉税工作满两年的,可免试《财务与会计》科目。

(二)已评聘法律高级专业技术职务,从事涉税工作满两年的,可免试《涉税服务相关法律》科目。

免试相应科目人员在报名时,应当提供相应证明文件。

免试部分科目的人员,须在连续的4个考试年度内通过应试科目的考试。

第七条 参加考试由本人提出申请,按有关规定办理报名手续。考试实施机构按规定的程序和报名条件审核合格后,核发准考证。参加考试人员凭准考证和有效证件在指定的日期、时间和地点参加考试。

中央和国务院各部门及所属单位、中央管理企业的人员按属地原则报名参加考试。

第八条 考点原则上设在地级以上城市的大、中专院校或者高考定点学校。如确需在其他城市设置考点,须经全国税务师行业协会批准。考试日期原则上为每年的11月份。

第九条 坚持考试与培训分开的原则。凡参与考试工作(包括命题、审题与组织管理等)的人员,不得参加考试,也不得参加或者举办与考试内容相关的培训工作。应考人员参加培训坚持自愿原则。

第十条 考试实施机构应当严格执行考试工作的各项规章制度,遵守考试工作纪律,切实做好从考试试题的命制到使用等环节的安全保密工作,严防泄密。

第十一条 对违反考试工作纪律和有关规定的人员,按照国家专业技术人员资格考试违纪违规行为处理规定处理。

7.《国家税务总局关于建立税务机关、涉税专业服务社会组织及其行业协会和纳税人三方沟通机制的通知》(2016年6月28日颁布　2016年6月28日实施　税总发〔2016〕101号)

各省、自治区、直辖市和计划单列市国家税务局、地方税务局:

为贯彻落实中办、国办印发的《深化国税、地税征管体制改革方案》(以下简称《方案》),发挥税务师事务所等涉税专业服务社会组织在构建税收共治格局和优化纳税服务、提高征管效能等方面的积极作用,现就建立税务机关、涉税专业服务社会组织及其行业协会、纳税人三方沟通机制(以下简称三方沟通机制)有关事项通知如下:

一、目标与原则

(一)总体目标

深入贯彻落实《方案》的有关要求,通过三方沟通机制建设,畅通税务机关、涉税专业服务社会组织及其行业协会和纳税人之间沟通交流、信息反馈及解决问题的渠道。坚持鼓励、引导与规范相结合,持续改进监管内容和方式,营造公平、公正的执业环境,推动涉税专业服务社会组织健康发展。充分发挥涉税专业服务社会组织在优化纳税服务、提高征管效能方面的专业优势和人才优势,统筹各方力量,构建税收共治格局。

(二)基本原则

1.需求导向,有效沟通。围绕税务机关、涉税专业服务社会组织及其行业协会和纳税人三方的需求,畅通三方沟通交流渠道,积极回应纳税人合理诉求,更好地解决纳税服务和税收征管工作中的"堵点"和"难点"问题。

2.互相尊重,平等交流。三方沟通中,税务机关应与涉税专业服务社会组织及其行业协会和纳税人平等交流,充分尊重其建议权、监督权等权利,认真听取意见、建议和诉求。

3.因地制宜,持续改进。各地税务机关应根据本地实际情况,合理确定三方沟通机制的实现形式,并在实践中不断完善和改进。

二、沟通内容

通过三方沟通机制,税务机关、涉税专业服务社会组织及其行业协会、纳税人三方可就下列内容进行沟通:

(一)税务机关可以就税收法律、法规及政策的制定与修改听取意见建议;收集分析税收法律、法规及政策实施效果的评价;解答税收法律、法规及政策问题;回复改进纳税服务和征管工作的建议采纳情况;反馈针对税务机关及税务人员的投诉处理情况;通报涉税专业服务社会组织执业质量检查结果和执业问题整改情况等。

(二)纳税人、涉税专业服务社会组织及其行业协会可以就起草和执行中的税收法律、法规和政策提出修改意见和建议;就税收法律、法规及政策的实施情况进行反馈;就纳税服务和征管工作提出建议;就税收法律、法规及政策的适用进行咨询;就税收政策执行中与税务机关存在的分歧进行反映;就税务机关及税务人员的违规行为进行投诉等。

(三)纳税人可以就涉税专业服务社会组织的服务情况进行评价;就涉税专业服务社会组织存在的执业问题进行投诉等。

(四)涉税专业服务社会组织可以就纳税人税法遵从情况和履行纳税义务过程中遇到的困惑与需求进行反映等。

三、沟通方式

(一)召开会议

召开由税务机关、涉税专业服务社会组织及其行业协会和纳税人三方参加的会议,包括座谈会、通报会、征询会、政策宣讲会等。国税机关、地税机关可联合召开,也可分别召开。

会议一般由省税务机关或市税务机关相关业务部门牵头召集,有条件的市可延伸至县税务机关。根据每次沟通主题及内容,确定与会的税务机关相关业务部门、涉税专业服务社会组织代表及其行业协会、纳税人代表等。

(二)走访调研

各地税务机关可以通过对涉税专业服务社会组织及其行业协会和纳税人不定期实地走访、调研及问卷调查,了解其需求和建议,帮助、督促其解决问题,促进涉税专业服务质量的提高。

(三)拓展渠道

利用纳税服务热线、网站、QQ、微信、微博、电子邮件、手机APP等载体,拓展税务机关、涉税专业服务社会组织及其行业协会和纳税人三方之间的沟通交流渠道。

(四)业务合作

发挥涉税专业服务社会组织的专业优势,引导其为纳税人提供政策咨询辅导等服务。积极探索建立税务机关与涉税专业服务社会组织的业务合作机制,通过政府采购或有偿委托等形式,在税收课题研究、纳税服务方式创新以及税收征管等方面开展广泛合作。

四、工作要求

(一)加强领导,明确职责

省税务机关要加强对三方沟通机制建设工作的组织领导,结合本地实际,细化本地区三方沟通机制建设的落实办法,明确税务机关内部有关部门的工作职责,完善运行体系和信息反馈流程,并统筹指导好市、县两级三方沟通机制的建设工作,确保三方沟通机制运转顺畅、取得实效。

(二)综合统筹,形成合力

各地税务机关要按照《方案》关于国税、地税"服务深度融合、执法适度整合、信息高度聚合"的要求,将构建三方沟通机制纳入国税、地税合作的整体工作中统筹规划,建立"国税、地税、涉税专业服务社会组织、行业协会、纳税人"五位一体的协作运行机制,实现国税、地税管理协同、服务协作、信息共享,提升工作合力。

(三)跟踪反馈,督促落实

各地税务机关应当建立三方沟通机制工作档案,记录三方沟通机制相关工作开展情况。对涉税专业服务社会组织及其行业协会和纳税人通过各种渠道提出的合理建议和诉求要认真研究,及时反馈和解决,并督促相关部门予以落实,确保三方沟通机制落地生根。

(四)依法开展,防范风险

各地税务机关在开展三方交流时,应严格遵守相关法律法规,把握好政策界限和尺度,切实尊重和维护纳税人自愿选择涉税专业服务社会组织的权利,严禁指定或变相指定、强制服务,严禁违规插手涉税专业服务社会组织经营活动。

8.《国家税务总局关于发布〈涉税专业服务监管办法(试行)〉的公告》[①](2017年5月5日颁布　2017年9月1日实施　国家税务总局公告2017年第13号)

为深入贯彻落实国务院"放管服"改革部署要求,规范涉税专业服务,维护国家税收利益和纳税人合法权益,依据《中华人民共和国税收征收管理法》及其实施细则和国务院有关决定,国家税务总局制定了《涉税专业服务监管办法(试行)》,现予以发布,自2017年9月1日起施行。

特此公告。

国家税务总局
2017年5月5日

涉税专业服务监管办法(试行)

第一条　为贯彻落实国务院简政放权、放管结合、优化服务工作要求,维护国家税收利益,保护纳税人合法权益,规范涉税专业服务,依据《中华人民共和国税收征收管理法》及其实施细则和国务院有关决定,制定本办法。

第二条　税务机关对涉税专业服务机构在中华人民共和国境内从事涉税专业服务进行监管。

---

① 根据《国家税务总局关于进一步完善涉税专业服务监管制度有关事项的公告》(国家税务总局公告2019年第43号),自2020年1月1日起,第九条第三款修改。

第三条 涉税专业服务是指涉税专业服务机构接受委托,利用专业知识和技能,就涉税事项向委托人提供的税务代理等服务。

第四条 涉税专业服务机构是指税务师事务所和从事涉税专业服务的会计师事务所、律师事务所、代理记账机构、税务代理公司、财税类咨询公司等机构。

第五条 涉税专业服务机构可以从事下列涉税业务:

(一)纳税申报代理。对纳税人、扣缴义务人提供的资料进行归集和专业判断,代理纳税人、扣缴义务人进行纳税申报准备和签署纳税申报表、扣缴税款报告表以及相关文件。

(二)一般税务咨询。对纳税人、扣缴义务人的日常办税事项提供税务咨询服务。

(三)专业税务顾问。对纳税人、扣缴义务人的涉税事项提供长期的专业税务顾问服务。

(四)税收策划。对纳税人、扣缴义务人的经营和投资活动提供符合税收法律法规及相关规定的纳税计划、纳税方案。

(五)涉税鉴证。按照法律、法规以及依据法律、法规制定的相关规定要求,对涉税事项真实性和合法性出具鉴定和证明。

(六)纳税情况审查。接受行政机关、司法机关委托,依法对企业纳税情况进行审查,作出专业结论。

(七)其他税务事项代理。接受纳税人、扣缴义务人的委托,代理建账记账、发票领用、减免退税申请等税务事项。

(八)其他涉税服务。

前款第三项至第六项涉税业务,应当由具有税务师事务所、会计师事务所、律师事务所资质的涉税专业服务机构从事,相关文书应由税务师、注册会计师、律师签字,并承担相应的责任。

第六条 涉税专业服务机构从事涉税业务,应当遵守税收法律、法规及相关税收规定,遵循涉税专业服务业务规范。

涉税专业服务机构为委托人出具的各类涉税报告和文书,由双方留存备查,其中,税收法律、法规及国家税务总局规定报送的,应当向税务机关报送。

第七条 税务机关应当对税务师事务所实施行政登记管理。未经行政登记不得使用"税务师事务所"名称,不能享有税务师事务所的合法权益。

税务师事务所合伙人或者股东由税务师、注册会计师、律师担任,税务师占比应高于百分之五十,国家税务总局另有规定的除外。

税务师事务所办理商事登记后,应当向省税务机关办理行政登记。省税务机关准予行政登记的,颁发《税务师事务所行政登记证书》,并将相关资料报送国家税务总局,抄送省税务师行业协会。不予行政登记的,书面通知申请人,说明不予行政登记的理由。

税务师事务所行政登记流程(规范)另行制定。

从事涉税专业服务的会计师事务所和律师事务所,依法取得会计师事务所执业证书或律师事务所执业许可证,视同行政登记。

第八条 税务机关对涉税专业服务机构及其从事涉税服务人员进行实名制管理。

税务机关依托金税三期应用系统,建立涉税专业服务管理信息库。综合运用从金税三期核心征管系统采集的涉税专业服务机构的基本信息、涉税专业服务机构报送的人员信息和经纳税人(扣缴义务人)确认的实名办税(自有办税人员和涉税专业服务机构代理办税人员)信息,建立对涉税专业服务机构及其从事涉税服务人员的分类管理,确立涉税专业服务机构及其从事涉税服务人员与纳税人(扣缴义务人)的代理关系,区分纳税人自有办税人员和涉税专业服务机构代理办税人员,实现对涉税专业服务机构及其从事涉税服务人员和纳税人(扣缴义务人)的全面动态实名信息管理。

涉税专业服务机构应当向税务机关提供机构和从事涉税服务人员的姓名、身份证号、专业资格证书编号、业务委托协议等实名信息。

第九条 税务机关应当建立业务信息采集制度,利用现有的信息化平台分类采集业务信息,加强内部信息共享,提高分析利用水平。

涉税专业服务机构应当以年度报告形式,向税务机关报送从事涉税专业服务的总体情况。

第十条 税务机关对涉税专业服务机构从事涉税专业服务的执业情况进行检查,根据举报、投诉情况进行调查。

第十一条 税务机关应当建立信用评价管理制度,对涉税专业服务机构从事涉税专业服务情况进行信用评价,对其从事涉税服务人员进行信用记录。

税务机关应以涉税专业服务机构的纳税信用为基础,结合委托人纳税信用、纳税人评价、税务机关评价、实名办税、业务规模、服务质量、执业质量检查、业务信息质量等情况,建立科学合理的信用评价指标体系,进行信用等级评价或信用记录,具体办法另行制定。

第十二条 税务机关应当加强对税务师行业协会的监督指导,与其他相关行业协会建立工作联系制度。

税务机关可以委托行业协会对涉税专业服务机构从事涉税专业服务的执业质量进行评价。

全国税务师行业协会负责拟制涉税专业服务业务规范(准则、规则),报国家税务总局批准后施行。

第十三条 税务机关应当在门户网站、电子税务局和办税服务场所公告纳入监管的涉税专业服务机构名单及其信用情况,同时公告未经行政登记的税务师事务所名单。

第十四条 涉税专业服务机构及其涉税服务人员有下列情形之一的,由税务机关责令限期改正或予以约谈;逾期不改正的,由税务机关降低信用等级或纳入信用记录,暂停受理所代理的涉税业务(暂停时间不超过六个月);情节严重的,由税务机关纳入涉税服务失信名录,予以公告并向社会信用平台推送,其所代理的涉税业务,税务机关不予受理:

(一)使用税务师事务所名称未办理行政登记的;

(二)未按照办税实名制要求提供涉税专业服务机构和从事涉税服务人员实名信息的;

(三)未按照业务信息采集要求报送从事涉税专业服务有关情

况的；

（四）报送信息与实际不符的；

（五）拒不配合税务机关检查、调查的；

（六）其他违反税务机关监管规定的行为。

税务师事务所有前款第一项情形且逾期不改正的，省税务机关应当提请工商部门吊销其营业执照。

第十五条 涉税专业服务机构及其涉税服务人员有下列情形之一的，由税务机关列为重点监管对象，降低信用等级或纳入信用记录，暂停受理所代理的涉税业务（暂停时间不超过六个月）；情节较重的，由税务机关纳入涉税服务失信名录，予以公告并向社会信用平台推送，其所代理的涉税业务，税务机关不予受理；情节严重的，其中，税务师事务所由省税务机关宣布《税务师事务所行政登记证书》无效，提请工商部门吊销其营业执照，提请全国税务师行业协会取消税务师职业资格证书登记、收回其职业资格证书并向社会公告，其他涉税服务机构及其从事涉税服务人员由税务机关提请其他行业主管部门及行业协会予以相应处理：

（一）违反税收法律、行政法规，造成委托人未缴或者少缴税款，按照《中华人民共和国税收征收管理法》及其实施细则相关规定被处罚的；

（二）未按涉税专业服务相关业务规范执业，出具虚假意见的；

（三）采取隐瞒、欺诈、贿赂、串通、回扣等不正当竞争手段承揽业务，损害委托人或他人利益的；

（四）利用服务之便，谋取不正当利益的；

（五）以税务机关和税务人员的名义敲诈纳税人、扣缴义务人的；

（六）向税务机关工作人员行贿或者指使、诱导委托人行贿的；

（七）其他违反税收法律法规的行为。

第十六条 税务机关应当为涉税专业服务机构提供便捷的服务，依托信息化平台为信用等级高的涉税专业服务机构开展批量纳税申报、信息报送等业务提供便利化服务。

第十七条 税务机关所需的涉税专业服务,应当通过政府采购方式购买。

税务机关和税务人员不得参与或违规干预涉税专业服务机构经营活动。

第十八条 税务师行业协会应当加强税务师行业自律管理,提高服务能力、强化培训服务,促进转型升级和行业健康发展。

税务师事务所自愿加入税务师行业协会。从事涉税专业服务的会计师事务所、律师事务所、代理记账机构除加入各自行业协会接受行业自律管理外,可自愿加入税务师行业协会税务代理人分会;鼓励其他没有加入任何行业协会的涉税专业服务机构自愿加入税务师行业协会税务代理人分会。

第十九条 各省税务机关依据本办法,结合本地实际,制定涉税专业服务机构从事涉税专业服务的具体实施办法。

第二十条 本办法自2017年9月1日起施行。

9.《国家税务总局关于发布〈涉税专业服务信息公告与推送办法(试行)〉的公告》(2017年11月22日颁布　2017年12月1日实施　国家税务总局公告2017年第42号)

现将国家税务总局制定的《涉税专业服务信息公告与推送办法(试行)》予以发布,自2017年12月1日起施行。

特此公告。

国家税务总局
2017年11月22日

涉税专业服务信息公告与推送办法(试行)

第一条 为加强涉税专业服务信息的运用管理,发挥涉税专业服务机构在优化纳税服务、提高征管效能等方面的积极作用,依据《涉税专业服务监管办法(试行)》(国家税务总局公告2017年第13号发布),制定本办法。

第二条 本办法所称涉税专业服务机构包括:

(一)税务师事务所;

（二）依法取得执业许可且从事涉税专业服务的会计师事务所和律师事务所；

（三）经商事登记且从事涉税专业服务的代理记账机构、税务代理公司、财税类咨询公司等其他机构。

第三条 省税务机关通过门户网站、电子税务局和办税服务场所公告涉税专业服务信息，负责向社会信用平台和行业主管部门、行业协会、工商、海关等其他部门推送涉税专业服务信息。

税务机关纳税服务部门负责向税务机关内部风险控制、征收管理、税务稽查、税政管理、税法宣传、税务师管理等部门，及涉税专业服务机构及其委托人推送涉税专业服务信息。

第四条 涉税专业服务信息公告内容：

（一）纳入实名制管理的涉税专业服务机构名单及其信用状况公告内容：涉税专业服务机构名称、统一社会信用代码、法定代表人（或单位负责人）姓名、地址、联系电话、信用积分情况等基本信息；

（二）未经行政登记的税务师事务所名单公告内容：机构名称、统一社会信用代码、法定代表人（或单位负责人）姓名、地址、联系电话、商事登记日期等基本信息；

（三）涉税专业服务机构失信名录公告内容：涉税专业服务机构名称、统一社会信用代码、法定代表人（或单位负责人）姓名、地址、联系电话、失信行为、认定日期等基本信息；

（四）从事涉税服务人员失信名录公告内容：姓名、身份证件号码（隐去出生年、月、日号码段）、职业资格证书名称及编号、所属涉税专业服务机构名称、失信行为、认定日期等基本信息。

第五条 省税务机关通过门户网站、电子税务局和办税服务场所发布公告，于每月10日前对公告内容进行动态调整。

第六条 涉税专业服务信息推送内容：

（一）纳入实名制管理的涉税专业服务机构信用状况推送内容：涉税专业服务机构名称、统一社会信用代码、法定代表人（或单位负责人）姓名、地址、联系电话、信用积分情况等基本信息；

（二）未纳入实名制管理的涉税专业服务机构信息推送内容：机构名称、统一社会信用代码、法定代表人（或单位负责人）姓名、地址、联系电话、商事登记日期等基本信息；

（三）涉税专业服务机构失信名录推送内容：涉税专业服务机构名称、统一社会信用代码、法定代表人（或单位负责人）姓名、地址、联系电话、失信行为、认定日期等基本信息；

（四）从事涉税服务人员失信名录推送内容：姓名、身份证件号码（隐去出生年、月、日号码段）、职业资格证书名称及编号、所属涉税专业服务机构名称、失信行为、认定日期等基本信息；

（五）涉税专业服务风险信息推送内容：涉税专业服务机构名称、统一社会信用代码、法定代表人（或单位负责人）姓名、地址、联系电话、风险评估情况等基本信息。

第七条 税务机关运用以金税三期核心征管系统为基础、以网上办税服务系统为支撑的信息化平台，进行信息推送。

第八条 税务机关对涉税专业服务机构和从事涉税服务人员违反《涉税专业服务监管办法（试行）》第十四条、第十五条规定的情形进行分类处理。属于严重违法违规情形的，纳入涉税服务失信名录。

税务机关在将涉税专业服务机构和从事涉税服务人员列入涉税服务失信名录前，应当依法对其行为是否确属严重违法违规的情形进行核实，确认无误后向当事人送达告知书，告知当事人将其列入涉税服务失信名录的事实、理由和依据。当事人无异议的，列入涉税服务失信名录；当事人有异议且提出申辩理由、证据的，税务机关应当进行复核后予以确定。

第九条 省税务机关将涉税服务失信名录向财政、司法等行业主管部门和所属行业协会推送，提请予以相应处理和行业自律管理。

第十条 省税务机关按照本省社会信用平台管理要求，定期将涉税服务失信名录向社会信用平台推送，对失信行为实行联合惩戒。

第十一条 省税务机关将信用等级高的涉税专业服务机构和信用记录好的从事涉税服务人员信息向财政、司法等行业主管部门和所属行业协会,以及工商、海关等需要涉税专业服务信息的政府部门推送,实行联合激励。

第十二条 税务机关纳税服务部门将纳入实名制管理的涉税专业服务机构和人员的信用状况、涉税专业服务风险信息、涉税专业服务机构与纳税人的委托代理情况、涉税专业服务机构从事涉税专业服务情况等信息以及未纳入实名制管理的涉税专业服务机构信息向内部风险控制、征收管理、税政管理等部门推送,对风险高的涉税专业服务机构和人员进行风险预警、启动调查评估。

第十三条 税务机关纳税服务部门将涉税专业服务机构及委托方纳税人涉嫌偷税(逃避缴纳税款)、逃避追缴欠税、骗取国家退税款、虚开发票等违法信息向税务稽查部门推送。

第十四条 税务机关纳税服务部门将信用等级高的涉税专业服务机构和信用记录好的从事涉税服务人员信息向征收管理、税政管理、税法宣传等部门推送,对其提供便利化纳税服务,简化涉税业务办理流程,引导其参与税务机关税法宣传和政策辅导。

第十五条 税务机关纳税服务部门将纳入实名制管理的涉税专业服务机构和人员的信用状况、涉税专业服务风险信息、违规行为和遵守行业协会自律情况等信息以及未纳入实名制管理的涉税专业服务机构信息向其委托人定期推送,为其委托人提供参考信息。

第十六条 税务机关纳税服务部门将纳入实名制管理的涉税专业服务机构和人员的信用状况、涉税专业服务风险信息、违规行为等信息向涉税专业服务机构推送,对涉税专业服务机构进行风险提示或预警,引导其规范、健康发展。

第十七条 各省税务机关可以依据本办法,结合本地实际,制定具体实施办法。

第十八条 本办法自 2017 年 12 月 1 日起施行。

10.《国家税务总局关于发布〈涉税专业服务信用评价管理办法（试行）〉的公告》①（2017 年 12 月 26 日颁布　2018 年 1 月 1 日实施　国家税务总局公告 2017 年第 48 号）

现将国家税务总局制定的《涉税专业服务信用评价管理办法（试行）》予以发布，自 2018 年 1 月 1 日起施行。

特此公告。

国家税务总局
2017 年 12 月 26 日

涉税专业服务信用评价管理办法（试行）

第一章　总　　则

第一条　为加强涉税专业服务信用管理，促进涉税专业服务机构及其从事涉税服务人员依法诚信执业，提高税法遵从度，依据《涉税专业服务监管办法（试行）》（国家税务总局公告 2017 年第 13 号发布），制定本办法。

第二条　涉税专业服务信用管理，是指税务机关对涉税专业服务机构从事涉税专业服务情况进行信用评价，对从事涉税服务人员的执业行为进行信用记录。

涉税专业服务机构信用评价实行信用积分和信用等级相结合方式。从事涉税服务人员信用记录实行信用积分和执业负面记录相结合方式。

第三条　国家税务总局主管全国涉税专业服务信用管理工作。

---

① 根据《国家税务总局关于进一步完善涉税专业服务监管制度有关事项的公告》（国家税务总局公告 2019 年第 43 号），自 2020 年 1 月 1 日起，附件《涉税专业服务机构信用积分指标体系及积分规则》中 070301、070302 指标的积分/扣分标准和积分/扣分规则说明修改。根据《国家税务总局关于进一步完善涉税专业服务监管制度有关事项的公告》（国家税务总局公告 2019 年第 43 号），自 2020 年 4 月 1 日起，第十五条第一款、第二款废止。根据《国家税务总局关于修订〈涉税专业服务机构信用积分指标体系及积分规则〉的公告》（国家税务总局公告 2020 年第 17 号），自 2021 年 1 月 1 日起，附件《涉税专业服务机构信用积分指标体系及积分规则》废止。

省以下税务机关负责所辖地区涉税专业服务信用管理工作的组织和实施。

第四条 税务机关根据社会信用体系建设需要，建立与财政、司法等行业主管部门和注册会计师协会、律师协会、代理记账协会等行业协会的工作联系制度和信息交换制度，完善涉税专业服务的信用评价机制，推送相关信用信息，推进部门信息共享、部门联合守信激励和失信惩戒。

第二章 信用积分

第五条 税务机关依托涉税专业服务管理信息库采集信用指标信息，由全国涉税专业服务信用信息平台按照《涉税专业服务机构信用积分指标体系及积分规则》（见附件）和《从事涉税服务人员个人信用积分指标体系及积分记录规则》对采集的信用信息进行计算处理，自动生成涉税专业服务机构信用积分和从事涉税服务人员信用积分。

全国涉税专业服务信用信息平台由国家税务总局建设和部署。

《从事涉税服务人员个人信用积分指标体系及积分记录规则》另行发布。

第六条 涉税专业服务信用信息分为涉税专业服务机构信用信息和从事涉税服务人员信用信息。

涉税专业服务机构信用信息包括：纳税信用、委托人纳税信用、纳税人评价、税务机关评价、实名办税、业务规模、服务质量、业务信息质量、行业自律、人员信用等。

从事涉税服务人员信用信息包括：基本信息、执业记录、不良记录、纳税记录等。

第七条 涉税专业服务管理信息库依托金税三期应用系统，从以下渠道采集信用信息：

（一）涉税专业服务机构和从事涉税服务人员报送的信息；

（二）税务机关税收征管过程中产生的信息和涉税专业服务监管过程中产生的信息；

（三）其他行业主管部门和行业协会公开的信息。

涉税专业服务机构跨区域从事涉税专业服务的相关信用信息，归集到机构所在地。

第八条 涉税专业服务机构信用积分为评价周期内的累计积分，按月公告，下一个评价周期重新积分。评价周期为每年1月1日至12月31日。

第一个评价周期信用积分的基础分为涉税专业服务机构当前纳税信用得分，以后每个评价周期的基础分为该机构上一评价周期信用积分的百分制得分。涉税专业服务机构未参加纳税信用级别评价的，第一个评价周期信用积分的基础分按照70分计算。

第三章 信 用 等 级

第九条 省、自治区、直辖市和计划单列市税务机关（以下简称"省税务机关"）根据信用积分和信用等级标准对管辖的涉税专业服务机构进行信用等级评价。在一个评价周期内新设立的涉税专业服务机构，不纳入信用等级评价范围。每年4月30日前完成上一个评价周期信用等级评价工作。信用等级评价结果自产生之日起，有效期为一年。

第十条 涉税专业服务机构信用（英文名称为Tax Service Credit，缩写为TSC）按照从高到低顺序分为五级，分别是TSC5级、TSC4级、TSC3级、TSC2级和TSC1级。涉税专业服务机构信用积分满分为500分，涉税专业服务机构信用等级标准如下：

（一）TSC5级为信用积分400分以上的；

（二）TSC4级为信用积分300分以上不满400分的；

（三）TSC3级为信用积分200分以上不满300分的；

（四）TSC2级为信用积分100分以上不满200分的；

（五）TSC1级为信用积分不满100分的。

第十一条 税务机关对涉税专业服务机构违反《涉税专业服务监管办法（试行）》第十四条、第十五条规定进行处理的，根据处理结果和《涉税专业服务机构信用积分指标体系及积分规则》，进行积分扣减和降低信用等级。

对从事涉税服务人员违反《涉税专业服务监管办法(试行)》第十四条、第十五条规定进行处理的,根据处理结果和《从事涉税服务人员个人信用积分指标体系及积分记录规则》,进行积分扣减和执业负面记录。

第十二条 税务机关对涉税专业服务机构和从事涉税服务人员违反《涉税专业服务监管办法(试行)》第十四条、第十五条规定的情形进行分类处理。属于严重违法违规情形的,纳入涉税服务失信名录,期限为2年,到期自动解除。

税务机关在将涉税专业服务机构和从事涉税服务人员列入涉税服务失信名录前,应当依法对其行为是否确属严重违法违规的情形进行核实,确认无误后向当事人送达告知书,告知当事人将其列入涉税服务失信名录的事实、理由和依据。当事人无异议的,列入涉税服务失信名录;当事人有异议且提出申辩理由、证据的,税务机关应当进行复核后予以确定。

第四章 信用信息公告查询

第十三条 税务机关应当在门户网站、电子税务局和办税服务场所公告下列信息:

(一)涉税专业服务机构信用积分;

(二)涉税服务失信名录。

第十四条 税务机关应当通过门户网站、电子税务局等渠道提供涉税专业服务信用信息查询服务。

纳税人可以查询涉税专业服务机构的涉税专业服务信用等级和从事涉税服务人员的信用积分;涉税专业服务机构可以查询本机构的涉税专业服务信用等级及积分明细和所属从事涉税服务人员的信用积分;从事涉税服务人员可以查询本人的信用积分明细。

第十五条 省税务机关应当建立涉税专业服务信用积分、信用等级和执业负面记录的复核工作制度,明确工作程序,保障申请人正当权益。

第五章 结 果 运 用

第十六条 税务机关建立涉税专业服务信用管理与纳税服务、税收风险管理联动机制,根据涉税专业服务机构和从事涉税服务人员信用状况,实施分类服务和监管。

涉税专业服务机构的涉税专业服务信用影响其自身的纳税信用。

第十七条 对达到TSC5级的涉税专业服务机构,税务机关采取下列激励措施:

(一)开通纳税服务绿色通道,对其所代理的纳税人发票可以按照更高的纳税信用级别管理;

(二)依托信息化平台为涉税专业服务机构开展批量纳税申报、信息报送等业务提供便利化服务;

(三)在税务机关购买涉税专业服务时,同等条件下优先考虑。

第十八条 对达到TSC4级、TSC3级的涉税专业服务机构,税务机关实施正常管理,适时进行税收政策辅导,并视信用积分变化,选择性地提供激励措施。

第十九条 对涉税专业服务信用等级为TSC2级、TSC1级的涉税专业服务机构,税务机关采取以下措施:

(一)实行分类管理,对其代理的纳税人税务事项予以重点关注;

(二)列为重点监管对象;

(三)向其委托方纳税人主管税务机关推送风险提示;

(四)涉税专业服务协议信息采集,必须由委托人、受托人双方到税务机关现场办理。

第二十条 对纳入涉税服务失信名录的涉税专业服务机构和从事涉税服务人员,税务机关采取以下措施:

(一)予以公告并向社会信用平台推送;

(二)向其委托方纳税人、委托方纳税人主管税务机关进行风险提示;

(三)不予受理其所代理的涉税业务。

第六章 附 则

第二十一条 各省税务机关可以依据本办法制定具体实施办法。

第二十二条 本办法自 2018 年 1 月 1 日起施行。

11.《国家税务总局关于采集涉税专业服务基本信息和业务信息有关事项的公告》①(2017 年 12 月 26 日颁布 2018 年 1 月 1 日实施 国家税务总局公告 2017 年第 49 号)

为深入贯彻党的十九大关于加快完善社会主义市场经济体制、深化商事制度改革、放宽服务业准入限制等要求和国务院关于优化营商环境、推进"放管服"改革的系列部署,进一步规范涉税专业服务行为,维护国家税收利益和纳税人合法权益,根据《中华人民共和国税收征收管理法》及其实施细则、《涉税专业服务监管办法(试行)》(国家税务总局公告 2017 年第 13 号发布)和《国家税务总局关于进一步深化税务系统"放管服"改革优化税收环境的若干意见》(税总发〔2017〕101 号)有关规定,现就采集涉税专业服务基本信息和业务信息有关事项公告如下:

一、涉税专业服务基本信息采集

涉税专业服务机构应当于首次提供涉税专业服务前,向主管税务机关报送《涉税专业服务机构(人员)基本信息采集表》(附件 1)。基本信息发生变更的,应当自变更之日起 30 日内向主管税务机关报送该表。涉税专业服务机构暂时停止提供涉税专业服务的,应当于完成或终止全部涉税专业服务协议后向主管税务机关报送该表;恢复提供涉税专业服务的,应当于恢复后首次提供涉税专业服务前向主管税务机关报送该表。

---

① 根据《国家税务总局关于公布全文失效废止和部分条款失效废止的税收规范性文件目录的公告》(国家税务总局公告 2018 年第 33 号),第三条第三款废止。根据《国家税务总局关于进一步完善涉税专业服务监管制度有关事项的公告》(国家税务总局公告 2019 年第 43 号),自 2020 年 1 月 1 日起,修改第二条第二款及附件 2《涉税专业服务协议要素信息采集表》的填表说明、附件 3《年度涉税专业服务总体情况表》的填表说明和附件 4《专项业务报告要素信息采集表》的填表说明。

涉税专业服务机构应当于首次为委托人提供业务委托协议约定的涉税服务前,向主管税务机关报送《涉税专业服务协议要素信息采集表》(附件2)。业务委托协议发生变更或者终止的,应当自变更或者终止之日起30日内向主管税务机关报送该表。《涉税专业服务协议要素信息采集表》仅采集要素信息,业务委托协议的原件由涉税专业服务机构和委托人双方留存备查。

二、涉税专业服务业务信息采集

涉税专业服务机构应当于每年3月31日前,向主管税务机关报送《年度涉税专业服务总体情况表》(附件3)。

税务师事务所、会计师事务所、律师事务所应当于完成专业税务顾问、税收策划、涉税鉴证、纳税情况审查业务的次月底前,向主管税务机关报送《专项业务报告要素信息采集表》(附件4)。《专项业务报告要素信息采集表》仅采集专项业务报告要素信息,专项业务报告的原件由涉税专业服务机构和委托人双方留存备查,除税收法律、法规及国家税务总局规定报送的外,无须向税务机关报送。

三、采集途径

涉税专业服务机构原则上应当通过网上办税系统报送涉税专业服务基本信息,因客观原因无法通过网上办税系统报送的,可在非征期内通过实体办税服务厅办理。

涉税专业服务机构应当通过网上办税系统报送涉税专业服务业务信息。

四、其他事宜

涉税专业服务机构未按照要求报送基本信息、业务信息的,由主管税务机关按照《涉税专业服务监管办法(试行)》第十四条规定处理。

涉税专业服务机构及其从事涉税服务人员受到税务机关处理,被暂停受理其所代理的涉税业务时,涉税专业服务机构应当及时告知其委托人。

本公告自2018年1月1日起施行。本公告施行前已经提供涉税专业服务的机构,应当于本公告施行之日起90日内办理涉税专业服务基本信息采集和业务信息采集。

12.《国家税务总局关于税务师事务所行政登记有关问题的公告》(2018年1月12日颁布 2018年3月1日实施 国家税务总局公告2018年第4号)

为贯彻党的十九大关于深化商事制度改革、放宽服务业准入限制的要求,深化税务系统"放管服"改革,维护国家税收利益,保护纳税人合法权益,促进税务师事务所转型升级,依据《税务师事务所行政登记规程(试行)》(国家税务总局公告2017年第31号发布)第十四条规定,现就税务师事务所行政登记有关问题公告如下:

一、符合以下条件的税务师事务所,可以担任税务师事务所的合伙人或者股东:

(一)执行事务合伙人或者法定代表人由税务师担任;

(二)前3年内未因涉税专业服务行为受到税务行政处罚;

(三)法律行政法规和国家税务总局规定的其他条件。

二、符合以下条件的从事涉税专业服务的科技、咨询公司,可以担任税务师事务所的合伙人或者股东:

(一)由税务师或者税务师事务所的合伙人(股东)发起设立,法定代表人由税务师担任;

(二)前3年内未因涉税专业服务行为受到税务行政处罚;

(三)法律行政法规和国家税务总局规定的其他条件。

三、本公告自2018年3月1日起施行。

13.《国家税务总局关于进一步完善涉税专业服务监管制度有关事项的公告》(2019年12月27日颁布 2020年1月1日实施 国家税务总局公告2019年第43号)

为深入贯彻落实国务院"放管服"改革要求,优化税收营商环境,现就进一步完善涉税专业服务监管制度有关事项公告如下:

一、简化涉税专业服务信息采集

(一)减少涉税专业服务信息采集项目。不再要求涉税专业服务机构报送"协议金额""服务协议摘要""涉及委托人税款金额""业务报告摘要"信息。

(二)延长专项业务报告信息采集时限。将税务师事务所、会计师事务所、律师事务所报送专项业务报告信息的时限,由完成业务的次月底前,调整为次年3月31日前。

(三)放宽从事涉税服务人员信息报送要求。涉税专业服务机构可以根据自身业务特点,确定本机构报送"从事涉税服务人员基本信息"的具体人员范围。

(四)优化业务分类填报口径。涉税专业服务机构难以区分"一般税务咨询""专业税务顾问"和"税收策划"三类涉税业务的,可按"一般税务咨询"填报;对于实际提供纳税申报服务而不签署纳税申报表的,可按"一般税务咨询"填报。

(五)增加总分机构涉税专业服务信息报送选择。涉税专业服务机构跨地区设立不具有法人资格分支机构(包括分所和分公司)的,可选择由总机构向所在地主管税务机关汇总报送分支机构涉税专业服务信息,也可选择由分支机构自行向所在地主管税务机关报送涉税专业服务信息。

二、完善涉税专业服务信用复核机制

(一)涉税专业服务机构和从事涉税服务人员,对信用积分、信用等级和执业负面记录有异议的,可在信用记录产生或结果确定后12个月内,向税务机关申请复核。

税务机关应当按照包容审慎原则,于30个工作日内完成复核工作,作出复核结论,并提供查询服务。

(二)涉税专业服务机构和从事涉税服务人员对税务机关拟将其列入涉税服务失信名录有异议的,应当自收到《税务事项通知书》之日起10个工作日内提出申辩理由,向税务机关申请复核。

税务机关应当按照包容审慎原则,于10个工作日内完成复核工作,作出复核结论,并提供查询服务。

(三)税务机关应当为涉税专业服务机构和从事涉税服务人员申请复核提供电子税务局等便利化途径。

三、规范涉税专业服务约谈

涉税专业服务机构及其从事涉税服务人员存在《涉税专业服务监管办法(试行)》(国家税务总局公告2017年第13号发布,2019

年第 43 号修改)第十四条所列情形,税务机关需要采取约谈方式的,应当事先向当事人送达《税务事项通知书》,通知当事人约谈的时间、地点和事由。当事人到达约谈场所后,应当由两名以上税务人员同时在场进行约谈。约谈人员应当对约谈过程做好记录,可视情况进行音像记录。

四、有关要求

涉税专业服务机构和从事涉税服务人员应当严格遵守税收法律法规及《涉税专业服务监管办法(试行)》的规定,不得借税收改革巧立名目乱收费,不得利用所掌握的涉税信息谋取不当经济利益,不得在办税服务厅招揽业务影响办税秩序,不得以税务机关的名义招揽生意,损害纳税人合法权益。

税务机关应当严格落实涉税专业服务监管责任,及时调查处理关于涉税专业服务的投诉举报。对扰乱个人所得税汇算等税收改革秩序经核实的,采取降低信用等级或纳入信用记录,暂停受理所代理的涉税业务等措施,进行严肃处理。

五、实施时间

本公告第一条第(一)项至第(四)项、第四条自 2020 年 1 月 1 日起施行,相应修改《涉税专业服务监管办法(试行)》(国家税务总局公告 2017 年第 13 号发布)第九条第三款,《国家税务总局关于采集涉税专业服务基本信息和业务信息有关事项的公告》(国家税务总局公告 2017 年第 49 号)第二条第二款及附件 2《涉税专业服务协议要素信息采集表》的填表说明、附件 3《年度涉税专业服务总体情况表》的填表说明和附件 4《专项业务报告要素信息采集表》的填表说明,以及《涉税专业服务信用评价管理办法(试行)》(国家税务总局公告 2017 年第 48 号发布)根据《国家税务总局关于进一步完善涉税专业服务监管制度有关事项的公告》(国家税务总局公告 2019 年第 43 号)修改。本公告第一条第(五)项、第二条、第三条自 2020 年 4 月 1 日起施行。《涉税专业服务信用评价管理办法(试行)》(国家税务总局公告 2017 年第 48 号发布)第十五条第一款、第二款同时废止。

修改后的上述规范性文件根据本公告重新发布(附件1、2、3)。

14.《国家税务总局关于进一步促进涉税专业服务行业规范发展的通知》(2023年6月20日颁布　2023年6月20日实施　税总纳服函〔2023〕99号)

国家税务总局各省、自治区、直辖市和计划单列市税务局,国家税务总局驻各地特派员办事处,局内各单位:

为深入推进税务系统学习贯彻习近平新时代中国特色社会主义思想主题教育,进一步落实中办、国办印发的《关于进一步深化税收征管改革的意见》和《关于进一步加强财会监督工作的意见》,更好促进涉税专业服务行业规范发展,现就有关事项通知如下:

一、总体要求

(一)指导思想

以习近平新时代中国特色社会主义思想为指导,深入学习贯彻落实党的二十大精神,深刻领悟"两个确立"的决定性意义,增强"四个意识"、坚定"四个自信"、做到"两个维护",坚持以人民为中心,既要想方设法调动发挥涉税专业服务行业的积极作用,又要依法规范科学引导涉税专业服务机构及其从业人员的行为,也要进一步加强涉税专业服务机构监督管理,对涉税专业服务领域发生的违法违规行为坚决依法惩治,不断促进涉税专业服务行业规范发展。

(二)基本目标

以建立健全"信用+风险"监管机制为主线,扎实推进涉税专业服务实名制管理,不断加强涉税专业服务职业道德和行业标准建设,优化完善促进行业发展的支持措施,有效整治恶意税收筹划、歪曲解读税收政策和发布违法违规信息等侵害国家税收利益和纳税人权益的突出问题,实现涉税专业服务行业诚信守法、高效规范、公平竞争、健康发展的目标。

二、主要措施

(一)加强涉税专业服务行业发展的党建引领

1.坚持党建引领。进一步增强政治意识,扛牢政治责任,严格落实党中央、国务院关于强化税收监管和加强财会监督的部署要求。不断深化税务师行业党的建设,引领税务师行业规范发展,并在涉税专业服务行业中形成示范效应。

2. 强化纪律监督。持续加强监督检查,进一步规范税务工作人员与涉税专业服务机构及其从业人员的交往行为。加强税务干部及其亲属从事涉税专业服务经营活动管理,严防税务干部利用职权或者职务影响,为自己或者其他税务干部的亲属、特定关系人从事涉税专业服务经营活动提供便利或优惠条件。加强税务人员辞职后到涉税专业服务机构等从业行为管理,严防政商"旋转门""逃逸式辞职"等问题发生。

(二)促进涉税专业服务的执业规范

3. 规范涉税专业服务执业行为。制定涉税专业服务的基本准则和业务指引,推动涉税专业服务机构及其从业人员规范执业。督促涉税专业服务机构建立和完善质量控制制度和风险控制机制,保障执业质量,降低执业风险,切实维护国家税收利益和涉税专业服务当事人合法权益。

4. 促进涉税专业服务职业道德的遵循。制定涉税专业服务职业道德守则,推动涉税专业服务机构及其从业人员遵循依法依规、诚实守信、正直自律、勤勉尽责的职业道德,坚持独立、客观、公正、规范的从业原则,增强专业胜任能力,保守客户商业秘密和个人隐私,维护涉税数据安全。

(三)加强涉税专业服务的日常监管

5. 完善监管制度。根据党中央、国务院进一步深化税收征管改革和加强财会监督的决策部署,深入调研涉税专业服务行业的发展状况,推动完善涉税专业服务法律法规,优化涉税专业服务监管制度,为全面加强涉税专业服务监管奠定法制基础。

6. 加强日常管理。各级税务机关要严格落实税务师事务所行政登记、涉税专业服务机构及其从业人员的基本信息采集和业务信息报送等各项监管制度,强化日常管理。严格落实涉税专业服务实名制管理,重点整治涉税专业服务机构及其从业人员不按规定履行基本信息采集义务和不以真实身份从事涉税专业服务等行为。积极推进对涉税专业服务机构的风险管理,进一步完善风险指标体系、风险识别模型和风险处理机制,不断提高风险识别和处置能力。

7.强化信用评价管理。充分发挥信用评价在涉税专业服务日常管理中的作用。完善信用评价制度,提高信用评价质量。不断优化守信激励和失信惩戒机制,对信用好的涉税专业服务机构及其从业人员实施激励措施;对信用等级低和纳入失信名录的涉税专业服务机构及其从业人员,依法依规采取执业限制等强化监管的措施,降低纳税人涉税风险。

8.充分发挥行业协会自律监督作用。鼓励推动税务师、注册会计师、律师和代理记账等行业协会积极开展涉税专业服务的自律监督。支持行业协会督促指导协会会员持续提升涉税信息质量和内部控制有效性,提升涉税专业服务规范化水平。

9.确保从业信息公开透明。依托税务网站、电子税务局、办税服务场所等渠道,依法依规将涉税专业服务机构的基本信息进行公示,内容包括涉税专业服务机构的统一信用代码、名称、地址、服务范围、从业人数等。省级税务机关要积极推动与本地政务服务平台对接,进一步拓展涉税专业服务机构从业信息的公示渠道。对纳入失信名录的涉税专业服务机构和人员,要依法依规进行公示。

10.提供涉税专业服务信用状况查询服务。为纳税人提供查询涉税专业服务机构及其从业人员信用状况信息的服务,内容包括所属地区、机构类型、涉税专业服务的信用积分、客户既往服务质量评价等,便利纳税人选优选准涉税专业服务机构及其从业人员,不断优化涉税专业服务市场化环境,防范涉税专业服务市场"劣币驱逐良币"的现象发生。

(四)优化对涉税专业服务行业的支持服务

11.优化涉税专业服务的培训辅导。通过线上线下多种形式为涉税专业服务机构开展税收政策、办税流程、管理制度等方面的宣传培训,鼓励税务师行业协会等社会组织积极参与纳税人学堂,开展对涉税专业服务机构及其从业人员的培训辅导。探索建立为涉税专业服务机构精准推送税收政策及待办事项、信用积分变动情况的服务机制。定期将12366纳税缴费服务热线中纳税人咨询较多的涉税问题和解答口径推送给涉税专业服务机构。

12.增强涉税专业服务的办税便利。优化涉税专业服务机构及其从业人员在电子税务局中的代理办税功能,鼓励采用"非接触"方式办税。在电子税务局建设过程中,充分考虑信用好的涉税专业服务机构批量办税服务需求,不断提升其线上办税的使用率。在涉税专业服务机构较为集中的区域,探索设立涉税专业服务机构办税服务专窗或专区。

13.及时响应涉税专业服务的服务需求。落实落细税务机关、涉税专业服务机构及行业协会和纳税人三方沟通机制,通过问卷调查、座谈走访、税费服务体验等方式及时收集涉税专业服务机构及行业协会的诉求,深入研究并积极响应。

14.充分发挥涉税专业服务机构及其从业人员的沟通桥梁作用。积极支持涉税专业服务机构依法依规为纳税人代办税务事项,参与《涉税专业服务监管办法(试行)》和《国家税务总局关于纳税人权利与义务的公告》规定的涉税业务。涉税专业服务机构可以依据法律法规和纳税人的授权协助纳税人参与税企沟通,提高沟通效率。

(五)依法惩治涉税专业服务领域的违法违规行为

15.持续查处涉税专业服务行业各种违法违规活动。重点整治涉税专业服务机构及其从业人员教唆诱导或帮助他人偷逃骗税和虚开发票等违法违规行为。在查办纳税人税收违法案件的过程中,要同时检查为其提供涉税专业服务的机构及其从业人员是否存在恶意筹划、勾结作案等问题。对涉税专业服务机构及其从业人员违法违规行为,要依法依规予以惩治。

16.加强部门间联合监管。严格落实《国家税务总局国家互联网信息办公室国家市场监督管理总局关于规范涉税中介服务行为促进涉税中介行业健康发展的通知》(税总纳服发〔2022〕34号)的要求,进一步优化三部门协同监管机制,常态化开展线上线下一体化监测处置发布违法违规信息招揽业务、歪曲解读税收政策等扰乱税收秩序问题。

17.加大对违法典型案例的曝光力度。对日常监管和税务检查中发现的涉税专业服务机构及其从业人员典型违法案例进行公开曝光,增强警示震慑作用,形成良好的社会导向。

三、加强组织实施

(一)建立健全工作机制

各级税务机关要高度重视促进涉税专业服务行业规范发展的重要性,加强组织领导,建立健全相关部门共同参与、密切配合的工作机制,有效落实促进涉税专业服务规范发展的各项举措。

(二)进一步强化监管合力

增强与财政、司法、市场监管和网信等部门协作配合,推动形成工作合力。加强对税务师行业协会的监督指导,强化与注册会计师、律师和代理记账等其他行业协会的工作联系,共同促进涉税专业服务行业自律管理。

(三)不断创新监管和服务举措

积极开展调查研究,及时掌握涉税专业服务行业的发展状况、存在的问题、面临的风险和服务需求。坚持守正创新,主动作为,不断探索加强行业监管和优化服务的实招硬招,进一步促进涉税专业服务行业规范发展,更好地服务纳税人,优化税收营商环境。

15.《国家税务总局关于发布〈涉税专业服务基本准则(试行)〉和〈涉税专业服务职业道德守则(试行)〉的公告》(2023年9月5日颁布 2023年10月1日实施 国家税务总局公告2023年第16号)

为深入开展学习贯彻习近平新时代中国特色社会主义思想主题教育,全面贯彻党的二十大精神,认真落实中办、国办印发的《关于进一步深化税收征管改革的意见》和《关于进一步加强财会监督工作的意见》,持续深化拓展税收共治格局,促进涉税专业服务规范发展,助力优化税收营商环境,根据《中华人民共和国税收征收管理法》及其实施细则和《涉税专业服务监管办法(试行)》,国家税务总局制定了《涉税专业服务基本准则(试行)》和《涉税专业服务职业道德守则(试行)》,现予以发布,自 2023 年 10 月 1 日起施行。

特此公告。

国家税务总局
2023 年 9 月 5 日

涉税专业服务基本准则(试行)

第一章 总 则

第一条 为了规范涉税专业服务行为,保障服务质量,维护国家税收利益和涉税专业服务当事人合法权益,根据《中华人民共和国税收征收管理法》及其实施细则和《涉税专业服务监管办法(试行)》,制定本准则。

第二条 涉税专业服务机构及其涉税服务人员在中华人民共和国境内从事涉税专业服务应当遵守本准则。

第三条 本准则所称涉税专业服务机构是指税务师事务所和从事涉税专业服务的会计师事务所、律师事务所、代理记账机构、税务代理公司、财税类咨询公司等机构。

本准则所称涉税服务人员是指在涉税专业服务机构中从事涉税专业服务的人员。

本准则所称涉税专业服务是指涉税专业服务机构接受委托,利用专业知识和技能,就涉税事项向委托人提供的税务代理等服务。

第四条 涉税专业服务包括纳税申报代理、一般税务咨询、专业税务顾问、税收策划、涉税鉴证、纳税情况审查、其他税务事项代理、发票服务和其他涉税服务等。

第二章 基本遵循

第五条 涉税专业服务机构及其涉税服务人员应当拥护中国共产党领导,坚持正确政治方向。

第六条 涉税专业服务机构及其涉税服务人员应当按照法律、行政法规、部门规章及规范性文件(以下简称法律法规)从事涉税专业服务,接受税务机关行政监管和相关行业协会自律监管。

第七条 涉税专业服务机构应当按照规定向税务机关报送机构基本信息及其涉税服务人员的身份信息和执业资质信息。

第八条 涉税专业服务机构及其涉税服务人员应当以真实身份开展涉税专业服务。

第九条 涉税专业服务机构及其涉税服务人员应当诚实守信、正直自律、勤勉尽责,遵守职业道德,维护行业形象。

第十条 从事涉税专业服务应当遵循独立、客观、公正、规范原则。

第十一条 涉税专业服务机构应当建立质量管理制度和风险控制机制,保障执业质量,降低执业风险。

第三章 业务承接

第十二条 涉税专业服务机构承接业务,一般包括业务环境评估、承接条件判断、服务协议签订、业务人员确定等程序。

第十三条 涉税专业服务机构在承接业务前,应当根据委托事项了解委托人的基本情况,如主体登记、运行情况、诚信状况和内部控制等。

委托事项涉及第三方的,应当延伸了解第三方的基本情况。

第十四条 涉税专业服务机构应当通过以下判断确定是否承接业务:

(一)委托方的委托目的是否合法合理;

(二)委托事项所属的业务类别;

(三)承接专业税务顾问、税收策划、涉税鉴证、纳税情况审查业务的,是否具备相应的资质;

(四)承接涉税鉴证和纳税情况审查业务是否符合独立性原则;

(五)是否具备承接该业务的专业胜任能力。

第十五条 承接业务应当与委托方签订服务协议。服务协议一般应当明确服务内容、服务方式、服务期限、服务费用、成果形式及用途、权利义务、违约责任、争议解决以及其他需要载明的事项。

第十六条 涉税专业服务机构应当根据承接业务内容委派具备专业胜任能力的人员执行业务,根据业务需要可以聘请外部专家。

委派的人员和聘请的外部专家应当符合执业要求和回避制度。

第四章 业务实施

第十七条 业务实施主要包括业务计划编制、资料收集评估、法律法规适用、业务成果形成、业务成果复核、业务成果交付、业务记录形成、业务档案归集等程序。

第十八条 开展业务应当根据服务协议约定编制业务计划,主要内容包括业务事项、执行程序、时间安排、人员分工、业务成果交付、风险管理及其他相关事项。

业务计划可以根据业务执行情况适时调整。

第十九条 开展业务应当根据执业需要充分、适当地取得并归集与业务内容相关的资料(包括单证、报表、文件和相关数据等),评估业务资料的关联性、合法性、真实性、完整性,并根据需要进行补充或调整。

第二十条 开展业务应当依据业务事实进行专业判断,确定适用的法律法规。

第二十一条 开展业务应当根据服务协议约定以及质量管理要求,执行必要的业务程序,形成业务成果。

业务成果应当根据具体业务类型选择恰当的形式,一般包括业务报告、专业意见、办税表单以及留存备查资料等形式。

业务成果应当事实清楚、证据充分、依据正确、程序合法、内容恰当、结论正确。

第二十二条 涉税专业服务机构应当根据质量管理要求建立业务成果复核制度。

专业税务顾问、税收策划、涉税鉴证、纳税情况审查专项业务应当实施两级以上复核。

第二十三条 涉税专业服务机构应当按照协议约定交付业务成果。

出具书面业务报告或专业意见的,应当加盖机构印章后交付委托人。

专业税务顾问、税收策划、涉税鉴证和纳税情况审查四类业务成果,应当由承办业务的税务师、注册会计师或者律师签章。

出具办税表单、留存备查资料等其他形式的,应当按照约定方式交付委托人。

第二十四条 涉税专业服务机构应当建立业务记录制度,记录执业过程并形成工作底稿。

工作底稿应当内容完整、重点突出、逻辑清晰、结论明确。

第二十五条 涉税专业服务完成后,应当整理业务协议、业务成果、工作底稿等相关资料,于业务完成后60日内形成电子或纸质的业务档案,并保证档案的真实、完整。

第二十六条 涉税专业服务机构应当建立档案管理制度,保障电子或纸质档案安全,按照法律法规规定合理确定档案保管期限,最低不少于10年。

第二十七条 未经委托人同意,涉税专业服务机构不得向任何第三方提供业务档案,但下列情况除外:

(一)税务机关实施涉税专业服务行政监管需要查阅的;

(二)税务机关依法开展税务检查需要查阅的;

(三)法律、行政法规另有规定的。

第五章 附 则

第二十八条 涉税专业服务机构及其涉税服务人员向委托人提供社会保险费和由税务机关征收的非税收入服务的,可以参照本准则执行。

第二十九条 本准则自2023年10月1日起施行。

涉税专业服务职业道德守则(试行)

第一条 为了规范涉税专业服务机构及其涉税服务人员执业行为,提高涉税专业服务行业职业道德水准,维护职业形象,根据《涉税专业服务基本准则(试行)》制定本守则。

第二条 涉税专业服务机构及其涉税服务人员在中华人民共和国境内从事涉税专业服务应当遵守本守则。

第三条 从事涉税专业服务应当诚实守信、正直自律、勤勉尽责。

第四条 从事涉税专业服务应当遵守法律、行政法规、部门规章及规范性文件(以下简称法律法规)的要求,履行服务协议的约定。

不得采取隐瞒、欺诈、贿赂、串通、回扣、不当承诺、恶意低价和虚假宣传等不正当手段承揽业务;不得歪曲解读税收政策;不得诱导、帮助委托人实施涉税违法违规活动。

第五条 从事涉税专业服务应当自觉维护职业形象,廉洁从业。

第六条 从事涉税专业服务应当遵循客观公正原则,基于业务事实,遵守法律法规。

第七条 从事涉税专业服务应当秉持专业精神和职业操守。

从事涉税鉴证、纳税情况审查服务,不得与被鉴证人、被审查人存在影响独立性的利益关系。

第八条 对委托事项存在涉及税收违法违规风险的,应当提醒委托人排除,并审慎评估对业务开展的影响。

第九条 涉税服务人员应当通过继续教育、业务培训等途径持续掌握和更新法律法规、办税实务和信息技术等方面的专业知识和技能,保持专业胜任能力。

第十条 从事涉税专业服务应当依照法律法规规定和协议约定,对涉税专业服务过程中知悉的国家安全信息、个人隐私和个人信息、商业秘密予以保密。

第十一条 从事涉税专业服务应当有效保护和合法合规使用

涉税专业服务过程中知悉的涉税数据,不得利用涉税数据谋取不正当利益。

第十二条　本守则自2023年10月1日起施行。

16.《国家税务总局关于开展2024年"便民办税春风行动"的意见》(2024年3月28日颁布　2024年3月28日实施　税总纳服发〔2024〕19号)

(三)优化涉税专业服务管理。转变涉税专业服务机构监管模式,有序推广涉税专业服务集中监管,推动将区县税务机关所辖涉税专业服务机构集中到一个税源管理分局(科、所),逐步实现涉税专业服务机构"一个部门扎口管""一批人员专业管"。构建税务代理人员识别指标,完善涉税专业服务机构及其从业人员基础信息,加强部门间数据共享,形成监管合力,促进涉税专业服务行业健康发展,更好服务纳税人缴费人。

第九十条　【除外适用】耕地占用税、契税、农业税、牧业税征收管理的具体办法,由国务院另行制定。

关税及海关代征税收的征收管理,依照法律、行政法规的有关规定执行。

税收行政法规

《中华人民共和国税收征收管理法实施细则》(2002年9月7日中华人民共和国国务院令第362号公布　根据2012年11月9日《国务院关于修改和废止部分行政法规的决定》第一次修订　根据2013年7月18日《国务院关于废止和修改部分行政法规的决定》第二次修订　根据2016年2月6日《国务院关于修改部分行政法规的决定》第三次修订)

第一百一十二条　耕地占用税、契税、农业税、牧业税的征收管理,按照国务院的有关规定执行。

第九十一条　【协定优先】中华人民共和国同外国缔结的有关税收的条约、协定同本法有不同规定的,依照条约、协定的规定办理。

一、税务规范性文件

1.《国家税务总局关于印发〈外国企业常驻代表机构税收管理暂行办法〉的通知》①(2010年2月20日颁布　2010年1月1日实施　国税发〔2010〕18号)

第十条　代表机构需要享受税收协定待遇,应依照税收协定以及《国家税务总局关于印发〈非居民享受税收协定待遇管理办法(试行)〉的通知》(国税发〔2009〕124号)的有关规定办理,并应按照本办法第六条规定的时限办理纳税申报事宜。

第十一条　本办法自2010年1月1日起施行。原有规定与本办法相抵触的,以本办法为准。《国家税务总局关于加强外国企业常驻代表机构税收征管有关问题的通知》(国税发〔1996〕165号)、《国家税务总局关于外国企业常驻代表机构有关税收管理问题的通知》(国税发〔2003〕28号)以及《国家税务总局关于外国政府等在我国设立代表机构免税审批程序有关问题的通知》(国税函〔2008〕945号)废止,各地不再受理审批代表机构企业所得税免税申请,并按照本办法规定对已核准免税的代表机构进行清理。

第十二条　各省、自治区、直辖市和计划单列市税务局可按本办法规定制定具体操作规程,并报国家税务总局(国际税务司)备案。

---

①　1.根据《国家税务总局关于修改按经费支出换算收入方式核定非居民企业应纳税所得额计算公式的公告》(国家税务总局公告2016年第28号)规定,自2016年5月1日起,本文第七条第一项第1目规定的计算公式修改为:应纳税所得额＝本期经费支出额/(1－核定利润率)×核定利润率。2.根据《国家税务总局关于修改部分税收规范性文件的公告》(国家税务总局公告2018年第31号),本文第十二条"各省、自治区、直辖市和计划单列市国家税务局和地方税务局可按本办法规定制定具体操作规程,并报国家税务总局(国际税务司)备案。"修改为"各省、自治区、直辖市和计划单列市税务局可按本办法规定制定具体操作规程,并报国家税务总局(国际税务司)备案。"

2.《国家税务总局关于发布〈税收协定相互协商程序实施办法〉的公告》[①]**(2013 年 9 月 24 日颁布　2013 年 11 月 1 日实施　国家税务总局公告 2013 年第 56 号)**

为正确适用税收协定,避免双重征税,解决国际税收争议,维护中国居民(国民)的合法利益和国家税收权益,规范与外国(地区)税务主管当局涉及税收协定的相互协商工作,国家税务总局制定了《税收协定相互协商程序实施办法》。现予发布,自 2013 年 11 月 1 日起施行。

特此公告。

附件:1. 启动税收协定相互协商程序申请表
　　　2. 税收协定相互协商程序异议申请表

国家税务总局
2013 年 9 月 24 日

税收协定相互协商程序实施办法

第一章　总　　则

第一条　为正确适用税收协定,避免双重征税,解决国际税收争议,维护中国居民(国民)的合法利益和国家税收权益,规范税务机关的相互协商工作,根据中华人民共和国政府对外签署的避免双重征税协定(含内地与香港、澳门特别行政区签署的税收安排,以下统称税收协定)、《中华人民共和国税收征收管理法》(以下简称税收征管法)及其实施细则以及其他有关法律法规规定,结合中国税收征管工作实际,制定本办法。

第二条　本办法所称相互协商程序,是指我国主管当局根据税收协定有关条款规定,与缔约对方主管当局之间,通过协商共同处理涉及税收协定解释和适用问题的过程。

---

① 根据《国家税务总局关于修改部分税收规范性文件的公告》(国家税务总局公告 2018 年第 31 号),将第四条中"国家税务局或地方税务局"修改为"税务局";删除第十二条。

相互协商程序的主要目的在于确保税收协定正确和有效适用,切实避免双重征税,消除缔约双方对税收协定的解释或适用产生的分歧。

第三条 相互协商的事项限于税收协定适用范围内的事项,但超出税收协定适用范围,且会造成双重征税后果或对缔约一方或双方利益产生重大影响的事项,经我国主管当局和缔约对方主管当局同意,也可以进行相互协商。

第四条 我国负责相互协商工作的主管当局为国家税务总局(以下简称税务总局);处理相互协商程序事务的税务总局授权代表为税务总局国际税务司司长或副司长,以及税务总局指定的其他人员。

省、自治区、直辖市和计划单列市税务局(以下简称省税务机关)及以下各级税务机关负责协助税务总局处理相互协商程序涉及的本辖区内事务。

第五条 各级税务机关应对缔约对方主管当局与相关纳税人、扣缴义务人、代理人等在相互协商程序中提供的资料保密。

第六条 本办法所称缔约对方,是指与中国签订税收协定,且该税收协定已经生效执行的国家或地区。

第二章 中国居民(国民)申请启动的相互协商程序

第七条 如果中国居民(国民)认为,缔约对方所采取的措施,已经或将会导致不符合税收协定所规定的征税行为,可以按本办法的规定向省税务机关提出申请,请求税务总局与缔约对方主管当局通过相互协商程序解决有关问题。

第八条 本办法所称中国居民,是指按照《中华人民共和国个人所得税法》和《中华人民共和国企业所得税法》,就来源于中国境内境外的所得在中国负有纳税义务的个人、法人或其他组织。

本办法所称中国国民,是指具有中国国籍的个人,以及依照中国法律成立的法人或其他组织。

第九条 中国居民有下列情形之一的,可以申请启动相互协商程序:

（一）对居民身份的认定存有异议，特别是相关税收协定规定双重居民身份情况下需要通过相互协商程序进行最终确认的；

（二）对常设机构的判定，或者常设机构的利润归属和费用扣除存有异议的；

（三）对各项所得或财产的征免税或适用税率存有异议的；

（四）违反税收协定非歧视待遇（无差别待遇）条款的规定，可能或已经形成税收歧视的；

（五）对税收协定其他条款的理解和适用出现争议而不能自行解决的；

（六）其他可能或已经形成不同税收管辖权之间重复征税的。

第十条 中国国民认为缔约对方违背了税收协定非歧视待遇（无差别待遇）条款的规定，对其可能或已经形成税收歧视时，可以申请启动相互协商程序。

第十一条 申请人应在有关税收协定规定的期限内，以书面形式向省税务机关提出启动相互协商程序的申请（附件1，需提供纸质版和电子版）。

第十三条 申请人按本章规定提出的相互协商申请符合以下全部条件的，税务机关应当受理：

（一）申请人为按照本办法第九条或第十条规定可以提起相互协商请求的中国居民或中国国民；

（二）提出申请的时间没有超过税收协定规定的时限；

（三）申请协商的事项为缔约对方已经或有可能发生的违反税收协定规定的行为；

（四）申请人提供的事实和证据能够证实或者不能合理排除缔约对方的行为存在违反税收协定规定的嫌疑；

（五）申请相互协商的事项不存在本办法第十八条规定的情形。

对于不符合上款规定全部条件的申请，税务机关认为涉及严重双重征税或损害我国税收权益、有必要进行相互协商的，也可以决定受理。

第十四条 受理申请的省税务机关应在十五个工作日内，将申请上报税务总局,并将情况告知申请人,同时通知省以下主管税务机关。

第十五条　因申请人提交的信息不全等原因导致申请不具备启动相互协商程序条件的,省税务机关可以要求申请人补充材料。申请人补充材料后仍不具备启动相互协商程序条件的,省税务机关可以拒绝受理,并以书面形式告知申请人。

申请人对省税务机关拒绝受理的决定不服的,可在收到书面告知之日起十五个工作日内向省税务机关或税务总局提出异议申请(附件2,需提供纸质版和电子版)。省税务机关收到异议后,应在五个工作日内将申请人的材料,连同省税务机关的意见和依据上报税务总局。

第十六条　税务总局收到省税务机关上报的申请后,应在二十个工作日内按下列情况分别处理:

(一)申请具备启动相互协商程序条件的,决定启动相互协商程序,并将情况告知受理申请的省税务机关,省税务机关应告知申请人;

(二)申请已超过税收协定规定的期限,或申请人的申请明显缺乏事实法律依据,或出现其他不具备相互协商条件情形的,不予启动相互协商程序,并以书面形式告知受理申请的省税务机关,省税务机关应告知申请人;

(三)因申请人提交的信息不全等原因导致申请不具备启动相互协商程序条件的,通过受理申请的省税务机关要求申请人补充材料或说明情况。申请人补充材料或说明情况后,再按前两项规定处理。

第十七条　税务总局启动相互协商程序后,可通过受理申请的省税务机关要求申请人进一步补充材料或说明情况,申请人应在规定的时间内提交,并确保材料的真实与全面。

对于紧急案件,税务总局可以直接与申请人联系。

第十八条　发生下列情形之一的,税务总局可以决定终止相互协商程序,并以书面形式告知省税务机关,省税务机关应告知申请人：

（一）申请人故意隐瞒重要事实，或在提交的资料中弄虚作假的；

（二）申请人拒绝提供税务机关要求的、与案件有关的必要资料的；

（三）因各种原因，申请人与税务机关均无法取得必要的证据，导致相关事实或申请人立场无法被证明，相互协商程序无法继续进行的；

（四）缔约对方主管当局单方拒绝或终止相互协商程序的；

（五）其他导致相互协商程序无法进行、或相互协商程序无法达到预期目标的。

第十九条 在两国主管当局达成一致意见之前，申请人可以以书面方式撤回相互协商申请。申请人撤回申请或者拒绝接受缔约双方主管当局达成一致的相互协商结果的，税务机关不再受理基于同一事实和理由的申请。

第二十条 对于相互协商结果，税务总局应以书面形式告知受理申请的省税务机关，省税务机关应告知申请人。

第三章 缔约对方主管当局请求启动的相互协商程序

第二十一条 税务总局接受缔约对方主管当局的相互协商请求的范围参照本办法第九条、第十条的规定执行。

第二十二条 发生下列情形之一的，税务总局可以拒绝缔约对方主管当局启动相互协商程序的请求，或者要求缔约对方主管当局补充材料：

（一）请求相互协商的事项不属于税收协定适用范围的；

（二）纳税人提出相互协商的申请超过了税收协定规定时限的；

（三）缔约对方主管当局的请求明显缺乏事实或法律依据的；

（四）缔约对方主管当局提供的事实和材料不完整、不清楚，使税务机关无法进行调查或核实的；

虽属于上款规定的一种或多种情形，但税务总局认为有利于避免双重征税、维护我国税收权益或促进经济合作的,仍可决定接受缔约对方启动相互协商程序的请求。

第二十三条 税务总局在收到缔约对方启动相互协商程序的函后,查清事实,决定是否同意启动相互协商程序,并书面回复对方。在做出是否同意启动相互协商程序决定前,认为需要征求相关省税务机关意见的,可以将相关情况和要求告知省税务机关,省税务机关应在税务总局要求的时间内予以回复。

第二十四条 税务总局在收到缔约对方主管当局提出的启动相互协商程序的请求时,相关税务机关的处理决定尚未做出的,税务总局应将对方提起相互协商程序的情况告知相关税务机关。相互协商程序不影响相关税务机关对有关案件的调查与处理,但税务总局认为需要停止调查和处理的除外。

第二十五条 相互协商程序进行期间,不停止税务机关已生效决定的执行,税务机关或者税务总局认为需要停止执行的除外。

第二十六条 在相互协商过程中,如果缔约对方主管当局撤回相互协商请求,或出现其他情形致使相互协商程序无法进行的,税务总局可以终止相互协商程序。

第二十七条 税务总局决定启动相互协商程序后,如有必要,可将缔约对方主管当局提交的相互协商请求所涉及的案件基本情况、主要证据等以书面形式下达给相关省税务机关,要求其在规定期限内完成核查。

第二十八条 接受任务的省税务机关应组织专人对案件进行核查,并在税务总局要求的期限内将核查结果以公文形式上报税务总局。对复杂或重大的案件,不能在期限内完成核查的,应在核查期限截止日期前五个工作日内向税务总局提出延期申请,经税务总局同意后,上报核查结果的时间可适当延长,但延长时间不超过一个月。

第二十九条 接受任务的省税务机关认为核查缔约对方主管当局提交的案件需要对方补充材料或就某一事项做出进一步说明的,应及时向税务总局提出。税务总局同意向缔约对方主管当局提出补充要求的,等待对方回复的时间不计入核查时间。缔约对方主管当局在回复中改变立场,或提出新的请求的,核查时间重新计算。

第三十条 省税务机关上报的核查结果,应包括案件调查的过程、对所涉案件的观点、事实根据和法律依据等内容。

第四章 税务总局主动向缔约对方请求启动的相互协商程序

第三十一条 税务总局在下列情况下可以主动向缔约对方主管当局提出相互协商请求:

(一)发现过去相互协商达成一致的案件或事项存在错误,或有新情况需要变更处理的;

(二)对税收协定中某一问题的解释及相关适用程序需要达成一致意见的;

(三)税务总局认为有必要与缔约对方主管当局对其他税收协定适用问题进行相互协商的。

第三十二条 省以下税务机关在适用税收协定时,发现本办法第三十一条规定的情形,认为有必要向缔约对方主管当局提起相互协商请求的,应层报税务总局。

第五章 协议的执行及法律责任

第三十三条 双方主管当局经过相互协商达成一致意见的,分别按不同情况处理如下:

(一)双方就协定的某一条文解释或某一事项的理解达成共识的,税务总局应将结果以公告形式发布;

(二)双方就具体案件的处理达成共识,需要涉案税务机关执行的,税务总局应将结果以书面形式通知相关税务机关。

第三十四条 经双方主管当局相互协商达成一致的案件,涉及我国税务机关退税或其他处理的,相关税务机关应在收到通知之日起三个月内执行完毕,并将情况报告税务总局。

第三十五条 纳税人、扣缴义务人、代理人等在税务机关对相互协商案件的核查中弄虚作假,或有其他违法行为的,税务机关应按税收征管法等有关规定处理。

第三十六条　省税务机关在相互协商程序实施过程中存在下列情形之一的，税务总局除发文催办或敦促补充核查、重新核查外，视具体情况予以通报：

（一）未按规定程序受理，或未在规定期限内向税务总局上报我国居民（国民）相互协商请求的；

（二）未按规定时间上报相互协商案件核查报告的；

（三）上报的核查报告内容不全、数据不准，不能满足税务总局对外回复需要的；

（四）未按规定时间执行相互协商达成的协议的。

第六章　附　　则

第三十七条　申请人依照本办法第七条的规定向省税务机关提起相互协商程序申请的，填报或提交的资料应采用中文文本。相关资料原件为外文文本且税务机关根据有关规定要求翻译成中文文本的，申请人应按照税务机关的要求翻译成中文文本。

第三十八条　关于特别纳税调整的相互协商程序实施办法，另行规定。

第三十九条　本办法由税务总局负责解释。

第四十条　本办法自2013年11月1日起施行。《国家税务总局关于印发〈中国居民（国民）申请启动税务相互协商程序暂行办法〉的通知》（国税发〔2005〕115号）同时废止。

本办法施行前已按国税发〔2005〕115号受理但尚未处理完毕的相互协商案件，适用本办法的规定。

二、部门工作文件

《国家税务总局关于开展2021年"我为纳税人缴费人办实事暨便民办税春风行动"的意见》（2021年2月11日颁布　2021年2月11日实施　税总发〔2021〕14号）

（九）国际合作求共赢

25.优化国别指南。持续加强国别（地区）税收信息研究工作，优化"一带一路"相关税收政策资讯服务，分批次更新发布50份国别(地区)投资税收指南。加强对外投资税收政策宣传辅导,完善《"走出去"税收指引》。针对疫情影响,就部分反避税热点问题出台有关解释口径。

26.扩大协定网络。推进税收协定谈签工作,为跨境纳税人消除双重征税,并提供涉税争议解决机制,促进跨境投资、技术和人员往来。

27.便利国际遵从。扩大我国转让定价国别报告信息交换网络,增加我国转让定价国别报告信息交换伙伴国,批量交换我国企业的国别报告,免除我国企业在投资东道国提交国别报告的遵从负担,避免其在东道国可能受到的处罚。依托电子税务局提供非居民扣缴企业所得税套餐式服务,方便纳税人办理相关业务。

28.简化办理程序。制定单边预约定价安排简易程序,发布适用简易程序有关事项的公告,提高为纳税人跨境投资经营提供税收确定性的效率。简化非居民企业汇总纳税办理流程,对非居民企业在境内设立两个或两个以上机构、场所并选择汇总缴纳企业所得税的,实现一地申报、多地缴税。

第九十二条 【新法优于旧法】本法施行前颁布的税收法律与本法有不同规定的,适用本法规定。

第九十三条 【实施细则的制定】国务院根据本法制定实施细则。

一、税收行政法规

《中华人民共和国税收征收管理法实施细则》(2002年9月7日中华人民共和国国务院令第362号公布 根据2012年11月9日《国务院关于修改和废止部分行政法规的决定》第一次修订 根据2013年7月18日《国务院关于废止和修改部分行政法规的决定》第二次修订 根据2016年2月6日《国务院关于修改部分行政法规的决定》第三次修订)

第一条 根据《中华人民共和国税收征收管理法》(以下简称税收征管法)的规定,制定本细则。

第一百一十三条 本细则自 2002 年 10 月 15 日起施行。1993 年 8 月 4 日国务院发布的《中华人民共和国税收征收管理法实施细则》同时废止。

二、税务规章

1.《税务部门规章制定实施办法》(2002 年 2 月 1 日国家税务总局令第 1 号公布　自 2002 年 3 月 1 日起施行　根据 2019 年 1 月 23 日《国家税务总局关于修改税务部门规章制定实施办法的决定》国家税务总局令第 45 号修正)

第一条 为了规范税务部门规章(以下简称"税务规章")制定工作,根据《中华人民共和国立法法》和《规章制定程序条例》,制定本办法。

第二条 国家税务总局根据法律和国务院的行政法规、决定、命令,在权限范围内制定对税务机关和税务行政相对人具有普遍约束力的税务规章。

税务规章以国家税务总局令公布。

第三条 税务规章的立项、起草、审查、决定、公布、解释、修改和废止,适用本办法。

第四条 制定税务规章,应当贯彻落实党的路线方针政策和决策部署,体现全面深化改革、全面依法治国精神,符合社会主义核心价值观的要求。

制定政治方面法律的配套税务规章和制定对经济社会有重大影响的税务规章,在提交局务会议审议前应当向国家税务总局党委报告。

按照规定应当向党中央、国务院报告的重要税务规章,依照有关程序办理。

第五条 制定税务规章,应当符合上位法的规定,体现职权与责任相统一的原则,切实保障税务行政相对人的合法权益。

没有法律或者国务院的行政法规、决定、命令的依据,税务规章不得设定减损税务行政相对人权利或者增加其义务的规范,不得增加本部门的权力或者减少本部门的法定职责。

税务规章不得溯及既往,但是为了更好地保护税务行政相对人权益而作出的特别规定除外。

第六条 税务规章的名称一般称"办法""规定""规程""规则""决定"或者"实施细则",不得称"条例"。

第七条 税务规章应当根据需要,明确制定目的、依据、适用范围、主体、权利义务、具体规范、操作程序、法律责任、施行日期等。

税务规章用语应当准确、简洁,避免产生歧义;内容应当明确、具体,具有可操作性。

第八条 税务规章应当采用条文式。

税务规章内容复杂的,可以根据需要分章、节、条、款、项、目。章、节、条的序号用中文数字依次表述,款不编序号,项的序号用中文数字加括号依次表述,目的序号用阿拉伯数字依次表述。

第九条 国家税务总局各司局及其他机构(以下统称"司局")认为需要制定税务规章的,应当于每年第一季度报请立项。

立项申请应当对制定税务规章的目的、依据、必要性、所要解决的主要问题、拟确立的主要制度等作出说明。

第十条 国家税务总局可以向社会公开征集税务规章制定项目建议。

国家税务总局各省、自治区、直辖市和计划单列市税务局以及国家税务总局驻各地特派员办事处,可以向国家税务总局提出税务规章制定项目建议,项目建议应当包括制定税务规章的依据、必要性、所要解决的主要问题等说明。

第十一条 国家税务总局政策法规司(以下称"政策法规司")会同相关司局对立项申请和税务规章制定项目建议进行评估论证,拟订年度税务规章制定计划,报局务会议批准后向社会公布。

年度税务规章制定计划需要调整的,应当经局务会议批准。

第十二条 税务规章由主管司局负责起草。

税务规章内容涉及两个以上司局的,由局长指定的司局负责起草。

第十三条 起草税务规章,应当深入调查研究,广泛听取相关司局、基层税务机关和社会公众的意见;相关内容与其他部门关系紧密的,应当征求其他部门的意见。

除依法需要保密的外,起草司局应当将税务规章征求意见稿及其说明向社会公开征求意见,期限一般不少于30日。依法需要听证的,起草司局应当举行听证会。

起草专业性较强的税务规章,可以吸收相关领域的专家参与,或者委托有关专家、教学科研单位、社会组织起草。

第十四条 起草司局形成税务规章送审稿后,应当连同下列材料,一并送政策法规司审查:

(一)起草说明,包括制定税务规章的必要性、规定的主要措施、有关方面的意见及协调处理情况等;

(二)作为制定依据的法律,国务院的行政法规、决定、命令;

(三)其他相关材料,如听证会笔录、调研报告等。

按照规定应当对送审稿进行公平竞争审查的,起草司局应当提供相关审查材料。

第十五条 政策法规司应当从以下方面对税务规章送审稿进行审查:

(一)是否符合本办法第四条至第八条、第十三条的规定;

(二)是否与其他税务规章协调、衔接;

(三)是否正确处理各方面对税务规章送审稿主要问题的意见;

(四)是否符合立法技术要求;

(五)其他需要审查的内容。

第十六条 政策法规司按照世界贸易组织规则,对送审稿进行合规性评估。

第十七条 税务规章送审稿有下列情形之一的,政策法规司应当退回起草司局:

（一）制定税务规章的基本条件尚不成熟或者发生重大变化的；

（二）有关司局或者其他部门对税务规章送审稿规定的主要制度存在较大争议，起草司局未进行充分协商达成一致的；

（三）未按照本办法有关规定公开征求意见的；

（四）未按照本办法第十四条规定报送相关审查材料的。

第十八条 政策法规司应当按照规定，对税务规章送审稿涉及的主要问题深入调查研究、广泛听取意见；涉及重大利益调整的，应当开展论证咨询。

出现较大争议的，政策法规司应当进行协调，力求达成一致。不能达成一致的，政策法规司应当将主要问题、各方意见及时报局领导决定。

第十九条 政策法规司应当认真研究各方面意见，会同起草司局对税务规章送审稿进行修改，形成税务规章草案和草案说明，报局务会议审议。

第二十条 税务规章草案经局务会议审议通过后，政策法规司应当根据局务会议审议意见进行修改，形成草案修改稿，报请局长签署国家税务总局令公布。

第二十一条 由国家税务总局主办与国务院其他部门联合制定税务规章的，依照本办法的规定执行。

依照前款规定联合制定的税务规章，由局长和其他部门首长共同署名，并以国家税务总局令公布。

第二十二条 税务规章签署公布后，应当及时在《国家税务总局公报》、国家税务总局网站以及《中国税务报》上刊载。

在《国家税务总局公报》上刊登的税务规章文本为标准文本。

《国家税务总局公报》的编纂和有关税务规章公告事宜，由办公厅和政策法规司负责实施。

第二十三条 税务规章应当自公布之日起30日后施行；但是，公布后不立即施行将有碍施行的，可以自公布之日起施行。

第二十四条 税务规章由国家税务总局解释。

税务规章有下列情形之一的,国家税务总局应当及时作出解释:

(一)税务规章的规定需要进一步明确具体含义的;

(二)税务规章制定后出现新的情况,需要明确适用规章依据的。

第二十五条 税务规章解释文本由主管司局负责起草,政策法规司参照规章送审稿审查程序提出意见,报局长批准后以公告形式公布。

税务规章的解释与税务规章具有同等效力。

第二十六条 税务规章应当自公布之日起30日内报国务院备案,具体工作由政策法规司实施。

第二十七条 国家税务总局应当根据全面深化改革、经济社会发展需要以及上位法规定,及时组织开展税务规章清理工作。对不适应全面深化改革和经济社会发展要求、不符合上位法规定的税务规章,应当及时修改或者废止。

第二十八条 国家税务总局可以根据需要,开展税务规章立法后评估,并把评估结果作为修改、废止税务规章的重要参考,具体工作由主管司局实施。

第二十九条 编辑出版有关税务规章汇编,由政策法规司依照国务院《法规汇编编辑出版管理规定》的有关规定执行。

第三十条 国家税务总局负责草拟法律、行政法规代拟稿的,参照本办法办理。

第三十一条 本办法自2002年3月1日起施行。

2.《国家税务总局关于修改〈税务规范性文件制定管理办法〉的决定》(2021年12月31日颁布 2022年2月1日实施 国家税务总局令第53号)

《国家税务总局关于修改〈税务规范性文件制定管理办法〉的决定》,已经2021年12月27日国家税务总局2021年度第3次局务会议审议通过,现予公布,自2022年2月1日起施行。

国家税务总局局长:王军

2021年12月31日

税务规范性文件制定管理办法

(2017年5月16日国家税务总局令第41号公布,根据2019年11月26日国家税务总局令第50号第一次修正,根据2021年12月31日国家税务总局令第53号第二次修正)

第一章 总 则

第一条 为了规范税务规范性文件制定和管理工作,落实税收法定原则,建设规范统一的税收法律制度体系,优化税务执法方式,促进税务机关依法行政,保障税务行政相对人的合法权益,根据《中华人民共和国立法法》《规章制定程序条例》等法律法规和有关规定,结合税务机关工作实际,制定本办法。

第二条 本办法所称税务规范性文件,是指县以上税务机关依照法定职权和规定程序制定并发布的,影响纳税人、缴费人、扣缴义务人等税务行政相对人权利、义务,在本辖区内具有普遍约束力并在一定期限内反复适用的文件。

国家税务总局制定的税务部门规章,不属于本办法所称的税务规范性文件。

第三条 税务规范性文件的起草、审查、决定、发布、备案、清理等工作,适用本办法。

第四条 制定税务规范性文件,应当充分体现社会主义核心价值观的内容和要求,坚持科学、民主、公开、统一的原则,符合法律、法规、规章以及上级税务规范性文件的规定,遵循本办法规定的制定规则和制定程序。

第五条 税务规范性文件不得设定税收开征、停征、减税、免税、退税、补税事项,不得设定行政许可、行政处罚、行政强制、行政事业性收费以及其他不得由税务规范性文件设定的事项。

第六条 县税务机关制定税务规范性文件,应当依据法律、法规、规章或者省以上税务机关税务规范性文件的明确授权;没有授权又确需制定税务规范性文件的,应当提请上一级税务机关制定。

各级税务机关的内设机构、派出机构和临时性机构,不得以自己的名义制定税务规范性文件。

第二章 制定规则

第七条 税务规范性文件可以使用"办法""规定""规程""规则"等名称,但是不得称"条例""实施细则""通知""批复"等。

上级税务机关对下级税务机关有关特定税务行政相对人的特定事项如何适用法律、法规、规章或者税务规范性文件的请示所作的批复,需要普遍适用的,应当按照本办法规定的制定规则和制定程序另行制定税务规范性文件。

第八条 税务规范性文件应当根据需要,明确制定目的和依据、适用范围和主体、权利义务、具体规范、操作程序、施行日期或者有效期限等事项。

第九条 制定税务规范性文件,应当做到内容具体、明确,内在逻辑严密,语言规范、简洁、准确,避免产生歧义,具有可操作性。

第十条 税务规范性文件可以采用条文式或者段落式表述。

采用条文式表述的税务规范性文件,需要分章、节、条、款、项、目的,章、节应当有标题,章、节、条的序号用中文数字依次表述;款不编序号;项的序号用中文数字加括号依次表述;目的序号用阿拉伯数字依次表述。

第十一条 上级税务机关需要下级税务机关对规章和税务规范性文件细化具体操作规定的,可以授权下级税务机关制定具体的实施办法。

被授权税务机关不得将被授予的权力转授给其他机关。

第十二条 税务规范性文件由制定机关负责解释。制定机关不得将税务规范性文件的解释权授予本级机关的内设机构或者下级税务机关。

税务规范性文件有下列情形之一的,制定机关应当及时作出解释:

(一)税务规范性文件的规定需要进一步明确具体含义的;

(二)税务规范性文件制定后出现新的情况,需要明确适用依据的。

下级税务机关在适用上级税务机关制定的税务规范性文件时认为存在本条第二款规定情形之一的,应当提请制定机关解释。

第十三条 税务规范性文件不得溯及既往,但是为了更好地保护税务行政相对人权利和利益而作出的特别规定除外。

第十四条 税务规范性文件应当自发布之日起30日后施行。

税务规范性文件发布后不立即施行将有碍执行的,可以自发布之日起施行。

与法律、法规、规章或者上级机关决定配套实施的税务规范性文件,其施行日期需要与前述文件保持一致的,不受本条第一款、第二款时限规定的限制。

第三章 制定程序

第十五条 税务规范性文件由制定机关业务主管部门负责起草。内容涉及两个或者两个以上部门的,由制定机关负责人指定牵头起草部门。

第十六条 各级税务机关从事纳税服务和政策法规工作的部门或者人员(以下统称纳税服务部门、政策法规部门)负责对税务规范性文件进行审查,包括权益性审核、合法性审核、世界贸易组织规则合规性评估。其中纳税服务部门负责权益性审核;政策法规部门负责合法性审核和世界贸易组织规则合规性评估。

未经纳税服务部门和政策法规部门审查的税务规范性文件,办公厅(室)不予核稿,制定机关负责人不予签发。

第十七条 起草税务规范性文件,起草部门应当深入调查研究,总结实践经验,听取基层税务机关意见。起草与税务行政相对人生产经营密切相关的税务规范性文件,起草部门应当听取税务行政相对人代表和行业协会商会的意见。起草部门可以邀请纳税服务部门和政策法规部门共同听取意见。

听取意见可以采取书面、网络征求意见,或者召开座谈会、论证会等多种形式。

除依法需要保密的外,对涉及税务行政相对人切身利益或者对其权利义务可能产生重大影响的税务规范性文件,起草部门应当向社会公开征求意见。

法律、行政法规对规范性文件公开征求意见期限有明确规定的,从其规定。

第十八条 起草税务规范性文件,应当明确列举拟清理文件的名称、文号以及条款,避免与本机关已发布的税务规范性文件相矛盾。

同一事项已由多个税务规范性文件作出规定的,起草部门在起草同类文件时,应当对有关文件进行归并、整合。

第十九条 税务规范性文件送审稿应当由起草部门负责人签署后,依次送交纳税服务部门和政策法规部门审查。

送审稿内容涉及征管业务及其工作流程的,应当于送交审查前会签征管科技部门;涉及其他业务主管部门工作的,应当于送交审查前会签相关业务主管部门;未按规定会签的,纳税服务部门和政策法规部门不予审查。

起草部门认定送审稿属于重要文件的,应当注明"请主要负责人会签"。

第二十条 起草部门将送审稿送交审查时,应当一并提供下列材料:

(一)起草说明,包括制定目的、制定依据、必要性与可行性、起草过程、征求意见以及采纳情况、对税务行政相对人权利和利益可能产生影响的评估情况、施行日期的说明、相关文件衔接处理情况以及其他需要说明的事项;

(二)税务规范性文件解读稿,包括文件出台的背景、意义,文件内容的重点、理解的难点、必要的举例说明和落实的措施要求等;

(三)作为制定依据的法律、法规、规章以及税务规范性文件纸质或者电子文本;

(四)会签单位意见以及采纳情况;

(五)其他相关材料。

按照规定应当对送审稿进行公平竞争审查的,起草部门应当提供相关审查材料。

第二十一条 制定内容简单的税务规范性文件,起草部门在征求意见、提供材料等方面可以从简适用本办法第十七条、第二十条的规定。

从简适用第二十条的,不得缺少起草说明和税务规范性文件解读稿。

第二十二条 纳税服务部门应当就下列事项进行权益性审核：

(一)是否无法律法规依据减损税务行政相对人的合法权利和利益,或者增加其义务,主要涉及业务办理环节、报送资料、管理事项等方面；

(二)是否存在泄露税务行政相对人税费保密信息风险。

对审核中发现的明显不适当的规定,纳税服务部门可以提出删除或者修改的建议。

纳税服务部门审核过程中认为有必要的,可以通过召开座谈会、论证会等形式听取相关各方意见。

第二十三条 纳税服务部门进行权益性审核,根据不同情况提出审核意见：

(一)认为送审稿不存在无法律法规依据减损税务行政相对人权益或者增加其负担的情形的,提出审核通过意见；

(二)认为送审稿减损税务行政相对人权益或者增加其负担的理由不充分,经协商不能达成一致意见的,提出书面审核意见并退回起草部门。

第二十四条 政策法规部门应当就下列事项进行合法性审核：

(一)是否超越法定权限；

(二)是否具有法定依据；

(三)是否违反法律、法规、规章以及上级税务机关税务规范性文件的规定；

（四）是否设定行政许可、行政处罚、行政强制、行政事业性收费以及其他不得由税务规范性文件设定的事项；

（五）是否违法、违规减损税务行政相对人的合法权利和利益，或者违法、违规增加其义务；

（六）是否违反本办法规定的制定规则或者程序；

（七）是否与本机关制定的其他税务规范性文件进行衔接。

对审核中发现的明显不适当的规定，政策法规部门可以提出删除或者修改的建议。

政策法规部门审核过程中认为有必要的，可以通过召开座谈会、论证会等形式听取相关各方意见。

第二十五条　政策法规部门进行合法性审核，根据不同情况提出审核意见：

（一）认为送审稿没有问题或者经过协商达成一致意见的，提出审核通过意见；

（二）认为起草部门应当补充征求意见，或者对重大分歧意见没有合理说明的，退回起草部门补充征求意见或者作出进一步说明；

（三）认为送审稿存在问题，经协商不能达成一致意见的，提出书面审核意见后，退回起草部门。

第二十六条　政策法规部门应当根据世界贸易组织规则对送审稿进行合规性评估，并提出评估意见。

第二十七条　送审稿经纳税服务部门和政策法规部门审查通过的，按公文处理程序报制定机关负责人签发。

第二十八条　送审稿涉及重大公共利益或者对税务行政相对人合法权益、税务管理产生重大影响的，经纳税服务部门和政策法规部门审查通过后，起草部门应当提请集体审议。纳税服务部门或者政策法规部门在审查时，认为税务规范性文件涉及重大公共利益或者对税务行政相对人合法权益、税务管理产生重大影响的，可以建议起草部门提请集体审议。

第二十九条　税务机关牵头与其他机关联合制定规范性文

件,省以下税务机关代地方人大及其常委会、政府起草涉及税务行政相对人权利义务的文件,业务主管部门应当将文件送审稿或者会签文本送交纳税服务部门和政策法规部门审查。

经其他机关会签后,文件内容有实质性变动的,起草部门应当重新送交纳税服务部门和政策法规部门审查。

其他机关牵头与税务机关联合制定的规范性文件,参照本条第一款规定执行。

第三十条　税务规范性文件应当以公告形式发布;未以公告形式发布的,不得作为税务机关执法依据。

第三十一条　制定机关应当及时在本级政府公报、税务部门公报、本辖区范围内公开发行的报纸或者在政府网站、税务机关网站上刊登税务规范性文件。

不具备本条第一款所述发布条件的税务机关,应当通过公告栏或者宣传材料等形式,在办税服务厅等公共场所及时发布税务规范性文件。

第三十二条　制定机关的起草部门、纳税服务部门和政策法规部门应当及时跟踪了解税务规范性文件的施行情况。

对实施机关或者税务行政相对人反映存在问题的税务规范性文件,制定机关应当进行认真分析评估,并及时研究提出处理意见。

第四章　备案审查

第三十三条　税务规范性文件应当备案审查,实行有件必备、有备必审、有错必纠。

第三十四条　省以下税务机关的税务规范性文件应当自发布之日起30日内向上一级税务机关报送备案。

省税务机关应当于每年3月1日前向国家税务总局报送上一年度本辖区内税务机关发布的税务规范性文件目录。

第三十五条　报送税务规范性文件备案,应当提交备案报告和以下材料的电子文本:

(一)税务规范性文件备案报告表;

(二)税务规范性文件;

(三)起草说明;

(四)税务规范性文件解读稿。

第三十六条 上一级税务机关的政策法规部门具体负责税务规范性文件备案登记、合法性审核和世界贸易组织规则合规性评估,会同纳税服务部门负责督促整改和考核工作;纳税服务部门负责税务规范性文件权益性审核工作;业务主管部门承担其职能范围内的税务规范性文件审查工作,并按照规定时限向政策法规部门送交审查意见。

第三十七条 报送备案的税务规范性文件资料齐全的,上一级税务机关政策法规部门予以备案登记;资料不齐全的,通知制定机关限期补充报送。

第三十八条 上一级税务机关对报送备案的税务规范性文件进行审查时,可以征求相关部门意见;需要了解相关情况的,可以要求制定机关提交情况说明或者补充材料。

第三十九条 上一级税务机关对报送备案的税务规范性文件,应当就本办法第二十二条、第二十四条所列事项以及是否符合世界贸易组织规则进行审查。

第四十条 上一级税务机关审查发现报送备案的税务规范性文件存在问题需要纠正或者补正的,应当通知制定机关在规定的时限内纠正或者补正。

制定机关应当按期纠正或者补正,并于规定时限届满之日起30日内,将处理情况报告上一级税务机关。

第四十一条 对未报送备案或者不按时报送备案的,上一级税务机关应当要求制定机关限期报送;逾期仍不报送的,予以通报,并责令限期改正。

第四十二条 税务行政相对人认为税务规范性文件违反法律、法规、规章或者上级税务规范性文件规定的,可以向制定机关或者其上一级税务机关书面提出审查的建议,制定机关或者其上一级税务机关应当依法及时研究处理。

有税务规范性文件制定权的税务机关应当建立书面审查建议的处理制度和工作机制。

第五章 文件清理

第四十三条 制定机关应当及时对税务规范性文件进行清理,形成文件清理长效机制。

清理采取日常清理和集中清理相结合的方法。

第四十四条 日常清理由业务主管部门负责。

业务主管部门应当根据立法变化以及税务工作发展需要,对税务规范性文件进行及时清理。

第四十五条 有下列情形之一的,制定机关应当进行集中清理:

(一)上级机关部署的;

(二)新的法律、法规颁布或者法律、法规进行重大修改,对税务执法产生普遍影响的。

第四十六条 集中清理由政策法规部门负责牵头组织,业务主管部门分工负责。

业务主管部门应当在规定期限内列出需要清理的税务规范性文件目录,并提出清理意见;政策法规部门应当对业务主管部门提出的文件目录以及清理意见进行汇总、审查后,提请集体讨论决定。

清理过程中,业务主管部门和政策法规部门应当听取有关各方意见。

第四十七条 对清理中发现存在问题的税务规范性文件,制定机关应当分类处理:

(一)有下列情形之一的,宣布失效:

1. 调整对象灭失;

2. 不需要继续执行的。

(二)有下列情形之一的,宣布废止:

1. 违反上位法规定的;

2. 已被新的规定替代的;

3.明显不适应现实需要的。

(三)有下列情形之一的,予以修改:

1.与本机关税务规范性文件相矛盾的;

2.与本机关税务规范性文件相重复的;

3.存在漏洞或者难以执行的。

税务规范性文件部分内容被修改的,应当全文发布修改后的税务规范性文件。

第四十八条 制定机关应当及时发布日常清理结果;在集中清理结束后,应当统一发布失效、废止的税务规范性文件目录。

上级税务机关发布清理结果后,下级税务机关应当及时对本机关制定的税务规范性文件相应进行清理。

第六章 附 则

第四十九条 税务规范性文件的解释、修改或者废止,参照本办法的有关规定执行。

第五十条 各级税务机关在税务规范性文件制定管理过程中,应当充分发挥公职律师的作用。

各级税务机关负有督察内审职责的部门应当加强对税务规范性文件制定管理工作的监督。

第五十一条 税务规范性文件合规性评估的具体实施办法由国家税务总局另行制定。

第五十二条 本办法自2017年7月1日起施行。《税收规范性文件制定管理办法》(国家税务总局令第20号公布)同时废止。

三、税务规范性文件

《国家税务总局关于印发〈税收政策合规工作实施办法(试行)〉的通知》(2015年10月10日颁布 2015年11月1日实施 税总发〔2015〕117号)

各省、自治区、直辖市和计划单列市国家税务局、地方税务局,局内各单位:

为贯彻落实国务院办公厅《关于进一步加强贸易政策合规工

作的通知》(国办发〔2014〕29号),做好税收政策合规性评估工作,税务总局制定了《税收政策合规工作实施办法(试行)》,现印发给你们,请认真贯彻执行。执行中遇到的问题,请及时报告国家税务总局(政策法规司)。

国家税务总局
2015 年 10 月 10 日

税收政策合规工作实施办法(试行)

第一条 为了规范税收政策合规工作,根据国务院办公厅《关于进一步加强贸易政策合规工作的通知》(国办发〔2014〕29号),制定本办法。

第二条 本办法所称税收政策,是指依法制定的可能影响货物贸易、服务贸易以及与贸易有关的知识产权的税务部门规章、税收规范性文件,以及税务机关与其他部门联合制定文件中涉及的税收政策和管理措施,不包括针对特定行政相对人实施的具体行政行为。

前款中的税收政策和管理措施包括但不限于:

(一)直接影响进出口的税收政策,包括:

1. 影响进口的间接税;

2. 出口税;

3. 出口退税;

4. 加工贸易税收减让。

(二)可能影响贸易的税收优惠政策;

(三)执行上述税收政策的管理措施。

第三条 本办法所称合规,是指税收政策应当符合世界贸易组织规则。

世界贸易组织规则,包括《世界贸易组织协定》及其附件和后续协定、《中华人民共和国加入议定书》和《中国加入工作组报告书》。

第四条 设区的市(盟、州、地区)以上税务机关应当按照本办法的规定,对税收政策进行合规性评估。

第五条 设区的市(盟、州、地区)以上税务机关从事政策法规工作的部门或人员(以下简称政策法规部门)负责对税收政策进行合规性评估。

税收政策未经政策法规部门进行合规性评估的,办公厅(室)不予核稿,局领导不予签发。

第六条 税收政策在送交合规性评估时,税收政策起草部门应当对其制定背景、制定依据、政策目标等进行说明。

起草部门未按前款规定对税收政策进行说明的,政策法规部门应将起草文本退回起草部门,由其进行补充说明。

第七条 政策法规部门主要依据以下内容,对税收政策起草文本是否合规进行评估:

(一)最惠国待遇原则;

(二)国民待遇原则;

(三)透明度原则;

(四)有关补贴的规定;

(五)其他世界贸易组织规则。

第八条 政策法规部门根据不同情形,分别提出以下评估意见:

(一)认为起草文本符合世界贸易组织规则的,提出无异议评估意见;

(二)认为起草文本可能引发国际贸易争端的,向起草部门作出风险提示;

(三)认为起草文本不符合世界贸易组织规则、必然引发国际贸易争端的,向起草部门作出风险提示,并提出修改的意见和理由。

第九条 经评估,政策法规部门对起草文本提出无异议评估意见的,在签署同意意见后,按公文处理程序办理。

第十条 政策法规部门认为起草文本可能或必然引发国际贸易争端,起草部门同意政策法规部门意见的,由起草部门根据政策法规部门的风险提示进行分析,按公文处理程序办理。

第十一条 政策法规部门认为起草文本可能或必然引发国际贸易争端,起草部门不同意政策法规部门的意见,经充分协商仍不能达成一致的,由起草部门在起草说明中注明各方意见和理由,报局领导确定。

第十二条 设区的市(盟、州、地区)以上税务机关难以确定税收政策是否合规的,可由政策起草部门征求同级商务部门意见后,报局领导确定。

如有必要,设区的市(盟、州、地区)以上税务机关可以邀请有关部门、专家学者、中介机构等对税收政策的合规性和引发国际贸易争端的风险进行论证。

第十三条 合规性评估过程中发现起草文本所依据的税收政策不符合世界贸易组织规则的,由起草机关层报该税收政策制定机关处理。

第十四条 设区的市(盟、州、地区)以上税务机关应当在税收政策印发之日起 30 日内将正式文本报上级税务机关政策法规部门备案。

第十五条 上级税务机关政策法规部门应当对下级税务机关报备的税收政策进行合规性评估,提出处理意见。

根据世界贸易组织规则发展变化情况,税务总局及时组织设区的市(盟、州、地区)以上税务机关对税收政策进行专项清理。

第十六条 各省、自治区、直辖市和计划单列市税务机关应当于每年 1 月 31 日前向国家税务总局报告本地区上一年度合规性评估工作开展情况,包括当年合规性评估文件数量、名称、政策法规部门的评估意见以及文件最终制定情况。

第十七条 税收政策文本印发后,应当按照世界贸易组织规则的要求翻译成英文。

税收政策翻译工作实施办法由税务总局另行制定。

第十八条 国务院商务主管部门转来的世贸组织成员提出的税收政策合规问题,由税务总局统一负责,参照本办法的规定办理。

  第十九条　设区的市(盟、州、地区)以上税务机关可以根据需要,建立合规工作专家支持体系。

  第二十条　本办法自2015年11月1日起实施。

第九十四条　【生效时间】本法自2001年5月1日起施行。

法律出版社"一本通"系列

★连续畅销多年，久经市场考验不衰
★最新版全套一本通 超高使用率版本
★完美融入法学教研、司法实务、司考培训
★专业、实用、权威工具书的至优之选

刑法一本通
2024年2月第十七版
李立众 编 定价：95元
ISBN：978-7-5197-8799-8

刑事诉讼法一本通
2024年8月第十八版
刘志伟 等编 定价：95元
ISBN：978-7-5197-9313-5

民事诉讼法一本通
2023年11月第五版
邵明 编著 定价：85元
ISBN：978-7-5197-8459-1

民法典物权编一本通
2021年7月第一版
程啸 编著 定价：68元
ISBN：978-7-5197-5733-5

民法典侵权责任编一本通
2024年11月第二版
程啸 编著 定价：65元
ISBN：978-7-5197-9723-2

企业所得税法一本通
2024年5月第一版
汤洁茵 汇编 王炳智 校订
定价：59元
ISBN：978-7-5197-8813-1

民法典合同编一本通
2024年3月第二版
程啸 编著 定价：69元
ISBN：978-7-5197-8822-3

民法典人格权编一本通
2025年1月第二版
程啸 编著 定价：39元
ISBN：978-7-5197-9872-7

民法典婚姻家庭编一本通
2022年2月第一版
程啸 编著 定价：32元
ISBN：978-7-5197-6411-1

个人所得税法一本通
2023年10月第一版
汤洁茵 编 定价：49元
ISBN：978-7-5197-8353-2

税收征收管理法一本通
2025年5月第一版
汤洁茵 编　王爱萍 邵雨佳 王炳智 校订
定价：69元
ISBN：978-7-5244-0337-1